T0364798

Volvo S40 & V40
Gör-det-själv handbok

Mark Coombs & Spencer Drayton

Modeller som behandlas

(3585-320-9AH1/3569-7AH2)

Volvo S40 sedan & V40 kombi med bensinmotor, inklusive turbo och GDI, T4 och specialmodeller
1.6 liter (1588cc), 1.8 liter (1731cc, 1783cc & 1834cc), 1.9 liter (1855cc) & 2.0 liter (1948cc)

Behandlar inte diesel eller bi-fuel modeller, eller den nya S40/V50 serien introducerad i mars 2004

© Haynes Group Limited 2004

En bok i **Haynes serie Gör-det-själv handböcker**

ISBN **978 1 78521 292 5**

Haynes Group Limited
Haynes North America, Inc

www.haynes.com

Ansvarsfriskrivning

Det finns risker i samband med fordonsreparationer. Förmågan att utföra reparationer beror på individuell skicklighet, erfarenhet och lämpliga verktyg. Enskilda personer bör handla med vederbörlig omsorg samt inse och ta på sig risken som utförandet av bilreparationer medför.

Syftet med den här handboken är att tillhandahålla omfattande, användbar och lättillgänglig information om fordonsreparationer för att hjälpa dig få ut mesta möjliga av ditt fordon. Den här handboken kan dock inte ersätta en professionell certifierad tekniker eller mekaniker. Det finns risker i samband med fordonsreparationer.

Den här reparationshandboken är framtagen av en tredje part och är inte kopplad till någon enskild fordonstillverkare. Om det finns några tveksamheter eller avvikelser mellan den här handboken och ägarhandboken eller fabriksservicehandboken, se fabriksservicehandboken eller ta hjälp av en professionell certifierad tekniker eller mekaniker.

Även om vi har utarbetat denna handbok med stor omsorg och alla ansträngningar har gjorts för att se till att informationen i denna handbok är korrekt, kan varken utgivaren eller författaren ta ansvar för förlust, materiella skador eller personskador som orsakats av eventuell felaktig eller utelämnad information.

Innehåll

DIN VOLVO S40 & V40

Reparationer vid vägkanten

Veckokontroller

Smörjmedel och vätskor

Däcktryck

UNDERHÅLL

Rutinunderhåll och service

Innehåll

REPARATIONER & RENOVERING

REFERENSER

Volvo S40/V40 introducerades 1995 och ersatte då 400-serien. S40/V40 serien utvecklades i samarbete med Mitsubishi och tillverkades parallellt med systerbilen Mitsubishi Carisma vid NedCar-fabriken i Holland. När S40 sedan och V40 kombi lanserades, kunde man välja mellan en 1.8 liter (1731cc) och en 2.0 liter (1948cc) bensinmotor, med antingen en femväxlad manuell växellåda eller en fyrväxlad automatväxellåda. Båda motorerna var nyframtagna 16-ventils-motorer med dubbla överliggande kamaxlar.

Alla modeller har individuell fjädring både fram och bak och är utrustade med ABS och skivbromsar på både fram- och bakhjulen.

I början av 1997 presenterades en 1.6 liters (1588cc) version av bensinmotorn, till att börja med endast som sedan. Mot slutet av samma år introducerades också två turboladdade bensinmotorer; högeffektsmotorn 1855cc (i T4-modellen) och lågtrycks turboversionen av 1948cc motorn.

I mars 1998 lanserades de första modellerna med den Mitsubishidesignade 1.8 liters (1834cc) GDI motorn, och i början av 1999 lade man till de första dieselmodellerna i serien (behandlas ej i denna bok). Under 1999 fick också 1.6 och 1.8 liters motorerna (utom GDI motorn) variabel ventilinställning och en efterföljande effektökning, och 1.8 liters modellen växte även den, från 1731cc till 1783cc.

Serien fick en rejäl ansiktslyftning i maj 2000, med nya lyktor och stötfångare, ändringar i fjädringen, 2.0 liters motorer med variabel ventilinställning samt en ny femväxlad automatväxellåda. Ytterligare en ansiktslyftning i april 2002 resulterade i den nya kylargrillen och vissa andra mindre förändringar.

Förutsatt att regelbunden service utförs enligt tillverkarens rekommendationer, kommer bilen att vara pålitlig och mycket ekonomisk. Motorrummet är väl utformat och de flesta komponenter som behöver regel-bunden tillsyn är lättåtkomliga.

Din handbok till Volvo S40 & V40

Syftet med den här handboken är att hjälpa dig att få så stor glädje av din bil som möjligt och den kan göra det på flera sätt. Boken kan vara till hjälp vid beslut om vilka åtgärder som ska vidtas (även om en verkstad anlitas för att utföra själva arbetet), och den ger information om rutinunderhåll och service. Den föreslår arbetssätt för ändamålsenliga åtgärder och diagnos om slumpmässiga fel uppstår. Förhoppningsvis kommer boken dock att användas till försök att klara av arbetet på egen hand. När det gäller enklare jobb kan det till och med gå snabbare att ta hand om det själv, än att först boka tid på en verkstad och sedan ta sig dit två gånger, för att lämna och hämta bilen. Och kanske viktigast av allt, en hel del pengar kan sparas genom att man undviker de avgifter verkstäder tar ut för att täcka arbetskraft och drift.

Handboken innehåller illustrationer och beskrivningar som förklarar de olika komponenternas funktion och utformning. Arbetsmomenten är beskrivna och foto-graferade i tydlig ordningsföljd, steg för steg.

Hänvisningar till "vänster" eller "höger" avser vänster eller höger för en person som sitter i förarsätet och tittar framåt.

Tack till

För vissa illustrationer har Volvo Car Corporation copyright och bilderna används då med deras tillåtelse. Tack också till Draper Tools Limited som har tillhandahållit vissa specialverktyg, samt till alla i Sparkford som medverkat vid tillverkningen av denna handbok.

Vi är stolta över tillförlitligheten i den information som ges i den här handboken. Biltillverkare gör dock ibland konstruktionsändringar under pågående tillverkning om vilka vi inte alltid informeras. Författarna och förlaget kan inte åta sig något ansvar för förluster, skador eller personskador till följd av felaktig eller ofullständig information i denna bok.

Att arbeta på din bil kan vara farligt. Den här sidan visar potentiella risker och faror och har som mål att göra dig uppmärksam på och medveten om vikten av säkerhet i ditt arbete.

Allmänna faror

Skållning

• Ta aldrig av kylarens eller expansionskärlets lock när motorn är het.
• Motorolja, automatväxellådsolja och styrservovätska kan också vara farligt varma om motorn just varit igång.

Brännskador

• Var försiktig så att du inte bränner dig på avgassystem och motor. Bromsskivor och -trummor kan också vara heta efter körning.

Lyftning av fordon

• Vid arbete nära eller under ett lyft fordon, använd alltid extra stöd i form av pallbockar eller använd ramper. **Arbeta aldrig under en bil som endast stöds av en domkraft.**

• När muttrar eller skruvar med högt åtdragningsmoment skall lossas eller dras, bör man lossa dem något innan bilen lyfts och göra den slutliga åtdragningen när bilens hjul åter står på marken.

Brand och brännskador

• Bränsle är mycket brandfarligt och bränsleångor är explosiva.
• Spill inte bränsle på en het motor.
• Rök inte och använd inte öppen låga i närheten av en bil under arbete. Undvik också gnistbildning (elektrisk eller från verktyg).
• Bensinångor är tyngre än luft och man bör därför inte arbeta med bränslesystemet med fordonet över en smörjgrop.
• En vanlig brandorsak är kortslutning i eller överbelastning av det elektriska systemet. Var försiktig vid reparationer eller ändringar.
• Ha alltid en brandsläckare till hands, av den typ som är lämplig för bränder i bränsle- och elsystem.

Elektriska stötar

• Högspänningen i tändsystemet kan vara farlig, i synnerhet för personer med hjärtbesvär eller pacemaker. Arbeta inte med eller i närheten av tändsystemet när motorn går, eller när tändningen är på.

• Nätspänning är också farlig. Se till att all nätansluten utrustning är jordad. Man bör skydda sig genom att använda jordfelsbrytare.

Giftiga gaser och ångor

• Avgaser är giftiga. De innehåller koloxid vilket kan vara ytterst farligt vid inandning. Låt aldrig motorn vara igång i ett trångt utrymme, t ex i ett garage, med stängda dörrar.
• Även bensin och vissa lösnings- och rengöringsmedel avger giftiga ångor.

Giftiga och irriterande ämnen

• Undvik hudkontakt med batterisyra, bränsle, smörjmedel och vätskor, speciellt frostskyddsvätska och bromsvätska. Sug aldrig upp dem med munnen. Om någon av dessa ämnen sväljs eller kommer in i ögonen, kontakta läkare.
• Långvarig kontakt med använd motorolja kan orsaka hudcancer. Bär alltid handskar eller använd en skyddande kräm. Byt oljeindränkta kläder och förvara inte oljiga trasor i fickorna.
• Luftkonditioneringens kylmedel omvandlas till giftig gas om den exponeras för öppen låga (inklusive cigaretter). Det kan också orsaka brännskador vid hudkontakt.

Asbest

• Asbestdamm kan ge upphov till cancer vid inandning, eller om man sväljer det. Asbest kan finnas i packningar och i kopplings- och bromsbelägg. Vid hantering av sådana detaljer är det säkrast att alltid behandla dem som om de innehöll asbest.

Speciella faror

Flourvätesyra

• Denna extremt frätande syra bildas när vissa typer av syntetiskt gummi i t ex O-ringar, tätningar och bränsleslangar utsätts för temperaturer över 400 °C. Gummit omvandlas till en sotig eller kladdig substans som innehåller syran. *När syran väl bildats är den farlig i flera år. Om den kommer i kontakt med huden kan det vara tvunget att amputera den utsatta kroppsdelen.*
• Vid arbete med ett fordon, eller delar från ett fordon, som varit utsatt för brand, bär alltid skyddshandskar och kassera dem på ett säkert sätt efteråt.

Batteriet

• Batterier innehåller svavelsyra som angriper kläder, ögon och hud. Var försiktig vid påfyllning eller transport av batteriet.
• Den vätgas som batteriet avger är mycket explosiv. Se till att inte orsaka gnistor eller använda öppen låga i närheten av batteriet. Var försiktig vid anslutning av batteriladdare eller startkablar.

Airbag/krockkudde

• Airbags kan orsaka skada om de utlöses av misstag. Var försiktig vid demontering av ratt och/eller instrumentbräda. Det kan finnas särskilda föreskrifter för förvaring av airbags.

Dieselinsprutning

• Insprutningspumpar för dieselmotorer arbetar med mycket högt tryck. Var försiktig vid arbeten på insprutningsmunstycken och bränsleledningar.

⚠️ **Varning: Exponera aldrig händer eller annan del av kroppen för insprutarstråle; bränslet kan tränga igenom huden med ödesdigra följder**

Kom ihåg...

ATT

• Använda skyddsglasögon vid arbete med borrmaskiner, slipmaskiner etc, samt vid arbete under bilen.

• Använda handskar eller skyddskräm för att skydda händerna.

• Om du arbetar ensam med bilen, se till att någon regelbundet kontrollerar att allt står väl till.

• Se till att inte löst sittande kläder eller långt hår kommer i vägen för rörliga delar.

• Ta av ringar, armbandsur etc innan du börjar arbeta på ett fordon - speciellt med elsystemet.

• Försäkra dig om att lyftanordningar och domkraft klarar av den tyngd de utsätts för.

ATT INTE

• Ensam försöka lyfta för tunga delar - ta hjälp av någon.

• Ha för bråttom eller ta osäkra genvägar.

• Använda dåliga verktyg eller verktyg som inte passar. De kan slinta och orsaka skador.

• Låta verktyg och delar ligga så att någon riskerar att snava över dem. Torka upp olje- och bränslespill omgående.

• Låta barn eller husdjur leka nära en bil under arbetets gång.

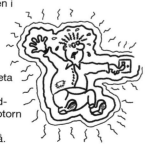

Följande sidor är tänkta att vara till hjälp vid hantering av vanligt förekommande problem. Mer detaljerad information om felsökning finns i slutet av boken, och beskrivningar av reparationer finns i bokens olika huvudkapitel.

Om bilen inte startar och startmotorn inte går runt

☐ Om bilen har automatväxellåda, se till att växelväljaren står i läge "P" eller "N".

☐ Öppna motorhuven och kontrollera att batterianslutningarna är rena och sitter fast ordentligt (ta loss batterikåpan för att komma åt anslutningarna).

☐ Slå på strålkastarna och försök att starta motorn. Om strålkastarljuset försvagas mycket under startförsöket är batteriet troligen urladdat. Lös problemet genom att använda startkablar (se nästa sida) och en annan bil.

Om bilen inte startar trots att startmotorn går runt som vanligt

☐ Finns det bränsle i tanken?

☐ Har motorns startspärr avaktiverats? Detta ska hända automatiskt när nyckeln sätts i. Om en reservnyckel har införskaffats (från någon annan än en Volvoåterförsäljare), innehåller nyckeln förmodligen inte den transponder som behövs för att systemet ska avaktiveras.

☐ Finns det fukt på de elektriska komponenterna under motorhuven? Slå av tändningen och torka bort synlig fukt med en torr trasa. Spraya vattenavvisande medel (WD-40 eller liknande) på tänd- och bränslesystemens elektriska kontaktdon, som de som visas nedan. Var särskilt noga med tändspolens kontaktdon och tändkablarna (efter tillämplighet).

A Undersök batterianslutningarnas skick och kontrollera att de är ordentligt åtdragna.

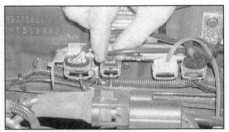

B Ta loss plastkåpan i mitten av torpedväggen och kontrollera att motorstyrningssystemets alla kontaktdon är ordentligt åtdragna.

C1 Ta om möjligt bort motorkåpan för att . . .

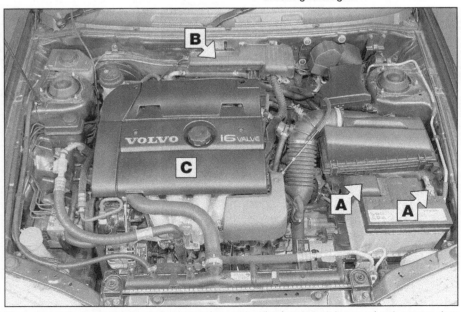

Kontrollera att alla elektriska anslutningar sitter ordentligt (med tändningen av) och spraya dem med vattenavvisande medel (WD-40 eller liknande) om problemet misstänks bero på fukt.

C2 . . . kontrollera att tändspolarnas kontaktdon är ordentligt anslutna . . .

C3 . . . och att tändkablarna (gäller ej GDI motorer) är ordentligt anslutna till både spolarna och tändstiften.

Starthjälp

När en bil startas med hjälp av ett laddningsbatteri, tänk på följande:

✔ Se till att tändningen är avstängd innan laddningsbatteriet ansluts.

✔ Se till att all elektrisk utrustning är avstängd (strålkastare, värme, vindrutetorkare etc.).

✔ Observera eventuella säkerhets-anvisningar på batteriet.

✔ Kontrollera att laddningsbatteriet har samma spänning som det urladdade batteriet.

✔ Om batteriet startas med hjälp av ett batteri i en annan bil får bilarna INTE VIDRÖRA varandra.

✔ Se till att växellådan är i neutralläge (eller i parkeringsläge om det är en automatväxellåda).

1 Koppla den ena änden av den röda startkabeln till det urladdade batteriets pluspol (+).

2 Koppla den andra änden av den röda startkabeln till laddningsbatteriets pluspol (+).

3 Koppla den ena änden av den svarta startkabeln till laddningsbatteriets minuspol (-).

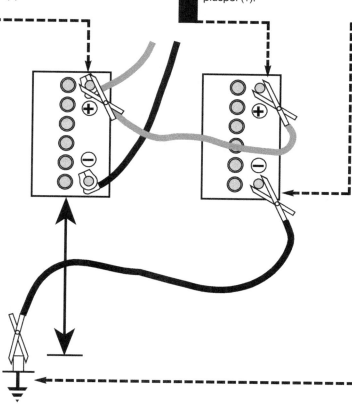

4 Koppla den andra änden av den svarta startkabeln till en bult eller ett fäste, så långt från batteriet som möjligt, i den bil som ska startas.

5 Se till att startkablarna inte kommer åt fläkten, drivremmarna eller andra rörliga delar i motorn.

6 Starta motorn med hjälp av laddningsbatteriet och kör den på tomgång. Slå på strålkastare, bakrute-avimmare och värmefläkt, koppla sedan bort startkablarna i omvänd ordning mot anslutningen. Stäng av strålkastarna etc.

Hjulbyte

Vissa av de detaljer som visas här varierar beroende på modell.

⚠️ *Varning: Byt aldrig hjul i en situation där du riskerar att bli påkörd av ett annat fordon. Försök att stanna i en parkeringsficka eller på en mindre avtagsväg om du befinner dig på en högtrafikerad väg. Håll uppsikt över passerande trafik – det är lätt att bli distraherad av arbetet med hjulbytet.*

Förberedelser

☐ Vid punktering, stanna så snart det är säkert för dig och dina medtrafikanter.

☐ Parkera om möjligt på plan, fast mark på avstånd från annan trafik.

☐ Använd varningsblinkers om så behövs.

☐ Använd en varningstriangel (obligatorisk utrustning) för att göra andra trafikanter uppmärksamma på din och bilens närvaro.

☐ Dra åt handbromsen och lägg i ettan eller backen (P på automatväxellåda).

☐ Blockera det hjul som sitter diagonalt mot det hjul som ska tas bort. Några stora stenar kan användas till detta.

☐ Om underlaget är mjukt, använd t.ex. en plankbit för att sprida tyngden.

Hjulbyte

1 Lyft upp bagageutrymmets golv och ta ut verktygen. Skruva sedan loss hållaren och lyft ut reservhjulet . . .

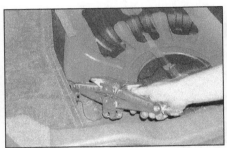

2 . . . och domkraften ur bagageutrymmet (sedanmodell visad).

3 Lossa varje hjulmutter ett halvt varv. På vissa hjul måste man ta bort navkapseln/hjulsidan för att komma åt muttrarna.

4 Om Volvos stöldsäkra hjulmuttrar är monterade måste den medföljande adaptern (titta i handskfacket) användas för att lossa dem.

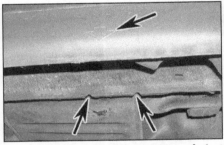

5 Se till att ställa domkraften på fast underlag och placera domkraftshuvudet i lyftpunkten under tröskeln. Lyftpunkten är mellan de två hacken i falsen under tröskeln. Vissa modeller har en plastpanel på vilken en pil indikerar lyftpunktens placering.

6 Försäkra dig om att domkraftshuvudet är korrekt placerat i urtaget och att dess fot sitter precis under falsen. Använd fälgkorset och det krokformade verktyget och hissa upp domkraften tills hjulet inte längre är i kontakt med marken.

Slutligen...

☐ Ta bort hjulblockeringen.

☐ Lägg in det punkterade hjulet, domkraften och verktygen på de därför avsedda platserna i bilen.

☐ Kontrollera lufttrycket i det nya däcket. Om det är lågt eller om du inte har en tryckmätare till hands, kör långsamt till närmaste bensinstation och kontrollera/justera lufttrycket.

☐ Se till att låta reparera/byta ut det skadade däcket eller hjulet vid första möjliga tillfälle.

☐ Lossa och dra åt hjulmuttrarna till specificerat moment så snart som möjligt.

7 Skruva loss hjulmuttrarna och ta bort hjulet. Sätt på reservhjulet och sätt tillbaka muttrarna. Dra åt muttrarna lätt med fälgkorset och sänk ner bilen på marken.

8 Dra åt hjulmuttrarna ordentligt i diagonal ordningsföljd. Sätt sedan tillbaka navkapseln/hjulsidan.

Att hitta läckor

Pölar på garagegolvet (eller där bilen parkeras) eller våta fläckar i motorrummet tyder på läckor som man måste försöka hitta. Det är inte alltid så lätt att se var läckan är, särskilt inte om motorrummet är mycket smutsigt. Olja eller andra vätskor kan spridas av fartvinden under bilen och göra det svårt att avgöra var läckan egentligen finns.

⚠ **Varning: De flesta oljor och andra vätskor i en bil är giftiga. Vid spill bör man tvätta huden och byta indränkta kläder så snart som möjligt**

Lukten kan vara till hjälp när det gäller att avgöra varifrån ett läckage kommer och vissa vätskor har en färg som är lätt att känna igen. Det är en bra idé att tvätta bilen ordentligt och ställa den över rent papper över natten för att lättare se var läckan finns. Tänk på att motorn ibland bara läcker när den är igång.

Olja från sumpen

Motorolja kan läcka från avtappnings-pluggen . . .

Olja från oljefiltret

. . . eller från oljefiltrets packning.

Växellådsolja

Växellådsolja kan läcka från tätningarna i ändarna på drivaxlarna.

Frostskydd

Läckande frostskyddsvätska lämnar ofta kristallina avlagringar liknande dessa.

Bromsvätska

Läckage vid ett hjul är nästan alltid bromsvätska.

Servostyrningsvätska

Servostyrningsvätska kan läcka från styrväxeln eller dess anslutningar.

Bogsering

När ingenting annat hjälper kan du behöva bli bogserad hem – eller så kan det förstås hända att du måste hjälpa någon annan. Bogsering längre sträckor bör överlåtas till en verkstad eller en bärgningsfirma. Vad gäller kortare sträckor går det utmärkt med bogsering av en annan privatbil, men tänk på följande:

☐ Använd en riktig bogserlina, de är inte dyra.
☐ Slå alltid på tändningen när bilen bogseras, så att rattlåset släpper och blinkers och bromsljus fungerar.
☐ Bilen har en bogseringsögla både fram och

bak. Öglan sitter i mitten, under främre respektive bakre stötfångaren.
☐ Lossa handbromsen och ställ växellådan i neutralläge innan bogseringen börjar.
☐ Observera att det kommer att krävas högre tryck på bromspedalen än vanligt, eftersom vakuumservon bara fungerar när motorn är i gång.
☐ På modeller med servostyrning behövs även större kraft än vanligt för att vrida ratten.
☐ Föraren av den bogserade bilen måste vara noga med att hålla bogserlinan sträckt hela tiden för att undvika ryck.

☐ Försäkra er om att båda förarna känner till den planerade färdvägen innan ni startar.
☐ Bogsera aldrig en längre sträcka än absolut nödvändigt och håll lämplig hastighet (högsta tillåtna hastighet vid bogsering är 30 km/tim). Kör försiktigt och sakta ner mjukt och långsamt innan korsningar.
☐ För modeller med automatväxellåda gäller särskilda föreskrifter. Undvik bogsering vid minsta tveksamhet, eftersom det finns risk att växellådan tar skada.

Inledning

Det finns ett antal mycket enkla kontroller som endast tar några minuter i anspråk, men som kan bespara dig mycket besvär och stora kostnader.

Dessa veckokontroller kräver inga större kunskaper eller specialverktyg, och den korta tid de tar att utföra kan visa sig vara väl använd, till exempel följande:

☐ Att hålla ett öga på däckens lufttryck förebygger inte bara att de slits ut i förtid – det kan också rädda liv.

☐ Många motorhaverier orsakas av elektriska problem. Batterirelaterade problem är särskilt vanliga och en snabb kontroll med jämna mellanrum förebygger de flesta av dessa problem.

☐ Om en läcka uppstår i bromssystemet kanske den upptäcks först när bromsarna slutar att fungera. Genom täta kontroller av vätskenivån upptäcks sådana fel i god tid.

☐ Om olje- eller kylvätskenivån blir för låg är det till exempel betydligt billigare att laga läckan direkt, än att bekosta dyra reparationer av de motorskador som annars kan uppstå.

Kontrollpunkter i motorrummet

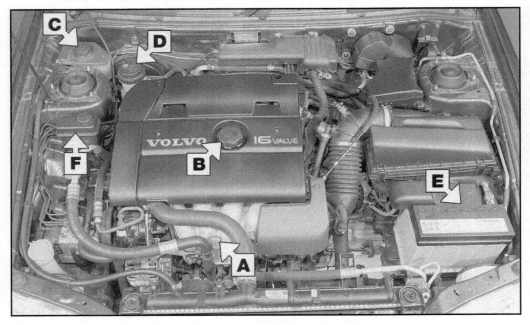

◀ 2.0 liters motor (övriga liknande)

A *Mätsticka för motorolja*

B *Påfyllningslock för motorolja*

C *Kylsystemets expansionskärl*

D *Broms- och kopplingsvätskebehållare*

E *Batteri*

F *Behållare för servostyrningsvätska*

Motoroljenivå

Innan arbetet påbörjas

✔ Se till att bilen står på plan mark.
✔ Oljenivån måste kontrolleras innan bilen körs, eller tidigast fem minuter efter det att motorn har stängts av.

HAYNES TiPS *Om oljenivån kontrolleras omedelbart efter körning kommer en del olja att finnas kvar i motorns övre delar, vilket gör att avläsningen på mätstickan blir inkorrekt!*

Korrekt oljetyp

Moderna motorer ställer höga krav på oljans kvalitet. Det är viktigt att rätt olja används (Se Smörjmedel och vätskor *på sidan 0•16).*

Bilvård

● Om oljan behöver fyllas på ofta, undersök om det förekommer oljeläckor. Lägg ett rent papper under motorn över natten och se om det finns fläckar på det på morgonen. Finns där inga fläckar kan det hända att motorn bränner olja.

● Oljenivån ska alltid hållas någonstans mellan mätstickans övre och nedre markering (se bild 3). Om oljenivån är för låg kan motorn ta allvarlig skada. Oljetätningarna kan gå sönder om man fyller på för mycket olja.

1 Mätstickan sitter framtill på motorn (se *Kontrollpunkter under motorhuven* på sidan 0•10 för exakt placering). Dra ut mätstickan.

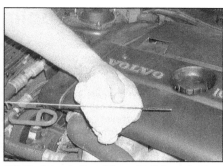

2 Torka av oljan från mätstickan med en ren trasa eller en bit papper. Stick in den rena mätstickan i röret och dra ut den igen.

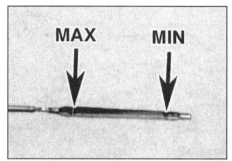

MAX   MIN

3 Kontrollera oljenivån på mätstickans ände, som ska vara mellan det övre märket "MAX" och det nedre "MIN". Ungefär 1,9 liter olja (1,0 liter på GDI motorer) höjer oljenivån från min- till maxmärket.

4 Skruva loss oljepåfyllningslocket och häll i olja; en tratt underlättar och minimerar spill. Häll i oljan sakta och kontrollera på mätstickan då och då så att du inte fyller på för mycket.

Kylvätskenivå

⚠ *Varning: Skruva aldrig av expansionskärlets lock när motorn är varm – du kan skålla dig. Kylvätskan är också giftig, så låt aldrig behållare med vätska stå öppna.*

Bilvård

● Ett slutet kylsystem ska inte behöva fyllas på regelbundet. Om kylvätskan ofta behöver fyllas på har bilen troligen en läcka i kylsystemet. Undersök kylaren, alla slangar och fogytor efter stänk och våta märken och åtgärda eventuella problem.

● Det är viktigt att frostskyddsvätska används i kylsystemet året runt, inte bara under vintermånaderna. Fyll inte på med enbart vatten, då sänks koncentrationen av frostskyddsvätska.

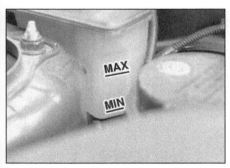

1 Kylvätskenivån varierar med motorns temperatur. När motorn är kall ska kylvätskenivån vara mellan MAX- och MIN-markeringen på sidan av expansionskärlet. När motorn är varm stiger nivån.

2 **Vänta med att fylla på kylvätska** tills motorn är kall. Skruva sakta och försiktigt loss locket till expansionskärlet, så att övertrycket i kylsystemet släpps ut, och ta sedan bort locket.

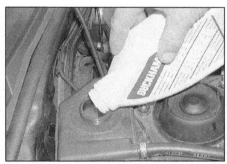

3 Häll en blandning av vatten och frost-skyddsvätska i expansionskärlet tills kylvätskenivån befinner sig mellan nivå-markeringarna. Skruva sedan åt expansions-kärlets lock ordentligt.

Broms- och kopplingsvätskenivå*

*På modeller med manuell växellåda förser bromsvätskebehållaren även kopplingens huvudcylinder med vätska.

Varning:
● **Bromsvätska kan skada dina ögon och även bilens lack, så var ytterst försiktig vid hantering av vätskan.**
● **Använd inte bromsvätska ur ett kärl som har stått öppet en längre tid. Bromsvätska drar åt sig fukt från luften, vilket kan försämra bromsegenskaperna avsevärt.**

HAYNES TiPS ● Se till att bilen står på plan mark.
● Nivån i bromsvätske-behållaren sjunker en aning allt eftersom bromsklossarna slits. Nivån får dock aldrig sjunka under MIN-markeringen.

Säkerheten främst!

● Om bromsvätskebehållaren måste fyllas på ofta tyder det på en läcka i systemet. Detta måste undersökas omedelbart.

● Om systemet misstänks läcka, kör inte bilen förrän bromssystemet har kontrollerats. Ta aldrig några risker med bromsarna.

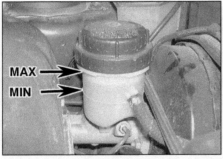

1 Den övre (MAX) och nedre (MIN) nivåmarkeringen återfinns på sidan av behållaren, som är placerad i motor-rummets bakre högra hörn. Vätskenivån måste alltid hållas mellan dessa markeringar.

2 Om bromsvätska behöver fyllas på, rengör först området runt påfyllnings-locket för att förhindra att smuts kommer in i bromssystemet.

3 Fyll på vätska försiktigt. Var noga med att inte spilla på de omgivande kompon-enterna. Använd bara angiven vätska; om olika typer blandas kan systemet skadas. När vätskenivån är återställd, skruva på locket ordentligt och torka bort eventuellt spill.

Servostyrningens vätskenivå

Innan arbetet påbörjas
✔ Se till att bilen står på plan mark.
✔ Vrid ratten så att hjulen pekar rakt framåt.
✔ Stäng av motorn.

HAYNES TiPS För att kontrollen ska bli rättvisande får ratten inte vridas efter det att motorn har stängts av.

Säkerheten främst!
● Om servostyrningsvätska behöver fyllas på ofta tyder det på att systemet läcker. Undersök och åtgärda problemet på en gång.

1 Servostyrningens vätskebehållare är placerad till höger i motorrummet. Vätskan ska vara kall när nivån kontrolleras. Torka av behållaren innan locket skruvas loss.

2 Torka av påfyllningslockets mätsticka, sätt tillbaka locket och ta sedan upp det igen. Läs av vätskenivån på mätstickan.

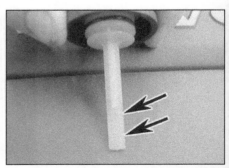

3 När vätskan är kall ska nivån vara mellan den övre (MAX) och den nedre (MIN) markeringen på mätstickan. Fyll på behållaren med angiven typ av vätska (fyll inte på för mycket), sätt sedan tillbaka locket och dra åt det ordentligt.

Batteri

Varning: Läs "Säkerheten främst!" i början av den här boken innan några arbeten utförs på batteriet.

✔ Kontrollera att batterihyllan är i gott skick och att klämman sitter ordentligt. Korrosion på batterihyllan, klämman eller själva batteriet kan tas bort med en lösning av vatten och bikarbonat. Skölj sedan alla delar med vatten. Alla rostskadade metalldelar bör först målas med en zinkbaserad grundfärg och därefter lackeras.

✔ Kontrollera regelbundet (ungefär var tredje månad) batteriets skick enligt beskrivning i kapitel 5A.

✔ Om batteriet är urladdat och du behöver hjälp för att starta bilen, se *Reparationer vid vägkanten*.

HAYNES TiPS

Korrosion på batteriet kan hållas till ett minimum om man lägger på lite vaselin på batteriklämmorna och polerna när man har dragit åt dem.

1 Batteriet sitter i det främre, vänstra hörnet i motorrummet. Undersök batteriet regelbundet utvändigt för att se om det har skador, som t.ex. sprickor i höljet. Undersök även batterikablarna

3 Om korrosion finns (vita, porösa avlagringar), ta bort kablarna från batteripolerna, rengör dem med en liten stålborste och sätt tillbaka dem. Hos en tillbehörsbutik kan man köpa ett särskilt verktyg för rengöring av batteripoler . . .

2 Kontrollera att båda batterikabelklämmorna är ordentligt anslutna så att de ger god elektrisk ledning.

4 . . . och kabelskor.

Elsystem

✔ Kontrollera alla yttre lampor samt signalhornet. Se aktuella avsnitt i kapitel 12 för närmare information om någon av kretsarna inte fungerar.

✔ Se över alla tillgängliga kontaktdon, kablar och kabelklämmor, så att de sitter ordentligt och inte är skavda eller på annat sätt skadade.

HAYNES TiPS *Om du måste kontrollera bromsljus eller blinkers ensam, backa upp mot en vägg eller en garageport och slå på ljusen. Det reflekterande skenet visar om de fungerar eller inte.*

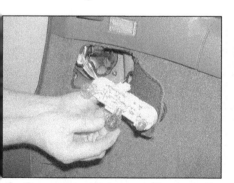

1 Om enstaka blinkers, strålkastare eller bromsljus inte fungerar, beror det förmodligen på en trasig glödlampa. Se kapitel 12 för mer information. Om båda bromsljusen är ur funktion är det möjligt att kontakten är defekt (se kapitel 9).

2 Om mer än en blinkers eller ett bakljus inte fungerar, är det troligt att en säkring har gått eller att ett fel har uppstått i kretsen (se kapitel 12). De flesta säkringarna sitter i säkringsdosan bakom den nedre instrumentbrädespanelen på förarsidan; ta bort luckan för att komma åt dem. Ytterligare säkringar sitter i motorrummets säkrings-/relädosa.

3 För att byta en trasig säkring, ta bort säkringen med verktyget (sitter på luckan) och ersätt den med en ny säkring av rätt kapacitet (instrumentbrädespanelen borttagen i bilden). Om den nya säkringen också går, måste den bakomliggande orsaken undersökas (se *Elektrisk felsökning* i kapitel 12).

Däckens skick och lufttryck

Det är mycket viktigt att däcken är i bra skick och har korrekt lufttryck - däckhaverier är farliga i alla hastigheter.

Däckslitage påverkas av körstil - hårda inbromsningar och accelerationer eller snabb kurvtagning, samverkar till högt slitage. Generellt sett slits framdäcken ut snabbare än bakdäcken. Axelvis byte mellan fram och bak kan jämna ut slitaget, men om detta är för effektivt kan du komma att behöva byta alla fyra däcken samtidigt.

Ta bort spikar och stenar som bäddats in i mönstret innan dessa tränger genom och orsakar punktering. Om borttagandet av en spik avslöjar en punktering, stick tillbaka spiken i hålet som markering, byt omedelbart hjul och låt en däckverkstad reparera däcket.

Kontrollera regelbundet att däcken är fria från sprickor och blåsor, speciellt i sido-väggarna. Ta av hjulen med regelbundna mellanrum och rensa bort all smuts och lera från inte och yttre ytor. Kontrollera att inte fälgarna visar spår av rost, korrosion eller andra skador. Lättmetallfälgar skadas lätt av kontakt med trottoarkanter vid parkering, stålfälgar kan bucklas. En ny fälg är ofta enda sättet att korrigera allvarliga skador.

Nya däck måste alltid balanseras vid monteringen men det kan vara nödvändigt att balansera om dem i takt med slitage eller om balansvikterna på fälgkanten lossnar.

Obalanserade däck slits snabbare och de ökar även slitaget på fjädring och styrning. Obalans i hjulen märks normalt av vibrationer, speciellt vid vissa hastigheter, i regel kring 80 km/tim. Om dessa vibrationer bara känns i styrningen är det troligt att enbart framhjulen behöver balanseras. Om istället vibrationerna känns i hela bilen kan bakhjulen vara obalanserade. Hjulbalansering ska utföras av däckverkstad eller annan verkstad med lämplig utrustning.

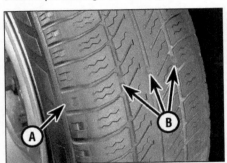

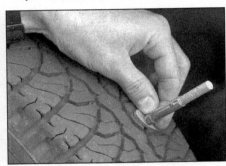

1 Mönsterdjup - visuell kontroll
Originaldäcken har slitagevarningsband (B) som uppträder när mönsterdjupet slitits ned till ca 1,6 mm. Bandens lägen anges av trianglar på däcksidorna (A).

2 Mönsterdjup - manuell kontroll
Mönsterdjupet kan även avläsas med ett billigt verktyg kallat mönsterdjupmätare.

3 Lufttryckskontroll
Kontrollera regelbundet lufttrycket i däcken när dessa är kalla. Justera inte luft-trycket omedelbart efter det att bilen har körts eftersom detta leder till felaktiga värden.

Däckslitage

Slitage på sidorna

Lågt däcktryck (slitage på båda sidorna)
Lågt däcktryck orsakar överhettning i däcket eftersom det ger efter för mycket, och slit-banan ligger inte rätt mot underlaget. Detta orsakar förlust av väggrepp och ökat slitage.
Kontrollera och justera däcktrycket
Felaktig cambervinkel (slitage på en sida)
Reparera eller byt ut fjädringsdetaljer
Hård kurvtagning
Sänk hastigheten!

Slitage i mitten

För högt däcktryck
För högt däcktryck orsakar snabbt slitage i mitten av däckmönstret, samt minskat väg-grepp, stötigare gång och fara för skador i korden.
Kontrollera och justera däcktrycket

Om du ibland måste ändra däcktrycket till högre tryck specificerade för max lastvikt eller ihållande hög hastighet, glöm inte att minska trycket efteråt.

Ojämnt slitage

Framdäcken kan slitas ojämnt som följd av felaktig hjulinställning. De flesta bilåterför-säljare och verkstäder kan kontrollera och justera hjulinställningen för en rimlig summa.
Felaktig camber- eller castervinkel
Reparera eller byt ut fjädringsdetaljer
Defekt fjädring
Reparera eller byt ut fjädringsdetaljer
Obalanserade hjul
Balansera hjulen
Felaktig toe-inställning
Justera framhjulsinställningen
Notera: *Den fransiga ytan i mönstret, ett typiskt tecken på toe-förslitning, kontrolleras bäst genom att man känner med handen över däcket.*

Spolarvätskenivå

● Spolarvätskekoncentrat rengör inte bara rutan, utan fungerar också som frostskydd så att spolarvätskan inte fryser under vintern. Fyll inte på med enbart vatten eftersom spolarvätskan då späds ut och kan frysa. *Använd aldrig kylvätska i spolarsystemet – det kan missfärga och skada lacken.*

 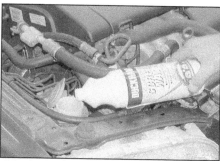

1 Påfyllningsröret till spolarvätskans behållaren sitter i det främre, högra hörnet i motorrummet. Samma behållare förser bilens alla spolarsystem med vätska.

2 När behållaren fylls på ska spolarvätskekoncentrat tillsättas enligt instruktionerna på flaskan.

Torkarblad

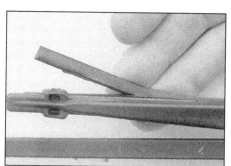 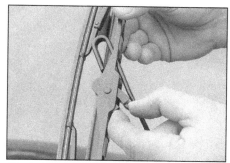

1 Undersök torkarbladens skick. Om de är spruckna eller visar andra tecken på slitage, eller om vindrutan inte blir ren, byt ut bladen. Torkarbladen bör bytas ut en gång per år.

2 Böj ut torkararmen så långt från rutan det går innan den spärras. Vinkla bladet 90°, tryck in låsfliken med fingrarna och dra ut bladet ur armens böjda ände.

Smörjmedel och vätskor

Motor . . . . Multigrade motorolja, viskositet SAE 10W/30, 10W/40, eller 15W/40, till ACEA A1 eller A3, API SH eller SJ

Kylsystem . . . . Etylenglykolbaserad frostskyddsvätska

Manuell växellåda:

  M3P, M5P, M5D . . . . Volvo syntetisk växellådsolja 3345534-6

  M5M42 / F5M45 . . . . Volvo syntetisk växellådsolja 1161520-7

  M56 . . . . Volvo syntetisk växellådsolja 1161423-7

Automatväxellåda:

  AW50-42 (4-växlad, fram till 2001) . . . . Volvo syntetisk växellådsolja (Dexron typ III)

  AW55-50 (5-växlad, 2001 och framåt) . . . . Volvo syntetisk växellådsolja 1161540-8 (till JWS 3309)

Bromssystem . . . . Broms- och kopplingsvätska till DOT 4+

Servostyrning . . . . Dexron typ ATF

Däcktryck (kalla däck)

Observera: *Angivna tryck gäller endast originaldäck. Om andra däck monteras, kontrollera tillverkarens eller återförsäljarens rekommendationer.*

Observera: *Däcken måste vara kalla när däcktrycket kontrolleras för att korrekta värden ska erhållas. Nedan anges typiska däcktryck. De exakta värdena för varje bil anges på en etikett fäst på förarsidans dörr, nedanför låset.*

	Fram	Bak
Upp till tre passagerare	2,2 bar	2,0 bar
Full last	2,3 bar	2,3 bar
Utrymmessparande reservhjul	4,2 bar	4,2 bar

Kapitel 1
Rutinunderhåll och service

Innehåll

Svårighetsgrader

Enkelt, passar novisen med lite erfarenhet | **Ganska enkelt,** passar nybörjaren med viss erfarenhet | **Ganska svårt,** passar kompetent hemmamekaniker | **Svårt,** passar hemmamekaniker med erfarenhet | **Mycket svårt,** för professionell mekaniker

Smörjmedel och vätskor	Se slutet av *Veckokontroller*

Volymer

Motorolja (inklusive filter)
Modeller t.o.m. 1997	5,3 liter
Modeller fr.o.m. 1998, utom GDI motor	5,4 liter
Modeller med GDI motor	3,8 liter

Kylsystem
Om systemet är helt tomt:	
Modeller utan turbo, utom GDI motor	6,3 liter
Modeller med GDI motor	6,0 liter
Turbomodeller	5,7 liter
Tömning och påfyllning (ca)	5,0 liter

Manuell växellåda
Modeller utan turbo, utom GDI motor	3,4 liter
Modeller med GDI motor	2,2 liter
Turbomodeller	2,1 liter

Automatväxellåda
4-växlad:	
Totalt (inklusive oljekylare och slangar)	7,7 liter
Endast momentomvandlare	2,5 liter
Skillnad mellan MIN- och MAX-nivån på mätstickan	0,5 liter
5-växlad:	
Totalt (inklusive oljekylare och slangar)	7,5 liter
Skillnad mellan MIN- och MAX-nivån på mätstickan	0,2 liter

Spolarvätskebehållare
Utan strålkastarspolare	3,5 liter
Med strålkastarspolare	4,5 liter

Bränsletank .... 60 liter

Kylsystem

Frostskyddsblandning:	
50 % frostskyddsvätska	Skydd ner till -37 °C
55 % frostskyddsvätska	Skydd ner till -45 °C

Observera: *Se information från tillverkaren av frostskyddsvätskan för senaste rekommendationer.*

Tändsystem

	Tändstift	Elektrodavstånd*
1.6 liters modeller	Bosch FGR 7 DQE 0	1,4 mm
1.8 liters modeller		
Alla motorer utom GDI	Bosch FGR 7 DQE 0	1,4 mm
GDI motorer	Bosch FR 7 DTC	0,8 mm
1.9 liters modeller	Bosch FR 7 DPP 10	0,7 mm
2.0 liters modeller		
Utan turbo	Bosch FGR 7 DQE 0	1,4 mm
Turbomodeller	Bosch FR 7 DPP 10	0,7 mm

Det elektrodavstånd som anges är det som rekommenderas av Bosch för deras tändstift som anges ovan. Om tändstift av annan typ används, se respektive tillverkares rekommendationer.

Bromsar

Bromsklossbeläggens tjocklek (fram/bak)	minst 2,0 mm

Åtdragningsmoment

	Nm
Generatorns pivåmutter	44
Hjulmuttrar	110
Manuell växellådas avtappningsplugg:	
Modeller utan turbo, utom GDI	22
Modeller med GDI motor	32
Turbomodeller	35
Manuell växellådas påfyllnings-/nivåplugg:	
Modeller utan turbo, utom GDI (plastplugg)	Dra åt för hand
Modeller med GDI motor	32
Turbomodeller	35
Motoroljesumpens avtappningsplugg:	
Alla utom GDI motor	35
GDI motor	39
Oljefilter (modeller med utbytbar filterkassett):	
Alla utom GDI motor	25
GDI motor	14
Tändspolens fästbultar	10
Tändstift	25

Underhållsschemat i denna handbok gäller under förutsättning att arbetet utförs av hemmamekanikern själv och inte av en verkstad. Detta är de minimiintervall för underhåll som vi rekommenderar för fordon som körs varje dag. Om bilen konstant ska hållas i toppskick bör vissa moment utföras oftare. Vi rekommenderar tätt och regelbundet underhåll eftersom det höjer bilens effektivitet, prestanda och andrahandsvärde.

Om bilen körs på dammiga vägar, ofta drar släpvagn eller ofta körs på låga hastigheter (tomgång i stadstrafik) eller korta sträckor, rekommenderas också tätare intervall.

När bilen är ny ska underhållsservice utföras av en auktoriserad verkstad så att garantin ej förverkas.

Var 7500:e km eller var sjätte månad

☐ Byt motorolja och filter (avsnitt 3)
☐ Återställ servicelampan (avsnitt 4)

Observera: Täta olje- och filterbyten är bra för motorn. Vi rekommenderar oljebyten efter de körsträckor som anges här, eller två gånger om året om den angivna körsträckan inte uppnås.

Var 15 000:e km eller var tolfte månad, det som först inträffar

☐ Byt pollenfilter (avsnitt 5)
☐ Kontrollera startspärrens funktion – modeller med automatväxellåda (avsnitt 6)
☐ Kontrollera alla komponenter, rör och slangar med avseende på läckage (avsnitt 7)
☐ Kontrollera drivremmens skick (avsnitt 8)
☐ Kontrollera kylvätskans skick (avsnitt 9)
☐ Kontrollera växellådans oljenivå (avsnitt 10 eller 11)
☐ Kontrollera handbromsens funktion (avsnitt 12)
☐ Kontrollera bromsklossarna och skivorna med avseende på slitage (avsnitt 13)
☐ Kontrollera avgassystemets skick (avsnitt 14)
☐ Kontrollera drivaxeldamaskernas skick (avsnitt 15)
☐ Kontrollera styrningens och fjädringens komponenter med avseende på skick och säkerhet (avsnitt 16)
☐ Smörj alla dörrlås och gångjärn, dörrstopp, motorhuvens lås samt bakluckans lås och gångjärn (avsnitt 17)
☐ Kontrollera strålkastarinställningen och justera om så behövs (avsnitt 18)
☐ Kontrollera torkarnas/spolarsystemens funktion (avsnitt 19)
☐ Rengör den elektriska antennen (avsnitt 20)
☐ Utför ett landsvägsprov (avsnitt 21)

Var 30 000:e km eller vartannat år, det som först inträffar

☐ Byt broms-/kopplingsvätska (avsnitt 22)
☐ Undersök om underredestätningen har skador (avsnitt 23)

Var 45 000:e km eller vart tredje år, det som först inträffar

☐ Byt tändstift (avsnitt 24)
☐ Byt luftfilter (avsnitt 25)

Var 60 000:e km eller vart fjärde år, det som först inträffar

☐ Byt automatväxellådans olja – endast på bilar som ofta drar släpvagn eller körs korta sträckor (avsnitt 26)
☐ Rengör bromsservons vakuumrör och portar – endast GDI motor (avsnitt 27)
☐ Rengör trottelhuset – endast GDI motor (avsnitt 28)
☐ Kontrollera vevhusventilationen och byt ut flamskyddet (avsnitt 29)

Var 120 000:e km eller vart åttonde år, det som först inträffar

☐ Byt bränslefilter (avsnitt 30)
☐ Byt kamrem (avsnitt 31)*
☐ Byt drivrem (avsnitt 32)

*Observera: Även om detta är ett normalt intervall för kamremsbyte, rekommenderar vi starkt att intervallen minskas till var 60 000:e km/vart fjärde år på bilar som körs intensivt, d.v.s. i huvudsak korta resor eller körning med många stopp och starter, som i stadstrafik. Det är således upp till ägaren hur ofta remmen byts, men tänk på att motorn skadas allvarligt om remmen går av.

Vartannat år, oberoende av körsträcka

☐ Byt ut kylvätskan (avsnitt 33)

Motorrummet på en modell med 1.8 liters GDI motor (motorkåpan demonterad)

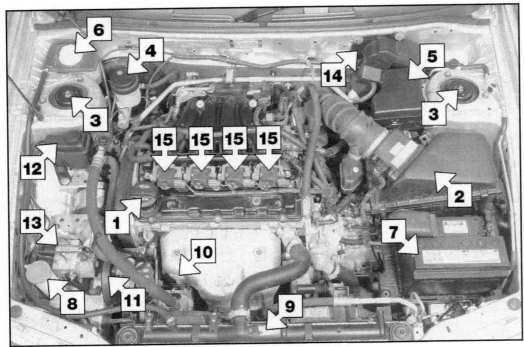

1 Påfyllningslock för motorolja
2 Luftrenare
3 Fjäderbenets övre fäste
4 Broms- (och kopplings) vätskebehållare
5 Säkrings- och relädosa
6 Kylsystemets expansionskärl
7 Batteri
8 Spolarvätskebehållare
9 Kylare
10 Mätsticka för motorolja
11 Servostyrningspump
12 Servostyrningsvätskans behållare
13 ABS-enhet
14 Vindrutetorkarmotor
15 Tändspolar

Motorrummet på en 2.0 liters motor utan turbo (övriga liknande)

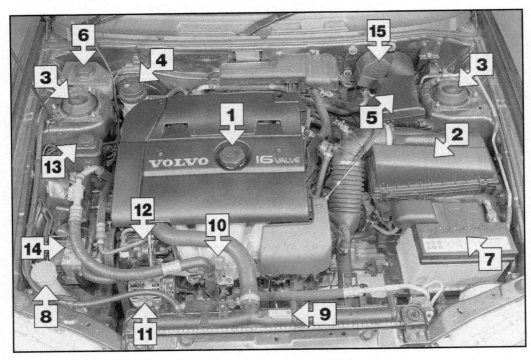

1 Påfyllningslock för motorolja
2 Luftrenare
3 Fjäderbenets övre fäste
4 Broms- (och kopplings) vätskebehållare
5 Säkrings- och relädosa
6 Kylsystemets expansionskärl
7 Batteri
8 Spolarvätskebehållare
9 Kylare
10 Mätsticka för motorolja
11 Generator
12 Servostyrningspump
13 Servostyrningsvätskans behållare
14 ABS-enhet
15 Vindrutetorkarmotor

Främre underrede på en modell med 2.0 liters motor utan turbo (övriga liknande)

1 Främre avgasrör
   (nedåtgående)
2 Oljefilter
3 Avtappningsplugg för
   motorolja
4 Luftkonditioneringens (AC)
   kompressor
5 Länkarm
6 Styrstag
7 Drivaxel
8 Motorns/växellådans
   tvärbalk
9 Växellådans länksystem
10 Kolkanister

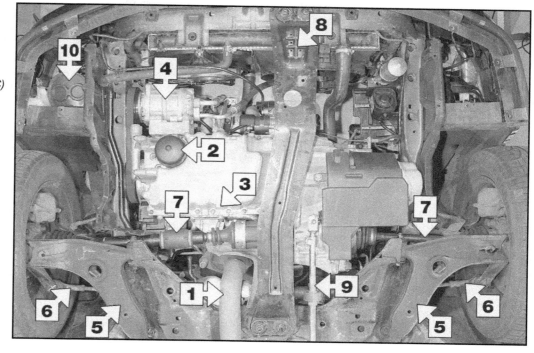

Bakre underrede på en modell med 2.0 liters motor utan turbo (övriga liknande)

1 Avgassystemets bakre
   ljuddämpare
2 Bränsletank
3 Krängningshämmare
4 Tvärarm
5 Styrlänk
6 Övre länk
7 Hjälparm

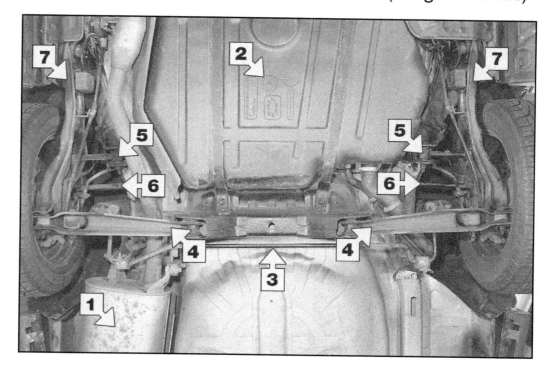

1 Allmän information

Detta kapitel är utformat för att hjälpa hemmamekanikern att underhålla sin bil på ett sådant sätt att den förblir säker och ekonomisk och ger lång tjänstgöring och topprestanda.

Kapitlet innehåller ett underhållsschema som följs av avsnitt som i detalj behandlar åtgärderna i schemat. Kontroller, justeringar, byte av delar och annat nyttigt är inkluderat. Se de tillhörande bilderna av motorrummet och underredet vad gäller de olika delarnas placering.

Underhåll av bilen enligt schemat för tid/körsträcka och de följande avsnitten ger ett planerat underhållsprogram som bör resultera i lång och pålitlig tjänstgöring för bilen. Planen är heltäckande, och om man väljer att bara underhålla vissa delar vid angivna tidpunkter, men inte andra, går det inte att garantera samma goda resultat.

Under arbetet med bilen kommer det att visa sig att många arbeten kan – och bör – utföras samtidigt, antingen på grund av arbetsmomentens art eller för att två annars orelaterade delar råkar finnas nära varandra. Om bilen t.ex. lyfts upp av någon orsak, kan kontroll av avgassystemet utföras samtidigt som styrning och fjädring kontrolleras.

Det första steget i detta underhållsprogram är att vidta förberedelser innan själva arbetet påbörjas. Läs igenom relevanta avsnitt, gör sedan upp en lista på vad som behövs och skaffa fram verktyg och delar. Om problem dyker upp, rådfråga en specialist på reservdelar eller vänd dig till återförsäljarens serviceavdelning.

2 Rutinunderhåll

Om underhållsschemat följs noga från det att bilen är ny och om vätske- och oljenivåerna och de delar som utsätts för stort slitage kontrolleras enligt denna handboks rekommendationer, hålls motorn i bra skick och behovet av extra arbete minimeras.

Ibland går en motor dåligt på grund av bristande underhåll. Risken för detta ökar förstås om bilen är begagnad och inte har fått tät och regelbunden service. I sådana fall kan extra arbeten behöva utföras utöver det normala underhållet.

Om motorn misstänks vara sliten ger ett kompressionsprov (se kapitel 2A) värdefull information om de inre huvudkomponenternas skick. Ett kompressionsprov kan användas för att avgöra omfattningen på det kommande arbetet. Om provet avslöjar allvarligt inre slitage är det slöseri med tid och pengar att utföra underhåll på det sätt som beskrivs i detta kapitel, om inte motorn först genomgår en renovering.

Följande åtgärder är de som oftast behöver vidtas för att förbättra prestanda hos en motor som går dåligt:

Primära åtgärder

a) Rengör, undersök och testa batteriet (se Veckokontroller).
b) Kontrollera alla motorrelaterade oljor och vätskor (se Veckokontroller).
c) Kontrollera drivremmens skick (avsnitt 8).
d) Byt tändstift (avsnitt 24).
e) Kontrollera luftfiltrets skick och byt vid behov (avsnitt 25).
f) Byt bränslefilter (avsnitt 30).
g) Kontrollera skicket på samtliga slangar och leta efter läckor (avsnitt 7).

Om ovanstående inte ger resultat, gör följande:

Sekundära åtgärder

Alla åtgärder som anges ovan, samt följande:
a) Kontrollera laddningssystemet (se kapitel 5A).
b) Kontrollera tändsystemet (se kapitel 5B).
c) Kontrollera bränslesystemet (se kapitel 4A eller 4B).

Var 7 500:e km eller var sjätte månad

3 Motorolja och filter – byte

1 Täta oljebyten är det bästa förebyggande underhåll en hemmamekaniker kan ge en motor. Begagnad olja blir med tiden utspädd och förorenad, vilket medför att motorn slits ut i förtid.
2 Se till att ha alla nödvändiga verktyg till hands innan arbetet påbörjas. Flera trasor och massor av tidningspapper kommer att behövas för att torka upp spill. Oljan ska helst bytas medan motorn fortfarande har normal arbetstemperatur, just efter att den har körts. Varm olja flyter lättare och tar med sig mer slam ut. Se dock till att inte vidröra avgassystemet eller andra varma delar vid arbetet under bilen. Använd handskar för att undvika skållning och för att skydda huden mot skadliga föroreningar i den gamla oljan.

3 Det är betydligt lättare att komma åt bilens undersida om den hissas upp med en lyft, körs upp på ramper eller ställs på pallbockar (se Lyftning och stödpunkter). Oavsett metod, se till att bilen står plant, eller om den lutar, att oljesumpens avtappningsplugg hamnar längst ner. På vissa modeller måste man ta bort en kåpa under motorn för att komma åt oljesumpen och filtret.
4 Placera ett avtappningskärl under avtappningspluggen och skruva loss pluggen **(se bild)**. Om det går, försök att hålla pluggen intryckt mot oljesumpen när den skruvas loss för hand de sista varven.

 HAYNES TiPS *När avtappningspluggen tas bort från de sista gängorna, dra undan den snabbt så att oljan som rinner ut hamnar i avtappningskärlet och inte i din ärm!*

5 Vänta tills all gammal olja har runnit ner i kärlet. Man kan behöva flytta på kärlet när oljeflödet minskar och övergår till ett droppande **(se bild)**.
6 När all olja har runnit ut, torka av

3.4 Skruva loss oljesumpens avtappningsplugg . . .

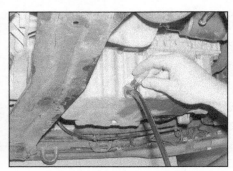

3.5 . . . och låt oljan rinna ner i behållaren

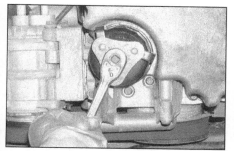

3.6a Sätt en ny tätningsbricka på pluggen . . .

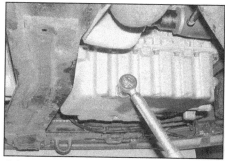

3.6b . . . sätt tillbaka den i oljesumpen och dra åt den till angivet moment

3.7 På vissa modeller sitter det en plast- eller metallkåpa över filtret

3.8 Skruva loss filterhuset med ett tätt åtsittande filterverktyg (senare modell med plasthus visad)

3.10a Ta bort det gamla filtret . . .

3.10b . . . och montera ett nytt, tryck det på plats tills det hakar i tappen på insidan av huset

avtappningspluggen och gängorna i oljesumpen. Sätt en ny tätningsbricka på pluggen, sätt sedan tillbaka den i oljesumpen och dra åt den till angivet moment **(se bilder)**.

7 Oljefiltret sitter längst ner på oljesumpen, på höger sida. På vissa modeller kan det sitta en plast- eller metallkåpa över filtret, fäst med två bultar – ta i så fall bort denna kåpa för att komma åt filtret **(se bild)**.

8 Placera avtappningskärlet under filtret. Lossa filtret, med ett filterverktyg om så behövs, och skruva sedan loss det för hand. Var beredd på oljespill. Töm oljan från filtret i kärlet. Vissa senare modeller har ett oljefilterhus av plast med ett utbytbart oljefilter. Använd ett spännband eller ett borttagningsverktyg som sluter tätt över det sexkantiga plasthuset för att undvika skador på huset när filter av den här typen tas bort **(se bild)**.

9 Rengör motorblocket runt filterfästet med en ren, luddfri trasa. Kontrollera om gummitätningsringen från det gamla filtret har fastnat på motorn. Ta försiktigt bort den om så är fallet.

10 På modeller med utbytbart filterelement, dra bort det gamla filterelementet från plasthuset, eller från motorn om det har fastnat där. Rengör filterhuset med en ren trasa. Montera sedan det nya filterelementet och tryck det på plats tills det hakar i tappen på insidan av huset. Montera den nya tätningsringen, som levererades med filterelementet, över gängorna på filterhuset och smörj den med ren motorolja **(se bilder)**.

11 Skruva fast filtret på motorn tills det sätter sig i rätt läge och dra åt ordentligt för hand – **använd inte** några verktyg.

12 På modeller med utbytbart filterelement, skruva fast filterhuset på motorn tills det sätter

3.10c Sätt på den nya tätningsringen över gängorna på filterhuset . . .

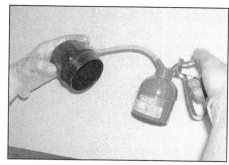

3.10d . . . och smörj den med ren motorolja

sig på plats, dra sedan åt ordentligt för hand. Dra slutligen åt huset till angivet moment med hjälp av samma spännband eller verktyg som användes vid demonteringen **(se bilder)**. Sätt tillbaka eventuell oljefilterkåpa.

3.12a Skruva fast filterhuset på motorn . . .

3.12b . . . och dra sedan åt huset till angivet moment med hjälp av samma verktyg som användes vid demonteringen (senare modell med plasthus visas)

3.14a Ta bort mätstickan . . .

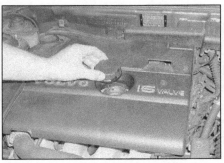

3.14b . . . och oljepåfyllningslocket från motorn

3.14c Fyll motorn med olja av rätt klass och typ

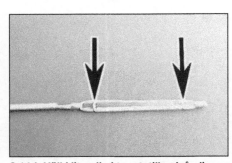

3.14d Häll i lite olja i taget, tills nivån ligger halvvägs mellan mätstickans nedre och övre nivåmarkering

13 Ta bort oljekärlet och alla verktyg och sänk ner bilen.
14 Ta bort mätstickan och oljepåfyllningslocket från motorn. Fyll motorn med olja av rätt klass och typ (se specifikationerna). Börja med att hälla i halva den angivna mängden och vänta några minuter så att oljan hinner sjunka ner i oljesumpen. Fortsätt att hälla i olja, lite i taget, tills nivån ligger någonstans mellan de två markeringarna på mätstickan (se bilder).
15 Starta motorn. Det tar några sekunder innan varningslampan för oljetryck på instrumentbrädan slocknar. Det nya filtret ska fyllas med olja och sedan måste trycket byggas upp så att varningslampan för oljetryck slocknar. Varva inte upp motorn högre än tomgång medan varningslampan lyser. Låt motorn gå i några minuter och leta under tiden efter läckor runt oljefiltertätningen och avtappningspluggen.
16 Stäng av motorn och vänta ett par minuter så att oljan får rinna tillbaka till oljesumpen. Kontrollera nivån igen med oljestickan när den nya oljan har cirkulerat och oljefiltret är fullt. Fyll på mer olja om det behövs, för att få upp nivån till MAX-markeringen på mätstickan.
17 Ta hand om den använda motoroljan på ett säkert sätt och i enlighet med gällande miljöförordningar (se *Allmänna reparationsanvisningar*).

4 Servicelampa – återställning

1 Börja med tändningen avslagen. Tryck in och håll återställningsknappen för trippmätaren, slå sedan på tändningen medan trippmätarknappen hålls intryckt.
2 Om trippmätarknappen släpps inom 4 sekunder efter det att tändningen slagits på, ska man höra en signal som bekräftar att lampan har återställts, och lampan ska slockna.
3 Om knappen hålls in längre än 10 sekunder med tändningen på, börjar lampan blinka, men detta betyder inte att lampan har återställts. Om 4-sekundersintervallet missas, slå av tändningen igen och upprepa proceduren.

Var 15 000:e km eller var tolfte månad

5 Pollenfilter – byte

1 Skruva loss fästskruvarna och ta bort den nedre panelen från instrumentbrädan på passagerarsidan. Pollenfiltret är monterat på

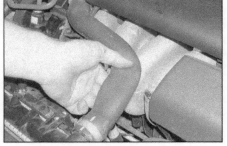

7.1 Undersök noga kylarens och värmeenhetens kylvätskeslangar längs hela deras längd – sprickor syns bättre om slangen kläms ihop

undersidan av luftkanalen/förångarhuset (efter tillämplighet) och förbinder fläktmotorhuset med värme-/ventilationshuset.
2 Lossa fästklämman och dra bort pollenfiltret. Notera åt vilket håll det är monterat.
3 Skjut in det nya filtret i kanalen/huset, se till att sätta det åt rätt håll och fästa det ordentligt. Sätt sedan tillbaka instrumentbrädespanelen.

6 Automatväxellådans startspärr – kontroll

Observera: *Det här momentet gäller endast modeller med automatväxellåda.*
1 Parkera bilen på plan mark och slå av tändningen.
2 Kontrollera att motorn endast kan startas med växelväljaren i läge P eller N.
3 Om motorn kan startas med växelväljaren i något annat läge är det fel på växelväljarens lägesgivare och felet måste åtgärdas så snart som möjligt (se kapitel 7B).

7 Slangar och oljeläckage – kontroll

Kylsystem

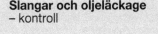

Varning: Se anvisningarna i "Säkerheten främst!" och i kapitel 3 innan något arbete utförs på kylsystemet.

1 Undersök kylaren och hela kylvätskeslangarna noggrant. Byt ut slangar som är svullna, spruckna eller visar andra tecken på åldrande (se bild). Var extra noga med klämmorna som håller fast slangarna vid kylsystemets komponenter. Slangklämmor som har dragits åt för hårt kan punktera slangarna med läckor i kylsystemet som följd.
2 Undersök alla delar av kylsystemet (slangar, fogytor m.m.) och leta efter läckor. Om läckor

Kylvätskeläckage visar sig vanligen som vita eller rostfärgade porösa avlagringar i området runt läckan.

7.4 Undersök bränsleledningarna vid snabbanslutningarna till insprutningsbryggan

7.11 Undersök skicket på servostyrnings-pumpens vätskeslangar. Var extra noga med de kontaktpressade anslutningarna

förekommer måste den drabbade komponenten eller dess packning bytas ut enligt beskrivning i kapitel 3 **(se Haynes Tips)**.

Bränslesystem

⚠️ *Varning: Se anvisningarna i "Säkerheten främst!" och i kapitel 4 innan något arbete utförs på bränslesystemet.*

3 Bränsleläckor är svåra att upptäcka om inte läckaget är kraftigt och därför syns tydligt. Bränsle tenderar att förångas snabbt vid kontakt med luft, särskilt i ett varmt motorrum. Små droppar kan försvinna innan själva läckan upptäcks. Om ett läckage i motorrummet misstänks, låt bilen stå över natten. Kallstarta sedan motorn med motorhuven öppen. Metallkomponenter krymper en aning när de blir kalla och gummitätningar och slangar blir lite stela, så eventuella läckor blir lättare att hitta när motorn värms upp efter en kallstart.

4 Undersök alla bränsleledningar vid anslutningarna till insprutningsbryggan, bränsletrycksregulatorn och bränslefiltret, och leta efter hål och sprickor på alla gummi-bränsleslangar. Leta efter läckor i de veckade skarvarna mellan gummislangarna och metalledningarna. Undersök anslutningarna mellan bränsleledningarna av metall och bränslefiltrets hus. Undersök även området runt bränslespridarna för att se om det förekommer O-ringsläckage **(se bild)**.

5 För att kunna leta efter läckor mellan bränsletanken och motorrummet, lyft upp bilen och ställ den på pallbockar. Undersök bränsletanken och påfyllningsröret och leta efter hål, sprickor och andra skador. Anslutningen mellan påfyllningsröret och tanken är särskilt kritisk. Ibland läcker ett påfyllningsrör av gummi eller en slang beroende på att slangklämmorna är för löst åtdragna eller för att gummit har åldrats.

6 Undersök noga alla gummislangar och metallrör som leder från tanken. Leta efter lösa anslutningar, åldrade slangar, veck på rör och andra skador. Var extra uppmärksam på ventilationsrör och slangar som ofta är lindade runt påfyllningsröret och kan bli igensatta eller veckade så att det blir svårt att tanka. Följ bränsletillförsel- och returledningarna till den

främre delen av bilen och leta noga efter tecken på skador och rost. Byt ut skadade delar.

Motorolja

7 Undersök området kring kamaxelkåpan, topplocket, oljefiltret och oljesumpens fogytor. Tänk på att det med tiden är naturligt med en viss genomsippring i dessa områden. Sök efter tecken på allvarligt läckage som orsakats av en trasig packning. Motorolja som sipprar från botten på kamremskåpan eller balanshjulskåpan kan vara tecken på att vevaxelns eller växellådans ingående axels oljetätning läcker. Om ett läckage påträffas, byt den defekta packningen eller tätningen enligt beskrivning i relevant kapitel i denna handbok.

Automatväxellådans olja

8 Där så är tillämpligt, undersök de slangar som går till växellådans oljekylare framtill i motorrummet och leta efter läckor. Titta också efter försämring som orsakats av korrosion, och andra skador som kan ha uppstått av t.ex. stenskott. Oljan är tunn och ofta rödfärgad.

Styrservovätska

9 Undersök slangen mellan vätskebehållaren och servostyrningspumpen samt returslangen från kuggstången till vätskebehållaren. Kontrollera även högtrycksslangen mellan pumpen och kuggstången.

10 Undersök varje slang noggrant. Leta efter slitage orsakat av korrosion och efter skador som orsakats av att slangarna tagit i marken eller av stenskott.

11 Var extra noga med kontaktpressade anslutningar och området runt de slangar som är fästa med justerbara skruvklämmor **(se bild)**. Styrservovätska är tunn och ofta rödfärgad.

Luftkonditioneringens köldmedium

⚠️ *Varning: Se anvisningarna i "Säkerheten främst!" samt i kapitel 3 beträffande farorna med att röra luftkonditioneringssystemets komponenter.*

12 Luftkonditioneringssystemet är fyllt med ett flytande köldmedium som hålls under högt tryck. Om systemet öppnas och tryck-utjämnas utan specialutrustning kommer köldmediet omedelbart att förångas och blanda sig med luften. Om vätskan kommer i kontakt med huden kan den orsaka allvarliga frostskador. Köldmediet innehåller också miljöfarliga ämnen ska därför inte släppas ut i luften.

13 Misstänkt läckage i luftkonditionerings-systemet ska omedelbart överlåtas till en Volvoverkstad eller en specialist på luftkonditioneringssystem. Läckage yttrar sig genom att köldmedienivån i systemet sjunker stadigt.

14 Vatten kan droppa från kondensatorns avtappningsrör under bilen omedelbart efter det att luftkonditioneringssystemet har använts. Detta är normalt och behöver inte åtgärdas.

Bromsvätska

⚠️ *Varning: Se anvisningarna i "Säkerheten främst!" i början av boken samt i kapitel 9 angående farorna vid hantering av bromsvätska.*

15 Undersök området runt bromsrörs-anslutningarna vid huvudcylindern och leta efter läckage (se kapitel 9). Leta också efter läckage runt bromsvätskebehållarens botten, som kan ha orsakats av en trasig tätning **(se bild)**. Undersök också bromsrörsanslutning-arna vid ABS hydraulenheten.

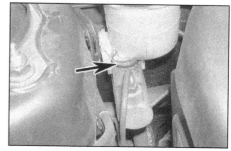

7.15 Undersök området runt bromsvätskebehållarens botten, leta efter läckage som kan ha orsakats av defekta tätningar

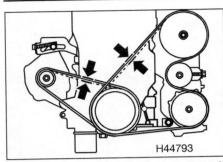

8.6 Kontroll av drivremmens avböjning på en GDI motor (modell med luftkonditionering visad)

16 Om vätskenivån har sjunkit märkbart utan att läckage kan upptäckas i motorrummet, ställ upp bilen på pallbockar och undersök bromsoken och bromsledningarna på bilens undersida. Vätskeläckage från bromssystemet är ett allvarligt fel som kräver omedelbar åtgärd.

17 Broms-/kopplingsvätska är giftig och den har en vattning konsistens. Ny vätska är i det närmaste färglös, men den mörknar med tid och användning.

Oidentifierade vätskeläckage

18 Om det finns tecken på att någon typ av vätska läcker från bilen, men det inte går att avgöra vilken sort det rör sig om eller varifrån den kommer, parkera bilen över en stor bit kartong över natten. Förutsatt att kartongbiten är placerad på rätt ställe, kommer även mycket små läckor att synas på den. Detta gör det lättare både att avgöra läckans källa samt att, med hjälp av dess färg, identifiera vilken typ av vätska det är. Tänk också på att vissa läckage bara ger ifrån sig vätska när motorn är igång.

Vakuumslangar

19 Bromssystemet är hydraulstyrt, men bromsservon förstärker kraften på broms-pedalen med hjälp av det vakuum som motorn skapar i insugsgrenröret. Vakuumet leds till servon genom en bred slang. Läckor i slangen minskar bromsarnas effektivitet och kan även påverka motorn.

20 Vissa av komponenterna under motor-huven, särskilt avgasreningssystemets delar, drivs också av vakuum från insugsröret, via smala slangar. En läcka i vakuumslangen innebär att luft kommer in i slangen (istället för att pumpas ut från den), vilket gör läckan mycket svår att upptäcka. En metod är att använda en bit gammal vakuumslang som ett slags stetoskop. Håll den ena änden vid (men inte i!) örat och placera den andra änden i området runt det misstänkta läckaget. När slangänden befinner sig direkt ovanför vakuumläckan hörs ett tydligt väsande ljud genom slangen. Motorn måste vara igång vid en sådan här undersökning, så var noga med att inte komma i kontakt med varma eller rörliga delar. Byt ut alla vakuumslangar som visar sig vara defekta.

8 Drivrem – kontroll

1 Drivremmen överför kraft från vevaxelns remskiva till generatorn, servostyrningens pump och luftkonditioneringens kompressor (efter tillämplighet). Modeller med GDI motor har två separata remmar.

Kontroll

2 Med motor och tändning avslagna, ställ upp motorhuven och lokalisera drivremmen på vevaxelns remskiva (motorns högra ände). På turbomodeller, ta bort den högra kåpan samt kåpan som sitter över den högra strålkastaren (höger sett utifrån förarsätet).

3 Använd en liten ficklampa eller liknande, vrid motorn (med en nyckel på muttern till vevaxelns remskiva om så behövs) och undersök hela drivremmen. Leta efter sprickor, bristningar i gummit och slitna eller trasiga ribbor. Se också efter om remmen har fransats eller blivit blanksliten.

4 Båda sidorna av remmen måste undersökas, så remmen måste vridas för att undersidan ska kunna ses. Känn med fingrarna på de delar av remmen som du inte kan se. Om det råder någon som helst tvekan om remmens skick, byt ut den (se avsnitt 32). För att skapa bättre arbetsutrymme, lyft upp framvagnen och ställ den på pallbockar. Ta sedan bort hjulet och vik undan hjulhusets innerskärm så att du kommer åt vevaxelns remskiva.

5 På alla modeller utom de med GDI motor, tryck ner remmen med tummen på en punkt i mitten av den längsta sträckningen, mellan vevaxelns och servostyrningspumpens remskivor. Kontrollera att den automatiska remspännaren rör sig fritt när remmen utsätts för tryck. Kontrollera också att spännaren drar tillbaka och tar upp allt fritt spel i remmen när trycket tas bort. Byt ut spännaren om den inte verkar fungera som den ska.

6 På modeller med GDI motor har båda drivremmarna manuella spännare. Under normala förhållanden bör drivremsspänningen inte behöva justeras. Kontrollera spänningen genom att trycka ner vardera remmen på dess övre sträckning, mitt emellan de två remskivorna. Remmens totala avböjning (upp och ner) ska vara mellan 10 och 12 mm – mer än så betyder att remmarna behöver justeras enligt beskrivning i avsnitt 32 **(se bild)**.

9 Kylvätska – kontroll av koncentration

⚠ **Varning: Vänta tills motorn är helt kall innan arbetet påbörjas. Låt inte kylvätska komma i kontakt med huden eller med bilens lackerade ytor. Spola omedelbart bort eventuellt spill med stora mängder vatten.**

1 Ett särskilt verktyg kommer att behövas för att testa frostskyddskoncentrationen; dessa verktyg kan köpas relativt billigt i de flesta biltillbehörsbutiker.

2 När motorn är helt kall, skruva loss påfyllningslocket från kylvätskans expansionskärl. Följ instruktionerna som medföljer testaren och mät om kylvätskeblandningens koncentration är tillräckligt hög för att ge skydd vid temperaturer långt under nollpunkten. Om kylvätskan har bytts ut regelbundet vid angivna intervall bör den vara tillräckligt koncentrerad. Om blandningen av någon anledning inte är tillräckligt stark för att ge bra skydd, måste kylsystemet tömmas och kylvätskan bytas ut (se avsnitt 33).

3 När koncentrationen är rätt, kontrollera kylvätskenivån (se *Veckokontroller*). Dra sedan åt expansionskärlets lock ordentligt.

10 Manuell växellåda – kontroll av oljenivå

1 Den manuella växellådan har ingen mätsticka. För att oljenivån ska kunna kontrolleras måste bilen ställas upp på pallbockar. Se till att bilen står plant (se *Lyftning och stödpunkter*). Skruva loss fästskruvarna och ta bort stänkskyddet. På växellådshusets framsida finns en påfyllnings-/nivåplugg (kan vara märkt "OIL") och på undersidan av huset sitter en avtappningsplugg. På turbomodeller sitter både påfyllnings-/nivåpluggen och avtappningspluggen på differentialhusets baksida, vända mot bilens vänstra sida. Påfyllnings-/nivåpluggen är den övre av de två **(se bilder)**.

2 Torka rent runt påfyllnings-/nivåpluggen med en ren trasa, skruva sedan loss pluggen. Om nivån är korrekt ska oljan nå upp till hålets nedre kant. Observera att olja kan samlas under nivåpluggen och sippra ut när pluggen tas bort. Det betyder inte nödvändigtvis att oljenivån är korrekt.

3 Om växellådan behöver mer olja (om nivån inte är upp till hålet), använd en pipett eller en plastflaska och ett rör för att fylla på mer. Sluta fylla på olja när den rinner ut ur hålet i en

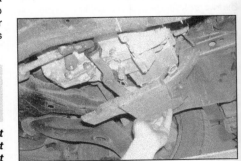

10.1a Skruva loss fästskruvarna och ta bort stänkskyddet från växellådans undersida

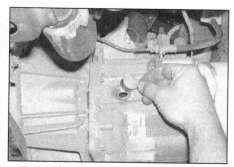

10.1b Påfyllnings-/nivåpluggen tas bort (modell utan turbo)

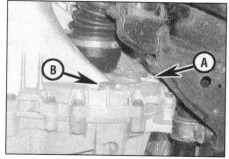

10.1c Påfyllnings-/nivåplugg (A) och avtappningsplugg (B) (turbomodeller)

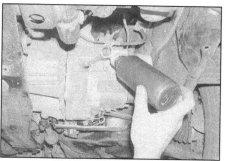

10.3 Fyll på växellådsolja

jämn ström. Se till att rätt typ av olja används **(se bild)**.

4 Kontrollera att pluggens tätningsring är i gott skick. Sätt sedan tillbaka pluggen i växellådan och dra åt den. På modeller med metallplugg ska denna dras åt till angivet moment. På senare modeller utan turbo, där pluggen är av plast, räcker det med att den dras åt för hand. Kör bilen en sväng och leta sedan efter läckor.

5 Om oljan behöver fyllas på regelbundet måste det bero på en läcka. Denna måste i så fall hittas och åtgärdas så snart som möjligt.

6 Även om det inte anges i tillverkarens rutinunderhållsschema, är det en bra idé att byta ut växellådsoljan när bilen har gått väldigt många mil, eller kanske periodvis på en bil som ofta drar släp. En avtappningsplugg finns – se kapitel 7A för information.

11 Automatväxellåda – kontroll av oljenivå

1 Automatväxellådans oljenivå ska hållas under noggrann uppsikt. För låg oljenivå kan leda till slirning eller försämrad drivning, medan för hög oljenivå kan leda till skumning, oljeförlust och skador på växellådan.

2 Oljenivån ska kontrolleras när växellådan är varm (vid normal arbetstemperatur, runt 80°C), d.v.s. efter det att bilen har körts i ungefär 30 min.

3 Parkera bilen på plant underlag, lägg i handbromsen och starta motorn. Låt motorn gå på tomgång och tryck ner bromspedalen. Flytta sedan växelväljaren genom alla lägen och låt varje växel ligga i ungefär 3 sekunder innan nästa växel läggs i. Avsluta med att flytta tillbaka växelväljaren till läge P.

4 Vänta två minuter och ta sedan bort mätstickan från röret i motorns främre del, hela tiden med motorn gående på tomgång. Observera oljans skick och färg på mätstickan.

5 Torka bort oljan från mätstickan med en ren trasa och stick in mätstickan i påfyllningsröret igen, ända ner tills locket sitter på plats.

6 Dra ut mätstickan igen och notera oljenivån.

Nivån ska vara mellan MIN- och MAX-märkena på den övre delen av stickan (märkt HOT) **(se bild)**. Om nivån ligger vid MIN-märket, stäng av motorn och fyll på med angiven automatväxelolja genom mätstickans rör, med hjälp av en tratt om så behövs. Renlighet är av största vikt, det är mycket viktigt att inte smuts kommer in i växellådan vid påfyllningen.

7 Fyll på lite olja i taget och kontrollera nivån mellan varje påfyllning enligt beskrivningen ovan, tills nivån är korrekt. Skillnaden mellan MIN- och MAX-märket på mätstickan är ungefär 0,5 liter (4-vxl växellåda, monterad fram t.o.m. 2000) eller 0,2 liter (5-vxl växellåda monterad fr.o.m. 2001). Växellådan får inte överfyllas – det leder till ökade arbetstemperaturer och oljeläckage. Om du råkar fylla på för mycket, tappa av överflödet (se kapitel 7B).

8 Om bilen inte har körts och motor och växellåda är kalla, utför åtgärderna i punkt 3 till 7, men använd den nedre delen av mätstickan, märkt COLD. Kom ihåg att när växellådan är kall, kommer oljenivån bara att ligga några millimeter ovanför mätstickans ände.

9 Om oljan behöver fyllas på regelbundet måste det bero på en läcka, som i så fall måste lokaliseras och åtgärdas så snart som möjligt.

10 Ta en titt på oljans skick samtidigt som nivån kontrolleras. Om oljan i änden av mätstickan är svart eller mörkt rödbrun, eller om den luktar bränt, bör oljan bytas ut. Om du

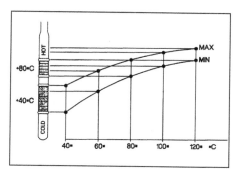

11.6 Markeringar på automatväxellådans mätsticka

är osäker på oljans skick, köp ny olja och jämför de två med avseende på färg och lukt. Se kapitel 7B för ytterligare information.

12 Handbroms – kontroll

1 Handbromsinställningen kontrolleras genom att man räknar antalet klick som kan höras från spakens spärrmekanism när handbromsen dras åt. Lossa handbromsen helt och dra åt den som vanligt. Den bör vara helt åtdragen mellan det femte och sjunde hacket i mekanismen. Om så behövs, justera handbromsen enligt beskrivning i kapitel 9.

2 Kontrollera även att handbromsens varningslampa och handbromsspakens spärrmekanism fungerar korrekt. Undersök alla problem med hjälp av informationen i kapitel 9 och 12.

13 Bromskloss och skiva – kontroll

1 Dra åt handbromsen ordentligt. Lossa framhjulsmuttrarna, lyft upp framvagnen och ställ den på pallbockar. Ta bort båda framhjulen.

2 Om en fullständig kontroll ska utföras bör bromsklossarna demonteras och rengöras. Då kan även bromsokens funktion kontrolleras och bromsskivorna kan undersökas ordentligt på båda sidor. Se kapitel 9 **(se Haynes Tips på nästa sida)**.

3 Om belägget på någon kloss är slitet ner till angiven minimitjocklek eller tunnare *måste alla fyra klossarna* bytas.

4 När frambromsarna har kontrollerats, sänk ner bilen på marken och dra åt hjulmuttrarna till angivet moment.

5 Klossa nu framhjulen. Lyft upp bakvagnen och stöd den på pallbockar. Ta bort bakhjulen och upprepa kontrollen på bakbromsarna.

6 Avsluta med att sätta tillbaka hjulen, sänka ner bilen och dra åt hjulmuttrarna till angivet moment.

HAYNES TiPS

Bromsklosslitage kan bedömas genom kontroll av beläggens tjocklek. Bromsklossarna syns genom öppningen fram på bromsoket.

14 Avgassystem – kontroll

1 Med kall motor (minst tre timmar efter det att bilen har körts), undersök hela avgassystemet från motorn till änden av det bakre avgasröret. Detta bör helst göras i en lyft, så att det går att komma åt alla delar. Om du inte har tillgång till en lyft, ställ bilen på pallbockar (se *Lyftning och stödpunkter*).
2 Undersök om rören och anslutningarna läcker, är korroderade eller skadade. Kontrollera att alla fästen och gummi-upphängningar är i gott skick och att de sitter fast ordentligt. Om någon del måste bytas ut, se till att få tag i rätt typ. Läckage i någon fog eller annan del visar sig vanligen som en sotfläck i närheten av läckan.
3 Undersök samtidigt bilens undersida, leta efter hål, rost, öppna skarvar eller liknande, som kan tänkas släppa in avgaser i passagerarutrymmet. Täta eventuella hål med silikon eller karosskit.
4 Skrammel eller andra oljud kan ofta härledas till avgassystemet, särskilt till gummifästena. Försök röra på avgassystem, ljuddämpare och katalysator. Om någon komponent kan komma åt karossen eller fjädringen måste avgassystemets fästen bytas ut.

15.1 Kontrollera drivaxeldamaskernas skick

15 Drivaxeldamask – kontroll

1 Lyft upp bilen och ställ den på pallbockar. Vrid ratten till fullt utslag och snurra sedan långsamt på hjulet. Undersök skicket på de yttre drivknutarnas damasker, och kläm ihop damaskerna så att vecken öppnas **(se bild)**. Leta efter sprickor, bristningar och åldrat gummi, som kan släppa ut fett och släppa in vatten och smuts till knuten. Kontrollera också att klämmorna sitter fast ordentligt och att de är i gott skick. Upprepa sedan dessa kontroller på de inre knutarna. Om damaskerna är skadade eller slitna måste de bytas ut enligt beskrivning i kapitel 8.
2 Kontrollera samtidigt drivknutarnas skick genom att först hålla fast drivaxeln och försöka snurra på hjulet. Håll sedan fast den inre knuten och försök att vrida drivaxeln. Varje märkbar rörelse tyder på slitage i drivknutarna, slitage i drivaxelns splines eller eventuellt en lös navmutter.

16 Fjädring och styrning – kontroll

Främre fjädring och styrning

1 Lyft upp framvagnen och ställ den på pallbockar (se *Lyftning och stödpunkter*).
2 Undersök spindelledernas dammskydd och styrväxelns damasker. Leta efter sprickor, tecken på skavning eller andra skador. Skador på de här komponenterna gör att smörjmedel läcker ut och vatten och smuts kommer in, vilket resulterar i snabb förslitning av styrväxel eller spindelleder.
3 På bilar med servostyrning, undersök om vätskeslangarna börjar bli för gamla eller om de är skavda och leta också efter vätskeläckage kring rören och anslutningarna. Kontrollera också att det inte förekommer vätskeläckage från styrväxelns damasker under tryck. Läckage indikerar trasiga tätningar inne i styrväxeln.
4 Ta tag i hjulet längst upp och längst ner och försök vicka på det **(se bild)**. Ett ytterst litet spel kan märkas, men om rörelsen är stor krävs en närmare undersökning för att orsaken ska kunna fastställas. Fortsätt att rucka på hjulet medan en medhjälpare trampar ner bromspedalen. Om spelet försvinner eller minskar markant är det troligen fråga om ett defekt hjullager. Om spelet finns kvar när bromspedalen är nedtryckt rör det sig om slitage i fjädringens leder eller fästen.
5 Greppa därefter hjulet på sidorna och försök rucka på det igen. Märkbart spel här beror på slitage i hjullager eller styrleder. Om den yttre styrleden är sliten är det synliga spelet tydligt. Om den inre leden misstänks

vara sliten kan detta kontrolleras genom att man placerar handen över kuggstångens gummidamask och tar tag om styrstaget. När hjulet nu ruckas kommer rörelsen att kännas vid den inre leden om den är sliten.
6 Använd en stor skruvmejsel eller ett plattjärn och leta efter glapp i fjädrings-fästenas bussningar genom att bända mellan relevant komponent och dess fästpunkt. En viss rörelse är att vänta eftersom bussningarna är av gummi, men eventuellt större slitage visar sig tydligt. Kontrollera även skicket på synliga gummibussningar, leta efter bristningar, sprickor eller föroreningar i gummit.
7 Ställ ner bilen på marken och låt en medhjälpare vrida ratten fram och tillbaka ungefär en åttondels varv åt vardera hållet. Det ska inte finnas något, eller bara ytterst lite, spel mellan rattens och hjulens rörelser. Om spelet är större, undersök de leder och fästen som beskrivs ovan noggrant. Kontrollera också om rattstångens kardanknutar är slitna och undersök också själva styrväxeln.

Bakre fjädring

8 Klossa framhjulen, lyft upp bakvagnen och stöd den på pallbockar (se *Lyftning och stödpunkter*).
9 Använd samma metod som för den främre fjädringen och leta efter slitage i navlagren, fjädringens bussningar och fjäderbenens eller stötdämparnas fästen (efter tillämplighet).

Stötdämpare

10 Leta efter tecken på oljeläckage runt stötdämparen eller från gummidamasken runt kolvstången. Om det finns spår av olja är stötdämparen defekt och måste bytas. **Observera:** *Stötdämpare ska alltid bytas parvis på samma axel.*
11 Stötdämparnas effektivitet kan kontrolleras genom att bilen gungas i alla hörn. I normala fall ska bilen återta planläge och stanna efter en nedtryckning. Om den gungar upp och återvänder med en studs är stötdämparen troligen defekt. Undersök även om stötdämparens övre och nedre fästen är slitna.

16.4 Undersök om lagren är slitna genom att ta tag i hjulet och försöka vicka på det

17 Gångjärn och lås – smörjning

1 Smörj alla gångjärn på motorhuv, dörrar och baklucka med en lätt smörjolja.
2 Smörj motorhuvens låsmekanism och den synliga biten av innervajern med lite fett.
3 Undersök noggrant om alla gångjärn, reglar och lås fungerar bra och är säkra och justera dem om så behövs. Kontrollera att centrallåset fungerar.
4 Undersök bakluckans stödstag. Byt ut dem om de läcker eller inte längre håller upp luckan ordentligt när den är öppen.

18 Strålkastarinställning – kontroll

Se kapitel 12 för ytterligare information.

19 Torkare/spolarsystem – kontroll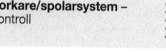

1 Kontrollera att spolarmunstyckena inte är igentäppta och att varje munstycke ger ifrån sig en kraftig stråle med spolarvätska. Munstyckena ska vara riktade så att strålarna hamnar på en punkt något ovanför mitten av vindrutan/strålkastaren. På sådana spolarmunstycken för vindrutan som ger ifrån sig två strålar, ska en av strålarna riktas något ovanför mitten av rutan och den andra något nedanför, för att garantera att hela vindrutan täcks. Om så behövs kan munstyckena justeras med en nål. Notera att endast vertikal justering kan göras.

20 Elektrisk antenn – rengöring

1 Hissa upp antennen helt och torka bort all smuts från masten.
2 Smörj antennmasten med en smörjmedelsspray (Volvo rekommenderar P/N 1161398 som finns att köpa hos Volvoåterförsäljare). Dra sedan tillbaka antennen och hissa upp den igen flera gånger. Torka bort överflödigt smörjmedel.

21 Landsvägsprov

Bromssystem

1 Kontrollera att bilen inte drar åt ena hållet vid inbromsning, och att hjulen inte låser sig vid hård inbromsning.
2 Kontrollera att ratten inte vibrerar vid inbromsning. På modeller med ABS är det normalt att vibrationer känns genom pedalen vid hård inbromsning.
3 Kontrollera att handbromsen fungerar ordentligt utan för stort spel i spaken. Den måste också kunna hålla bilen stillastående i en backe.
4 Kontrollera bromsservon enligt följande. Med motorn avstängd, tryck ner bromspedalen fyra eller fem gånger för att häva vakuumet, starta sedan motorn. När motorn startar ska pedalen ge efter märkbart medan vakuumet byggs upp. Låt motorn gå i minst två minuter och stäng sedan av den. Om pedalen nu trycks ner igen ska ett väsande ljud höras från servon. Efter fyra eller fem nedtryckningar ska väsandet upphöra och motståndet i pedalen ska kännas betydligt hårdare.

Styrning och fjädring

5 Undersök om något verkar onormalt i styrningen, fjädringen, bilens köregenskaper eller "vägkänsla".
6 Kör bilen och var uppmärksam på ovanliga vibrationer eller ljud.
7 Kontrollera att styrningen känns bra, utan överdrivet "fladder" eller kärvningar. Lyssna efter missljud från fjädringen vid kurvtagning och körning över gupp.

Drivaggregat

8 Kontrollera funktionen hos motorn, växellådan och drivlinan.
9 Kontrollera att motorn startar som den ska, både när den kall och när den är varm.
10 Lyssna efter ovanliga ljud från motorn och växellådan.
11 Kontrollera att motorn går jämnt på tomgång och att den svarar direkt vid acceleration.
12 På modeller med manuell växellåda, kontrollera att alla växlar går i mjukt utan missljud, samt att växelspaken inte känns obestämd eller ryckig.
13 På modeller med automatväxellåda, kontrollera att drivningen verkar smidig utan ryck och utan att motorn rusar upp i varvtal. Kontrollera att alla växellägen kan väljas när bilen står stilla.

Koppling

14 Kontrollera att kopplingspedalen rör sig mjukt och lätt hela vägen, och att själva kopplingen fungerar som den ska, utan att slira eller dra. Om rörelsen är ojämn eller stel på vissa ställen, undersök systemets komponenter enligt instruktionerna i kapitel 6.

Instrument och elektrisk utrustning

15 Kontrollera funktionen hos alla instrument och den elektriska utrustningen.
16 Kontrollera att instrumenten ger korrekt information och aktivera all elektrisk utrustning i tur och ordning för att se om allt fungerar som det ska.

Var 30 000:e km eller vartannat år

22 Bromsvätska – byte

⚠ **Varning: Bromsvätska kan skada dina ögon och bilens lack, så var ytterst försiktig vid hanteringen. Använd aldrig vätska som stått i ett öppet kärl en längre tid, eftersom den absorberar fukt från luften. För mycket fukt i bromsvätskan kan medföra att bromseffekten minskar, vilket kan innebära livsfara.**

1 Arbetet liknar i stort sett det som beskrivs för luftning i kapitel 9, bortsett från att bromsvätskebehållaren måste tömmas med hjälp av en bollspruta eller liknande innan arbetet påbörjas. Du måste också kunna samla upp den gamla vätskan som töms ut när en del av kretsen luftas.
2 Följ beskrivningen i kapitel 9, öppna den första luftningsskruven i ordningen och pumpa försiktigt på bromspedalen tills nästan all gammal vätska runnit ut ur huvudcylinderbehållaren.

 Gammal bromsvätska är alltid mycket mörkare än ny, vilket gör det enkelt att skilja dem åt.

3 Fyll på ny vätska till den övre markeringen (MAX) och fortsätt pumpa tills endast den nya vätskan finns kvar i behållaren och ny vätska rinner ut vid luftningsskruven. Dra åt skruven och fyll på behållaren upp till MAX-markeringen.

4 Gå igenom alla luftningsskruvarna i ordningen och gör samma sak tills ny vätska rinner ut från alla skruvar. Var noga med att hålla nivån i huvudcylinderbehållaren över MIN-markeringen hela tiden, annars kan luft komma in i systemet, vilket förlänger arbetstiden avsevärt.

5 Avsluta med att kontrollera att alla luftningsskruvar är ordentligt åtdragna och att deras dammskydd sitter på plats. Tvätta bort allt spill och kontrollera vätskenivån i huvudcylinderbehållaren en sista gång.

6 Kontrollera att bromsarna fungerar innan bilen körs på vägen igen.

23 Karosskorrosion – kontroll

1 Undersök karossen och leta efter repor och andra skador. Om en skada har gått igenom underlaget bör den fyllas igen så att inte plåten börjar rosta.

2 Lyft upp bilen och stöd den på ett säkert sätt. Undersök bilens underredestätning noga och leta efter tecken på skador. Om underredestätningen har synliga skador måste det drabbade området repareras för att inte korrosion ska uppstå längre fram.

Var 45 000:e km eller vart tredje år

24 Tändstift – byte

1 Det är viktigt för motorns funktion, prestanda och ekonomi att tändstiften fungerar med högsta möjliga effektivitet. Allra viktigast är att de tändstift som används är av rätt typ för motorn (lämplig tändstiftstyp anges i början av det här kapitlet). Om rätt sorts tändstift används och motorn är i bra skick, ska tändstiften inte behöva åtgärdas mellan de schemalagda bytesintervallen. Rengöring av tändstift är sällan nödvändig och ska inte utföras utan särskilda verktyg, eftersom det är lätt att skada elektrodernas spetsar.

2 För demontering och montering av

24.3 Skruva loss skruvarna och ta bort motorkåpan från topplocket

24.6 Koppla loss tändkablarna från tändstiften

tändstiften behövs en tändstiftshylsa med en förlängning som kan vridas med ett spärrhandtag eller liknande. Hylsan är fodrad med gummi, för att skydda tändstiftets porslinsisolator och för att tändstiftet ska hållas fast när du sätter in det i hålet. Du behöver också en uppsättning bladmått för att kunna kontrollera och justera tändstiftens elektrodgap, samt en momentnyckel för att dra åt de nya tändstiften till rätt moment.

3 För att kunna ta bort tändstiften, öppna motorhuven, skruva loss skruvarna som håller fast motorkåpan av plast, skruva loss oljepåfyllningslocket och ta bort kåpan **(se bild)**.

Tidiga motorer (ej GDI)

4 Notera hur tändkablarna är dragna och fästa med klämmor längs topplockets ovansida. För att förhindra att tändkablarna blandas ihop, arbeta med ett tändstift i taget.

5 Om märkningen på de ursprungliga tändkablarna inte syns bör kablarna märkas från 1 till 4 så att de paras ihop med motsvarande cylindrar.

6 Koppla loss en tändkabel genom att ta tag i gummihatten, inte i själva kabeln, annars kan anslutningen skadas **(se bild)**. Varje kabel har en hård förlängning i änden, vilken ansluter till själva tändstiftet. Notera att på turbomodeller har tändstiften för cylinder 3 och 4 tändspolar

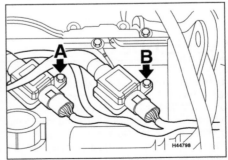

24.9 Tändspolarnas fästbultar (vid pilarna) – senare modeller (ej GDI)

A Tändspole på tändstift nr 3 (grått kontaktdon)
B Tändspole på tändstift nr 4 (blått kontaktdon)

inbyggda i tändkablarna. Man kan ta loss en sådan här tändspole genom att koppla loss lågspänningskabeln, skruva loss fästbultarna och försiktigt dra loss spolen från tändstiftet.

Senare motorer (ej GDI)

7 Koppla loss kontaktdonen från de två tändspolarna som sitter över tändstift nr 3 och 4. Det grå kontaktdonet sitter på spolen på stift nr 3 (som tjänar tändstift 2 och 3), och det blå kontaktdonet sitter på spolen på stift nr 4 (som tjänar stift 1 och 4).

8 Dra försiktigt upp tändkabelhattarna (dra inte i själva kablarna) på tändstift nummer 1 och 2 och koppla loss dem från tändstiften.

9 Skruva loss den bult som håller varje spole och dra försiktigt spolarna uppåt från respektive tändstift **(se bild)**.

GDI motor

10 Koppla loss kontaktdonet från var och en av de fyra tändspolarna som sitter monterade över tändstiften **(se bild)**.

11 Skruva loss de två fästbultarna från varje spole och notera att det sitter en jordkabel på en av bultarna. Dra försiktigt upp spolarna från tändstiften **(se bilder)**. Även om det inte tycks innebära något allvarligt problem om spolarna blandas ihop, är det en bra idé att märka dem så att de kan sättas tillbaka på samma plats (nr 1 vid motorns kamremsände).

Alla motorer

12 Skruva loss tändstiften och se till att hylsan hålls i linje med varje tändstift – om

24.10 Koppla loss kontaktdonet från varje spole . . .

24.11a ... skruva sedan loss de två fästbultarna och notera jordkablarna ...

24.11b ... och dra spolen uppåt för att ta bort den

24.12 Skruva loss tändstiften från topplocket

24.13 Undersök varje tändstift

24.18 Sätt tillbaka tändstiften och dra åt dem till angivet moment

HAYNES TiPS

Särskilt på motorer där tändstiften sitter djupt, finns det risk för att tändstiften sneddras när de skruvas in. För att undvika detta, sätt en liten bit gummislang över änden på tändstiftet. Slangen fungerar som en universalknut och hjälper till att styra in stiftet i hålet. Om tändstiftet börjar dra snett halkar slangen på stiftet och hindrar därmed att gängorna i topplocket skadas.

hylsan tvingas åt sidan kan porslinsisolatorn på tändstiftet gå sönder **(se bild)**. I synnerhet på GDI motorer behövs en hylsa med mycket tunna väggar. Om det är ovanligt svårt att ta loss tändstiften, undersök topplockets gängor och tätningsytor noga och leta efter slitage, kraftig korrosion eller andra skador. Om någon av ovanstående defekter upptäcks bör en verkstad kontaktas för råd om bästa åtgärder.

13 Undersök varje tändstift enligt följande – det ger tydliga fingervisningar om motorns allmänna skick **(se bild)**:

a) *Om isolatorspetsen är ren och vit, utan avlagringar, är det ett tecken på mager bränsleblandning.*

b) *Om isolatorn och toppen är täckt med en hård svart avlagring, är detta ett tecken på att bränsleblandningen är för fet.*

c) *Om stiftet är svart och oljigt är det troligt att motorn är ganska sliten, utöver att blandningen är för fet.*

d) *Om isolatorspetsen är täckt med en ljusbrun eller gråbrun avlagring, är blandningen korrekt och motorn är sannolikt i gott skick.*

14 Tändstiftens elektrodavstånd är av avgörande betydelse, eftersom ett felaktigt avstånd påverkar gnistans storlek och effektivitet negativt. Elektrodavståndet ska vara ställt till det som anges i specifikationerna. Observera att på vissa typer av tändstift med specialformade eller flera elektroder, är det varken nödvändigt eller möjligt att justera elektrodavståndet. Läs tillverkarens instruktioner.

15 Justera elektrodavståndet genom att mäta det med ett bladmått eller ett justeringsverktyg, och sedan böja sidoelektroden in eller ut/upp tills rätt avstånd erhålls. Mittelektroden får inte böjas eftersom detta kan spräcka isolatorn och förstöra tändstiftet, om inget värre. Om sidoelektroden inte är exakt ovanför mittelektroden, böj den tills den hamnar i rätt läge.

16 Innan tändstiften sätts på plats, kontrollera att de gängade anslutningsmuffarna längst upp på tändstiften sitter fast ordentligt, samt att tändstiftens gängor och yttre ytor är rena.

17 När tändstiften monteras, se först till att topplockets gängor och tätningsyta är så rena som möjligt. Linda en ren trasa runt en pensel och torka av tätningsytan. Se till att tändstiftens gängor är rena och torra och skruva in dem för hand där så är möjligt. Var mycket noga med att få in tändstiften rätt i gängorna de första varven.

18 När tändstiftet sitter rätt i de första gängvarven, skruva ner det så att det precis sätter sig i botten, skruva sedan åt det till angivet moment **(se bild)**. Skruva i alla tändstift på samma sätt.

19 Anslut tändkablarna/tändspolarna i rätt ordning och tryck dem ordentligt på plats.

20 På modeller som har spolar på tändstiften, se till att kabelklämmorna och jordkablarna sätts tillbaka på rätt sätt och dra åt spolarnas fästbultar till angivet moment.

21 Avsluta med att sätta tillbaka motorkåpan.

25 Luftfilter – byte

1 Lossa fjäderklämmorna som håller fast luftrenarens lock till huset **(se bild)**. Där så behövs, koppla också loss kontaktdonet från luftmängdsmätaren för att undvika att belasta kablaget.

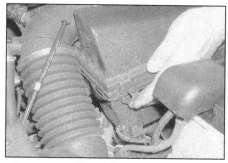

25.1 Lossa fjäderklämmorna som håller luftrenarlocket till huset

2 Lyft upp locket och ta ut luftfiltret **(se bild)**.
3 Torka av insidan på huset och locket med en trasa **(se bild)**. Var försiktig så att du inte sopar in skräp eller damm i luftintaget på luftrenarhusets lock – detta är särskilt viktigt på turbomodeller.
4 Sätt i ett nytt filter och se till att det hamnar rätt väg. Tryck fast tätningen i kanten på filtret i spåret i huset.
5 Sätt tillbaka locket och fäst det med fjäderklämmorna.

25.2 Lyft av locket och ta ut luftfiltret

25.3 Torka av insidan av huset och locket med en trasa

Var 60 000:e km eller vart fjärde år

26 Automatväxellåda – byte av olja

Se kapitel 7B.

27 Bromsservons vakuumslangar – kontroll (GDI motor)

1 Följ bromsservons vakuumslang från servoenheten på förarsidan i motorrummet till huvudanslutningen på insugsgrenröret (ta bort motorns övre kåpa). I typfallet finns det också

ett rör ovanpå grenröret – undersök slanganslutningarna här också **(se bild)**.
2 Innan slangen tas bort, undersök om den är skadad. Leta efter sprickor (i ändarna eller vid böjarna), tecken på att den har skavts eller blivit bränd/smält (på grund av kontakt med rörliga eller varma komponenter.
3 Koppla loss vakuumslangen från insugsgrenröret genom att trycka in fästklämman – klämmorna vid rörsektionen uppe på grenröret kan vara av fjädertyp, vilka eventuellt inte överlever demonteringen (ha nya slangklämmor till hands) **(se bild)**. Titta in i ändarna av slangarna och rören för att se om de är blockerade – rengör efter behov.
4 Avsluta med att sätta fast slangen ordentligt på insugsgrenröret igen. Om så

önskas kan servons funktion kontrolleras enligt beskrivning i avsnitt 21.

28 Trottelhus – rengöring (GDI motor)

1 För att trottelhuset ska kunna rengöras ordentligt bör det helst demonteras enligt beskrivningen i kapitel 4B.
2 Det är dock möjligt att utföra ett hyfsat jobb med trottelhuset på plats. Ta bort motorns övre kåpa, lossa slangklämmorna som håller luftintagsröret till luftflödesmätaren och trottelhuset. Koppla loss ventilationsslangen baktill på topplocket och ta försiktigt bort intagsröret.
3 Där så är tillämpligt, bänd loss "klåfinger-skydds"-pluggen på trottelhuset som sitter över tomgångsjusterskruven.
4 Vrid tomgångsskruven långsamt in i trottelhuset tills den precis sätter sig, och notera hur många varv som behövdes för att den skulle gå in – detta för att du ska kunna återställa skruven efter avslutat arbete. Ta nu bort skruven tillsammans med dess O-ring.
5 Trottelhuset måste nu rengöras internt. Volvo rekommenderar användning av en nylonborste av något slag (en gammal tandborste?), så att de inre ytorna inte skadas. Om det visar sig att avlagringarna är kraftiga, kan man använda förgasarrengöring. Detta finns i sprayform, så det lämpar sig för ytor som annars är svåra att komma åt, särskilt om man sätter på förlängningsröret på sprayflaskans munstycke **(se bild)**.
6 Var mycket noga med plattan inuti trottelhuset – avlagringar samlas ofta på plattans nedre kant och dessa måste tas bort **(se bild)**. Öppna trotteln genom att manuellt aktivera länksystemet, så att alla delar kan rengöras riktigt ordentligt.
7 Se till att trottelhusets luftpassager är rena, inklusive den port som innehåller tomgångs-skruven. Var noga med att inte låta sot eller annat skräp komma in i motorn eller blockera luftpassagerna under rengöringen.

27.1 Bromsservons slanganslutningar över insugsgrenröret

27.3 En slang kopplas loss från grenröret

28.5 Spraya förgasarrengöring runt plattan i trottelhuset

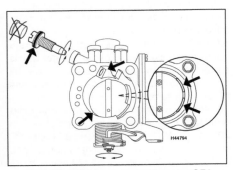

28.6 Rengöring av trottelhuset – GDI motor

8 Avsluta med att sätta tillbaka tomgångs-skruven med en ny O-ring, och ställa in den genom att först skruva in den helt och därefter skruva ut den lika många varv som noterades tidigare.

29 Vevhusventilation – kontroll

Kontroll

1 Komponenterna i det här systemet behöver inte underhållas annat än med en kontroll av att alla ventilationsslangar, och de portar de är anslutna till, är rena och oskadade. Ett ineffektivt vevhusventilationssystem kan orsaka höga avgasutsläpp, avgasrök och dålig drift. I extrema fall kan katalysatorn också ta skada.

Byte av flamskydd

2 Tidigare modeller är utrustade med ett flamskydd och tillverkaren angav ursprungligen att denna komponent skulle bytas ut vid angivna intervall. Flamskyddet togs dock bort på senare modeller och i skrivande stund är det oklart om det fortfarande är ett krav att denna komponent byts ut regelbundet. Vi rekommenderar att du tar reda på vad som gäller för din bilmodell genom att fråga en Volvoverkstad innan något arbete påbörjas. Hur ett byte går till beskrivs i följande punkter.

3 Skruva loss skruven och ta bort kåpan som sitter över gasvajerns trumma och länk-system.

4 Leta reda på flamskyddshuset som sitter i kanalens krök, framför trottelhuset.

5 Vrid flamskyddshuset åt vänster och lossa bajonettkopplingen. Dra ut huset men koppla inte loss ventilationsslangen.

6 Ta bort flamskyddet från huset och rengör huset ordentligt. Det rekommenderas att alla slangar rengörs med tryckluft och att motoroljan byts varje gång flamskyddet byts ut.

7 Montera det nya flamskyddet i omvänd ordning mot demonteringen.

Var 120 000:e km eller vart åttonde år

30 Bränslefilter – byte

> ⚠ **Varning:** *Innan arbetet påbörjas, se föreskrifterna i "Säkerheten främst!" i början av handboken och följ dem noggrant. Bensin är en ytterst brandfarlig vätska och säkerhetsföre-skrifterna för hantering kan inte nog betonas.*

1 Bränslefiltret sitter under bilens bakvagn, framför och till vänster om bränsletanken. Se till att motorn har svalnat helt innan arbetet påbörjas.

2 Släpp ut trycket i bränslesystemet, se kapitel 4A eller 4B.

3 Koppla loss kabeln från batteriets minuspol. Se avsnittet *Koppla ifrån batteriet* i referens-kapitlet längst bak i boken.

4 Lyft upp bakvagnen och stöd den på pallbockar (se *Lyftning och stödpunkter*).

5 Skruva loss fästskruvarna, lossa pinnbults-fästena och ta bort plastkåpan (-kåporna) för att komma åt bränslefiltret **(se bild)**.

6 Om det finns stora mängder bränsle i tanken kan det hända att bränsle sprutar från tanken när bränsletillförselröret kopplas loss från filtret. Förhindra detta genom att sätta någon typ av slangklämma på bränsleslangen mellan tanken och filtret.

7 Rengör noggrant området runt bränsle-rörsanslutningarna i filtrets ändar, täck sedan över anslutningarna med absorberande trasor. Placera en behållare under bränsle-anslutningarna för att fånga upp spill.

8 Koppla loss snabbanslutningarna och använd en öppen nyckel till att trycka tillbaka anslutningshylsorna. Var beredd på att bränsle kommer att läcka ut när anslutningarna kopplas loss, särskilt från bränslematningsröret som leder till motor-rummet. Plugga igen anslutningarna eller kläm ihop slangdelen av bränslematnings-ledningen för att förhindra ytterligare spill **(se bild)**.

9 Skruva loss bulten på filtrets fästband och ta bort filtret **(se bilder)**.

10 Montera det nya filtret och se till att det vänds åt samma håll som det gamla. Observera att pilen på filtret visar bränsle-flödets riktning **(se bild)**.

11 Sätt fast filtret med fästbandet. Tryck sedan tillbaka bränslerörsanslutningarna över

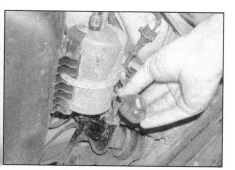

30.5 Ta bort plastkåpan under bilen för att komma åt bränslefiltret

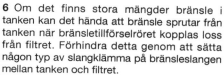

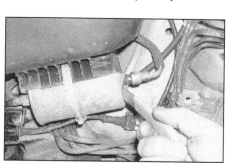

30.8 Koppla loss snabbanslutningarna och tryck tillbaka hylsorna med hjälp av en öppen nyckel eller ett gaffelformat verktyg

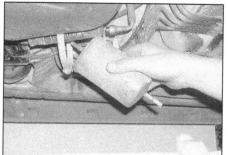

30.9a Skruva loss bulten på filtrets fästband . . .

30.9b . . . och ta bort filtret

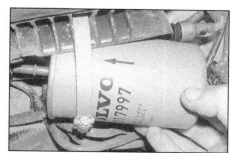

30.10 Montera det nya filtret, notera pilen som visar bränsleflödets riktning

filterutgångarna **(se bild)**. Dra lite i varje röranslutning för att kontrollera att de har anslutits ordentligt. Avsluta med att sätta tillbaka plastkåpan.

12 Anslut batteriet. Kör sedan motorn och kontrollera att inget bränsleläckage förekommer.

 Varning: Ta hand om det gamla filtret på ett säkert sätt. Det är mycket brandfarligt och kan explodera om det kastas på en eld.

31 Kamrem – byte

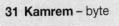

Se informationen i kapitel 2A eller 2B.

32 Drivrem – byte

Alla utom GDI motor

1 Drivremmen hålls hela tiden korrekt spänd av en automatisk justerings-/spännarenhet. Enheten är fastskruvad framtill på motorn och innehåller en fjäderstyrd överföringsremskiva.

2 Skruva loss metallförstärkningen från servostyrningspumpens hölje för att komma åt överdelen av pumpens remskiva **(se bild)**.

3 Spännarens remskiva måste lossas för att

32.2 Skruva loss metallförstärkningen från servostyrningspumpens hölje för att komma åt pumpens remskiva

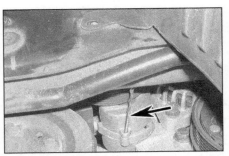

32.4 Stick in ett metallstag (vid pilen) genom spärrhålen för att hålla spännarremskivan i det lossade läget – ett borr fungerar bra

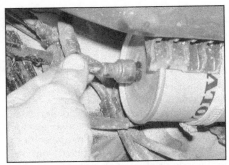

30.11 Tryck tillbaka bränslerörsanslutningarna över utgångarna på filtret

remmen ska kunna tas bort. Sätt en ringnyckel över spännarremskivans mittbult och vrid den medurs tills spärrhålen på spännarhuset hamnar mitt för varandra **(se bilder)**. **Observera:** *Åtkomligheten är mycket begränsad. Om det är svårt att nå spännaren kan man försöka med att ställa upp framvagnen på pallbockar och ta bort det vänstra framhjulet. Om hjulhusets innerskärm sedan tas bort går det att komma åt sidan av motorn genom hjulhuset.*

4 Håll remskivan i det lossade läget med hjälp av nyckeln. Stick sedan ett litet metallstag genom de två spärrhålen för att hålla spännarremskivan i det lossade läget – ett spiralborr är perfekt för ändamålet **(se bild)**. Nyckeln kan tas bort när spännaren har spärrats i rätt läge.

5 Drivremmen kan nu dras bort från

32.3a Sätt en ringnyckel över spännarremskivans mittbult och vrid den medurs tills spärrhålen på spännaren hamnar mitt för varandra

32.5 Drivremmen kan nu tas bort från alla remskivor

remskivorna och tas bort från motorrummet **(se bild)**.

6 Placera den nya remmen över varje remskiva i tur och ordning och se till att den hamnar rätt. Sätt ringnyckeln över remskivans mittbult och vrid den medurs, ta sedan försiktigt loss spärranordningen/borret och släpp spännaren gradvis. Släpp inte tillbaka spännaren okontrollerat, då kan fjädermekanismen skadas.

7 Spännarmekanismen ska automatiskt ta upp allt fritt spel i remmen. Vrid motorn med hjälp av en hylsnyckel på vevaxeldrevet för att kontrollera att remmen sitter ordentligt på alla remskivor.

8 Avsluta med att montera metallförstärkningen över servostyrningspumpens remskiva och dra åt bultarna ordentligt.

GDI motor

Servostyrningspumpens/AC-kompressorns drivrem

9 Lossa det högra framhjulets muttrar, lyft upp framvagnen och ställ den på pallbockar (se ”Lyftning och stödpunkter”). Ta bort hjulet. För att bättre komma åt drivremmarna underifrån, ta bort hjulhusets åtkomstpanel, som sitter fast med tre bultar (en framför spolarvätskebehållaren, vilken kräver att den främre undre kåpan också delvis tas bort) **(se bilder)**.

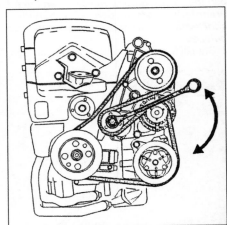

32.3b Översikt över drivrem och remskivor (ej GDI motor)

32.9a Ta bort tre bultar . . .

32.9b ... och ta bort hjulhusets åtkomstpanel

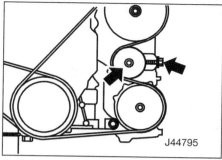

J44795

32.10a Spännarremskivans mittre mutter och justerbult (vid pilarna)

32.10b Demontering av drivremmen

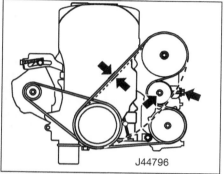

J44796

32.12 Inställning av drivremsspänningen – drivremmens dragning på modeller utan luftkonditionering visas med en streckad linje

10 Lossa muttern i mitten av drivremmens spännarremskiva, vrid sedan justerbulten framtill på motorn så att remspänningen släpper så mycket att remmen kan tas bort från remskivorna **(se bilder)**. Om båda drivremmarna ska tas bort eller bytas ut, ska den här remmen tas bort först och sättas tillbaka sist (den "låser in" generatorremmen när den är på plats).
11 Placera den nya drivremmen runt remskivorna. På modeller utan luftkonditionering, notera att remmen sitter runt den yttre kanten på spännarremskivan, snarare än mot insidan. Försäkra dig om att drivremmen sitter rätt i remskivornas spår och inte hamnar snett, i ett spår åt sidan.

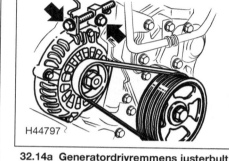

H44797

32.14a Generatordrivremmens justerbult och låsbult (vid pilarna)

12 Vrid spännarens justerbult för att spänna remmen. Spänningen kontrolleras på remmens övre sträckning, mitt emellan de två remskivorna – målet är en total avböjning (upp och ner) på ca 10 till 12 mm **(se bild)**. När spänningen är korrekt, dra åt spännarremskivans mittbult. En ny drivrem kommer att töjas ut lite när den först används, men spänn inte remmen för mycket för att kompensera för detta, eftersom allvarliga skador kan uppstå på de drivna komponenterna. Kontrollera istället spänningen igen efter några hundra kilometer.

Generatorns drivrem

13 Demontera servostyrningspumpens/AC-kompressorns drivrem enligt tidigare beskrivning i det här avsnittet.
14 Lossa justerbulten och låsbulten som sitter ovanför generatorn baktill på motorn.

32.14b Generatorns pivåbults mutter (vid pilen)

Arbeta sedan underifrån och lossa pivåbulten längst ner på generatorn **(se bilder)**. Vrid justerbulten för att lossa drivremsspänningen tills remmen kan tas bort.
15 Placera den nya drivremmen runt remskivorna och se till att den hamnar rätt i remskivornas spår.
16 Vrid justerbulten för att spänna remmen och lås den sedan på plats med låsbulten. Kontrollera spänningen på remmens övre sträckning, mitt emellan de två remskivorna. Målet är en total avböjning (upp och ner) på ca 10 till 12 mm. Som med den andra remmen, spänn den inte för hårt (generatorns lager kan bli lidande), utan kontrollera spänningen igen efter några hundra kilometer.
17 Avsluta med att dra åt generatorns pivåbults mutter, sätt tillbaka kåporna under motorn och sänk ner bilen på marken.

Vartannat år, oberoende av körsträcka

33 Kylvätska – byte

Avtappning av kylsystemet

⚠️ **Varning: Vänta tills motorn är helt kall innan arbetet påbörjas. Låt inte frostskyddsmedel komma i kontakt med huden eller bilens lackerade ytor. Spola omedelbart bort eventuellt spill**

med stora mängder vatten. Lämna aldrig frostskyddsmedel i ett öppet kärl eller i en pöl på uppfarten eller garagegolvet. Barn och husdjur kan attraheras av den söta doften och frostskyddsmedel kan vara livsfarligt att förtära.

1 När motorn är kall, dra åt handbromsen, lyft upp framvagnen och ställ den på pallbockar. Ta bort fästskruvarna/hållarna och ta loss den främre delen av kåpan under motorn för att komma åt kylarens nedre del.

2 Skruva loss och ta bort expansionskärlets påfyllningslock. Placera sedan en lämplig behållare under avtappningshålet i botten på kylaren.
3 Lossa avtappningspluggen (man måste inte ta bort den helt) och låt kylvätskan rinna ner i behållaren. Om så önskas kan en bit slang fästas över hålet så att kylvätskestrålen kan riktas **(se bilder på nästa sida)**.
4 När all kylvätska har runnit ut, ställ behållaren under avtappningspluggen baktill på motorblocket (finns inte på alla motorer).

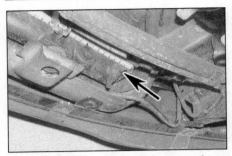

33.3a Ta bort den främre delen av motorns undre kåpa för att komma åt kylarens avtappningsplugg (vid pilen)

Skruva loss pluggen och låt resten av kylvätskan rinna ner i behållaren.

5 Om kylvätskan har tappats av av någon annan anledning än byte, kan den återanvändas under förutsättning att den är ren och mindre än två år gammal. Detta rekommenderas dock inte.

6 Avsluta med att dra åt avtappningspluggarna i kylaren och motorblocket ordentligt.

Spolning av kylsystemet

7 Om kylvätskebyte inte har utförts regelbundet, eller om frostskyddet har spätts ut, kan kylsystemet med tiden förlora sin effektivitet på grund av att kanalerna sätts igen av rost, kalk- och andra avlagringar. Kylsystemets effektivitet kan återställas om systemet spolas ur.

8 För att förorening ska undvikas ska kylsystemet spolas oberoende av motorn.

Spolning av kylaren

9 Börja med att dra åt kylarens avtappningsplugg ordentligt.

10 Koppla loss de övre och nedre slangarna och alla andra relevanta slangar från kylaren enligt beskrivning i kapitel 3.

11 Stick in en vattenslang i kylarens övre inlopp. Låt rent vatten spola genom kylaren och fortsätt spola tills rent vatten kommer ut genom utloppet nedtill på kylaren.

12 Om det efter en rimlig tid fortfarande inte kommer ut rent vatten, kan kylaren spolas ur med kylarrengöringsmedel. Det är viktigt att tillverkarens anvisningar följs noggrant. Om

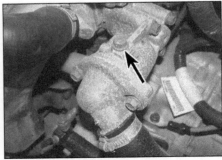

33.19 GDI-motorns luftningsskruv (vid pilen) på termostathuset

kylaren är riktigt svårt förorenad, stick in slangen i det nedre utloppet och spola ur kylaren baklänges.

Spolning av motorn

13 Börja med att demontera termostaten enligt beskrivning i kapitel 3, sätt sedan tillfälligt tillbaka termostatkåpan.

14 Ta loss övre och nedre kylarslangar från kylaren och stick in en vattenslang i den övre kylarslangen. Spola rent vatten genom motorn och fortsätt tills rent vatten kommer ut ur den nedre kylarslangen.

15 Avsluta med att sätta tillbaka termostaten och ansluta kylarslangarna, se kapitel 3.

Påfyllning av kylsystemet

16 Innan kylsystemet fylls på, kontrollera att alla slangar och klämmor är i gott skick och att klämmorna sitter hårt. Observera att frostskyddsmedel måste användas året runt, för att förhindra korrosion på motorns komponenter (se nästa underavsnitt). Kontrollera också att kylarens och motorblockets avtappningspluggar sitter ordentligt åtdragna, och att alla slangar som lossades vid avtappningen har satts tillbaka och sitter ordentligt fästa med klämmorna.

17 Sätt tillbaka kåpan under motorn och sänk ner bilen på marken.

18 Ta bort expansionskärlets påfyllningslock och fyll långsamt på kylvätska tills nivån når MAX-märket på sidan av kärlet.

19 På modeller med GDI- och turbomotorer, öppna luftningsskruven för att släppa ut eventuell luft ur systemet. På GDI-motorer sitter skruven ovanpå termostathuset **(se bild)**, medan turbomotorer har en luftningsskruv i den nedre slangen. När kylvätskan som rinner ut inte längre har några bubblor, dra åt luftningsskruven ordentligt. Kontrollera kylvätskenivån i expansionskärlet och fyll på efter behov.

20 På alla modeller, sätt tillbaka och dra åt expansionskärlets lock.

21 Starta motorn och låt den gå tills den når normal arbetstemperatur.

22 Stanna motorn och låt den svalna. Kontrollera sedan kylvätskenivån igen med hjälp av beskrivningen i *Veckokontroller*. Fyll på kylvätska om så behövs och sätt tillbaka expansionskärlets lock.

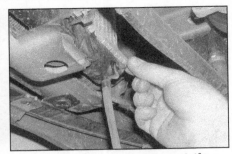

33.3b Skruva loss pluggen och låt kylvätskan rinna ut i en lämplig behållare (notera slangen som sitter över avtappningshålet)

Frostskyddsblandning

23 Kylvätskan ska alltid bytas ut vid de angivna intervallen. Detta inte bara för att bibehålla de frostskyddande egenskaperna, utan även för att förhindra att korrosion uppstår alltefterom de korrosionshämmande medlen gradvis förlorar sin effektivitet.

24 Använd alltid etylenglykolbaserat frostskyddsmedel som är lämpat för kylsystem av blandade metaller. Mängden frostskydd och de olika skyddsnivåerna anges i specifikationerna.

25 Innan frostskyddsmedlet hälls i ska kylsystemet tappas av helt och helst spolas ur. Alla slangar bör också undersökas med avseende på skick och säkerhet.

26 När kylsystemet har fyllts på, sätt en etikett på expansionskärlet som anger frostskyddsmedlets typ och koncentration, samt datum för påfyllningen. Varje efterföljande påfyllning ska göras med samma typ av frostskyddsmedel och med samma koncentration.

27 Använd aldrig motorfrostskydd i vindrute-/bakrutespolarsystemet – det skadar lacken. Använd ett särskilt medel för spolarsystemet och följ de anvisningar för mängder som anges på flaskan.

Luftlås

28 Om, efter det att avtappning och påfyllning av systemet har gjorts, du upptäcker symptom på överhettning som inte förekommit innan, beror det förmodligen på att luft har "fångats" någonstans i systemet, vilket begränsar kylvätskeflödet. Sådana här luftlås uppstår oftast på grund av att systemet har fyllts på för fort.

29 Om du misstänker att ett luftlås har uppstått, börja med att försiktigt klämma på alla synliga kylvätskeslangar. En kylvätskeslang som är full av luft känns annorlunda än en som är full av kylvätska. De flesta luftlås som uppstår efter påfyllning försvinner när systemet har svalnat och toppats upp.

30 Medan motorn går på normal arbetstemperatur, slå på värmen och värmefläkten och kontrollera effekten. Förutsatt att det finns tillräckligt mycket kylvätska i systemet, kan brist på värmeeffekt bero på luftlås i kylsystemet.

31 Luftlås kan dock ha allvarligare konsekvenser än minskad värme – ett rejält luftlås kan minska kylvätskeflödet runt motorn. Kontrollera att den övre kylarslangen är varm när motorn har normal arbetstemperatur – en övre kylarslang som förblir kall kan vara resultatet av ett luftlås (eller en termostat som inte öppnar).

32 Om problemet kvarstår, stanna motorn och låt den svalna helt. Skruva sedan loss expansionskärlets påfyllningslock eller lossa slangklämmorna och kläm på slangarna för att tvinga ut luften. I värsta fall måste systemet tappas av, åtminstone delvis (den här gången kan kylvätskan sparas för återanvändning) och spolas igen.

Kapitel 2 Del A:
Reparationer med motorn kvar i bilen – alla motorer utom GDI

Innehåll

Svårighetsgrader

Enkelt, passar novisen med lite erfarenhet	**Ganska enkelt,** passar nybörjaren med viss erfarenhet	**Ganska svårt,** passar kompetent hemmamekaniker
Svårt, passar hemmamekaniker med erfarenhet	**Mycket svårt,** för professionell mekaniker 	

Specifikationer

Allmänt

Typ . . . . Fyrcylindrig, 16-ventils DOHC motor (dubbla överliggande kamaxlar)

Motorkoder:

B4164S (1.6 liter)	1587 cc, utan turbo
B4164S2 (1.6 liter)	Som B4164S, med variabel ventilinställning (VVT)
B4184S (1.8 liter)	1731 cc, utan turbo
B4184S2/3 (1.8 liter)	1783 cc, utan turbo, VVT
B4194T (1.9 liter)	1855 cc, 16-ventils turbomotor (147 kW)
B4194T2 (1.9 liter)	1855 cc, 16-ventils turbomotor (147 kW), VVT
B4204S (2.0 liter)	1948 cc, 16-ventils motor utan turbo
B4204S2 (2.0 liter)	Som B4204S, med VVT
B4204T (2.0 liter)	1948 cc, 16-ventils turbomotor (118 kW)
B4204T2/3 (2.0 liter)	Som B4204T, med VVT
B4204T5 (2.0 liter)	1948 cc, 16-ventils turbomotor (147 kW), VVT

Lopp/kolvslag:

1.6 liter	81,0 mm / 77,0 mm
1.8 liter (B4184S)	83,0 mm / 80,0 mm
1.8 liter (B4184S2/3)	83,0 mm / 82,4 mm
1.9 liter	81,0 mm / 90,0 mm
2.0 liter	83,0 mm / 90,0 mm

Kompressionstryck:

Motorer utan turbo	13 till 15 bar (189 till 218 psi)
Turbomotorer	11 till 13 bar (160 till 189 psi)
Skillnad mellan cylindrar	max 2 bar (29 psi)

Tändningsföljd . . . . 1 – 3 – 4 – 2 (nr 1 vid motorns kamremsände)

Smörjsystem

Oljetryck (varm motor med nytt oljefilter):

Vid 750 rpm	minst 1 bar (14,5 psi)
Vid 4000 rpm	minst 3,5 bar (51 psi)
Oljepump	Kugghjul, drivs av vevaxeln
Högsta oljetryck	7 bar (102 psi)
Övertrycksventilens öppningstryck	5 bar (73 psi)
Övertrycksventilens fjäder, fri höjd	82,13 mm
Mellanrum mellan yttre rotor och hus	0,35 mm

Åtdragningsmoment*   Nm

Bult till kamaxelgivarens triggerhjul 17
Bultar mellan vevaxelns remskiva och drev:
   Steg 1 25
   Steg 2 .... Vinkeldra ytterligare 30°
Drivremmens spännarremskiva 25
Grenrörets muttrar/bultar 25
Hjulmuttrar 110
Kamaxeldrevets bultar:
   Konventionellt drev (tre bultar) 20
   VVT-drev, mittbult 90
   VVT-drev, mittplugg 35
Kamremmens överföringsremskiva 25
Kamremsspännarens bultar (automatisk spännare) 25
Kamremsspännarens mittbult (manuellt justerad spännare) 20
Kamremsspännarens remskiva (automatisk spännare) 40
Knacksensor 20
Motorfästen:
   Motorns/växellådans tvärbalk till karossen 69
   Främre fäste till fästbygeln på motorn 55
   Främre fäste till motorns/växellådans tvärbalk 35
   Vänster fäste:
      Motorfäste till fästbygel på karossen 98
      Muttrar för motorfäste till fästbygel på växellådan 45
   Bakre fäste till motorns/växellådans fästbygel 55
   Bakre fäste till motorns/växellådans tvärbalk 35
   Höger fäste:
      Motorfäste till fästbygel på karossen:
         Steg 1 50
         Steg 2 .... Vinkeldra ytterligare 60°
      Motorfäste till motor:
         Steg 1 67
         Steg 2 .... Vinkeldra ytterligare 60°
Oljepickup 18
Oljepump till motorblock 10
Oljesumpens avtappningsplugg 35
Oljetryckskontakt 25
Röranslutningar 26
Svänghjul/drivplatta**
   Steg1 45
   Steg 2 .... Vinkeldra ytterligare 65°
Topplockets nedre del till motorblocket:**
   Steg 1 20
   Steg 2 60
   Steg 3 .... Vinkeldra ytterligare 130°
Topplockets övre del till den nedre delen 17
Vevaxeldrevets mittre mutter 180
VVT styrventil, fästbultar 10

*Oljade gängor om inte annat anges
Nya muttrar/bultar ska **alltid användas

---

1 Allmän information

Hur detta kapitel används

Denna del av kapitel 2 beskriver de reparationer som kan utföras med motor monterad i bilen (ej GDI motor – ägare av GDI motor hänvisas till del B av detta kapitel). Om motorn har tagits ut ur bilen och tagits isär enligt beskrivningen i del C, kan alla preliminära isärtagningsinstruktioner ignoreras.

Observera att även om det är möjligt att renovera delar som kolvar/vevstakar medan motorn sitter i bilen, så utförs sällan sådana åtgärder separat. Normalt måste flera ytterligare åtgärder utföras samtidigt (för att inte nämna rengöring av komponenter och smörjkanaler). Av den anledningen klassas alla sådana moment som större renoveringsåtgärder och beskrivs i del C.

Del C beskriver demontering av motorn och växellådan och de reparations- och renoveringsarbeten som då kan utföras.

Beskrivning av motorn

Alla motorer i S40 & V40-serierna är fyrcylindriga radmotorer med dubbla överliggande kamaxlar (DOHC), som har två insugsventiler och två avgasventiler per cylinder. Motorn är monterad på tvären på en kryssrambalk i motorrummet.

Hela motorn är tillverkad av aluminium och består av fem sektioner. Topplocket består av en övre och en nedre del, och topplocket, mellandelen och oljesumpen utgör de andra tre delarna. Topplockets två delar sitter ihop längs kamaxlarnas mittlinje, medan motorblocket och mellandelen sitter ihop längs vevaxelns mittlinje. En vanlig topplockspackning sitter mellan topplocket och motorblocket, och flytande packning används i skarvarna mellan de andra huvuddelarna.

Motorblocket har fyra cylinderfoder av gjutjärn som är fastgjutna i blocket och inte kan bytas ut. Gjutjärnsförstärkningar används också i mellandelen, i områdena kring ramlagren.

Kraften överförs till kamaxeln via en kuggad kamrem och drev, som har en automatisk eller manuell spännarmekanism (beroende på modell). Kamremmen driver också en kylvätskepump. Alla tillbehör drivs från vevaxelremskivan via en ribbad drivrem.

Topplocket är av typen Crossflow, där insugsportarna sitter framtill på motorn och avgasportarna baktill. Den övre delen av topplocket fungerar som en kombinerad ventilkåpa och kamaxelkåpa, där kamaxlarna löper i släta lager inuti de två topplocksdelarna. Ventilerna styrs av underhållsfria hydrauliska ventillyftare som i sin tur styrs direkt av kamaxelnockarna. Modeller från ungefär 1999 och framåt har variabel ventilinställning (VVT). Här varieras avgaskamaxelns inställning under styrning av motorstyrningssystemet, för att förbättra både vridmoment på lägre varv och effekt på högre varv.

Vevaxeln löper i fem ramlager av skåltyp och vevstakslagren är också av skåltyp. Vevaxelns axialspel tas upp av tryckbrickor som är inbyggda i lagerskålarna till ramlager nr 3.

Smörjsystemet är av tryckmatad fullflödestyp. Olja dras från sumpen av en kugghjulspump som drivs av vevaxeln (dess främre del). Olja under tryck passerar genom ett filter innan det matas vidare till de olika lagren och ventilmekanismen. På turbomodeller finns en extern oljekylare inbyggd i oljefilterhuset. Turbomodeller har också separata oljematnings- och returledningar för turboaggregatets lager.

Reparationer som kan göras med motorn monterad i bilen

Följande arbeten kan utföras medan motorn sitter kvar i bilen:

a) *Kompressionstryck – kontroll.*
b) *Kamrem – demontering och montering.*
c) *Kamaxlarnas oljetätningar – byte.*
d) *Kamaxlar och ventillyftare – demontering och montering.*
e) *Topplock – demontering och montering.*
f) *Topplock och kolvar – sotning.*
g) *Vevaxelns oljetätningar – byte.*
h) *Oljepump – demontering och montering.*
i) *Svänghjul/drivplatta – demontering och montering.*
j) *Motorfästen – demontering och montering.*

2 Kompressionsprov – beskrivning och tolkning

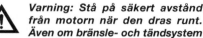

⚠ **Varning: Stå på säkert avstånd från motorn när den dras runt. Även om bränsle- och tändsystem ska ha avaktiverats innan detta görs, finns det fortfarande en viss brandrisk. Det finns också en viss risk att man oavsiktligt kommer i kontakt med rörliga delar, eller att skräp av något slag kan kastas ut ur tändstiftshålen när tryck uppstår**

1 Om motorns prestanda sjunker eller om misständningar uppstår som inte kan hänföras till bränsle- eller tändsystem, kan ett kompressionsprov ge en bra indikation om motorns skick. Om kompressionsprov utförs regelbundet kan de ge en förvarning om problem innan några andra problem uppträder.

2 Värm upp motorn till normal arbetstemperatur, se till att batteriet är fulladdat och ta bort alla tändstift (se kapitel 1). Dessutom behövs en medhjälpare.

3 Avaktivera tändsystemet genom att koppla loss vevaxelgivarens kablage vid kontaktdonet precis ovanför insugsgrenröret. Koppla även loss kontaktdonen från bränslespridarna för att förhindra att oförbränt bränsle skadar katalysatorn (alternativt, leta reda på och ta bort säkring nummer 17 från säkringsdosan i motorrummet).

4 Montera en kompressionsprovare till tändstiftshålet för cylinder nr 1. Det är bäst att använda den typ av provare som skruvas in i gängorna i tändstiftets hål.

5 Låt en medhjälpare hålla gasspjället helt öppet och dra runt motorn på startmotorn. Efter ett eller två varv ska trycket byggas upp till ett maxvärde och stabiliseras. Anteckna den avlästa avläsningen.

6 Upprepa testet på återstående cylindrar och notera trycket i var och en.

7 Alla cylindrar ska ha ungefär samma tryck. Om skillnaden mellan två av cylindrarna överstiger 2 bar är det ett tecken på att något är fel. Observera att trycket ska byggas upp snabbt i en väl fungerande motor. Lågt tryck i första slaget följt av ett gradvis stigande tryck är ett tecken på slitna kolvringar. Lågt tryck som inte höjs tyder på läckande ventiler eller trasig topplockspackning (eller ett sprucket topplock). Låg kompression kan också orsakas av avlagringar på undersidorna av ventiltallrikarna.

8 Om trycket i en cylinder är mycket lägre än i de andra, gör följande för att ringa in problemet. Häll i en tesked ren olja i cylindern genom tändstiftshålet och upprepa provet.

9 Om den extra oljan tillfälligt förbättrar kompressionen, är det ett tecken på att slitage på kolven eller i loppet är orsaken till tryckförlusten. Om ingen förbättring sker tyder

det på läckande/brända ventiler, eller en trasig topplockspackning.

10 Lågt tryck i två angränsande cylindrar beror med stor säkerhet på att topplockspackningen är trasig mellan dem. Förekomst av kylvätska i motoroljan bekräftar detta.

11 Om en cylinder är ca 20 procent lägre än de andra och motor går lite ojämnt på tomgång, kan en sliten kamaxelnock vara orsaken.

12 Om kompressionstrycket är ovanligt högt, är förbränningskamrarna förmodligen täckta med sotavlagringar. Om så är fallet måste topplocket demonteras och rengöras.

13 Efter avslutat test, skruva i tändstiften och anslut tändsystem och bränslespridare.

3 Kamrem – demontering och montering

Tidiga modeller med automatisk remspännare

Demontering

1 Koppla loss kabeln från batteriets minuspol (se *Koppla ifrån batteriet*), och ta bort motorkåpan.

2 Demontera drivremmen enligt beskrivning i kapitel 1.

3 Skruva loss bultarna och ta bort de övre kamremskåporna **(se bild)**. Den yttre kåpan sitter fast med en bult på sidan av motorn och en fjäderklämma fram och bak. Den inre kåpan hålls fast av två bultar uppe på motorn.

4 Placera en motorlyft över motorrummet och anslut den till höger motorlyftögla **(se bild på nästa sida)**. Lyft bara precis så mycket att vikten av motorn och växellådan tas upp.

5 Skruva loss båda delarna av motorns högra fästbygel från karossen och motorn, enligt beskrivning i avsnitt 11. På modeller med luftkonditionering måste man lossa köldmedieslangarna som går över motorfästet genom att skruva loss deras fästbyglar.

3.3 Skruva loss bultarna och ta bort den främre kamremskåpan

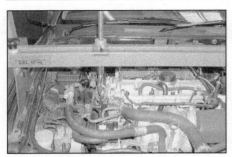

3.4 Placera någon typ av motorlyft över motorrummet och anslut den till höger motorlyftögla

3.6a Skruva loss och ta bort drivremmens överföringsremskiva . . .

3.6b . . . skruva sedan loss fästskruvarna och ta bort den nedre kamremskåpan

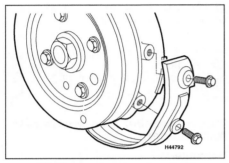

3.8 Kamremmens nedre skydd

3.9a Håll fast vevaxelns remskiva . . .

3.9b . . . och skruva loss muttern i mitten av remskivan

6 Skruva loss och ta bort drivremmens överföringsremskiva från sidan på motorn, skruva sedan loss fästskruvarna och ta bort den nedre kamremskåpan **(se bilder)**.

7 Lyft upp framvagnen och ställ den på pallbockar (se *Lyftning och stödpunkter*). Ta bort höger framhjul.
8 Lossa hållarna som håller fast hjulhusets

innerskärm och vik undan innerskärmen så att du kommer åt vevaxelremskivan. Där så är tillämpligt, skruva loss och ta bort det nedre remskyddet, som sitter under vevaxeldrevet **(se bild)**.
9 Vevaxelns remskiva måste nu hållas stilla medan dess mittre fästmutter lossas. Om Volvos verktyg 999 5433 inte finns tillgängligt måste ett hemgjort alternativ tillverkas. Verktyget blir i grunden likadant som fasthållningsverktyget till kamaxeldrevet som beskrivs i avsnitt 4, men lämna gaffelns ben raka och borra ett lagom stort hål i varje, istället för att böja dem 90°. De fyra bultarna som håller vevaxelremskivan till drevet tas sedan bort, så att verktyget kan skruvas fast i remskivan med två av bultarna. Håll verktyget stadigt och skruva loss muttern i mitten av remskivan med hjälp av en hylsnyckel. Ta bort verktyget och lyft bort remskivan från drevet **(se bilder)**. **Observera**: *Man kan behöva sänka motorn något med hjälp av motorlyften, för att komma åt muttern i mitten av remskivan.*
10 Sätt temporärt tillbaka muttern i mitten av vevaxeldrevet. Placera sedan en stor nyckel på denna och vrid vevaxeln medurs (sett från bilens högra sida) tills inställningsmärkena på kamaxeldrevens kanter hamnar i linje med den inre kamremskåpans märken (sätt tillfälligt tillbaka kåpan för att kontrollera). I denna position ska märket på vevaxeldrevet också vara i linje med det gjutna lilla märket på oljepumphusets utsida. Dessa märken kan vara svåra att se **(se bilder)**.

3.9c Skruva loss de fyra fästbultarna. . .

3.9d . . . och ta bort remskivan från drevet

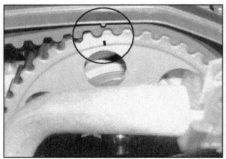

3.10a Kamaxelns inställningsmärken

3.10b Vevaxelns inställningsmärken

11 Skruva loss kamremsspännarens övre fästbult och lossa den nedre. Flytta spännaren moturs för att frigöra den från spännar-remskivan **(se bild)**.
12 Ta nu bort remspännarens nedre bult, som lossades tidigare, och ta bort spännaren. Ta vara på den hästskoformade plastbrickan som sitter längst upp på spännaren **(se bild)**.
13 Märk remmen med dess rotationsriktning om den ska återanvändas, ta sedan bort den från dreven och remskivorna. Utrymmet är begränsat vid vevaxeldrevet och ett visst lirkande krävs. Rotera inte vevaxeln eller vevaxlarna medan remmen är av, eftersom det då finns risk att kolvarna kommer i kontakt med ventilerna.
14 Vrid spännar- och överföringsremskivorna och undersök om de är ojämna eller skakar. Byt ut dem om så behövs. Kontrollera att spännarremskivans arm kan röras upp och ner under påverkan av spännaren. Om armen är stel, ta loss den, rengör den noggrant och smörj den lätt innan den sätts tillbaka. Det rekommenderas nu att man byter remskivorna samtidigt som remmen byts ut, och Volvo (och vissa grossister) säljer därför hela "kamremssatser" som innehåller alla relevanta delar.
15 Undersök kamremmen noga och leta efter tecken på ojämnt slitage, sprickor eller oljeföroreningar. Var extra noga med kuggarnas "rötter". Byt ut remmen om det råder den minsta tvekan om dess skick. Om motorn genomgår en renovering och har gått mer än 60 000 km med den existerande kamremmen, byt ut remmen oavsett dess synliga skick. Kostnaden för en ny rem är obetydlig jämfört med kostnaderna för de motorreparationer som skulle kunna bli följden av att remmen går av under drift. Om du hittar olja på remmen, leta reda på källan till läckaget och åtgärda problemet. Rengör området runt kamremmen och alla tillhörande komponenter för att få bort all olja.
16 Byt ut spännaren om det finns tecken på oljeläckage, om inget motstånd känns när tryckkolven trycks ihop, eller om det inte går att trycka ihop kolven.

Montering och spänning

17 Innan kamremmen sätts tillbaka måste man trycka ihop och låsa spännarens tryckkolv innan spännaren sätts tillbaka på motorn. Sätt fast spännaren i ett skruvstäd med vadderade käftar, och käftarna i kontakt med spännarhuset och tryckkolven.
18 Dra åt skruvstädet tills motstånd känns, och dra sedan åt det lite till, mycket långsamt. Vänta några sekunder och dra långsamt åt lite till igen. Fortsätt med denna procedur tills hålet i spännarhuset och motsvarande hål i tryckkolven är i linje. Det tar förmodligen runt fem minuter att göra detta – stressa inte, de inre tätningarna kan ta skada om de försöker tvinga olja mellan de inre kamrarna för fort. När de två hålen slutligen är i linje, sätt in en liten metallstav (ett borr fungerar utmärkt) genom hålen för att låsa enheten **(se bild)**.

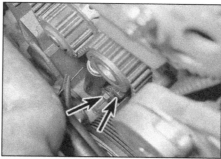

3.11 Kamremsspännarens fästbultar (vid pilarna)

19 Sätt tillbaka den låsta spännaren på motorn, fäst den med de två bultarna och dra åt dem till rätt moment.
20 Innan kamremmen sätts tillbaka, se till att dreven är i sina rätta positioner (se punkt 10). Placera remmen över vevaxeldrevet, håll den spänd och mata den över över-föringsremskivan, det främre kamaxeldrevet, det bakre kamaxeldrevet, kylvätskepumpens drev och slutligen över spännarens remskiva. Kom ihåg att följa rotationsriktningen om den gamla remmen återanvänds.
21 Kontrollera igen inställningen av märkena på dreven, lossa sedan remspännaren genom att dra ut låsstaven med en tång. Kontrollera att tryckkolven flyttar ut och spänner remmen.
22 Om tillämpligt, sätt tillbaka den hästskoformade plastbrickan uppe på spännaren.
23 Sätt tillbaka den inre kamremskåpan och fäst den med de två bultarna.
24 Vrid vevaxeln medurs två hela varv, kontrollera sedan att alla inställningsmärken kan ställas i linje igen.
25 Se avsnitt 11 och sätt tillbaka höger motorfäste på motorn och dra åt fästbultarna till angivet moment. Sätt i bulten mellan motorfästet och karossen löst – dra inte åt den än.
26 Sänk motorlyften långsamt tills motorns och växellådans vikt vilar på det högra motorfästet. Ta bort motorlyften från motorrummet och dra åt bulten mellan motorfästet och karossen till angivet moment.
27 Sätt tillbaka kamremskåporna och dra åt fästskruvarna ordentligt.

3.18 Lås den hoptryckta spännaren med ett 2 mm borr

3.12 Ta loss den hästskoformade plastbrickan som sitter längst upp på spännaren

28 Montera vevaxelremskivan och dra åt fästbultarna och muttern i mitten till angivna moment.
29 Montera drivremmens överföringsremskiva och dra åt fästbulten.
30 Montera drivremmen enligt beskrivning i kapitel 1.
31 På modeller med luftkonditionering, sätt tillbaka köldmedieslangarnas fästbyglar och dra åt bultarna ordentligt.
32 Vik tillbaka hjulhusets innerskärm, sätt tillbaka motorns stänkskydd och fäst med hållarna.
33 Montera hjulet och sänk ner bilen på marken. Dra åt hjulmuttrarna i diagonal ordningsföljd till angivet moment.
34 Anslut batteriet och sätt tillbaka motor-kåpan.

Senare modeller med manuellt justerade remspännare

Observera: Tillverkaren rekommenderar att spännaren byts ut vid samma intervall som kamremmen.

Demontering

35 Utför åtgärderna som beskrivs i punkt 1 till 10 i föregående underavsnitt.
36 Skruva loss fästbultarna och lossa servostyrningsvätskans behållare från karossen. Flytta behållaren åt sidan, utan att koppla loss vätskeslangarna från behållaren.
37 Lossa gradvis remspännarens mittbult samtidigt som spännarremskivan dras runt med en insexnyckel, tills all spänning är borta från kamremmen **(se bild)**.

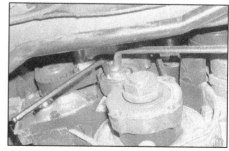

3.37 Lossa remspännarens mittre bult och vrid runt spännarens remskiva med en insexnyckel för att lätta på kamremmens spänning

3.38a Ta bort kamremmen från vevaxeldrevet . . .

3.38b . . . och kamaxeldreven

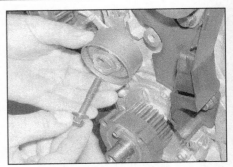

3.41 Montera spännaren på motorn, sätt i bulten i mitten och dra åt den lätt

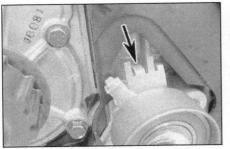

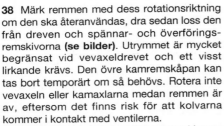

3.42 Se till att styrfliken (vid pilen) på spännarens visare hamnar till vänster om den gjutna fenan

38 Märk remmen med dess rotationsriktning om den ska återanvändas, dra sedan loss den från dreven och spännar- och överförings-remskivorna **(se bilder)**. Utrymmet är mycket begränsat vid vevaxeldrevet och ett visst lirkande krävs. Den övre kamremskåpan kan tas bort temporärt om så behövs. Rotera inte vevaxeln eller kamaxlarna medan remmen är av, eftersom det finns risk för att kolvarna kommer i kontakt med ventilerna.

39 Vrid spännar- och överföringsremskivorna och undersök om de är ojämna eller skakar. Byt ut remskivorna om så behövs. Det rekommenderas nu att man byter remskivorna samtidigt som remmen byts ut, och Volvo (och även vissa grossister) säljer därför kamremssatser som innehåller alla relevanta delar.

40 Undersök kamremmen noga och leta efter

3.43 Placera kamremmen över dreven och avsluta vid spännarremskivan

tecken på ojämnt slitage, sprickor eller oljeföroreningar. Var extra noga med kuggarnas "rötter". Byt ut remmen om det råder den minsta tvekan om dess skick. Om motorn genomgår en renovering och har gått mer än 60 000 km med den existerande kamremmen, byt ut remmen oavsett dess synliga skick. Kostnaden för en ny rem är obetydlig jämfört med kostnaderna för de motorreparationer som skulle kunna bli följden av att remmen går av under drift. Om du hittar olja på remmen, leta reda på källan till läckaget och åtgärda problemet. Rengör området runt kamremmen och alla tillhörande komponenter för att få bort all olja.

Montering och spänning

41 Om en ny spännare ska monteras (enligt tillverkarens rekommendationer), placera

spännaren på sidan av motorn och sätt i den mittre bulten **(se bild)**.

42 Dra åt spännarens mittbult för hand till att starta med, för att hålla den på plats. Se till att styrfliken på baksidan av spännarens visare hamnar till vänster om den gjutna fenan i sidan av motorblocket **(se bild)**.

43 Innan kamremmen monteras, se till att kamaxel- och vevaxeldreven är i sina rätta positioner (se punkt 10). Lägg remmen över vevaxeldrevet, håll den spänd och mata den i moturs riktning över överföringsremskivan, insugskamaxelns drev, avgaskamaxelns drev, kylvätskepumpens drev och slutligen över spännarremskivan **(se bild)**. Observera rotationsriktningen om den gamla remmen återanvänds.

44 Sätt tillbaka den övre, inre kamremskåpan, kontrollera sedan att kamaxel- och vevaxeldrevens inställningsmärken är korrekt placerade.

45 Sätt en 6 mm insexnyckel i justeringshålet i plattan på sidan av spännarremskivan. Vrid runt spännarremskivan moturs med insex-nyckeln tills visaren är mitt emellan de två indikatorerna. Håll spännaren i detta läge och dra åt spännarens mittbult till angivet moment **(se bilder)**.

46 Tryck med tummen på remmens utsida mitt emellan avgaskamaxelns drev och kylvätskepumpens drev. Kontrollera att spännarens visare kan röra sig fritt framåt och bakåt när du trycker på remmen.

47 Om det inre redan har gjorts, sätt tillfälligt

3.45a Vrid spännarremskivan moturs med en 6 mm insexnyckel . . .

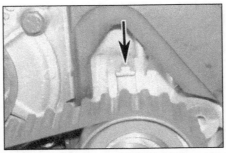

3.45b . . . tills visaren (vid pilen) ligger mitt emellan de två indikatorerna

3.45c Håll spännaren i detta läge och dra åt mittbulten till angivet moment

4.5 Bänd loss tätningskåpan från topplockets vänstra ände, så att insugskamaxelns ände syns

tillbaka den mittre muttern på vevaxeldrevet. Placera sedan en stor nyckel på muttern och dra runt vevaxeln i normal rotationsriktning (medurs sett från bilens högra sida) två hela varv. Se till att alla tre markeringarna på kamaxel- och vevaxeldreven hamnar i linje igen.

48 Kontrollera att spännarens visare fortfarande är mitt emellan de två indikatorerna. Om detta inte är fallet, lossa spännarens mittbult och upprepa sedan stegen i punkt 43 t.o.m. 45.

49 Utför åtgärderna beskrivna i punkt 25 t.o.m. 34.

4 Kamaxlarnas främre oljetätningar – byte

Observera: *Till detta moment behövs Volvos kamaxellåsverktyg 999 5452 för att fixera kamaxlarnas och vevaxelns positioner medan dreven och kamremmen tas bort. Information om hur man tillverkar ett hemgjort alternativ ges i texten. Försök inte utföra arbetet utan att låsa kamaxlarna, eftersom ventilinställningen då kan fördärvas.*

1 Ta bort motorns kåpa och demontera sedan kamremmen enligt beskrivning i avsnitt 3.

2 Se kapitel 4A och demontera hela luftrenaren och insugskanalerna för att kunna komma åt båda kamaxlarnas bakre ändar (vänster sida av topplocket).

3 Koppla loss bromsservons vakuumslang från trottelhuset genom att trycka ner låskragen med en skruvmejsel och samtidigt dra slangen uppåt.

4 Skruva loss bulten och lossa bränslerörets stödfäste från änden av topplocket.

5 Bänd loss tätningskåpan från vänster sida av topplocket, så att änden av insugskamaxeln syns **(se bild)**. Kåpan kan inte återanvändas, så det enklaste sättet att ta bort den är att göra ett litet hål i mitten av kåpan och bända ut den med en skruvmejsel. Var noga med att inte låta skräp eller smuts falla ner i kamaxelns oljereturhål.

6 Koppla loss kamaxellägesgivarens kablage vid kontaktdonet som sitter uppe på givarens hus, vid avgaskamaxelns ände.

7 Ta bort skruvarna och lossa kabelhärvans styrning från toppockets ände. Lossa kablaget från topplocket efter behov.

8 Skruva loss de två skruvarna och ta bort kamaxellägesgivarens hus från topplockets vänstra ände (vänster sett från förarplatsen). Skruva loss bulten och ta bort givarens triggerhjul från avgaskamaxelns ände (se kapitel 4A, avsnitt 10 för mer information).

9 Notera hur urtagen i kamaxlarnas bakre ändar är placerade. Kamaxlarna måste ställas så att dessa urtag hamnar parallellt med skarven mellan topplockets övre och nedre del, och sedan låsas i det läget. Observera också att urtagen ligger en aning till sidan om mittlinjen; en något över och en något under.

10 För att låsa kamaxlarna i korrekt läge inför monteringen, använd Volvos verktyg 999 5452 eller tillverka ett eget alternativ **(se Haynes tips 1)**.

11 Kontrollera att vevaxeldrevets inställningsmärken fortfarande är i linje, anslut

HAYNES TiPS 1

Ett kamaxellåsverktyg kan tillverkas av ett vinkeljärn som kapas till en längd som passar över baksidan av topplocket. Märk ut och borra två hål, så att verktyget kan skruvas fast vid fördelarlocket och i kamaxelgivarens bulthål. Ta sedan en bit bandstål av en tjocklek som passar precis i urtagen i kamaxlarna. Dela bandet i två bitar och borra hål så att båda delarna kan skruvas fast i vinkeljärnet. Med hjälp av mellanläggsbrickor, muttrar och bultar, placera och fäst banden vid vinkeljärnet så att kamaxlarna kan låsas med urtagen i horisontellt läge. Sätt brickor på banden för att kompensera för urtagens förskjutning.

sedan Volvo (eller ditt eget) verktyg bak på topplocket. Det kan hända att du måste vrida kamaxlarna en aning för att deras urtag ska hamna exakt i det horisontella läget så att verktyget kan sättas fast **(se bilder)**.

12 Om båda kamaxeldreven ska demonteras, märk dem så att du vet vilket som ska sitta på insugskamaxeln respektive på avgaskamaxeln. Insugskamaxelns drev är det som är närmast bilens front på alla modeller.

13 Skruva loss de tre bultarna och ta bort aktuellt kamaxeldrev för att komma åt den defekta tätningen. Håll fast dreven med ett

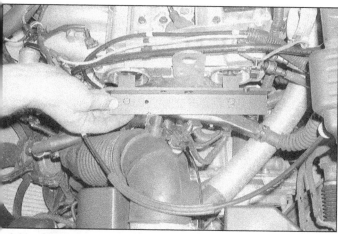

4.11a Sätt fast kamaxellåsverktyget på baksidan av topplocket

4.11b Man kan behöva vrida kamaxlarna lite, så att deras urtag hamnar exakt i horisontalläge så att verktyget kan sättas i

Ett fasthållningsverktyg för kamaxel-drevet kan tillverkas av två bitar bandstål, ungefär 6 mm tjocka och 30 mm breda, en 600 mm lång och den andra 200 mm lång (alla mått är ungefärliga). Skruva ihop de två banden så att de formar en gaffel, men utan att dra åt bulten helt, så att det kortare bandet i vardera ändan böj bandet i rät vinkel (90°) ungefär 50 mm från ändan. Dessa hakar ska sedan stickas in i hålen i dreven. Det kan hända att kanterna måste slipas ner lite för att de ska passa i hålen.

lämpligt verktyg instucket genom hålen i dreven **(se Haynes Tips 2)**.

14 På modeller med variabel ventilinställning (VVT) demonteras avgaskamaxelns drev på ett annorlunda sätt. Först skruvar man loss en kåpa i mitten, med en Torxbit (T55), så att

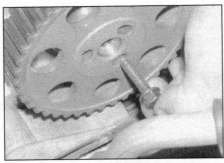

4.15a Ta bort fästbultarna . . .

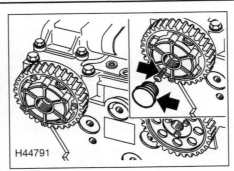

4.14 Demontering av VVT kamaxeldrev

man kommer åt drevets bult (också T55) **(se bild)**. Drevet kommer inte att rotera, förutsatt att hållverktyget sitter på plats i ändarna av kamaxlarna.
15 Ta bort drevet från kamaxeln **(se bilder)**. När ett VVT-drev tas bort, var beredd på lite oljespill.
16 Ta försiktigt ut tätningen genom att bända ut den med en liten skruvmejsel eller ett krokformat verktyg. Var försiktig så att du inte skadar tätningsytan på axeln.

Ibland kan en tätning lossas genom att den trycks in på ena sidan – tätningen fälls då utåt på motsatt sida och kan tas ut med en tång.

17 Rengör tätningens säte. Leta efter slitage eller skada på axelns tätningsyta, som kan tänkas orsaka förtida problem med den nya tätningen.
18 Smörj den nya oljetätningen. Sätt tätningen över axeln med läpparna vända inåt, och knacka den på plats med en stor hylsa eller rörbit tills dess yttre yta är jäms med huset **(se bild)**. På modeller med VVT är de två oljetätningarna olika – jämför gamla och nya delar så att du med säkerhet monterar rätt tätning.
19 Sätt tillbaka det/de konventionella (tre-bults) drevet/dreven med inställningsmärkena i linje och sätt bara i två av fästbultarna för varje drev. Om bara ett drev har

demonterats, lossa de tre bultarna på det andra drevet och ta bort en av dem. Dra åt bultarna så att de precis vidrör dreven, men så att dreven fortfarande kan vridas inom gränserna för de avlånga bulthålen. Placera dreven så att bultarna hamnar i mitten av hålen **(se bild)**.
20 På ett VVT-drev, sätt tillbaka drevet och dra bara åt bulten så mycket att drevet fortfarande kan vridas.
21 På modeller med automatiska kamrems-spännare, utför åtgärderna som beskrivs i avsnitt 3, punkt 17 till 21. Lossa kamrems-spännaren genom att dra ut låsstaget med en tång. Kontrollera att spännarens tryckkolv flyttar ut och spänner remmen. Tryck ner remmen hårt med handen, knacka sedan på den med en plastklubba på två ställen; mellan kamaxeldreven och mellan kamaxeldrevet och kylvätskepumpens drev.
22 På modeller med manuellt justerade kamremsspännare, utför åtgärderna som beskrivs i avsnitt 3, punkt 42 till 46.
23 På konventionella drev, sätt i den tredje bulten och dra åt alla bultarna till angivet moment.
24 På modeller med VVT, dra åt den enda bulten på drevet till angivet moment, sätt sedan tillbaka och dra åt kåpan över bulten.
25 Ta bort låsverktyget från kamaxlarna.
26 Vrid vevaxeln medurs två hela varv, kontrollera sedan att alla inställningsmärken kan ställas in mot varandra igen.
27 Fortsätt med monteringen av kamremmen enligt beskrivning i relevant del av avsnitt 3. Anslut inte batteriet än.
28 Montera kamaxellägesgivarens triggerhjul och hus, anslut sedan givarens kablage.
29 Pressa en ny tätningskåpa för insugs-kamaxeln på plats i topplockets vänstra ände, sätt sedan tillbaka kabelhärvans styrning.
30 Anslut bromsservons vakuumslang till trottelhuset och se till att den hålls ordentligt på plats av låskragen.
31 Montera tillbaka luftrenaren och insugs-kanalerna.
32 Sätt tillbaka kåpan över motorn.
33 Anslut batteriets minuspol.

4.15b . . . och loss insugskamaxelns drev

4.18 Sätt den nya oljetätningen över kamaxeln

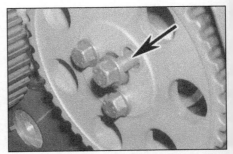

4.19 Placera dreven så att bultarna hamnar i mitten i de avlånga hålen (vid pilen) – bulten lossad för att visa hålet

5 Kamaxlarnas bakre oljetätningar – byte

1 Koppla loss kabeln från batteriets minuspol (se *Koppla ifrån batteriet*), och ta bort kåpan över motorn.
2 Se kapitel 4A och demontera hela luftrenaren och insugskanalerna för att kunna komma åt båda kamaxlarnas bakre ändar (vänster sida av topplocket, från förarsätet sett).
3 Skruva loss bulten och lossa bränslerörets stödfäste från topplockets ände.
4 Bänd loss tätningskåpan från vänster sida av topplocket, så att änden av insugskam-axeln syns. Kåpan kan inte återanvändas, så det enklaste sättet att ta bort den är att göra ett litet hål i mitten av kåpan och bända ut den med en skruvmejsel. Var noga med att inte låta skräp eller smuts falla ner i kamaxelns oljereturhål.
5 Koppla loss kamaxellägesgivarens kablage vid kontakten som sitter baktill i motor-rummet.
6 Skruva loss skruvarna och lossa kablagets styrning från topplockets ände.
7 Skruva loss de två skruvarna och ta bort kamaxellägesgivarens hus från topplockets vänstra ände. Skruva loss bulten och ta bort givarens triggerhjul från avgaskamaxelns ände.
8 Ta försiktigt ut tätningen genom att bända ut den med en liten skruvmejsel eller krokformat verktyg. Var noga med att inte skada tätningsytan på axeln.

> **HAYNES TiPS**
> *Ibland kan en tätning lossas genom att den trycks in på ena sidan – tätningen fälls då utåt på motsatt sida och kan tas ut med en tång.*

9 Rengör tätningens säte. Leta efter slitage eller skada på axelns tätningsyta, som kan tänkas orsaka förtida problem med den nya tätningen
10 Smörj den nya oljetätningen. Sätt tätningen över axeln med läpparna vända inåt, och knacka den på plats med en stor hylsa eller rörbit tills dess yttre yta är jäms med huset. Om änden av kamaxeln visar tecken på

slitage orsakat av den gamla tätningen, kan den nya tätningen drivas in i huset ytterligare 2 mm.
11 Sätt tillbaka kamaxellägesgivaren, kablagets styrning, kamaxelns tätningskåpa och bränslerörets stödfäste i omvänd ordning mot demonteringen. Anslut sedan kam-axellägesgivarens kablage.
12 Montera luftrenaren och insugskanalerna och anslut batteriet. Sätt till sist tillbaka motorkåpan.

6 Kamaxlar och ventillyftare – demontering, kontroll och montering

Observera: *Till detta moment behövs Volvos verktyg 999 5451, 999 5452, 999 5453 och 999 5454 för att låsa kamaxlarna i position i topplockets övre del under demonteringen, och för att dra den övre delen på plats. Information om tillverkning av hemgjorda alternativ ges i texten. Försök inte att utföra arbetet utan dessa verktyg. En tub flytande packning och en korthårig roller (finns hos Volvoåterförsäljare) behövs också.*

Demontering

1 Koppla loss kabeln från batteriets minuspol (se *Koppla ifrån batteriet*).
2 Se kapitel 1, tappa av kylsystemet och ta bor tändstiften.
3 Demontera kamremmen enligt beskrivning i avsnitt 3. På modeller med variabel ventil-inställning (VVT), demontera VVT styrventilen enligt beskrivning i avsnitt 12.
4 Koppla loss bromsservons vakuumslang från trottelhuset genom att pressa ner låskragen med en skruvmejsel och samtidigt dra slangen uppåt.
5 Skruva loss bulten och lossa bränslerörets stödfäste från topplockets ände.
6 Bänd loss tätningskåpan från vänster sida av topplocket, så att änden av insugskamaxeln syns (se bild 4.5). Kåpan kan inte återanvändas, så det enklaste sättet att ta bort den är att göra ett litet hål i mitten av kåpan och bända ut den med en skruvmejsel. Var noga med att inte låta skräp eller smuts falla ner i kamaxelns oljereturhål.
7 Koppla loss kamaxellägesgivarens kablage vid kontaktdonet som sitter uppe på givarens hus, vid avgaskamaxelns ände.

8 Ta bort skruvarna och lossa kabelhärvans styrning från topplockets ände. Lossa kablaget från topplocket efter behov.
9 Skruva loss de två skruvarna och ta bort kamaxellägesgivarens hus från topplockets vänstra ände (vänster sett från förarplatsen). Skruva loss bulten och ta bort givarens triggerhjul från avgaskamaxelns ände (se kapitel 4A, avsnitt 10 för mer information).
10 Notera hur urtagen i kamaxlarnas bakre ändar är placerade. Kamaxlarna måste ställas så att dessa urtag hamnar parallellt med skarven mellan topplockets övre och nedre del, och sedan låsas i det läget. Observera också att urtagen ligger en aning till sidan om mittlinjen; en något över och en något under.
11 För att låsa kamaxlarna i korrekt läge inför monteringen, använd Volvos verktyg 999 5452 eller tillverka ett eget alternativ (se Haynes Tips 1 i avsnitt 4).
12 Kontrollera att vevaxeldrevets inställnings-märken fortfarande är i linje, anslut sedan Volvo (eller ditt eget) verktyg baktill på topplocket. Det kan hända att du måste vrida kamaxlarna en aning, för att deras urtag ska hamna exakt i det horisontella läget så att verktyget kan sättas fast (se bilderna 4.11a och b).
13 Demontera kamaxeldreven enligt beskriv-ning i avsnitt 4.
14 Lossa kabelhärvans styrning från änden av topplocket, ta sedan bort tändspolarna enligt beskrivning i kapitel 5B. På modeller utan turbo, skruva loss och ta bort tänd-spolarnas stödfäste (se bild).
15 Arbeta inåt i progressiv, diagonal ordning och lossa först och ta sedan bort alla bultar som håller fast topplockets övre del.
16 Använd en mjuk klubba och knacka loss (alternativt bänd loss) topplockets övre del uppåt från den nedre delen. Observera att det finns särskilda tappar som man ska kunna knacka på eller bända mot för att den övre delen ska kunna lossas utan skada (se bild). Stick inte in en skruvmejsel eller liknande verktyg i skarven mellan de två delarna för att separera dem. Den övre delen kan sitta ganska hårt eftersom den hålls på plats av flera styrstift.
17 När den övre delen är lossad, lyft den rakt upp från den nedre delen (se bild). Kamaxlarna kommer att lyftas på grund av

6.14 På modeller utan turbo, skruva loss och ta bort tändspolens stödfäste

6.16 Knacka försiktigt loss den övre delen uppåt, med hjälp av de därför avsedda tapparna

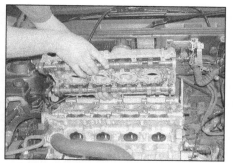
6.17 Lyft den övre delen av topplocket rakt upp från den nedre delen

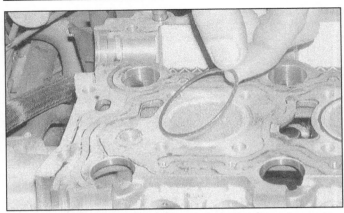

6.18 Ta bort O-ringarna längst upp i tändstiftshålen i den nedre delen

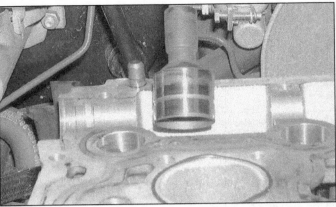

6.22 Lyft ut ventillyftarna, med en sugkopp om så behövs

spänningen i ventilfjädrarna – se till så att de inte hamnar snett och fastnar i endera delen.

18 Ta bort O-ringarna längst upp i tändstiftshålen i den nedre delen. Använd nya O-ringar vid monteringen **(se bild)**.

19 Märk upp kamaxlarna på lämpligt sätt – insug och avgas – och lyft ut dem, komplett med främre och bakre oljetätningar. Var försiktig med nockarna, de kan ha vassa kanter.

20 Ta bort oljetätningarna från kamaxlarna och notera hur de sitter. Använd nya tätningar vid monteringen.

21 Förbered en lämplig låda indelad i sexton fack, eller andra lämpliga små behållare där ventillyftarna kan förvaras när de tagits bort. Facken/behållarna måste vara oljetäta och så pass djupa att ventillyftarna kan sänkas ner nästan helt i olja. Märk upp facken/behållarna med varje ventillyftares cylindernummer samt dess position i topplocket (insug fram/insug bak, avgas fram/avgas bak).

22 Lyft ut ventillyftarna, med en sugkopp om så behövs (Volvo anger att en magnet **inte** ska användas). Håll reda på var de ska sitta och placera dem upprätt i respektive behållare **(se bild)**. När alla ventillyftare har tagits bort, häll i ren motorolja i lådan/behållarna så att oljehålet på sidan av varje ventiltapp täcks.

Kontroll

23 Undersök kamaxelnockarna och kamaxellagertapparna och leta efter repor eller andra tecken på slitage. När kamnockarnas härdade yta väl har eroderats bort, går slitaget allt fortare. **Observera:** Om kamnockarnas toppar är slitna, undersök också motsvarande ventillyftare, eftersom den då förmodligen också är sliten.

24 Inga särskilda diametrar eller spel anges av Volvo för kamaxlarna eller lagertapparna. Om de är synligt slitna måste de dock bytas ut.

25 Undersök om ventillyftarna är repade, spruckna eller på annat sätt skadade. Mät deras diameter på flera ställen med en mikrometer. Byt ut lyftarna om de är skadade eller slitna.

Förberedelser för montering

26 Torka noggrant bort tätningsmedlet från fogytorna på topplockets övre och nedre del. Använd en lämplig lösningsvätska för flytande packningar tillsammans med en mjuk spackelkniv. Använd inte en metallskrapa – du kan skada ytorna. Eftersom ingen konventionell packning används, är det ytterst viktigt att fogytorna hålls absolut rena.

27 Ta bort all olja, smuts och fett från båda delarna och torka av dem med en ren, luddfri trasa. Se till att oljekanalerna är helt rena.

28 Vid monteringen placeras kamaxlarna i den övre delen, och båda på plats i rätt läge med hjälp av de särskilda verktygen som nämns i början av detta avsnitt. Hela denna enhet placeras sedan på den nedre delen, kläms på plats mot fjädertrycket från ventilfjädrarna med hjälp av ytterligare specialverktyg och skruvas till sist fast. Om möjligt, använd Volvos verktyg och använd dem enligt medföljande instruktioner. Alternativt, tillverka en uppsättning egna verktyg enligt följande.

29 För att placera och hålla fast kamaxlarna

baktill, tillverka det vinkeljärnsverktyg som beskrivs i avsnitt 4.

30 För att hålla fast kamaxlarna framtill, tillverka ett fästband som i bilden **(se Haynes Tips 1)**.

31 Slutligen krävs ett verktyg med vilket den övre delen kan klämmas ner mot ventilfjädrarnas tryck **(se Haynes Tips 2)**.

Montering

32 Påbörja monteringen genom att olja ventillyftarnas lopp och kamaxellagren i topplockets nedre del rikligt med motorolja.

33 Sätt in ventillyftarna i de lopp de satt i förut (såvida inte nya monteras). Fyll nya

HAYNES TiPS 2

För att dra ner topplockets övre del mot ventilfjädrarnas spänning, ta två gamla tändstift och bryt försiktigt bort allt porslin så att bara den nedre gängade delen blir kvar. Borra ut mitten av tändstiften, om det behövs, och sätt sedan på en lång bult eller ett gängat stag på varje tändstift och fäst med en mutter. Bultarna/stagen måste vara så långa att de sticker upp ur tändstiftshålen ovanför det hopsatta topplocket. Ta sedan två bitar 6 mm tjockt bandstål, så långa att de passar över topplockets övre del, och borra ett hål mitt i vardera biten. Trä på banden på bultarna/stagen och sätt sedan på en mutter och en låsmutter på varje bult/stag.

HAYNES TiPS 1

För att hålla fast kamaxlarna framtill i topplockets övre del vid monteringen, tillverka ett fästband av en bit svetsstav. Böj staven till rätt form, placera den under kamaxlarnas utsprång längst fram och fäst den vid topplocket med två bultar.

6.36 Lägg på ett jämnt lager av Volvo flytande packning på fogytan på topplockets övre del

6.40a Med kamaxlarna rätt placerade, lås dem baktill med det bakre fasthållningsverktyget

6.40b Lås nu kamaxlarna framtill med det andra fasthållningsverktyget

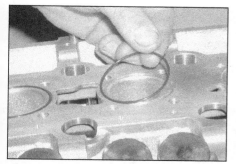

6.41 Placera nya O-ringar i urtagen längst upp i tändstiftshålen i topplockets nedre del

6.44 Stick in neddragningsverktygen i tändstiftshål nr 1 och 4 och dra åt ordentligt

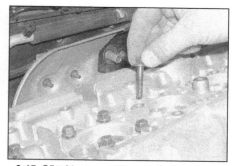

6.45 Sätt i bultarna för topplockets övre del

ventillyftare med olja genom oljehålet i sidan innan de monteras.

34 Kontrollera att fogytorna på båda topplocksdelarna är rena, helt fria från olja och fett.

35 Kontrollera att vevaxeldrevets inställningsmärken fortfarande är korrekt inpassade.

36 Använd en korthårig roller och lägg på ett jämnt lager av Volvos flytande packning på fogytan på topplockets övre del **(se bild)**. Se till att hela ytan täcks, men var noga med att inte låta lösningen rinna ner i oljekanalerna. Ett tunt lager räcker för att erhålla god tätning.

37 Smörj kamaxellagren i den övre delen sparsamt med olja, men var försiktig så att ingen olja spills på den flytande packningen.

38 Lägg kamaxlarna på plats i den övre delen, kom ihåg att insugskamaxeln är den främre.

39 Vrid kamaxlarna så att deras urtag hamnar parallellt med fogen mellan de två topplocksdelarna. Urtagen ligger något över och under mittlinjen. Om man tittar på den övre delen rätt väg, d.v.s. som den sitter när den är monterad, ligger urtaget i insugskamaxeln något ovanför mittlinjen, och urtaget i avgaskamaxeln något under. Bekräfta detta genom att titta på kamaxlarna i den andra änden. Igen, med den övre topplocksdelen rätt vänd, ska det finnas två bulthål för drevet ovanför mittlinjen på insugskamaxeln och två bulthål under mittlinjen på avgaskamaxeln.

40 Med kamaxlarna korrekt placerade, lås

dem baktill genom att sätta fast det bakre fasthållningsverktyget. Det ska inte gå att vrida kamaxlarna alls när verktyget sitter på plats. Lås därefter kamaxlarna framtill med det främre fasthållningsverktyget **(se bilder)**.

41 Placera nya O-ringar i urtagen längst upp i tändstiftens hål i den nedre topplocksdelen **(se bild)**.

42 Lyft upp den hopsatta övre topplocksdelen, med kamaxlar, och lägg den ovanpå den nedre delen.

43 Sätt in neddragningsverktygen i tändstiftshål nr 1 och 4 och dra åt ordentligt. Om ett hemgjort verktyg används, se till att bulten eller det gängade staget passar bra i tändstiftet, annars kommer du inte att kunna ta bort verktyget senare.

44 Lägg ner neddragningsverktygets topplattor, eller den hemgjorda versionens stålband, över bultarna eller de gängade stagen och fäst ordentligt med muttrarna **(se bild)**. Dra åt muttrarna långsamt och försiktigt, lite i taget, så att verktygen drar ner den övre delen mot den nedre. Kom ihåg att ett avsevärt motstånd från ventilfjädrarna kommer att kännas. Se till att den övre delen hela tiden ligger plant, annars kommer styrstiften att fastna.

45 Sätt i den övre delens fästbultar. Arbeta utåt och dra åt dem stegvis i diagonal ordning, till angivet åtdragningsmoment **(se bild)**.

46 När den övre delen sitter på plats, ta bort neddragningsverktyget och fasthållnings-

verktyget i kamaxlarnas främre ändar. Låt det bakre fasthållningsverktyget sitta kvar.

47 Smörj läpparna på fyra nya oljetätningar. Montera varje tätning rätt väg över kamaxeln och knacka den på plats med en stor hylsa eller rörbit tills dess yttre yta är jäms med huset; se informationen i avsnitt 4 och 5 för ytterligare detaljer

48 För resten av monteringen, se avsnitt 4 och utför åtgärderna från punkt 19 och framåt.

49 Avsluta med att fylla på kylsystemet enligt beskrivningen i kapitel 1.

7 Topplock –
demontering och montering

Demontering

1 Koppla loss kabeln från batteriets minuspol (se *Koppla ifrån batteriet*), tappa sedan av kylsystemet enligt beskrivning i kapitel 1.

2 Se kapitel 4A, demontera hela luftrenaren och insugskanalerna, följt av insugsgrenröret och insprutningsbryggan. Demontera sedan avgasgrenröret enligt beskrivning i kapitel 4C.

3 Demontera kamremmen, därefter den övre delen av topplocket tillsammans med kamaxlarna, enligt beskrivningen i avsnitt 3 och 6.

4 Skruva loss motorns högra fästbygel från motorn (höger sett från förarsätet). Fästbygeln

7.4a Skruva loss motorns högra fästbygel från motorn

7.4b Höger motorfästbygels styrstift (vid pilen)

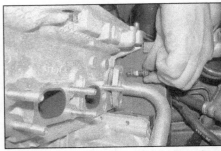

7.8 Skruva loss de två bultarna som håller kylvätskerörets fläns bak på topplocket

7.9a Lossa topplocksbultarna

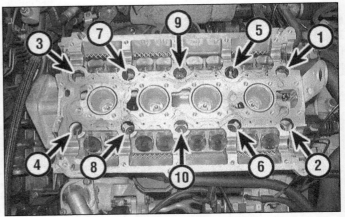

7.9b Topplocksbultarnas lossningsordning (åtdragning görs i omvänd ordning)

kan vara svår att ta bort eftersom den sitter på ett stift med tät passning **(se bilder)**.

5 Skruva loss bulten och ta bort jordkabeln baktill på topplocket.

6 Lossa klämmorna och ta bort den övre kylarslangen från termostathuset och kylaren.

7 Ta bort expansionskärlets slang från termostathuset.

8 Skruva loss de två bultarna som håller kylvätskerörets fläns bak på topplocket **(se bild)**.

9 Lossa topplocksbultarna, ett halvt varv i taget till att börja med, i den ordning som visas. Ta bort bultarna. Använd nya bultar vid monteringen **(se bilder)**.

10 Lyft av topplocket och placera det på träblock för att undvika skador på de utstickande ventilerna. Ta bort den gamla topplockspackningen.

11 Om topplocket ska tas isär för renovering, se del C av detta kapitel.

Förberedelser för montering

12 Fogytorna på topplocket och motorblocket måste vara helt rena innan topplocket monteras. Använd en mjuk spackelkniv till att ta bort packningsrester och sot. Rengör också kolvkronorna. Var mycket försiktig vid rengöringen – aluminium-legeringen kan lätt skadas.

13 Se till att inget sot kommer in i olje- eller vattenkanalerna – detta är särskilt viktigt för smörjsystemet, eftersom sot kan blockera oljetillförseln till motorns komponenter. Använd tejp och papper och täck över vatten-, olje- och bulthål i motorblocket.

14 För att förhindra att sot kommer in i mellanrummet mellan kolv och lopp, lägg lite fett i mellanrummet. När varje kolv har rengjorts, ta bort fett och smuts från mellanrummet med en liten pensel, torka sedan av resten med en ren trasa. Rengör alla kolvar på samma sätt.

15 Undersök om fogytorna på topplocket och motorblocket har hack, djupa repor eller andra skador. Om skadorna är små kan de försiktigt tas bort med en fil, men om de är mer omfattande är maskinbearbetning det enda alternativet till byte.

16 Om du misstänker att topplocks-packningens yta är skev, kontrollera med en stållinjal. Se informationen om renovering som ges i del C av detta kapitel om så behövs.

Montering

17 Påbörja monteringen genom att placera en ny topplockspackning på motorblocket. Se till att den vänds rätt väg; sidan märkt med ordet TOP ska vara vänd uppåt **(se bild)**.

7.9c En topplocksbult tas bort

7.17 Se till att topplockspackningen är rättvänd. Sidan märkt med "TOP" ska vara vänd uppåt

18 Demontera startmotorn enligt beskrivning i kapitel 5A för att komma åt vevaxelns låsöppning. Bänd loss pluggen från vevaxelns åtkomsthål på motorblockets framsida. Sätt in Volvos verktyg 999 5451 (eller liknande, som ett borr av lämplig tjocklek), i öppningen. Placera sedan en hylsnyckel på vevaxeldrevet, vrid vevaxeln långsamt moturs tills du känner att den tar i låsverktyget. Det ska nu inte gå att vrida vevaxeln längre moturs.

19 Sänk ner topplocket på plats, olja sedan gängorna på de nya topplocksbultarna. Sätt i bultarna och dra åt dem till angivet moment för steg 1, i *omvänd* ordning mot när de skruvades loss (se bild 7.9b).

20 I samma ordning, dra åt bultarna till momentet för steg 2 och därefter (igen i samma ordning) till vinkeln för steg 3 med hjälp av en vinkelmätare.

21 Använd en ny packning och montera tillbaka kylvätskerörets fläns baktill på topplocket; fäst med de två bultarna.

22 Sätt tillbaka den övre kylarslangen på termostathuset och dra åt klämman ordentligt.

23 Anslut jordkabeln baktill på topplocket.

24 Ta bort låsverktyget från vevaxeln och sätt tillbaka pluggen. Montera startmotorn enligt beskrivning i kapitel 5A.

25 Montera kamaxeln och ventillyftarna enligt beskrivning i avsnitt 6, punkt 32 till 48. Anslut inte batteriet än.

26 Montera insugsgrenröret, insprutningsbryggan och avgasgrenröret enligt beskrivning i kapitel 4A och 4C.

27 Fyll på kylsystemet enligt beskrivning i kapitel 1 och anslut till sist batteriet.

8 Vevaxelns oljetätningar – byte

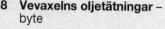

Främre tätning

1 Demontera kamremmen enligt beskrivning i avsnitt 3. Sänk ner motorn lite genom att justera motorlyften, tills det går att komma åt vevaxelremskivan.

2 Vevaxelns remskiva måste nu hållas stilla medan dess mittre fästmutter lossas. Om Volvos verktyg 999 5433 inte finns tillgängligt måste ett hemgjort alternativ tillverkas. Verktyget blir i grunden likadant som fasthållningsverktyget till kamaxeldrevet som beskrivs i avsnitt 4, men lämna gaffelns ben raka och borra ett lagom stort hål i varje, istället för att böja dem 90°. De fyra bultarna som håller vevaxelremskivan till drevet tas sedan bort, så att verktyget kan skruvas fast i remskivan med två av bultarna.

3 Håll verktyget stadigt och skruva loss muttern i mitten av remskivan med hjälp av en hylsnyckel. Ta bort verktyget och lyft bort remskivan från drevet (se bilderna i avsnitt 3, punkt 6 till 9 för mer information).

4 När remskivan är borttagen, sätt in två av

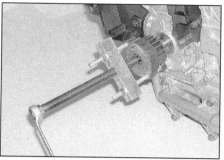

8.4 Dra loss vevaxeldrevet med en universalavdragare

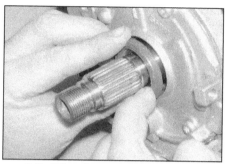

8.7a Sätt på den nya tätningen på vevaxeln . . .

fästbultarna och dra loss drevet från vevaxeln med en universalavdragare, Koppla ihop avdragarens ben med de utstickande bultarna baktill **(se bild)**. Var försiktig så att du inte skadar drevets kuggar.

5 När drevet är borta, bänd försiktigt ut den gamla tätningen **(se bild)**. Var noga med att inte skada oljepumpshuset eller vevaxelns yta. Alternativt, slå eller borra två små hål mitt emot varandra i oljetätningen. Skruva sedan in en självgängande skruv i varje hål och dra ut tätningen genom att dra i skruvarna med en tång.

6 Rengör oljetätningens hus och vevaxeln. Undersök om vevaxeln har något spår eller en kant som orsakats av slitage från den gamla tätningen.

7 Smörj oljetätningshuset, vevaxeln och den nya tätningen. Sätt in tätningen med läpparna inåt och använd en rörbit (eller den gamla tätningen vänd bak och fram) för att knacka tätningen på plats tills den ligger jäms med huset **(se bilder)**.

8 Montera vevaxeldrevet och remskivan i omvänd ordning mot demonteringen. Observera att på vevaxelns splines är det ett spår som ser lite annorlunda ut, detta är för att försäkra att drevet monteras korrekt **(se bild)**.

9 Montera kamremmen enligt beskrivning i avsnitt 3.

Ibland kan en tätning lossas genom att den trycks in på ena sidan – tätningen fälls då utåt på motsatt sida och kan tas ut med en tång.

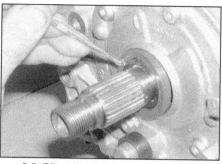

8.5 Bänd försiktigt loss den gamla oljetätningen

8.7b . . . och knacka den på plats med en rörbit tills den ligger jäms med huset

Bakre tätning

10 Demontera svänghjulet eller drivplattan enligt beskrivning i kapitel 10.

11 Bänd försiktigt ut den gamla tätningen. Var noga med att inte skada motorblockets fogytor eller vevaxelflänsen. Alternativt, stansa eller borra två små hål i tätningen, skruva in en självgängande skruv i varje hål och dra ut tätningen genom att dra i skruvarna med en tång.

12 Undersök om vevaxeln har ett slitagespår eller en kant orsakat av den gamla tätningen. Om så behövs, använd en slipduk till att rengöra vevaxelflänsen; linda duken runt flänsen (inte in-och-ut).

13 Rengör oljetätningens hus och vevaxeln – det är viktigt att inga bitar av gammal gänglåsning (från svänghjulets/drivplattans bultar) eller annat skräp ligger kvar, eftersom detta kommer att orsaka läckage.

8.8 Observera att vevaxelns splines har ett huvudspår (vid pilen) som gör att drevet bara kan monteras på ett sätt

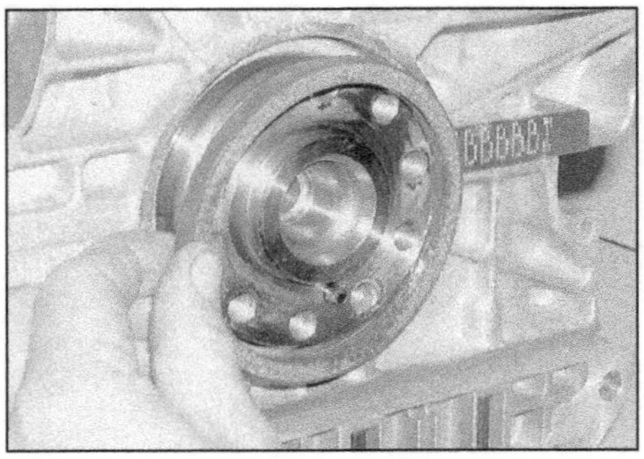

8.14a Sätt på den nya oljetätningen på vevaxeln . . .

14 Smörj huset, vevaxeln och den nya tätningen – använd ren motorolja, inte fett. Montera tätningen, läpparna vända inåt, och knacka den på plats med en bit trälist eller liknande (eller den gamla tätningen vänd bak

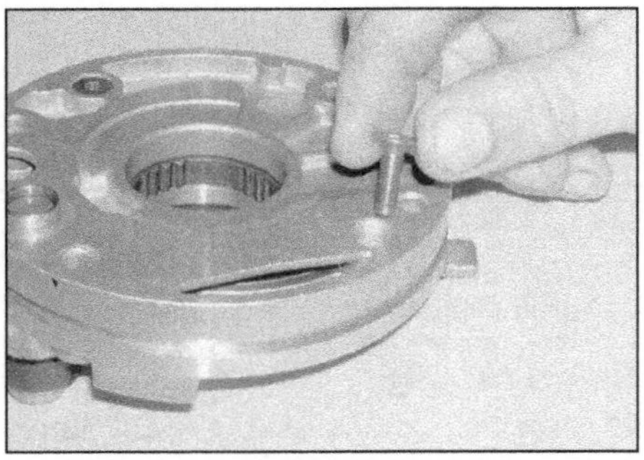

9.5 Skruva loss de två skruvarna som håller ihop pumpens två halvor

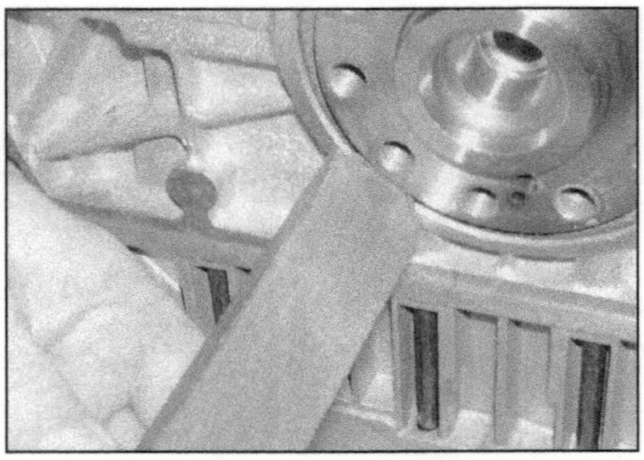

8.14b . . . och knacka den på plats tills den ligger jäms med huset

och fram) tills den är jäms med huset **(se bilder)**. Försäkra dig om att tätningen trycks in lika djupt runt om, för att ytterligare minska riskerna för att den nya tätningen ska läcka.

15 Montera svänghjulet eller drivplattan enligt beskrivning i avsnitt 10.

9 Oljepump – demontering, kontroll och montering

Observera: *Fyra nya kopparbrickor behövs, som ska sitta på pumpens fästbultar vid monteringen. Brickorna är en revidering av infästningen – på tidigare modeller kan det visa sig att det inte finns några brickor.*

Demontering

1 Utför åtgärderna som beskrivs i avsnitt 8, punkt 1 till 4.

2 Skruva loss de fyra bultarna som håller fast oljepumpen framtill på motorblocket.

3 Ta försiktigt bort pumpen genom att bända bakom de övre och nedre tapparna (som finns där för detta ändamål) med en skruvmejsel. Ta bort pumpen och ta vara på packningen.

4 Rengör noggrant pumpens och motorblockets fogytor och ta bort alla spår av gammal packning.

Kontroll

5 Skruva loss de två skruvarna som håller ihop pumpens två halvor **(se bild)**.

6 Ta bort kugghjulskåpan från pumphuset. Var beredd på att övertrycksventilens fjäder kan hoppa ut **(se bild)**.

7 Ta bort övertrycksventilens fjäder och tryckkolv samt kugghjulen **(se bilder)**.

8 Ta bort vevaxelns främre oljetätning genom att försiktigt bända ut den ur huset **(se bild)**. Använd en ny tätning vid monteringen.

9 Rengör alla komponenter noggrant, undersök sedan om kugghjulen, huset eller kugghjulskåpan visar tecken på skador eller slitage.

10 Mät längden på övertrycksventilens fjäder och jämför resultatet med det som anges i specifikationerna. Byt ut fjädern om den är svag eller skev. Undersök också om tryckkolven är repig eller på annat sätt skadad **(se bild)**.

11 Sätt tillbaka kugghjulen i pumphuset, med markeringarna på det större kugghjulet vända uppåt. Använd bladmått och kontrollera spelet mellan det stora kugghjulet och

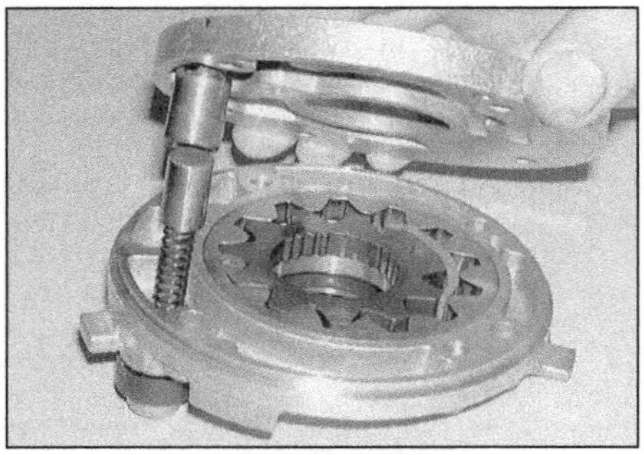

9.6 Ta bort kugghjulskåpan från pumphuset

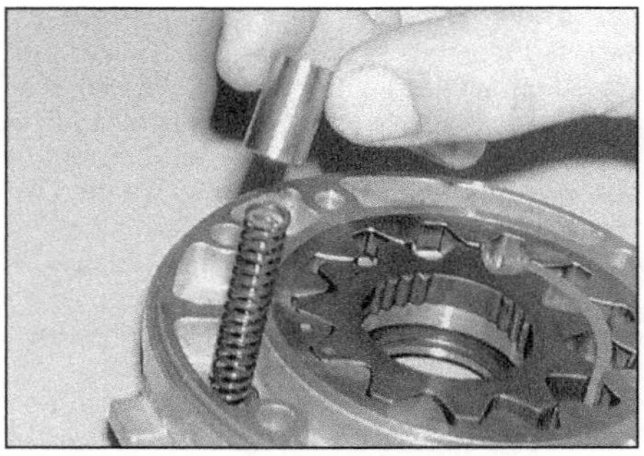

9.7a Ta bort övertrycksventilens fjäder och tryckkolv . . .

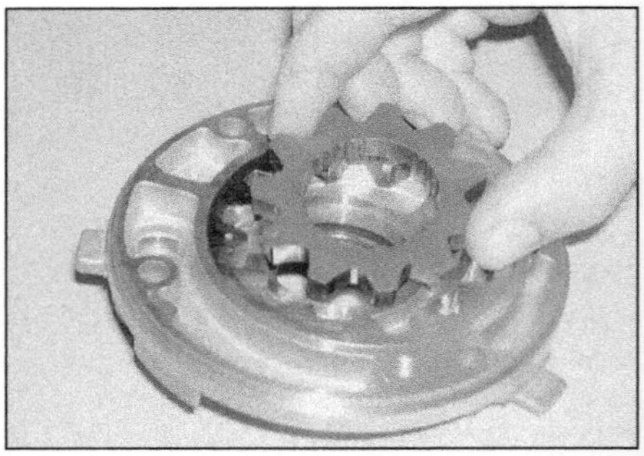

9.7b . . . och det inre . . .

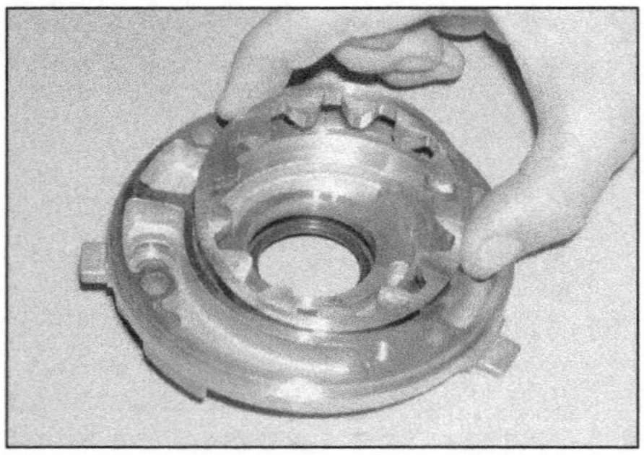

9.7c . . . och det yttre kugghjulet

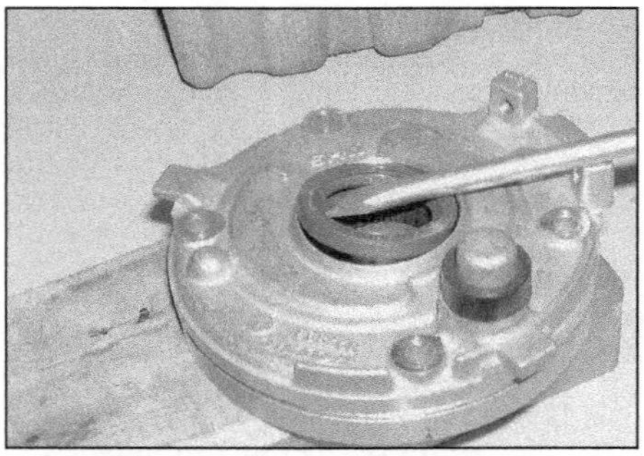

9.8 Bänd försiktigt loss vevaxelns främre oljetätning från huset

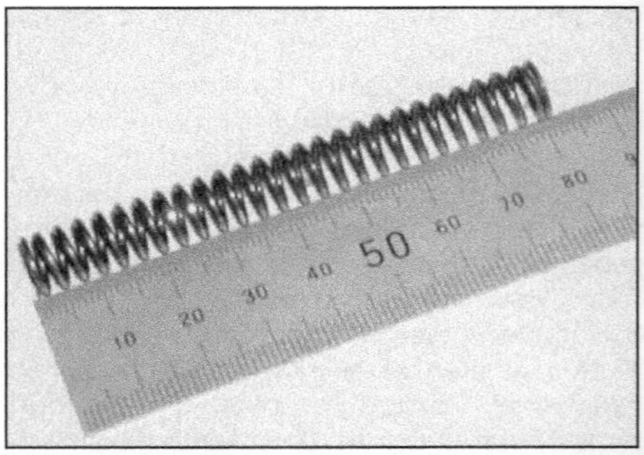

9.10 Mät längden på övertrycksventilens fjäder

pumphuset. Om spelet ligger utanför specificerat mått, byt ut pumpen **(se bild)**.

12 Om spelet är acceptabelt, smörj kugghjulen rikligt. Smörj också och montera övertrycksventilens tryckkolv och fjäder.

13 Sätt en ny O-ringstätning i pumphuset, sätt sedan tillbaka kåpan och fäst med de två skruvarna **(se bild)**.

Montering

14 Montera pumpen på motorblocket med en ny tätning. Sätt på nya kopparbrickor på pumpens fästbultar, använd sedan bultarna som styrningar och dra in pumpen på plats med vevaxelremskivans mutter och mellanläggsbrickor. Var noga med att inte skada tätningen i oljepumpen när den monteras; observera också att vevaxeln inte får vridas när pumpen sätts på plats. När pumpen sitter där den ska, dra åt fästbultarna i diagonal ordning till angivet moment **(se bilder)**.

15 Smörj kåpan, vevaxeln och den nya oljetätningen. Montera tätningen med läpparna inåt, använd sedan en rörbit (eller den gamla tätningen vänd bak och fram) till att knacka den på plats tills den är jäms med huset.

16 Montera vevaxeldrevet och remskivan i omvänd ordning mot demonteringen.

17 Montera kamremmen enligt beskrivningen i kapitel 3.

10 Svänghjul/drivplatta –
demontering, kontroll och montering

Observera: *Nya bultar till svänghjulet/ drivplattan behövs vid monteringen.*

Demontering

Svänghjul (modeller med manuell växellåda)

1 Demontera växellådan enligt beskrivning i kapitel 7A.

2 Demontera kopplingen enligt beskrivning i kapitel 6.

3 Gör inställningsmärken så att svänghjulet kan monteras tillbaka i samma position i förhållande till vevaxeln.

4 Skruva loss svänghjulet och ta bort det – bultarna sitter hårt eftersom de har gänglås. Förhindra att vevaxeln roterar genom att sticka in en stor skruvmejsel i startkransens kuggar och i kontakt med ett intilliggande stift i motorn/växelådans fogyta.

5 Släng de gamla svänghjulsbultarna när de har tagits bort. Bultarna utsätts för mycket höga belastningar under drift, och dras åt till ett högt moment – att återanvända dem kan vara farligt.

Drivplatta (modeller med automatväxellåda)

6 Demontera automatväxellådan enligt beskrivning i kapitel 7B.

7 Gör inställningsmärken så att drivplattan kan monteras tillbaka i samma position i förhållande till vevaxeln.

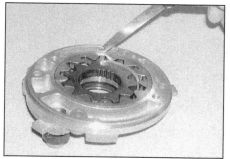

9.11 Mät spelet mellan det yttre kugghjulet och pumphuset

8 Skruva loss drivplattan och ta bort den och förhindra samtidigt att vevaxeln roterar enligt beskrivningen ovan. Precis som med svänghjulsbultar på manuell växellåda, måste drivplattans bultar bytas ut.

Kontroll

9 På modeller med manuell växellåda, om svänghjulets fogyta mot kopplingen har djupa repor, är sprucken eller på annat sätt skadad, måste svänghjulet bytas ut. Om skadorna inte är alltför allvarliga kan det dock vara möjligt att renovera ytan; rådfråga en Volvoåterförsäljare eller motorrenoveringsspecialist. Om startkransen är mycket sliten eller saknar kuggar, måste svänghjulet också bytas ut.

10 På modeller med automatväxellåda, undersök momentomvandlarens drivplatta noggrant för att se om den är skev. Leta också efter tunna sprickor runt bulthålen eller

9.14a Använd en ny packning . . .

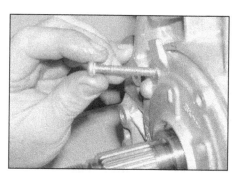

9.14c Sätt i fästbultarna med nya brickor (visas inte här) . . .

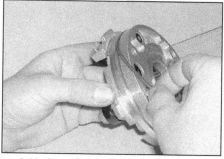

9.13 Sätt på en ny O-ringstätning på pumphuset

sprickor som strålar ut från mitten av plattan. Kontrollera också om startkransens kuggar är slitna eller skadade. Om tecken på slitage eller skada påträffas måste drivplattan bytas ut.

Montering

Svänghjul (modeller med manuell växellåda)

11 Rengör fogytorna på svänghjulet och vevaxeln. Ta bort alla rester av gänglås från gängorna i hålen i vevaxeln, helst med en gängtapp av rätt dimension.

HAYNES TiPS *Om en lämplig gängtapp inte finns till hands, skär två skåror i gängorna på en av de gamla svänghjulsbultarna och använd bulten till att ta bort låsvätskan från gängorna i vevaxeln.*

9.14b . . . och montera pumpen på motorblocket

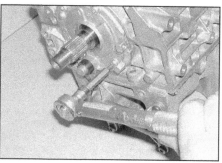

9.14d . . . och dra åt dem i diagonal ordning till angivet moment

10.12a Svänghjulet hålls på plats av en valstapp i vevaxelns fogyta

10.12b Sätt i svänghjulets nya fästbultar . . .

10.12c . . . och dra åt dem till angivet moment . . .

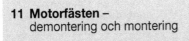

10.12d . . . och till angiven vinkel

12 Fortsätt monteringen i omvänd ordning mot demonteringen. Observera att svänghjulet hålls på plats av en valstapp i vevaxelns fogyta. Lägg gänglås på gängorna på svänghjulets fästbultar och dra åt dem till angivet moment och angiven vinkel **(se bilder)**.
13 Montera kopplingen enligt beskrivningen i kapitel 6, och växellådan enligt beskrivningen i kapitel 7A.

Drivplatta (modeller med automatväxellåda)

14 Följ beskrivningen ovan för manuell växellåda, men bortse från de hänvisningar som görs till kopplingen. Montera växellådan enligt beskrivningen i kapitel 7B.

---

11 Motorfästen – demontering och montering

Kontroll

1 Om så behövs för bättre åtkomlighet, lyft upp framvagnen och ställ den på pallbockar.
2 Undersök gummidelen på relevant fäste och se efter om den är sprucken, har blivit hård eller lossnat från metallen någonstans. Byt ut fästet om sådana skador upptäcks.
3 Kontrollera att fästets alla bultar/muttrar sitter hårt åtdragna; använd en momentnyckel för att kontrollera att så är möjligt
4 Undersök om fästet är slitet genom att bända i det med en stor skruvmejsel eller en

kofot och se om det finns något glapp. Där detta inte är möjligt, låt en medhjälpare försöka gunga motorn/växellådan fram och tillbaka, och från sida till sida, medan du iaktar fästena. Ett visst spel är att vänta även från nya komponenter, men kraftigt slitage bör vara uppenbart. Om för stort spel förekommer, kontrollera först att infästningarna är ordentligt åtdragna och byt sedan ut slitna komponenter enligt beskrivningen nedan.

Byte

Höger motorfäste

5 Koppla loss kabeln från batteriets minuspol (se *Koppla ifrån batteriet*).
6 Placera en domkraft under motorn (men inte under sumpen), med ett träblock som mellanlägg. Höj domkraften tills den tar upp

11.7 Skruva loss den genomgående bulten som håller gummifästet till fästbygeln i karossen

motorns vikt. Alternativt, placera en lyftbom över motorrummet och anslut den till höger motorlyftögla, som sitter på sidan av topplocket.
7 Lossa och ta bort den genomgående bulten som håller gummifästet vid fästbygeln i karossen **(se bild)**. På modeller med luftkonditionering måste man skruva loss köldmedierörets stödfäste från karossen för att kunna komma åt motorfästet. Åtkomligheten kan förbättras ytterligare om man skruva loss servostyrningsvätskans behållare och flyttar den åt sidan.
8 Skruva loss de tre bultarna som håller höger motorfäste till fästbygeln på motorn och ta sedan bort fästet från bilen **(se bild)**. Om så behövs kan fästbygeln som sitter på motor också tas bort (efter det att den övre kamremskåpan demonterats enligt beskrivning i avsnitt 3) om de fyra fästbultarna skruvas loss. Fästbygeln sitter fast på ett stift, vilket kan göra det svårt att ta loss den.
9 Undersök noga alla komponenter för att se om de är slitna eller skadade och byt ut delar efter behov.
10 Vid montering, placera fästet mot fästbygeln på motorn, sätt i de tre bultarna och dra åt dem till angivet moment.
11 Sätt i den genomgående bulten för att fästa motorfästet till fästbygeln på karossen, sätt på muttern men dra inte åt den än.
12 Sänk ner motorns lyftutrustning eller domkraft, tills motorns vikt vilar på motorfästet. Gunga motorn fram och tillbaka så att den sätter sig i fästet, dra sedan åt den genomgående bultens mutter till angivet moment. Ta bort lyftutrustningen eller domkraften, anslut sedan batteriet.

Vänster motorfäste

13 Se kapitel 4A och demontera hela luftrenaren och insugskanalerna för att komma åt vänster motorfäste, längst upp på växellådshuset.
14 Placera en domkraft under växellådan, med ett träblock som mellanlägg. Lyft upp domkraften tills den precis tar upp växellådans vikt. Var försiktig så att du inte skadar växlingsmekanismen. På vissa modeller måste man först ta bort en plastkåpa under växellådan.
15 Skruva loss den genomgående bulten

11.8 Skruva loss de tre bultarna som håller höger motorfäste till fästbygeln på motorn

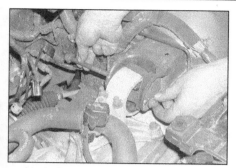

11.15 Skruva loss den genomgående bulten som håller gummifästet till fästbygeln på karossen

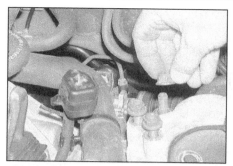

11.16a Skruva loss de tre muttrarna som håller vänster fäste vid fästbygeln på växellådan . . .

11.16b . . . och ta bort fästet från bilen

som håller gummifästet till fästbygeln på karossen **(se bild)**.
16 Skruva loss de tre muttrarna som håller vänster motorfäste till fästbygeln på växellådan och ta bort fästet **(se bilder)**.
17 Undersök noga alla komponenter för att se om de är slitna eller skadade och byt ut delar efter behov.
18 Sätt tillbaka fästet på fästbygeln på växellådan och dra åt muttern till angivet moment.
19 Placera fästet i fästbygeln på karossen. Se till att gummiskydden placeras korrekt mellan fästets sidor och fästbygeln. Sätt i den genomgående bulten och sätt på muttern, men dra inte åt den än.
20 Sänk ner domkraften tills motorns vikt vilar på motorfästet. Gunga motorn fram och tillbaka så att fästet sätter sig, dra sedan åt den genomgående bultens mutter till angivet moment.
21 Ta bort domkraften, montera sedan luftrenaren och insugskanalerna enligt beskrivning i kapitel 4A.

Främre och bakre fästen

22 Placera en lyftbom över motorrummet och anslut den till motorns lyftöglor, på var sida om topplocket. Justera lyftbommen så att den precis tar upp motorns och växellådans sammanlagda vikt.
23 Om det inte redan har gjorts, dra åt handbromsen ordentligt. Lyft sedan upp framvagnen och stöd den på pallbockar.
24 Arbeta under motorrummet, skruva loss den genomgående bulten som håller främre och bakre motorfästen till deras respektive fästbyglar på motorn **(se bild)**.
25 Skruva loss och ta bort motorns/växellådans tvärbalk från motorrummets undersida.
26 Skruva loss de två bultarna som håller relevant motorfäste till tvärbalken och ta bort fästet.
27 Undersök noga alla komponenter för att se om de är slitna eller skadade och byt ut delar efter behov.
28 Montering sker i omvänd ordning mot demonteringen. Tänk på följande **(se bild)**:
a) *Främre/bakre fäste: Placera motorfästet så att det fyrkantiga rikthålet i*

11.24 Skruva loss den genomgående bulten som håller det främre fästet till fästbygeln på motorn

motorfästbygeln är vänt mot bilens front (främre fäste) eller bilens bakvagn (bakre fäste).
b) *Se till att bultarna för motorns/växellådans tvärbalk och tillhörande delar sätts tillbaka enligt bilden.*
c) *Dra åt alla bultar och muttrar till angivna moment, men gunga motorn fram och tillbaka så att motorfästet sätter sig innan den genomgående bultens mutter dras åt sist av allt.*

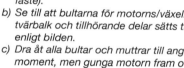

12 Styrventil för variabel ventilinställning – demontering och montering

Demontering

1 Demontera de övre kamremskåporna (inre och yttre) enligt beskrivningen i avsnitt 3.
2 Rengör området runt styrventilens infästning innan den tas bort – smuts eller skräp får inte komma in i ventilportarna.
3 Koppla loss styrventilens kontaktdon, skruva sedan loss de fyra fästbultarna och ta bort ventilen – var beredd på lite oljespill. Ta vara på packningen från topplocket – en ny måste användas vid monteringen **(se bild)**. Och som sagt, var försiktig när ventilen har tagits bort, så att inte olja eller smuts kommer in i ventilblocket eller i portarna på motorn.

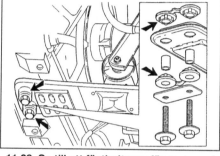

11.28 Se till att fästbultarna för motorns/växellådans tvärbalk och tillhörande delar monteras tillbaka enligt bilden

Montering

4 Rengör packningsytorna på motorn och ventilen och sätt på en ny packning.
5 Sätt tillbaka ventilen och dra åt de fyra bultarna jämnt till angivet moment.
6 Anslut kontaktdonet till ventilen.
7 Kontrollera oljenivån i motorn och fyll på om så behövs, enligt beskrivning i avsnittet *Veckokontroller* i början av boken. Om så önskas kan man låta motorn gå lite innan kamremskåporna sätts tillbaka, så att man kan kontrollera om det förekommer något oljeläckage (var försiktig så att inga lösa kläder etc. fastnar i kamremmen eller dreven).
8 Montera till sist kamremskåporna, med hjälp av informationen i avsnitt 3 om så behövs.

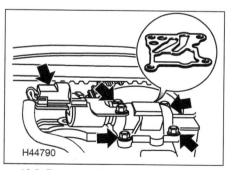

H44790

12.3 Demontering av VVT styrventil – kontaktdon och fästbultar vid pilarna

13 Oljetryckskontakt –
demontering och montering

1 Oljetryckskontakten utgör en viktig, tidig varning för lågt oljetryck. Kontakten aktiverar oljevarningslampan på instrumentpanelen – lampan ska tändas när tändningen slås på och slockna nästan omedelbart när motorn startar.

2 Om lampan inte tänds kan det vara något fel i instrumentpanelen, i kontaktens kablage eller i själva kontakten. Om lampan inte släcks, kan det bero på låg oljenivå, sliten oljepump (eller blockerad oljepickup), blockerat filter eller slitna lager – eller så kan det vara fel på kontakten.

3 Om lampan tänds under körning är det bäst att slå av motorn på en gång, och inte köra bilen förrän problemet har undersökts. Att ignorera lampan kan resultera i kostsamma motorskador.

Demontering

4 Oljetryckskontakten sitter framtill på motorblocket, intill mätstickans rör. Man kan komma åt kontakten uppifrån, men det är lättare underifrån. Lyft upp framvagnen, ställ den på pallbockar (se *Lyftning och stöd-punkter*), och ta bort kåpan under motorn.

5 Koppla loss kontaktens kontaktdon, skruva sedan loss kontakten från motorn och ta vara på tätningsbrickan. Lite olja kan läcka ut när kontakten tas bort, men bara om motorn nyligen har varit igång.

Kontroll

6 Undersök om kontakten har sprickor. Om den övre delen av kontakten är lös är detta ett tidigt tecken på att den snart kommer att fallera.

7 Kontrollera att kabelpolerna på kontakten inte är lösa, följ sedan kabeln från kontakt-donet till huvudkabelhärvan – eventuella defekter på kablaget kan göra att det ser ut som om du har problem med oljetrycket.

Montering

8 Montering sker i omvänd ordning mot demonteringen. Notera följande:

a) *Montera en ny tätningsbricka och dra åt kontakten till angivet moment.*

b) *Anslut kontaktdonet och se till att dra kablaget så att det inte kan komma i kontakt med några varma eller rörliga delar.*

c) *Kontrollera motoroljenivån och fyll på om så behövs (se Veckokontroller).*

d) *När motorn har startats och nått normal arbetstemperatur, undersök om det förekommer några oljeläckor.*

Kapitel 2 Del B:
Reparationer med motorn kvar i bilen – GDI motor

Innehåll

Svårighetsgrader

Enkelt, passar novisen med lite erfarenhet 	**Ganska enkelt,** passar nybörjaren med viss erfarenhet 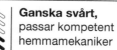	**Ganska svårt,** passar kompetent hemmamekaniker	**Svårt,** passar hemmamekaniker med erfarenhet	**Mycket svårt,** för professionell mekaniker

Specifikationer

Allmänt

Typ . . . . Fyrcylindrig 1.8 liters DOHC motor (dubbla överliggande kamaxlar), 16 ventiler, direkt bränsleinsprutning

Motorkoder:
B4184SM . . . . 1834cc, utan turbo, 92kW
B4184SJ . . . . 1834cc, utan turbo, 90kW
Lopp/kolvslag . . . . 81,0 mm / 89,0 mm
Kompressionsförhållande 12,5:1
Kompressionstryck:
Nominellt . . . . 15,8 bar (232 psi)
Minst . . . . 12,8 bar (189 psi)
Skillnad mellan cylindrar . . . . max 1 bar (14,5 psi)
Tändningsföljd . . . . 1 – 3 – 4 – 2 (nr 1 vid motorns kamremsände)

Smörjsystem

Oljetryck (varm motor med nytt filter):
Under 1500 rpm . . . . 1,0 till 3,0 bar (14,5 till 43,5 psi)
Över 1500 rpm . . . . 3,0 till 4,9 bar (43,5 till 72,5 psi)
Oljetryckskontaktens aktiveringsvärde . . . . Mindre än 0,3 bar (4.4 psi)
Oljepump . . . . Kugghjul, drivs från vevaxeln
Spel mellan yttre kugghjul och hus . . . . max 0,35 mm

Topplock

Max skevhet (mätt diagonalt – se kapitel 2C) . . . . 0,05 mm
Max längd på topplocksbult . . . . 96,4 mm

Åtdragningsmoment

	Nm
Avgasgrenrör till nedåtgående avgasrör, muttrar	44
Bultar till generatorns drivremsjusterare	23
Hjulmuttrar	110
Kamaxeldrevets bult	88
Kamremskåpornas bultar	9
Kamremsspännarens bultar (automatisk spännare)	13
Kamremsspännarens remskiva, mittbult	48
Motorfästen:	
Främre fästets bultar	35
Mutter till främre fästets genomgående bult	59
Vänster fäste till kaross, muttrar	45
Mutter till vänster fästes genomgående bult	98
Bakre fästets bultar	35
Mutter till bakre fästets genomgående bult	59
Höger fästes motorfästbygel (nedre del)	50
Mutter till högra fästets genomgående bult	98
Muttrar/bult till högra fästets övre del	76
Stödbalkens bultar	69
Oljepumpens fästbultar	14
Oljepumpens pickup, bultar	19
Oljepumpens övertrycksventil, fjäderns hållplugg	44
Oljepumpkåpans skruvar	10
Oljesump:	
Nedre trågets bultar	7
Huvudsumpens bultar:	
M6 bultar	9
M8 bultar (x4)	24
bultar mellan oljesump och växellåda (x2)	50
Oljetryckskontakt (med gänglås)	10
Svänghjulsbultar (med gänglås/oljade skallar)	98
Termostathusets bultar	23
Topplock till motorblock (oljade gängor):	
Steg 1	74
Steg 2	Lossa helt
Steg 3	20
Steg 4	Vinkeldra ytterligare 90°
Steg 5	Vinkeldra ytterligare 90°
Topplockets övre del, bultar:	
M6 bultar	11
M8 bultar	21
Hållplattans bultar (för övre kamremskåpa)	10
Vevaxelremskivans bult (oljade gängor)	180

1 Allmän information

Hur detta kapitel används

Den här delen av kapitel 2 beskriver de reparationer som kan utföras på GDI motorn med motorn kvar i bilen. Om motorn har lyfts ut ur bilen och tagits isär enligt beskrivning i del C, kan alla preliminära isärtagnings-instruktioner ignoreras.

Observera att även om det är fysiskt möjligt att renovera delar som kolvar/vevstakar medan motorn sitter kvar i bilen, så utförs sällan sådana moment separat. Normalt måste flera andra åtgärder utföras samtidigt (för att inte nämna rengöring av komponenter och smörjkanaler), varför alla sådana åtgärder

klassas som större renoveringar och beskrivs i del C i det här kapitlet.

Del C beskriver demontering av motorn och växellådan och de reparations- och renoveringsarbeten som då kan utföras.

Beskrivning av motorn

GDI-motorn är en Mitsubishi design, som också används i S40/V40-seriens systerbil Carisma. På många sätt är GDI-motorn lik de andra motorerna som behandlas i den här boken – den är en 4-cylindrig radmotor med dubbla överliggande kamaxlar och fyra ventiler per cylinder, monterad på tvären på en kryssrambalk i motorrummet. Det som utmärker GDI-motorn är det direkta bränsleinsprutningssystemet, vilket betyder att många luft/bränsle- och tändsystems-komponenter är unika för den här motorn (ytterligare information om GDI bränsle- och

tändsystem finns i kapitel 4B och 5B). Topplockets design är mycket ovanlig för en bensinmotor. Luft går in i cylindrarna via ett grenrör uppe på, bränslespridarna sitter inskruvade direkt i topplocket baktill och det sitter ett konventionellt avgasgrenrör framtill.

Största delen av motorn är tillverkad av aluminium och består av fem delar. Topplocket består av en övre och en nedre del, och motorblock, ramlagerstege och oljesump utgör de andra tre delarna. Topplockets två delar sitter ihop jäms med kamaxlarnas mittlinje, medan motorblocket och mellandelen sitter ihop jäms med vevaxelns mittlinje. Det sitter en konventionell toppackning mellan topplocket och motor-blocket, och mellan de andra huvuddelarna används flytande packning.

Motorblocket har fyra torra cylinderfoder av gjutjärn, vilka är ingjutna i blocket och inte kan bytas ut. Gjutjärn används också i ramlager-stegen, medan oljesumpen är tillverkad av pressat stål.

Kraften överförs till kamaxlarna via en kuggad kamrem och drev, med automatisk spännarmekanism för kamremmen. Kamremmen driver också kylvätskepumpen. Alla tillbehör drivs från vevaxelns remskiva av två ribbade drivremmar.

Topplocket har inloppsportar uppe på motorn och avgasportar framtill. Den övre delen av topplocket har en separat kamaxelkåpa av pressat stål (vissa motorer har en kåpa för varje kamaxel), och kamaxlarna löper i släta lager inuti de två topplocksdelarna. Ventilerna styrs av underhållsfria hydrauliska ventillyftare, vilka styrs indirekt av kamaxelnockarna via vipparmar.

Vevaxeln löper i fem ramlager av skåltyp och vevstakslagren är också av skåltyp. Ramlageröverfallen "sitter ihop" i en stege som sitter fastskruvad i botten av vevhuset. Vevaxelns axialspel tas upp av tryckbrickor på var sida om ramlager nr 3.

Smörjsystemet är av tryckmatad fullflödestyp. Olja dras från oljesumpen av en kugghjulspump som drivs från vevaxelns främre del. Olja under tryck passerar genom ett filter innan den matas in till de olika axellagren och ventilmekanismen.

Reparationer som kan göras med motorn i bilen

Följande åtgärder kan utföras med motorn kvar i bilen:
a) Kompressionstryck – kontroll.
b) Kamrem – demontering och montering.
c) Kamaxlarnas oljetätningar – byte.
d) Kamaxlar och ventillyftare – demontering och montering.
e) Topplock – demontering och montering.
f) Topplock och kolvar – sotning.
g) Vevaxelns oljetätningar – byte.
h) Oljepump – demontering och montering.
i) Svänghjul – demontering och montering.
j) Motorfästen – demontering och montering.

2 Kompressionsprov – beskrivning och tolkning

Varning: Stå på säkert avstånd från motorn när den dras runt. Även om bränsle- och tändsystem ska ha avaktiverats innan detta görs, finns det fortfarande en viss brandrisk. Det finns också en viss risk för att man oavsiktligt kommer i kontakt med rörliga delar, eller att skräp av något slag kan kastas ut ur tändstiftshålen när tryck uppstår

1 Om motorns prestanda sjunker eller om misständningar uppstår som inte kan hänföras till bränsle- eller tändsystem, kan ett kompressionsprov ge en bra indikation om motorns skick. Om kompressionsprov utförs regelbundet kan de ge en förvarning om problem innan några andra problem uppträder.
2 Värm upp motorn till normal arbetstemperatur, se till att batteriet är fulladdat och ta bort alla tändstift (se kapitel 1). Dessutom behövs en medhjälpare.
3 Avaktivera tändsystemet genom att koppla loss kablaget till motorns varvtalsgivare vid kontaktdonet baktill på den övre kamremskåpan. Koppla även loss kontaktdonen från bränslespridarna för att förhindra att oförbränt bränsle skadar katalysatorn (alternativt, leta reda på och ta bort säkring nummer 17 från säkringsdosan i motorrummet).
4 Montera en kompressionsprovare till tändstiftshålet för cylinder nr 1. Det är bäst att använda den typ av provare som skruvas in i gängorna i tändstiftets hål.
5 Låt en medhjälpare hålla gasspjället helt öppet och dra runt motorn på startmotorn. Efter ett eller två varv ska trycket byggas upp till ett maxvärde och stabiliseras. Anteckna den högsta avläsningen.
6 Upprepa testet på återstående cylindrar och notera trycket i var och en.
7 Alla cylindrar ska ha ungefär samma tryck. Om skillnaden mellan två av cylindrarna överstiger 2 bar är det ett tecken på att något är fel. Observera att trycket ska byggas upp snabbt i en väl fungerande motor. Lågt tryck i första slaget följt av ett gradvis stigande tryck är ett tecken på slitna kolvringar. Lågt tryck som inte höjs tyder på läckande ventiler eller trasig topplockspackning (eller ett sprucket topplock). Låg kompression kan också orsakas av avlagringar på undersidorna av ventiltallrikarna.
8 Om trycket i en cylinder är mycket lägre än i de andra, gör följande för att ringa in problemet. Häll i en tesked ren olja i cylindern genom tändstiftshålet och upprepa provet.
9 Om den extra oljan tillfälligt förbättrar kompressionen, är det ett tecken på att slitage på kolven eller i loppet är orsaken till tryckförlusten. Om ingen förbättring sker tyder det på läckande/brända ventiler, eller en trasig topplockspackning.
10 Lågt tryck i två angränsande cylindrar beror med stor säkerhet på att topplockspackningen är trasig mellan dem. Förekomst av kylvätska i motoroljan bekräftar detta.
11 Om en cylinder är ca 20 procent lägre än de andra och motorn går lite ojämnt på tomgång, kan en sliten kamaxelnock vara orsaken.
12 Om kompressionstrycket är ovanligt högt, är förbränningskamrarna förmodligen täckta med sotavlagringar. Om så är fallet måste topplocket demonteras och rengöras.
13 Efter avslutat test, skruva i tändstiften och anslut tändsystem och bränslespridare.

3 Kamrem – demontering och montering

Observera: *Det rekommenderas att ett särskilt låsverktyg används till detta moment (Volvos verktyg är nr 999 5714, men eftermarknads alternativ finns), för att hålla fast kamaxeldrevet mot ventilfjädrarnas spänning när kamremmen tas bort. Förutsatt att ett enklare låsverktyg kan tillverkas (beskrivs i avsnitt 4), och att en medhjälpare finns till hands som kan hålla i det, bör man dock klara sig utan det särskilda drevlåsverktyget. Man behöver också en medhjälpare som kan flytta motorn i fästena, eftersom det är svårt att komma åt flera av bultarna (särskilt bultarna till det högra motorfästet). En motorlyft av något slag behövs också, eftersom motorn måste höjas/sänkas på kvarvarande fästen vid olika tillfällen under arbetets gång.*

Demontering

1 Koppla loss kabeln från batteriets minuspol (se *Koppla ifrån batteriet*), och ta bort motorns täckkåpa. Kåpan sitter fast med sex bultar som alla är försedda med en gummibricka **(se bild)**.
2 Koppla loss motorvarvtalsgivarens kontaktdon som sitter fastklämt baktill på den övre kamremskåpan **(se bild)**. Lossa kablaget från fästbygeln på insugsgrenröret och flytta det åt sidan.
3 Demontera drivremmarna enligt beskrivning i kapitel 1.
4 Skruva loss de fyra bultarna och ta bort den övre kamremskåpan **(se bilder på nästa sida)**.
5 Generatorns drivremsspännare och dess fästbygel måste nu skruvas loss från motorn. Ta först loss bulten som håller

3.1 Demontera motorns täckkåpa

3.2 Koppla loss varvtalsgivarens kontaktdon

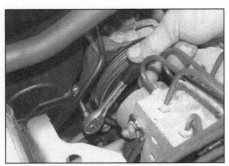

3.4a Skruva loss de fyra bultarna (den här är gömd bakom servostyrningspumpens remskiva) . . .

3.4b . . . och ta bort den övre kamremskåpan

servostyrningsvätskans slang längst upp i fästbygeln, lossa sedan justerarens låsbult och haka loss själva justerbulten. Fästbygeln hålls nu av ytterligare två bultar, baktill och på

3.5b Skruva loss servostyrningsslangens fästbygel. . .

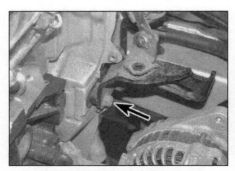

3.5d Bakre bult (vid pilen) till generatorns justerfäste

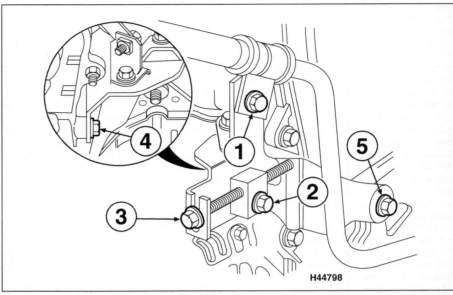

H44798

3.5a Demontering av generatordrivremmens justerfäste – rekommenderad ordning för isärtagning

sidan av motorn. Den bakre bulten är ganska lätt att ta ut, men den på sidan är svår att komma åt (man når den bara underifrån). Den sitter också mycket hårt och det går inte att ta ut den helt ens när den är lossad eftersom det är så trångt. Låt sidobulten sitta kvar löst – bulten och fästbygeln kan tas bort längre fram, när motorfästet har demonterats **(se bilder)**.

3.5c . . . och haka loss justerbulten

6 Om det inte redan har gjorts, lossa infästningarna som håller fast hjulhusets innerskärm och vik undan innerskärmen så att du kommer åt vevaxelremskivan. Det bästa är att ta bort innerskärmen helt, men det betyder att man också måste ta bort den främre delen av kåpan under motorn **(se bild)**.
7 Vevaxelremskivan måste nu hållas stilla medan dess mittbult lossas. Om Volvos verktyg 999 5705 inte finns till hands, måste ett eget verktyg tillverkas. Detta blir i stort sett detsamma som det verktyg för kamaxeldrevet som beskrivs i avsnitt 4, och det kan sättas fast i remskivans ekrar. Alternativt, demontera startmotorn enligt beskrivningen i kapitel 5A, och spärra svänghjulets startkrans så att motorn inte kan rotera. Skruva loss remskivans mittbult med en hylsnyckel; se till att bilen är säkert stöttad och använd verktyg av bra kvalitet, som passar precis. Detta är viktigt eftersom avsevärd kraft behövs för att få loss bulten. Lyft av remskivan tillsammans med remskyddsplåten som sitter bakom den **(se bilder)**.
8 Placera en motorlyft över motorrummet och

3.6 Ta bort hjulhusets innerskärm

3.7a Bulten lossas medan ett hemmagjort verktyg används till att hålla remskivan stilla

3.7b Ta bort bulten och ta vara på brickan som sitter bakom den

3.7c Ta av vevaxelremskivan, notera hur den sitter på Woodruffkilen. . .

3.7d . . . och dra sedan av remskyddsplåten

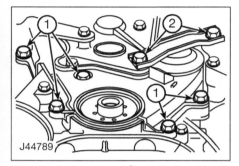

3.9a Nedre kamremskåpans bultar (1) och bultar till servostyrningspumpens förstärkningsstag (2)

Senare modeller har ytterligare en bult till den nedre kåpan, som sitter i mitten

anslut den till motorns högra lyftögla. Höj lyften tills den precis tar upp motorns/växellådans vikt.

9 Skruva loss förstärkningsstaget mellan servostyrningspumpen och motorfästbygeln. Notera att bulten i den nedre änden av staget är en av bultarna som håller motorfästbygeln. Denna kan inte heller tas bort i det här läget på grund av utrymmesbrist mellan motorn och innerskärmen **(se bilder)**.

10 Skruva loss kylvätskerörets stödfäste från innerskärmens undersida – när röret kan flyttas åt sidan skapas bättre utrymme för demontering av många andra komponenter.

11 Skruva loss de fem bultar som håller den nedre kamremskåpan (senare modeller har totalt sex bultar). Dra kamremskåpan nedåt, lossa kabelhärvan och ta bort kåpan **(se bilder)**.

12 Båda delarna av motorns högra fäste måste nu demonteras från innerskärmen och motorn. Innan detta moment påbörjas, kontrollera att motorns vikt säkert hålls upp av motorlyften. Skruva först loss de två bultarna som håller servostyrningsvätskans behållare till innerskärmen, och flytta behållaren åt sidan utan att koppla loss slangarna **(se bild)**.

13 Skruva loss muttern från den (horisontella) genomgående bulten på den övre delen av motorfästet, höj sedan motorn något. Skruva loss de två muttrarna, och bulten däremellan, från insidan av den övre delen av fästet, knacka sedan ut den genomgående bulten och lyft bort fästet **(se bilder)**.

14 De återstående två bultar som håller den nedre delen av motorfästet kan nu lossas. Observera att ytterligare en liten bult måste

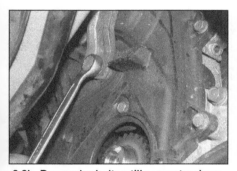

3.9b Den nedre bulten till servostyrnings-pumpens förstärkningsstag lossas

3.11a Skruva loss de fem (eller sex) bultarna . . .

3.11b . . . och dra ner den nedre kamremskåpan

3.12 Skruva loss servostyrningsvätskans behållare och flytta den åt sidan

3.13a Skruva loss muttern från motorfästets genomgående bult. . .

3.13b . . . ta sedan bort övriga muttrar och bultar och ta bort den övre delen

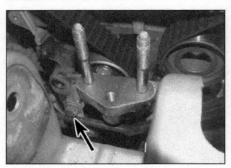

3.14 Den här lilla bulten (vid pilen) håller en fästbygel för ett servostyrningsrör till motorfästets nedre del

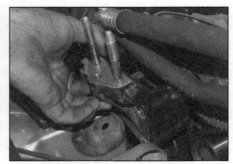

3.15 Lyft ut den nedre delen av det högra motorfästet

tas bort, som håller ett fäste för ett servostyrningsrör **(se bild)**.

15 De bultar som inte kunde tas bort tidigare måste nu avlägsnas. Man kan behöva experimentera med att höja och sänka motorn i de kvarvarande fästena tills bultarna kan nås. Följande råd är baserade på våra egna erfarenheter i verkstaden:

a) *För att kunna ta bort sidobulten för generatorns justerfästbygel, lyft upp motorn lite och låt en medhjälpare trycka motorn bakåt.*

b) *För att ta bort de två svåraste motorfästbultarna, sänk motorn och låt en medhjälpare dra (eller trycka) motorn i sidled för att öka utrymmet mellan motorn och innerskärmen. När de två bultarna är borta kan den nedre delen av motorfästet tas bort* **(se bild)**.

16 Om samma rem ska återanvändas (bör endast göras om man vet att remmen är nästan ny), rekommenderar Volvo att man märker upp remmens läge på kamaxeldreven innan den tas bort och att man sedan sätter tillbaka den på samma plats. Märk också upp remmens rotationsriktning.

17 Motorn måste nu dras runt så att inställningsmärkena kan ställas in. För att kunna göra detta, sätt tillfälligt tillbaka vevaxelremskivans bult och använd en nyckel på denna för att rotera motorn i dess normala riktning (medurs, sett från motorns kamremsände).

18 Det finns inställningsmärken på båda kamaxeldreven, vilka motsvarar märken på topplocket. På vevaxelns kuggade drev finns två märken – en prick instansad i den främre ytan och en pilspets på en plåt bakom drevet.

Båda dessa märken ska vara i linje i med ett upphöjt märke på oljepumpen, i läget rakt upp **(se bilder)**.

19 Innan kamremmen tas bort från dreven, använder Volvomekaniker ett litet specialverktyg (999 5714) med sidoribbor som placeras i kamaxeldreven och låser fast dem båda i ÖD-positionen **(se bild)**. Om remmen tas bort utan att det här verktyget används, kommer kamaxeldreven att pressas mot varandra på grund av trycket från ventilfjädrarna. Drevens inställning kan återställas med hjälp av märkena när en ny rem monteras. En nyckel och ett låsverktyg för dreven kommer att behövas, samt en assistent som antingen kan hålla fast verktygen eller lägga på remmen på dreven.

20 Lossa spännarremskivans mittbult **(se bild)**.

21 Skruva loss de två bultarna som håller fast kamremsspännaren och ta bort spännaren från motorn. Notera hur den sitter ihop med hävarmen för spännarremskivan **(se bild)**.

22 Ta försiktigt bort remmen från dreven, så att (om Volvoverktyget inte används) kamaxeldreven rubbas så lite som möjligt **(se bild)**. Rotera inte vevaxeln eller kamaxlarna mer än några grader medan remmen är borta – det finns risk för att kolvarna kommer i kontakt med ventilerna.

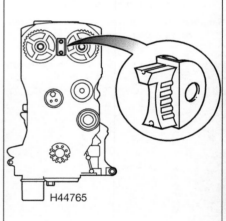

H44765

3.19 Volvos verktyg 999 5714 används för att låsa ihop kamaxeldreven

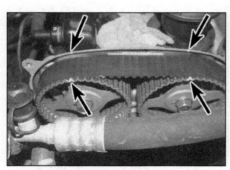

3.18a Ställ in kamaxeldrevens markeringar (vid pilarna). . .

3.18b . . . och totalt tre markeringar (vid pilarna) på vevaxeldrevet och oljepumpshuset

3.20 Lossa spännarremskivans mittbult

3.21 Kamremsspännaren demonteras

3.22 Ta bort kamremmen

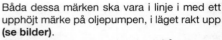

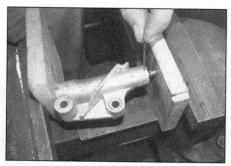

3.27a Sätt fast spännaren i ett skruvstäd och tryck långsamt ihop tryckkolven. . .

3.27b . . . tills ett 2 mm borr kan stickas in genom huset och tryckkolven

23 Snurra på spännar- och överförings-remskivorna och undersök dem med avseende på ojämnheter eller skakningar; byt ut dem om så behövs. Kontrollera att spännarremskivans arm kan röra sig fritt upp och ner under påverkan av spännaren. Om armen är det minsta kärv, ta bort enheten, rengör den noggrant och smörj den lätt innan den sätts tillbaka. Det anses vara en god idé att byta ut remskivorna tillsammans med remmen – av denna anledning säljer nu Volvoåterförsäljare (och vissa grossister) "kamremskit" som innehåller alla relevanta delar.
24 Undersök kamremmen noga och leta efter ojämnt slitage, delning eller oljefläckar. Var särskilt noga med kuggarnas "rötter". Byt ut remmen om det råder den minsta tvekan om dess skick. Om motorn genomgår en renovering och den har gått mer än 60 000 km med den existerande remmen, byt ut den oavsett synligt skick. Kostnaden för en ny rem är försumbar i jämförelse med kostnaderna för de motorreparationer som skulle behövas om remmen gick av under drift. Om remmen är nedsmutsad av olja måste källan till oljeläckaget spåras och åtgärdas. Tvätta bort alla spår av olja från

området runt kamremmen och alla relaterade komponenter.
25 Byt ut spännaren om det finns tecken på oljeläckage, om inget motstånd känns när tryckkolven trycks ihop eller om tryckkolven inte kan tryckas ihop. När inget tryck är anlagt ska tryckkolven sticka ut ur spännaren ungefär 11 mm.

Montering och spänning

26 Innan kamremmen sätts tillbaka måste spännarens tryckkolv tryckas ihop och låsas och spännaren sättas tillbaka på motorn. För att kunna göra detta, placera enheten i ett skruvstäd med skyddade käftar och placera enheten så att käftarna är i kontakt med spännarhuset och tryckkolven.
27 Dra åt skruvstädet tills motstånd känns, dra sedan åt lite till mycket långsamt. Vänta i några sekunder och dra sedan åt lite till. Fortsätt på detta sätt tills hålet i spännarhuset och motsvarande hål i tryckkolven är mitt för varandra. Det kommer förmodligen att ta ungefär fem minuter att göra det här; stressa inte – de inre tätningarna kan ta skada om olja tvingas in mellan de inre kamrarna för fort. När de två hålen slutligen är i linje, stick in ett metallstift (ett 2 mm borr

fungerar utmärkt) genom hålen för att låsa enheten **(se bilder).**
28 Rengör fogytorna, montera sedan den låsta spännaren på motorn och dra åt de två bultarna till angivet moment.
29 Innan kamremmen nu sätts på plats, se till att kamaxeldreven är placerade i rätt läge (se punkt 17) – om Volvoverktyget finns till hands, montera detta nu. Vevaxeldrevet bör fortfarande vara i linje med märket på oljepumpen i läge kl. 12. Innan remmen sätts på, vrid dock vevaxeldrevet moturs (bakåt) en halv kugge. Detta låter som en underlig instruktion, men det är precis vad som rekommenderas av Volvo, och vi följde deras metod utan att stöta på några problem.
30 Lägg remmen över vevaxeldrevet, håll den spänd och mata den över kylvätskepumpens drev, överföringsremskivan, det främre kamaxeldrevet, det bakre kamaxeldrevet och slutligen över spännarens remskiva **(se bild).** Tänk på rotationsriktningen om den gamla remmen återanvänds. Om drevlåsverktyget inte används, måste det främre kamaxeldrevet först hållas fast med en nyckel (vrid drevet medurs mot fjäderspänningen) så att dess inställningsmärken hamnar i linje när remmen sätts tillbaka. Ett fasthållningsverktyg behövs sedan för att trycka det bakre drevet bakåt (moturs) så att dess inställningsmärken kan placeras korrekt när remmen läggs på plats.
31 Innan remspänningen justeras, kontrollera att alla inställningsmärken är i linje. Ta sedan bort låsverktyget (om sådant används) från kamaxeldreven. En ytterligare (ungefärlig) riktlinje är att om remmen verkar "bukta" uppåt ganska mycket mellan de två kamaxel-dreven, kan det vara ett tecken på att något är fel.
32 Tryck nedåt på spännarremskivans hävarm (vrid moturs) så att den precis kommer i kontakt med änden av (den fortfarande låsta) spännaren. Håll armen i detta läge och dra åt spännarremskivans mittbult till angivet moment.
33 Kontrollera placeringen av drevens inställningsmärken igen, vrid sedan motorn ungefär ett kvarts varv (90°) moturs
34 Lossa spännarremskivans mittbult, placera sedan en lämplig låsringstång i hålen i remskivans framsida och vrid remskivan medurs för att ta upp slack i remmen (se till att remmen sitter ordentligt på alla drev) **(se bild).**

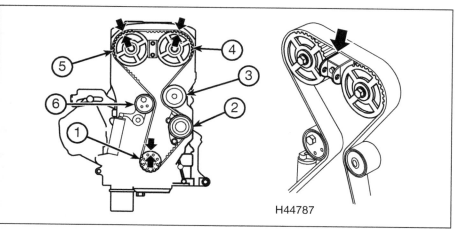

H44787

3.30 Kamremmens montering – inställningsmärken, monteringsordning och Volvos verktyg

1 Vevaxeldrev	*3 Överföringsremskiva*	*5 Insugskamaxelns drev*
2 Kylvätskepump	*4 Avgaskamaxelns drev*	*6 Spännarremskiva*

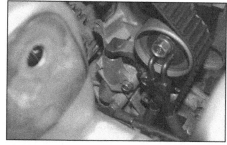

3.34 Använd en låsringstång för att vrida remskivan, håll den sedan stilla och dra åt mittbulten

3.36 Ta bort låsstiftet från spännaren

Detta är ett moment som kräver en viss "känsla" – remmen ska inte vara överdrivet hårt spänd i det här läget, bara inte lös. När spännaren släpps justeras remspänningen i stor utsträckning av sig självt – knepet är att ge spännaren en mindre arbetsbörda genom att först ta bort det mesta av remmens slack. Dra åt remskivans mittbult till angivet moment igen, och se till att remskivan inte vrids när detta görs.

35 Vrid motorn medurs två hela varv och kontrollera att inställningsmärkena kommer tillbaka till sina rätta positioner.

36 Ta nu bort låsstiftet från spännaren – det bör gå ganska lätt **(se bild)**.

37 Vrid motorn ytterligare två varv medurs och låt den stå i denna position i ungefär två minuter.

38 Försök att sätta tillbaka låsstiftet i spännaren. Det bör kunna sättas in i ganska enkelt. Om inte är det ändå inget problem, förutsatt att spännarens tryckkolv bara sticker ut från spännarhuset ungefär 4 mm. Om detta

HAYNES TiPS

Tillverka ett fasthållningsverktyg för kamaxeldrevet av två stålband, ungefär 6 mm tjocka och 30 mm breda, det ena 600 mm långt och det andra 200 mm långt (alla mått är ungefärliga). Skruva ihop de två banden så att de formar en gaffel utan att dra åt bulten helt, så att det kortare bandet kan vridas runt. I änden av varje "ben" på gaffeln, böj banden i rät vinkel ungefär 50 mm från ändarna. Dessa hakar ska sedan sättas in i hålen i drevet. Det kan hända att kanterna måste slipas ner för att de ska få plats i hålen

inte är fallet måste låsstiftet sättas tillbaka (låt en medhjälpare trycka ner spännarremskivans hävarm), och åtgärderna i punkt 33 och 34 upprepas.

39 Sätt tillbaka motorfästbygeln på motorn, se avsnitt 11 om så behövs. Kom ihåg att, som noterades under demonteringen, två av fästbygelns bultar är svåra att sätta på plats och en viss manipulering av motorn kommer att behövas. Dra åt bultarna till angivet moment om så är möjligt – utrymmesbristen kan förhindra användning av en moment-nyckel.

40 Sätt den övre delen av motorfästet löst på plats, justera sedan motorns höjd tills fästet är i ett läge där alla muttrar/bultar och den genomgående bulten kan sättas på plats. Montera den övre delen av fästet med hänvisning till avsnitt 11 och dra åt alla bultar/muttrar till angivet moment.

41 Montera den nedre kamremskåpan. Sätt sedan tillbaka kylvätskerörets fästbygel på innerskärmen där så är tillämpligt.

42 Montera kamremmens skyddsplåt och sätt därefter tillbaka vevaxelremskivan. Olja bulten på gängorna och under skallen, förhindra sedan att motorn roterar som vid demonteringen medan remskivans bult dras åt. Volvo specificerar inte att en ny bult ska användas, men om den gamla är i dåligt skick bör man naturligtvis byta ut den. Dra åt bulten till angivet moment – använd bara verktyg som passar perfekt och är av bra kvalitet, och se till att bilen är säkert uppallad.

43 Montera generatordrivremmens spännar-fästbygel i omvänd ordning mot demonteringen och sätt sedan tillbaka den övre kamremskåpan. Montera och spänn generatorns och servostyrningens drivremmar enligt beskrivning i kapitel 1.

44 Montera hjulet och sänk ner bilen på marken. Dra åt hjulmuttrarna i diagonal ordning till angivet moment.

45 Sätt tillbaka servostyrningsvätskans behållare. Anslut sedan motorns varvtals-givare och se till att kablaget dras rätt.

46 Avsluta med att ansluta batteriet och sätta tillbaka motorns kåpa.

4 Kamaxlarnas främre oljetätningar – byte

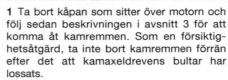

1 Ta bort kåpan som sitter över motorn och följ sedan beskrivningen i avsnitt 3 för att komma åt kamremmen. Som en försiktig-hetsåtgärd, ta inte bort kamremmen förrän efter det att kamaxeldrevens bultar har lossats.

2 För att hålla fast kamaxeldreven och förhindra att de roterar medan bultarnas lossas, använd Volvos verktyg 999 5199 eller tillverka ett eget alternativ **(se Haynes Tips)**.

3 Skruva loss och ta bort kamaxeldrevens bultar och ta bort dreven. Dreven sitter fast med styrstift på respektive kamaxel och det bör inte vara möjligt att blanda ihop dem –

märk dem om så behövs. Insugskamaxeln är den bakre.

4 Ta försiktigt ut tätningen genom att bända ut den med en liten skruvmejsel eller ett krokformat verktyg. Var noga med att inte skada axelns tätningsyta.

HAYNES TiPS *Ibland kan en tätning lossas genom att den trycks in på ena sidan – tätningen fälls då utåt på motsatt sida och kan tas ut med en tång.*

5 Rengör tätningens säte. Leta efter slitage eller skada på axelns tätningsyta, som kan tänkas orsaka förtida problem med den nya tätningen

6 Smörj den nya oljetätningen. Sätt tätningen över axeln med läpparna vända inåt, och knacka den på plats med en stor hylsa eller rörbit tills dess yttre yta är jäms med huset.

7 Sätt tillbaka kamaxeldreven, placera dem över stiften i ändarna på kamaxlarna och passa in inställningsmärkena. Fäst varje drev med tillhörande bult och dra åt bultarna ordentligt för hand så att dreven sitter på plats när kamremmen ska läggas på.

8 Sätt tillbaka kamremmen över dreven enligt beskrivningen i avsnitt 3. Innan remmen spänns, dra åt kamaxeldrevens bultar till angivet moment och förhindra samtidigt att kamaxlarna roterar på samma sätt som vid demonteringen.

9 Fullfölj montering och spänning av kam-remmen enligt beskrivningen i avsnitt 3.

5 Kamaxlar och ventillyftare – demontering, kontroll och montering

Demontering

1 Tappa av kylsystemet och ta bort tändstiften enligt beskrivning i kapitel 1.

2 Släpp ut trycket i bränslesystemet enligt beskrivning i kapitel 4B, koppla sedan loss kabeln från batteriets minuspol (se *Koppla ifrån batteriet*).

3 Demontera insugsgrenröret, bränslepumpen och kamaxellägesgivarens hus från topplocket enligt beskrivningen i kapitel 4B.

4 Demontera kamaxeldrevet enligt beskriv-ningen i avsnitt 4, punkt 1 till 3.

5 Koppla loss vevhusventilationsslangen från kamaxelkåpans baksida.

6 Kamaxelkåpan (eller två separata kåpor på vissa modeller) måste nu tas bort. Arbeta runt kåpan/kåporna och ta bort bultarna, och notera att minst en av bultarna också håller fast ett fäste för kontaktdon. Lyft av kåpan/kåporna och ta bort packningen/packningarna.

7 Ta bort de två återstående plåtarna som sitter i topplockets kamremsände, som används till att säkra den övre kamremskåpan och också fungerar som extra förstärkning för topplockets övre del.

8 Den övre delen av topplocket sitter fast med totalt trettiotvå bultar. Det är viktigt att dessa skruvas loss stegvis, eftersom den övre delen av topplocket i praktiken utgör kamaxlarnas lageröverfall och den får inte bli skev. Även om det inte anges av Volvo, kan det vara en bra idé att gå till monteringsanvisningarna i det här avsnittet, och arbeta i omvänd ordning mot den som anges för bultarnas åtdragning. Lossa varje bult som mest med ett kvarts varv i taget tills alla är helt lösa.

9 Ta bort bultarna och notera var de sitter – de är av olika storlek och utförande. På vissa modeller sitter en pinnbult som kan skruvas loss när den övre delen har tagits bort. Sätt på två muttrar och dra åt dem mot varandra, använd sedan en nyckel på den nedre muttern.

10 Lyft försiktigt av topplockets övre del och ta vara på gummipackningen som sitter mellan de två delarna. En ny packning ska användas vid hopsättningen. Om den övre delen sitter fast (inte så troligt eftersom trycket från ventilfjädrarna har en tendens att lyfta den), undvik då om möjligt att bända loss den. För att lossa den övre delen av topplocket, försök med att knacka på den på båda sidor med en trä- eller gummiklubba.

11 Notera hur styrstiften för kamaxeldreven sitter – detta är väsentligt för att kamaxlarna ska kunna placeras rätt vid monteringen. Märk upp kamaxlarna på lämpligt sätt – insug och avgas – och lyft ut dem tillsammans med främre och bakre oljetätningar. Var försiktig med nockarna, de kan har vassa kanter.

12 Ta bort oljetätningarna från kamaxlarna. Införskaffa nya tätningar för monteringen.

13 Förbered en lämplig låda indelad i sexton fack, eller andra lämpliga små behållare där ventillyftarna kan förvaras när de tagits bort. Facken/behållarna måste vara oljetäta och så pass djupa att ventillyftarna kan sänkas ner nästan helt i olja. Märk upp facken/behållarna med varje ventillyftares cylindernummer samt dess position i topplocket (insug fram/insug bak, avgas fram/avgas bak).

14 Arbeta med en ventil i taget, lyft av vipparmen och ta sedan ut ventillyftaren, med hjälp av en sugkopp om så behövs (Volvo anger att en magnet **inte** ska användas). Håll reda på var de ska sitta och placera dem upprätt i respektive fack/behållare. När alla ventillyftare har tagits bort, häll i ren motorolja i lådan/behållarna så att oljehålet på sidan av varje ventiltapp täcks.

15 Om så önskas kan topplocket nu tas isär helt och ventilkomponenterna tas ut (se kapitel 2C).

Kontroll

16 Undersök kamaxelnockarna och kamaxellagertapparna och leta efter repor eller andra tecken på slitage. När kamnockarnas härdade yta väl har eroderats bort, går slitaget allt fortare. **Observera:** *Om kamnockarnas toppar är slitna, undersök också motsvarande vipparmar, eftersom de då förmodligen också är slitna.*

17 Inga särskilda diametrar eller spel anges av Volvo för kamaxlarna eller lagertapparna. Om de är synligt slitna måste de dock bytas ut.

18 Undersök om vipparmarna och ventillyftarna är repade, spruckna eller på annat sätt skadade; mät ventillyftarnas diameter på flera ställen med en mikrometer. Byt ut vipparmarna och ventillyftarna i par om de är slitna eller skadade – om nya kamaxlar monteras är det klokt att i vilket fall som helst montera en hel ny uppsättning. Observera att nya ventillyftare levereras fyllda med en särskild vätska, så man behöver inte sänka ner dem i något oljebad innan monteringen.

Förberedelser för montering

19 Tvätta noggrant bort alla spår av tätningsmedel från fogytorna på topplockets båda delar. Använd ett lämpligt lösningsmedel för flytande packning och en mjuk spackelkniv; använd inte en metallskrapa eftersom denna kan skada ytorna. Eftersom ingen konventionell packning används, är det oerhört viktigt att fogytorna är helt rena.

20 Tvätta bort olja, smuts eller fett från båda topplocksdelarna och torka dem med en ren, luddfri trasa. Se till att alla oljekanaler är helt rena. Rengör också båda kamaxlarna och

vipparmarna – det är oerhört viktigt att allt är helt rent när topplocket sätts ihop.

21 För att undvika kontakt mellan kolvar och ventiler när topplockets övre del skruvas ner, vrid vevaxeln ungefär ett kvarts varv moturs för att flytta ner kolvarna i loppen.

Montering

22 Påbörja monteringen med att olja ventillyftarnas lopp och kamaxellagren i topplockets nedre del med ren motorolja. Använd inte för mycket olja – då måste den torkas bort innan tätningsmedlet läggs i spåren i den nedre delen.

23 Sätt in ventillyftarna i sina respektive lopp, placera sedan vipparmarna på de ventiler och ventillyftare som de satt på innan demonteringen (om inte nya delar monteras).

24 Smörj kamaxlarna och lägg dem sedan på plats. Placera kamaxeldrevens styrstift så som de satt innan demonteringen **(se bild)**. Som ytterligare identifiering har avgaskamaxeln (monterad i motorns främre del) ett gängat hål vänt mot motorns svänghjulsände, avsett för kamaxellägesgivaren.

25 Se till att fogytorna på båda topplocksdelarna är rena och helt fria från olja och fett.

26 Se tillhörande bild och lägg en obruten 3 mm bred sträng av Volvos tätningsmedel

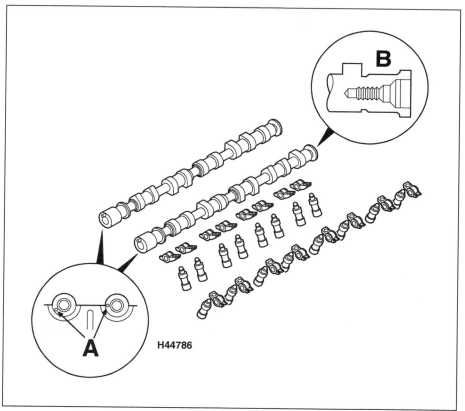

5.24 Montering av kamaxlar och ventillyftare

A *Kamaxeldrevets styrstift i korrekt position*

B *Gängat hål i avgaskamaxeln*

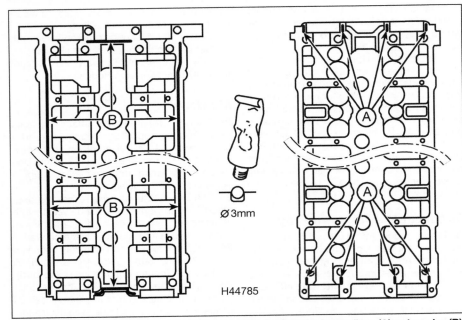

5.26 Lägg Volvos tätningsmedel på dessa punkter på topplockets övre (A) och nedre (B) delar

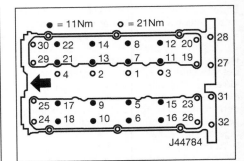

5.28 Åtdragningsordning för bultarna till topplockets övre del (pilen pekar mot kamremmen)

(del nummer 1161231) i spåren i topplockets nedre del. Lägg också lite tätningsmedel på de punkter som visas på den övre delen **(se bild)**.

27 Topplockets övre del måste nu monteras och dras fast helt innan tätningen härdar. Lägg på en ny gummipackning i mitten av topplocket, rikta sedan noggrant in den övre delen och lägg den på plats. Sätt i alla bultar på rätt platser och dra åt dem för hand till att börja med så att den övre delen dras ned jämnt. Håll den övre delen så horisontell som möjligt tills den sitter helt på plats på den nedre delen.

28 Följ den ordning som visas i bilden och dra åt bultarna stegvis till angivet moment. Observera att olika åtdragningsmoment gäller för de två olika bultstorlekarna **(se bild)**.

29 Sätt tillbaka de två förstärkningsplåtarna i topplockets kamremsände och dra åt bultarna till angivet moment.

30 Montera kamaxelkåpan/-kåporna med en ny packning/nya packningar och dra åt bultarna från mitten och utåt. Sätt tillbaka

vevhusventilationsslangen och kontaktdonsfästet.

31 Montera nya kamaxeloljetätningar enligt beskrivningen i avsnitt 4.

32 Sätt tillbaka insugsgrenröret, bränslepumpen och kamaxellägesgivarens hus enligt beskrivning i kapitel 4B.

33 Montera tändstiften och fyll på kylsystemet enligt beskrivning i kapitel 1.

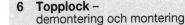

6 Topplock – demontering och montering

Demontering

1 Se kapitel 1, tappa av kylsystemet och ta bort tändstiften.

2 Släpp ut trycket i bränslesystemet enligt beskrivning i kapitel 4B, koppla sedan loss kabeln från batteriets minuspol (se *Koppla ifrån batteriet*).

3 Se kapitel 5A om så behövs, demontera

batteriet och batterihyllan (detta är inte absolut nödvändigt, men det skapar bättre arbetsutrymme).

4 Se kapitel 4B om så behövs, och demontera luftrenaren och luftintagsröret.

5 Arbeta runt toppen av motorn och koppla loss allt relevant kablage – notera noggrant hur det är fastklämt och hur kablarna är dragna. Det är särskilt många jordanslutningar som måste lossas **(se bilder)**. Flytta kablaget åt sidan.

6 Placera absorberande trasor eller pappershandukar runt och under bränslematningsoch returanslutningarna till bränslepumpen (vid topplockets växel-lådsände). Ta försiktigt loss bränsle-ledningarna, inklusive den lilla slangen till kolkanistern.

7 Lossa slangklämmorna för kylarens övre och nedre slangar framtill på motorn, och för värmarslangarna baktill i motorrummet. Lossa försiktigt slangarna och var beredd på ett visst kylvätskespill. Man kan behöva jobba lite med slangen för att bryta tätningen vid anslutningen.

8 Demontera insugsgrenröret enligt beskrivningen i kapitel 4B.

9 Med hjälp av informationen i kapitel 10, skruva loss servostyrningspumpen från motorn och flytta den åt sidan utan att koppla loss slangarna.

10 Demontera kamremmen enligt beskrivningen i avsnitt 3.

11 Skruva loss de tre bultarna som håller termostathuset till topplocket och knacka på huset för att lossa det **(se bild)**. Ta loss huset

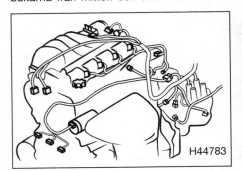

6.5a Kablagets dragning kring topplocket

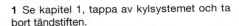

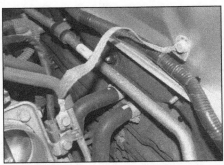

6.5b Jordfläta ansluten till trottelhuset

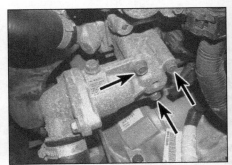

6.11 Termostathusets bultar (vid pilarna)

från motorns kylvätskerör med en vridande rörelse och ta vara på O-ringstätningen (en ny behövs vid monteringen). Skruva loss fästbulten för motorns kylvätskerör baktill på topplocket.

12 Under framvagnen, skruva loss och ta bort de tre muttrar som håller det främre (nedåtgående) avgasröret. Om muttrarna är i dåligt skick, skaffa nya till monteringen.

13 Koppla loss vevhusventilationsslangen bak på kamaxelkåpan och skruva loss kontaktdonets stödfäste. Skruva loss och ta bort kåpan/kåporna och ta bort packningen/packningarna.

14 Om topplocket ska tas isär helt (om service ska utföras på ventilkomponenterna), är det bäst att först demontera topplockets övre del, kamaxlarna, vipparmarna och ventillyftarna enligt beskrivning i avsnitt 5. Om hela topplocket ska demonteras (om t.ex. toppackningen ska bytas ut), gör enligt följande.

15 Följ omvänd ordning mot den som visas längre fram i monteringsanvisningarna och lossa stegvis de tio topplocksbultarna. Blanda inte ihop topplocksbultarna med de mindre bultarna som håller ihop den övre delen med den nedre. Lossa inte bultarna med mer än ett kvarts varv i taget, i rätt ordning, tills alla är lösa.

16 Ta bort topplocksbultarna och brickorna, med hjälp av en magnet om så behövs (bultarna sitter ganska djupt).

17 Lossa topplocket genom att knacka lätt på det på sidorna med en trä- eller gummiklubba. Topplocket sitter på två styrstift, så det kommer inte att rubbas mycket när detta görs.

18 Lyft av topplocket och ställ ner det på träblock så att inte de utstickande ventilerna skadas. Ta bort den gamla toppackningen och de två styrstiften. Om topplocket ska tas isär för renovering, se avsnitt 5 (om det inte redan har gjorts) och del C av detta kapitel.

Förberedelser för montering

19 Fogytorna på topplocket och motorblocket måste vara helt rena innan topplocket sätts tillbaka. Använd en mjuk spackelkniv till att ta bort alla spår av packning och sot; rengör också kolvkronorna. Var ytterst försiktig vid rengöringen – det är lätt att skada aluminiumet.

20 Se till att inget sot kommer in i olje- eller vattenkanalerna – detta är särskilt viktigt för smörjsystemet, eftersom sot kan blockera oljetillförseln till motorns komponenter. Täck över olje- och bulthål i motorblocket med papper och tejp.

21 Lägg lite fett i mellanrummen mellan kolvar och lopp för att förhindra att sot kommer in. När varje kolv har rengjorts, ta bort fett och sot från mellanrummet med en liten pensel och torka sedan rent med en ren trasa. Rengör alla kolvar på samma sätt.

22 Kontrollera att fogytorna på motorblocket och topplocket inte har hack, djupa repor eller andra skador. Om skadorna är lindriga kan de

eventuellt tas bort med en fil, men om de är grövre är maskinbearbetning det enda möjliga alternativet till ett byte.

23 Om det misstänks att topplockets packningsyta är skev, använd en ställinjal för att kontrollera detta. Se informationen om renovering i del C i detta kapitel om så behövs.

24 Undersök topplocksbultarnas skick om de ska återanvändas. Helst bör en uppsättning nya bultar införskaffas, men de gamla kan sättas tillbaka förutsatt att inte gängorna är skadade och att bultarna inte är längre än vad som anges i specifikationerna (mät från bultskallens undersida, utan bricka). Om det råder någon tvekan om någon av bultarna, eller om bultarna har återanvänts mer än en gång, rekommenderas starkt att man använder nya bultar.

25 Om möjligt, använd en gängtapp av rätt storlek till att rengöra bulthålen. Detta är särskilt viktigt om gängorna på bultarna verkar skadade.

Montering

26 För att undvika risken att kontakt uppstår mellan kolvar och ventiler när topplocket skruvas fast, vrid vevaxeln ungefär ett kvarts varv moturs, för att flytta ner kolvarna i loppen.

27 Påbörja monteringen med att sätta i de två styrstiften i motorblocket, i diagonalt motsatta hörn.

28 Lägg en ny toppackning på motorblocket, över de två styrstiften. Se till att den hamnar rätt väg – sidan märkt med ordet TOP ska vara vänd uppåt.

29 Kontrollera att fogytorna på avgas-

grenröret och det främre (nedåtgående) avgasröret är rena. Placera en ny packning på det främre avgasrörets fläns.

30 Lägg topplocket på plats med hjälp av de två styrstiften. Håll topplocket parallellt med motorblockets yta när det förs ner, annars kan det fastna på styrstiften (de har en mycket exakt passning). Kontrollera också att pinnbultarna mellan avgasgrenröret och det främre avgasröret går genom hålen i avgasrörets packning.

31 Lägg lite olja på bultarna och brickorna och sätt på brickorna så att den fasade kanten är vänd uppåt. Sätt bultarna och brickorna på plats så försiktigt som möjligt, och dra bara åt dem lätt för hand till att börja med.

32 Följ den ordning som visas och dra åt alla topplocksbultar till momentet som anges för steg 1. Lossa sedan alla bultar helt (steg 2) i motsatt ordning **(se bild)**. Detta gör man inledningsvis för att trycka ihop den nya packningen.

33 Arbeta igen i åtdragningsordningen och dra åt bultarna till momentet för steg 3.

34 Fortsätt sedan med att dra åt bultarna ytterligare, fortfarande i samma ordning, till den vinkel som anges för steg 4 – detta kallas vinkeldragning. Det finns särskilda vinkelmätare som kan placeras mellan en hylsa/hylsförlängning och hylshandtaget, som gör åtdragningen mer exakt. I praktiken är dock 90 grader en rät vinkel, och detta kan man bedöma ungefärligt om man tittar på hylshandtagets inledande och slutliga position, i förhållande till motorn. Varje åtdragning bör helst göras i en enda, mjuk rörelse.

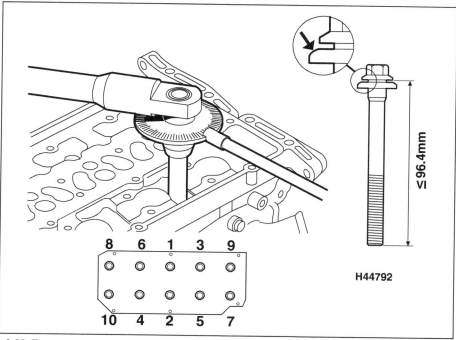

6.32 Topplockets monteringsdetaljer – åtdragningsordning, bultlängd och placering av brickor

35 När alla tio bultar har dragits åt till steg 4, återstår att gå runt en gång till, i samma ordning, och dra åt alla bultarna ytterligare 90 grader.

36 Om topplocket har tagits isär ska den övre delen nu monteras enligt beskrivningen i avsnitt 5.

37 Montera kamaxelkåpan/-kåporna med en ny packning/nya packningar, och dra åt bultarna från mitten och utåt. Sätt tillbaka vevhusventilationsslangen och kontaktdonets stödfäste.

38 Rengör och torka fogytorna för termostathuset och montera det enligt följande. Smörj en ny O-ring med koncentrerat frostskydd och trä på den på motorns kylvätskerör. Lägg en 3 mm bred sträng tätningsmedel runt insidan av bulthålen på husets fogyta, montera sedan huset på kylvätskeröret och slutligen på topplocket (**se bild**). Dra åt de tre fästbultarna till angivet moment.

39 Sätt tillbaka det främre avgasröret på grenröret, med nya muttrar om så behövs, och dra åt muttrarna till angivet moment.

40 Resten av monteringen sker i omvänd ordning mot demonteringen. Observera följande:

a) Montera kamremmen enligt beskrivning i avsnitt 3.

b) Montera servostyrningspumpen enligt beskrivning i kapitel 10.

c) Montera insugsgrenröret och luftrenaren/luftintagsröret enligt beskrivning i kapitel 4B.

d) Se till att få en säker anslutning för kylvätskeslangarna till värmaren/motorn, och för bränsleslangarna till bränslepumpen.

e) Om så är aktuellt, se kapitel 5A och montera batteriet.

f) Sätt tillbaka tändstiften och fyll på kylsystemet enligt beskrivning i kapitel 1.

g) Sätt tillbaka topplockets kabelhärva, se till att alla anslutningar är rena och ordentligt fastsatta samt att kablarna dras enligt noteringarna som gjordes innan demonteringen.

h) Avslutningsvis, starta motorn och leta efter läckor vid alla fogar och anslutningar som har rubbats.

7 Vevaxelns oljetätningar – byte

Främre tätning

1 Demontera kamremmen enligt beskrivning i avsnitt 3. Sänk ner motorn lite genom att justera motorlyften, tills det går att komma åt vevaxelremskivan.

2 Skruva loss de två bultarna som håller motorns varvtalsgivare ovanför vevaxelremskivan. Ta försiktigt loss givaren och lossa dess kablage där så behövs. Flytta givaren och dess kablage åt sidan.

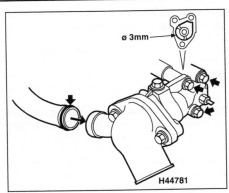

ø 3mm

H44781

6.38 Montering av termostathuset

3 Vevaxeldrevet bör kunna dras av änden av vevaxeln (det kan hända att det måste bändas loss genom att man går runt det med en passande skruvmejsel). När drevet tas bort, ta vara på styrkilen om den är lös; dra också loss varvtalsgivarens platta.

4 När drevet är borttaget, bänd försiktigt loss den gamla tätningen. Se till att inte skada oljepumpshuset eller vevaxelns yta. Alternativt, stansa eller borra två små hål mitt emot varandra i oljetätningen. Skruva sedan in en självgängande skruv i varje hål och dra ut tätningen genom att dra i skruvarna med en tång.

5 Rengör oljetätningens säte och vevaxeln. Undersök om den gamla tätningen har lämnat ett slitagespår eller en kant på vevaxeln.

6 Smörj huset, vevaxeln och den nya tätningen med olja (inte fett). Montera tätningen med läpparna inåt och knacka den på plats med ett rör (eller den gamla tätningen omvänd) tills den sitter jäms med huset.

7 Sätt tillbaka varvtalsgivarens platta, sätt sedan tillbaka vevaxeldrevet över styrkilen och se till att det sätter sig ordentligt på plats.

8 Sätt tillbaka varvtalsgivaren, dra åt fästbultarna ordentligt och fäst kablaget i klämmorna.

9 Montera kamremmen enligt beskrivning i avsnitt 3.

 HAYNES TiPS *Ibland kan en tätning lossas genom att den trycks in på ena sidan – tätningen fälls då utåt på motsatt sida och kan tas ut med en tång.*

Bakre tätning

10 Demontera svänghjulet enligt beskrivning i avsnitt 10.

11 Rengör området runt den gamla tätningen och bänd sedan försiktigt ut tätningen. Var noga med att inte skada fogytorna på motorblocket eller vevaxelflänsen. Alternativt, stansa eller borra två små hål mitt emot varandra i oljetätningen. Skruva sedan in en självgängande skruv i varje hål och dra ut tätningen genom att dra i skruvarna med en tång.

12 Undersök om den gamla tätningen har lämnat ett slitagespår eller en kant på vevaxeln. Om så behövs, använd en slipduk till att rengöra vevaxelflänsen – linda duken runt flänsen (inte in-och-ut).

13 Rengör tätningens säte och vevaxeln – det är oerhört viktigt att man får bort allt skräp (gänglås från svänghjulets/drivplattans bultar eller annat), eftersom detta kommer att orsaka läckor.

14 Smörj huset, vevaxeln och den nya tätningen – använd ren motorolja, inte fett. Montera tätningen med läppen vänd inåt och knacka den på plats med ett rör (eller den gamla tätningen omvänd). Se till att tätningen hamnar på samma djup runt om, eftersom detta ytterligare minskar risken för läckage från den nya tätningen.

15 Montera svänghjulet enligt beskrivningen i avsnitt 10.

8 Oljepump – demontering, kontroll och montering

Observera: *Nya kopparbrickor behövs, som ska sitta på pumpens fästbultar vid monteringen. Brickorna är en revidering av infästningen – på tidigare modeller kan det visa sig att det inte finns några brickor.*

Demontering

1 Demontera kamremmen enligt beskrivningen i avsnitt 3. Sänk motorn något genom att justera motorlyften, tills du kan komma åt vevaxelremskivan.

2 Skruva loss de två bultarna som håller motorns varvtalsgivare ovanför vevaxeldrevet. Ta försiktigt bort givaren och dess bakre platta.

3 Vevaxeldrevet bör kunna dras av från vevaxelns ände (man kan behöva gå runt drevet med en lämplig skruvmejsel och bända loss det). När drevet tas bort, ta vara på styrkilen om den är lös.

4 Skruva loss skruven som håller fast täckplattan bak på motorn, bakom kamremsspännaren. Ta bort plattan.

5 Demontera generatorn enligt beskrivning i kapitel 5A.

6 Koppla loss kablaget för oljetryckskontakten som sitter baktill på motorn, intill oljefiltret.

7 Demontera oljesumpen enligt beskrivning i avsnitt 9.

8 Skruva loss de fem bultar som håller fast oljepumpen fram på motorblocket – notera hur varje bult sitter, det är bara två som är lika. Där så är tillämpligt, ta vara på kopparbrickorna som sitter på bultarna – nya brickor måste användas vid monteringen (oavsett om det satt brickor där innan eller inte).

9 Ta försiktigt loss pumpen, genom att bända loss den om så behövs, och ta bort den från motorn.

10 Rengör noggrant fogytorna på pumpen

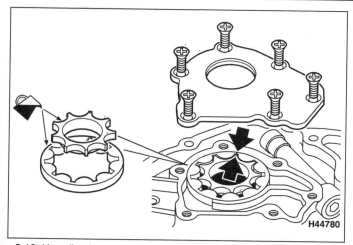

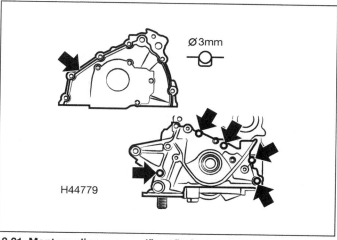

8.19 Hopsättning av oljepumpen – smörj och passa in märkena på dreven

8.21 Montera oljepumpen – lägg tätningsmedel enligt bilden, dra åt bultarna (vid pilarna)

och motorblocket och ta bort alla spår av gammal tätning.

Undersökning

11 Ta bort de sex skruvarna som håller kugghjulskåpan till pumphuset – en slagskruvmejsel kan behövas för detta. Ta bort packningen från kåpan.

12 Märk oljepumpens kugghjul i förhållande till varandra och ta sedan ut dem från pumphuset.

13 Skruva loss pluggen som håller ihop övertrycksventilens fjäder, men var beredd på att fjädern kan hoppa ut. Ta vara på kolven från ventilloppet.

14 Bänd ut vevaxelns främre oljetätning från pumphuset.

15 Rengör alla komponenter noggrant, undersök sedan om dreven, huset eller kåpan visar tecken på slitage eller skada.

16 Byt ut övertrycksventilens fjäder om den är svag eller skev. Undersök också om kolven är repig eller på annat sätt skadad.

17 Sätt tillbaka kugghjulen i pumphuset med hjälp av markeringarna som gjordes innan demonteringen. Mät mellanrummet mellan det stora kugghjulet och pumphuset med bladmått. Om spelet inte motsvarar specifikationerna, byt ut pumpen.

18 Om spelet ligger inom angivna gränser, smörj kugghjulen rikligt. Smörj och montera övertrycksventilens kolv och fjäder och dra åt hållpluggen till angivet moment.

19 Sätt en ny packning på pumphuset, sätt sedan på kåpan och skruva fast den med de sex skruvarna **(se bild)**.

20 Montera en ny vevaxeltätning på oljepumpen – tätningsläpparna ska vara vända inåt när pumpen är monterad på motorn.

Montering

21 Kontrollera igen att fogytorna på oljepumpen och motorblocket är rena och torra. Se tillhörande bild och lägg en 3 mm

bred sträng tätningsmedel på oljepumpen **(se bild)**. Pumpen måste sedan monteras innan tätningsmedlet börjar härda.

22 Olja vevaxelns ände lite grann, så att pumpen och dess oljetätning kan sättas på utan att ta skada.

23 Sätt tillbaka pumpen mot blocket, för den rakt på plats. Sätt nya kopparbrickor på pumpens fästbultar, använd sedan bultarna som guide och dra pumpen på plats med vevaxelremskivans bult och drevet. Var noga med att inte skada tätningen i pumpen; observera också att vevaxeln inte får rotera när pumpen sätts på plats. När pumpen sitter på plats, dra åt fästbultarna i diagonal ordning till angivet moment.

24 Montera oljesumpen enligt beskrivning i avsnitt 9 och anslut oljetryckskontaktens kablage.

25 Montera generatorn enligt beskrivningen i kapitel 5A.

26 Sätt tillbaka täckplattan bakom kamrems-spännaren.

27 Sätt tillbaka varvtalsgivarens platta, placera sedan vevaxeldrevet över styrkilen och se till att det sätter sig ordentligt på plats.

28 Montera motorns varvtalsgivare, dra åt fästbultarna ordentligt och fäst kablaget i klämmorna.

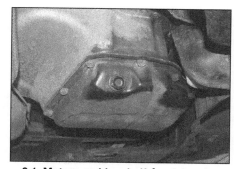

9.1 Motorn sedd underifrån, det nedre oljetråget visas

29 Montera kamremmen enligt beskrivning i avsnitt 3.

9 Oljesump – demontering och montering

1 Oljesumpen består av två delar – huvudsumpen och det mindre, nedre tråget **(se bild)**. Det nedre tråget kan demonteras separat, men det är bara nödvändigt om läckage har upptäckts från den delen av sumpen. Annars kan de två delarna demonteras i ett stycke.

2 Tappa av motoroljan och ta bort oljefiltret. Se kapitel 1 om så behövs.

3 Demontera det främre (nedåtgående) avgasröret enligt beskrivningen i kapitel 4C. Om endast det nedre tråget ska demonteras är detta inte absolut nödvändigt, men åtkomligheten blir bättre om röret tas bort.

Nedre tråg

Demontering

4 Skruva loss bultarna som håller ihop tråget med oljesumpens huvuddel.

5 Använd en vass kniv till att skära igenom tätningen i skarven mellan de två delarna. Använd sedan ett bredbladigt verktyg till att försiktigt bända loss tråget (om en skruvmejsel används, var försiktig så att inte tätningskanterna på tråget skadas).

6 Rengör fogytorna på tråget och huvudsumpen och ta bort alla spår av olja eller gammal tätning.

Montering

7 Lägg en 4 mm bred sträng tätningsmedel på tråget, på insidan av bulthålen. Lägg inte på för mycket – överflödigt tätningsmedel kan hamna i motoroljan och blockera pickupen i sumpen.

8 För oljetråget på plats, sätt i och dra åt bultarna i diagonal ordning till angivet moment

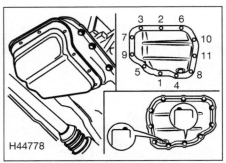

9.8 Montering av oljesumpens nedre tråg – lägg på tätningsmedel, dra åt bultarna i rätt ordning

(se bild). Torka bort överflödigt tätningsmedel.

9 Montera det främre avgasröret med hjälp av informationen i kapitel 4C.

10 Montera ett nytt oljefilter, fyll sedan på motorn med olja enligt beskrivningen i kapitel 1.

Övre sump

Demontering

11 Skruva loss bultarna som håller fast sumpen. Notera noggrant var bultarna sitter, eftersom det är fyra långa M8 bultar baktill, och ytterligare två som går in i växellådan.

12 Använd en vass kniv och skär igenom tätningsmedlet i fogen mellan sumpen och det nedre tråget. Använd sedan ett bredbladigt verktyg och bänd försiktigt loss tråget (om en skruvmejsel används, var försiktig så att inte tätningskanterna skadas). Observera att sumpen sitter på två styrstift.

13 Ta bort stiften från motorn. Rengör fogytorna på oljesumpen och motorn och ta bort alla spår av olja och gammal tätning.

Montering

14 Lägg en 4 mm bred sträng tätningsmedel på sumpen, på insidan av bulthålen. Lägg inte på för mycket – överflödigt tätningsmedel kan hamna i motoroljan och blockera pickupen i sumpen.

15 Sätt tillbaka de två stiften på motorn.

16 Placera tråget på plats över stiften. Börja sedan i växellådsänden, sätt i och dra åt bultarna till angivet moment; observera de olika åtdragningsmomenten för bultarna av olika längd. Torka bort överflödigt tätningsmedel.

17 Montera det främre avgasröret med hjälp av informationen i kapitel 4C.

18 Montera ett nytt oljefilter, fyll sedan på motorn med olja enligt beskrivningen i kapitel 1.

10 Svänghjul – demontering, kontroll och montering

Demontering

1 Demontera växellådan enligt beskrivning i kapitel 7A.

2 Demontera kopplingen enligt beskrivningen i kapitel 6.

3 Svänghjulet kan bara monteras på ett sätt, men om man gör inpassningsmarkeringar kan det sättas tillbaka i exakt rätt position, vilket gör monteringen snabbare och enklare. Det sitter ett antal distansplattor på var sida om svänghjulet och det är viktigt att notera i vilken ordning de sitter när svänghjulet tas bort.

4 Skruva loss svänghjulet och ta bort det – bultarna sitter hårt eftersom gänglås används. Förhindra att vevaxeln roterar genom att sticka in en stor skruvmejsel i startkransens kuggar och så att den kommer i kontakt med ett stift i motorns/växellådans fogyta. Svänghjulet är också mycket tungt, tappa det inte – startkransen kan ta skada.

Kontroll

5 Om svänghjulets fogyta mot kopplingen har djupa repor, är sprucken eller på annat sätt skadad, måste svänghjulet bytas ut. Beroende på skadornas omfattning kan det dock vara möjligt att få ytan slipad; kontakta en Volvoverkstad eller motorrenoveringsspecialist. Om startkransen är mycket sliten eller om kuggar saknas, måste svänghjulet också bytas ut.

6 Undersök svänghjulsbultarna när de har tagits loss. Tvätta bort alla spår av gänglås och undersök skicket på gängorna. Bultarna utsätts för stor belastning under drift och de dras åt till ett högt moment. Att återanvända dem kan vara farligt och det rekommenderas att man använder nya bultar vid monteringen.

7 Ta inte bort de sex bultarna som sitter runt svänghjulets yttre kant – dessa är fabriksmonterade och hjälper till att balansera svänghjulet.

Montering

8 Rengör fogytorna på svänghjulet och vevaxeln. Ta bort eventuellt kvarvarande gänglås från gängorna i hålen i vevaxeln; använd helst en gängtapp av rätt storlek.

HAYNES TiPS *Om en lämplig gängtapp inte finns till hands, skär två skåror i gängorna på en av de gamla svänghjulsbultarna (förutsatt att nya används) och använd bulten till att ta bort gänglåset från gängorna.*

11.9 Detaljer för montering av höger motorfäste

9 Volvo anger att svänghjulsbultarna ska monteras med lite olja på undersidan av skallarna och gängorna täckta med gänglås. Eftersom det är viktigt att inte blanda olja och gänglås, kan detta vara lite svårt. En lösning kan vara att täcka gängorna med gänglås, sätta i bulten och dra åt den lite med fingrarna och därefter lägga lite olja mellan bultskallen och svänghjulet just innan den slutliga åtdragningen.

10 Sätt svänghjulet och distansplattorna på plats och passa in eventuella markeringar som gjordes vid demonteringen. Sätt i bultarna och dra åt dem med fingrarna.

11 Lås svänghjulet för att förhindra att det roterar på samma sätt som vid demonteringen. Dra åt bultarna i diagonal ordning till angivet moment.

12 Montera kopplingen enligt beskrivningen i kapitel 6, och växellådan enligt beskrivningen i kapitel 7A.

11 Motorfästen – demontering och montering

1 GDI-motorn har ett konventionellt motorfäste på var sida, och en stödbalk som ligger mitt under motorn (framåt-bakåt), med ett främre och ett bakre fäste anslutet. Hänvisningar till "höger" och "vänster" utgår från att man sitter i förarsätet och tittar framåt.

Kontroll

2 Om förbättrad åtkomlighet önskas, lyft upp framvagnen och ställ den säkert på pallbockar.

3 Undersök gummidelen av relevant motorfäste för att se om den är sprucken, har blivit hård eller delat sig från metallen på någon punkt. Byt ut fästet om sådana skador upptäcks.

4 Kontrollera att alla fästens bultar/muttrar sitter ordentligt åtdragna; använd om möjligt en momentnyckel.

5 Med hjälp av en stor skruvmejsel eller en kofot, leta efter slitage i fästet genom att försiktigt bända mot det och se om det glappar. Där detta inte är möjligt, ta hjälp av någon som kan gunga motorn/växellådan fram och tillbaka och från sida till sida, medan du observerar motorfästet. Ett visst spel är att förvänta, även från nya komponenter, men kraftigt slitage bör vara uppenbart. Om stort spel upptäcks, kontrollera först att bultarna/muttrarna sitter ordentligt, byt sedan ut slitna delar enligt beskrivningen nedan.

Byte

Höger motorfäste

6 Koppla loss kabeln från batteriets minuspol (se *Koppla ifrån batteriet*).

7 Placera en domkraft under motorn (men inte under sumpen), med ett träblock som mellanlägg. Höj domkraften tills den håller upp motorns vikt. Alternativt, placera en motorlyft över motorrummet och anslut denna

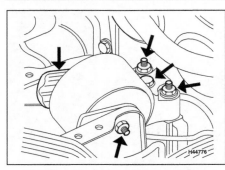

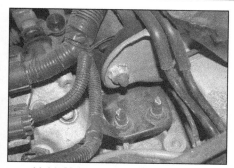

11.14 Motorns vänstra fäste, med luftrenaren demonterad

till motorns högra lyftögla, på sidan av topplocket.

8 Skruva loss muttern från den (horisontella) genomgående bulten som håller gummifästet till innerskärmen, ta sedan bort bulten.

9 Lyft motorn något, skruva sedan loss de två muttrarna och bulten som håller fästet till fästbygeln på motorn. Ta bort fästet **(se bilder)**. Om så önskas kan fästbygeln på motorn också tas bort, detta beskrivs i avsnitt 3 som en del av demonteringen av kamremmen.

10 Undersök alla komponenter noggrant, leta efter tecken på slitage eller skada och byt ut delar om så behövs.

11 Vid hopsättningen, placera fästet på motorfästbygelns pinnbultar och sätt på muttrarna, följt av bulten som ska dras åt till angivet moment.

12 Justera höjden på motorn om så behövs, sätt sedan i den genomgående bulten för att säkra motorfästet till fästbygeln på karossen. Sätt på muttern men dra inte åt den än.

13 Sänk motorlyften/domkraften tills motorns hela vikt vilar på motorfästet. Gunga motorn fram och tillbaka så att fästet sätter sig, dra sedan åt den genomgående bultens mutter till angivet moment. Ta bort lyft/domkraft och anslut sedan batteriet.

Vänster fäste

14 Se kapitel 4B och demontera hela luftrenaren och insugskanalerna efter behov för att kunna komma åt vänster fäste, upptill på växellådshuset **(se bild)**.

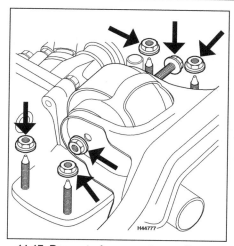

11.17 Demontering av motorns vänstra fäste

15 Placera en domkraft under växellådan med ett träblock som mellanlägg. Höj domkraften tills den tar upp växellådans vikt. Var försiktig så att du inte skadar växelmekanismen. På vissa modeller måste man först ta bort en plastpanel som sitter under växellådan.

16 Skruva loss den genomgående bulten som håller gummifästet till fästbygeln på karossen.

17 Skruva loss de fyra bultarna som håller vänster fäste till fästbygeln på växellådan, ta sedan bort fästet från bilen **(se bild)**.

18 Undersök alla komponenter noggrant och byt ut dem om de är slitna eller skadade.

19 Sätt tillbaka motorfästet på fästbygeln på växellådan och dra åt dess fästmuttrar till angivet moment.

20 Placera fästet i fästbygeln på karossen. Se till att de skyddande gummiflikarna placeras korrekt mellan fästets sida och fästbygeln på karossen. Sätt sedan i den genomgående bulten och sätt på fästmuttern, men dra inte åt den än.

21 Sänk domkraften tills motorns vikt vilar på motorfästet. Gunga motorn fram och tillbaka så att fästet sätter sig, dra sedan åt den genomgående bultens mutter till angivet moment.

11.26 Genomgående bult till främre fästet (vid pilen)

22 Ta bort domkraften under växellådan. Montera sedan luftrenaren och luftintaget enligt beskrivning i kapitel 4B.

Främre fäste

23 Förutsatt att motorns högra och vänstra fästen inte har tagits bort (och att de är i bra skick), kan främre och bakre fästen tas bort utan extra stöd för motorn. Var dock beredd på att motorn kommer att luta en aning när fästena lossas – man kan behöva placera en domkraft under bilen för att kunna placera fästena i rätt position vid monteringen.

24 Om det inte redan har gjorts, dra åt handbromsen hårt, lyft sedan upp framvagnen och stöd den säkert på pallbockar.

25 Ta bort kåpan under motorn för att komma åt stödbalken.

26 Skruva loss muttern och ta bort den genomgående bulten som håller det främre fästet till stödbalken **(se bild)**.

27 Skruva loss de två bultarna som håller stödbalken till karossen, och notera i vilken ordning de olika distansbrickorna, plattorna och gummidelarna sitter **(se bild)**.

28 Ta bort de två bultarna som håller fästet till stödbalken och ta bort fästet från bilen.

29 Montering sker i omvänd ordning. Notera följande:

a) Det lilla fyrkantiga hålet i sidan av fästet ska vara vänt mot bilens front **(se bild)**.

b) Alla komponenter till stödbalkens infästningar (brickor etc.) måste sättas tillbaka i korrekt ordning vid monteringen.

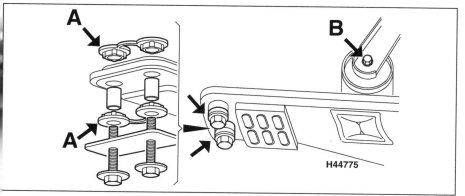

11.27 Stödbalkens främre bultar (A) och främre fästets genomgående bult (B)

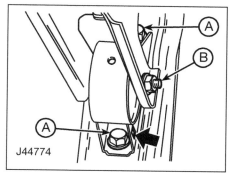

11.29 Främre motorfästets bultar (A) och den genomgående bultens mutter (B) – hålet (vid pilen) vänt framåt

c) Dra åt alla infästningar till angivna moment.

d) Om stödbalken tagits bort helt, ska muttern till det främre fästets genomgående bult dras åt helt allra sist vid monteringen.

Bakre fäste

30 Förutsatt att motorns högra och vänstra fästen inte har tagits bort (och att de är i bra skick), kan främre och bakre fästen tas bort utan extra stöd för motorn. Var dock beredd på att motorn kommer att luta en aning när fästena lossas – man kan behöva placera en domkraft under bilen för att kunna placera fästena i rätt position vid monteringen.

31 Om det inte redan har gjorts, dra åt handbromsen hårt, lyft sedan upp framvagnen och stöd den säkert på pallbockar.

32 Ta bort kåpan under motorn för att komma åt stödbalken.

33 Skruva loss de två bultarna som håller stödbalken till karossen, och notera i vilken ordning de olika distansbrickorna, plattorna och gummidelarna sitter (se bild 11.27).

34 Skruva loss muttern och ta bort den genomgående bulten som håller fästet till stödbalken, dra sedan stödbalken nedåt för att komma åt fästbultarna (se bild).

35 Skruva loss de två bultarna som håller fästet till stödbalken och ta bort fästet från bilen.

36 Montering sker i omvänd ordning mot demonteringen. Observera följande:

a) Det lilla fyrkantiga hålet i sidan av fästet ska vara vänt bakåt.

b) Alla komponenter till stödbalkens infästningar (brickor etc.) måste sättas tillbaka i korrekt ordning vid monteringen.

c) Dra åt alla infästningar till angivna moment.

d) Om stödbalken tagits bort helt, ska muttern till det främre fästets genomgående bult dras åt helt allra sist vid monteringen.

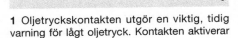

12 Oljetryckskontakt – demontering och montering

1 Oljetryckskontakten utgör en viktig, tidig varning för lågt oljetryck. Kontakten aktiverar

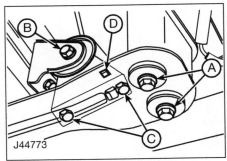

11.34 Bakre motorfäste

A Stödbalkens bakre bultar
B Genomgående bult
C Fästbultar
D Fyrkantigt hål (vänt bakåt)

oljevarningslampan på instrumentpanelen – lampan ska tändas när tändningen slås på och slockna nästan omedelbart när motorn startar. Om lampan inte tänds kan det vara något fel i instrumentpanelen, i kontaktens kablage eller i själva kontakten.

2 Om lampan inte släcks, kan det bero på låg oljenivå, sliten oljepump (eller blockerad oljepickup), blockerat filter eller slitna lager – eller så kan det vara fel på kontakten.

3 Om lampan tänds under körning är det bäst att slå av motorn på en gång, och inte köra bilen förrän problemet har undersökts. Att ignorera lampan kan resultera i kostsamma motorskador.

Demontering

4 Oljetryckskontakten sitter baktill på motorn – man kommer lättast åt den underifrån (se bild). Lyft upp framvagnen och ställ den säkert på pallbockar (se Lyftning och stödpunkter).

5 Ta bort den bakre sektionen av kåpan under motorn för att komma åt motorns bakre del.

6 Sträck upp handen bakom oljesumpen så att du når oljetryckskontakten, och koppla loss kablaget från kontakten.

7 Skruva loss kontakten med en öppen nyckel och ta bort den. Kontakten kan sitta hårt, eftersom gänglås används för att fästa den. Det bör inte komma ut mer än några

12.4 Oljetryckskontakt (vid pilen) baktill på motor – sett med insugsgrenröret demonterat

droppar olja när kontakten tas ut (förutsatt att motorn har varit avslagen ett tag), eftersom kontakten sitter ovanför oljan i sumpen.

Kontroll

8 Undersök om kontakten har sprickor. Om den övre delen av kontakten är lös är detta ett tidigt tecken på att den snart kommer att fallera.

9 Kontrollera att kabelpolerna på kontakten inte är lösa, följ sedan kabeln från kontaktdonet till huvudkabelhärvan – eventuella defekter på kablaget kan göra att det ser ut som om du har problem med oljetrycket.

Montering

10 Montering sker i omvänd ordning mot demonteringen. Notera följande:

a) Om den gamla kontakten sätts tillbaka, rengör gängorna noggrant. Kontrollera också att den inre änden av kontakten är ren.

b) Lägg på lite gänglås på kontaktens gängor, men se till att vätskan inte blockerar den inre änden av kontakten.

c) Dra åt kontakten till angivet moment.

d) Anslut kablaget ordentligt och se till att det dras så att det inte riskerar att komma i kontakt med några varma eller rörliga komponenter.

e) Avsluta med att låta motorn gå och kontrollera att kontakten fungerar som den ska. Leta också efter oljeläckor.

Kapitel 2 Del C:
Motor – demontering och reparationer

Innehåll

Svårighetsgrader

Enkelt, passar novisen med lite erfarenhet | **Ganska enkelt,** passar nybörjaren med viss erfarenhet | **Ganska svårt,** passar kompetent hemmamekaniker | **Svårt,** passar hemmamekaniker med erfarenhet | **Mycket svårt,** för professionell mekaniker

Specifikationer

Alla utom GDI motor
Topplock
Skevhet – max godtagbara värden:
På längden	0,5 mm
På tvären	0,2 mm

Höjd:
Ny	128,95 till 129,05 mm
Maximal höjdminskning efter maskinbearbetning	0,3 mm

Topplocksbultar
Maximal längd	Mindre än 158,0 mm

Insugsventiler
Tallriksdiameter	30,85 till 31,15 mm
Skaftdiameter	6,955 till 6,970 mm
Längd	104,05 till 104,45 mm
Ventilsätets vinkel	44° 30'

Avgasventiler
Tallriksdiameter	26,85 till 27,15 mm

Skaftdiameter:
Motorer utan turbo	6,955 till 6,97 mm
Turbomotorer	6,945 till 6,96 mm

Längd:
Motorer utan turbo	103,10 till 103,50 mm
Turbomotorer	103,00 till 103,60 mm
Ventilsätets vinkel	44° 30'

Ventilsätetsringar
Diameter (standard):
Insug	32,61 mm
Avgas	28,61 mm
Tillgängliga överstorlekar	+ 0,50 mm
Ventilsätesvinkel	45° 00'

Ventilfjädrar
Extern diameter	27,70 till 28,10 mm
Längd (obelastad)	42,4 mm

Ventilstyrningar

Spel mellan ventilskaft och styrning .... 0,03 till 0,05 mm
Monterad höjd ovanför topplocket .... 12,8 till 13,2 mm
Externa överstorlekar tillgängliga .... 2 (märkta med spår)

Cylinderlopp

Diameter – B4184S, B4204S, B4204T motorer:
  Nominellt .... 83,00 till 83,05 mm
  Slitagegräns .... 0,10 mm
Diameter – B4164S, B4194T motorer:
  Nominellt .... 81.00 to 81.05 mm
  Slitagegräns .... 0,10 mm

Kolvar

Diameter (nominell):
  B4164S, B4194T .... 80,98 till 81,01 mm
  B4184S, B4204S, B4204T .... 82,98 till 83,01 mm
Spel mellan kolv och lopp (alla motorer) .... 0,01 till 0,03 mm
Viktvariation i samma motor .... 10 g max
Kolvtapp, diameter (standard) .... 22,996 till 23,000 mm

Kolvringar

Spel i spår:
  Övre kompressionsring .... 0,050 till 0,085 mm
  Andra kompressionsring .... 0,030 till 0,065 mm
  Oljekontrollring .... 0,020 till 0,055 mm
Ändgap (mätt i cylindern):
  Övre kompressionsring .... 0,20 till 0,40 mm
  Andra kompressionsring .... 0,20 till 0,40 mm
  Oljekontrollring .... 0,25 till 0,50 mm

Vevaxel

Axialspel .... 0,19 mm max
Ramlagertapp, diameter:
  Standard .... 64,984 till 65,003 mm
  Understorlek .... 64,750 mm
Ramlagerspel .... 0,025 till 0,045 mm
Ramlagertappens ovalitet .... 0,004 mm max
Ramlagertappens avsmalning .... 0,004 mm max
Vevstakslagertapp, diameter:
  Standard .... 49,984 till 50,000 mm
  Understorlek .... 49,750 mm
Vevstakslagerspel .... n/a
Vevstakslagrets ovalitet .... 0,004 mm max
Vevstakslagrets avsmalning .... 0,004 mm max
Mellandelens M10 bultar, max längd .... 118 mm

Åtdragningsmoment

Nm

Observera: *Se kapitel 2A för ytterligare åtdragningsmoment för motorn.*

Drivplattans bultar:
  Steg 1 45
  Steg 2 .... Vinkeldra till 65°
Mellandel till motorblock:**
  Steg 1 (endast M10 bultar) 20
  Steg 2 (endast M10 bultar) 45
  Steg 3 (endast M8 bultar) 24
  Steg 4 (endast M7 bultar) 17
  Steg 5 (endast M10 bultar) .... Vinkeldra till 90°
Oljepickup, bult 17
Oljesumpens bultar 17
Svänghjulsbultar:
  Steg 1 45
  Steg 2 .... Vinkeldra till 65°
Vevstakslagrens överfall, bultar:*
  Steg 1 20
  Steg 2 .... Vinkeldra till 90°
Växellåda till motor, bultar 50

*Nya bultar måste alltid användas.
**M10 måste bytas om de är längre än 118 mm.

GDI motor

Topplock

Skevhet, gräns (mätt diagonalt)	0,05 mm
Topplocksbultarnas längd	max 96,4 mm
Ventilfjädrarnas fria längd	minst 43,8 mm

Cylinderlopp

Diameter (nominell)	81,00 till 81,03 mm
Spel mellan kolv och lopp	0,02 till 0,04 mm

Kolvar

Diameter	ej specificerat
Kolvbult, diameter	19,00 mm

Kolvringar

Spel i spår:

Övre kompressionsring	0,03 till 0,07 mm
Andra kompressionsring	0,02 till 0,06 mm

Ändgap:

Övre kompressionsring	0,25 till 0,40 mm
Andra kompressionsring	0,40 till 0,55 mm
Oljekontrollring	0,10 till 0,35 mm

Vevaxel

Vevlagertapp:

Diameter	45,000 till 44,980 mm
Ovalitet	max 0,0025 mm
Avsmalning	0,0050 mm

Vevstakslagerspel:

Nominellt	0,02 till 0,05 mm
Max	0,1 mm

Axialspel:

Nominellt	0,05 till 0,25 mm
Max	0,40 mm
Ramlagertapp, diameter	ej specificerat

Ramlagerspel:

Nominellt	0,02 till 0,04 mm
Maximum	0,1 mm
Ramlagerbultarnas längd	max 71,1 mm
Kast	max 0,01 mm

Åtdragningsmoment

	Nm
Motoroljans mätsticka, fästbult till rör	13

Ramlagerstegens bultar (oljade):*

Steg 1	25
Steg 2	Vinkeldra ytterligare 90°

Vevstakslagrens överfall, muttrar:

Steg 1	20
Steg 2	Vinkeldra ytterligare 95°
Vevstakens bakre oljetätningshus, bultar	11
Växellåda till motor, bultar	48

Observera: Se kapitel 2B för ytterligare åtdragningsmoment för motorn.
*Bultarna måste bytas ut om de är längre än 71,1 mm.

1 Allmän information

I den här delen av kapitel 2 beskrivs hur man demonterar motorn/växellådan från bilen och hur man renoverar topplocket, motorblocket och andra delar i motorn.

Informationen omfattar allt från allmänna råd beträffande förberedelser och inköp av reservdelar, till detaljerade steg-för-steg anvisningar för demontering, kontroll, renovering och montering av motorns komponenter.

Efter avsnitt 7 bygger alla instruktioner på antagandet att motorn har tagits ut ur bilen. För information om reparationer med motorn kvar i bilen, liksom om demontering och montering av de externa delar som krävs för en fullständig renovering, se del A eller B av detta kapitel samt avsnitt 5 i denna del. Hoppa över de inledande isärtagnings-åtgärder som beskrivs i del A eller B som inte längre är aktuella när motorn väl har tagits ur bilen.

2 Motor/växellåda – förberedelser och varningar inför demontering

Om du har beslutat att en motor måste demonteras för renovering eller större reparationer, bör följande förberedande åtgärder vidtas.

Det är mycket viktigt att ha tillgång till en lämplig arbetsplats. Tillräckligt med arbetsutrymme behövs, samt plats för att förvara bilen. Om en verkstad eller ett garage inte finns tillgängligt, krävs åtminstone en plan och ren arbetsyta.

Om möjligt, rensa några hyllor nära arbetsutrymmet där motordelar och tillbehör kan läggas när de har demonterats och tagits isär. Det gör det lättare att hålla delarna rena och det är mindre risk att de skadas. Om delarna läggs i grupper tillsammans med tillhörande fästbultar, skruvar etc., går det snabbare vid återmonteringen och risken för sammanblandning minskar.

Rengör motorrummet och motorn/växellådan innan motorn lyfts ur, det gör att du kan se alla delar bättre och hjälper också till att hålla verktygen rena.

En medhjälpare bör finnas till hands, eftersom det finns tillfällen då en person ensam inte kan utföra allt det som krävs för att en motor säkert ska kunna tas ut ur bilen. Ett arbete av denna typ omfattar flera farliga moment, så säkerheten är av största vikt. En andra person bör alltid finnas i närheten för att kunna vara till hjälp om det behövs. Om det här är första gången du demonterar en motor, är det även bra att få goda råd från någon som har gjort det tidigare.

Planera arbetet i förväg. Skaffa (köp, hyr eller låna) alla verktyg och annan utrustning som behövs innan arbetet påbörjas. Tillgång till följande gör att demontering och montering av motorn/växellådan kan göras säkert och relativt enkelt: en motorlyft – anpassad till en högre vikt än den sammanlagda vikten av motorn och växellådan; en kraftig garagedomkraft; en komplett uppsättning nycklar och hylsor enligt beskrivningen i slutet av boken; träblock, gott om trasor och rengöringsmedel för att torka upp spill av olja, kylvätska och bränsle; ett antal plastlådor av olika storlekar för att förvara sammanhörande isärtagna delar i. Om delar av utrustningen måste hyras, se då till att den är inbokad i förväg och utför allt som går att göra utan den först. Detta kan spara dig både tid och pengar.

Planera för att bilen kommer att stå stilla ett bra tag, särskilt om du har tänkt göra en helrenovering av motorn. Läs igenom hela detta avsnitt och tänk ut en arbetsgång baserad på din egen erfarenhet, tillgängliga verktyg, den tid och det arbetsutrymme du har. En del av renoveringen kanske måste utföras av en Volvoverkstad eller annan specialist. Dessa har ofta fulltecknade kalendrar, så det är en bra idé att fråga dem innan man börjar ta isär motorn, för att få en uppfattning om hur lång tid det kommer att ta att utföra hela arbetet.

När motorn tas ut ur bilen, var metodisk när de externa komponenterna kopplas loss. Om kablar och slangar märks när de tas bort kommer det att underlätta återmonteringen avsevärt.

Var alltid mycket försiktig när motorn/växellådan lyfts ut ur motorrummet. Vårdslöshet kan orsaka allvarliga olyckor. Om det behövs är det bättre att vänta på hjälp, istället för att riskera personskador och/eller

skada på bildelarna genom att fortsätta ensam. Med god planering och gott om tid kan ett arbete av denna natur utföras framgångsrikt och olycksfritt, trots att det är frågan om ett omfattande arbete.

På alla modeller som behandlas i den här boken tas motorn och växellådan bort som en enhet, uppåt och ut ur motorrummet. Motorn och växellådan separeras sedan på en arbetsbänk.

3 Motor och växellåda (ej GDI motor) – demontering, isärtagning och montering

Demontering

1 Öppna motorhuven och ta bort stoppbultarna från båda gångjärnen, så att motorhuven kan öppnas helt (vertikalt). Alternativt, skruva loss motorhuven från gångjärnen och ta bort den enligt beskrivningen i kapitel 11.
2 Se kapitel 5A och ta bort batteriet och dess hylla.
3 Skruva loss fästskruvarna och ta bort kåpan som sitter över motorn. Ta sedan bort täckpanelen från relädosan.
4 Demontera luftrenaren och alla luftkanaler enligt beskrivningen i kapitel 4A, inklusive turboaggregatets/laddluftskylarens kanaler (där tillämpligt).
5 Se kapitel 4C, avsnitt 9 och koppla loss syresensorns kablage vid kontaktdonet baktill i motorrummet.
6 Se kapitel 1 och utför följande:
   a) Töm kylsystemet.
   b) Om motorn ska tas isär, tappa av motoroljan.
   c) Demontera drivremmen.
7 Om bilen har farthållare, koppla loss kablaget och vakuumslangen till vakuumpumpen.
8 På modeller med luftkonditionering, skruva loss köldmedierörets stödfäste ovanför höger motorfäste.
9 Klossa bakhjulen och dra åt handbromsen, lyft sedan upp framvagnen och ställ den på pallbockar. Demontera båda framhjulen.
10 I vartdera hjulhuset, demontera ABS hjulsensorn från hjulspindeln och lossa sensorns kablage från fästbygeln på fjäderbenet.
11 Ta loss fjäderklämmorna och lossa bromsslangen från fästbygeln på hjulspindeln.
12 Skruva loss fästskruvarna och ta ner främre och bakre stänkskydd från motorrummets undersida.
13 Placera en motorlyft över motorrummet. Anslut denna till lyftöglorna på var sida av topplocket. Höj lyften så att den säkert håller upp motorn; motorn har en tendens att vilja luta bakåt när de främre och bakre motorfästena tas bort (se nästa punkt), så justera motorlyften för att kompensera för detta.
14 Arbeta under motorrummet, skruva loss

främre och bakre motor-/växellådsfästen från motorns/växellådans tvärbalk – se kapitel 2A.
15 Följ instruktionerna i kapitel 4C och demontera det främre avgasröret. Se till att inte belasta syresensorns kablage när detta utförs.
16 Se kapitel 10, avsnitt 4, skruva loss fästbultarna och ta loss den nedre änden av vartdera fjäderbenet från hjulspindeln.
17 På modeller med automatväxellåda, lossa styrstagen från hjulspindlarna enligt beskrivning i kapitel 10, avsnitt 28.
18 Tappa av växellådsoljan enligt beskrivning i kapitel 7A eller 7B.
19 Demontera drivaxlarnas värmesköld (-ar).
20 På vänster sida av växellådan, lossa drivaxelns inre drivknut från växellådan enligt beskrivning i kapitel 8. Observera att på modeller utan turbo måste drivaxeln inte lossas från hjulspindeln. Se till att inte skada växellådans oljetätning eller den inre drivknutens damask. Bind fast drivaxeln i krängningshämmaren för att hålla undan den från arbetsutrymmet.
21 I höger hjulhus, sväng fjäderbenet och hjulspindeln utåt och dra ut höger drivaxel från växellådan enligt beskrivningen i kapitel 8, och notera igen att drivaxeln inte behöver lossas från hjulspindeln. På turbomodeller måste man skruva loss de två bultarna och ta bort kåpan från stödlagret på baksidan av motorn, för att mellanaxeln ska kunna dras ut från växellådan. Bind upp drivaxeln ur vägen för motorn.
22 På modeller med manuell växellåda, koppla loss växelvajrarna/staget (efter tillämplighet) från växellådan enligt beskrivningen i kapitel 7A. Koppla loss kontaktdonet från backljuskontakten.
23 På modeller med automatväxellåda, se kapitel 7B och koppla loss väljarvajern från växellådan. Koppla loss kablaget från växelsolenoiderna och givarna för hastighets, oljetemperatur, växelläges och motorvarvtal vid kontaktdonen uppe på växellådshuset.
24 Ta bort fästskruvarna och koppla loss kablagets klämma (klämmor) uppe på växellådshuset.
25 Skruva loss jordledningen från växellådan och flytta den åt sidan.
26 På modeller med luftkonditionering, se kapitel 3 och skruva loss köldmediekompressorn. Bind fast kompressorn framtill i motorrummet, ur vägen för motorn. Man måste inte koppla loss köldmedierören från kompressorn.
27 På modeller med automatväxellåda, skruva loss anslutningsbultarna och koppla loss växellådans oljekylrör från växellådan. Var beredd på ett visst oljespill. Plugga igen de öppna portarna och rören för att minimera oljeförlusten och för att förhindra att smuts kommer in i systemet. Skruva loss oljerörets stödfäste från växellådshuset.
28 Se kapitel 4A och utför följande:
   a) Koppla loss gasvajern från trottelhuset och fästbygeln.

b) *Tryckutjämna bränslesystemet (kapitel 4A eller 4B, avsnitt 2).*

c) *Koppla loss bränsletillförsel- och returslangarna vid snabbkopplingarna till höger om topplocket.*

29 Koppla loss avdunstningssystemets vakuumslang från porten på insugsgrenröret.

30 På modeller utan turbo med manuell växellåda, ta bort kopplingens slavcylinder uppe på växellådshuset enligt beskrivning i kapitel 6. Vira ett buntband runt slavcylindern för att förhindra att kolven trycks ut.

31 På turbomodeller med manuell växellåda, skruva loss anslutningen och koppla loss slavcylinderns hydraulrör vid kopplingen längst upp på växellådshuset; var beredd på att kopplingsvätska kommer att läcka ut.

32 Dra loss fjäderklämman och lossa kopplingens hydraulrör från stödfästet framtill på växellådshuset.

33 Se kapitel 3 och utför följande:

a) *Demontera den elektriska kylfläkten (eller fläktarna) från kylaren.*

b) *Lossa slangklämman och koppla loss värmeenhetens tillförsel- och returslangar från anslutningarna på torpedväggen i motorrummet.*

c) *Lossa slangklämmorna och ta loss kylarens övre och nedre slangar.*

d) *Lossa slangklämmorna och koppla loss kylvätskeslangen från expansionskärlet.*

e) *Demontera kylaren*

34 Se kapitel 10, skruva loss servostyrningspumpen från dess fästbygel och bind fast den framtill i motorrummet. Man behöver inte koppla loss vätskerören från pumpen.

35 Koppla loss bromsservons vakuumslang från insugsgrenröret, se kapitel 9.

36 Leta reda på motorns huvudkabelhärva, i det högra främre hörnet i motorrummet. Följ varje gren av kablaget till alla givare, aktiverare och hjälpaggregat på motorn och koppla loss kontaktdonet. Märk varje kontaktdon för att underlätta återkoppling.

37 Koppla loss vakuumslangarna från grenrörets tryckgivare (där tillämpligt).

38 Koppla loss vakuumslangarna från EGR- och avdunstningssystemets solenoidventiler (där tillämpligt).

39 Kontrollera att lyften håller upp hela vikten av motorn och växellådan, lossa sedan höger

och vänster motorfästen enligt beskrivningen i kapitel 2A.

40 Kontrollera att inga kablar, slangar etc. har glömts bort. Lyft motorn och växellådan som en enhet och manövrera dem så att de går fria från alla intilliggande delar **(se bild)**. Var särskilt försiktig för att inte skada ABS hydraulmodulator på höger sida av motorrummet när motorn flyttas. Om det inte redan har gjorts, kan motorfästbyglarna demonteras för att ge bättre plats. Motorn måste vinklas upp något i kamremsänden för att gå fri ordentligt.

41 När motorn kommit tillräckligt högt, lyft den över fronten ut ur motorrummet och sänk ner den på marken eller en arbetsbänk.

Isärtagning

42 Palla upp motorn/växellådan på träklossar på en arbetsbänk (eller, om det inte går, på en ren yta på verkstadsgolvet).

43 Demontera startmotorn.

Modeller med manuell växellåda

44 Skruva loss bultarna som håller fast växellådan vid motorn.

45 Ta hjälp av någon och dra tillsammans loss växellådan från motorn **(se bild)**. När den går fri från styrstiften, låt inte den ingående axeln hänga på kopplingslamellen.

Modeller med automatväxellåda

46 Vrid vevaxeln med hjälp av en hylsnyckel på remskivans mutter, tills det går att komma åt en av fästbultarna mellan momentomvandlaren och drivplattan genom öppningen på motorns baksida. Skruva loss bulten och vrid sedan vevaxeln så mycket som behövs för att ta bort de återstående bultarna på samma sätt. Nya bultar kommer att behövas vid monteringen.

47 Ta bort bultarna som håller växellådan till motorn.

48 Tillsammans med en medhjälpare, dra växellådan rakt ut från motorns styrstift, och se till att momentomvandlaren sitter kvar på växellådan. Håll omvandlaren på plats via åtkomsthålet i växellådshuset.

Montering

Modeller med manuell växellåda

49 Om kopplingen har demonterats, sätt

tillbaka denna på motorn enligt beskrivningen i kapitel 6. Se till att kopplingen centreras korrekt och att urtrampningsmekanismens delar monteras på växellådans balanshjulskåpa. Lägg inget fett på växellådans ingående axel, styrstiftet eller själva urtrampningslagret, eftersom dessa komponenter har friktionsreducerande lager som inte behöver smörjas.

50 För växellådan rakt in på sin plats så att den hakar i motorns styrstift. Sätt tillbaka de bultar som håller fast växellådan till motorn och dra åt dem till angivet moment.

Modeller med automatväxellåda

51 Innan växellådan monteras, spola ur oljekylaren med ren växellådsolja på följande sätt. Fäst en slang vid den övre anslutningen, häll växellådsolja genom slangen och samla upp den i en behållare placerad under returslangen.

52 Rengör kontaktytorna på momentomvandlaren och drivplattan, samt växellådans och motorns fogytor. Lägg också lite fett på momentomvandlarens styrning och motorns/växellådans styrstift.

53 Kontrollera att momentomvandlaren sitter ordentligt på plats genom att mäta avståndet från växellådshusets yta till flikarna på omvandlarens fästbultar. Måttet bör vara ungefär 14 mm.

54 För växellådan rakt in på sin plats och se till att den hakar i motorns styrstift. Sätt tillbaka de bultar som håller växellådan vid motorn och dra först åt dem lätt i diagonal ordning, därefter till angivet moment.

55 Montera momentomvandlaren på drivplattan med nya bultar. Vrid vevaxeln för att komma åt bultarna på samma sätt som vid demonteringen. Vrid sedan momentomvandlaren med hjälp av åtkomsthålet i växellådshuset. Sätt i alla bultar och dra först åt dem för hand, därefter till angivet moment.

Alla modeller

56 Resten av monteringen sker i omvänd ordning mot demonteringen. Tänk på följande:

a) *Dra åt alla muttrar/bultar till angivet moment och eventuell vinkel. Se relevanta kapitel i denna handbok för åtdragningsmoment som inte direkt rör motorn.*

b) *Vid monteringen av insprutningsbryggan och bränslespridarna, kontrollera att spridarnas O-ringar och grenrörstätningar är i gott skick och byt ut dem om så behövs. Smörj in dem med vaselin eller silikonfett före hopsättningen.*

c) *Vid montering av vänster drivaxel, se till att den inre drivknuten är helt inskjuten i växellådan så att låsringen låser fast i differentialdrevet.*

d) *Se till att ABS-givaren och dess säte i hjulspindeln är helt rena före monteringen.*

e) *Vid återanslutning av den manuella växellådans växelvajrar, observera att den yttre vajern ska anslutas till det vertikala väljarstaget i växellådans ände.*

3.40 Lyft upp motorn och växellådan som en enhet

3.45 Dra loss växellådan från motorn

f) På modeller med automatväxellåda, anslut och justera väljarvajern enligt beskrivningen i kapitel 7B.

g) Montera luftrenaren och anslut gasvajern enligt beskrivningen i kapitel 4A.

h) Montera drivremmen, fyll sedan på motorn med kylvätska och olja enligt beskrivningen i kapitel 1.

i) Fyll på växellådan med olja om så behövs, enligt beskrivning i kapitel 1, 7A eller 7B.

j) Läs avsnitt 18 innan motorn startas.

4 Motor och växellåda (GDI motor) – demontering, isärtagning och montering

1 Öppna motorhuven och ta bort stoppbultarna från båda gångjärnen, så att motorhuven kan öppnas helt (vertikalt). Alternativt, skruva loss motorhuven från gångjärnen och ta bort den enligt beskrivningen i kapitel 11.

2 Tryckutjämna bränslesystemet och demontera luftrenaren och luftintaget enligt beskrivning i kapitel 4B.

3 Se kapitel 5A och ta bort batteriet och batterihyllan.

4 Töm kylsystemet enligt beskrivning i kapitel 1.

5 Baktill i motorrummet, ta bort de två bultarna som håller säkrings-/relädosan och ta loss dosan från fästbygeln; flytta den åt sidan så långt det går utan att koppla loss kablaget.

6 Skruva loss de tre muttrarna som håller bränsleinsprutarnas effektsteg till fästbygeln på vänster innerskärm (vänster sett från förarsätet). Lyft ut enheten, torka av runt kontaktdonet och lossa sedan låsspärren och koppla loss kontakten. Effektsteget är mycket varmt om bilen nyligen har körts.

7 Notera noggrant hur allt kablage runt motorn är draget och fäst i klämmor, arbeta dig sedan runt motorn och koppla loss kablaget (se bild 6.5a i kapitel 2B). Det finns särskilt många jordanslutningar som måste lossas. Lägg kabelhärvan åt sidan.

8 Placera några absorberande trasor eller pappershanddukar runt och under bränsletillförsel- och returanslutningarna till bränslepumpen (i topplockets växellådsände). Ta försiktigt loss bränslerören, inklusive den lilla slangen till kolkanistern.

9 På tidiga modeller, öppna trottelkvadranten helt för hand och haka loss gasvajern från den. Ta bort de två bultarna som håller gasvajerns fästbygel till insugsgrenröret och flytta undan vajern från motorn.

10 Märk växelväljarvajrarna så att du vet var de ska sitta, dra sedan ut vajerklämmorna och ta vara på brickorna från ändbeslagen. För att ta bort vajrarna från fästbyglarna, bänd försiktigt ut de intryckta flikarna på fästklämmorna, dra sedan av klämmorna för att lossa vajrarna.

11 Lossa slangklämmorna för kylarens övre och nedre slang framtill på motorn, och för

värmarslangarna baktill i motorrummet. Koppla försiktigt loss slangarna och var beredd på ett visst kylvätskespill – man kan behöva lirka lite för att bryta tätningen vid varje anslutning.

12 Demontera kopplingens slavcylinder enligt beskrivningen i kapitel 6. Linda ett buntband runt slavcylindern för att förhindra att kolven trycks ut.

13 Lossa slangklämman och koppla loss bromsservons mjuka slang från den hårda slangen som är ansluten till insugsgrenröret.

14 Lossa framhjulsmuttrarna, lyft upp framvagnen och ställ den säkert på pallbockar (se Lyftning och stödpunkter). Ta bort framhjulen och kåporna under motorn.

15 Se kapitel 4C om så behövs, demontera det främre (nedåtgående) avgasröret och (den främre) syresensorn. Ta vara på packningen mellan avgasröret och avgasgrenröret – en ny packning (och eventuellt nya fästmuttrar) kommer att behövas vid monteringen.

16 Demontera drivremmarna enligt beskrivningen i kapitel 1.

17 På modeller där så är tillämpligt, skruva loss de fyra fästbultarna och ta loss luftkonditioneringskompressorn från motorn. Bind fast kompressorn så att den är ur vägen, utan att koppla loss eller böja några rör.

18 Skruva också loss servostyrningspumpen från motorn (se kapitel 10 om så behövs). Häng upp pumpen så att den är ur vägen, utan att koppla loss några vätskeslangar.

19 Tappa av växellådsoljan, med hjälp av kapitel 7A om så behövs. Sätt tillbaka avtappningspluggen med en ny bricka och dra åt till angivet moment (se specifikationerna i kapitel 7A).

20 Med hjälp av informationen i kapitel 8, koppla loss drivaxlarna från växellådan. Axlarna måste inte tas bort helt – lossa dem istället bara i de inre ändarna och bind fast dem för att undvika skador på drivknutarna.

21 Se kapitel 2B och demontera motorns främre och bakre fästen och stödbalken under bilen. När det är gjort hänger motorn i höger och vänster motorfäste.

22 Placera en lämplig motorlyft över motorn och anslut dess lyftkedja/-rep till lyftöglorna framtill och baktill på topplocket. Höj lyften så att den tar upp motorns/växellådans vikt, demontera sedan vänster och höger motorfäste enligt beskrivningen i kapitel 2B.

23 Kontrollera att inga kablar, slangar etc. har glömts. Lyft motorn och växellådan som en enhet och, med hjälp av en assistent, manövrera enheten förbi alla intilliggande delar. Var särskilt noga med att inte skada ABS hydraulmodulator på höger sida av motorrummet när motorn tas ut. Om det inte redan har gjorts, kan demontering av motorfästbyglarna skapa bättre utrymme. Motorn måste vinklas uppåt något i kamremsänden för att den ska gå ut ur motorrummet.

24 När motorn kommit tillräckligt högt, lyft den över fronten ut ur motorrummet och sänk ner den på marken eller en arbetsbänk.

Isärtagning

25 Palla upp motorn/växellådan på träklossar på en arbetsbänk (eller, om det inte går, på en ren yta på verkstadsgolvet).

26 Demontera startmotorn.

27 Skruva loss bultarna som håller fast växellådan vid motorn.

28 Ta hjälp av någon och dra tillsammans loss växellådan från motorn. När den går fri från styrstiften, låt inte den ingående axeln hänga på kopplingslamellen.

5 Motorrenovering – inledande information

Det är mycket enklare att ta isär och arbeta med motorn om den är monterad i ett motorställ – sådana kan ofta hyras. Innan motorn monteras i stället ska svänghjulet/drivplattan demonteras så att ställets bultar kan skruvar kan dras ända in i motorblocket/vevhuset.

Om inget ställ finns tillgängligt går det att ta isär motorn på en stabil arbetsbänk eller på golvet. Var försiktig så att motorn inte välter om arbetet utförs utan ställ.

Om en renoverad motor ska införskaffas måste alla hjälpaggregat demonteras, så att de kan flyttas över till utbytesmotorn (precis som de måste även om den befintliga motorn ska renoveras av ägaren). Dessa komponenter inkluderar följande:

a) Motorns fästen och fästbyglar (kapitel 2A eller 2B).

b) Generatorn och dess fästbygel (kapitel 5A).

c) Startmotor (kapitel 5A).

d) Tändsystemets komponenter och alla högspänningsdelar, inklusive alla givare, spolar och tändstift (kapitel 1 och 5B).

e) Avgasgrenrör, med eventuell turboladdare (kapitel 4C).

f) Insugsgrenrör med bränsleinsprutningskomponenter (kapitel 4A eller 4B).

g) Alla elektriska brytare/kontakter, aktiverare och givare samt motorns kabelhärva (kapitel 4A, 4B och 5B).

h) Kylvätskepump, termostat, slangar och fördelningsrör (kapitel 3).

i) Kopplingskomponenter – modeller med manuell växellåda (kapitel 6).

j) Svänghjul/drivplatta (kapitel 2A eller 2B).

k) Oljefilter (kapitel 1).

l) Oljemätsticka, rör och fästbygel.

Observera: När de yttre delarna demonteras från motorn, håll noggrant koll på allt som kan vara av vikt och/eller till hjälp vid återmonteringen. Notera t.ex. noggrant hur packningar, tätningar, brickor, bultar och andra små delar sitter.

Om ett s.k. "shortblock" införskaffas (motorblock/vevhus, vevaxel, kolvar och vevstakar monterade), måste topplocket, kamremmen (tillsammans med spännare, spännar- och överföringsremskivor och kåpor) också demonteras.

Om en fullständig motorrenovering har planerats kan motorn tas isär i den ordning som anges nedan:

a) *Insugs- och avgasgrenrör, EGR-hus och turboladdare (där tillämpligt)*
b) *Kamrem, drev, spännare, remskivor och kåpor*
c) *Topplock*
d) *Oljepump*
e) *Svänghjul/drivplatta*
f) *Oljesump*
g) *Oljepickup*
h) *Mellandel/ramlagerstege*
i) *Kolvar/vevstakar*
j) *Vevaxel*

---

6 Topplock – isärtagning, rengöring, kontroll och hopsättning

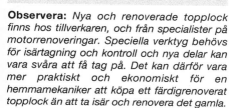

Observera: *Nya och renoverade topplock finns hos tillverkaren, och från specialister på motorrenoveringar. Speciella verktyg behövs för isärtagning och kontroll och nya delar kan vara svåra att få tag på. Det kan därför vara mer praktiskt och ekonomiskt för hemmamekaniker att köpa ett färdigrenoverat topplock än att ta isär och renovera det gamla.*

Isärtagning

1 Demontera topplocket enligt beskrivningen i del A eller B av det här kapitlet.
2 Om kamaxlarna och ventillyftarna fortfarande sitter på plats, ta bort dessa enligt beskrivningen i del A eller B av detta kapitel.
3 Beroende på vilka delar som sitter kvar, ta bort termostathuset (kapitel 3), tändstiften (kapitel 1) och alla övriga anslutningar, rör, givare eller fästbyglar.
4 Knacka till ordentligt på varje ventilskaft med en lätt hammare och en dorn, så att fjädern och tillhörande delar lösgörs.
5 Sätt på en ventilfjäderkompressor på varje ventil i tur och ordning och tryck ihop varje fjäder tills dess knaster syns. Lyft ut knastren med en lite skruvmejsel eller en magnet och en pincett. Lossa försiktigt fjäderkompressorn och ta bort den.
6 Ta loss det övre ventilfjädersätet och ventilfjädern. Dra ut ventilen från styrningen.
7 Dra loss ventilskaftets oljetätning med en spetstång. Om tätningen sitter mycket hårt kan en kabelskalare behöva användas, vars ben placeras under tätningen.
8 Ta loss det nedre ventilfjädersätet. Om det finns kraftiga sotavlagringar runt utsidan av ventilstyrningen måste dessa skrapas bort innan sätet sätts tillbaka.
9 Det är viktigt att varje ventil förvaras tillsammans med sina knaster, sin fjäder och sina fjädersäten. Ventilerna bör även förvaras i rätt monteringsordning, såvida de inte är så slitna eller brända att de måste bytas ut. Om de ska användas igen, placera varje ventilenhet i en märkt plastpåse eller annan behållare.
10 Ta bort alla ventiler på samma sätt.

Rengöring

11 Ta noggrant bort alla spår av gammal packning och tätningsmedel från topplockets övre och nedre fogytor. Använd en lämplig lösningsvätska för flytande packningar tillsammans med en mjuk spackelkniv. Använd inte en metallskrapa – denna kommer att skada ytorna.
12 Ta bort allt sot från förbränningskamrarna och portarna, och torka sedan bort alla spår av olja och andra avlagringar från topplocket. Var särskilt noga med lagertappar, ventillyftarlopp, ventilstyrningar och smörjkanaler.
13 Rengör topplocket noga med fotogen eller något lämpligt lösningsmedel. Ta god tid på dig och gör ett grundligt jobb. Se till att rengöra alla oljehål och kanaler mycket noga och torka sedan hela topplocket ordentligt.
14 Skrapa bort eventuella tjocka sotavlagringar från ventilerna. Använd sedan en eldriven stålborste för att ta bort avlagringar från ventiltallrikar och skaft.

Kontroll

Observera: *Var noga med att utföra hela den granskning som beskrivs nedan innan beslut fattas om huruvida en verkstad behöver anlitas för något moment. Gör en lista över alla komponenter som behöver åtgärdas.*

Topplock

15 Undersök topplocket noggrant och leta efter sprickor, tecken på kylvätskeläckage eller andra skador. Om topplocket har sprickor måste det bytas ut.
16 Använd en stållinjal och bladmått för att undersöka om topplockets packningsyta är skev. Det kan vara möjligt att renovera en skev yta – rådfråga en återförsäljare eller en specialist på motorrenoveringar **(se bild)**.
17 Undersök ventilsätena i förbränningskamrarna. Om de är mycket gropiga, spruckna eller brända måste de bytas ut eller fräsas om av en specialist på motorrenoveringar. Om de endast är lite anfrätta kan problemet åtgärdas genom att ventiltallrikarna och sätena slipas in med fin

ventilslipningsmassa enligt beskrivningen nedan.
18 Om ventilstyrningarna verkar slitna, vilket märks på att ventilen kan röras i sidled, måste nya styrningar monteras. Arbetet med att byta ventilstyrningarna bör överlåtas till en specialist.
19 Om ventilsätena ska fräsas, måste detta göras *efter* det att styrningarna har bytts ut.
20 De gängade hålen i topplocket måste vara helt rena för att momentvärdena för åtdragningen ska bli korrekta vid monteringen. Använd försiktigt en gängtapp av rätt storlek i hålen för att ta bort rost, tätningsmedel eller smuts, samt för att återställa skadade gängor. Storleken kan avgöras med hjälp av storleken på den bult som sitter i hålet. Använd om möjligt tryckluft för att sedan blåsa bort det avfall som uppstår vid detta arbete. Glöm inte att också rengöra gängorna på alla bultar och muttrar.
21 De gängor som inte kan renoveras på detta sätt kan oftast återställas med hjälp av gänginsatser. Om några gängade hål är skadade, rådfråga en återförsäljare eller en motorrenoveringsspecialist och låt dem installera gänginsatser där så behövs.

Ventiler

22 Undersök varje ventiltallrik och leta efter tecken på anfrätning, brännskador, sprickor och allmänt slitage, och undersök om ventilskaftet är repigt eller slitet. Vrid ventilen och kontrollera om den verkar böjd. Leta efter gropar och kraftigt slitage på ventilskaftens spetsar. Byt ut alla ventiler som visar tecken på slitage eller skador.
23 Om ventilen verkar vara i gott skick så här långt, mät ventilskaftets diameter på flera ställen med en mikrometer **(se bild)**. Om skaftets tjocklek varierar märkbart på de olika mätställena är det ett tecken på att skaftet är slitet, och ventilen måste då bytas ut.
24 Om ventilerna är i tillfredsställande skick ska de slipas in i respektive säte för att garantera en smidig, gastät tätning. Om sätet endast är lätt anfrätt, eller om det har frästs om, ska endast fin inslipningsmassa användas. Grov inslipningsmassa ska inte användas om inte ett säte är svårt bränt eller anfrätt. Om så är fallet bör topplocket och

6.16 Kontrollera om topplockets packningsyta är skev med hjälp av en stållinjal och bladmått

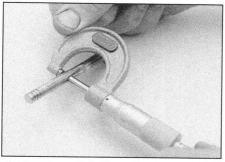

6.23 Mät ventilskaftens diameter med en mikrometer

6.32a Sätt det första nedre fjädersätet på plats . . .

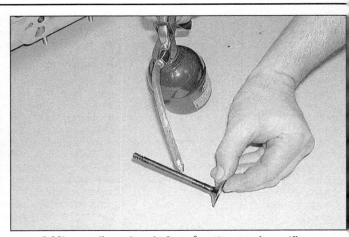

6.32b . . . olja sedan skaftet på motsvarande ventil . . .

ventilerna undersökas av en expert som kan avgöra om sätena ska fräsas om eller om ventilen eller sätesinsatsen måste bytas ut.

25 Ventilslipning går till enligt följande. Börja med att placera topplocket upp och ner på en bänk, med ett träblock i var ände så att ventilskaften får plats.

26 Smörj lite ventilslipningsmassa (av lämplig grad) på sätesytan och tryck fast ett sugverktyg över ventiltallriken. Slipa ventiltallriken med en roterande rörelse ner till sätet, lyft ventilen ibland för att omfördela slipmassan. Om en lätt fjäder placeras under ventiltallriken går det lättare.

27 Om grov slipmassa används, arbeta tills ventiltallriken och sätet får en matt, jämn yta

(inte längre), torka sedan bort den använda slipmassan och upprepa arbetet med fin slipmassa. När en slät, obruten ring av ljusgrå, matt yta har skapats på både ventilen och sätet är slipningen färdig. Slipa inte in ventilerna längre än vad som är absolut nödvändigt, då kan sätet sjunka in i topplocket i förtid.

28 När samtliga ventiler har slipats in måste alla spår av slipmassa försiktigt tvättas bort med fotogen eller annat lämpligt lösningsmedel innan topplocket sätts ihop.

Ventilkomponenter

29 Undersök om ventilfjädrarna är skadade eller missfärgade. Mät också deras fria längd

genom att jämföra varje befintlig fjäder med en ny.

30 Ställ varje fjäder på en plan yta och kontrollera om den står rakt upp. Om någon av fjädrarna är skadad, skev eller har förlorat sin elasticitet, måste alla fjädrar bytas ut. Normalt byts alla fjädrar alltid ut vid en större renovering.

31 Byt ut ventilskaftens oljetätningar, oavsett deras synliga skick.

Hopsättning

32 Sätt det första nedre fjädersätet på plats över ventilstyrningen, olja sedan skaftet på motsvarande ventil och sätt i den i styrningen (se bilder).

33 Ventilskaftens nya oljetätningar bör komma med en plasthylsa som skyddar tätningen när den monteras på ventilen. Om inte, linda en bit plastfolie runt ventilskaftet som går ungefär 10 mm utanför skaftets ände.

34 Med skyddshylsan eller plastfilmen på plats runt ventilen, sätt på ventilskaftets oljetätning och skjut på den på ventilstyrningen så långt det går med hjälp av en passande hylsa eller ett rör (se bild). När tätningen sitter på plats, ta bort skyddshylsan eller plastfilmen.

35 Montera ventilfjädern och det övre sätet. Tryck ihop fjädern och sätt de två knastren i urtagen i ventilskaftet. Lossa kompressorn försiktigt (se bilder).

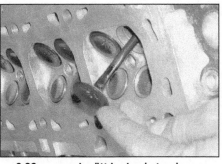

6.32c . . . och sätt in den i styrningen

6.34 Placera ventilskaftets nya oljetätning över ventilstyrningen

6.35a Montera ventilfjädern . . .

6.35b . . . och det övre fjädersätet

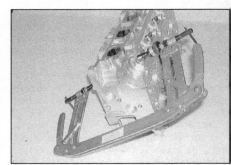

6.35c Tryck ihop fjädern med fjäderkompressorn . . .

6.35d . . . och sätt in de två knastren i urtagen i ventilskaftet med hjälp av en liten skruvmejsel eller liknande

7.6a Skruva loss fästbygelns bult . . .

7.6b . . . och ta bort pickupröret

HAYNES TiPS

Håll knastren på plats på ventilskaften med lite fett medan fjäderkompressorn lossas.

36 Täck ventilskaftet med en trasa och knacka till ordentligt på det med en lätt hammare för att kontrollera att knastren sitter ordentligt.

37 Upprepa dessa åtgärder på resten av ventilerna.

38 Sätt tillbaka resten av komponenterna, montera sedan topplocket enligt beskrivningen i del A eller B av detta kapitel.

7 Oljesump och mellandel (ej GDI motor) – demontering

1 Om det inte redan har gjorts, tappa av motoroljan och ta bort oljefiltret enligt beskrivning i kapitel 1.

2 Demontera oljepumpen enligt beskrivningen i del A av detta kapitel.

3 Om kolvarna och vevstakarna ska demonteras senare, vrid vevaxeln så att alla kolvar ligger ungefär halvvägs ner i loppen.

4 Skruva loss bultarna som håller fast oljesumpen vid mellandelen, och notera bultarnas olika längd och var de sitter.

5 Knacka försiktigt loss oljesumpen med en gummiklubba eller liknande. Ta loss O-ringstätningarna.

6 Skruva loss fästbygelns bult och ta bort oljepickupröret. Ta loss O-ringstätningen i änden av röret **(se bilder)**.

7 Skruva loss alla M7 bultar som håller fast mellandelen vid motorblocket i omvänd ordning mot vad som visas. När alla M7 bultar har skruvats loss, skruva loss M10 bultarna i samma ordning **(se bilder)**.

8 Knacka försiktigt loss mellandelen med en gummiklubba eller liknande. Lyft av mellandelen tillsammans med vevaxelns nedre ramlageröverfall. Om några av överfallen sitter kvar på vevaxeln, flytta dem till rätt platser i mellandelen.

9 Ta bort vevaxelns bakre oljetätning.

8 Ramlagerstege (GDI motor) – demontering

1 Om det inte redan har gjorts, tappa av motoroljan och ta bort oljefiltret enligt beskrivning i kapitel 1.

2 Demontera oljepumpen enligt beskrivningen i del B av detta kapitel.

3 Om kolvarna och vevstakarna ska demonteras senare, vrid vevaxeln så att alla kolvar ligger ungefär halvvägs ner i loppen.

4 Skruva stegvis loss bultarna som håller ramlagerstegen till den nedre delen av motorn. Lossa bultarna max ett kvarts varv åt gången, tills alla bultar är lösa.

5 Ta bort bultarna, bänd sedan upp ramlagerstegen och ta bort den med lageröverfallen.

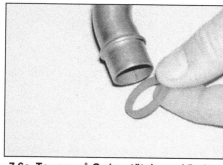

7.6c Ta vara på O-ringstätningen i änden av röret

Om överfallen ska återanvändas, tejpa fast dem i respektive läge på stegen.

6 Ta vara på tryckbrickorna som sitter på var sidan om ramlager nr 3 – notera vilken väg de sitter. Förvara dem tillsammans med ramlagerstegen.

7 Kontrollera att ramlagerbultarna inte är längre än vad som anges i specifikationerna. Om det råder någon tvekan om bultarnas skick, eller om de har dragits åt mer än en gång, införskaffa nya bultar.

9 Kolvar och vevstakar – demontering och kontroll

Demontering

1 Demontera topplocket, oljepumpen och svänghjulet/drivplattan enligt beskrivning i del

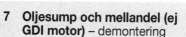

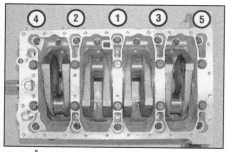

7.7a Åtdragningsordning för mellandelens bultar; lossa bultarna i OMVÄND ordning

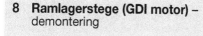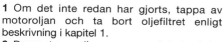

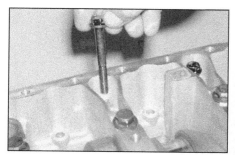

7.7b Skruva loss alla M7 bultar som håller mellandelen till motorblocket i OMVÄND ordning mot den som visas

7.7c När alla M7 bultar har tagits bort, skruva loss M10 bultarna i samma ordning

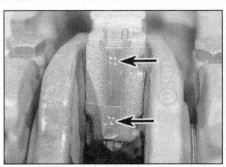

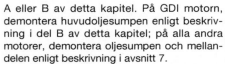

9.3 Märk vevstaksöverfallen och vevstakarna med motsvarande cylindernummer

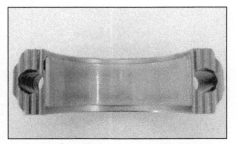

9.4 På alla motorer utom GDI, har vevlagerskålarna inga styrflikar – notera därför noggrant exakt hur de sitter i lageröverfallen

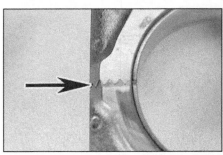

9.7 På alla motorer utom GDI gör spåren i lageröverfall och vevstake att de bara kan monteras på ett sätt

A eller B av detta kapitel. På GDI motorn, demontera huvudoljesumpen enligt beskrivning i del B av detta kapitel; på alla andra motorer, demontera oljesumpen och mellandelen enligt beskrivning i avsnitt 7.

2 Känn efter inuti loppens överdel om det finns någon kraftig slitagekant. Vi rekommenderar att en sådan kant tas bort (med en skrapa eller en kantbrotsch) innan kolvarna tas bort, eftersom kolvringarna kan fastna under kanten och bli svåra att ta bort. Notera att en kant som är stor nog att orsaka komplikationer av den här typen nästan säkert innebär att loppet måste borras om och nya kolvar/ringar måste monteras.

3 Kontrollera att det finns identifikationsnummer eller markeringar på varje vevstake och överfall, så att varje vevstake kan monteras tillbaka på samma plats och vänd åt rätt håll. Måla eller stansa egna märken om så behövs **(se bild)**.

4 På alla modeller utom GDI, ta bort de två vevstaksbultarna. Lossa överfallet genom att knacka på det med en mjuk hammare. Ta bort lageröverfallet och observera att den nedre lagerskålen inte har några styrflikar **(se bild)**. Notera därför noggrant hur skålen ligger i lageröverfallet – vid monteringen måste skålen sättas tillbaka i överfallet i exakt samma position; inga inställningsmarkeringar

eller styrflikar finns. **Observera**: *Nya bultar till vevstaksöverfallen behövs vid hopsättningen.*

5 På GDI motorn sitter vevstakslagrens överfall fast med två muttrar. Man kan behöva knacka till lite på överfallet för att det ska lossna från vevstaken. Lageröverfallets skål har en styrflik som motsvarar ett urtag i själva överfallet – tejpa skålen till överfallet om den ska återanvändas.

6 Tryck vevstaken och kolven upp och ut ur loppet och ta vara på den övre lagerskålen. Den övre skålen har inga styrflikar eller inställningsmarkeringar. Notera noggrant hur skålen sitter i vevstaken – vid monteringen måste skålen sättas tillbaka i exakt samma position.

7 Sätt tillbaka överfallet på vevstaken, vänt rätt väg så att överfallen inte blandas ihop. På alla andra motorer än GDI, observera att spåren på lageröverfallets och vevstakens fogytor gör att överfallen bara kan monteras på ett sätt **(se bild)**. På GDI motorn sitter vevstakspinnbultarna något snett för att försäkra korrekt montering.

8 Kontrollera om det finns en pil ovanpå kolven. Den ska peka mot motorns kamremsände **(se bild)**. Om det inte finns någon pil kan en egen riktningsmarkering göras. På GDI motorn är detta mindre viktigt, eftersom den ihåliga förbränningskammaren längst upp

i kolven är vänd mot motorns inloppssida (baksida).

9 Upprepa åtgärderna på resten av vevstakarna och kolvarna, utan att vrida vevaxeln

Kontroll

10 Innan kontrollen kan utföras måste kolvarna/vevstakarna rengöras, och originalkolvringarna tas bort från kolvarna.

11 Töj försiktigt ut de gamla ringarna och ta bort dem från kolvarna. Använd två eller tre gamla bladmått för att hindra att ringarna hoppar ner i tomma spår **(se bild)**. Var noga med att inte repa kolvarna med ringändarna. Ringarna är sköra och går lätt av om de öppnas upp för mycket. De är också mycket vassa – skydda händer och fingrar.

12 Skrapa bort allt sot från kolvens topp. En handhållen stålborste (eller en finkornig smärgelduk) kan användas när de värsta avlagringarna har skrapats bort.

13 Ta bort sotet från ringspåren i kolven med hjälp av en gammal ring. Bryt ringen i två delar (var försiktig så att du inte skär dig – kolvringar är vassa). Var noga med att bara ta bort sotavlagringarna – ta inte bort någon metall och gör inga hack eller repor i sidorna på ringspåren.

14 När avlagringarna är borta, rengör

9.8 Pilen på kolvkronan pekar mot motorns kamremsände

9.11 Ta bort kolvringarna med hjälp av bladmått

9.21 Tryck ut kolvbulten ur kolven och vevstaken

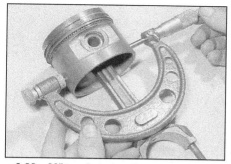

9.22a Mät varje kolvs diameter med en mikrometer (se text)

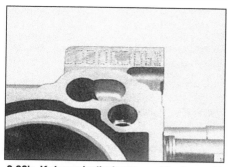

9.22b Kolvens/cylinderns grad instansad i kanten på motorblocket

kolvarna/vevstakarna med fotogen eller lämpligt lösningsmedel och torka dem noga. Se till att oljereturhålen i ringspåren är helt rena.

15 Om kolven och loppen inte är skadade eller mycket slitna, och om motorblocket inte behöver borras om, kan originalkolvarna monteras tillbaka. Normalt kolvslitage visar sig som ett jämnt vertikalt slitage på kolvens stötytor, och den översta ringen sitter något löst i sitt spår. Nya kolvringar ska alltid användas när motorn sätts ihop.

16 Leta noggrant efter spår och sprickor på kolvmanteln, runt kolvbultshålen och i områdena mellan ringarna.

17 Leta efter spår och repor på kolvmanteln, hål i kolvkronan och brända områden i kanten på kronan. Om manteln är repad eller skavd kan motorn ha varit utsatt för överhettning och/eller onormal förbränning, vilket har orsakat höga arbetstemperaturer. Kyl- och smörjsystemen måste kontrolleras noga. Brännmärken på kolvsidorna visar att förbiblåsning har ägt rum. Ett hål i kolvkronan eller brända områden i kolvkronans kant är tecken på att onormal förbränning (förtändning, tändningsknack eller detonation) har förekommit. Vid något av ovanstående problem måste orsakerna undersökas och åtgärdas, annars kommer skadan att uppstå igen. Orsakerna kan vara läckage i insugsluften, felaktig bränsle/luftblandning eller fel i avgasreningssystemet.

18 Punktkorrosion på kolven är ett tecken på att kylvätska har läckt in i förbränningskammaren och/eller vevhuset. Även här måste den bakomliggande orsaken åtgärdas, annars kan problemet bestå i den ombyggda motorn.

19 Undersök varje vevstake noga efter tecken på skador, som sprickor runt vevstakslagret och lilländens lager. Kontrollera att vevstaken inte är böjd eller skev. Skador på vevstaken inträffar mycket sällan, om inte motorn har skurit ihop eller överhettats allvarligt. En noggrann undersökning av vevstaken kan endast utföras av en motorrenoveringsspecialist med tillgång till rätt utrustning.

20 Kolvbultarna är av flottörtyp och hålls på plats med två låsringar. Om det behövs, kan

kolvarna och vevstakarna tas isär enligt följande.

21 Ta bort en av de låsringar som håller fast kolvbulten. Tryck ut kolvbulten ur kolven och vevstaken **(se bild)**.

22 Använd en mikrometer, mät diametern på alla fem kolvar vid en punkt 10 mm från mantelns underkant, i rät vinkel mot kolvbultens axel. Jämför måtten med dem som anges i specifikationerna. Observera att det finns fyra standardstorlekar – storlekens bokstavskod är instansad på kolvkronan och på motorblocket **(se bilder)**. Nya kolvar måste ha samma märkning som det cylinderlopp de ska monteras i.

23 Om diametern för någon kolv ligger utanför gränsvärdena för dess storlek, måste alla kolvar bytas. Observera att om motorblocket borrats om under en tidigare renovering kan större kolvar ha monterats. Skriv ner måtten och använd dem till att kontrollera mellanrummet mellan kolv och lopp när cylinderloppen mäts längre fram i detta kapitel.

24 Håll en ny kolvring i relevant spår och mät mellanrummet mellan ring och spår med ett bladmått **(se bild)**. Observera att ringarna är olika stora, så se till att använda rätt ring till rätt spår. Jämför måtten med listan i specifikationerna. Om måtten ligger utanför tillåtna gränser måste kolvarna bytas.

25 Kontrollera kolvbultens passning i vevstakens bussning och i kolven. Om det föreligger märkbart spel måste en ny bussning eller en större kolvbult monteras. Kontakta en

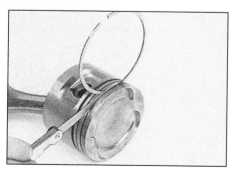

9.24 Mät spelet mellan ring och spår med bladmått

Volvoverkstad eller en specialist på motorrenoveringar.

26 Undersök alla komponenter och skaffa de nya delar som behövs. Nya kolvar levereras komplett med kolvtappar och låsringar. Låsringar kan även köpas separat.

27 Smörj in kolvtappen med olja. Sätt ihop vevstaken och kolven, se till att vevstaken är rättvänd, och fäst kolvbulten med låsringen. Sätt låsringen så att dess öppning är vänd nedåt.

28 Upprepa dessa åtgärder på resten av kolvarna.

10 Vevaxel – demontering och kontroll

Demontering

Observera: *Om inget arbete ska utföras på kolvarna och vevstakarna behöver inte topplocket och kolvarna demonteras. Istället behöver kolvarna bara tryckas in så långt i loppen att de inte är i vägen för vevtapparna.*

1 Se del A eller B av detta kapitel, och tidigare avsnitt i den här delen som är relevanta, och utför följande:
   a) *Demontera oljepumpen.*
   b) *Demontera oljesumpen och mellandelen.*
   c) *Demontera kopplingens komponenter och svänghjulet/drivplattan.*
   d) *Demontera kolvarna och vevstakarna (se anmärkningen ovan).*

2 Innan vevaxeln demonteras är det bäst att kontrollera axialspelet. Det gör man genom att tillfälligt demontera mellandelen eller ramlagerstegen, och sedan montera en mätklocka med skaftet i linje med vevaxeln och precis i kontakt med vevaxelns nos.

3 Skjut bort vevaxeln helt från mätklockan och nollställ den. Skjut sedan vevaxeln mot mätaren så långt som möjligt och läs av mätaren. Den sträcka som vevaxeln rört sig kallas axialspel. Om det är större än angivet gränsvärde, kontrollera om vevaxelns stötytor är slitna. Om inget slitage förekommer, bör nya tryckbrickor kunna korrigera axialspelet. Tryckbrickorna är inbyggda i ramlagerskålarna på alla motorer utom GDI, medan de

på GDI motorn är lösa brickor som sitter på var sida om lager nr 3.
4 Demontera mellandelen eller ramlagerstegen igen och lyft ut vevaxeln. På GDI motorn måste man först skruva loss och ta bort vevaxelns bakre oljetätningshållare, som sitter på två stift och fäst med fyra bultar. Skruva loss bultarna och bänd loss hållaren (den kan sitta fast ganska hårt på grund av det tätningsmedel som används som packning).
5 Demontera de övre halvorna av ramlagerskålarna från deras säten i vevhuset genom att trycka på den ände av skålen som ligger längst bort från styrfliken. Håll ordentlig ordning på skålarna.

Kontroll

6 Rengör vevaxeln med fotogen eller annat lämpligt lösningsmedel och torka den. Använd helst tryckluft om det finns tillgängligt. Var noga med att rengöra oljehålen med piprensare eller något liknande för att se till att de inte är igentäppta.

 Varning: Använd alltid skyddsglasögon vid arbete med tryckluft!

7 Undersök ram- och vevlagertappar och leta efter ojämnt slitage, repor, gropar eller sprickor.
8 Slitage i vevstakslagren följs av tydliga metalliska knackningar när motorn körs (märks särskilt när motorn drar från låg hastighet) och viss minskning av oljetrycket.
9 Slitage i ramlagren åtföljs av starka motorvibrationer och ett dovt muller – som ökar i takt med motorvarvtalet – samt minskning av oljetrycket.
10 Undersök om lagertapparna är ojämna genom att försiktigt dra med fingret över lagerytan. Om ojämnheter förekommer (vilket åtföljs av tydligt lagerslitage) är det ett tecken på att vevaxeln måste slipas om (om det är möjligt) eller bytas ut.
11 Använd en mikrometer och mät diametern på ramlager- och vevstakslagertapparna, och jämför resultatet med värdena i specifikationerna **(se bild)**. Genom att mäta diametern på flera ställen runt varje axeltapp kan man avgöra om den är rund eller inte. Utför mätningen i båda ändarna av axeltappen, nära vevarmarna, för att avgöra om axeltappen är konisk. Jämför de uppmätta resultaten med värdena i specifikationerna.
12 Om vevaxeltapparna ligger utanför tillåtna gränser krävs en ny vevaxel, eftersom det bara går att skaffa lagerskålar av standardstorlek från tillverkaren. Rådfråga dock först en motorrenoveringsspecialist om omslipning är möjlig, och om det eventuellt går att få tag i slipade lagerskålar som passar.
13 Kontrollera att oljetätningarnas fogytor i båda ändar av vevaxeln inte är slitna eller skadade. Om någon av tätningarna har slitit ett djupt spår i ytan på vevaxeln bör en specialist rådfrågas – det kan gå att reparera skadan, men annars måste vevaxeln bytas ut.
14 Se avsnitt 12 för information om hur man väljer ram- och vevstakslager.

11 Motorblock/vevhus – rengöring och kontroll

Rengöring

1 Innan rengöringen påbörjas, ta loss alla externa komponenter och givare, samt alla eventuella kanalpluggar och täckkåpor.
2 Om någon av gjutdelarna är extremt smutsig bör alla ångtvättas.
3 När gjutdelarna har ångtvättats, rengör alla oljehål och oljekanaler en gång till. Spola alla interna passager med varmt vatten till dess att rent vatten rinner ut. Använd om möjligt tryckluft för att snabbare kunna torka delarna, och för att blåsa rent i alla oljehål och kanaler.

 Varning: Använd alltid skyddsglasögon vid arbete med tryckluft!

4 Om gjutdelarna inte är alltför smutsiga går det att göra ett godtagbart tvättjobb med hett tvålvatten (så hett du klarar av!) och en styv borste. Var noggrann vid rengöringen. Se till att rengöra alla oljehål och kanaler mycket noga, oavsett rengöringsmetod, och att torka alla delar ordentligt. Lägg ren motorolja i cylinderloppen för att förhindra rost.
5 De gängade hålen i motorblocket måste vara rena för att momentvärdena för åtdragningen ska bli korrekta vid monteringen. Använd försiktigt en gängtapp av rätt storlek i hålen för att ta bort rost, korrosion, tätningsmedel eller annan smuts, samt för att återställa skadade gängor. Storleken på gängtappen kan avgöras med hjälp av den bult som ska sitta i hålet. Använd om möjligt tryckluft för att rengöra hålen från det avfall som uppstår vid detta arbete. Glöm inte att också rengöra gängorna på alla bultar och muttrar.
6 De gängor som inte kan renoveras på detta sätt kan ofta åtgärdas med hjälp av gänginsatser. Om några gängade hål är skadade, fråga en återförsäljare eller en motorrenoveringsspecialist och låt dem installera gänginsatser där så behövs.
7 Om motorn inte ska sättas ihop genast, täck över den med en stor plastsäck för att hålla den ren. Skydda de maskinbehandlade ytorna enligt beskrivningen ovan för att förhindra rost.

10.11 Mät lagertapparnas diameter med en mikrometer

Kontroll

8 Undersök gjutdelarna om leta efter sprickor och korrosion. Leta efter defekta gängor i bulthålen. Om det har förekommit internt kylvätskeläckage kan det vara värt besväret att låta en specialist undersöka motorblocket/vevhuset med särskild utrustning. Om defekter upptäcks kan det vara möjligt att reparera dessa, eller så måste enheten bytas ut.
9 Undersök topplockets fogyta och mellandelens fogytor. Undersök om ytorna är skeva med hjälp av en ställinjal och bladmått, enligt den tidigare beskrivningen för kontroll av topplocket. Om någon yta är skev, rådfråga en motorrenoveringsspecialist om vad som bör göras.
10 Kontrollera att cylinderloppen inte är slitna eller repiga. Undersök om det finns en slitagekant längst upp i cylindern, vilket i så fall är ett tecken på att loppet är mycket slitet.
11 Om en mätare för cylinderloppen finns till hands, mät diametern i varje cylinder längst upp (precis under kanten), i mitten och längst ner i loppet, parallellt med vevaxeln. Mät sedan loppdiametern på samma tre ställen tvärs över vevaxelns axel. Skriv ner måtten. Låt en motorrenoveringsspecialist utföra arbetet om du inte har tillgång till den mätutrustning som behövs.
12 För att ta reda på spelet mellan kolven och loppet, mät kolvens diameter enligt beskrivningen tidigare i detta kapitel och subtrahera kolvdiametern från det största loppmåttet.
13 Upprepa dessa åtgärder för resten av kolvarna och cylinderloppen.
14 Om något mått skiljer sig avsevärt från de andra (vilket tyder på att loppet är koniskt eller ovalt), är kolven eller loppet mycket slitet.
15 På alla motorer utom GDI, observera att varje cylinder är klassificeringsmärkt med en bokstav instansad i baksidan av motorblocket. GDI-motorn har ett liknande graderingssystem, inetsat i motorblocket i kamremsänden. Det finns en rad olika klassificeringar för lopp med standarddiameter, och överstorlekar för vissa motorer. Rådfråga dock i alla fall en Volvoåterförsäljare eller motorrenoveringsspecialist innan nya komponenter väljs.
16 Om något cylinderlopp är allvarligt skavt eller repat, eller om det är kraftigt slitet, ovalt eller koniskt, är den normala åtgärden att borra om motorblocket/vevhuset och montera nya kolvar av överstorlek vid hopsättningen. Igen, rådfråga en verkstad.
17 Om loppen är i någorlunda gott skick och inte överdrivet slitna, kan det räcka med att byta ut kolvringarna.
18 Om detta är fallet ska loppen henas (finslipas) så att de nya ringarna kan passas in ordentligt och ge bästa möjliga tätning. Hening kan utföras av en motorrenoveringsspecialist. På GDI-motorn anger Volvo att hening ska utföras i cylinderordningen

Markeringar på motorblocket

Markeringar på vevaxeln		A liten diameter		B medium diameter		C stor diameter	
		block	mellan-del	block	mellan-del	block	mellan-del
A liten		gul medium	gul medium	gul medium	blå tjock	blå tjock	blå tjock
B medium		röd tunn	gul medium	gul medium	gul medium	gul medium	blå tjock
C stor		röd tunn	röd tunn	röd tunn	gul medium	gul medium	gul medium

12.11a Urvalstabell för ramlager (ej GDI motor)

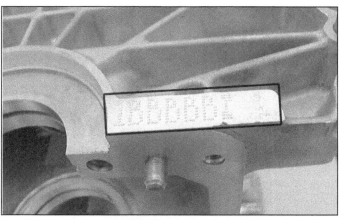

12.11b Ramlagrens klassificering instansad på kanten av motorblocket (ej GDI motor)

2-4-1-3, detta för att eventuell missformning av blocket ska undvikas.

19 När all maskinslipning/borrning är klar måste hela motorblocket/vevhuset tvättas mycket noga med varmt såpvatten, så att alla spår av slipdamm tas bort. När motorblocket/vevhuset är helt rent, skölj det noga och torka det, och smörj sedan in alla exponerade maskinbehandlade ytor lätt med olja för att förebygga rost.

20 Det sista steget är att mäta längden på de M10 bultar som håller fast mellandelen till motorblocket (eller bultarna till ramlagerstegen på GDI-motorn). Om längden på någon bult överstiger den som anges i specifikationerna måste de bytas. Som med alla bultar som momentdras/vinkeldras, har de en tendens att sträckas. Det är i stort sett omöjligt att uppskatta den belastning detta lägger på en särskild bult, och om det är något fel på en bult kan den gå av vid åtdragningen eller senare under drift.

12 Ram- och vevstakslager – kontroll och urval

Kontroll

1 Även om ram- och vevstakslagerskålarna ska bytas vid en motorrenovering, bör de gamla skålarna behållas och undersökas noga. De kan ge värdefull information om motorns skick.

2 Lagerhaveri kan uppstå på grund av otillräcklig smörjning, förekomst av smuts eller andra främmande partiklar, överbelastning av motorn och korrosion. Oavsett vilken orsaken är måste den åtgärdas innan motorn sätts ihop, för att samma problem inte ska uppstå igen.

3 När lagerskålarna ska undersökas, ta bort dem från motorblocket/vevhuset och ramlageröverfallen, samt från vevstakarna och vevstaksöverfallen, och lägg ut dem på en ren yta i ungefär samma positioner som de har i motorn. På detta sätt kan lagerproblemen

matchas med motsvarande vevaxeltapp. Rör inte vid lagerskålarnas känsliga ytor under kontrollen, då kan de repas.

4 Smuts och andra främmande partiklar kan komma in i motorn på många olika sätt. Det kan bli kvarlämnat i motorn vid hopsättning, eller komma in genom filter eller vevhusventilation. Smuts kan också komma in i lagren via oljan. Metallspån från bearbetning och normalt slitage förekommer ofta. Slipmedel lämnas ibland kvar i motorn efter renovering, särskilt om delarna inte har rengjorts noga på rätt sätt. Oavsett var de kommer ifrån hamnar dessa främmande föremål ofta som inbäddningar i lagermaterialet och är där lätta att upptäcka. Större partiklar bäddas inte in i materialet, utan repar lagerskålen och tappen. Bästa sättet att förebygga lagerhaverier av denna typ är att rengöra alla delar noga och hålla allt absolut rent under hopsättningen av motor. Täta och regelbundna oljebyten är också att rekommendera.

5 Smörjmedelsbrist har ett antal sammanhängande orsaker. Överhettning (som tunnar

12.11c Ramlagrens klassificering instansad på blockets övre yta, vid kamremsänden (GDI motor)

A/E	Kod för ramlagrets interna diameter
B	Cylinderloppets bokstavskod
C/D	Tillverkningsdatum
1	Motorkod (i växellådsänden)
2	Serienummer

ut oljan), överbelastning (som tränger undan olja från lagerytan) och oljeläckage (p.g.a. för stora lagerspel, sliten oljepump eller höga motorvarvtal), bidrar alla till smörjmedelshaveri. Igensatta oljekanaler, som vanligen är ett resultat av att oljehålen i lagerskålen inte är korrekt inriktade, svälter lagren på olja och förstör dem. I de fall brist på smörjning orsakar lagerhaveri pressas lagermaterialet ut från skålens stödplatta. Temperaturen kan stiga så mycket att stålplattan blir blå av överhettning.

6 Körstilen kan också påverka lagrens livslängd betydligt. Full gas från låga varv (segdragning) belastar lagren mycket hårt och tenderar att pressa ut oljefilmen. Sådan belastning kan även orsaka att lagerskålarna flexar, vilket skapar fina sprickor i lagerytan (utröttning). Förr eller senare kommer stycken av lagermaterialet att lossna och slitas bort från skålens stödplatta.

7 Korta körsträckor leder till korrosion i lagren eftersom motorn inte hinner bli tillräckligt varm för att driva ut kondensvatten och frätande gaser. Dessa produkter samlas istället i motoroljan och bildar syra och slam. När oljan leds till motorlagren angriper syran lagermaterialet.

8 Felaktig återmontering av lagerskålarna vid hopsättning leder också till haveri. Tätt åtsittande skålar ger för litet spel och resulterar i oljeförlust. Smuts eller främmande partiklar som fastnar bakom en lagerskål ger höga punkter i lagret, vilket leder till haveri.

9 *Rör inte vid* den ömtåliga lagerytan på någon av skålarna, eftersom den då kan repas eller bli förorenad.

Urval – ram- och vevstakslager

10 För att försäkra att ramlagerspelet blir korrekt, finns det lagerskålar av många olika grader. Graderna anges med färgkoder, som motsvarar tjockleken.

11 Nya ramlagerskålar för varje lagertapp kan väljas med hjälp av referensbokstäverna/-siffrorna som är instansade i motorblocket och på vevaxeln **(se bilder)**.

12 Vevstakslagerskålar är också graderade

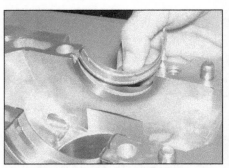

14.3a Sätt i de utvalda övre lagerskålarna i rätt position i vevhuset

14.3b Tryck skålarna på plats så att flikarna (vid pilen) hakar i urtagen

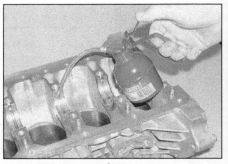

14.4 Smörj lagerskålarna i vevhuset med ren motorolja

på GDI-motorn (men inte på de andra motorerna i S40/V40-serien).

13 Det rekommenderas att man kontaktar en Volvoåterförsäljare eller motorrenoveringsspecialist innan nya komponenter väljs ut. Att bedöma motorslitage och erhålla korrekt lagerspel är ett jobb för experten.

13 Motorrenovering – ordning vid hopsättning

1 Innan hopsättningen påbörjas, se till att införskaffa alla nya delar och att alla verktyg som behövs finns till hands. Läs igenom hela arbetsbeskrivningen och kontrollera att allt som behövs för hopsättningen verkligen är

tillgängligt. Utöver alla vanliga verktyg och material, behövs gänglåsning, en tub med Volvos flytande packning och en korthårig roller.

2 För att spara tid och undvika problem, rekommenderas att hopsättningen av motorn sker i följande ordning:
a) Vevaxel
b) Kolvar/vevstakar
c) Oljesump
d) Oljepump
e) Svänghjul/drivplatta
f) Topplock
g) Kamaxlar och ventillyftare
h) Kamrem, spännare, drev och överföringsremskivor
i) Motorns externa komponenter
3 I detta skede ska alla motorkomponenter vara absolut rena och torra och alla fel ska

vara åtgärdade. Komponenterna kan nu läggas ut (eller placeras i individuella behållare) på en helt ren arbetsyta.

14 Vevaxel – montering

1 Återmonteringen av vevaxeln är det första steget vid hopsättningen efter en renovering. Det antas nu att motorblocket/vevhuset och vevaxeln vid denna tidpunkt har rengjorts, undersökts och reparerats eller renoverats efter behov. Placera motorblocket på en ren, plan arbetsyta, med vevhuset vänt uppåt.

Alla motorer utom GDI

2 Om de gamla lagerskålarna fortfarande sitter på plats, ta bort dem från motorblocket och mellandelen.
3 Torka av ramlagerskålarnas säten i vevhuset och rengör lagerskålarnas baksidor. Sätt i de tidigare utvalda övre skålarna på rätt plats i vevhuset. Tryck lagerskålarna på plats så att flikarna hakar i motsvarande urtag **(se bilder)**.
4 Smörj lagerskålarna i vevhuset rikligt med ren motorolja **(se bild)**.
5 Torka rent vevaxeltapparna och sänk vevaxeln på plats **(se bild)**. Se till att inte rubba lagerskålarna.
6 Spruta in olja i vevaxelns smörjkanaler, torka därefter bort alla spår av överflödig olja från vevaxeln och mellandelens fogytor.
7 Använd en korthårig roller och lägg ett jämnt lager av Volvos flytande packning på motorblockets fogyta på mellandelen **(se bild)**. Se till att hela ytan täcks, men observera att det räcker med ett tunt lager för att få en bra tätning.
8 Torka av ramlagerskålarnas säten i mellandelen och rengör lagerskålarnas baksidor. Sätt i de tidigare utvalda nedre lagerskålarna på rätt platser i mellandelen. Tryck lagerskålarna på plats så att flikarna hakar i motsvarande urtag **(se bilder)**.
9 Smörj lagerskålarna i mellandelen med lite

14.5 Lägg vevaxeln på plats, utan att rubba lagerskålarna

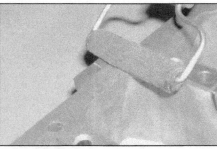

14.7 Lägg ett lager flytande packning på mellandelen med en korthårig roller

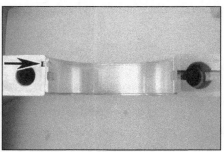

14.8a Sätt i de utvalda nedre lagerskålarna på rätt platser i mellandelen

14.8b Tryck skålarna på plats så att flikarna (vid pilen) hakar i motsvarande urtag

olja, men se till att det inte kommer olja på den flytande packningen **(se bild)**.
10 Lägg mellandelen på vevaxeln och motorblocket **(se bild)**.
11 Olja gängorna på mellandelens fästbultar, sätt sedan i bultarna och dra åt dem till rätt moment/vinklar i de steg som anges i specifikationerna, i den ordning som visas i bild 7.7a **(se bilder)**.
12 Vrid runt vevaxeln. Ett visst motstånd är att vända med nya delar, men det får inte finnas några uttalade tröga ställen eller stopp.
13 I det här läget är det en bra idé att återigen kontrollera vevaxelns axialspel enligt beskrivningen i avsnitt 10. Om stötytorna på vevaxeln har undersökts och nya lagerskålar har monterats, bör axialspelet ligga inom tillåtna gränser.
14 Smörj den bakre oljetätningens säte, vevaxeln och en ny oljetätning. Montera tätningen med läpparna inåt och använd ett rör (eller den gamla tätningen, omvänd) till att knacka den på plats tills den går jäms med huset.

GDI motor

15 Se till att ramlagerstegen, lagerskålarna, tryckbrickorna och vevaxeln är helt rena och torra.
16 Montera de övre lagerskålarna (med oljespår i mitten) på rätt platser i vevhuset, passa in dem med flikarna.
17 Placera sedan de nedre (släta) lager-skålarna i ramlagerstegen med hjälp av styrflikarna.

18 Sätt in de två tryckbrickorna i vevhuset, en på var sida om det mittre (nr 3) ramlagrets plats, med oljespåren vända utåt. Om så behövs kan tryckbrickorna hållas på plats vid lagret med lite fett.
19 Smörj alla lagerskålar och tryckbrickorna med ren motorolja, lägg sedan vevaxeln på plats.
20 I det här läget är det en bra idé att återigen kontrollera vevaxelns axialspel enligt beskrivningen i avsnitt 10.
21 Lägg försiktigt ramlagerstegen, till-sammans med lagerskålarna, på plats på vevaxeln och vevhuset. Pilmarkeringen på stegen ska peka mot motorns kamremsände. Var försiktig så att mätstickans nedre rör inte skadas när stegen monteras.
22 Lägg lite olja på ramlagerbultarnas gängor och skallar innan de sätts på plats på stegen. Bultarna kan återanvändas förutsatt att deras längd (mätt från under bultskallen) inte överskrider det mått som anges i speci-fikationerna.
23 Arbeta i den ordning som visas och dra åt alla bultar till momentet för steg 1 **(se bild)**.
24 Fortsätt sedan, i samma ordning, genom att dra åt varje bult till den vinkel som anges för steg 2. Vinkelmätare finns att köpa, som kan placeras mellan en hylsa/förlängning och hylshandtaget, vilket gör att åtdragningen kan utföras mer exakt. I praktiken är dock 90° en rät vinkel, och detta kan bedömas ungefärligt om man tittar på handtagets start- och stoppläge i förhållande till motorn. Varje

åtdragning ska helst göras i en enda mjuk rörelse.
25 När alla bultar har dragits åt, kontrollera att det fortfarande är möjligt att vrida vevaxeln. Om nya delar har monterats kan det gå lite trögt att vrida axeln, men den ska inte kärva.
26 Kontrollera att fogytorna på vevaxelns bakre oljetätningshållare och blocket är helt rena, utan några kvarlämnade spår av tätning.
27 Lägg en 3 mm sträng tätningsmedel på hållaren enligt bilden **(se bild)**, för sedan hållaren på plats över de två stiften i blocket.
28 Tryck hållaren ordentligt på plats, sätt sedan i och dra åt de fyra bultarna till angivet moment. Torka bort överflödigt tätnings-medel.
29 Montera en ny bakre oljetätning med hjälp av informationen i kapitel 2B.

15 Kolvar och kolvringar – hopsättning

1 Vid det här laget förutsätts att kolvarna har satts ihop korrekt med sina respektive vevstakar och att spelen mellan kolvringarna och spåren har kontrollerats. Om inte, se slutet av avsnitt 9.
2 Innan ringarna kan monteras på kolvarna måste ändgapen kontrolleras med ringarna insatta i cylinderloppen.
3 Lägg ut kolvarna och de nya ringarna så att

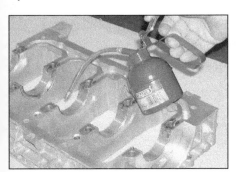
14.9 Smörj lagerskålarna i mellandelen med lite olja

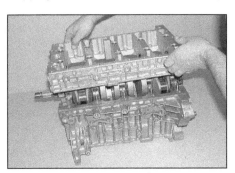
14.10 Lägg mellandelen på vevaxeln och motorblocket

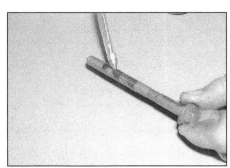
14.11a Olja gängorna på mellandelens fästbultar

14.11b Dra åt mellandelens bultar till angivet moment i angiven ordning

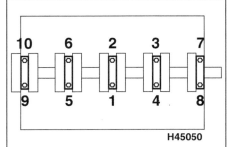
14.23 Åtdragningsordning för ramlagerstegens bultar (GDI motor)

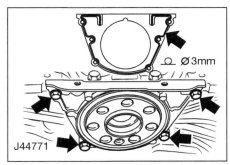
14.27 Montering av vevaxelns bakre oljetätningshållare – GDI motor (bultarna vid pilarna)

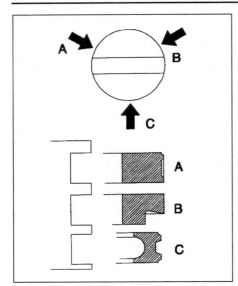

15.12 Kolvringarnas profiler och placering av ändgapen (alla motorer utom GDI)

delarna hålls ihop i grupper, under och efter kontrollen av ändgapen. Lägg motorblocket på sidan av arbetsytan, så att det går att komma åt loppens över- och undersida.
4 Ta den övre ringen för kolv nr 1 och placera den längst upp i den första cylindern. Tryck ner den i loppet med hjälp av kolvtoppen – detta garanterar att ringen hålls parallell med cylinderväggarna. Placera ringen nära botten av cylinderloppet, vid den nedre gränsen för ringrörelsen. Observera att de två kompressionsringarna ser olika ut. Den nedre av de två känns enkelt igen på fasningen på dess undersida (GDI-motorn har märkningen "T" eller "T1" på den övre ringen, "T2" på den andra).
5 Mät ringgapet med bladmått.
6 Upprepa proceduren med ringen längst

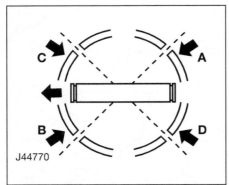

15.15 Placering av kolvringarnas ändgap (GDI motor)

A Övre kompressionsring
B Andra kompressionsring
C Oljeskrapring, övre del
D Oljeskrapring, nedre del
Pil från kolvbulten pekar mot kamremsänden

upp i cylinderloppet, vid den övre gränsen för dess rörelse, och jämför värdena med dem som anges i specifikationerna.
7 Om nya ringar monteras, är det inte troligt att ändgapen är för små. Om något mått visar sig vara för litet måste detta rättas till, annars finns det risk för att ringändarna kommer i kontakt med varandra när motorn går, vilket kan skada motorn. Helst bör nya kolvringar med rätt ändgap monteras, men som en sista utväg är det möjligt att göra gapen större genom att mycket försiktigt fila ringändarna med en fin fil. Sätt fast filen i ett skruvstäd med mjuka käftar, dra ringen över filen så att ändarna är i kontakt med filytan och ta på så sätt försiktigt bort lite material från ändarna. Var försiktig, kolvringar är vassa och de kan lätt gå sönder.
8 Det är inte heller troligt att ändgapet är för stort. Om detta ändå är fallet, kontrollera att du har rätt ringar för din motor och den aktuella cylinderloppsstorleken.
9 Utför kontrollen för varje ring i den första cylindern och därefter för ringarna i återstående cylindrar. Kom ihåg att hålla samman de ringar, kolvar och cylindrar som hör ihop.
10 När ringarnas gap har kontrollerats och eventuellt justerats kan ringarna monteras på kolvarna.
11 Montera kolvringarna med samma metod som användes vid demonteringen. Montera den oljeskrapringen (nederst) först och arbeta uppåt.
12 På alla motorer utom GDI, notera text-markeringen på ena sidan av den översta och den nedersta ringen; markeringen ska vara vänd uppåt **(se bild)**. Ringen i mitten är fasad och fasningen ska vändas nedåt när ringen monteras.
13 På GDI-motorn, montera först oljeskrap-ringen i det nedersta spåret; den här ringen består av tre delar. Sätt först på distansringen (ringändarna ska röra vid varandra), placera sedan de andra ringarna ovanför och under denna – de två oljeskrapringarna är identiska.
14 Öppna inte upp kompressionsringarna för långt – de kan lätt gå sönder. **Observera:** *Följ alltid de instruktioner som medföljer de nya kolvringarna – olika tillverkare kan ha olika*

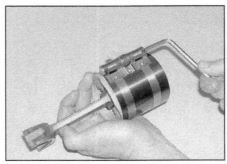

16.5 Montera en kolvringskompressor på kolven

tillvägagångssätt. Blanda inte ihop den övre och den andra kompressionsringen, de har olika profiler.
15 När alla ringar är på plats, arrangera ringgapen så att de hamnar med 120° isär (alla utom GDI motor) eller så som visas (GDI motor) **(se bild)**.

16 Kolvar och vevstakar – montering

1 Innan kolvarna/vevstakarna monteras tillbaka måste cylinderloppen vara helt rena, ovankanten av varje cylinder måste vara avfasad och vevaxeln och mellandelen måste vara på plats.
2 Demontera vevstaksöverfallet från vev-staken för cylinder nr 1.
3 Ta bort de ursprungliga lagerskålarna (enligt beskrivningen i avsnitt 9 vad gäller skålarnas position i lageröverfallet och vevstaken) och torka av lagerurholkningarna i vevstakar och överfall med en ren, luddfri trasa. De måste hållas absolut rena. Se till att ha nya bultar till vevstaksöverfallen till hands.
4 Rengör baksidan av den nya övre lagerskålen, montera den i vevstaken för cylinder nr 1 och sätt sedan lagrets andra skål i vevstaksöverfallet. De nya skålarna måste sättas i exakt samma positioner som de gamla.
5 Placera kolvringsgapen i rätt positioner runt kolven, smörj kolven och ringarna med ren motorolja och sätt på en kolvringskompressor på kolven **(se bild)**. Låt kolvkronan sticka ut något, för att styra in kolven i cylinderloppet. Ringarna måste tryckas ihop så att de ligger jäms med kolven.
6 Vrid vevaxeln tills vevlagertappen för cylinder nr 1 hamnar i den nedre dödpunkten, och lägg på ett lager motorolja på cylinder-väggarna.
7 Håll kolven/vevstaken för cylinder nr 1 så att pilen på kolvkronan pekar mot motorns kamremsände. Sätt försiktigt in hela enheten i cylinderlopp nr 1 och låt ringkompressorns nederkant vila mot motorblocket.
8 Knacka på ringkompressorns övre kant för

16.9a Sätt i kolven i cylinderlopp nr 1 och knacka försiktigt på kolvtoppen med ett träskaft

16.9b Styr upp vevstaken på vevtappen med en lång skruvmejsel (alla motorer utom GDI)

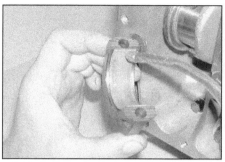

16.10 Smörj lageröverfallets ytor med ren motorolja

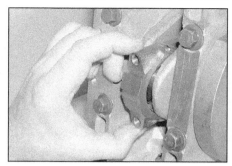

16.11a Sätt tillbaka vevstaksöverfallet . . .

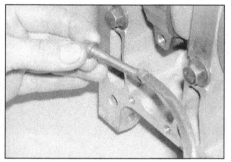

16.11b . . . smörj gängorna på lageröverfallets bultar (muttrar på GDI-motorn) . . .

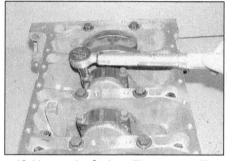

16.11c . . . dra åt dem till momentet för steg 1 . . .

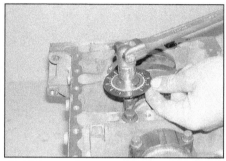

16.11d . . . och sedan till vinkeln för steg 2

att vara säker på att den har kontakt med motorblocket hela vägen runt.

9 Knacka försiktigt ovanpå kolven med änden av ett träskaft, och styr samtidigt upp vevstakens ände på vevtappen med hjälp av en lång skruvmejsel (alla utom GDI motor) eller en spetstång (GDI motor) **(se bilder)**. Kolvringarna kan försöka hoppa ut ur ringkompressorn precis innan de ska gå in i cylinderloppet, så behåll ett visst tryck på kompressorn. Arbeta långsamt och stanna genast om något motstånd känns när kolven skjuts in i cylindern. Undersök vad det är som tar emot och rätta till det innan arbetet återupptas. Tvinga aldrig in kolven i cylindern, eftersom en ring och/eller kolven kan skadas.

10 Se till att lagerytorna är helt rena, lägg sedan ett jämnt lager ren motorolja på båda två **(se bild)**. Du kan behöva trycka upp kolven i loppet en bit för att exponera lagerskålens yta i vevstaken.

11 Skjut tillbaka vevstaken på plats på lagertappen och sätt på överfallet. Smörj bultgängorna, sätt på bultarna/muttrarna och dra åt dem stegvis till det moment/den vinkel som anges i specifikationerna **(se bilder)**.

12 Upprepa hela proceduren för resten av kolvarna/vevstakarna.

Varning: Vrid inte vevaxeln förrän det första paret vevstaksöverfall har dragits åt till de slutliga momenten, annars kan lagerskålarna hamna ur läge.

13 Det är viktigt att tänka på följande:

a) *Håll baksidan av lagerskålarna och urholkningarna i vevstakar och överfall helt rena under hopsättningen.*
b) *Se till att rätt kolv/vevstake placeras i varje cylinder.*
c) *På alla utom GDI-motorn, måste pilen på kolvkronan peka mot motorns kamremsände (se avsnitt 9).*
d) *På GDI-motorn ska urholkningen i kolvkronan peka mot motorns inloppssida (baksida).*
e) *Smörj cylinderloppen med ren motorolja.*
f) *Smörj lagerytorna innan vevstaksöverfallen monteras.*

14 När alla kolvar/vevstakar har monterats, vrid runt vevaxeln några varv för hand och känn efter om det kärvar någonstans.

17.2 Placera nya O-ringar i urholkningarna i mellandelen

17 Oljesump (ej GDI motor) – montering

1 Sätt på en ny O-ring på oljepickupröret och sätt röret på plats. Dra åt fästbygelns fästbult till angivet moment.

2 Torka bort all olja från oljesumpens och mellandelens fogytor, och sätt på nya O-ringar i urholkningarna **(se bild)**.

3 Lägg på ett jämnt lager av Volvos flytande packning på sumpens fogyta med en korthårig roller **(se bild)**. Se till att hela ytan täcks, men kom ihåg att det räcker med ett tunt lager för att få bra tätning.

4 Sätt sumpen på plats, sätt sedan i fyra av

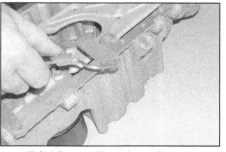

17.3 Lägg ett jämnt lager flytande packning på oljesumpens fogyta med en korthårig roller

17.4 Sätt oljesumpen på plats på mellandelen

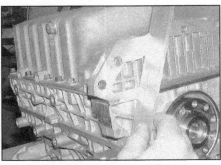

17.5 Kontrollera med en stållinjal att oljesumpen och motorblocket ligger jäms med varandra

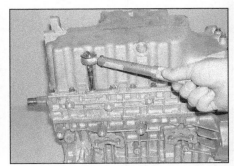

17.6 Sätt i resten av bultarna och dra åt dem stegvis, inåt mot mitten, till angivet moment

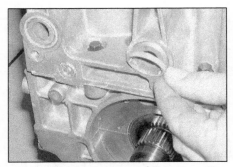

17.7a Sätt nya O-ringar på fogytorna för oljekylarens termostathus . . .

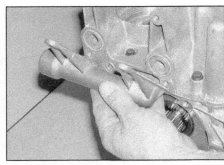

17.7b . . . sätt huset på plats . . .

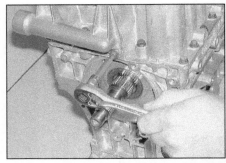

17.7c . . . och dra åt fästbultarna ordentligt

fästbultarna och dra åt dem för hand (se bild).
5 Kontrollera med en stållinjal att oljesumpens och motorblockets bakre kanter är jäms med varandra, dra sedan åt de fyra bultarna så att oljesumpen hålls på plats (se bild).
6 Sätt i resten av bultarna och dra åt dem stegvis, inåt mot mitten, till angivet moment (se bild).
7 Där så är tillämpligt, sätt nya O-ringar i fogytorna för oljekylarens termostathus, sätt sedan tillbaka huset och dra åt bultarna ordentligt (se bilder).

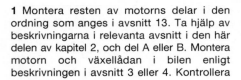

18 Motor – start efter renovering och hopsättning

1 Montera resten av motorns delar i den ordning som anges i avsnitt 13. Ta hjälp av beskrivningarna i relevanta avsnitt i den här delen av kapitel 2, och del A eller B. Montera motorn och växellådan i bilen enligt beskrivningen i avsnitt 3 eller 4. Kontrollera

motoroljenivån och kylvätskenivån igen, samt att alla delar har satts tillbaka och återanslutits. Se till att inga verktyg har glömts kvar i motorrummet.
2 Ta bort tändstiften. Avaktivera tändsystemet genom att koppla loss kamaxellägesgivarens kablage vid kontaktdonet (alla motorer utom GDI), eller genom att koppla loss kablaget till motorns varvtalsgivare vid kontaktdonet precis framför den övre kamremskåpan (GDI motor). Koppla loss bränslespridarnas kontaktdon för att förhindra att bränsle sprutas in i cylindrarna (alternativt, leta reda på och ta tillfälligt bort säkring nr 17 från säkringsdosan i motorrummet).
3 Dra runt motorn med startmotorn tills oljetryckslampan slocknar. Om lampan inte slocknar efter flera sekunder, kontrollera motoroljenivån och oljefiltret. Om dessa ser ut som de ska, kontrollera oljetrycksgivarens kablage och fortsätt inte förrän du säkert vet att olja pumpas runt i motorn med tillräckligt tryck.
4 Sätt tillbaka tändstiften och anslut kamaxellägesgivaren/motorns varvtalsgivare och bränslespridarnas kontaktdon (eller sätt tillbaka säkring nr 17).

5 Starta motorn, men tänk på att även detta kan ta lite längre tid än normalt, eftersom bränslesystemets komponenter är tomma.
6 Låt motorn gå på tomgång och leta under tiden efter bränsle-, kylvätske- och oljeläckor. Bli inte orolig om det luktar lite konstigt eller om det ryker från delar som blir varma och bränner bort oljeavlagringar. Motorn kan också leva om lite mer än vanligt tills ventillyftarna har fyllts med olja.
7 Låt motorn gå på tomgång tills det känns att varmt vatten flödar genom den övre slangen. Kontrollera att motorn går jämnt på tomgång och vid normal hastighet, stäng sedan av den.
8 Efter några minuter, kontrollera oljenivån och kylvätskenivån igen, och fyll på om det behövs (se kapitel 1).
9 Om nya komponenter som kolvar, ringar eller vevaxellager har monterats, måste motorn köras in de första 100 milen (ca). Ge inte full gas och låt inte motorn arbeta på lågt varvtal i någon växel under den här perioden. Det rekommenderas att man byter olja och filter när inkörningsperioden är över.

Kapitel 3
Kyl-, värme- och ventilationssystem

Innehåll

Svårighetsgrader

Enkelt, passar novisen med lite erfarenhet	Ganska enkelt, passar nybörjaren med viss erfarenhet	Ganska svårt, passar kompetent hemmamekaniker	Svårt, passar hemmamekaniker med erfarenhet	Mycket svårt, för professionell mekaniker

Specifikationer

Allmänt

Maximalt systemtryck:
Bilar före modellår 1997	1,1 till 1,3 bar (16 till 19 psi)
1997 års modeller och framåt	1,4 till 1,6 bar (20 till 23 psi)

Termostat

Öppningstemperatur (ungefär):
Börjar öppna	90°C
Helt öppen	105°C

Åtdragningsmoment

	Nm
Fläktmotorhusets muttrar	25
Förångarhusets mutter och bultar	25
Instrumentbrädans fästbygelbultar	10
Kylarens fästbygelbultar – motor utan turbo	25
Kylfläktens/kåpans muttrar och bultar	10
Kylvätskepumpens bultar:	
Alla motorer utom GDI	20
GDI motor	24
Termostathusets bultar:	
Alla motorer utom GDI	17
GDI motor	23
Värmar-/ventilationshusets fästmuttrar	25

1 Allmän information och föreskrifter

Kylsystemet är trycksatt och består av en kylvätskepump (som drivs av motorns kamrem), en aluminiumkylare med vattengenomströmning i horisontalled, en elektrisk kylfläkt, en termostat, ett värmepaket samt tillhörande slangar och brytare/ kontakter.

Systemet fungerar enligt följande. Kall kylvätska i botten av kylaren passerar genom den nedre slangen till kylvätskepumpen, varifrån den pumpas runt motorblockets och topplockets kanaler, och genom oljekylaren (om monterad). När cylinderloppen, förbränningsytorna och ventilsätena har kylts når kylvätskan undersidan av termostaten, vilken inledningsvis är stängd. Kylvätskan passerar genom värmaren och återvänder via motorblocket till kylvätskepumpen.

När motorn är kall cirkulerar kylvätskan bara genom motorblocket, topplocket och värmaren. När kylvätskan uppnår en förutbestämd temperatur öppnar termostaten, och kylvätskan passerar då genom den övre slangen till kylaren. När kylvätskan cirkulerar genom kylaren, kyls den av den luft som rusar in när bilen rör sig framåt. Luftflödet förstärks av den elektriska kylfläkten när så behövs. När kylvätskan når botten av kylaren är den nedkyld och processen börjar om.

Kylfläkten (-fläktarna) styrs av motorstyrningssystemets ECU via kylfläktsreläet (-reläerna), med hjälp av information från kylvätskans temperaturgivare och en eventuell tryckkontakt för luftkonditioneringen.

2.3 Koppla loss kylarens övre slang

Föreskrifter

⚠️ **Varning: Försök inte att ta bort expansionskärlets påfyllningslock, eller på något annat sätt rubba någon del av kylsystemet medan motorn är varm. Risken för allvarliga brännskador är stor. Om expansionskärlets påfyllningslock måste tas bort innan motorn och kylaren har svalnat helt (även om detta inte är att rekommendera), måste systemet först tryckutjämnas. Täck över locket med en tjock trasa för att undvika skållning. Skruva sedan långsamt av locket tills ett väsande ljud hörs. När ljudet har upphört betyder det att trycket har sjunkit. Skruva då sakta upp locket tills det kan tas bort. Om väsandet börjar om, vänta tills det har upphört innan du skruvar loss locket helt. Stå alltid så långt från öppningen som möjligt och skydda händerna.**

⚠️ **Varning: Låt inte frostskyddsmedel komma i kontakt med huden eller bilens lackerade ytor. Spola omedelbart bort eventuellt spill med stora mängder vatten. Lämna aldrig frostskyddsmedel i ett öppet kärl eller i en pöl på uppfarten eller garagegolvet. Barn eller husdjur kan lockas av den söta doften och frostskyddsmedel kan vara livsfarligt att förtära.**

⚠️ **Varning: Om motorn är varm kan den elektriska fläkten starta även om motorn inte är igång. Var noga med att hålla undan händer, hår och löst sittande kläder från fläkten vid arbete i motorrummet.**

⚠️ **Varning: Se även föreskrifterna för arbete på modeller med luftkonditionering i avsnitt 10.**

2 Kylsystemets slangar – losskoppling och byte

Observera: *Se varningarna i avsnitt 1 innan arbetet påbörjas. Vänta alltid tills motorn har svalnat innan några slangar kopplas loss.*

1 Om kontrollerna i kapitel 1, avsnitt 7 avslöjar en defekt slang måste den bytas enligt följande.

2 Börja med att tappa av kylsystemet (se kapitel 1). Om det inte är dags att byta kylvätska kan den återanvändas, förutsatt att den samlas upp i en ren behållare.

3 För att koppla loss en slang, börja med att lossa fästklämmorna och flytta dem längs med slangen, bort från det aktuella insuget/utsläppet. Det finns två olika sorters klämmor; de fabriksmonterade som kläms ihop och klämmor av typen som skruvas ihop. Om klämmor av den första typen är monterade, klipp av dem för att få loss dem och ersätt dem sedan med skruvklämmor **(se bild)**. Lirka försiktigt loss slangen. Det är relativt enkelt att ta bort slangarna när de är nya, men på en äldre bil kan de ha fastnat.

4 Om en slang är svår att ta bort kan det hjälpa att vrida ändarna för att lossa den. Bänd försiktigt loss änden med ett trubbigt verktyg (som en spårskruvmejsel), men ta inte i för mycket och var noga med att inte skada rörändarna och slangarna. Tänk särskilt på att rörändarna på kylaren är känsliga; var mycket försiktig när slangarna lossas.

5 När en slang monteras, trä först på slangklämmorna på slangen och för sedan slangen på plats på anslutningen. Ibland finns det inställningsmärken på slangen och anslutningen – se i så fall till att dessa hamnar mitt för varandra.

> **HAYNES TiPS** *Om slangen är stel kan lite tvålvatten användas som smörjmedel, eller så kan slangen mjukas upp med ett bad i varmvatten. Använd inte olja eller smörjfett, det kan angripa gummit.*

6 Se till att slangen har dragits korrekt, fäst den sedan med klämmorna.

7 Fyll på kylsystemet enligt beskrivningen i kapitel 1.

8 Undersök alltid kylsystemet noga och leta efter läckor efter det att någon del av systemet har rubbats.

3 Kylare – demontering, kontroll och montering

Observera: *Om anledningen till att kylaren demonteras är läckage, tänk på att mindre läckor ofta kan tätas med kylartätning med kylaren på plats i bilen.*

Demontering

1 Koppla loss kabeln från batteriets minuspol (se *Koppla ifrån batteriet*), tappa sedan av kylsystemet enligt beskrivning i kapitel 1. Fortsätt sedan enligt beskrivningen i relevant underavsnitt.

Modeller utan turbo

2 Demontera kylfläkten (-fläktarna) enligt beskrivning i avsnitt 5. På modeller med luftkonditionering kan man inte ta bort kylfläkten på grund av utrymmesbrist. Där får man skruva loss fläkten och placera den ur vägen för kylaren.

3 Lossa fästklämmorna och koppla loss de övre och nedre slangarna samt expansionskärlets slangar från kylaren **(se bild)**.

4 På modeller med automatväxellåda, torka bort all smuts från oljekylaranslutningarna på kylaren. Skruva loss anslutningsmuttrarna och koppla loss båda rören från kylaren. Plugga igen rörändarna och anslutningarna på kylaren för att minimera spill och förhindra att smuts kommer in i hydraulsystemet.

5 Skruva loss fästbultarna som håller kylarens fästbyglar till motorhuvslåsets balk och ta bort båda fästbyglarna **(se bild)**.

6 Lyft upp kylaren så att den lossnar från de nedre fästena och ta ut den ur motorrummet. Ta vara på gummidelarna från de nedre fästena och undersök om de är skadade eller om gummit har åldrats **(se bilder)**.

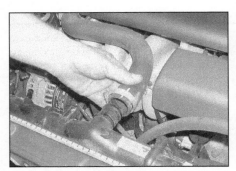

3.3a Lossa fästklämmorna och koppla loss den övre slangen . . .

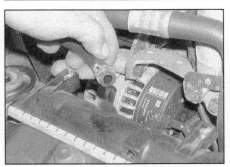

3.3b . . . expansionskärlets slang . . .

3.3c . . . och den nedre slangen från kylaren

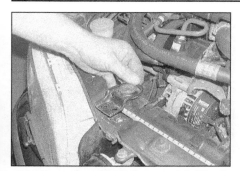

3.5 Skruva loss fästbultarna och lyft bort kylarens övre fästen

3.6a Lyft försiktigt upp kylaren ur motorrummet . . .

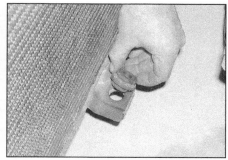

3.6b . . . och ta vara på de nedre fästgummina

Turbomodeller

Observera: *Här beskrivs demontering av kylaren medan laddluftskylaren lämnas kvar i bilen. Åtgärden kräver användning av någon typ av motorlyft som kan hålla upp motorn/ växellådan medan tvärbalken demonteras. Ett annat alternativ är att demontera hela laddluftskylarenheten och därefter ta loss kylfläktarna och kylaren från laddluftskylaren utanför bilen (se kapitel 4A för information om demontering och montering av laddluftskylare).*

7 Demontera kylfläkten enligt beskrivningen i avsnitt 5.
8 Lossa fästklämmorna och koppla loss den övre och den nedre slangen från kylaren.
9 Lossa kylaren från laddluftskylarens baksida och ta bort den från bilen. Fästbyglarna kan därefter tas bort från kylaren om så behövs.

Kontroll

10 Om kylaren har demonterats på grund av misstänkt blockering, spola ur den baklänges enligt beskrivningen i kapitel 1. Rensa bort smuts från kylflänsarna med tryckluft (använd i så fall skyddsglasögon) eller en mjuk borste. Var försiktig – flänsarna är vassa och de kan också lätt ta skada.
11 Om så behövs, kan en kylarspecialist utföra ett flödestest på kylaren för att ta reda på om den är blockerad.
12 En kylare som läcker måste lämnas in till en specialist för en ordentlig reparation. Försök inte svetsa eller löda ihop en läckande kylare, eftersom plastdelarna lätt kan skadas.
13 I nödfall kan mindre läckor lagas med kylartätnings medel enligt tillverkarens instruktioner. Detta kan göras med kylaren på plats i bilen.
14 Om kylaren ska skickas iväg för reparation eller bytas ut, ta bort kylfläktens brytare.
15 Undersök de nedre fästenas gummidelar och byt ut dem om de är i dåligt skick.

Montering

Modeller utan turbo

16 Montering sker i omvänd ordning mot demontering. Tänk på följande:

a) Se till att kylaren fästs ordentligt i de nedre fästgummina, sätt sedan tillbaka de övre fästbyglarna och dra åt fästbultarna till angivet moment.
b) Se till att alla kylvätskeslangar återansluts korrekt och fästs med sina klämmor.
c) Avsluta med att fylla på kylsystemet enligt beskrivning i kapitel 1.

Turbomodeller

17 Om så är aktuellt, sätt fast fästbyglarna på kylaren. Sätt sedan kylaren på plats och fäst den vid laddluftskylaren.
18 Anslut kylvätskeslangarna till kylaren och fäst dem med fästklämmorna.
19 Montera kylfläktarna enligt beskrivningen i avsnitt 5.
20 Avsluta med att fylla på kylsystemet enligt beskrivningen i kapitel 1.

---

4 Termostat – demontering, kontroll och montering

Demontering

1 Koppla loss kabeln från batteriets minuspol (se *Koppla ifrån batteriet*), tappa sedan av kylsystemet enligt beskrivningen i kapitel 1.
2 Skruva loss fästskruvarna och ta bort kåpan som sitter på motorns ovansida (framsida på GDI-motorer).

3 Lossa slangklämman och koppla loss kylvätskeslangen från termostathusets kåpa **(se bilder)**.
4 Skruva loss fästbultarna och ta bort kåpan.
5 Lyft ut termostaten och tätningsringen. Kasta tätningsringen, en ny bör användas vid monteringen.

Kontroll

6 En grov kontroll av termostaten kan göras om man binder ett snöre i den och sänker ner den i en kastrull med vatten. Koka sedan upp vattnet – termostaten måste öppna när vattnet börjar koka. Om den inte gör det, byt ut den.
7 Om du har en termometer till hands kan den exakta öppningstemperaturen kontrolleras; jämför resultatet med temperaturerna som anges i specifikationerna. Öppningstemperaturen ska även finnas angiven på termostaten.
8 En termostat som inte stänger när vattnet svalnar måste också bytas ut.

Montering

9 Sätt tätningsringen på termostaten och sätt sedan termostaten på plats i huset.
10 Montera termostathusets kåpa och dra åt fästbultarna till angivet moment.
11 Anslut kylvätskeslangen och sätt tillbaka motorkåpan.
12 Fyll på kylsystemet enligt beskrivningen i kapitel 1 och anslut batteriet.

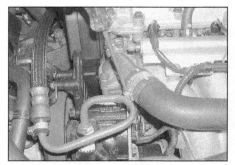

4.3a Kylvätskeslangens anslutning på termostatkåpan, på andra motorer än GDI . . .

4.3b . . . och på GDI-motorn

5.5 Koppla loss kylfläktens kontaktdon . . .

5.6 . . . skruva sedan loss fästbultarna (vid pilarna) och lyft upp kylfläkten

5.7 Skruva loss fästbultarna och ta bort motorn från kåpan

5 Kylfläkt (-ar) – kontroll, demontering och montering

Kontroll

1 Kylfläkten (-fläktarna) styrs av motorstyrningssystemets ECU via kylfläktsreläet (-reläerna), med hjälp av information från kylvätsketemperaturgivaren och (om tillämpligt) luftkonditioneringens tryckkontakt.

2 Om en fläkt inte verkar fungera trots att motorn går som den ska, ligger felet troligtvis i kylfläktsreläet (-reläerna) eller motorn (motorerna). Om ECU eller temperaturgivaren är defekt är det troligt att motorn går ojämnt och/eller att motorstyrningssystemets varningslampa på instrumentpanelen tänds.

3 Motorn kan kontrolleras genom att

kontaktdonet kopplas loss och 12 volts ström kopplas direkt till motorn. Det bästa sättet att undersöka ett kylfläktsrelä är att byta ut det mot ett relä som man med säkerhet vet fungerar.

Demontering och montering – modeller utan turbo

4 Koppla loss kabeln från batteriets minuspol (se *Koppla ifrån batteriet*) och fortsätt enligt beskrivningen i relevant underavsnitt.

Kylfläkt – modeller utan luftkonditionering

5 Koppla loss kontaktdonet från fläktmotorn och lossa sedan kablaget/slangarna från fläktkåpan **(se bild)**. Om så behövs för att skapa bättre åtkomlighet underifrån, dra åt handbromsen, lyft upp framvagnen och ställ den på pallbockar. Ta bort fästskruvarna/hållarna och ta bort den främre delen av motorns/växellådans skyddskåpa.

6 Skruva loss fästbultarna som håller fläktkåpan till kylarens överdel och flytta undan fläkten **(se bild)**.

7 Om så behövs, ta loss kablaget, skruva sedan loss fästbultarna och sära på motorn och kåpan **(se bild)**.

8 Montering sker i omvänd ordning. Se till att kåpan fästs korrekt i det nedre fästet, dra sedan åt fästbultarna till angivet moment. Försäkra dig om att fläktens kablage sitter fast ordentligt på kåpan och inte riskerar att hamna i vägen för fläktbladet.

Kylfläkt – modeller med luftkonditionering

9 Utför åtgärderna som beskrivs i punkt 5 och 6 och skruva loss fläktenheten från kylaren.

10 Placera fläkten ur vägen för kylaren, demontera sedan kylaren enligt beskrivningen i avsnitt 3.

11 Lirka ut kylfläkten från sin plats. Om så behövs, skruva loss fästbultarna och sära på motorn och kåpan **(se bild)**.

12 Montering sker i omvänd ordning mot demonteringen.

Extra kylfläkt

13 Koppla loss kontaktdonet från fläktmotorn, lossa sedan kablaget/slangarna från fläktkåpan **(se bild)**.

14 Skruva loss de övre fästbultarna som håller fläktkåpan upptill på kylaren. Lossa sedan den nedre fästbulten och ta ut fläkten **(se bilder)**.

15 Om så behövs, ta bort fästmuttern/klämman (efter tillämplighet) och ta bort

5.11 På modeller med luftkonditionering måste kylaren demonteras för att fläkten ska kunna tas ut

5.13 Koppla loss kontaktdonet från kylfläkten

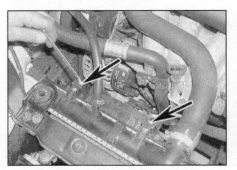

5.14a Skruva loss de övre fästbultarna (vid pilarna) . . .

5.14b . . . lossa sedan den nedre bulten (vid pilen) . . .

5.14c . . . och lyft upp kylfläkten

5.17a På turbomodeller, ta bort båda strålkastarnas skyddskåpor . . .

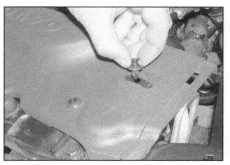

5.17b . . . ta sedan bort hållarna . . .

5.17c . . . och lyft av kåpan som sitter över kylaren

fläktbladet från motoraxeln. Lossa kablaget, skruva sedan loss fästmuttrarna och sära på motorn och kåpan.

16 Montering sker i omvänd ordning mot demonteringen. Dra åt bultarna till angivet moment. Se till att kablaget fästs ordentligt på kåpan och inte riskerar att hamna i vägen för fläktbladet.

Demontering och montering – turbomodeller

Observera: *En motorlyft av något slag kommer att behövas för att hålla upp motorn medan tvärbalken demonteras.*

17 Lossa fästklämmorna och ta bort båda strålkastarkåporna. Skruva loss hållarna (lossa mittskruven några varv och dra sedan ut hela hållaren) och ta bort kåpan längst upp på kylaren **(se bilder)**.

18 Koppla loss kanisterslangen från avdunstningssystemets rensventil och frigör slangen från fläktkåpan. Lossa rensventilen från fästet och placera den ur vägen för fläktkåpan.

19 Koppla loss kontaktdonet från insugsluftens temperaturgivare (sitter fastskruvad uppe på laddluftskylaren) och den högra kylfläkten. Lossa kabelhärvan från fläktkåpan.

20 Skruva loss de övre fästskruvarna som håller fläktkåpan till kylaren.

21 Klossa bakhjulen, dra åt handbromsen ordentligt, lyft sedan upp framvagnen och ställ den på pallbockar.

22 Ta bort fästskruvarna/hållarna och ta bort kåpan under motorn.

23 Anslut lyftanordningen till lyftkroken på topplocket och höj den så att den tar upp motorns/växellådans vikt. Alternativt, stötta motorn/växellådan med en domkraft, med ett träblock som mellanlägg.

24 Skruva loss och ta bort de genomgående bultarna från främre och bakre motorfästen. Lossa sedan fästbultarna och ta bort tvärbalken under motorn/växellådan. Ta vara på de övre och nedre fästgummina och mellanläggen från tvärbalkens fästen och notera exakt hur de sitter. Byt ut gummidelarna om de är i dåligt skick.

25 Lossa fästklämman och koppla loss den nedre luftslangen från laddluftskylaren.

26 Koppla loss det vänstra fläktkontaktdonet och lossa kablaget från kåpan.

27 Se till att alla kablar/slangar har lossats från fläktkåpan, skruva sedan loss de två nedre fästskruvarna och ta ut fläktenheten under bilen. Var försiktig så att inte kylaren rubbas.

28 Om så behövs, ta bort fästmuttern/klämman (efter tillämplighet) och ta bort fläktbladet från motoraxeln. Lossa kablaget, lossa fästmuttrarna/bultarna och sära på motorn och kåpan.

29 Montering sker i omvänd ordning. Tänk på följande:

a) *Dra åt fläktmuttrarna/-bultarna till angivet moment.*

b) *Försäkra dig om att alla kablar/slangar fästs ordentligt på kåpan och inte riskerar att komma i kontakt med fläktbladen.*

c) *Se till att övre och nedre fästgummin och distanser sätts tillbaka korrekt på motorns/växellådans tvärbalk. Dra åt tvärbalkens fästbultar till angivet moment, sätt sedan tillbaka de genomgående bultarna i motor-/växellådsfästena. Ta bort motorlyften och gunga motorn så att den sätter sig på plats, dra sedan åt det bakre fästets genomgående bult till angivet moment, följt av det främre fästets genomgående bult.*

6 Kylsystemets elektriska givare – kontroll, demontering och montering

Kylvätskans temperaturgivare – modeller utan turbo

Observera: *På turbo- och senare GDI-motorer styrs temperaturmätaren av motortemperaturgivaren.*

Kontroll

1 På alla motorer utom GDI sitter givaren på vänster sida av topplocket **(se bild)**. På GDI-motorn är givaren inskruvad i sidan på termostathuset – bara de tidiga GDI-motorerna har en separat givare för mätaren (se kapitel 4B, avsnitt 10 för ytterligare information).

2 Temperaturmätaren förses med en konstant spänning från instrumentpanelens

matning (via tändningslåset och en säkring). Mätarens jord styrs av givaren. Givaren innehåller en termistor – en elektronisk komponent vars elektriska motstånd sjunker med en i förväg bestämd takt när temperaturen stiger. När kylvätskan är kall är givarens motstånd högt, strömmen genom mätaren är låg och mätarens visare pekar mot den kalla delen av skalan. När kylvätskans temperatur stiger och givarens motstånd sjunker, ökar strömmen och visaren rör sig mot den övre delen av skalan. Om givaren är defekt måste den bytas ut.

3 Om mätaren inte fungerar, kontrollera först de andra instrumenten. Om de inte fungerar alls, undersök instrumentpanelens elförsörjning. Om avläsningarna är ojämna kan det vara ett fel på instrumentpanelens kretskort (se kapitel 12). Om enbart temperaturmätaren är defekt, kontrollera enligt följande.

4 Om visaren stannar i skalans kalla ände när motorn är varm, koppla loss givarens kontakt och jorda relevant kabel till topplocket. Om visaren då rör sig när tändningen slås på betyder det att givaren är defekt och måste bytas ut. Om visaren fortfarande inte rör sig, ta bort instrumentpanelen (se kapitel 12) och kontrollera att det finns kontinuitet i kabeln mellan givaren och mätaren, och att mätaren får ström. Om kontinuitet finns och felet kvarstår, är mätaren defekt och måste bytas ut.

5 Om visaren stannar i den varma änden av skalan när motorn är kall, koppla loss givarens kablage. Om visaren sedan går över till den kalla änden av skalan när tändningen slås på, är givaren defekt och måste bytas ut. Om

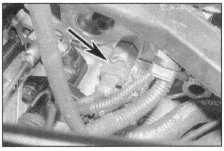

6.1 Kylvätskans temperaturgivare (vid pilen) sitter fastskruvad i topplocket (ej GDI motor)

visaren fortfarande inte rör sig, kontrollera resten av kretsen enligt beskrivningen ovan.

Demontering

Observera: *Motorn måste vara kall innan givaren demonteras.*

6 Tappa antingen av kylsystemet tills nivån är precis under givaren (enligt beskrivning i kapitel 1), eller var beredd med en lämplig plugg och täpp igen givarens öppning när den tas ut. Om en plugg används, var försiktig så att inte givarens öppning skadas och se till att inte skräp eller andra partiklar kommer in i kylsystemet.

7 Kontrollera att tändningen är avslagen. Koppla loss givarens kontaktdon, skruva sedan loss givaren från motorn och ta vara på dess tätningsbricka (om monterad).

Montering

8 Om givaren hade en tätningsbricka, sätt på en ny bricka och sätt sedan givaren på plats och dra åt ordentligt.

9 Om ingen tätningsbricka används, se till att givarens gängor är rena och torra och lägg på ett lämpligt tätningsmedel. Sätt givaren i motorn och dra åt ordentligt.

10 Anslut kontaktdonet och fyll sedan på kylsystemet enligt beskrivningen i kapitel 1, eller toppa upp enligt beskrivningen i *Veckokontroller.*

Motorns temperaturgivare

Observera: *På turbo- och senare GDI-motorer styr givaren också kylvätske-temperaturgivaren.*

Kontroll

11 Motorns temperaturgivare sitter inskruvad i termostathuset, eller i topplocket på GDI-motorer **(se bild)**.

12 Givaren är en termistor (se punkt 2). Motorstyrningssystemets ECU förser givaren med en förinställd spänning och kan sedan avgöra motorns temperatur genom att mäta strömmen som går genom givarkretsen. Denna information används sedan, tillsammans med information från andra källor, till att styra bränslespridarnas inställning, tomgång etc.

13 Om givarkretsen inte ger korrekt information kommer ECUs backup att slå ut givarsignalen. Om det händer antar ECU ett förinställt läge som gör att motorstyrningssystemet fungerar, men med lägre verkningsgrad. När detta inträffar tänds en varningslampa på instrumentpanelen och en Volvoverkstad bör då kontaktas. Själva givaren kan endast testas med hjälp av Volvos diagnosutrustning (se kapitel 4A eller 4B, avsnitt 9). Försök inte att testa kretsen med någon annan metod, eftersom du då riskerar att skada ECU.

Demontering och montering

14 Se kapitel 4A eller 4B, avsnitt 10.

6.11 Motorstyrningssystemets temperaturgivare (vid pilen) sitter fastskruvad i termostathuset

7 Kylvätskepump – demontering och montering

Demontering

1 Demontera kamremmen enligt beskrivningen i kapitel 2A eller 2B.

2 Tappa av kylsystemet enligt beskrivning i kapitel 1.

3 Skruva loss pumpens fästbultar och ta bort pumpen från motorblocket. Ta bort packningen och kasta den; en ny måste användas vid monteringen. På GDI-motorn används tätningsmedel istället för en vanlig packning.

Montering

4 Se till att pumpens och motorblockets fogytor är rena och torra. På GDI-motorn måste alla spår av gammal tätning tas bort.

5 Sätt på en ny packning (på GDI-motorn, lägg en 3 mm sträng tätningsmedel på pumpens inre yta så som visas) och placera pumpen i motorblocket. Sätt i pumpens fästbultar och dra åt dem till angivet moment **(se bild)**.

6 Montera kamremmen enligt beskrivningen i kapitel 2A eller 2B.

7 Avsluta med att fylla på kylsystemet enligt beskrivning i kapitel 1.

8 Värme- och ventilations-system – allmän information

Observera: *Se avsnitt 10 för information om luftkonditioneringens del av systemet.*

Manuellt styrt värme-/ventilationssystem

1 Värme-/ventilationssystemet består av en justerbar fläktmotor, luftmunstycken i mitten och i ändarna av instrumentbrädan samt luftkanaler till främre och bakre fotbrunnar. Systemets huvudsakliga enheter är fläktmotorhuset, placerat bakom instrumentbrädan på passagerarsidan, samt värme-/ventilationshuset som sitter i mitten bakom

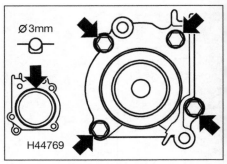

7.5 Montering av kylvätskepumpen på en GDI-motor – lägg på tätningsmedel och dra åt bultarna (vid pilarna)

instrumentbrädan. På modeller utan luftkonditionering är de två husen hopkopplade med en stor luftkanal och på modeller med luftkonditionering är det förångarhuset som länkar de båda husen.

2 Kall luft kommer in i systemet genom grillen längst bak på motorhuven. Luften flödar genom fläktmotorhuset till värme-/ventilationshuset där den fördelas till de olika kanalerna och munstyckena. Gammal luft skickas ut genom kanaler baktill i bilen. Om varm luft behövs, förs den kalla luften över värmepaketet (som sitter i värme-/ventilationshuset), vilket värms upp av motorns kylvätska. Luftflödet kan ökas med hjälp av fläktmotorn.

3 Reglagepanelen i instrumentbrädan är ansluten till värme-/ventilationshuset via två vajrar; en styr klaffen till temperaturreglaget och den andra klaffen för luftfördelning. Klaffventilerna riktar och blandar luften som flödar genom värme-/ventilationshuset, som fungerar som en central fördelningsenhet och skickar luft till de olika kanalerna och luftmunstyckena i enlighet med reglage-panelens inställningar.

4 Med ett reglage för återcirkulering av luften kan man stänga av bilens yttre lufttillförsel. Reglaget styr en klaff på fläktmotorhuset, via en elektrisk motor, som stänger av värmens/ventilationens luftintag. Denna funktion kan förhindra att otrevliga lukter kommer in i bilen, men bör endast användas under kortare perioder eftersom återcirkulerad luft i bilen fort blir dålig.

Elektronisk klimatanläggning (ECC)

5 På vissa modeller finns ett helautomatiskt elektroniskt styrt luftkonditioneringssystem som tillval. Systemets huvudkomponenter är desamma som dem som beskrivs ovan. Den största skillnaden är att temperatur- och luftfördelarklaffarna i värme-/ventilationshuset styrs av elektriska motorer istället för vajrar.

6 Systemet styrs av ECC:s styrmodul som sitter inuti reglagepanelen i instrumentbrädan, tillsammans med följande givare:

a) Inre temperaturgivare – informerar styrmodulen om temperaturen i bilens passagerarutrymme.

b) Yttre lufttemperaturgivare – informerar styrmodulen om temperaturen på den luft som kommer in i värme-/ventilationssystemet.

c) Förångarens temperaturgivare – informerar styrmodulen om förångarens temperatur för att förhindra att systemet kyls ner för mycket.

d) Kylvätskans temperaturgivare – informerar styrmodulen om temperaturen på kylvätskan i värmepaketet.

e) Solsensor – informerar styrmodulen om när solen skiner.

7 All den ovanstående informationen analyseras av styrmodulen, som med hjälp av uppgifterna avgör vilka inställningar värme-/ventilationssystemet ska ha för att passagerarutrymmets temperatur ska hållas vid den nivå som har valts på reglagepanelen.

8 Om ett fel uppstår i ECC-systemet bör bilen tas till en Volvoverkstad vid första möjliga tillfälle. Ett fullständigt test av ECC-systemet kan utföras med hjälp av särskild diagnostisk utrustning (Volvo Scan Tool), som kopplas in i bilens diagnosuttag. Uttaget sitter framtill på mittkonsolen på förarsidan.

9 Värme- och ventilations-system – demontering och montering av komponenter

Manuellt styrt värme-/ventilationssystem

Reglagepanel

1 Koppla loss kabeln från batteriets minuspol (se *Koppla ifrån batteriet*).
2 Skruva loss fästskruvarna som håller vänster och höger sidopanel framtill på mittkonsolen. Lossa försiktigt panelerna från klämmorna och ta bort dem från mittkonsolen **(se bilder)**.
3 Ta bort ljudanläggningen enligt beskrivning i kapitel 12.
4 Om så behövs, lossa och ta bort förvaringsfacket i mitten av instrumentbrädan.

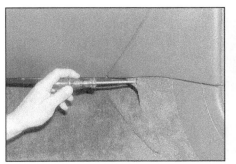
9.2a Skruva loss fästskruvarna . . .

9.2b . . . och ta bort sidopanelerna längst fram på mittkonsolen

9.5a Dra bort alla reglageknoppar . . .

9.5b . . . dra sedan loss infattningen från värmens/ventilationens reglagepanel (panelens fästskruvar vid pilarna)

5 Dra loss reglageknopparna från värme-/ventilationsreglagepanelen. Arbeta genom reglageknopparnas öppningar och dra försiktigt loss infattningen från reglagepanelen **(se bilder)**.
6 Skruva loss reglagepanelens fästskruvar och lösgör panelen från instrumentbrädan.
7 Skruva loss skruven som håller nederdelen av instrumentbrädans mittpanel vid mittkonsolen. Ta försiktigt ut mittpanelen från instrumentbrädan och koppla loss kontaktdonen när de blir åtkomliga **(se bilder)**.
8 Ta nu loss reglagepanelen från instrumentbrädan och koppla loss reglagevajrarna och kontaktdonet (-donen) och ta bort panelen från bilen. Reglagevajrarnas ändbeslag sitter fast med klämmor.

9 Montering sker i omvänd ordning. Innan ljudanläggningen monteras, kontrollera att reglageknopparna fungerar och gör eventuella justeringar i vajeränden vid värme-/ventilationshuset. Ta bort den nedre instrumentbrädespanelen för att komma åt vajeränden, justera sedan genom att placera om den yttre vajern i klämman.

Fläktmotor

10 Skruva loss skruvarna och ta bort den nedre instrumentbrädespanelen på passagerarsidan **(se bild)**. Vik undan mattan för att komma åt fläktmotorn, som sitter på undersidan av huset.
11 Där så behövs, skruva loss fästskruvarna

9.7a Skruva loss fästskruven . . .

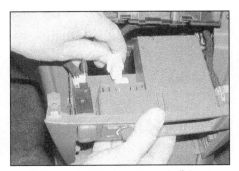
9.7b . . . ta bort instrumentbrädans mittpanel och koppla loss kontaktdonen

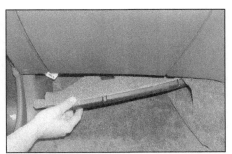
9.10 Ta bort den nedre panelen på passagerarsidan för att komma åt fläktmotorn

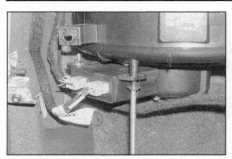

9.11 Skruva loss fästskruvarna och placera reläenheten ur vägen för fläktmotorhuset

9.12a Koppla loss fläktmotorns kablage . .

9.12b . . . skruva sedan loss fästskruvarna (vid pilarna) . . .

och lossa reläet från undersidan av fläkt-motorhuset **(se bild)**.

12 Koppla loss kontaktdonet, skruva sedan loss de tre fästskruvarna och ta ut motorn **(se bilder)**.

13 Montering sker i omvänd ordning. Kontrollera att fläktmotorns tätning är i gott skick.

Fläktmotorns resistor

14 Skruva loss skruvarna och ta bort den nedre instrumentbrädespanelen på passager-arsidan. Vik undan mattan för att komma åt fläktresistorn som sitter på undersidan av luftkanalen/förångarhuset (efter tillämplighet).

15 Koppla loss kontaktdonet, skruva sedan loss fästskruvarna och ta bort resistorn från bilen **(se bilder)**.

16 Montering sker i omvänd ordning.

Värmepaket

17 Inne i motorrummet, leta reda på värmepaketets anslutningar på torpeden. Kläm ihop båda kylvätskeslangarna för att minimera kylvätskespillet och placera en tjock trasa under anslutningarna. Lossa fäst-klämmorna och koppla loss båda slangarna. Torka upp eventuellt spill och skölj med vatten.

18 Demontera instrumentbrädan enligt beskrivningen i kapitel 11.

19 Koppla loss kontaktdonet (-donen)/ slangen/vajrarna (efter tillämplighet) och ta bort värme-/ventilationssystemets reglagepanel.

20 Koppla loss alla kontaktdon från värme-/ventilationshuset, lossa sedan kablaget från huset och instrumentbrädans stödfäste och placera det ur vägen.

21 Skruva loss fästbultarna och ta bort instrumentbrädans båda fästbyglar **(se bilder)**.

22 På modeller med luftkonditionering, skruva loss förångarhusets fästmutter och bultar **(se bilder)**. Ta loss förångarhuset från värme-/ventilationshuset, men var försiktig så att inte kylvätskerören belastas. Om så behövs, lossa rören från fästklämmorna/ fästena i motorrummet. Skruva också loss de tre fästmuttrarna som håller fläktmotorhuset till torpedväggen.

⚠️ **Varning: Koppla inte loss köld-medierören. Se varningarna i avsnitt 10.**

23 På modeller utan luftkonditionering, koppla loss kontaktdonet från fläktmotorns resistor. Ta bort hållarna (tryck ut mittstiftet

9.12c . . . och sänk ner motorn från sin plats

9.15a Koppla loss kontaktdonet . . .

9.15b . . . skruva loss fästskruvarna . . .

9.15c . . . och ta bort fläktmotorns resistor

9.21a Skruva loss fästbultarna . . .

9.21b . . . och ta bort instrumentbrädans båda fästbyglar (högerstyrd bil visad, vänsterstyrd spegelvänd)

9.22a På modeller med luftkonditionering, skruva loss förångarhusets övre . . .

9.22b . . . och nedre fästmuttrar (vid pilarna)

9.24 Lossa det övre luftmunstycket från värme-/ventilationshuset

och ta sedan bort klämman) som håller luftkanalen till fläktmotor- och värme-/ventilationshuset och ta bort luftkanalen.

24 Lossa det övre luftmunstycket och ta bort det från värme-/ventilationshuset **(se bild)**.

25 Skruva loss fästskruven och lossa den främre fotbrunnens luftmunstycke nedtill på värme-/ventilationshuset. Tryck sedan ner luftmunstycket som går till den bakre fotbrunnen och ta ut det främre munstycket **(se bilder)**.

26 Skruva loss husets fästmuttrar, lossa enheten från torpedväggen och ta bort den från bilen **(se bilder)**. När enheten demonteras, se till att alla nödvändiga klämmor och andra fästen har lossats, och försök att hålla värmepaketets anslutningar uppåt för att förhindra kylvätskespill. Torka omedelbart upp eventuellt spill.

Varning: På modeller med luftkonditionering, var noga med att inte belasta förångarhusets köldmedierör när huset tas bort.

27 Skruva loss skruvarna som håller fästbygeln för värmepaketets kylvätskerör till värme-/ventilationshuset. Ta loss fästbygeln från huset och dra försiktigt ut rörenheten/värmepaketet ur huset **(se bilder)**.

28 Lossa klämmorna och ta loss rören från anslutningarna på värmepaketet **(se bild på nästa sida)**. Ta vara på tätningsringen från varje anslutning och kasta den – nya måste användas vid monteringen. Undersök om värmepaketet är skadat och byt ut det om så behövs.

9.25a Ta bort fästskruven . . .

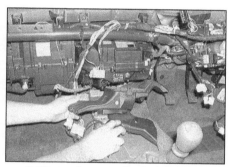

9.25b . . . lossa sedan fotbrunnens luftmunstycke längst ner på huset

29 Undersök alla tätningar efter tecken på skador och byt ut/laga dem om så behövs.

30 Sätt på nya tätningsringar och sätt ihop

kylvätskerören och värmepaketet. Dra bara åt klämmorna löst. För in enheten i huset och sätt rörfästbygeln på plats, dra åt fästbygelns

9.26a Skruva loss värme-/ventilationshusets övre . . .

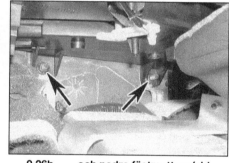

9.26b . . . och nedre fästmuttrar (vid pilarna) . . .

9.26c . . . och lyft undan huset

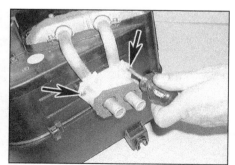

9.27a Skruva loss fästskruvarna (vid pilarna) till rörens fästbygel . . .

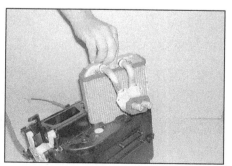

9.27b . . . och ta loss värmepaketet

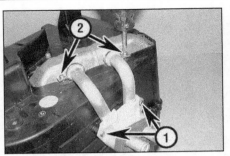

9.28 Lossa klämmorna och ta bort rören från värmepaketet

9.30 Dra först åt skruvarna till rörens fästbygel (1), dra sedan åt klämmorna till rören/värmepaketet (2)

9.38 Lossa fästklämman och koppla loss servomotorns länkstag från länksystemet

fästskruvar ordentligt. Dra sedan åt klämmorna på rörens/värmepaketets anslutningar ordentligt (se bild).

31 Placera värme-/ventilationshuset på fästet och dra åt fästmuttrarna löst. På modeller med luftkonditionering, dra åt förångarenhetens mutter och bultar och fläktmotorhusets muttrar löst.

32 Sätt tillbaka det nedre luftmunstycket på huset, anslut fotbrunnarnas kanaler och dra åt fästskruven ordentligt.

33 På modeller utan luftkonditionering, sätt tillbaka kanalen som ansluter fläktmotorhuset till värme-/ventilationshuset och anslut kontaktdonet till resistorn. Se till att kanalen är

korrekt placerad och fäst den med fästklämmorna.

34 På modeller med luftkonditionering, se till att förångarhuset placeras korrekt både i fläktmotorhuset och värme-/ventilationshuset, dra sedan åt dess fästmutter och bultar till angivet moment. Dra också åt fläktmotorhusets muttrar till angivet moment.

35 På alla modeller, se till att fogarna mellan hus och luftkanaler är ordentligt tätade, dra sedan åt värme-/ventilationshusets muttrar till angivet moment. Montera instrumentbrädans fästbyglar och dra åt fästbultarna till angivet moment.

36 Resten av monteringen sker i omvänd

ordning. Avsluta med att fylla på kylsystemet enligt beskrivningen i Veckokontroller.

Servomotor för luftåtercirkulationens klaff

37 Demontera instrumentbrädan enligt beskrivningen i kapitel 11. Servomotorn sitter på fläktmotorhuset.

38 Vrid bort låsklämman från länkstaget och ta loss staget från klaffens länksystem (se bild).

39 Koppla loss kontaktdonet, skruva sedan loss fästskruvarna och ta bort servomotorn från bilen (se bilder).

40 Montera servomotorn på fläktmotorhuset och dra åt fästskruvarna ordentligt.

41 Anslut länkstaget till klaffens länksystem och fäst låsklämman ordentligt på staget.

42 Anslut servomotorns kontaktdon och montera instrumentbrädan enligt beskrivningen i kapitel 11.

Elektronisk klimatanläggning (ECC)

Reglagepanel

43 Utför åtgärderna beskrivna i punkt 1 till 4.

44 Ta bort infattningen från värmereglagepanelen. Lossa infattningens fästklämmor genom att sticka in en liten spårskruvmejsel genom den övre ventilen på var sida och försiktigt bända ut infattningen (se bilder).

9.39a Koppla loss kontaktdonet, skruva sedan loss fästskruvarna (vid pilarna) . . .

9.39b . . . och ta bort servomotorn från huset

9.44a Lossa fästklämmorna, som går att komma åt genom de övre ventilerna (vid pilarna), . . .

9.44b . . . och ta försiktigt loss infattningen från reglagepanelen

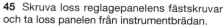

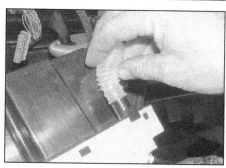

9.47a Ta loss reglagepanelen från instrumentbrädan . . .

9.47b . . . koppla loss kontaktdonet . . .

9.47c . . . och slangen

45 Skruva loss reglagepanelens fästskruvar och ta loss panelen från instrumentbrädan.
46 Skruva loss den skruv som håller nederdelen av instrumentbrädans mittpanel till mittkonsolen. Ta försiktigt ut mittpanelen och koppla loss kontaktdonen när de blir åtkomliga.
47 Lossa reglagepanelen från instrument-panelen, koppla loss slangen och kontakt-donet och ta bort panelen från bilen (se bilder).
48 Montering sker i omvänd ordning. Se till att ansluta slangen och kontaktdonen ordentligt.

Fläktmotor
49 Se punkt 10 till 13.

Fläktmotorns styrmodul
50 Skruva loss fästskruvarna och ta loss den nedre instrumentbrädespanelen på passa-gerarsidan. Styrmodulen sitter på sidan av förångarhuset.
51 Koppla loss kontaktdonet, skruva sedan loss fästskruvarna och ta bort modulen från bilen. Det är svårt att komma åt den övre fästskruven och åtkomligheten kan endast förbättras om hela instrumentbrädan demonteras (se kapitel 11).
52 Montering sker i omvänd ordning.

Värmepaket
53 Se punkt 17 till 36.

Servomotor för återcirkulationens klaff
54 Se punkt 37 till 42.

Servomotorer för temperatur- och luftfördelningsklaffar
55 Demontering och montering av dessa servomotorer bör överlämnas till en Volvo-verkstad. När en ny motor har installerats måste styrmodulen programmeras om för att ECC-systemet med säkerhet ska fungera korrekt. Detta kan endast göras med Volvos Scan Tool som ansluts till bilens diagnosuttag (se avsnitt 8).

Systemets styrmodul
56 Styrmodulen är en del av reglagepanelen och kan inte bytas ut separat.

Inre temperaturgivare
57 Den inre temperaturgivaren är en del

av reglagepanelen och kan inte bytas ut separat.

Yttre temperaturgivare
58 Demontera instrumentbrädan enligt beskrivning i kapitel 11.
59 Koppla loss kontaktdonen från fläkt-motorn och servomotorn för återcirkulat-ionens klaff.
60 Skruva loss förångarhusets fästmutter och bultar.
61 Skruva loss fästmuttrarna, ta loss fläktmotorhuset från förångarhuset och flytta undan det.
62 Den yttre temperaturgivaren sitter fastklämd på förångaren, på samma sida som fläktmotorn sitter. Koppla loss kontaktdonet, lossa försiktigt givaren från klämman och ta ut den från förångarhuset.
63 Montering sker i omvänd ordning. Se till att givaren fästs ordentligt på plats. Kontrollera att förångarhusets och fläkt-motorhusets alla tätningar är säkert anslutna innan fästmuttrarna och bultarna dras åt till angivet moment.

Förångarens temperaturgivare
64 Demontera värme-/ventilationshuset enligt beskrivningen i punkt 17 till 26.
65 Förångarens temperaturgivare sitter fastklämd på förångaren, på samma sida som värme-/ventilationshuset. Koppla loss kontaktdonet, lossa försiktigt givaren och ta bort den från förångarhuset.
66 Montering sker i omvänd ordning. Se till att givaren fästs ordentligt på plats. Sätt tillbaka värme-/ventilationshuset enligt beskrivningen i punkt 31 till 36.

Kylvätskans temperaturgivare
67 Skruva loss fästskruven och ta bort sidopanelen längst fram på mittkonsolen på passagerarsidan.
68 Skruva loss fästskruvarna och ta bort den nedre panelen från instrumentbrädan på passagerarsidan.
69 Leta reda på kylvätskans temperatur-givare; den sitter längst ner på värme-/ventilationshuset, precis under värme-paketet.
70 Koppla loss kontaktdonet och dra ut givaren från huset.

71 Montering sker i omvänd ordning. Se till att givaren fästs ordentligt i huset och får bra kontakt med värmepaketet.

Solsensor
72 Ta försiktigt ut högtalargrillen från instrumentbrädans ovansida på passager-arsidan.
73 Lossa givaren från instrumentbrädan och koppla loss den från kontaktdonet.
74 Montering sker i omvänd ordning.

---

10 Luftkonditioneringssystem – allmän information och föreskrifter

1 Vissa modeller i serien är utrustade med ett luftkonditioneringssystem. Systemet kan sänka temperaturen på den inkommande luften och även avfukta luften, vilket ger snabbare avimning och ökad komfort.
2 Systemets kylning fungerar på samma sätt som ett vanligt kylskåp. Köldmedia i gasform dras in i en remdriven kompressor (kompressorn har en eldriven koppling så att den kan slås av och på efter behov), och går sedan in i en kondensator som sitter framtill på kylaren, där den kyls ner och omvandlas till vätska. Vätskan passerar genom en expansionsventil till en förångare där den omvandlas från vätska under högt tryck till gas under lågt tryck. Denna förändring åtföljs av ett temperaturfall som kyler ner förångaren. Köldmediet återvänder till kompressorn och cykeln upprepas.
3 Luft strömmar genom förångaren till värme-/ventilationshuset, där den blandas med varm luft som har passerat genom värmepaketet, så att önskad kupétemperatur kan uppnås.
4 Systemets värmesida fungerar på samma sätt som på en modell utan luftkonditionering (se avsnitt 8).
5 Problem med luftkonditioneringssystemet ska överlåtas till en Volvoverkstad.

Föreskrifter
6 Om bilen är utrustad med ett luft-konditioneringssystem måste särskilda

säkerhetsåtgärder vidtas vid arbete på systemet och dess komponenter.

7 Försök aldrig att öppna en rör-/slang-anslutning i systemet – det står under konstant tryck. Om systemet av någon anledning måste kopplas loss ska bilen lämnas in till en Volvoverkstad eller en specialist på luft-konditioneringssystem. Dessa har den utrustning som behövs för att man på ett säkert sätt ska kunna tömma systemet innan en krets öppnas. När arbetet är avslutat kan de på ett säkert sätt fylla på kretsen med korrekt mängd köldmedia av rätt typ.

8 Köldmedia kan vara farligt och får bara hanteras av utbildad personal. Att göra sig av med köldmedia okontrollerat är farligt av följande orsaker:

a) *Om det stänker på huden kan det orsaka frostskador.*

b) *Köldmediet är tyngre än luften och tränger undan syre. I ett begränsat utrymme med dålig ventilation kan detta innebära risk för kvävning. Gasen är lukt- och färglös – man får ingen förvarning om att den läckt ut.*

c) *Även om gasen inte är giftig i sig, så utvecklar den en farlig gas som orsakar illamående och huvudvärk etc., om den kommer i kontakt med en öppen låga (t.ex. en tänd cigarett).*

9 Använd inte luftkonditioneringssystemet när köldmedienivån är låg – det kan skada kompressorn.

11 Luftkonditioneringssystem – demontering och montering av komponenter

⚠ *Varning: Försök aldrig att öppna köldmediekretsen innan den har tömts av en ackrediterad verkstad. Se varningarna i avsnitt 10.*

Det enda arbete som kan utföras utan att systemet töms är byte av kompressorns drivrem (beskrivs i kapitel 1). Om så behövs kan kompressorn skruvas loss och flyttas åt sidan, utan att rören kopplas loss, efter det att remmen har tagits bort. Alla andra åtgärder bör överlåtas till en Volvoverkstad eller specialist på luftkonditioneringssystem.

Kapitel 4 Del A:
Bränslesystem – alla motorer utom GDI

Innehåll

Svårighetsgrader

Enkelt, passar novisen med lite erfarenhet		Ganska enkelt, passar nybörjaren med viss erfarenhet		Ganska svårt, passar kompetent hemmamekaniker		Svårt, passar hemmamekaniker med erfarenhet		Mycket svårt, för professionell mekaniker	

Specifikationer

Systemtyp

Motorer utan turbo	Fenix 5.1 eller EMS 2000 motorstyrningssystem
Turbomotorer	EMS 2000 motorstyrningssystem

Bränslesystem

Bränsletankens kapacitet	60 liter
Tomgångsvarvtal (alla modeller)*	750 rpm
Tomgångsblandningens CO-halt*	< 0.2%
Bränslepumpens oreglerade matningstryck	4,8 till 8,0 bar (70 till 116 psi)
Reglerat bränsletryck	3,0 bar (44 psi)
Bränslematning kapacitet:	
Motorer utan turbo	120 liter/timme @ 3,0 bar och 12.5V
Turbomotorer	150 liter/timme @ 3.0 bar och 12.5V

Bränslespridare:

Färgkod:	**Fram till 1999**	**2000 och framåt**
Motorer utan turbo	Lila/svart	Grön/svart
Turbomotorer	Grå/svart	Mörkgrön/grön
Elektrisk resistans (alla modeller)	14,0 till 15,0 ohm	

*Ej justerbart, styrs av ECU

Motorstyrningssystem (typiskt)

Givares/aktiverares elektriska resistans (vid 20°C):	
Insugsluftens temperaturgivare	3500 ohm @ 20°C
Vevaxelgivare	260 till 340 ohm @ 20°C
Kylvätskans temperaturgivare:	
Motorer utan turbo (t.o.m. 1999)	2800 ohm @ 20°C
Motorer utan turbo (fr.o.m. 2000)	2450 ohm @ 20°C
Turbomotorer	2450 ohm @ 20°C
Gasspjällets lägesgivare (vid tomgång)	960 till 1440 ohm @ 20°C
Tomgångsventil	8,6 till 10,6 ohm @ 20°C

Rekommenderat bränsle

Oktantal:	
Rekommenderat	95 RON blyfri
Minst	91 RON blyfri (finns fortfarande i vissa länder i Europa)

Åtdragningsmoment

	Nm
Bränsleinsprutningsbrygga till insugsgrenrör	10
Bränslepumpens plastfästmutter	40
Insugsgrenrörets bultar	20
Insugsgrenrörets fästbygelbultar	20
Kylvätskans temperaturgivare	10
Syresensor	55
Trottelhus	10
Vevaxelgivare	20

1 Allmän information och föreskrifter

Allmän information

Alla modeller som behandlas i den här boken är utrustade med ett elektroniskt motorstyrningssystem som styr bränslesystem och tändning. I specifikationerna anges vilka system de olika modellerna i serien har. Det här kapitlet behandlar de delar av motorstyrningssystemet som är relevanta för bränsleinsprutningen – se kapitel 5B för information om tändsystemets komponenter.

Bränsleinsprutningssystemet består av en bränsletank, en elektrisk bränslepump, ett bränslefilter, bränsletillförsel- och returledningar, ett trottelhus, fyra bränslespridare samt en elektronisk styrenhet (ECU) med tillhörande givare, aktiverare och kablage.

Bränslepumpen matar ett konstant bränsleflöde genom ett filter till trottelhuset. Bränsletrycksregulatorn (inbyggd i trottelhuset) håller ett konstant bränsletryck vid bränslespridaren och skickar tillbaka överblivet bränsle till tanken via returledningen. Detta konstantflödessystem hjälper också till att hålla bränsletemperaturen nere och förhindrar förångning.

Bränslespridarna öppnas och stängs av en elektronisk styrenhet (ECU), som beräknar när insprutning ska äga rum och hur länge spridarna ska vara öppna. Beräkningen görs med hjälp av den information om motorns varvtal, gasspjällets läge och öppningshastighet, insugsluftens temperatur, kylvätsketemperaturen och avgasernas syrehalt, som ECU får av givarna som sitter på och runt motorn.

Luft sugs in i motorn genom en luftrenare som innehåller ett utbytbart pappersfilter. På motorer utan turbo regleras insugsluftens temperatur av en termostatstyrd ventil i luftrenaren, vilken blandar inkommande luft med varmluft som dras från området ovanför avgasgrenröret.

Tomgångshastigheten styrs av en tomgångsventil (IAC) som sitter på sidan av trottelhuset. Kallstartberikningen styrs av ECU som använder parametrarna kylvätsketemperatur och insugslufttemperatur för att förlänga spridarnas öppningstid.

Avgasernas syrehalt övervakas hela tiden av ECU via en syresensor (Lambdasond) som sitter i det främre (nedåtgående) avgasröret.

På senare motorer finns två syresensorer, en före katalysatorn och en efter – detta gör mätningen mer exakt och sensorresponsen snabbare. ECU jämför också signalerna från de båda sensorerna för att se att katalysatorn fungerar som den ska. ECU använder sedan den här informationen till att ställa in spridarnas insprutningsintervall och öppningstid så att optimal luft-/bränsleblandning bibehålls hela tiden. Katalysator finns på alla modeller.

Beroende på motortyp är modeller för vissa marknader också utrustade med ett EGR-system (avgasåterföring), ett sekundärt luftinsprutningssystem och system för avdunstningsreglering med ett filter av aktivt kol, som en del av avgasreningssystemet. Ytterligare information om dessa system finns i del C av detta kapitel.

Observera att det endast går att felsöka motorstyrningssystemet med hjälp av särskild elektronisk testutrustning. Problem med systemet ska därför överlåtas till en Volvoverkstad eller en specialist på bränsleinsprutning. När felet har identifierats kan instruktionerna för demontering och montering i det här kapitlet följas.

Föreskrifter

⚠ **Varning: Bensin är väldigt brandfarligt – största försiktighet måste iakttagas vid allt arbete som rör bränslesystemets delar. Rök inte och se till att inga öppna lågor eller nakna glödlampor förekommer i närheten av arbetsplatsen. Kom ihåg att även gasdrivna apparater med tändlåga utgör en brandrisk. Ha alltid en lämplig brandsläckare till hands, och kontrollera att den fungerar samt att du vet hur den**

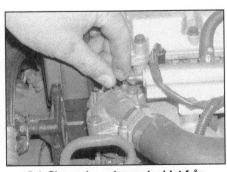

2.4 Skruva loss dammskyddet från serviceventilen i den högra änden av insprutningsbryggan

används innan arbetet påbörjas. Använd skyddsglasögon vid arbete med bränslesystemet och tvätta omedelbart bort bränslespill på huden med tvål och vatten. Kom också ihåg att bränsleångor utgör en lika stor risk som flytande bränsle. Ett kärl som just har tömts på flytande bränsle innehåller fortfarande ånga och kan således vara explosivt. Bensin är en ytterst brandfarlig vätska och säkerhetsföreskrifterna för hantering kan inte nog betonas.

Många av åtgärderna som beskrivs i det här kapitlet innebär att bränsleledningar måste kopplas loss, vilket kan leda till bränslespill. Innan arbetet påbörjas, se varningen ovan och läs också informationen i "Säkerheten främst!" i början av boken.

Var ytterst noga med renligheten. Smuts som kommer in i bränslesystemet kan orsaka blockeringar som leder till dålig drift.

2 Tryckutjämning av bränslesystemet

1 Denna åtgärd ska alltid utföras innan arbete på bränslesystemet påbörjas. Insprutningssystemet arbetar under ett så högt tryck att ett visst eftertryck finns kvar i systemet i flera timmar efter det att motorn har stängts av. Om man öppnar någon av bränsleledningarna under dessa förhållanden kommer en okontrollerad mängd bränsle att spruta ut, vilket i bästa fall bara är obehagligt, i värsta fall extremt farligt.

2 Trots att tryckutjämning av systemet förhindrar att bränsle sprutar ut, kommer det fortfarande att finnas bränsle kvar i ledningarna. Lämpliga åtgärder mot bränslespill måste därför ändå vidtagas (t.ex. linda rena trasor runt anslutningarna innan de öppnas).

Metod 1

3 Skruva loss fästskruvarna och ta bort plastkåpan som sitter över motorn. Koppla sedan loss kabeln från batteriets minuspol (se *Koppla ifrån batteriet*).

4 Skruva loss dammskyddet från serviceventilen i den högra änden av insprutningsbryggan **(se bild)**.

5 Placera massor av absorberande trasor under och runt serviceventilen, tryck sedan in

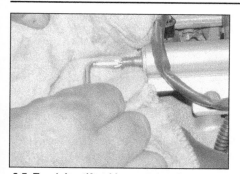

2.5 Tryck in stiftet i insprutningsbryggans serviceventil med ett spetsigt verktyg

stiftet i mitten av ventilen med ett spetsigt verktyg. Var beredd på att bränsle under tryck kan spruta ut. När trycket har jämnats ut, sätt tillbaka dammskyddet på serviceventilen **(se bild).**

Metod 2

6 Leta reda på och ta bort säkring nr 17 från motorrummets säkringsdosa.
7 Starta motorn och låt den gå tills den stannar. Om motorn inte startar när bränslepumpens säkring har tagits bort, dra runt den på startmotorn i ungefär 10 sekunder. Bränslesystemet kommer då att tryckutjämnas.
8 Slå av motorn, koppla loss batteriet (se *Koppla ifrån batteriet*) och sätt tillbaka bränslepumpens säkring.

3 Luftrenare och luftkanaler – demontering och montering

Demontering

Luftrenare

1 Se kapitel 5A och ta bort batteriet från batterihyllan.
2 På turbomodeller, lossa fästena och ta bort täckpanelen på vänster sida i motorrummet, ovanför trottelhuset.
3 Där så är tillämpligt, koppla loss vevhusventilationsslangen från luftrenarkanalen **(se bild).**

4 På turbomodeller, koppla loss kontaktdonet från luftflödesgivaren, ta sedan bort de två fästskruvarna och koppla loss luftflödesmätaren från luftrenaren. Lossa slangklämman, ta loss luftflödesmätaren från luftintagsslangen och ta ut den ur motorrummet. Ta vara på packningen.
5 På turbomodeller, lossa turbons laddtryckventil från luftrenarens sida; man behöver inte koppla loss vakuumslangarna från den.
6 På modeller utan turbo, koppla loss vakuumslangen från varmluftsreglerventilen på sidan av luftrenaren.
7 Ta loss insugskanalen för varmluft eller turboaggregatets insugskanal (efter tillämplighet), från luftrenarhusets nederdel **(se bild).**
8 Skruva loss luftrenarhusets fästskruvar. Lyft huset uppåt på motorsidan för att lossa det från de nedre styrtapparna, flytta det sedan i sidled för att lossa styrstiftet i sidan **(se bild).**
9 Dra bort insugskanalen för kalluft från karossen, koppla sedan loss den från sidan av luftrenarhuset **(se bild).**
10 Ta ut luftrenarhuset ur motorrummet.

Luftkanaler

11 Alla kanaler hålls på plats antingen med enkla anslutningar som trycks på plats, eller med slangklämmor. Hur kanalerna dras varierar från modell till modell, men demonteringen är i alla fall uppenbar och relativt enkel **(se bild).** För att komma åt de

nedre kanalerna måste man demontera luftrenaren enligt beskrivningen ovan.

Montering

12 Montering sker i omvänd ordning mot demonteringen.

4 Insugsluftens förvärmningssystem – kontroll

1 På vissa marknader finns ett förvärmningssystem för insugsluften inbyggt i luftrenarhuset på modeller utan turbo. Med hjälp av en klaffventil som styrs av en vaxtermostatkapsel blandar systemet kall luft från insuget intill kylaren, med varm luft från avgasgrenrörets värmesköld. Kapseln reagerar på den omgivande temperaturen och justerar klaffventilen därefter.
2 Demontera luftrenaren enligt beskrivningen i avsnitt 2 för att komma åt förvärmningssystemet.
3 Lossa insugshuset från luftrenarhuset genom att skruva loss fästskruvarna och dra loss huset.
4 Undersök spindellagrens, kapselns och fjäderns skick. Kontrollera sedan att kapseln fungerar enligt följande.
5 Kyl ner enheten genom att lägga den i ett kylskåp i några minuter. När temperaturen är runt 5°C eller lägre, ska klaffventilen ha flyttat sig för att stänga av kalluftsintaget.
6 När enheten värms upp i rumstemperatur,

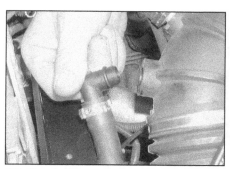

3.3 Koppla loss vevhusventilationsslangen från luftrenarkanalen

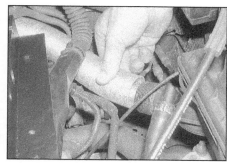

3.7 Koppla loss insugskanalen för varmluft från luftrenarhuset

3.8 Skruva loss luftrenarhusets fästskruvar

3.9 Lyft luftrenarhuset och ta bort insugskanalen för kalluft från karossen

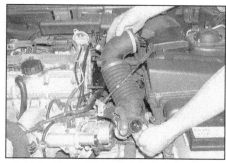

3.11 Luftkanalen mellan luftrenaren och trottelhuset tas bort

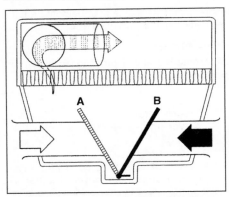

4.6 Klaffarnas placering i insugsluftens förvärmningssystem

A Kallt läge   B Varmt läge

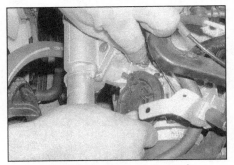

5.2a Haka loss innervajern från gasspjällspindelns kvartscirkel . . .

5.2b . . . lossa fästklämman från gasvajerns justerare. . .

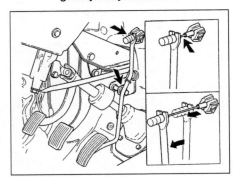

5.4 Lossa vajernippeln längst upp på gaspedalen, för sedan upp innervajern genom skåran för att lossa den från pedalen

kontrollera att ventilen är i mittenläge vid ungefär 10°C, och att varmluftsintaget är stängt vid 15°C eller högre **(se bild)**.
7 Om enheten inte fungerar enligt beskrivningen ovan måste den bytas ut.
8 Avsluta med att sätta ihop insugshuset med luftrenarhuset och därefter montera luftrenaren enligt beskrivningen i avsnitt 2.

5 Gasvajer – demontering, montering och justering

Demontering

1 Skruva loss skruvarna och ta bort motorkåpan för att komma åt trottelhuset.
2 Haka loss innervajern från gasspjällspindelns kvartscirkel, lossa fästklämman från gasvajerns justerare och dra ut vajerhöljet från fästbygeln **(se bilder)**.
3 Skruva loss skruvarna, lossa klämmorna och ta bort klädselpanelen/den ljuddämpande panelen under instrumentbrädan på förarsidan. Om tillämpligt, demontera farthållarens vakuumenhet.
4 Lossa vajernippeln längst upp på gaspedalen, för sedan upp innervajern genom det avlånga hålet för att ta loss den från pedalen **(se bild)**.
5 På modeller med manuell växellåda, tryck in låsflikarna och lossa vajermuffen från

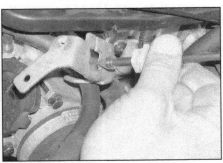

5.2c . . . och dra ut vajerhöljet från fästbygeln

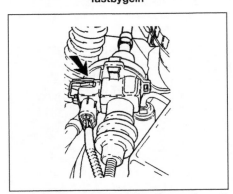

5.6 På modeller från 1998 och framåt med automatväxellåda, koppla loss kickdownkontaktens kontaktdon

torpedväggen och dra in vajern i motorrummet. Notera exakt hur vajern är dragen, lossa den från eventuella klämmor och band och ta bort den från bilen.
6 På modeller från 1998 och framåt med automatväxellåda, koppla loss kontaktdonet från kickdownkontakten som sitter fäst vid vajern vid ingången i torpedväggen. Lossa kickdownkontakten från torpedväggen genom att trycka in dess tappar med en skruvmejsel, samtidigt som vajern trycks igenom **(se bild)**. Notera noggrant hur vajern är dragen, lossa den från klämmor och band och ta bort den från bilen.

Montering

7 Montering sker i omvänd ordningsföljd. Där så är tillämpligt på modeller med automatväxellåda, se till att kickdownkontaktens tappar sitter fast ordentligt i torpedväggen, och att kontaktdonet sitter rätt väg. Kontrollera att vajern inte har några veck någonstans, är klämd eller böjd, så att det inte finns någon risk att den fastnar under drift. Justera vajern enligt följande.

Justering

8 Anslut innervajern till kvartscirkeln på trottelhuset. Med gaspedalen i viloläge, kontrollera att kvartscirkeln sitter mot tomgångsstoppet på gasspjällets fästbygel.
9 Fäst vajerhöljet i fästbygeln med fästklämman. Tryck ner gaspedalen till golvet och kontrollera att kvartscirkeln når stoppet för vidöppet gasspjäll. Släpp pedalen och kontrollera att kvartscirkeln går tillbaka till tomgångsstoppet; det får inte förekomma något spel i innervajern.

6 Bränslepump/givarenhet – demontering och montering

Observera: Se varningarna i avsnitt 1 innan något arbete utförs på bränslesystemets komponenter.

Demontering

1 Koppla loss kabeln från batteriets minuspol (se Koppla ifrån batteriet).
2 Fäll ner baksätets ryggstöd och lossa den främre kanten av bagageutrymmets matta. Ta bort panelen under mattan.
3 Skruva loss skruvarna, ta bort åtkomstkåpan och skyddsburen som sitter över bränslepumpen/givarenheten **(se bilder)**.
4 Koppla loss kontaktdonet uppe på bränslepumpen/givaren **(se bild)**.
5 Kontrollera att slanganslutningarna på pumpen är märkta för att underlätta återanslutningen. Tillförselslangen bör vara märkt med ett gult band och motsvarande gult märke på pumpflänsen. Gör egna märken om så behövs. Pilar uppe på pumpen indikerar bränsleflödets riktning.
6 Lägg några absorberande trasor runt

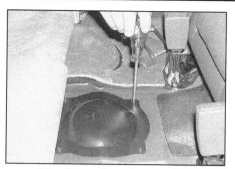

6.3a Skruva loss skruvarna . . .

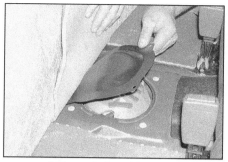

6.3b . . . ta bort kåpan . . .

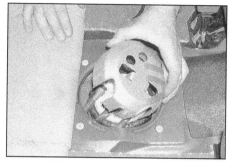

6.3c . . . och skyddsburen

bränsleslanganslutningarna, lossa sedan snabbkopplingarna med ett gaffelformat verktyg. Stick in verktyget under kanten på den yttre hylsan på varje koppling och bänd uppåt utan att klämma hylsan **(se bild)**. Var beredd på att bränsle under tryck kan spruta ut när kopplingarna lossas.

7 Skruva loss den stora fästmuttern av plast med en storkäftad tång av något slag. Vissa typer av oljefilterverktyg är idealiska alternativ. Ett demonteringsverktyg kan också tillverkas av bandstål och gängstav **(se bild)**.

8 Dra ut bränslepumpen/givaren ur tanken en aning och låt den tömmas på bränsle i några sekunder **(se bild)**. Ta vara på tätningen, sätt sedan tillfälligt tillbaka plastmuttern på tanken medan pumpen är demonterad, för att förhindra att röränden sväller.

Montering

9 Smörj en ny tätning sparsamt med vaselin och sätt den på röränden på tanken. Se till att den placeras korrekt.

10 Sätt tillbaka bränslepumpen/givaren i tanken så att märkena på pumpenheten och tanken hamnar i linje. Sätt på plastmuttern och dra åt den ordentligt.

11 Smörj O-ringarna till bränsleslanganslutningarna med vaselin, placera dem sedan rakt över rörändarna på pumpen, tryck nedåt på de yttre hylsorna för att låsa dem på plats. Kontrollera att slangarna ansluts till rätt utlopp.

12 Anslut kontaktdonet uppe på pumpen/givaren.

13 Resten av monteringen sker i omvänd ordning mot demonteringen.

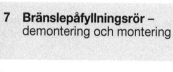

7 Bränslepåfyllningsrör – demontering och montering

Demontering

1 Töm bränsletanken på allt bränsle enligt beskrivningen i avsnitt 8.

2 Öppna tankluckan och ta bort bränslepåfyllningslocket.

3 Koppla loss jordanslutningens flatstift ovanför påfyllningsröret **(se bild)**.

4 Lossa gummitätningen och spillplåten som

6.4 Koppla loss kablaget uppe på bränslepumpen/givarenheten vid kontaktdonet

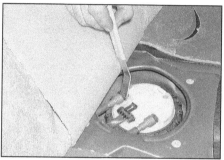

6.6 Lossa snabbkopplingarna med ett gaffelformat verktyg

6.7 Bränslepumpens stora fästmutter skruvas loss med ett hemgjort verktyg

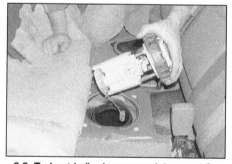

6.8 Ta bort bränslepumpen/givaren från tanken

sitter runt öppningen, dra sedan ut dräneringsslangen nedanför.

5 Skruva loss de tre bultarna som håller påfyllningsröret till karossen.

6 Lägg i ettans växel eller Park, vad som är tillämpligt, och klossa sedan framhjulen. Lyft upp bakvagnen och ställ den på pallbockar.

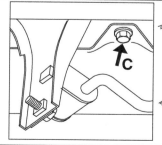
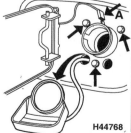

H44768

7.3 Detaljer för demontering av påfyllningsrör

A Jordanslutning

B Klämmor till påfyllnings- och ventilationsslangar

C Bult mellan påfyllningsrör och golvplåt

7 Ta bort bulten som håller påfyllningsrörets fästbygel till golvplåten.
8 Lossa slangklämmorna, koppla sedan loss påfyllningsröret och ventilationsslangarna från bränsletanken.

Montering

9 Montering sker i omvänd ordning. Sätt en ny gummitätning mellan påfyllningsröret och karossen.

8 Bränsletank – demontering och montering

Observera: *Se varningarna i avsnitt 1 innan något arbete utförs på bränslesystemet.*

Demontering

1 Innan tanken kan demonteras måste den tömmas på så mycket bränsle som möjligt. För att undvika de faror och komplikationer som bränslehantering och lagring kan innebära, bör det här arbetet utföras med en i det närmaste tom tank. Kvarvarande bränsle kan tömmas ut på följande sätt.
2 Koppla loss kabeln från batteriets minuspol (se *Koppla ifrån batteriet*).
3 Använd en handpump eller en hävert och pumpa ut allt bränsle som finns kvar i tanken. Alternativt, klossa framhjulen, lyft upp bakvagnen och ställ den på pallbockar (se *Lyftning och stödpunkter*). Placera en behållare av lämplig storlek under bränslefiltret. Rengör bränsleinloppets snabbkoppling på filtret, placera trasor runt kopplingen och lossa den. Var beredd på att bränsle under tryck kommer att spruta ut. Håll bränsleledningen över behållaren och låt allt bränsle rinna ut; ta bort bränslepåfyllningslocket för att förbättra flödet. Förvara bränslet i en lämplig, väl förseglad behållare.
4 Utför åtgärderna som beskrivs i punkt 1 till 6 i avsnitt 6.
5 Koppla loss påfyllningsröret och ventilationsslangen från sidan av bränsletanken enligt beskrivningen i avsnitt 7.
6 Se kapitel 1 och koppla loss bränsletillförselröret från bränslefiltret vid snabbanslutningen. Koppla loss bränslereturröret (och, där så är tillämpligt även avdunstningsröret) från tanken vid snabbanslutningen.
7 Skruva loss fästskruvarna och ta loss värmeskoldarna från bränsletankens framsida.
8 Placera en garagedomkraft mitt under tanken. Lägg en skyddande träkloss mellan domkraftens huvud och tankens undersida, höj sedan domkraften så att den precis tar upp tankens vikt.
9 Skruva loss muttrarna och lossa de främre ändarna av tankens fästband. Sänk försiktigt ner domkraften och tanken. När mellanrummet är tillräckligt stort, koppla loss ventilationsslangarna som går till bilens framvagn. Slangarna mellan tanken och påfyllningsröret kan lämnas kvar. Koppla även

loss kabelhärvan och dess fäste uppe på tanken.
10 Sänk ner domkraften och tanken och ta ut tanken.
11 Om tanken är förorenad med avlagringar eller vatten, ta bort givaren och bränslepumpen enligt tidigare beskrivning, och koppla loss ventilationsslangarna och påfyllningsröret. Skölj ur tanken med rent bränsle. Tanken är gjuten i syntetmaterial och om den är skadad bör den bytas ut. I vissa fall kan det dock vara möjligt att reparera små läckor eller mindre skador – kontakta en verkstad för frågor om tankreparationer.
12 Om en ny tank ska monteras, flytta över alla komponenter från den gamla tanken till den nya. Byt alltid ut påfyllningsrörets tätning och den stora plastmuttern som håller fast bränslepumpen. När de väl har använts på en tank, är det inte säkert att de tätar ordentligt på en annan.

Montering

13 Montering sker i omvänd ordning. Tänk på följande:
  a) *Sätt tanken på plats och dra åt fästbandens bakre fästen. Tryck tanken framåt och centrera bränslepumpens plastmutter i förhållande till dess åtkomsthål i golvplåten. Dra nu åt fästbandens främre fästen.*
  b) *Smörj påfyllningsrörets tätningar och sätt dem på plats. Se till att avtappningsröret hamnar innanför den inre tätningen.*
  c) *Avsluta med att fylla på tanken med bränsle och leta mycket noggrant efter tecken på bränsleläckage innan bilen tas ut i trafiken.*

9 Bränsleinsprutningssystem – allmän information

Systemen Fenix 5.1 och EMS 2000 som behandlas i det här kapitlet är båda fullständiga motorstyrningssystem, som styr både bränsleinsprutning och tändning. Se specifikationerna för uppgifter om systemtillämpning. Eftersom de båda systemens utformning och funktion är mycket lika, följer en allmän beskrivning i punkterna nedan. Avsnitt 10 innehåller felsökningsinformation och avsnitt 11 beskriver demontering och montering av bränslesystemets komponenter. Se kapitel 5B för information om tändsystemet.
Alla system har ett s.k. "closed-loop" bränslesystem, med en katalysator och en syresensor, för att minimera avgasutsläppen. På vissa modeller minskas avgasutsläppen ytterligare med hjälp av ett sekundärt luftinsprutningssystem. Ett system för avdunstningsreglering finns också, för att minimera utsläppet av oförbrända kolväten från bränsletanken. Kapitel 4C innehåller information om demontering och montering

av dessa avgasreningssystems komponenter.
Huvudkomponenterna i systemets bränsleled och deras funktioner är följande:

Elektronisk styrenhet (ECU)

Den elektroniska styrenheten (hädanefter bara kallad ECU) är mikroprocessorbaserad och styr hela bränslesystemets funktion. I enhetens minne finns programvara som styr bränslespridarnas öppningsintervall och öppningstid. Programmet använder underprogram för att ändra dessa parametrar i enlighet med signaler från andra komponenter i systemet. Motorns tomgångsvarvtal styrs också av ECU, som använder en tomgångsventil (IAC) för att öppna eller stänga en luftpassage efter behov. ECU har också en enhet för självdiagnos, som kontinuerligt kontrollerar att hela bränslesystemet fungerar som det ska. Eventuella fel som upptäcks lagras som felkoder, som sedan kan avläsas om diagnosenheten aktiveras. Om fel i systemet uppstår på grund av att en signal från en givare saknas, övergår ECU till ett nödprogram ("limp-home"). Detta gör att bilen fortfarande kan köras, men motorns funktion och prestanda begränsas.

Bränslespridare

Varje bränslespridare består av en solenoidstyrd nålventil, vilken öppnar på order från ECU. Bränsle från insprutningsbryggan matas genom spridarmunstycket in i insugsgrenröret.

Kylvätskans temperaturgivare

Denna resistiva komponent sitter fastskruvad i termostathuset. Givarens sond är nedsänkt i motorns kylvätska. Förändringar i kylvätskans temperatur registreras av ECU som en förändring i spänning över givaren, orsakad av en förändring i dess elektriska motstånd. Signaler från kylvätsketemperaturgivaren används också av tändsystemets ECU och temperaturmätaren på instrumentpanelen.

Luftflödesgivare

På modeller med EMS 2000 motorstyrningssystem, mäter luftflödesgivaren det luftflöde som kommer in i motorn. Givaren är av varmtrådstyp och har fyra olika resistiva element samt tillhörande kretsar. Enheten sitter i luftintaget; insugsluft som passerar över de uppvärmda, resistiva elementen orsakar en temperaturskillnad i proportion till den passerande luftens täthet och hastighet. Detta i sin tur ändrar elementens elektriska motstånd och således även spänningen över dem. Genom att jämföra den här spänningsförändringen med en referensspänning, kan ECU fastställa insugsluftens mängd/hastighet och dess temperatur.

Gasspjällets lägesgivare

Gasspjällets lägesgivare är en potentiometer ansluten till gasspjällets axel i trottelhuset.

Enheten skickar en linjär signal till både bränslesystemets och tändsystemets ECU, som anger hur mycket gasspjället är öppet.

Tomgångsventil (IAC)

Tomgångsventilen innehåller en liten elektrisk motor som öppnar eller stänger en sidoledning för luft inuti ventilen. Ventilen arbetar endast när gasspjället är stängt. Med hjälp av signaler från ECU håller den tomgångsvarvtalet konstant, oavsett extra belastning från de olika tillbehören.

Bränslepump

Den elektriska bränslepumpen sitter i bränsletanken och är helt nedsänkt i bränsle. Bränsle flödar genom pumphuset och fungerar som en kylande vätska som reglerar pumpens temperatur under drift. Enheten är en tvåstegs komponent, som består av en elektrisk motor som driver en skovelhjulspump för att dra in bränsle, och en kugghjulspump för att pumpa ut det under tryck. Bränslet transporteras till insprutningsbryggan på insugsgrenröret via ett bränslefilter.

Bränsletrycksregulator

Regulatorn är en vakuumstyrd mekanisk enhet som ser till att tryckskillnaden mellan bränslet i insprutningsbryggan och bränslet i insugsgrenröret hålls konstant. När grenrörets undertryck ökar, minskar bränsletrycket i direkt proportion till detta. När bränsletrycket i insprutningsbryggan överskrider regulatorns inställning, öppnas regulatorn så att bränslet kan återvända till tanken via returledningen.

Systemrelä

Systemets huvudrelä får energi från bränslesystemets ECU, och förser bränslepumpen med ström.

Givare för absolut tryck i insugsgrenröret (MAP)

Istället för den luftflödesgivare som används i EMS 2000 systemet, har Fenix systemet en MAP-givare och en separat temperaturgivare för insugsluften (se nästa underavsnitt). för att beräkna volymen på den luft som dras in i motorn. MAP-givaren är ansluten till insugsgrenröret via en slang, och omvandlar med hjälp av en piezoelektrisk kristall grenrörets undertryck till en elektrisk signal som kan överföras till ECU.

Givare för atmosfäriskt tryck

Den här givaren är endast monterad på EMS 2000 systemet, och den förser ECU med en signal som motsvarar omgivningens atmosfäriska tryck. Förändringar i den omgivande luftens tryck och densitet (t.ex. vid körning på bergsvägar på hög höjd) påverkar den mängd syre som dras in i motorn, och därmed också på förbränningen. Tryckgivaren gör det möjligt för ECU att alltid ge rätt mängd bränsle (och rätt laddtryck där så är tillämpligt) oavsett yttre förhållanden.

Insugsluftens temperaturgivare

Den här resistiva komponenten sitter i luftintaget, där dess element kommer i direkt kontakt med den luft som går in i motorn. Förändringar i insugsluftens temperatur registreras av ECU som en förändring i spänningen över givaren, orsakat av en förändring i det elektriska motståndet. Med hjälp av signalerna från insugsluftens temperaturgivare och MAP-givaren, kan ECU beräkna volymen på den luft som sugs in i motorn.

Kamaxelns lägesgivare

Kamaxelns lägesgivare sitter på vänster sida av topplocket och drivs av avgaskamaxeln. Den informerar ECU om när cylinder nr 1 är i sitt förbränningsslag och möjliggör sekventiell bränsleinsprutning och tändinställning (för knackreglering).

Vevaxelns lägesgivare

Vevaxelns lägesgivare förser ECU med ett mätvärde för beräkning av vevaxelns rotationshastighet och läge i förhållande till ÖD (övre dödpunkt). Givaren triggas av ett antal kuggar på svänghjulet/drivplattan.

Uppvärmd syresensor (HO₂S)

Syresensorn förser ECU med kontinuerliga rapporter om syrehalten i avgaserna, vilket gör att det s.k. "closed-loop" systemet fungerar. Sensorn har ett inbyggt värmeelement för att snabbt kunna nå arbetstemperatur när motorn har startats. Flera modeller har två syresensorer, en före katalysatorn och en efter.

Turboaggregatets styrventil (TCV)

Laddtrycket (insugsluftens tryck i insugsgrenröret) begränsas av en vakuumstyrd wastegateventil, monterad på turboaggregatet, som leder bort avgaserna från turbinhjulet. Wastegaten kontrolleras av motorstyrningssystemets ECU, via turboaggregatets styrventil. ECU öppnar och stänger styrventilen flera gånger per sekund; vilket gör att wastegateventilens aktiverare utsätts för grenrörsvakuum i en serie snabba pulser. Pulsernas täthet beror i huvudsak på motorns varvtal och belastning. Den huvudsakliga funktionen är att reglera laddtrycket till motorn för att skapa så bra köregenskaper som möjligt. Detta görs genom att laddtrycket ökas mjukt vid acceleration och genom att överflödigt laddtryck släpps av vid fartminskning så att turbons kompressor inte överstegras; på så sätt minskas turbofördröjning.

10 Bränsleinsprutningssystem – felsökning

1 Om du misstänker att ett fel har uppstått i bränsleinsprutningssystemet, kontrollera först

att systemets alla kontaktdon sitter fast ordentligt och att de inte är korroderade – se också punkt 6 till 9 nedan. Kontrollera sedan att inte felet beror på bristande underhåll – se till att luftfiltret är rent, att tändstiften är i gott skick och har rätt elektrodavstånd, att kompressionstrycket i cylindrarna är rätt, att tändsystemets kablage är i gott skick och sitter fast ordentligt, och att motorns ventilationsslangar inte är blockerade eller skadade. Se kapitel 1, 2A och 5B.
2 Om ingen av dessa kontroller avslöjar orsaken till problemet bör bilen testas hos en Volvoverkstad. Ett diagnosuttag finns i motorstyrningssystemets kabelhärva, till vilket man kan ansluta särskild elektronisk testutrustning (kontakten sitter bakom instrumentbrädan, på höger sida om mittkonsolen). Testutrustningen kan "fråga ut" motorstyrningssystemets ECU elektroniskt och läsa av de lagrade felkoderna.
3 Felkoderna kan endast läsas av med en särskild felkodsläsare. Dessa finns visserligen att köpa, men det är inte troligt att det lönar sig för den private bilägaren. En Volvoverkstad eller en annan välutrustad verkstad, eller en specialist på bilelektronik, har garanterat en.
4 Med hjälp av den här utrustningen kan fel hittas snabbt och enkelt, även om de är intermittenta. Att testa alla systemkomponenter individuellt i ett försök att med uteslutningsmetoden hitta felet är tidsödande, och inte alltid fruktsamt (särskilt om felet uppstår dynamiskt). Det medför också stor risk för skador på de inre komponenterna i ECU.
5 Erfarna hemmamekaniker, utrustade med en bra varvräknare och en noggrant kalibrerad avgasanalyserare, kan kontrollera avgasernas CO-halt och motorns tomgångshastighet. Om dessa inte ligger inom specificerade värden måste bilen tas till en välutrustad Volvoverkstad för undersökning. Varken luft-/bränsleblandningen (avgasernas CO-halt) eller tomgångshastigheten kan justeras manuellt. Felaktiga testresultat tyder på ett behov av underhåll (eventuellt rengöring av spridarna) eller ett fel i bränsleinsprutningen.
6 Vissa fel, som t.ex. att en av motorstyrningssystemets givare inte fungerar, gör att systemet övergår till nödprogrammet ("limp-home"). Detta är endast avsett som en hjälp att ta sig hem – motorstyrningssystemets varningslampa tänds när detta program är i gång.
7 I det här läget ersätts signalen från den defekta givaren med ett fast värde (i normala fall varierar det), vilket kan leda till effektförlust och allmänt dålig drift, särskilt när motorn är kall.
8 Det kan dock hända att motorn går ganska bra på nödprogrammet, och den enda ledtråden (utöver varningslampan) kan då vara att CO-utsläppen (till exempel) är högre än de ska vara.
9 Kom ihåg att även om den defekta sensorn hittas och byts ut, kommer inte motorn att

11.1a Insugsluftens temperaturgivare

11.1b Insugsluftens temperaturgivare
(turbomodeller och senare modeller utan
turbo)

11.6 Koppla loss grenrörets vakuumrör
från porten längst ner på givaren

återgå till normal drift förrän felkoden har raderats. Detta gäller även om orsaken till felet var en lös anslutning eller en skadad ledning – fram till det att felkoden har raderas, kommer systemet att gå på nödprogrammet.

11 Bränsleinsprutningssystem – demontering och montering av komponenter

Observera: *Se till att motorn har svalnat helt innan något arbete utförs på bränslesystemets komponenter. Läs också igenom föreskrifterna i avsnitt 1.*
Varning: Se till att tändningen är avstängd innan något arbete utförs på motorstyrningssystemet.

11.11 Använd ett gaffelformat verktyg för att ta isär bränslerörsanslutningarna

Insugsluftens temperaturgivare

Demontering

1 På de flesta modeller sitter givaren i vinkeln i den flexibla insugskanalen som går mellan luftrenaren och trottelhuset. Turbomodeller, och senare modeller utan turbo, har en givare monterad i vinkeln i den hårda insugskanalen, precis ovanför kylaren (se bilder).
2 Koppla loss kontaktdonet, skruva eller bänd sedan försiktigt loss givaren från luftkanalen.

Montering

3 Montering sker i omvänd ordning.

MAP-givare

Demontering

4 MAP-givaren sitter på en fästbygel baktill i motorrummet.
5 Ta loss plastkåpan för att komma åt givaren.
6 Koppla loss grenrörets vakuumrör från porten längst ner på givaren (se bild).
7 Koppla loss kablaget från givaren vid kontaktdonet.
8 Skruva loss fästskruvarna, koppla loss givaren från fästbygeln och ta ut givaren ur motorrummet.

Montering

9 Montering sker i omvänd ordning mot demonteringen.

Bränsleinsprutningsbrygga och spridare

Demontering

10 Tryckutjämna bränslesystemet enligt beskrivningen i avsnitt 2.
11 Leta reda på bränsletillförsel- och returrörens anslutningar, på vänster sida av topplocket. Använd ett gaffelformat verktyg till att dra undan anslutningskragarna, dra sedan försiktigt isär rören (se bild). Lägg absorberande trasor runt anslutningarna och var beredd på att bränsle kommer ut när de lossas.
12 Skruva loss fästskruvarna och lossa bränslerörets fästbygel från sidan av topplocket (se bild).
13 Lossa slangklämman och koppla loss bränslereturslangen från röret – då kan bränsleslangen passera framför topplockskåpans ventilationsslang (se bild).
14 Lossa kabelhärvans klämmor från insprutningsbryggan (se bild).
15 Koppla loss kabelhärvan från bränslespridarna vid kontaktdonen (se bild).
16 Skruva loss de två bultarna som håller insprutningsbryggan till insugsgrenröret. Dra bryggan uppåt för att lossa spridarna från grenröret (se bild).
17 Koppla loss vakuumslangen från bränsletrycksregulatorn (se bild).
18 Ta bort insprutningsbryggan tillsammans med spridare och bränsletrycksregulator (se bild).

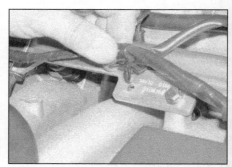

11.12 Skruva loss fästskruvarna och lossa bränslerörets fästbygel

11.13 Lossa slangklämman och koppla loss bränslereturslangen från röret

11.14 Lossa kabelhärvans klämmor från bränsleinsprutningsbryggan

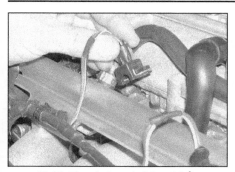

11.15 Koppla loss kablaget från bränslespridarna vid kontaktdonen

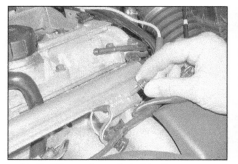

11.16 Skruva loss de två bultarna som håller insprutningsbryggan till insugsgrenröret

11.17 Koppla loss vakuumslangen från bränsletrycksregulatorn

19 Enskilda bränslespridare kan nu demonteras från insprutningsbryggan. Skruva loss skruvarna, ta bort hållplåten och dra ut spridarna från bryggan **(se bilder)**.

Montering

20 Montering sker i omvänd ordning mot demontering. Kontrollera att insprutarnas O-ringar och grenrörstätningar är i gott skick och byt ut dem om så behövs. Smörj dem med vaselin vid hopsättningen **(se bild)**. Lägg gänglås på insprutningsbryggans fästbultar, sätt sedan in dem och dra åt dem till angivet moment.

Bränsletrycksregulator

Demontering

21 Koppla loss kabeln från batteriets minuspol (se *Koppla ifrån batteriet*).

22 Demontera insprutningsbryggan och bränslespridarna enligt tidigare beskrivning, men låt spridarna sitta kvar på bryggan.
23 Skruva loss de två skruvarna och ta bort bränsletrycksregulatorn från insprutningsbryggan **(se bilder)**.

Montering

24 Sätt tillbaka regulatorn på insprutningsbryggan, montera sedan bryggan/spridarna enligt tidigare beskrivning.

Tomgångsventil

Demontering

25 Ta bort plastpanelen i det främre vänstra hörnet i motorrummet, för att komma åt trottelhuset.

11.18 Ta bort insprutningsbryggan tillsammans med spridare och bränsletrycksregulator

11.19a Enskilda bränslespridare kan nu tas bort från insprutningsbryggan. Skruva loss skruvarna . . .

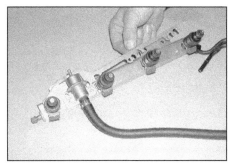

11.19b . . . ta bort hållplåten . . .

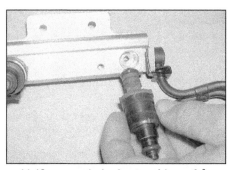

11.19c . . . och dra bort spridarna från bryggan

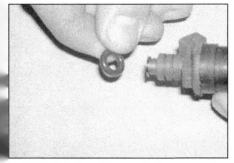

11.20 Byt ut spridarnas O-ringar om så behövs

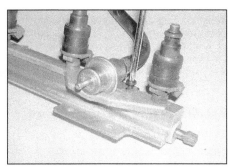

11.23a Skruva loss de två skruvarna . . .

11.23b . . . och ta bort bränsletrycksregulatorn från insprutningsbryggan

11.26 Koppla loss kontaktdonet från änden av ventilen

11.31 Koppla loss luftkanalen från trottelhuset

39 Tappa av kylsystemet delvis, se kapitel 1. Koppla sedan loss kylarens övre slang från termostathuset – se avsnittet om demontering och montering av kylaren i kapitel 3.
40 Koppla loss kablaget från kontaktdonet i änden av givarens ledning.
41 Skruva loss givaren. Ta vara på eventuell tätningsring.

Montering

42 Montera givaren i omvänd ordning mot demonteringen.

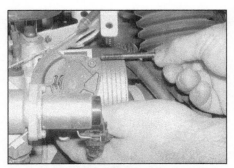

11.33a Skruva loss bultarna . . .

11.33b . . . och ta bort trottelhuset från grenröret

Elektronisk styrenhet (ECU)

Demontering

43 ECU sitter i passagerarutrymmet, bakom mittkonsolen.
44 I förarens fotbrunn, skruva loss skruven och ta loss mattans klädselpanel nedtill på sidan av mittkonsolen.
45 Lossa spärrbandet från ECU, skruva sedan loss fästskruvarna.
46 Se till att tändningen är avstängd, koppla sedan loss kabelhärvan vid multikontakten från ECU och ta bort ECU från bilen. Lossa de två spärrarna på sidan av enhetens lock. Lyft av locket och lägg det åt sidan.

Montering

47 Montering sker i omvänd ordning mot demonteringen. Se till att kablagets kontaktdon ansluts ordentligt.

26 Koppla loss kontaktdonet från änden av ventilen **(se bild)**.
27 Skruva loss fästbultarna och dra ut ventilen från insugsgrenröret.

Montering

28 Montering sker i omvänd ordning mot demonteringen.

Trottelhus

Demontering

29 Ta bort plastpanelen i det främre vänstra hörnet i motorrummet för att komma åt trottelhuset.
30 Koppla loss gasspjällsgivarens kontaktdon.
31 Lossa den stora slangklämman och koppla loss luftintagskanalen från trottelhuset **(se bild)**.

32 Koppla loss gasvajern från gasspjälls-ventilens aktiveringsarm, se avsnitt 5.
33 Skruva loss bultarna som håller fast huset och ta bort huset från grenröret **(se bilder)**. Ta vara på packningen.

Montering

34 Montering sker i omvänd ordning. Använd en ny packning, och nya slangklämmor om så behövs.

Gasspjällets lägesgivare

Demontering

35 Demontera trottelhuset enligt beskriv-ningen ovan.
36 Skruva loss de två bultarna som håller fast givaren och dra ut den från trottelhuset.

Montering

37 Montering sker i omvänd ordning mot demonteringen. Om den ny givare har monterats, låt en Volvoverkstad testa bilen med diagnosutrustning för att försäkra att den nya givaren är korrekt anpassad till motorstyrningssystemet.

Kylvätskans temperaturgivare

Demontering

38 Kylvätskans temperaturgivare sitter på, eller bredvid, termostathuset, på motorns främre, högra sida (se kapitel 3 för mer information) **(se bild)**.

Kamaxelns lägesgivare

Demontering

48 Kamaxelns lägesgivare sitter på vänster sida av topplocket, i änden av avgas-kamaxeln.
49 Demontera bränsleinsprutningsbryggan och spridarna enligt beskrivningen tidigare i detta avsnitt.
50 Koppla loss kablaget från givaren vid kontaktdonet, som sitter på en fästbygel baktill i motorrummet, under en plastkåpa.
51 Skruva loss skruvarna och ta bort givar-huset från topplocket **(se bilder)**.
52 Ta bort den övre kamremskåpan. Använd sedan ett lämpligt verktyg till att hålla fast avgaskamaxelns drev **(se bild)**.

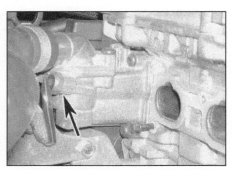

11.38 Kylvätskans temperaturgivare sitter på termostathuset

11.51a Skruva loss skruvarna . . .

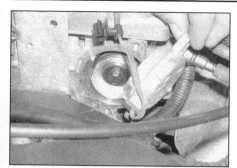

11.51b ... och ta bort givarhuset från topplocket

11.52 Håll fast avgaskamaxelns drev med ett lämpligt verktyg

11.53a Skruva sedan loss mittbulten ...

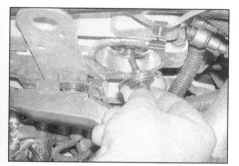

11.53b ... och ta bort givarens triggerhjul, tillsammans med brickan, från kamaxelns ände

11.58 Skruva loss fästskruvarna och ta bort vevaxelns givare

11.61 Dra loss turbons styrventil från fästena bakom luftrenarhuset

53 Skruva loss mittbulten och ta bort givarens triggerhjul, tillsammans med brickan, från änden av kamaxeln **(se bilder)**.

Montering

54 Montering sker i omvänd ordning. Givarens rotor går bara att montera på ett sätt.

Vevaxelns lägesgivare

Demontering

55 Vevaxelns lägesgivare sitter på vänster sida av motorn, längst upp på växellådans balanshjulskåpa.
56 Demontera luftrenaren och luftkanalerna för att komma åt växellådshusets ovansida.
57 Koppla loss kablaget från givaren vid kontaktdonet. Det sitter på fästbygeln längst bak i motorrummet, under en plastkåpa.
58 Skruva loss fästskruvarna och ta bort givaren, tillsammans med fästbygeln, från balanshjulskåpan **(se bild)**.

Montering

59 Montera givaren i omvänd ordning mot demonteringen.

Turboaggregatets styrventil (TCV)

Demontering

60 Turbons styrventil sitter bakom luftrenarhuset.
61 Dra styrventilen från sina fästen och koppla loss kablaget från ventilen vid kontaktdonet **(se bild)**.

62 Notera noggrant hur varje vakuumslang sitter; märk dem om så behövs för att underlätta återmonteringen.
63 Lossa slangklämmorna och koppla loss vakuumslangarna från styrventilens portar.
64 Ta bort ventilen från motorrummet.

Montering

65 Montering sker i omvänd ordning mot demonteringen. Se till att vakuumslangarna ansluts till rätt portar på styrventilen.

Givare för atmosfäriskt tryck

Demontering

66 Tryckgivaren sitter på en fästbygel baktill i motorrummet, under en plastkåpa.
67 Ta bort plastkåpan, koppla sedan loss kablaget från givaren vid kontaktdonet.
68 Skruva loss fästskruven och ta bort givaren från fästbygeln.

Montering

69 Montering sker i omvänd ordning.

Luftflödesgivare

Demontering

70 Koppla loss kabeln från batteriets minuspol (se *Koppla ifrån batteriet*).
71 Lossa slangklämman och ta loss luftutloppskanalen och, där tillämpligt, vevhusventilationsslangen vid luftrenarkåpan.
72 Böj upp fästklämmorna och lyft av luftrenarkåpan.

73 Skruva loss de två skruvarna och ta bort givaren från luftrenarkåpan. Ta vara på den stora O-ringen.

Montering

74 Montering sker i omvänd ordning. Undersök O-ringstätningen och byt ut den om den inte är i bra skick.

12 Farthållare – demontering och montering av komponenter

Allmän information

1 Farthållarsystemet gör att bilen stadigt kan hålla den hastighet som föraren har valt, oavsett backar och kraftiga vindar.
2 Systemets huvudkomponenter är en styrmodul, ett reglage, en vakuumservo och en vakuumpump. Kontakter på broms- (och där tillämpligt) kopplingspedalerna skyddar motorn mot för höga hastigheter eller belastningar om en pedal trycks ner medan systemet används.
3 Under körning accelererar föraren till önskad hastighet och aktiverar sedan systemet med reglaget. Styrmodulen övervakar bilens hastighet (från hastighetsmätarens pulser) och öppnar eller stänger gasspjället med hjälp av servon för att bibehålla den inställda hastigheten. Om reglaget flyttas till OFF, eller om broms- eller kopplingspedalen trampas ner, stänger servon omedelbart gasspjället. Den inställda

hastigheten lagras i styrenhetens minne och systemet kan återaktiveras genom att reglaget flyttas till RESUME, förutsatt att inte bilens hastighet har sjunkit till under 40 km/tim.

4 Föraren kan utmanövrera farthållaren genom att helt enkelt trycka ner gaspedalen. När pedalen släpps återupptas den tidigare inställda hastigheten.

5 Farthållaren kan inte användas vid hastigheter under 40 km/tim och bör inte användas vid halka eller trafikstockningar.

Styrmodul

Demontering

6 Styrmodulen sitter under instrumentbrädans högra sida. I förarens fotbrunn, ta bort skruvarna och ta loss mattans klädselpanel längst ner på mittkonsolens sida.

7 Ta loss kontaktdonets spärrband genom att borra ut niten. Koppla sedan loss kontaktdonet från modulen.

8 Skruva loss de två fästskruvarna och lyft bort styrmodulen från fästena.

Montering

9 Montering sker i omvänd ordning.

Vakuumservo

Demontering

10 Servon är monterad ovanför gaspedalens fästbygel. Börja med att skruva loss skruvarna och ta bort mattans klädselpanel längst ner på mittkonsolens sida i förarens fotbrunn.

11 Koppla loss vakuumslangen upptill på servoenheten.

12 Skruva loss fästmuttern för att lossa servon från fästbygeln.

13 Bänd loss tryckstångens kulled från gaspedalens pivåarm och ta bort enheten från bilen.

Montering

14 Sätt servoenheten på fästbygeln, för pinnbulten genom det nedre hålet och vakuumporten genom det övre hålet. Sätt på fästmuttern och dra åt den ordentligt.

15 Med gaspedalen i viloläge, kontrollera att tryckstångens kulledshylsa är i linje med motsvarande kula på pedalens pivåarm, utan att förlänga eller dra tillbaka den mot det inre membranets tryck. Om så behövs, justera längden på servons tryckstång enligt följande. Lossa justeringshylsan genom att vrida den moturs, dra sedan hylsan in eller ut för att få rätt längd. När rätt längd har uppnåtts, vrid hylsan medurs för att låsa den.

16 Tryck kulledshylsan över pivåarmen så att den hamnar på plats med ett klick.

17 Anslut vakuumslangen till servon.

18 Sätt tillbaka klädselpanelen.

19 Innan bilen används, kontrollera att vakuumservon inte förbelastar gaspedalen när farthållaren är avstängd.

Vakuumpump och regulator

Demontering

20 Vakuumpumpen och regulatorn sitter på torpedväggen, till vänster baktill i motorrummet.

21 Koppla loss kontaktdonet från vakuumpumpens sida.

22 Koppla loss vakuumslangen längst ner på pumpen/regulatorn.

23 Skruva loss fästbultarna och ta bort enheten från torpedväggen. Ta vara på gummifästena.

Montering

24 Montering sker i omvänd ordning.

Bromspedalens vakuumventil

Demontering

25 Bromspedalens vakuumventil sitter ovanför bromspedalens fästbygel. För att komma åt den, ta loss klädselpanelen nedanför instrumentbrädan på förarsidan.

26 Koppla loss vakuumslangen längst upp på ventilen.

27 Koppla loss kontaktdonet längst upp på ventilen.

28 Tryck in spärrhakarna och ta bort ventilen från fästbygeln.

Montering

29 Montering sker i omvänd ordning.

Kopplingspedalens vakuumventil

Demontering

30 Kopplingspedalens vakuumventil sitter ovanför kopplingspedalens fästbygel. För att komma åt den, ta först bort klädselpanelen nedanför instrumentbrädan på förarsidan.

31 Koppla loss vakuumslangen längst upp på ventilen.

32 Koppla loss kontaktdonet längst upp på ventilen.

33 Tryck in spärrhakarna och ta bort ventilen från fästbygeln.

Montering

34 Montering sker i omvänd ordning.

Bromsljuskontakt

35 Se informationen i kapitel 9.

Rattstångens kombinationsbrytare

36 Se informationen i kapitel 12, avsnitt 4.

Växellådans lägesgivare

37 Se informationen i kapitel 7B, avsnitt 5.

13 DSA-system (Dynamic Stability Assistance) – information och byte av komponenter

Information

1 Det antispinnsystem som finns på de S40 och V40 modeller som behandlas i den här handboken kallas av Volvo för Dynamic Stability Assistance, eller DSA. Det skiljer sig från antispinnsystemet TRACS som finns monterat på andra Volvomodeller. Syftet med systemet är att hindra hjulen från att spinna vid acceleration.

2 DSA-systemets komponenter består av en enkel elektronisk styrenhet och tillhörande kablage. Systemet har inga egna givare eller aktiverare; alla ingående signaler kommer från motorstyrningssystemets ECU (motorhastighet, bränslespridarnas pulslängd, gaspedalens läge) och ABS-systemets ECU (fram- och bakhjulens hastighet).

3 Systemet avgör om hjulen spinner genom att jämföra fram- och bakhjulens hastighet. När ett av eller båda drivhjulen förlorar greppet skickar DSA-systemet en uppmaning till motorstyrningssystemets ECU att minska motorns vridmoment. Detta uppnås genom att bränsleinsprutarnas pulslängd minskas gradvis, i små steg. Hur mycket motorns vridmoment minskas beror på ett antal faktorer, t.ex. bilens hastighet, vilken växel som är ilagd och hur gaspedalen är placerad.

4 En lampa på instrumentpanelen tänds när tändningen slås på, för att ange DSA-systemets status. Under normala förhållanden slocknar lampan efter ett kort tag om systemet fungerar korrekt. Om lampan fortsätter att lysa är det något som är fel med systemet. Om hjulen spinner vid körning och DSA-systemet aktiveras, blinkar lampan för att visa att systemet arbetar.

5 DSA-systemet kan stängas av genom att kontrollknappen på mittkonsolen framför växelspaken trycks in. Systemet slås sedan automatiskt på igen nästa gång tändningen slås på.

DSA-systemets elektroniska styrenhet

Demontering

6 Se kapitel 11 och ta bort klädselpanelen från den högra A-stolpens nedre del, under instrumentbrädan.

7 Skruva loss fästskruven och dra ner styrenheten från fästbygeln.

8 Koppla loss kontaktdonet och ta bort enheten från bilen.

Montering

9 Montering sker i omvänd ordning.

DSA-reglage

Demontering

10 Se till att tändningen är avslagen. Bänd försiktigt bort reglaget från mittkonsolen med

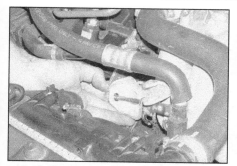

14.10 Skruva loss de tre bultarna och ta bort fästbygeln mellan generatorns övre fäste och insugsgrenröret

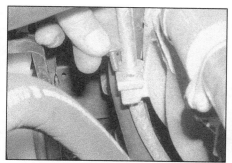

14.11a Skruva loss bulten som håller mätstickans rör till grenröret . . .

14.11b . . . vrid sedan bort röret från grenröret och dra det uppåt för att ta bort det från motorblocket

ett tunt plastblad. Lägg en bit kartong mot mittkonsolen för att skydda den.
11 Koppla loss kablaget från reglaget och ta bort reglaget.

Montering

12 Montering sker i omvänd ordning.

14 Insugsgrenrör – demontering och montering

Observera: *Läs föreskrifterna i avsnitt 1 innan något arbete utförs på bränslesystemets komponenter.*

Demontering

1 Koppla loss kabeln från batteriets minuspol (se *Koppla ifrån batteriet*).
2 Skruva loss fästskruvarna och lyft upp skyddskåpan från motorn.
3 Skruva loss fästskruven och ta bort slangfästet från insugsgrenröret.
4 Koppla loss luftintagskanalen från trottelhuset.
5 Koppla loss kontaktdonen från bränslespridarna. Om det är svårt att komma åt, ta bort bränsleinsprutningsbryggans kåpa som sitter över spridarna.
6 Koppla loss vakuumslangen från tryckregulatorn på insprutningsbryggans undersida.
7 Skruva loss de två bultarna som håller insprutningsbryggan till insugsgrenröret. Dra

14.13a Skruva loss fästbultarna . . .

insprutningsbryggan uppåt för att lossa spridarna från grenröret och lägg insprutningsbryggan med spridarna uppe på motorn. Var försiktig så att inte spridarnas spetsar skadas.
8 På turbomodeller, skruva loss bultarna och ta bort den främre täckpanelen i motorrummet. Lossa sedan turboaggregatets insugskanal.
9 Demontera trottelhuset enligt beskrivningen i avsnitt 10 eller 11.
10 Lossa kabelhärvan från fästet mellan generatorns övre fäste och insugsgrenröret, skruva sedan loss de tre bultarna och ta bort fästet **(se bild)**.
11 Skruva loss bulten som håller mätstickans rör till insugsgrenröret, vrid sedan bort röret från grenröret och dra det uppåt för att ta bort det från motorblocket **(se bilder)**. Ta vara på O-ringstätningen längst ner på röret.

14.13b . . . och ta bort insugsgrenrörets fästbygel

12 Dra åt handbromsen ordentligt och klossa bakhjulen. Lyft sedan upp framvagnen och ställ den på pallbockar.
13 Under motorrummet, skruva loss fästbultarna och ta bort insugsgrenrörets fästbygel **(se bilder)**.
14 Lossa de nedre grenrörsbultarna två eller tre varv och ta bort alla övre grenrörsbultar **(se bild)**.
15 Lyft grenröret uppåt och mata vevhusventilationsslangen genom kanalerna (om tillämpligt), ta sedan loss grenröret från topplocket **(se bilder)**. Observera att de nedre bulthålen är skåror, vilket gör att grenröret kan dras upp och bort utan att bultarna tas bort. Om det inte går att lyfta upp grenröret, kontrollera att inte packningen har fastnat på grenröret. Packningens nedre hål är inte skårade, så packningen måste sitta kvar på motorn för att grenröret ska kunna tas bort.

14.14 Lossa de nedre grenrörsbultarna och ta bort de övre grenrörsbultarna helt

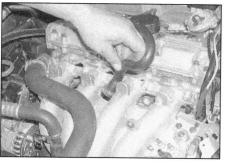

14.15a Mata vevhusventilationsslangen mellan kanalerna . . .

14.15b . . . och ta sedan bort grenröret från topplocket

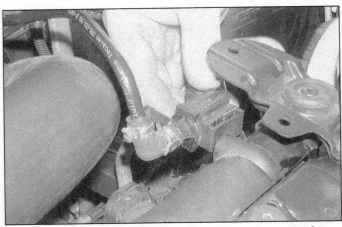

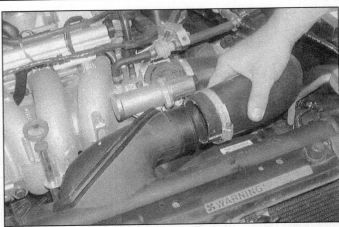

15.2 Koppla loss avdunstningsregleringens rensventil från kylaren och lägg den åt sidan

15.5 Koppla loss insugsluftskanalerna från portarna upptill på laddluftskylaren

16 När grenröret är borttaget, ta ut de nedre bultarna och ta bort packningen.
17 Om så behövs, kan de delar som sitter kvar på grenröret tas bort enligt tidigare beskrivningar i detta kapitel.

Montering

18 Montering sker i omvänd ordning mot demonteringen. Tänk på följande:
a) *Använd en ny packning till insugsgrenröret.*
b) *Använd nya tätningar och O-ringar till bränslespridarna.*
c) *Sätt en ny O-ringtätning längst ner på mätstickans rör.*
d) *Lägg gänglåsvätska på gängorna på insprutningsbryggans fästskruvar.*
e) *Lägg grenrörspackningen på topplocket, sätt i de nedre grenrörsbultarna och dra åt dem några varv och sätt sedan grenröret på plats.*
f) *Kom ihåg att mata in vevhusventilationsslangen mellan den*

andra och den tredje grenrörskanalen.
g) *Dra åt grenrörets bultar till angivet moment.*
h) *Montera och justera gasvajern enligt beskrivning i avsnitt 5.*

15 Laddluftskylare – demontering och montering

Demontering

1 Lossa fästklämmorna och skruvarna och ta bort motorrummets främre täckpaneler.
2 Koppla loss avdunstningsregleringens (EVAP) rensventil (den sitter upptill på vänster sida på kylaren) från fästena och lägg den åt sidan **(se bild)**.
3 Töm kylsystemet enligt beskrivningen i kapitel 1.
4 Lossa slangklämman och koppla loss den övre slangen från kylaren.

5 Lossa slangklämmorna och koppla loss insugsluftskanalerna från portarna upptill på laddluftskylaren **(se bild)**.
6 Koppla loss kablaget från insugsluftens temperaturgivare och kylfläktsmotorerna. Lossa kablaget från klämmorna bak på kylaren.
7 Arbeta under motorrummet, lossa slangklämman och koppla loss luftkanalen längst ner på laddluftskylaren **(se bild)**.
8 Koppla loss den nedre slangen från kylaren **(se bild)**.
9 Skruva loss kylarens övre fästen från karossen, lyft sedan upp kylaren, laddluftskylaren och kylfläktarna från motorrummet **(se bild)**.
10 Skruva loss fästbultarna och ta loss laddluftskylaren och kylfläktarna från kylaren.

Montering

11 Montering av laddluftskylaren sker i omvänd ordning mot demonteringen.

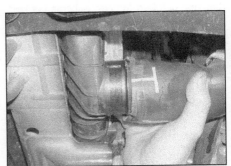

15.7 Koppla loss luftkanalen längst ner på laddluftskylaren

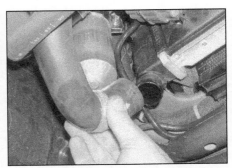

15.8 Koppla loss den nedre slangen från kylaren

15.9 Lyft upp kylaren, laddluftskylaren och kylfläktarna från motorrummet

Kapitel 4 Del B:
Bränslesystem – GDI motor

Innehåll

Svårighetsgrader

Enkelt, passar novisen med lite erfarenhet		**Ganska enkelt,** passar nybörjaren med viss erfarenhet		**Ganska svårt,** passar kompetent hemmamekaniker		**Svårt,** passar hemmamekaniker med erfarenhet		**Mycket svårt,** för professionell mekaniker	

Specifikationer

Systemtyp

Allmänt	Mitsubishi GDI (Gasoline Direct Injection)
Motorkod B4184SM (fram till årsmodell 2001)	Melco 1 motorstyrningssystem
Motorkod B4184SJ (2001 års modell och framåt)	Melco 2 motorstyrningssystem

Bränslesystem

Bränsletankens kapacitet	60 liter
Tomgångshastighet*	620 rpm
Tomgångsblandningens CO-halt*	< 0,2 %
Pump monterad i tanken:	
Oreglerat matningstryck	4.8 to 8.0 bar (70 to 116 psi)
Reglerat bränsletryck	3.2 bar (46.4 psi) minimum
Bränslematningskapacitet	120 liter/timme @ 3,0 bar och 12,5V
Insprutningspumpens systemtryck	50 bar (725 psi) ca
Bränslespridarnas elektriska resistans	13,0 till 16,0 ohm

Ej justerbart, styrs av ECU

Motorstyrningssystem (typiska värden)

Givares/aktiverares elektriska resistans (@ 20°C):

Insugsluftens temperaturgivare	2300 till 3000 ohm
Vevaxelgivare	260 till 340 ohm
Kylvätskans temperaturgivare	2400 till 2500 ohm
Oljetemperaturgivare	950 till 2050 ohm
Gasspjällets lägesgivare	3500 till 6000 ohm
Tomgångsventil	28 till 32 ohm

Rekommenderat bränsle

Oktantal:

Rekommenderat	95 oktan blyfritt
Minimum	91 oktan blyfritt (finns fortfarande i vissa länder i Europa)

Åtdragningsmoment

	Nm
Bränsleanslutningar	13
Bränsleinsprutningsbryggans fästbultar	12
Bränslespridarnas hållplåt, bult	22
Bränsletillförselrörets flänsbultar	12
EGR-ventilens hus	21
Insprutningspumpens bultar:	
Steg 1	5
Steg 2	17
Insugsgrenrör	20
Kamaxellägesgivare	13
Knacksensor	22
Kylvätskans temperaturgivare (termostathuset)	29
Motorns temperaturgivare (topplocket)	30
Oljetemperaturgivare	32
Syresensor	55
Trottelhus	20
Vevaxelgivare	8

1 Allmän information och föreskrifter

Allmän information

Alla modeller som behandlas i den här boken är utrustade med ett elektroniskt motorstyrningssystem som styr bränslesystem och tändning. I specifikationerna anges vilka system de olika modellerna i serien har. Det här kapitlet behandlar de delar av motorstyrningssystemet som är relevanta för bränsleinsprutningen – se kapitel 5B för information om tändsystemets komponenter.

Den Mitsubishi-designade GDI-motorn som används i S40/V40-modellerna har ett unikt direktinsprutningssystem, i vissa hänseenden likt ett modernt diesel bränslesystem. Avsikten är att erbjuda avsevärda förbättringar när det gäller bränsleeffektivitet i jämförelse med andra konventionella bensinmotorer av liknande storlek, men utan kompromisser. Systemet består av en bränsletank, en elektrisk bränslepump, ett bränslefilter, bränsletillförsel- och returledningar, en mekaniskt driven högtrycks insprutningspump, ett trottelhus, fyra bränslespridare samt en elektronisk styrenhet (ECU) med tillhörande givare, aktiverare och kablage.

Den tankmonterade bränslepumpen (som har en inbyggd bränsletrycksregulator) matar ett konstant flöde av bränsle genom ett filter till bränsleinsprutningspumpen. Insprutningspumpen har sin egen högtrycksregulator som bibehåller ett konstant bränsletryck vid insprutningsbryggan, och skickar tillbaka överflödigt bränsle till tanken via returledningen. Detta konstantflödessystem hjälper också till att sänka bränsletemperaturen och förebygga avdunstning. Insprutningspumpen, som drivs från insugskamaxeln, ökar bränsletrycket från ca 3 till nästan 50 bar, och matar bränslet till insprutningsbryggan. Från denna matas bränslet till de fyra bränslespridarna som är monterade direkt i topplockets baksida.

Bränslespridarna öppnas och stängs av en elektronisk styrenhet (ECU), som beräknar när insprutning ska äga rum och hur länge spridarna ska vara öppna. Beräkningen görs med hjälp av den information om motorvarvtal, gasspjällets läge och öppningshastighet, insugsluftens temperatur, kylvätsketemperatur, avgasernas syrehalt, och till och med växellådans oljetemperatur, som ECU får av givarna som sitter på och runt motorn. Insprutningen varierar mer än på en konventionell motor, med två tydliga funktionslägen – "performance", där insprutning sker under inloppstakten (som vanligt), och "lean-burn", där insprutning sker under kompressionstakten (ungefär som på en diesel). ECU bestämmer vilket läge som ska väljas, och det beror i stor utsträckning på gasspjällets läge. En minskning av gasspjällets öppning resulterar i en omställning till "lean-burn" läget, och därmed bättre bränsleekonomi.

Luft sugs in i motorn genom en luftrenare som innehåller ett utbytbart pappersfilter. Luftflödesgivaren som sitter nedströms luftrenaren mäter volymen på den luft som går in i motorn, och den innehåller också givare som kan ge ECU information om lufttemperatur och -tryck. Luften passerar genom trottelhuset och går in i motorn genom insugsgrenröret, via portar i topplockets övre del. Luften blandas med det insprutade bränslet i en förbränningskammare i den särskilt utformade kolvkronan.

Tomgångsvarvtalet styrs på tidigare modeller av en tomgångsventil som sitter på trottelhuset, medan senare modeller istället har en stegmotor, även den monterad på trottelhuset. Kallstartberikning styrs av ECU, som använder information om motorns temperatur och insugsluftens temperatur för att förlänga spridarnas öppningstid.

Avgasernas syrehalt övervakas hela tiden av ECU via en syresensor (Lambdasond), som sitter i det främre (nedåtgående) avgasröret. På senare motorer finns det två sensorer, en före katalysatorn och en efter – detta gör mätningen mer exakt och sensorresponsen snabbare. ECU jämför också signalerna från de två sensorerna för att kontrollera att omvandlaren fungerar som den ska. ECU använder sedan denna information till att ställa in insprutningsintervall och varaktighet för att uppnå optimal luft-/bränsleblandning. Alla modeller i serien är utrustade med en katalysator.

Alla GDI motorer är också utrustade med ett EGR-system (avgasåterföring) och ett system för avdunstningsreglering med ett filter av aktivt kol. Ytterligare information om dessa system finns i del C av detta kapitel.

Observera att det endast går att felsöka motorstyrningssystemet med hjälp av särskild elektronisk testutrustning. Problem med systemet ska därför överlåtas till en Volvoverkstad eller en specialist på bränsleinsprutning. När felet har identifierats kan instruktionerna för demontering och montering i det här kapitlet följas.

Föreskrifter

Varning: Bensin är väldigt brandfarligt – största försiktighet måste iakttagas vid allt arbete som rör bränslesystemets delar. Rök inte och se till att inga öppna lågor eller nakna glödlampor förekommer i närheten av arbetsplatsen. Kom ihåg att även gasdrivna apparater med tändlåga utgör en brandrisk. Ha alltid en lämplig brandsläckare till hands, och kontrollera att den fungerar samt att du vet hur den används innan arbetet påbörjas. Använd skyddsglasögon vid arbete med bränslesystemet och tvätta omedelbart bort bränslespill på huden med tvål och vatten. Kom också ihåg att bränsleångor utgör en lika stor risk som flytande bränsle. Ett kärl som just har tömts på flytande bränsle innehåller fortfarande ånga och kan således vara explosivt. Bensin är en ytterst brandfarlig vätska och säkerhetsföreskrifterna för hantering kan inte nog betonas.

Många av åtgärderna som beskrivs i det här kapitlet innebär att bränsleledningar måste kopplas loss, vilket kan leda till bränslespill. Innan arbetet påbörjas, se varningen ovan och läs också informationen i "Säkerheten främst!" i början av boken.

Var ytterst noga med renligheten. Smuts som kommer in i bränslesystemet kan orsaka blockeringar som leder till dålig drift.

2 Tryckutjämning av bränslesystemet

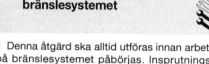

1 Denna åtgärd ska alltid utföras innan arbete på bränslesystemet påbörjas. Insprutnings-systemet arbetar under ett så högt tryck att ett visst eftertryck finns kvar i systemet i flera timmar efter det att motorn har stängts av. Om man öppnar någon av bränsleledningarna under dessa förhållanden kommer en okontrollerad mängd bränsle att spruta ut, vilket i bästa fall bara är obehagligt, i värsta fall extremt farligt.

2 Trots att tryckutjämning av systemet förhindrar att bränsle sprutar ut, kommer det fortfarande att finna bränsle kvar i ledningarna. Lämpliga åtgärder mot bränsle-spill måste därför ändå vidtagas (t.ex. linda rena trasor runt anslutningarna innan de öppnas).

3 Med tändningen avslagen, leta reda på och ta bort säkring nummer 17 i säkringsdosan i motorrummet. Alternativt (också med tändningen avslagen), leta reda på och dra ut bränslepumpens relä **(se bilder)**.

4 Starta motorn och låt den gå tills den stannar. Om motorn inte startar när säkringen/reläet är borttaget, dra runt den på start-motorn i ungefär 10 sekunder. Trycket i bränslesystemet kommer därefter att vara utjämnat.

5 Slå av tändningen, koppla loss kabeln från batteriets minuspol (se *Koppla ifrån batteriet*) och sätt tillbaka bränslepumpens säkring eller relä.

2.3a Ta bort bränslepumpens säkring

3 Luftrenare och luftkanaler – demontering och montering

Demontering

1 Se kapitel 5A om så behövs, ta bort batteriklämman och dra batteriet framåt på batterihyllan.

2 Koppla loss kontaktdonet från luftflödes-givaren **(se bild)**.

3 Lossa de stora slangklämmorna i ändarna av insugsluftskanalen. Koppla loss ventilat-ionsslangen som går från topplockets baksida till insugsluftskanalen och ta bort kanalen från motorrummet **(se bild)**.

4 Ta bort luftrenarens två fästbultar (en nära batteriet på innerskärmen, den andra på sidan av luftrenaren) och ta ut luftrenaren – man

3.2 Koppla loss luftflödesgivarens kontaktdon

H44767

2.3b Bränslepumpens relä (vid pilen) i säkringsdosan i motorrummet

måste lyfta och vrida den för att lossa den från styrstiftet längst ner **(se bilder)**.

Montering

5 Montering sker i omvänd ordning. Placera styrstiftet längst ner på luftrenaren innan den sätts på plats. Se också till att alla slangar ansluts ordentligt så att inga läckor uppstår.

4 Gasvajer – demontering, montering och justering

Observera: *Senare modeller med Melco 2 motorstyrningssystem har "fly-by-wire" gas-reglage, och saknar konventionell gasvajer. Istället skickar en gasspjällägesgivare på pedalen en signal, via ECU, till stegmotorn som sitter på trottelhuset.*

3.3 Demontera luftkanalen, komplett med resonanskammare

3.4a Ta bort luftrenarens främre fästbult . . .

3.4b . . . och den bakre (vid pilarna) . . .

3.4c . . . och dra och vrid loss luftrenaren från det nedre styrstiftet för att ta bort den

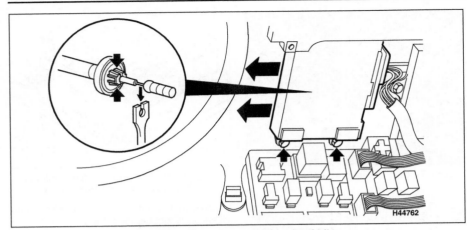

4.6 Demontering av gasvajern inuti bilen

Demontering

1 Skruva loss skruvarna och ta bort motor-kåpan för att komma åt trottelhuset.

2 Haka loss innervajern från gasspjäll-spindelns kvartscirkel och ta bort de två bultarna som håller vajerfästet från insugs-grenröret.

3 På högerstyrda modeller, dra upp spolar-vätskebehållaren och flytta den åt sidan i motorrummet för att komma åt vajern där den går genom torpedväggen.

4 På vänsterstyrda modeller, följ vajern runt insugsgrenrörets framsida och lossa den från de två klämmorna.

5 Skruva loss skruvarna, lossa klämmorna och ta bort klädselpanelen/den ljudisolerande panelen under instrumentbrädan på förarsidan. Där så är tillämpligt, demontera farthållarens vakuumenhet.

6 På högerstyrda modeller, ta bort de två muttrarna längst ner på gasspjällstyrningens ECU och dra den åt vänster. Lossa låsbrickan som håller pedalens returfjäder och dra loss pedalen från pivån. Om så behövs, koppla också loss kablaget till pedalens lägesgivare **(se bild).**

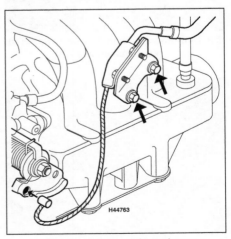

4.10 Montering och justering av gasvajern

7 Lossa vajernippeln längst upp på gas-pedalen, för sedan upp innervajern genom det avlånga hålet för att ta loss den från pedalen.

8 Tryck in låsflikarna och lossa vajermuffen från torpedväggen och dra in vajern i motorrummet. Notera exakt hur vajern är dragen, lossa den från eventuella klämmor och band och ta bort den från bilen.

Montering

9 Montering sker i omvänd ordningsföljd. Kontrollera att vajern inte har några veck någonstans, är klämd eller böjd, så att det inte finns någon risk att den fastnar under drift. På högerstyrda modeller, lägg lite fett på pedalens pivå innan pedalen sätts tillbaka. Justera vajern enligt beskrivningen nedan.

Justering

10 Vajern justeras med de två bultarna som håller fast vajerfästbygeln vid insugsgrenröret. Ta tag i innervajern, dra sedan vajerhöljet uppåt tills allt slack är borta. Dra åt fästbygelns bultar till angivet moment **(se bild).**

---

5 Bränslepump/givarenhet – demontering och montering

Observera: *Detta avsnitt behandlar den elektriska pumpen som är monterad i bränsletanken. För information om den motordrivna insprutningspumpen, se avsnitt 11. Läs föreskrifterna i avsnitt 1 innan något arbete utförs på bränslesystemets komponenter.*

Se kapitel 4A, avsnitt 6.

---

6 Bränslepåfyllningsrör – demontering och montering

Se kapitel 4A, avsnitt 7.

---

7 Bränsletank – demontering och montering

Se kapitel 4A, avsnitt 8.

---

8 Bränsleinsprutningssystem – allmän information

Melco systemet som behandlas i detta kapitel är ett fullständigt motorstyrningssystem, som styr både bränsleinsprutning och tändning (se kapitel 5B för information om tändsystemet). Systemet Melco 2 som är monterat på senare modeller skiljer sig inte nämnvärt från originalsystemet. Det introducerades i respons till de strängare utsläppslagarna.

Alla system har ett s.k. "closed-loop" bränslesystem, med katalysator och syresensor, för att minimera avgasutsläppen. Utsläppen minskas ytterligare med hjälp av ett EGR-system (avgasåterföring). Ett system för avdunstningsreglering finns också, för att minimera utsläppet av oförbrända kolväten från bränsletanken. Kapitel 4C innehåller information om komponenterna i dessa avgasreningssystem.

Huvudkomponenterna i systemets bränsle-del och deras funktioner är följande.

Elektronisk styrenhet (ECU)

Den elektroniska styrenheten (hädanefter bara kallad ECU) är mikroprocessorbaserad och styr hela bränslesystemets funktion. I enhetens minne finns programvara som styr bränslespridarnas öppningsintervall och öppningstid. Programmet använder under-program för att ändra dessa parametrar i enlighet med signaler från andra komponenter i systemet. Motorns tomgångsvarvtal styrs också av ECU, som använder en tom-gångsventil (IAC) för att öppna eller stänga en luftpassage efter behov. ECU har också en enhet för självdiagnos, som kontinuerligt kontrollerar att hela bränslesystemet fungerar som det ska. Eventuella fel som upptäcks lagras som felkoder, som sedan kan avläsas om diagnosenheten aktiveras. Om fel i systemet uppstår på grund av att en signal från en givare saknas, övergår ECU till ett nödprogram ("limp-home"). Detta gör att bilen fortfarande kan köras, men motorns funktion och prestanda begränsas.

Bränslespridare

Varje bränslespridare består av en solenoid-styrd nålventil, som öppnar på order från ECU. Bränsle från insprutningsbryggan matas genom spridarmunstycket in i insugs-grenröret. Spridarna på detta system arbetar under ett femton gånger så högt tryck som ett konventionellt system, och går på 100 volt. Ett effektsteg sitter på innerskärmen som en del av bränslespridarnas brytarkrets – detta höjer spridarspänningen till behövlig nivå (och genererar avsevärd värme när detta sker, vilket förklarar dess kylflänslika utseende).

Kylvätskans temperaturgivare

Denna resistiva komponent sitter fastskruvad i termostathuset. Givarens sond är nedsänkt i motorns kylvätska. Den här givaren används endast av temperaturgivaren på instrumentbrädan, och finns endast på tidigare modeller med Melco 1 motorstyrningssystem.

Motorns temperaturgivare

Motorns temperaturgivare sitter fastskruvad i vattenpassagen i topplockets ände mot växellådan. Givaren förser ECU med en konstant varierande (analog) spänningssignal, motsvarande motorns temperatur. Denna information används till att finjustera beräkningarna som görs av ECU, när den ska bestämma hur mycket bränsle som behövs för att optimera luft-/bränsleblandningen.

Tidigare modeller med systemet Melco 1 har både kylvätske- och motortemperaturgivare, medan senare modeller endast har en givare för motor, som då också skickar en signal till mätaren.

Luftflödesgivare

Luftflödesgivaren mäter det luftflöde som går in i motorn. Enheten sitter på luftrenaren, på sidan mot motorn, och innehåller givare som också mäter lufttemperatur och atmosfärisk tryck. Denna information gör det möjligt för ECU att anpassa bränsletillförseln efter klimat- och höjdförhållanden.

Gaspedalens lägesgivare

Den här givaren sitter på själva gaspedalen och skickar information till ECU om pedalens position och hur fort den rör sig. I viloläget (tomgång) signalerar givaren till ECU att den ska inta tomgångsläget; vid full gas får ECU en signal om att ge maximal bränsletillförsel.

Gasspjällets lägesgivare

Gasspjällets lägesgivare är en potentiometer som sitter på gasspjällaxeln i trottelhuset. Givaren skickar en linjär signal till både bränslesystemets ECU och tändsystemets ECU, som informerar om gasspjällets öppningsgrad.

Tomgångsventil

Under påverkan av ECU släpper tomgångsventilen in en kontrollerad mängd luft i trottelhuset, för att anpassa tomgångshastigheten efter de olika belastningar som läggs på motorn. Den här ventilen finns endast på modeller med systemet Melco 1 – på Melco 2 system styrs tomgångshastigheten av stegmotorn som sitter på trottelhuset.

Stegmotor

På det senare systemet Melco 2, har den konventionella gasvajern ersatts av en lägesgivare på gaspedalen och en stegmotor. Ett helt elektroniskt styrsystem för gasspjället gör att responsen kan bli snabbare och ger bättre kontroll. När givaren på gaspedalen signalerar till ECU att motorn är i tomgångsläge, använder ECU stegmotorn till att ställa in rätt tomgångsvarvtal, baserat på informationen om motorns temperatur och belastning.

Bränslepump

Den elektriska bränslepumpen sitter i bränsletanken och är helt nedsänkt i bränsle. Bränsle flödar genom pumphuset och fungerar som en kylande vätska som reglerar pumpens temperatur under drift. Enheten är en tvåstegs komponent, som består av en elektrisk motor som driver en skovelhjulspump för att dra in bränsle, och en kugghjulspump för att pumpa ut det under tryck. Bränslet matas sedan via ett filter till en högtrycks insprutningspump.

Bränsletrycksregulatorer

Både tankpumpen och insprutningspumpen har en inbyggd tryckregulator, för att se till att både de låga och de höga bränsletrycken hålls kring de nominella värdena. När bränsletrycket i insprutningsbryggan överskrider det inställda värdet för insprutningspumpens regulator, öppnar regulatorn och släpper tillbaka bränsle till tanken via returledningen.

Insprutningspump

GDI-motorn har direkt insprutning av bränsle in i förbränningskammaren, vilket kräver bränsletillförsel under mycket högre tryck än vid normal (indirekt) insprutning. En högtrycks insprutningspump har därför monterats, som matar bränslet till insprutningsbryggan. Pumpen drivs av insugskamaxeln.

Bränsletrycksgivare

Givaren sitter i insprutningsbryggan och övervakar bränsletrycket i denna.

Systemrelä

Systemets huvudrelä får sin ström via bränslesystemets ECU, och förser bränslepumpen med ström.

Givare för atmosfäriskt tryck

Den här givaren är inbyggd i luftflödesgivaren och förser ECU med en signal som motsvarar omgivningens atmosfäriska tryck. Förändringar i den omgivande luftens tryck och densitet (t.ex. vid körning på bergsvägar på hög höjd) påverkar den mängd syre som dras in i motorn och därmed också förbränningen. Tryckgivaren gör det möjligt för ECU att alltid ge rätt mängd bränsle (och rätt laddtryck där så är tillämpligt) oavsett yttre förhållanden.

Insugsluftens temperaturgivare

Den här resistiva komponenten sitter i luftflödesgivaren, där dess element är i direkt kontakt med luften som går in i motorn.

Förändringar i insugsluftens temperatur registreras av ECU som en förändring i spänningen över givaren, orsakat av en förändring i dess elektriska resistans. Med hjälp av signalerna från insugsluftens temperaturgivare och givaren för atmosfäriskt tryck kan ECU beräkna volymen på den luft som sugs in i motorn.

Kamaxelns lägesgivare

Kamaxelns lägesgivare sitter på vänster sida av topplocket och drivs av avgaskamaxeln. Den informerar ECU om när cylinder nr 1 är i sitt förbränningsslag och möjliggör sekventiell bränsleinsprutning och tändinställning (för knackreglering).

Motorhastighets-/vevaxellägesgivare

Den här givaren förser ECU med ett mätvärde för beräkning av vevaxelns rotationshastighet och läge i förhållande till ÖD (övre dödpunkt). Givaren triggas direkt av vevaxeldrevet.

Oljetemperaturgivare

En temperaturgivare för oljan finns på växellådan, för att ECU ska kunna finjustera tomgångshastigheten baserat på växellådsoljans temperatur.

Servostyrningens tryckbrytare

En tryckbrytare sitter monterad i servostyrningsvätskans tillförselledning. Denna gör att ECU kan höja tomgångshastigheten något i respons till de motorbelastningar som kan uppstå om styrningen vrids till fullt utslag medan motorn går på tomgång (t.ex. vid parkering).

Uppvärmd syresensor

Syresensorn förser ECU med kontinuerliga rapporter om syrehalten i avgaserna, vilket gör att det s.k. "closed-loop" systemet fungerar. Sensorn har ett inbyggt värmeelement för att snabbt kunna nå arbetstemperatur när motorn har startats. Flera modeller har två syresensorer, en före katalysatorn och en efter.

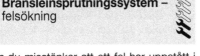

9 Bränsleinsprutningssystem – felsökning

1 Om du misstänker att ett fel har uppstått i bränsleinsprutningssystemet, kontrollera först att systemets alla kontaktdon sitter fast ordentligt och att de inte är korroderade – se också punkt 6 till 9 nedan. Kontrollera sedan att inte felet beror på bristande underhåll – se till att luftfiltret är rent, att tändstiften är i gott skick och har rätt elektrodavstånd, att kompressionstrycket i cylindrarna är rätt, att tändsystemets kablage är i gott skick och sitter fast ordentligt, och att motorns ventilationsslangar inte är blockerade eller skadade. Se kapitel 1, 2B och 5B.

2 Om ingen av dessa kontroller avslöjar orsaken till problemet bör bilen testas hos en Volvoverkstad. Ett diagnosuttag finns i motorstyrningssystemets kabelhärva, till vilket man kan ansluta särskild elektronisk testutrustning (kontakten sitter bakom instrumentbrädan, på höger sida om mittkonsolen). Testutrustningen kan "fråga ut" motorstyrningssystemets ECU elektroniskt och läsa av de lagrade felkoderna

3 Felkoderna kan endast läsas av med en särskild felkodsläsare. Dessa finns visserligen att köpa, men det är inte troligt att det lönar sig för den private bilägaren. En Volvo-verkstad eller en annan välutrustad verkstad, eller en specialist på bilelektronik, har garanterat en.

4 Med hjälp av den här utrustningen kan fel hittas snabbt och enkelt, även om de är intermittenta. Att testa alla system-komponenter individuellt i ett försök att med uteslutningsmetoden hitta felet är tidsödande, och inte alltid fruktsamt (särskilt om felet uppstår dynamiskt). Det medför också stor risk för skador på de inre komponenterna i ECU.

5 Erfarna hemmamekaniker, utrustade med en bra varvräknare och en noggrant kalibrerad avgasanalyserare, kan kontrollera avgasernas CO-halt och motorns tomgångshastighet. Om dessa inte ligger inom specificerade värden måste bilen tas till en välutrustad Volvo-verkstad för undersökning. Varken luft-/bränsleblandningen (avgasernas CO-halt) eller tomgångshastigheten kan justeras manuellt. Felaktiga testresultat tyder på ett behov av underhåll (eventuellt rengöring av spridarna) eller ett fel i bränsleinsprutningen.

6 Vissa fel, som t.ex. att en av motor-styrningssystemets givare inte fungerar, gör att systemet övergår till nödprogrammet ("limp-home"). Detta är endast avsett som en hjälp att ta sig hem – motorstyrnings-systemets varningslampa tänds när detta program är i gång.

7 I det här läget ersätts signalen från den defekta givaren med ett fast värde (i normala fall varierar det), vilket kan leda till effektförlust och allmänt dålig drift, särskilt när motorn är kall.

8 Det kan dock hända att motorn går ganska bra på nödprogrammet, och den enda ledtråden (utöver varningslampan) kan då vara att CO-utsläppen (till exempel) är högre än de ska vara.

9 Kom ihåg att även om den defekta sensorn hittas och byts ut, kommer inte motorn att återgå till normal drift förrän felkoden har raderats. Detta gäller även om orsaken till felet var en lös anslutning eller en skadad ledning – fram till det att felkoden har raderats, kommer systemet att gå på nödprogrammet.

10.15 Koppla loss kontaktdonet till motorns temperaturgivare

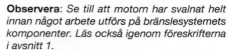

10 Bränsleinsprutningssystem – demontering och montering av komponenter

Observera: *Se till att motorn har svalnat helt innan något arbete utförs på bränslesystemets komponenter. Läs också igenom föreskrifterna i avsnitt 1.*
Varning: Se till att tändningen är avslagen (ta ut nyckeln) innan något arbete utförs på motorstyrningssystemets komponenter. Om ett kontaktdon kopplas loss (eller kopplas in) medan ström ligger på, kan komponenten ta skada.

Luftflödesgivare

Demontering

1 Koppla loss kabeln från batteriets minuspol (se *Koppla ifrån batteriet*).
2 Lossa slangklämman och koppla loss insugsluftskanalen.
3 Koppla loss luftflödesgivarens kontaktdon,

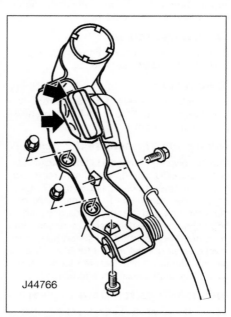

J44766

10.18 Gaspedalens lägesgivare – detaljer för demontering

lossa sedan kablaget från klämman som sitter på en av luftflödesgivarens fästmuttrar.
4 Ta bort de fyra muttrarna som håller fast luftflödesgivaren. Notera att en av dem också håller fast kabelklämman till givarens kablage. Ta loss givaren från luftrenarhuset.

Montering

5 Montering sker i omvänd ordning. Se till att fogytorna på givaren och luftrenaren är rena och dra åt muttrarna ordentligt så att inte luftläckor uppstår.

Insugsluftens temperaturgivare

6 Insugsluftens temperaturgivare är inbyggd i luftflödesgivaren och kan inte demonteras separat.

Givare för atmosfäriskt tryck

7 Den här tryckgivaren är inbyggd i luftflödes-givaren och kan inte demonteras separat.

Kylvätskans temperaturgivare

Demontering

8 Kylvätskans temperaturgivare sitter på termostathuset, framtill på motorn på vänster sida (vänster sett från förarsätet – se kapitel 3 för mer information).
9 Tappa av kylsystemet delvis, se kapitel 1. Koppla sedan loss kylarens övre slang från termostathuset – se avsnittet om demontering och montering av kylaren i kapitel 3.
10 Koppla loss kablaget från kontaktdonet i änden av givarens ledning.
11 Skruva loss givaren från termostathuset. Ta vara på eventuell tätningsring.

Montering

12 Montering av givaren sker i omvänd ordning mot demonteringen.

Motorns temperaturgivare

Demontering

13 Givaren sitter fastskruvad framtill i topplockets vänstra ände (vänster sett från förarsätet). Ta bort motorns kåpa om det behövs. Givaren sitter bakom termostathuset – en djup 19 mm hylsa behövs för att den ska kunna demonteras.
14 Tappa av kylsystemet delvis enligt beskrivningen i kapitel 1, eller var beredd med den nya givaren så att den kan sättas på plats direkt när den gamla tas bort.
15 Dra bort den stora kabelhärvan från fästbygeln bredvid givaren för att ytterligare förbättra åtkomligheten. Koppla sedan loss kontaktdonet och skruva loss givaren från topplocket **(se bild)**.

Montering

16 Montering sker i omvänd ordning mot demonteringen.

Gaspedalens lägesgivare

Demontering

17 Försäkra dig om att tändningen är avslagen (ta ut nyckeln). Ta bort den nedre instrumentbrädespanelen på förarsidan för att

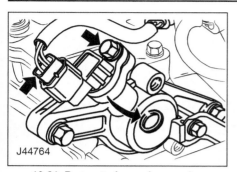

10.21 Demontering av kamaxelns lägesgivare

10.25 Vevaxellägesgivarens fästbultar (vid pilarna)

10.28 Oljetemperaturgivarens kontaktdon (vid pilen) fram på växellådan

komma åt pedalen, och koppla samtidigt loss innerbelysningens kablage.

18 Givaren sitter fast med två skruvar och två muttrar **(se bild)**. Koppla loss kontaktdonet, skruva loss skruvarna/bultarna och ta bort givaren från pedalen.

Montering

19 Montering sker i omvänd ordning mot demonteringen.

Kamaxelns lägesgivare

Demontering

20 Kamaxellägesgivaren sitter i den änden av motorn som är vänd mot växellådan, på avgaskamaxeln (den främre). Ta bort motorkåpan för att komma åt givaren.

21 Koppla loss givarens kontaktdon, ta sedan bort den enda bulten och ta bort givaren från huset **(se bild)**. Ta vara på O-ringstätningen längst ner på givaren – en ny måste användas vid monteringen.

Montering

22 Montering sker i omvänd ordning. Smörj den nya O-ringen med lite ren motorolja.

Motorhastighets-/vevaxellägesgivare

Demontering

23 Givaren sitter precis ovanför vevaxelns kuggade drev (från vilket kamremmen drivs). För att ta bort givaren, se kapitel 2B och demontera kamremskåporna – kamremmen själv behöver inte demonteras, men avsevärd

isärtagning krävs. Givarens kontaktdon sitter på den nedre kamremskåpan, så när denna kåpa demonteras måste givaren alltså kopplas loss.

24 Rengör området runt givaren så noggrant som möjligt.

25 skruva loss de två fästbultarna och lyft ut givaren och dess stödplatta **(se bild)**.

Montering

26 Montering sker i omvänd ordning. Se kapitel 2B när så behövs.

Oljetemperaturgivare

Demontering

27 Helst bör denna åtgärd endast utföras när växellådan (och dess olja) är helt kall. Om arbetet måste utföras när växellådan fortfarande är varm (arbetstemperatur eller i närheten av), rekommenderar Volvo att växellådsoljan tappas av innan arbetet påbörjas (möjligtvis på grund av risk förs skållning).

28 Givaren sitter i växellådans framsida, intill oljepåfyllnings-/nivåpluggen **(se bild)**. Givarens sond är hela tiden i kontakt med oljan – därav risken för spill när givaren demonteras. För att förbättra åtkomligheten, och möjligtvis minska risken för oljespill om växellådan inte töms, lyft upp bilens vänstra sida och ställ upp den på pallbockar (se *Lyftning och stödpunkter*). Om bilen lutar något bör oljeförlusten bli mindre.

29 Under bilen, ta bort den vänstra delen av motorns skyddskåpa.

30 Försäkra dig om att tändningen är avslagen (ta ut nyckeln), koppla sedan loss givarens kontaktdon.

31 För att minimera oljespillet, var beredd med den nya givaren så att den kan sättas på plats på en gång. Skruva loss givaren, skruva in den nya och dra åt den (om möjligt) till angivet moment. Torka upp spilld olja.

Montering

32 Montering sker i omvänd ordning mot demonteringen. Om en större mängd olja runnit ut under arbetet, toppa upp växellådsoljan enligt beskrivning i kapitel 1 när bilen står på marken igen.

Trottelhus

Demontering

33 Tryckutjämna bränslesystemet enligt beskrivning i avsnitt 2. Ta bort motorkåpan för att komma åt trottelhuset.

34 Lossa de stora slangklämmorna i ändarna av luftintagskanalen, koppla loss ventilations-slangen från topplocket och ta bort luftkanalen från luftrenaren och trottelhuset.

35 Dra loss avdunstningsregleringens slang (slangar) uppe på trottelhuset **(se bild)**.

36 Lossa kabelhärvan från de två klämmorna på trottelhusets fästbygel.

37 Skruva loss jordflätan på sidan av trottelhuset **(se bild)**.

38 Koppla loss kontaktdonen från gasspjällägesgivaren uppe på huset, och från gasspjällstyrmotorn (på sidan) eller från tomgångsventilen (längst ner), efter tillämplighet **(se bilder på nästa sida)**.

39 Kylvätskeslangen (-slangarna) måste nu kopplas loss från huset **(se bild på nästa sida)**. Tappa antingen av kylsystemet delvis (se kapitel 1), använd slangklämmor eller var beredd på ett visst kylvätskespill. Om slangklämmor av fjädertyp används, införskaffa nya skruvklämmor till monteringen.

40 Totalt sju bultar håller nu fast trottelhuset och dess fästbygel – tre som håller fästet till topplocket och fyra runt husets "mun" (som håller huset till fästbygeln). Egentligen behöver man bara ta bort de fyra bultarna mellan huset och fästbygeln, men om man tar bort de andra tre kan även fästbygeln tas bort. Detta skapar bättre arbetsutrymme, särskilt

10.35 Dra loss avdunstningsregleringens slang från trottelhuset

10.37 Skruva loss trottelhusets jordfläta

10.38a Koppla loss gasspjällägesgivaren uppe på trottelhuset . . .

10.38b . . . och gasspjällstyrmotorn på sidan

10.39 Kylvätskeslangens anslutning på trottelhuset

om trottelhuset demonteras som en del av en annan åtgärd. Skruva loss bultarna och ta bort huset och dess packning. En ny packning måste användas vid monteringen **(se bilder)**.

Montering

41 Montering sker i omvänd ordning mot demonteringen. Använd en ny packning och dra åt trottelhusets bultar till angivet moment.

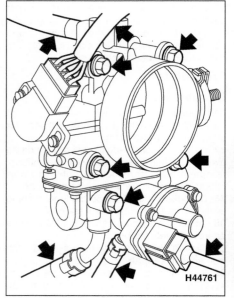

10.40a Demontering av trottelhuset

Avsluta med att kontrollera kylvätskenivån och fyll på om så behövs.

Insprutningspump

Demontering

42 Tryckutjämna bränslesystemet enligt beskrivningen i avsnitt 2.
43 Ta bort motorkåpan för att komma åt pumpen.
44 Lossa fjäderklämmorna och dra loss de två bränslereturslangarna från insprutningspumpen, notera hur de sitter **(se bild)**. Flytta försiktigt de två slangarna åt sidan. Om klämmorna av fjädertyp är i dåligt skick, byt ut dem mot klämmor av skruvtyp vid monteringen.
45 Vira absorberande trasor runt bränslematningsledningens fläns, skruva sedan loss de två bultarna som håller fast flänsen och ta

isär fogen **(se bild)**. Ta vara på O-ringstätningen från flänsfogen – en ny ska användas vid monteringen. Flytta undan bränsleledningen utan att böja den mer än nödvändigt.
46 Demontera trottelhuset enligt tidigare beskrivning i det här avsnittet, därefter insugsgrenröret enligt beskrivning i avsnitt 11.
47 Ta bort det stela bränslematningsröret som sitter mellan insprutningspumpen och insprutningsbryggan. Röret sitter fast med en två-bults fläns i var ände – skruva loss bultarna och ta bort röret (man kan behöva bända försiktigt för att få loss flänsarna) **(se bilder)**. Ta vara på O-ringen och brickan från varje fläns och notera att den delade brickan sitter längst ner. Nya O-ringar ska användas vid monteringen – kom ihåg att det här systemet arbetar under ett mycket högre tryck

10.40b Bultar som håller trottelhuset till fästbygeln (vid pilarna)

10.40c Ta loss huset från fästbygeln och ta vara på packningen

10.44 Lossa fjäderklämmorna (vid pilarna) och koppla loss bränslereturslangarna

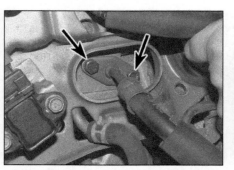

10.45 Skruva loss de två flänsbultarna (vid pilarna) och koppla loss bränslematningsröret

10.47a Bänd försiktigt på flänsen för att lossa O-ringarna. . .

10.47b ... och ta bort bränslematningsröret

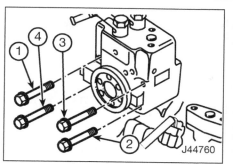

J44760

10.49 Åtdragningsordning för insprutningspumpens fästbultar

10.52 Koppla loss spridarnas kontaktdon och ta vara på gummitätningarna

än konventionell bränsleinsprutning och alla åtgärder måste vidtagas för att förhindra bränsleläckage.
48 Insprutningspumpen sitter fast med fyra bultar – skruva loss bultarna och dra försiktigt ut pumpen.

Montering
49 Montering sker i omvänd ordning. Tänk på följande:
a) Dra åt insprutningspumpens fyra bultar till angivet moment för steg 1, i den ordning som visas (se bild). Gå sedan runt igen i samma ordning och dra åt bultarna till momentet för steg 2.
b) Använd nya O-ringar på bränsleledningarna och smörj dem med ren motorolja innan monteringen. Sätt på brickan och därefter O-ringen på varje fläns, montera sedan röret och dra åt bultarna till angivet moment.

Bränsleinsprutningsbrygga och spridare

Demontering
50 Tryckutjämna bränslesystemet enligt beskrivningen i avsnitt 2. Ta bort motorkåpan.
51 Demontera insugsgrenröret enligt beskrivning i avsnitt 11. Ta sedan bort bränsletillförselröret enligt beskrivningen i punkt 47.
52 Koppla loss kontaktdonen från de fyra bränslespridarna. Notera att varje kontaktdon har en gummitätning (orange) som inte får tappas bort (se bild). Koppla också loss kontaktdonet från bränsletrycksgivaren.
53 För att förbättra åtkomligheten till den vänstra änden av insprutningsbryggan, koppla loss kontaktdonet från EGR-ventilen. För att skapa ytterligare utrymme skruvade vi loss ventilen helt från topplocket (utan att

koppla loss kylvätskeröret), men detta betydde att vi var tvungna att skaffa en ny packning till monteringen (se bilder).
54 Skruva loss de fyra bultar som håller fast insprutningsbryggan (se bild). Varje bult har en distansbricka som sitter mellan insprutningsbryggan och topplocket. Om möjligt, lyft ut insprutningsbryggan lite från topplocket och ta bort dessa brickor nu, så att de inte trillar ut när bryggan tas bort.
55 Skruva loss bulten från varje spridares hållplatta. Ta vara på den skålade brickan och notera hur den sitter. Ta sedan bort plattan från varje spridare (se bilder).
56 Dra försiktigt loss insprutningsbryggan, tillsammans med de fyra spridarna, från topplocket. Försök att hålla spridarna på plats när bryggan tas bort, för att hålla ordning på alla brickor och O-ringar. Det kan hända att bränslespridarna fastnar i topplocket när insprutningsbryggan tas bort – om det händer, var noga med att endast gripa tag om deras nederdel av metall när de dras ut (se bild på nästa sida). Ta vara på kopparbrickorna som sitter längst ner på varje spridare – nya kopparbrickor måste användas vid monteringen.
57 När insprutningsbryggan och spridarna har demonterats, kan spridarna tas ut. Det rekommenderas (även om det inte är absolut nödvändigt) att man märker upp spridarna så att man vet var i insprutningsbryggan de ska sättas tillbaka. Notera hur brickorna och O-ringen sitter längst upp på varje spridare och använd nya O-ringar vid monteringen.

10.53a Att koppla loss EGR-ventilens kontaktdon förbättrar åtkomligheten till insprutningsbryggan ...

10.53b ... och om man tar bort ventilen helt behövs en ny packning

10.54 En av insprutningsbryggans fästbultar tas bort

10.55a Bränslespridarna har var sin hållplatta ...

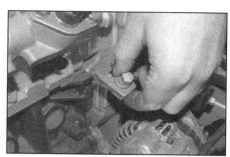

10.55b ... och alla fyra måste skruvas loss för att insprutningsbryggan ska kunna demonteras

10.56 Om några spridare stannar kvar kan de dras ut med en tång, men grip endast om den nedre metalldelen

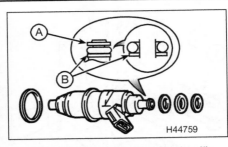

10.59 Korrekt monteringsordning för brickorna och O-ringstätningen – infälld bild visar de övre brickornas olika profiler (A och B)

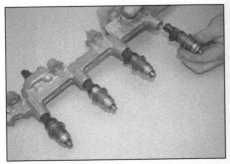

10.60 Smörj O-ringarna och vrid spridarna på plats

10.61a Lite fett kan läggas på kopparbrickorna så att de hålls på plats . . .

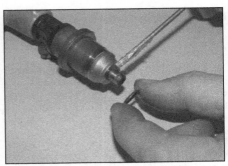

10.61b . . . och samma metod kan användas på spridarnas nedre brickor

10.62 Sätt distansbrickorna i hålen för insprutningsbryggans fästbultar

Montering

58 Smörj den nya O-ringen på varje spridare med lite ren motorolja innan monteringen.
59 Se till att montera de två små brickorna på varje spridare så som de satt innan demonteringen – den tjockare brickan sätts på först **(se bild)**.
60 Montera spridarna i insprutningsbryggan med en vridande rörelse **(se bild)**, och vänd dem så att kontakterna hamnar rätt väg. Det bör gå lätt att vrida spridarna i bryggan när de sitter på plats – om inte är det något som är fel, och spridaren måste då tas bort för en extra kontroll. En trasig, gammal eller felmonterad O-ring är den troligaste orsaken.
61 Sätt nya kopparbrickor i urtagen i topplocket, eller trä en över varje spridare och fäst den med lite fett. Vi upptäckte att

spridarnas nedre brickor också har en tendens att trilla av, så vi fäste även dessa med lite fett **(se bilder)**.
62 Sätt distansbrickorna på plats bak på motorn – var försiktig, de rubbas lätt när insprutningsbryggan monteras (kanske lite fett på de här brickorna också) **(se bild)**.
63 Tryck insprutningsbryggan på plats. Se till att allt hålls på plats och dra åt de fyra fästbultarna för hand **(se bild)**.
64 Montera de fyra spridarnas hållplattor, sätt sedan i bulten och den skålade brickan på varje **(se bild)**, och dra åt till angivet moment.
65 Dra åt insprutningsbryggans fästbultar till angivet moment.
66 Anslut de fyra spridarnas kontaktdon. Var noga med att inte rubba gummitätningen inne i kontakten.

67 Resten av monteringen sker i omvänd ordning mot demonteringen. Avsluta med att starta motorn och leta efter tecken på bränsleläckage.

Bränslespridarnas effektsteg

68 Effektsteget (som ser ut som en stor kylfläns) sitter baktill i motorrummet, monterad på en fästbygel på vänster innerskärm (vänster sett från förarsätet) **(se bild)**. Effektsteget är mycket varmt om bilen precis har körts.
69 Koppla loss kabeln från batteriets minuspol (se *Koppla ifrån batteriet*).
70 Baktill i motorrummet, ta bort de två bultarna som håller säkrings-/relädosan och ta loss dosan från fästbygeln – flytta den åt sidan så långt det går utan att koppla loss kablaget. Det blir betydligt lättare att komma

10.63 Montera insprutningsbryggan noggrant och se till att inget trillar av när den trycks på plats

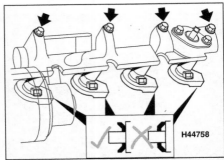

10.64 Insprutningsbryggans fästbultar (vid pilarna) – infälld bild visar korrekt montering av de skålade brickorna

10.68 Bränslespridarnas effektsteg – visas här med luftrenaren demonterad

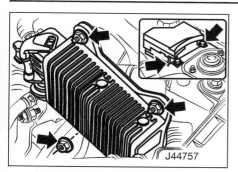

10.71 Effektstegets fästmuttrar (vid pilarna) – infälld bild visar relädosans bultar

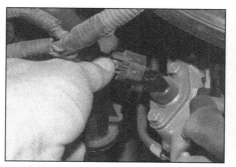

10.78a Koppla loss kontaktdonet ...

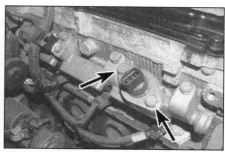

10.78b ... skruva sedan loss de två bultarna och ta bort bränsletrycksgivaren från insprutningsbryggan

åt effektsteget om luftrenaren demonteras enligt beskrivningen i avsnitt 3.

71 Skruva loss de tre muttrarna som håller effektsteget till fästbygeln **(se bild).**

72 Lyft ut enheten, torka rent runt kontaktdonet innan du lossar spärren och kopplar loss kontaktdonet.

Bränsletrycksregulator (högtryck)

Observera: Lågtrycksregulatorn är inbyggd i den tankmonterade bränslepumpen och kan inte bytas ut separat.

Demontering

73 Demontera insprutningspumpen enligt tidigare beskrivning i detta avsnitt.

74 Tryckregulatorn sitter fast med fyra insexskruvar längst ner på insprutningspumpen. Skruva loss skruvarna och ta av regulatorn.

Montering

75 Montering sker i omvänd ordning mot demonteringen.

Bränsletrycksgivare

Demontering

76 Bränsletrycksgivaren sitter i insprutningsbryggan. Man bör inte behöva demontera insprutningsbryggan (beskrivning tidigare i detta avsnitt) för att ta bort tryckgivaren, men viss isärtagning behövs för att den ska kunna nås.

77 Tryckutjämna bränslesystemet enligt beskrivningen i avsnitt 2.

78 Koppla loss kontaktdonet från givaren, ta sedan bort de två bultarna och ta loss givaren från insprutningsbryggan **(se bilder).** Ta bort packningen/O-ringen – en ny måste användas vid monteringen.

Montering

79 Montering sker i omvänd ordning.

Gasspjällets lägesgivare

Demontering

80 Tryckutjämna bränslesystemet enligt beskrivningen i avsnitt 2. Ta bort motorkåpan för att komma åt trottelhuset.

81 Koppla loss givarens kontaktdon, skruva

sedan loss de två bultarna som håller givaren och ta bort den från trottelhuset.

Montering

82 Montering sker i omvänd ordning mot demonteringen. Om en ny givare har monterats, låt en Volvoverkstad undersöka bilen med diagnostisk utrustning för att kontrollera att den nya givaren är korrekt anpassad till motorstyrningssystemet.

Elektronisk styrenhet (ECU)

Demontering

83 ECU sitter inne i passagerarutrymmet, bakom mittkonsolen.

84 Inne i förarens fotbrunn, skruva loss skruven och ta bort mattans klädselpanel nedtill på sidan av mittkonsolen.

85 På höger sida om ECU sitter en "klåfingerskyddad" säkerhetsbult, som måste borras ut innan ECU kan demonteras. Bulten sitter där för att förhindra "chipsning" av ECU – en vanlig bult kan användas vid monteringen om så önskas.

86 På vissa modeller sitter ett låslock på fästbygeln, som lossas genom att det vrids åt vänster.

87 Se till att tändningen är avslagen, lossa sedan spärren på ECU kontaktdon genom att trycka uppåt. Koppla loss multikontakten och ta bort ECU från bilen.

Montering

88 Montera ECU i omvänd ordning mot demonteringen. Se till att kontaktdonet ansluts ordentligt. Helst ska ECU nu säkras igen med en ny säkerhetsbult, som dras åt tills

11.4 Koppla loss avdunstningsregleringens slang från trottelhuset

skallen går av (men se kommentar ovan). En ny ECU måste programmeras in med hjälp av Volvos diagnostiska utrustning VADIS.

11 Insugsgrenrör – demontering och montering

Observera: Läs föreskrifterna i avsnitt 1 innan något arbete utförs på bränslesystemets komponenter.

Demontering

1 Insugsgrenröret på GDI-motorn har sina portar längst upp i topplocket, vilket betyder att det föreligger större risk för att smuts och skräp kan komma in i motorn när grenröret demonteras. Rengör därför noggrant motorns övre del, helst med tryckluft, innan arbetet påbörjas. Insugsportarna måste också pluggas igen med lämpligt material när grenröret väl är demonterat.

2 Tappa av kylsystemet enligt beskrivningen i kapitel 1. Alternativt, förutsatt att kylvätskeslangarna till trottelhuset och EGR-ventilens hus inte kopplas loss, kan kylsystemet lämnas orört.

3 Demontera luftrenaren och insugskanalen enligt beskrivning i avsnitt 3.

4 Koppla loss avdunstningsregleringens slang (slangar) uppe på trottelhuset **(se bild).**

5 Bak på insugsgrenröret, lossa slangklämman av fjädertyp och koppla loss bromsservons vakuumslang från det stela röret **(se bild).**

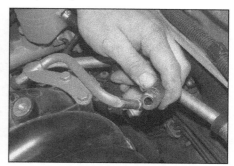

11.5 Koppla loss servoslangen uppe på grenröret

11.7 Koppla loss kontaktdonet till motorns hastighetsgivare

11.8a Koppla loss syresensorns kontaktdon . . .

11.8b . . . och lossa kablaget från grenröret

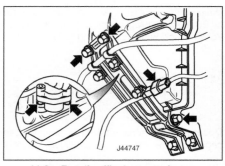

11.8c Detaljer för demontering av insugsgrenrörets fästbygel – tidiga modeller

11.8d På senare modeller, skruva loss de fyra bultarna (de två nedre vid pilarna) . . .

11.8e . . . och ta bort grenrörets fästbygel

6 Skruva loss/lossa fästbyglarna som håller kabelhärvan till grenröret, och lossa kablaget från de vridna kabelklämmorna där sådana används.

7 Vid kamremskåpan, koppla loss kontakt-donet för motorns hastighetsgivare och flytta undan kabelhärvan så långt bort från grenröret som möjligt **(se bild)**.

8 Arbeta nu under bilen och ta loss följande från grenrörets baksida:

a) Två bultar som håller EGR-kröken längst ner på grenröret.

b) Syresensorns kontaktdon. Lossa sensorns kablage från klämmorna bak på grenröret **(se bilder)**.

c) På tidiga modeller, två bultar upptill på grenrörets fästbygel, och en ensam bult från resonanskammaren av plast, längst ner på grenrörets fästbygel **(se bild)**.

d) På senare modeller är fästbygeln mindre och den hålls fast av totalt fyra bultar **(se bilder)**.

9 På tidiga modeller, koppla loss gasvajern från insugsgrenröret med hjälp av informationen i avsnitt 4.

10 På senare modeller, koppla loss kontakt-donen uppe på grenröret, för EVAP-systemets styrventil och EGR-ventilen. Ta loss kablaget från grenröret **(se bilder)**.

11 Skruva loss de två bultar som håller var och en av de fyra tändspolarna som sitter över tändstiften. Notera jordkablarna som också sitter fast med spolarnas fästbultar.

12 Koppla loss kontaktdonet från varje spole, dra sedan försiktigt spolarna uppåt från tändstiften. Även om det förmodligen inte har några allvarliga konsekvenser om spolarna förväxlas, är det bäst att märka dem så att de kan sättas tillbaka på samma platser (nr 1 vid motorns kamremsände).

13 Om det inte redan har gjorts, koppla loss vevhusventilationsslangen antingen från trottelhuset eller från grenröret **(se bild)**.

14 Skruva loss de fyra bultarna som håller fast trottelhuset, och de tre bultarna som håller trottelhusets fästbygel till topplocket.

11.10a Koppla loss EGR-ventilens kontaktdon . . .

11.10b . . . och lossa kontaktdonet från grenröret

11.10c Koppla loss EVAP-systemets kontaktdon . . .

11.10d . . . och lossa ventilen (med slangar) från grenröret

11.13 Koppla loss ventilationsslangen från grenröret i kamremsänden

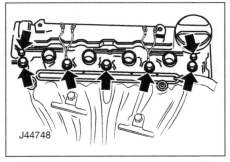

11.15a Insugsgrenrörets muttrar och bultar (vid pilarna)

11.15b Två av grenrörsbultarna används också till att hålla fast tändspolarnas jordkablage

15 Skruva loss de två yttre muttrarna, sedan raden med fem bultar som håller insugs-grenröret – notera att två av bultarna håller tändspolens jordkabel. Kontrollera runt hela grenröret att inget kablage fortfarande sitter fast, lyft sedan försiktigt grenröret över de yttre pinnbultarna och ta bort det från motorrummet tillsammans med resonans-kammaren. Ta vara på packningarna – nya måste användas vid monteringen **(se bilder)**. Täck över eller plugga igen grenrörsportarna på motorn, för att förhindra att smuts kommer in i motorn.

16 Om så behövs, på tidiga modeller, kan resonanskammaren som sitter under grenröret demonteras. Lossa de två bultarna och dra loss kammaren.

Montering

17 Montering sker i omvänd ordning. Notera följande:
  a) Rengör fogytorna (men se till att ingen smuts kommer in i motorn), och använd nya grenrörspackningar **(se bild)**.
  b) Dra åt grenrörsmuttrarna och bultarna till angivet moment, börja med mittbulten.

12 Farthållare – demontering och montering av komponenter

Se kapitel 4A.

13 DSA-system (Dynamic Stability Assistance) – information och byte av komponenter

Se kapitel 4A.

11.15c Lyft av insugsgrenröret, se till att inte packningarna faller ut

11.17 Använd nya packningar vid monteringen av grenröret

Kapitel 4 Del C:
Avgassystem och avgasreningssystem

Innehåll

Svårighetsgrader

 Enkelt, passar novisen med lite erfarenhet

 Ganska enkelt, passar nybörjaren med viss erfarenhet

 Ganska svårt, passar kompetent hemmamekaniker

 Svårt, passar hemmamekaniker med erfarenhet

 Mycket svårt, för professionell mekaniker

Specifikationer

Åtdragningsmoment — Nm

	Nm
Avgasgrenrör till topplock:	
Alla motorer utom GDI	25
GDI motor	29
Avgasgrenrörets värmesköld, bultar:	
M6 bultar	10
M8 bultar	16
Bakre avgasrör till mellanrör	55
EGR-systemets komponenter (GDI motor)	19
Främre avgasrör (ej GDI motor):	
Främre rör till katalysator (modell utan turbo)	30
Främre rör till mellanrör, muttrar/bultar	60
Främre rör till turboaggregat	30
Fjäderbelastad flänsfog, muttrar	9
Främre avgasrör (GDI motor):	
Främre rör till katalysator, bultar	80
Främre rör till grenrör, muttrar	44
Främre rör till fästbygel på motorblock, muttrar	50
Oljeavskiljarens bultar	20
Turboaggregat till grenrör	25
Turboaggregatets anslutningar till kylvätskerör	25
Uppvärms syresensor	55

1 Allmän information

Avgassystem

Avgassystemet består av avgasgrenröret, en främre del som innehåller katalysator och främre avgasrör, och en bakre del som innehåller mellanrör, ljuddämpare och ändrör. Systemet sitter upphängt under bilen i gummifästen.

På B4204T och B4194T motorer sitter ett vattenkylt turboaggregat monterat på avgasgrenröret. Ytterligare information om turbon finns i avsnitt 5.

Avgasreningssystem

Alla modeller som behandlas i den här boken har bränsle- och avgassystem med ett antal olika egenskaper som ska minimera de miljöfarliga utsläppen. Dessa system kan grovt delas in i tre kategorier; vevhusventilation, avdunstningsreglering och avgasrening. De huvudsakliga egenskaperna hos dessa system är följande.

Vevhusventilation

För att minska utsläppen av oförbrända kolväten från vevhuset ut i atmosfären, används ett system för vevhusventilation (PCV – Positive Crankcase Ventilation). Motorn tätas och förbränningsgaser och oljeånga som läcker förbi kolvringarna dras ut från vevhuset, genom en oljeavskiljare, in i insugssystemet för att brännas vid normal förbränning.

När högt undertryck råder i grenröret (tomgång, inbromsning) sugs gaserna ut ur vevhuset. Vid förhållanden med lågt undertryck i grenröret (acceleration, fullt gaspådrag) tvingas gaserna ut ur vevhuset av det (relativt) högre vevhustrycket. Om motorn är sliten medför det höjda trycket i vevhuset (orsakat av ökad förbiblåsning) att en viss del av gaserna leds tillbaka vid alla grenrörsförhållanden.

Avdunstningsreglering

Avdunstningsregleringen (EVAP – Evaporative Emission Control) används för att minimera utsläppen av oförbrända kolväten (förångat bränsle) i atmosfären. Bränsletankens påfyllningslock är tätat och en kolkanister används till att samla upp och lagra bensinångorna från tanken. När motorn går dras ångorna från kanistern med hjälp av en vakuumdriven, ECU-styrd rensventil (solenoidventil). Ångorna går sedan in i insugssystemet för att brännas av motorn vid normal förbränning. För att skydda katalysatorn och försäkra att motorn går som den ska på tomgång, arbetar rensventilen endast när motorn går under belastning. Som en säkerhetsåtgärd finns en säkerhetsventil inbyggd i systemet, som stänger när bilen lutar mer än 45° åt sidan. Detta förhindrar bränsleläckage vid olyckor.

Avgasrening

För att minimera mängden föroreningar som släpps ut i atmosfären, är alla modeller försedda med en katalysator i avgassystemet. Systemet är slutet ("closed-loop") och har en syresensor (lambdasond) i avgassystemet som ständigt skickar information till insprutningssystemets ECU om avgasernas syrehalt. Det gör det möjligt för ECU att justera bränsleblandningen genom att variera bränslespridarnas öppningstid och på så sätt skapa bästa möjliga arbetsförhållanden för katalysatorn. Systemet fungerar på följande sätt. Syresensorn har ett inbyggt värmeelement som aktiveras av ECU för att snabbt värma upp sensorns spets till effektiv arbetstemperatur. Sensorns spets är syrekänslig och skickar en spänningssignal till ECU som varierar beroende på syrehalten i avgaserna. Om luft-/bränsleblandningen är för fet har avgaserna låg syrehalt och syresensorn skickar en lågspänningssignal som motsvarar den uppmätta syrehalten. Spänningen stiger när blandningen blir tunnare och syrehalten i avgaserna stiger. Maximal omvandlingseffekt för alla större föroreningar uppnås när bränsleblandningen hålls vid den kemiskt korrekta kvoten för

fullständig förbränning av bensin, som är 14,7 delar (vikt) luft till 1 del bensin (den "stökiometriska" kvoten). Sensorns signalspänning ändras kraftigt vid denna punkt och ECU använder signaländringen som referens för att justera bränsleblandningen genom att ändra spridarnas öppningstid. På senare motorer finns det två syresensorer, en före katalysatorn och en efter. Detta gör mätningen mer exakt och sensorresponsen snabbare, och ECU jämför också signalerna från de två sensorerna för att kontrollera att katalysatorn fungerar som den ska.

Förutom katalysator har vissa modeller också ett system för avgasåterföring (EGR). Systemets syfte är att återföra små avgasmängder till insuget och vidare in i förbränningsprocessen. Detta minskar halten kväveoxider i avgaserna. Hur stor volym avgaser som återcirkuleras styrs av vakuum (från insugsgrenröret) via en EGR-ventil monterad på insugsgrenröret. Innan vakuumet från grenröret når EGR-ventilen passerar det ett EGR-reglage. Syftet med reglaget är att anpassa det vakuum som tillförs EGR-ventilen efter motorns arbetsvillkor. EGR-systemet styrs av bränsle-/tändsystemets ECU, som får information om motorns arbetsvärden från de olika givarna.

Vissa modeller har ett sekundärt luftinsprutningssystem som är anpassat till marknader med strängare miljökrav. Systemet sprutar in ren luft i avgassystemets passager i topplocket medan motorn värms upp. Det gör att ytterligare bränsleoxidering kan äga rum i avgassystemet, vilket minskar kolväte- och koloxidhalten uppströms katalysatorn. Systemet består av en eldriven luftpump, en solenoid, en backventil, en avstängningsventil samt anslutningsrör. Under styrning av bränsle- och tändsystemets ECU arbetar systemet under två minuter och startar ungefär tjugo sekunder efter att bilen har börjat rulla.

> ⚠ **Varning: Arbeta aldrig på avgassystemets komponenter förrän systemet har svalnat – risk finns för brännskador. Grenröret, det främre avgasröret och katalysatorn blir särskilt varma, och bör inte vidröras förrän flera timmar efter det att motorn har gått.**

2 Avgassystem – allmän information och byte av komponenter

Observera: *Se varningen i slutet av avsnitt 1 innan arbetet påbörjas.*

Allmän information

1 Avgassystemet består av ett grenrör fastskruvat i topplocket, en främre del som innehåller det främre röret och katalysatorn och en bakre del som innehåller mellanrör och ändrör. På turbomodeller sitter turboaggregatet mellan avgasgrenröret och det främre (nedåtgående) röret. Systemet sitter fast under bilen med gummifästen, och en självjusterande kulled används för att koppla ihop den främre delen och den bakre. Anslutningen mellan det främre röret och grenröret består antingen av en fjäderbelastad flänsanslutning, eller en flänsanslutning med en flexibel gallerkoppling.
2 Avgassystemet bör regelbundet undersökas med avseende på läckor, skador och säkerhet (se kapitel 1). Dra åt handbromsen och låt motorn gå på tomgång i ett väl ventilerat utrymme. Ligg ner på sidan av bilen medan en medhjälpare tillfälligt täpper till ändröret med en trasa och kontrollera att systemet inte läcker. Gör detta på båda sidor. Om en läcka upptäcks, stäng av motorn och täta läckan med en lämplig renoveringssats. Om läckan är stor eller om tydliga skador syns måste hela delen bytas ut. Undersök gummifästena och byt ut dem om de är slitna eller skadade.

Demontering

Främre del – alla motorer utom GDI

3 Lyft upp framvagnen (och helst även bakvagnen) och ställ den på pallbockar (se *Lyftning och stödpunkter*).
4 Koppla loss den uppvärmda syresensorns kontaktdon och lossa kablaget från eventuella buntband.
5 Skruva loss muttrarna som håller det främre rörets fläns till avgasgrenröret. Ta vara på eventuella spännfjäder. Åtkomligheten kan förbättras om man demonterar drivaxelns värmesköld till vänster om avgassystemets främre del (se bilder).

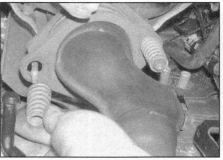

2.5a Skruva loss muttrarna som håller det främre rörets fläns till avgasgrenröret

2.5b Ta vara på eventuella fjädrar

2.5c Åtkomligheten kan förbättras om man demonterar drivaxelns värmesköld till vänster om avgassystemets främre del

6 Skruva loss muttrarna och bultarna vid kulledskopplingen som ansluter den främre delen till den bakre och ta bort klämmorna.

7 Ta isär anslutningen mellan det främre röret och grenröret, och ta bort den främre delen från bilen. Ta vara på packningen i grenrörsfogen **(se bild)**.

Främre del – GDI-motorer

8 Lyft upp framvagnen (och helst även bakvagnen) och ställ den på pallbockar (se *Lyftning och stödpunkter*).

9 Koppla loss den uppvärmda syresensorns kontaktdon och lossa kablaget från eventuella buntband.

10 Ta bort klämman som håller det främre (nedåtgående) röret till fästbygeln framtill på motorblocket.

11 Lossa de tre muttrarna i fogen mellan grenröret och det främre röret, och de tre bultarna vid fogen till katalysatorn.

12 Haka loss det främre röret från de två gummifästena, ta sedan bort muttrarna och bultarna från de två fogarna och ta bort röret under bilen. Ta vara på packningarna.

Bakre del

13 Lyft upp bakvagnen (och helst även framvagnen) och ställ den på pallbockar (se *Lyftning och stödpunkter*). Den fabriksmonterade bakdelen kan vara en enda del, vilket gör det mycket svårare att ta bort den än om en separat "back box" är monterad.

14 Tidigare modeller har en kulledskoppling som ansluter den främre och den bakre delen. Denna lossas genom att man skruvar loss muttrarna och bultarna och tar bort klämmorna. På senare modeller är den bakre delens fogar konventionella flänsar med bultar.

15 Haka loss ändröret och ljuddämparen från gummifästena och dra den bakre delen framåt tills ändröret är ur vägen för bakfjädringen. På modeller med en separat "back box", skruva loss denna först. Ta bort systemet från under bilen.

Montering

16 Montering sker i omvänd ordning. Tänk på följande:

a) Använd en ny tätningsring eller flänspackning, efter tillämplighet, i fogen mellan grenröret och det främre röret.

b) Vid montering av den främre delen, fäst det främre röret löst till grenröret och katalysatorn löst till mellanröret. Justera in systemet, dra sedan åt muttrarna mellan grenröret och det främre röret först, följt av mellanrörets klämmuttrar (eller katalysatorns bultar), till angivet moment,

c) Om en packning användes i någon av de flänsade fogarna ska en ny packning användas vid monteringen. I annat fall, rengör fogytorna noggrant och lägg på monteringspasta för avgassystem.

d) Se till att avståndet mellan avgassystemet och underredets/fjädringens komponenter är tillräckligt stort (minst 20 mm).

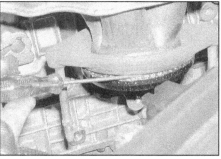

2.7 Ta vara på packningen från grenrörets fog

---

3 Katalysator – allmän information och föreskrifter

Katalysatorn är en tillförlitlig och enkel anordning som inte kräver något underhåll. Den finns några saker som bör uppmärksammas för att katalysatorn ska fungera ordentligt under hela sin livslängd.

a) ANVÄND INTE blyad bensin i en bil med katalysator – blyet täcker över ädelmetallerna, minskar katalysförmågan och förstör med tiden hela katalysatorn.

b) Underhåll alltid tänd- och bränslesystemen regelbundet enligt tillverkarens underhållsschema (se kapitel 1).

c) Om motorn börjar misstända ska bilen inte köras alls (eller åtminstone så lite som möjligt) tills felet är åtgärdat. Det oförbrända bränslet från den misständande cylindern kommer att ledas in i katalysatorn där det kan brännas, vilket gör att katalysatorn överhettar.

d) Bilen får INTE knuffas eller bogseras igång, eftersom katalysatorn då dränks i oförbränt bränsle och kommer att överhettas när motorn startar.

e) STÄNG INTE av motorn vid höga varvtal, d.v.s. tryck inte ner gaspedalen just innan tändningen stängs av.

f) ANVÄND INGA tillsatser i bränsle eller olja. De kan innehålla ämnen som skadar katalysatorn.

g) FORTSÄTT inte att köra bilen om motorn

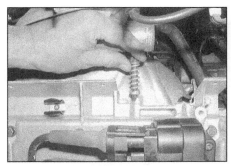

4.5a Skruva loss bultarna . . .

bränner olja så att den lämnar blå rök efter sig.

h) Tänk på att katalysatorn arbetar vid mycket höga temperaturer. Parkera därför INTE bilen i torr undervegetation, i långt gräs eller över lövhögar efter en längre körsträcka.

i) Kom ihåg att katalysatorn är ÖMTÅLIG. Undvik att slå till den med verktyg vid renoveringsarbete.

j) Ibland kan en svavelaktig lukt (som från ruttna ägg) kännas från avgasröret. Det är vanligt hos katalysatorutrustade bilar, särskilt om bränslet som används har hög svavelhalt. När bilen har körts några hundra mil brukar problemet avta. Använd bränsle av annan sort under tiden.

k) Katalysatorn på en väl underhållen och korrekt kört bil bör hålla i 16 000 mil. Om katalysatorn inte längre är effektiv ska den bytas ut.

---

4 Avgasgrenrör – demontering och montering

Observera: *Se varningen i slutet av avsnitt 1 innan arbetet påbörjas*

Demontering

Alla motorer utom GDI

1 Koppla loss kabeln från batteriets minuspol (se *Koppla ifrån batteriet*).

2 Skruva loss fästskruvarna och ta bort täckkåpan från motorn.

3 På turbomodeller, demontera turboaggregatet enligt beskrivningen i avsnitt 6.

4 Se del A av detta kapitel och demontera luftrenaren och varmluftsintaget från grenrörets värmesköld.

5 Skruva loss bultarna som håller värmesköldarna till avgasgrenröret och torpedväggen. Ta ut värmesköldarna bakom motorn. Utrymmet är begränsat **(se bilder)**.

6 Lyft upp framvagnen och stöd den på pallbockar (se *Lyftning och stödpunkter*).

7 På modeller utan turbo, skruva loss muttrarna som håller det främre avgasrörets fläns till grenröret, enligt beskrivningen i avsnitt 2. Ta vara på eventuella spännfjädrar.

8 Sänk ner bilen på marken.

4.5b . . . och ta ut värmesköldarna bakom motorn – utrymmet är begränsat

4.10 Ta ut avgasgrenröret bakom motorn – utrymmet är mycket begränsat

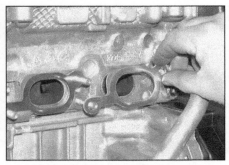

4.19a Använd nya packningar vid monteringen av grenröret (visas med motorn demonterad för tydlighet)

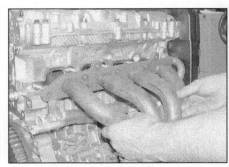

4.19b Montera grenröret . . .

4.19c . . . och dra åt alla grenrörsmuttrar till angivet moment (visas med motorn demonterad för tydlighet)

4.19d Montera värmeskölden . . .

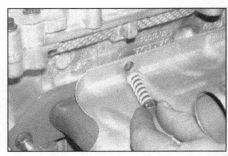

4.19 e . . . och fäst den med de fjäderbelastade bultarna (visas med motorn demonterad för tydlighet)

9 Skruva loss muttrarna och de fjäder-belastade bultarna som håller grenröret vid topplocket. Börja med de innersta muttrarna.
10 Flytta grenröret bakåt, bort från topplockets pinnbultar. Ta sedan isär det främre avgasrörets flänsanslutning. Vrid grenröret 90° åt höger och lirka ut det från bakom motorn **(se bild)**. Utrymmet är mycket begränsat och man kan behöva vrida och vända grenröret en hel del för att få ut det.
11 Ta loss packningen eller tätningsringen från det främre avgasrörets flänsanslutning samt packningarna mellan grenröret och topplocket.

GDI motorer
12 Koppla loss kabeln från batteriets minuspol (se *Koppla ifrån batteriet*).
13 Skruva loss fästskruvarna och ta bort täckkåpan från motorn.
14 Separera det främre avgasröret från grenröret, se avsnitt 2.
15 Skruva loss bultarna som håller värme-skölden över grenröret och ta bort värme-skölden. Det är troligt att de här bultarna är i väldigt dåligt skick på grund av korrosion – spraya bultarna med rostolja och se till att ha en nyckel eller hylsa som passar bra när de skruvas loss. Om bultarna är i dåligt skick, använd nya vid monteringen.
16 Skruva loss de två bultarna som håller grenröret till fästbygeln på motorblocket underifrån.

17 Ta bort muttrarna och brickorna som håller grenröret till topplocket, dra sedan loss grenröret från pinnbultarna och ta bort det. Ta vara på packningen – en ny bör användas vid monteringen. Även här gäller att om muttrarna är i dåligt skick bör nya användas vid monteringen.
18 Om några pinnbultar följde med muttrarna, kan dessa sättas tillbaka i topplocket med hjälp av två muttrar som dras åt mot varandra. Volvo rekommenderar att man använder gänglås på eventuella pinn-bultar som måste sättas tillbaka (eller bytas ut, om gängorna var i dåligt skick).

Montering

Alla modeller
19 Montering sker i omvänd ordning. Tänk på följande **(se bilder)**:
a) *Sätt tillbaka eventuella pinnbultar som följde med när muttrarna togs bort, och lägg gänglås på gängorna.*
b) *Rengör grenrörets och topplockets fogytor noga före monteringen.*
c) *Använd nya grenrörspackningar och en ny tätningsring eller flänspackning (vad som är tillämpligt), i fogen mellan det främre avgasröret och grenröret.*
d) *Montera turboaggregatet enligt beskrivning i avsnitt 6.*
e) *Dra åt alla muttrar och bultar till angivet moment.*

5 Turboaggregat – allmän information och föreskrifter

Allmän information
1 Ett vattenkylt turboaggregat används på alla turbomodeller som behandlas i den här boken. Turboaggregatet ökar motorns effektivitet genom att höja trycket i insugsgrenröret till över atmosfäriskt tryck. Istället för att luft-/bränsleblandningen bara sugs in i cylindrarna, tvingas den in.
2 Turboaggregatet drivs av avgaserna. Gaserna flödar genom ett turbinhus där de får turbinhjulet att snurra. Turbinhjulet sitter på en axel, i vars andra ände ytterligare ett skovelförsett hjul sitter monterat, kompressor-hjulet. Kompressorhjulet snurrar i sitt eget separata hus och komprimerar insugsluften på väg till insugsgrenröret.
3 När den komprimerade luften lämnar turboaggregatet passerar den genom en laddluftskylare, som är en luftkyld värmeväxlare monterad intill kylvätskans kylare. Den luft som värmdes upp när den komprimerades i turboaggregatet kyls här ner i laddluftskylaren och minskar i volym. Volymminskningen gör att mer luft kan tvingas in i förbränningskamrarna, vilket leder till att motorns verkningsgrad förbättras. Temperatursänkningen minskar också risken för detonation (spikning).

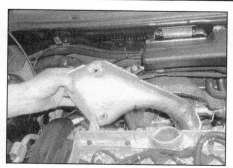

6.4 Skruva loss värmeskölden från turboaggregatet

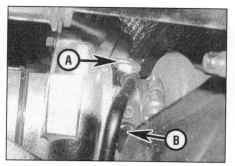

6.8a Kylvätsketillförsel- och returanslutningar (A), oljereturanslutning (B) . .

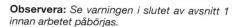

6.8b . . . och oljetillförselanslutning (C)

4 Turboaggregatets laddtryck (trycket i insugsgrenröret) begränsas av en wastegate, som leder bort avgaserna från turbinhjulet i reaktion på en tryckkänslig aktiverare. Aktiveraren styrs av turbons styrventil, via signaler från bränslesystemets ECU. Se kapitel 4A för mer information.

5 Turboaxeln är trycksmord via ett tillförselrör från motorns oljeledningar. Axeln flyter på en "kudde" av olja. Via ett dräneringsrör återvänder oljan till sumpen.

6 Vattenkylning minskar turbolagrens arbetstemperatur. Vatten från motorns kylarkrets fortsätter att cirkulera genom konvektion (värmeströmning) efter det att motorn har stannat och kyler på så sätt turbon om den är varm efter en lång körning.

Föreskrifter

7 Turboaggregatet arbetar vid extremt höga hastigheter och temperaturer. Vissa säkerhetsåtgärder måste vidtas för att personskador och skador på turboaggregatet ska undvikas.

a) *Kör inte turboaggregatet när dess komponenter är oskyddade. Om ett föremål skulle falla ner på de roterande vingarna kan det orsaka omfattande skador och (om det skjuts ut) personskador.*

b) *Varva inte motorn direkt efter starten, särskilt inte om den är kall. Låt olja cirkulera i några sekunder.*

6.14 Turboaggregatets styrventil (luftrenaren demonterad för större tydlighet)

c) *Låt alltid motorn gå ner på tomgång innan den stängs av – varva inte upp motorn och vrid av tändningen, eftersom aggregatet då inte får någon smörjning.*

d) *Låt motorn gå på tomgång i flera minuter innan den stängs av efter en snabb körtur, så att turboaggregatet får svalna.*

e) *Följ de rekommenderade intervallen för olje- och filterbyte och använd olja av angiven kvalitet. Bristande oljebyten eller användning av dålig olja kan leda till sotavlagringar på turboaxeln, med driftstopp som följd.*

6 Turboaggregat – demontering och montering

Observera: *Se varningen i slutet av avsnitt 1 innan arbetet påbörjas.*

Demontering

1 Koppla loss kabeln från batteriets minuspol (se *Koppla loss batteriet*).

2 Tappa av kylsystemet enligt beskrivningen i kapitel 1.

3 Skruva loss fästskruvarna och ta bort motorns täckkåpa.

4 Skruva loss värmeskölden från turboaggregatet **(se bild)**.

5 Se kapitel 4A och koppla loss vakuumslangarna från turboaggregatets styrventil. Notera noggrant hur de sitter för att underlätta monteringen. Ta loss ventilen från luftrenarens sida, ta sedan ut hela luftrenaren från motorrummet (se kapitel 4A för ytterligare information).

6 Lossa slangklämmorna och koppla loss insugs- och utloppskanalerna från turboaggregatet.

7 Skruva loss fästmuttrarna och bultarna och ta bort värmeskölden från motorrummets torpedvägg.

8 Skruva loss anslutningarna till kylvätsketillförsel- och returrören och oljetillförselrörets anslutning från turboaggregatets hus. Ta vara på tätningsbrickorna när anslutningarna lossas **(se bilder)**.

9 Lyft upp framvagnen och ställ den på pallbockar (se *Lyftning och stödpunkter*).

10 Skruva loss fästskruvarna och ta bort stänkskyddet från motorrummets undersida.

11 Skruva loss bulten och ta bort fästbygeln som håller oljereturröret.

12 Skruva loss oljetillförselrörets anslutning vid motorblocket; var beredd på ett visst oljespill. Ta vara på anslutningarnas tätningsbrickor. Vänta med att ta bort oljereturröret från motorblocket tills turboaggregatet är borttaget.

13 Skruva loss de fyra muttrarna som håller det främre avgasröret till turboaggregatet. Dra ner avgasröret för att ta isär fogen och ta bort packningen.

14 Koppla loss vakuumslangarna till turboaggregatets styrventil från turboaggregatet. Notera noggrant i vilken ordning slangarna sitter för att underlätta monteringen **(se bild)**.

15 Skruva loss muttrarna som håller turboaggregatet till avgasgrenröret, ta sedan bort turbon från grenröret. Dra försiktigt bort oljereturröret från motorblocket.

16 Ta bort turboaggregatet från bilen och ta loss packningarna.

Montering

17 Montering sker i omvänd ordning. Tänk på följande:

a) *Sätt tillbaka alla pinnbultar som följde med när muttrarna togs bort på sina ursprungliga platser. Lägg gänglås på (de rengjorda) gängorna.*

b) *Rengör noggrant turboaggregatets och grenrörets fogytor innan monteringen.*

c) *Använd en ny grenrörspackning och nya tätningar till alla rubbade anslutningar.*

d) *Innan oljetillförselröret ansluts till motorn, skruva loss vattenrörsanslutningen intill och flytta röret åt sidan för att skapa mer utrymme. Efter avslutat arbete, anslut vattenröret igen och dra åt anslutningen till angivet moment.*

e) *Dra åt alla muttrar och bultar till angivet moment där sådant anges.*

f) *Fyll på kylsystemet enligt beskrivningen i kapitel 1. Kontrollera sedan motorns oljenivå och fyll på om så behövs, se Veckokontroller.*

7.3 Koppla loss slangarna som leder till oljeavskiljaren

7.4a Skruva loss de två bultarna . . .

7.4b . . . och ta bort enheten från motorn

7 Vevhusventilation – kontroll och byte av komponenter

Kontroll

1 Komponenterna i det här systemet behöver inte mycket tillsyn. Slangarna måste kontrolleras så att de inte är igentäppta eller skadade och flamfällen i luftrenaren måste bytas regelbundet. Ett ineffektivt vevhus-ventilationssystem kan orsaka stora avgas-utsläpp, avgasrök och dålig drift. I extrema fall kan också katalysatorn ta skada.

Oljeavskiljare (alla motorer utom GDI)

2 Oljeavskiljaren sitter på motorblockets framsida, under insugsgrenröret. Demontera insugsgrenröret enligt beskrivningen i del A av detta kapitel.
3 Koppla loss den övre slangen vid olje-avskiljaren och ta bort insugsgrenrörets fästbygel. Där så är tillämpligt, ta bort klämmorna som håller de anslutande slangarna till motorblockets anslutningshylsor (se bild).
4 Skruva loss de två bultarna och ta bort enheten från motorn (se bilder).
5 Rengör oljeavskiljarens tätningsytor i motorblocket och sätt nya oljetätningar på oljeavskiljarens rörändar. Införskaffa en ny övre slang och fästklämma till oljeavskiljaren.
6 Montera oljeavskiljaren i omvänd ordning mot demonteringen. Montera insugsgrenröret enligt beskrivningen i del A av detta kapitel.

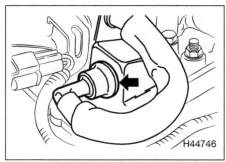

7.7 Vevhusventilationsventil (vid pilen) – GDI-motor

PCV-ventil (GDI motor)

7 Vevhusventilationens ventil sitter uppe på motorn, vid kamremsänden (se bild).
8 Bänd försiktigt loss ventilen från topp-locket, dra sedan ut den och koppla loss dess slang.
9 Kontrollera att inte ventilen eller dess slang är blockerad. Man ska kunna blåsa genom ventilen, men bara i en riktning. Om en blockering inte kan åtgärdas med rengöring måste en ny ventil monteras.
10 När ventilen sätts tillbaka, undersök gummitätningen – montera en ny om den inte är i bra skick.

8 Avdunstningsreglering (EVAP) – kontroll och byte av komponenter

Kontroll

1 Dålig tomgång, motorstopp och dåliga köregenskaper kan orsakas av en defekt kanistervakuumventil, en skadad kanister, trasiga slangar eller slangar som har anslutits fel. Undersök också om packningen till bränslepåfyllningslocket är skadad eller deformerad.
2 Bränsleförlust eller bränslelukt kan orsakas av att flytande bränsle läcker från bränsle-ledningarna, av en skadad kanister, en defekt kanistervakuumventil och lösa, feldragna, veckade eller skadade ång- eller styrnings-slangar.
3 Undersök alla slangar som är anslutna till kanistern och leta efter veck, läckor och sprickor längs hela deras längd. Reparera eller byt ut slangarna efter behov.
4 Undersök kanistern. Om den är sprucken eller på annat sätt skadad, byt ut den. Kontrollera om bränsle läcker från botten av kanistern. Om så är fallet, byt ut kanistern och undersök slangarna och hur de är dragna.

Byte av komponenter

Kolkanister

5 Kanistern sitter under det främre, vänstra hjulhuset. Ta bort det vänstra dimljuset (om monterat) för att skapa utrymme (se kapitel

12, avsnitt 7), ta sedan bort motorrummets stänkskydd.
6 Notera hur vakuum- och bränsle-ventilationsslangarna sitter fast på kanistern och koppla försiktigt loss dem.
7 Skruva loss skruven som håller kanisterns baksida till karossen, ta sedan bort de två skruvarna som håller framsidan av kanistern till vindrutans spolarvätskebehållare. Lyft bort kanistern från hjulhuset.
8 Montering sker i omvänd ordning.

Rensventil

9 Rensventilen sitter i motorrummet, framför insugsgrenröret. För att byta ut ventilen, följ ångledningen från kanistern till ventilen, koppla loss slangarna och kontaktdonet och ta sedan bort ventilen.
10 Montering sker i omvänd ordning.

9 Avgasreningssystem – kontroll och byte av komponenter

Kontroll

1 Undersök noggrant alla slangar, rör och anslutningar. Kontrollera att de är i bra skick och att de sitter säkert. Kända eller misstänkta fel bör överlämnas till en Volvoverkstad.

Byte av komponenter

Uppvärmd syresensor

Observera: *Sensorn är ömtålig och kommer att gå sönder om den tappas i golvet eller stöts till, om dess strömförsörjning bryts eller om den kommer i kontakt med rengörings-medel.*
2 Lyft upp framvagnen och ställ den på pallbockar (se *Lyftning och stödpunkter*).
3 Koppla loss syresensorns kontaktdon och lossa kablaget från eventuella kabelband.
4 Skruva loss sensorn från det främre avgasröret och ta vara på tätningsbrickan (om monterad).
5 Vid monteringen, rengör tätningsbrickan och byt ut den om den är skadad eller sliten. Lägg antikärvningsmedel på sensorns gängor, sätt tillbaka den och dra åt den till angivet moment. Anslut kablaget och fäst det med eventuella kabelband.

Katalysator

6 Katalysatorn är en del av avgassystemets främre del. Se avsnitt 2 och 3 för information om byte etc.

Luftinsprutningspump

7 Demontera luftrenaren och insugskanalen enligt beskrivningen i kapitel 4A. Luftinsprutningspumpen sitter bakom luftrenaren.

8 Koppla loss pumpens kablage längst ner på reläet.

9 Skruva loss bulten och koppla loss jordkabeln till karossen.

10 Koppla loss luftslangarna från pumpen. Notera noggrant hur de är anslutna.

11 Skruva loss fästbultarna och ta bort pumpen från motorrummet.

12 Montering sker i omvänd ordning. Se till att jordkabeln ansluts ordentligt.

EGR-ventil (GDI motor)

13 EGR-ventilen sitter baktill på EGR-huset, uppe på motorn på sidan mot växellådan.

14 För att kunna demontera ventilen, ta först bort startmotorn enligt beskrivning i kapitel 5A.

15 Koppla loss växelvajrarna enligt beskrivningen i kapitel 7A och flytta dem åt sidan.

16 Koppla loss kontaktdonet uppe på EGR-ventilen.

17 Ta bort ventilens två fästbultar och ta bort ventilen från EGR-huset.

18 Montering sker i omvänd ordning.

EGR-hus (GDI motor)

19 Skruva loss bultarna från EGR-rörens flänsar och ta loss rören från huset. Ta bort packningarna och använd nya vid monteringen.

20 Var beredd på ett visst kylvätskespill, lossa slangklämman av fjädertyp och koppla loss kylvätskeslangen längst ner på huset.

21 Ta bort bulten längst upp på huset. Notera att den också håller motorns lyftögla.

22 Ta bort de två muttrarna som håller EGR-huset till topplocket och ta bort huset tillsammans med packningen **(se bild)**.

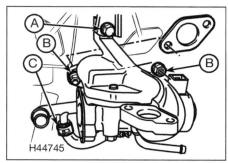

9.22 Demontering av EGR-huset – GDI-motor

A Övre fästbult
B Fästmuttrar
C Kylvätskeslang

23 Montering sker i omvänd ordning. Använd nya packningar och dra åt alla muttrar/bultar till angivna moment.

Anteckningar

Kapitel 5 Del A:
Start- och laddningssystem

Innehåll

Svårighetsgrader

Enkelt, passar novisen med lite erfarenhet		**Ganska enkelt,** passar nybörjaren med viss erfarenhet		**Ganska svårt,** passar kompetent hemmamekaniker		**Svårt,** passar hemmamekaniker med erfarenhet		**Mycket svårt,** för professionell mekaniker	

Specifikationer

Systemtyp .... 12 volt, negativ jord

Batteri
Typ .... Lågunderhålls- eller underhållsfritt batteri, livstidsförseglat
Effekt .... 50, 55, 62 eller 72Ah (beroende på modell)

Generator
Typ .... Bosch, Nippon-Denso, Valeo eller Delco (beroende på modell)
Nominell utgångsspänning 14V
Maximal utgångsström .... 80 till 120A max

Startmotor
Typ .... Valeo eller Delco (beroende på modell)
Minsta borstlängd .... 6,1 mm

Åtdragningsmoment

	Nm
Generatordrivremmens justerfäste, bultar	23
Generatorns pivåbult, mutter	44
Startmotorns fästbultar	50

---

1 Allmän information och föreskrifter

Allmän information

Motorns elsystem består i huvudsak av laddnings- och startsystemen. På grund av deras motorrelaterade funktioner behandlas dessa system separat från karossens elektriska enheter, som belysning, instrument etc. (dessa behandlas i kapitel 12). Information om tändsystemet finns i del B av detta kapitel

Systemet är ett 12 volts elsystem med negativ jordning.

Batteriet är av typen lågunderhåll eller underhållsfritt (livstidsförseglat) och laddas av generatorn, som drivs med en rem från vevaxelns remskiva.

Startmotorn är föringreppad med en inbyggd solenoid. Vid start trycker solenoiden kugghjulet mot svänghjulets startkrans innan motorn ges ström. När motorn har startat förhindrar en envägskoppling att startmotorn drivs av motorn tills kugghjulet släpper från svänghjulet.

Föreskrifter

⚠️ **Varning: Det är viktigt att vara extra försiktig vid arbete med elsystemet, för att undvika personskador eller skador på halvledarenheter (dioder och transistorer). Utöver föreskrifterna i "Säkerheten främst!" i början av den här boken, tänk på följande:**
• **Ta alltid av ringar, klockor etc. innan arbete med elsystemet påbörjas.**
Även om batteriet är urkopplat kan en urladdning inträffa om en komponents strömstift jordas genom ett metallföremål. Detta kan ge stötar och allvarliga brännskador.
• **Förväxla inte batteripolernas anslutningar.**
Komponenter som generator, elektroniska styrenheter och andra komponenter med halvledarenheter kan skadas så allvarligt att de inte går att reparera.
• **Koppla aldrig loss batteripolerna, generatorn, elektriska kablar eller några testinstrument medan motorn går.**
• **Låt aldrig motorn dra runt generatorn när denna inte är ansluten.**
• **Testa aldrig om generatorn fungerar genom att gnista med spänningskabeln mot jord.**
• **Kontrollera alltid att batteriets negativa anslutning är bortkopplad vid arbete med elsystemet.**

• Om motorn startas med hjälp av startkablar och ett laddningsbatteri, anslut batterierna **plus-till-plus** och **minus-till-minus** (se *Starthjälp*). Detta gäller även vid inkoppling av en batteriladdare.

• Testa **aldrig** kretsar eller anslutningar med en ohmmeter av den typ som har en handvevad generator.

• Innan elektrisk bågsvetsningsutrustning används på bilen, **koppla alltid bort batteriet, generatorn och komponenter som elektroniska styrenheter** för att skydda dem från skador.

2 Batteri – demontering, montering, test och laddning

Observera: *Se till att ha ljudanläggningens säkerhetskod uppskriven innan batteriet kopplas ur. Se också till att anläggningen är avslagen, för att undvika skador på radions mikroprocessorkretsar.*

Demontering

1 Batteriet sitter i den främre delen av motorrummet, till vänster.

2 Lossa klämbulten och koppla loss klämman från batteriets minuspol (jord) (se *Koppla ifrån batteriet*).

3 Ta bort isoleringskåpan (om en sådan finns) och koppla loss den positiva polens kabel (kablar) på samma sätt.

4 Tryck in låsplattan och rotera den så att den lossnar från batterihyllan. Skjut batteriet åt höger så att det lossnar från skenorna på hyllan, lyft sedan ut batteriet ur motorrummet **(se bilder)**.

5 Om så behövs, kan batterihyllan nu demonteras – skruva loss de fyra bultarna.

Montering

6 Montering sker i omvänd ordning, men lägg lite vaselin på batteripolerna när kablarna ansluts, för att förhindra korrosion. Anslut alltid den positiva polen först och den negativa sist.

Kontroll

Standard och lågunderhållsbatteri

7 Om bilens årliga körsträcka är kort, är det mödan värt att kontrollera batterielektrolytens specifika vikt var tredje månad för att avgöra batteriets laddningsstatus. Använd en hydrometer till kontrollen och jämför resultatet med följande:

Helt laddat: 1,280 (vid 20°C)
Ladda vid: 1,210 (vid 20°C)

Notera att värdena för densiteten förutsätter en elektrolyttemperatur på 15°C. För varje 10°C under 15°C, dra bort 0,007. För varje 10°C över 15°C, lägg till 0,007.

8 Om batteriet misstänks vara i dåligt skick, kontrollera först elektrolytens specifika vikt i varje cell. En variation på 0,040 eller mer mellan några celler tyder på förlust av elektrolyt eller nedbrytning av de inre plattorna.

9 Om de specifika vikterna har avvikelser på 0,040 eller mer måste batteriet bytas ut. Om variationen mellan cellerna är acceptabel men batteriet är urladdat, ladda det enligt beskrivningen längre fram i det här avsnittet.

Underhållsfritt batteri

10 Om ett livstidsförseglat batteri är monterat kan elektrolyten i cellerna varken testas eller fyllas på. Batteriets skick kan därför bara kontrolleras med en batteritestare eller en voltmeter.

11 Om batteriet testas med en voltmeter, anslut voltmetern över batteriet och notera resultatet. För att testet ska ge korrekt utslag får batteriet inte ha laddats på något sätt under de senaste sex timmarna. Om så inte är fallet, slå på strålkastarna i 30 sekunder, slå av dem och vänta sedan fem minuter innan batteriet testas. Alla andra kretsar ska vara frånslagna, så kontrollera att dörrar och baklucka är helt stängda innan testet utförs.

12 Om den uppmätta spänningen understiger 11,0 volt är batteriet urladdat, medan en avläsning på 11,1 till 11,9 volt anger delvis urladdning.

13 Om batteriet ska laddas, ta ut det ur bilen och ladda det enligt beskrivningen nedan.

Laddning

Standard och lågunderhållsbatteri

Observera: *Följande är endast avsett som en guide. Följ alltid tillverkarens rekommendationer (finns ofta tryckt på en etikett på batteriet) vid laddning av ett batteri.*

14 Ladda batteriet med 3,5 till 4 ampere och fortsätt ladda batteriet tills ingen ytterligare ökning av dess specifika vikt noteras över en fyra timmars period.

15 Alternativt kan en droppladdare som laddar med 1,5 ampere användas över natten.

16 Speciella snabbladdare som påstås kunna ladda batteriet på 1-2 timmar är inte att rekommendera. De kan orsaka allvarliga skador på batteriplattorna genom överhettning.

17 Elektrolytens temperatur får aldrig överskrida 37,8°C under laddningen.

Underhållsfritt batteri

Observera: *Följande är endast avsett som en guide. Följ alltid tillverkarens rekommendationer (finns ofta tryckt på en etikett på batteriet) vid laddning av ett batteri.*

18 Denna batterityp tar betydligt längre tid att ladda fullt än ett batteri av standardtyp. Tidsåtgången beror på hur urladdat batteriet är, men det kan ta upp till tre dygn.

19 En laddare av konstantspänningstyp krävs, och den ska ställas till mellan 13,9 och 14,9 volt med en laddström som understiger 25A. Med denna metod bör batteriet vara användbart inom 3 timmar, med en spänning på 12,0 volt, en detta gäller ett delvis urladdat batteri. Full laddning kan, som nämndes ovan, ta betydligt längre tid.

20 Om batteriet är helt urladdat (under 12,2 volt), låt en Volvoverkstad eller bilelektriker ladda batteriet – laddströmmen är högre och laddningen kräver konstant övervakning.

3 Laddningssystem – allmän information och föreskrifter

Allmän information

Laddningssystemet omfattar generatorn, en intern spänningsregulator, en laddningslampa, batteriet och kablaget mellan alla komponenter. Laddningsystemet förser tändsystem, lysen, ljudanläggning etc. med ström. Generatorn drivs av drivremmen framtill på motorn.

Syftet med spänningsregulatorn är att begränsa generatorns spänning till ett förinställt värde. Detta förhindrar strömtoppar, överbelastning av kretsar etc. under hög spänningsutmatning.

Laddningssystemet kräver i normala fall inte något regelbundet underhåll. Drivremmen, batteriet, kablarna och anslutningarna bör dock undersökas vid de intervall som anges i kapitel 1.

Instrumentbrädans varningslampa ska tändas när startnyckeln vrids till läge "II" eller "III", och genast slockna när motorn startar. Om lampan inte slocknar, eller om den tänds när motorn är igång, tyder det på ett fel i

2.4a Tryck in låsplattan och rotera den så att den lossnar från batterihyllan

2.4b Lossa batteriet från skenorna på hyllan och lyft ut det ut motorrummet

laddningssystemet. Om lampan inte tänds när nyckeln vrids, och glödlampan inte är trasig (se kapitel 12 för information om glödlamporna), ligger felet hos generatorn.

Föreskrifter

Var mycket försiktig när elektriska anslutningar görs på en bil utrustad med en generator, och notera följande:

a) *Vid anslutning av kablarna till generatorn från batteriet, var noggrann med plus och minus.*

b) *Innan bågsvetsningsutrustning används på bilen, koppla loss kablarna från generatorns och batteriets poler.*

c) *Starta aldrig motorn med en batteriladdare ansluten.*

d) *Koppla alltid loss båda batterikablarna innan en batteriladdare används.*

e) *Generatorn drivs av en motordrivrem, vilken kan orsaka allvarliga skador om en hand, långt hår eller kläder fastnar i den när motorn går.*

f) *Eftersom generatorn är direkt kopplad till batteriet, kan den orsaka gnista eller brand om den överbelastas eller kortsluts.*

g) *Om motorn rengörs med ångtvätt eller högtryckstvätt, linda en plastpåse över generatorn och andra elektriska komponenter och fäst med gummiband. (Glöm inte att ta bort dessa innan motorn startas).*

h) *Koppla aldrig loss generatorns poler medan motorn går.*

4 Laddningssystem – kontroll

1 Om ett fel uppstår i laddningskretsen, ta inte för givet att det är generatorn som orsakar problemet. Kontrollera först följande komponenter:

a) *Undersök drivremmen och kontrollera dess spänning. Byt ut den om den är sliten eller i övrigt i dåligt skick (se kapitel 1).*

b) *Se till att generatorns fästbultar och muttrar är ordentligt åtdragna.*

c) *Undersök generatorns kabelhärva och de elektriska anslutningarna vid generatorn. De måste vara i gott skick och sitta åt hårt.*

d) *Undersök de stora huvudsäkringarna i motorrummet (se kapitel 12). Om några säkringar är trasiga, fastställ orsaken, reparera kretsen och byt ut säkringen (bilen startar inte och/eller tillbehören fungerar inte om säkringen är trasig).*

e) *Starta motorn och lyssna efter onormala ljud från generatorn – t.ex. ett gnisslande ljud som kan tyda på ett mycket slitet lager eller en sliten borste.*

f) *Se till att batteriet är fulladdat – en dålig*

5.3 Skruva loss servostyrningspumpen från fästbygeln och bind fast den framtill i motorrummet

cell i ett batteri kan orsaka överladdning av generatorn.

g) *Koppla loss batterikablarna (först minus, sedan plus). Undersök om batteripolerna och kabelskorna är korroderade. Rengör dem noggrant om så behövs (se "Veckokontroller") och anslut dem igen.*

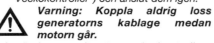 **Varning: Koppla aldrig loss generatorns kablage medan motorn går.**

2 Använd en voltmeter och kontrollera batterispänningen med motorn avslagen. Den bör vara ca 12 volt.

3 Starta motorn och kontrollera batterispänningen igen. Öka motorvarvtalet tills voltmeteravläsningen förblir stadig; den bör nu vara ungefär 13,5 till 14,6 volt.

4 Slå på så många elektriska tillbehör som möjligt (strålkastare, uppvärmd bakruta, värmefläkt etc.), och kontrollera att generatorn bibehåller den reglerade spänningen kring 13 till 14 volt. Spänningen kan sjunka och sedan öka igen; det kan också bli nödvändigt att öka motorhastigheten något, även om laddningssystemet fungerar som det ska.

5 Om spänningen är högre än den specificerade laddningsspänningen, byt ut spänningsregulatorn.

6 Om spänningen är lägre än den specificerade kan det bero på slitna borstar, svaga borstfjädrar, en defekt spänningsregulator, en defekt diod, trasig faslindning, eller slitna/skadade släpringar. Borstarna och

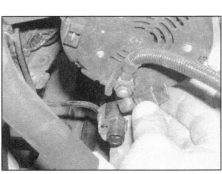

5.5 Koppla loss kablaget från generatorns baksida

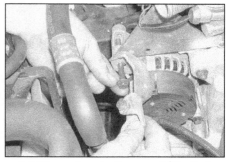

5.4 Skruva loss bulten som håller fast överdelen av generatorn vid den trekantiga fästbygeln på baksidan av servostyrningspumpen

släpringarna kan kontrolleras, men om felet kvarstår ska generatorn bytas ut eller tas till en bilelektriker för test och reparation.

5 Generator – demontering och montering

Demontering
Alla motorer utom GDI

1 Koppla loss kabeln från batteriets minuspol (se *Koppla ifrån batteriet*).

2 Demontera drivremmen enligt beskrivningen i kapitel 1.

3 Se kapitel 10, skruva loss servostyrningspumpen från fästbygeln och bind fast den framtill i motorrummet. Man behöver inte koppla loss hydraulvätskerören **(se bild)**.

4 Skruva loss bulten som håller fast överdelen av generatorn vid den trekantiga fästbygeln på baksidan av servostyrningspumpen **(se bild)**.

5 Koppla loss kablagets multikontakter och ledningarna från anslutningarna på baksidan av generatorn **(se bild)**.

6 Skruva loss resten av fästbultarna som håller fästbygeln mellan generatorn och insugsgrenröret och ta bort bygeln från motorrummet **(se bild)**.

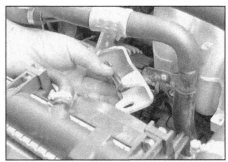

5.6 Ta bort fästbygeln mellan generatorn och insugsgrenröret

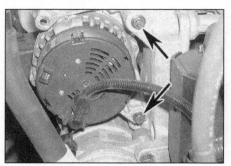

5.7a Skruva loss generatorns övre och nedre fästmuttrar och bultar (vid pilarna)

5.7b Lyft ut generatorn ur motorrummet (insugsgrenröret och den övre kylarslangen är borttagna i bilden)

5.9 Generatordrivremmens justerbult och låsbult (vid pilarna)

7 Skruva loss generatorns övre och nedre fästmuttrar och bultar, fram och bak, och ta ut generatorn ut motorrummet (se bilder).

GDI motor

8 Ta bort motorkåpan och koppla loss kabeln från batteriets minuspol (se *Koppla ifrån batteriet*).
9 Skruva loss generatordrivremmens justerbult och dess låsbult (se bild).
10 Lyft upp framvagnen och stöd den på pallbockar (se *Lyftning och stödpunkter*). Koppla loss generatorns kablage underifrån. Den positiva matningsledningen är täckt av ett plastlock och säkrad med en mutter, medan det grå kontaktdonet helt enkelt kan dras loss.
11 Demontera drivremmen från generatorn enligt beskrivningen i kapitel 1.
12 På modeller med luftkonditionering, ta bort bultarna som håller generatorns justerfäste till motorn, och bulten från servostyrningsslangens fästbygel (se bild).
13 Ta bort pivåbultens mutter och lirka sedan ut generatorn från sin plats (se bild). På vissa modeller måste man lossa syresensorns kablage för att kunna ta ut generatorn.

Montering

14 Montering sker i omvänd ordning. Montera drivremmen enligt beskrivningen i kapitel 1.

6 Generator – kontroll och renovering

Om generatorn misstänks vara defekt måste den demonteras och tas till en bilelektriker. De flesta bilverkstäder kan leverera och även montera borstar till ett överkomligt pris. Kontrollera dock reparationskostnaderna först – det kan vara billigare att köpa en ny eller en begagnad renoverad generator.

7 Startsystem – kontroll

Observera: *Se föreskrifterna i "Säkerheten främst!" och i avsnitt 1 i detta kapitel innan arbetet påbörjas.*

1 Om startmotorn inte fungerar när startnyckeln vrids till startläget kan något av följande vara orsaken:
  a) *Batteriet är defekt.*
  b) *De elektriska anslutningarna mellan brytare, solenoid, batteri och startmotor har ett fel någonstans som gör att ström inte kan passera från batteriet till jorden genom startmotorn.*
  c) *Solenoiden är defekt.*
  d) *Startmotorn har ett mekaniskt eller elektriskt fel.*
2 För att kontrollera batteriet, slå på strålkastarna. Om de försvagas efter några sekunder tyder detta på att batteriet är urladdat – ladda (se avsnitt 2) eller byt ut batteriet. Om strålkastarna lyser starkt, vrid om startnyckeln och observera strålkastarna. Om de då försvagas betyder det att strömmen når startmotorn, och felet ligger då i startmotorn. Om strålkastarna fortsätter att lysa starkt (och inget klickande ljud hörs från solenoiden), indikerar detta ett fel i kretsen eller solenoiden – se följande punkter. Om startmotorn går runt sakta, trots att batteriet är i gott skick, tyder detta på ett fel

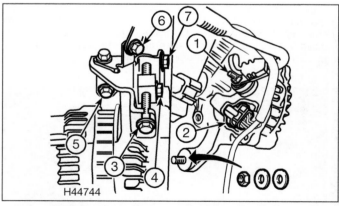

5.12 Demontering av generatorn – GDI motor

1 *Mutter för matningsledning*
2 *Kontaktdon*
3 *Justerbult*
4 *Låsbult*
5 *Bult till justerfäste*
6 *Fästbygel för servostyrningsslang*
7 *Bult till justerfäste*

5.13 Mutter till generatorns pivåbult (vid pilen) – sedd underifrån

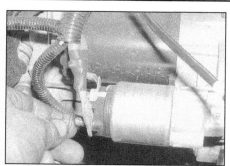

8.4a Skruva loss muttern . . .

startmotorn eller ett kraftigt motstånd någonstans i kretsen.

3 Vid ett misstänkt fel på kretsen, koppla loss batterikablarna (inklusive jordningen till karossen), startmotorns/solenoidens kablar och motorns/växellådans jordledning. Rengör alla anslutningar noga och anslut dem igen. Använd sedan en voltmeter eller testlampa och kontrollera att full batterispänning finns vid strömkabelns anslutning till solenoiden och att jordförbindelsen är god. Smörj in batteripolerna med vaselin för att förhindra korrosion – korroderade anslutningar är en av de vanligaste orsakerna till elektriska systemfel.

4 Om batteriet och alla anslutningar är i bra skick, kontrollera kretsen genom att lossa ledningen från solenoidens bladstift. Anslut en voltmeter eller testlampa mellan ledningen och en bra jord (t.ex. batteriets minuspol) och kontrollera att ledningen är strömförande när startnyckeln vrids till startläget. Är den det fungerar kretsen som den ska. Om inte kan kretsen kontrolleras enligt beskrivningen i kapitel 12, avsnitt 2.

5 Solenoidens kontakt kan kontrolleras om en voltmeter eller en testlampa ansluts mellan strömkabelns anslutning på solenoidens startmotorsida och jord. När startnyckeln vrids till startläget ska voltmetern ge utslag

eller lampan tändas. Om detta inte sker är solenoiden defekt och måste bytas ut.

6 Om kretsen och solenoiden fungerar, måste felet ligga i startmotorn. I det fallet kan det vara möjligt att låta en specialist renovera motorn, men kontrollera först pris och tillgång på reservdelar, eftersom det mycket väl kan vara billigare att köpa en ny eller begagnad startmotor.

8 Startmotor – demontering och montering

Demontering

Alla motorer utom GDI

1 Koppla loss kabeln från batteriets minuspol (se *Koppla ifrån batteriet*).
2 Demontera insugsgrenröret enligt beskrivning i kapitel 4A.
3 Ta loss plastskyddet för att komma åt anslutningarna på startmotorns baksida.
4 Skruva loss muttern och koppla loss kablaget från baksidan av startmotorsolenoiden **(se bilder)**.
5 Skruva loss fästbultarna och flytta bort startmotorn från balanshjulskåpan **(se bild)**. Notera styrstiftets position och se till att det finns på plats vid monteringen.

GDI motor

6 Ta bort motorkåpan och koppla loss kabeln från batteriets minuspol (se *Koppla ifrån batteriet*). Startmotorn sitter bak på motorn, längst ner på insugsgrenrörets stödfäste **(se bild)**.
7 Demontera luftrenaren och luftkanalerna enligt beskrivningen i kapitel 4B.
8 I motorrummet, skruva loss startmotorns övre fästbult.
9 Lyft upp framvagnen och ställ den på pallbockar.
10 Ta bort den mutter som håller fast startmotorns huvudkabel från solenoiden –

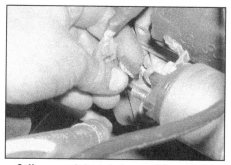

8.4b . . . och koppla loss kablaget från baksidan av startmotorns solenoid

själva kabeln sitter också fäst med två fästbyglar längst ner på insugsgrenrörets fästbygel. Lossa den mindre kabeln ovanför startmotorsolenoiden.
11 Ta bort startmotorns nedre fästbult och lyft sedan ut startmotorn från sin plats **(se bild)**.

Montering

12 Montering sker i omvänd ordning.

9 Startmotor – kontroll och renovering

Om startmotorn misstänks vara defekt måste den demonteras och tas till en bilelektriker för kontroll. De flesta bilverkstäder kan leverera och montera borstar till överkomliga priser, men kontrollera först reparationskostnaderna, eftersom det kan vara billigare att köpa en ny eller begagnad startmotor.

10 Tändningslås – demontering och montering

Se informationen i kapitel 10.

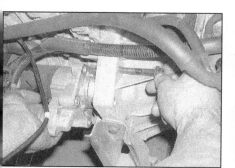

8.5 Skruva loss fästbultarna och ta bort startmotorn från svänghjulskåpan

8.6 GDI-motorns startmotor – här med insugsgrenröret demonterat

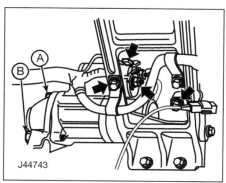

8.11 Startmotorns fästbultar (A och B) och kablagedetaljer (vid pilarna) – GDI motor

Kapitel 5 Del B:
Tändsystem

Innehåll

Svårighetsgrader

Enkelt, passar novisen med lite erfarenhet	Ganska enkelt, passar nybörjaren med viss erfarenhet	Ganska svårt, passar kompetent hemmamekaniker	Svårt, passar hemmamekaniker med erfarenhet	Mycket svårt, för professionell mekaniker

Specifikationer

Allmänt

Systemtyp:
Fram till årsmodell 2000:
    Modeller utan turbo . . . . Fenix 5.1 motorstyrningssystem
    Turbomodeller . . . . EMS 2000 motorstyrningssystem
Årsmodell 2000 och framåt:
    Alla modeller utom GDI . . . . EMS 2000 motorstyrningssystem
    Modeller med GDI motor . . . . Melco motorstyrningssystem
Tändningsföljd . . . . 1-3-4-2 (cylinder nr 1 vid motorns kamremsände)

Tändstift

Typ . . . . Se specifikationerna i kapitel 1

Tändningsinställning*

1.6 liters motorer . . . . 10° ± 3° FÖD @ 750 rpm
1.8 liters motorer (ej GDI) . . . . 5° ± 3° FÖD @ 750 rpm
1.8 liters GDI-motor . . . . 16° ± 3° FÖD @ 750 rpm
2.0 liters motorer utan turbo . . . . 8° ± 3° FÖD @ 750 rpm
Turbomotorer . . . . 0° till 15° FÖD @ 750 ± 50 rpm
*Värdena anges endast för information; inställningarna går inte att justera

Tändspole

Primär resistans . . . . e/t
Sekundär resistans:
    Alla utom GDI motor . . . . 260 till 340 ohm
    GDI motor . . . . 1700 till 2500 ohm

Åtdragningsmoment   Nm

Knacksensor:
    Alla utom GDI motor 20
    GDI motor 30
Tändspole 10
Tändstift 25

1 Allmän information

Systemen Fenix 5.1, EMS 2000 och Melco som behandlas i det här kapitlet är alla fullständiga motorstyrningssystem, som styr både bränsleinsprutningen och tändningen – se specifikationerna för systemtillämpning. Eftersom utformningen och funktionen hos de olika systemen är mycket lika, följer en allmän beskrivning nedan. Se kapitel 4A eller 4B för information rörande bränslesystemet.

Tändsystemet ser till att den komprimerade luft/bränsleblandningen antänds i varje cylinder i exakt rätt ögonblick i förhållande till motorns varvtal och belastning. Tändsystemet är statiskt (fördelarlöst) på alla modeller, och består endast av två tändspolar med dubbla utmatningar (modeller med GDI motor har fyra separata spolar med enkel utmatning).

Alla utom GDI motor

Två tändspolar är monterade och var och en av dem tjänar två cylindrar. Under styrning av ECU arbetar spolarna enligt principen "wasted spark", d.v.s. varje tändstift ger två gnistor för varje motorvarv, en under kompressionstakten och en under avgastakten. Gnistspänningen är högst i den cylinder som är under kompression; i den cylinder som är i avgastakten är kompressionen låg och detta ger en mycket svag gnista som inte har någon effekt på avgaserna. Denna utformning betyder att det inte finns någon fördelare och att direkttändning kan användas utan att någon separat tändspole krävs för varje cylinder.

Huvudkomponenterna i systemets tändningsdel är ECU och effektsteget, tändspolarna, tändstiften och tändkablarna, och de olika givarna som förser ECU med information om motorns arbetsförhållanden. Systemet fungerar enligt följande.

Motorns svänghjul har en serie tänder i ytterkanten. En vevaxelgivare sitter monterad nära kanten av svänghjulet, så att när svänghjulet roterar, passerar tänderna under vevaxelgivarens spets. Givaren är induktiv och aktiveras av växlingen mellan metall (d.v.s. en tand) och luft (mellanrummet mellan

1.6 Givare för tändsystemet

tänderna). Resultatet blir att givaren skickar en elektrisk signal till ECU varje gång kanten av en tand passerar. ECU använder signalen till att beräkna motorhastighet och vevaxelläge. Tänderna sitter med jämna mellanrum runt svänghjulets kant, förutom ett mellanrum där en tand "saknas". ECU känner av avsaknaden av en puls från varvtalsgivaren vid denna punkt, och använder denna information till att avgöra ÖD-läget för kolv nr 1. Med hjälp av tidsintervallen mellan pulserna, och platsen för den saknade tanden, kan ECU noga fastställa vevaxelns läge och dess hastighet. Kamaxelgivaren utökar denna information genom att känna av en av kamaxlarnas läge, vilket gör att ECU kan avgöra om en viss kolv är i insugs- eller avgastakten.

GDI motor

GDI motorn har en tändspole monterad ovanför varje tändstift, och tändningsföljden styrs av ECU. Den här motorn har också en givare som känner av om tändsystemet fallerar, som sitter på trottelhusets fästbygel baktill på motorn **(se bild)**. Den här givarens exakta funktion har inte helt kunnat utrönas vid tiden för den här bokens publicering.

Huvudkomponenterna på systemets tändningssida är ECU och effektsteget, tändspolarna, tändstiften och de olika givarna/sensorerna som förser ECU med information om motorns arbetsförhållanden. Systemet fungerar enligt följande.

Vevaxelns kuggade drev (i motorns kamremsände) används som en trigger för vevaxelgivaren, med en triggerplatta monterad bakom drevet, som skapar den puls som behövs för att ECU ska kunna fastställa ÖD-läge och motorhastighet. Kamaxelgivaren utökar denna information genom att känna av avgaskamaxelns läge, vilket gör att ECU kan avgöra om en särskild kolv är i insugs- eller avgastakten.

Alla motorer

Informationen om motorns belastning sänds till ECU via givaren för absolut tryck i insugsgrenröret (MAP-givaren), eller via luftflödesgivaren och tryckgivaren. ECU får också information från knacksensorn. Dessa givare/sensorer är känsliga för de högfrekventa vibrationer som uppstår när motorn börjar spika (förtända). Givare som övervakar kylvätsketemperatur, gasspjälläge, hastighet, automatväxellådsdrevens position (om tillämpligt) och luftkonditioneringens funktion, förser ECU med ytterligare signaler om bilens arbetsförhållanden.

Utifrån dessa, hela tiden föränderliga, data väljer ECU, och om så behövs ändrar, en viss tändförställning från ett urval av tändningsegenskaper som finns lagrade i dess minne.

När tändningspunkten har beräknats skickar ECU en signal till effektsteget, vilket är en elektronisk brytare som styr strömmen till tändspolarnas primärlindningar. När effektsteget får signalen från ECU, bryter den primärströmmen till tändspolen, vilket inducerar en högspänning i spolens sekundärlindningar. Den här högspänningen leds till tändstiften via tändkablarna. Den här cykeln upprepas flera gånger per sekund för varje cylinder i tur och ordning.

Om ett fel i systemet uppstår på grund av att en signal från en givare går förlorad, återgår ECU till ett nödprogram ("limp home"). Detta gör att bilen kan köras, men motorns funktion och prestanda begränsas. En varningslampa på instrumentpanelen tänds om felet riskerar att öka utsläppen av farliga avgaser.

2 Tändsystem – kontroll

⚠️ **Varning: Spänningen från ett elektroniskt tändsystem är mycket högre än den från konventionella tändsystem. Var mycket försiktig vid arbete med systemet om tändningen är påslagen. Personer med pacemaker bör inte vistas i närheten av tändningskretsar, -komponenter eller testutrustning.**

Allmänt

1 Elsystemets komponenter är i normala fall mycket pålitliga. De flesta fel beror snarare på lösa eller smutsiga anslutningar eller på "spårning" av högspänning beroende på smuts, fukt eller skadad isolering, än på defekta systemkomponenter. Undersök **alltid** alla kablar ordentligt och arbeta metodiskt för att kunna utesluta alla andra möjligheter innan en komponent döms ut som defekt.

2 Den gamla ovanan att kontrollera gnistor genom att hålla den strömförande delen av tändkabeln på kort avstånd från motorn rekommenderas absolut inte. Dels är risken stor att man får en kraftig stöt, dels kan ECU eller tändspolen skadas. Försök heller aldrig att fastställa feltändning genom att dra loss en tändkabel i taget. Detta kan göra att det kommer in oförbränt bränsle i katalysatorn vilket leder till att den överhettas.

3 Följande kontroller bör utföras om något uppenbart fel föreligger, t.ex. om motorn inte startar eller uppenbarligen feltänder. Vissa fel är dock svåra att upptäcka och de döljs ofta av att ECU övergår till nödprogrammet för att behålla så mycket körbarhet som möjligt. Fel av denna typ avslöjar sig ofta genom hög bränsleförbrukning, dålig tomgång, sämre prestanda, knackning eller spikning från motorn under vissa förhållanden, eller en kombination av dessa.

Motorn startar inte

4 Om motorn inte går runt, eller går runt mycket sakta, kontrollera batteriet och startmotorn. Anslut en voltmeter över batteripolerna (mätarens plussond till batteriets pluspol) och läs sedan av

spänningen medan motorn vrids runt på startmotorn i högst tio sekunder (inte mer). Om det avlästa värdet understiger 9,5 volt, börja med att kontrollera batteriet, startmotorn och laddningssystemet enligt beskrivningen i del A i det här kapitlet.
5 Om motorn går runt med normal hastighet men inte startar, kontrollera högspänningskretsen genom att ansluta en tändinställningslampa (följ tillverkarens instruktioner) och vrida runt motorn på startmotorn. Om lampan blinkar når spänning fram till tändstiften, så då bör dessa kontrolleras först. Om lampan inte blinkar, undersök själva tändkablarna.
6 Om det finns en gnista, fortsätt med kontrollerna som beskrivs i avsnitt 3 i detta kapitel.
7 Om det fortfarande inte finns någon gnista, undersök spolens skick. Gör detta genom att byta ut den mot en som du vet fungerar, eller genom att kontrollera de primära och sekundära motstånden (spolens primära motstånd anges inte av Volvo, men man kan anta att ett fel föreligger om ingen avläsning kan erhållas). Om felet kvarstår ligger problemet någon annanstans; om felet nu är borta är det uppenbarligen en ny spole som behövs. Undersök dock noga skicket på själva lågspänningsanslutningarna, för att se till att inte problemet beror på smutsiga eller glappa kontaktdon.
8 Om spolen är i gott skick ligger problemet förmodligen i någon av systemets givare, eller relaterade komponenter. Börja med vevaxellägesgivaren, som ofta kan drabbas av vibrationsskador. Om detta är fallet ska en felkod ha loggats i diagnostikenheten, vilket bör hjälpa till att hitta den aktuella komponenten (se avsnitt 3).

Motorn feltänder

9 Oregelbunden feltändning är ett tecken på antingen en lös anslutning, ett intermittent fel i primärkretsen eller ett högspänningsfel på kretsens spolsida.
10 Stäng av motorn och gör en noggrann kontroll av systemet. Se till att samtliga anslutningar är rena och sitter fast ordentligt. Om utrustning finns tillgänglig, kontrollera lågspänningskretsen enligt beskrivningen ovan.
11 Kontrollera att spolarna och tändkablarna är rena och torra. Undersök kablarna och tändstiften (genom att byta ut dem om så behövs) enligt beskrivningen i kapitel 1.
12 Regelbunden feltändning beror troligtvis på ett fel i tändkablarna (om monterade), spolarna (GDI motor) eller tändstiften. Använd en tändinställningslampa (punkt 5) för att kontrollera om det finns högspänning i alla kablarna.
13 Om en kabel inte har spänning kan felet ligga i den kabeln. Om alla kablar har högspänning ligger felet hos tändstiften. Kontrollera och byt ut tändstiften om det råder minsta tvivel om deras skick.
14 Om högspänning saknas helt, undersök

tändspolen. Dess sekundärlindningar är eventuellt för högt belastade.
15 Alla övriga kontroller av systemets komponenter bör utföras av en Volvoverkstad.

3 Felsökning – allmän information

Allmän information

1 Bränsle- och tändsystemen på alla motorer som behandlas i den här boken har ett inbyggt diagnossystem som underlättar felsökning och systemkontroll. Diagnossystemet arbetar tillsammans med bränslesystemets och, om tillämpligt, tändsystemets ECU för att kontinuerligt övervaka systemets komponenter. Om ett fel skulle uppstå lagrar ECU en serie signaler (eller felkoder) för efterföljande kontroll med speciell diagnosutrustning.
2 Om problem uppstår med körbarheten och motorns prestanda verkar ha försämrats, kan speciell diagnosutrustning användas till att hitta problemområdena. Diagnosverktyget kan läsa av de felkoder som har lagrats i motorstyrningssystemets ECU. När detta väl har gjorts krävs det dock ofta fler kontroller för att exakt ta reda på felets natur, d.v.s. om det är fel på själva komponenten, kablarna eller något annat.

Förberedande kontroller

Observera: *När de här kontrollerna utförs för att spåra ett fel, tänk på att om felet har uppstått bara en kort tid efter att någon del av bilen har servats eller renoverats, är det där man måste börja söka. Hur ovidkommande det än kan verka bör man se till att det inte är någon del som har monterats tillbaka slarvigt som orsakar problemet.*

Om orsaken till ett partiellt motorfel, t.ex. försämrade prestanda, håller på att spåras, kontrollera då även kompressionstrycken (utöver de kontroller som anges nedan). Kontrollera också att bränslefiltret och luftfiltret har bytts med rekommenderade intervall. Se kapitel 1 och relevanta delar av kapitel 2 och 4 för information om dessa åtgärder.
3 Öppna motorhuven och kontrollera batterianslutningarnas skick. Gör om anslutningarna eller byt kablarna om ett fel upptäcks. Använd samma teknik som till att se till att alla jordningspunkter i motorrummet ger god elektrisk kontakt genom rena anslutningar, metall-till-metall, och att alla sitter fast ordentligt.
4 Arbeta sedan metodiskt runt hela motorrummet och undersök alla synliga delar, samt anslutningarna mellan de olika kablagedelarna. Leta efter kablage som är uppenbart skadat av att det har skavt mot vassa kanter eller rörliga delar i fjädringen/växellådan och/eller drivremmen. De kan också ha klämts mellan slarvigt återmonterade delar eller smält

för att de har kommit i kontakt med heta motordelar, kylrör etc. I de flesta fall orsakas skador av denna typ av inkorrekt dragning vid hopsättning efter det att arbeten har utförts på bilen (se anmärkningen i början av detta underavsnitt).
5 Naturligtvis kan kablar gå av eller kortslutas inuti isoleringen utan att det syns utanpå, men detta sker normalt bara om kablaget har dragits fel, så att det har sträckts eller böjts skarpt. Dessa problem bör vara uppenbara även vid en översiktlig kontroll. Om detta misstänks ha hänt, men felet ändå inte kan hittas, bör den misstänkta kabeldelen undersökas mycket noggrant med hjälp av de mer detaljerade kontroller som beskrivs nedan.
6 Beroende på problemets omfattning, kan skadade kablar ibland repareras genom sammanfogning eller splitsning med en ny bit kabel, med lödning för att försäkra en god anslutning, och sedan ny isolering med isoleringstejp eller krympslang. Om skadan är omfattande är det bäst att byta ut hela kabelavsnittet med tanke på bilens körsäkerhet, även om det kan verka ganska dyrt.
7 När skadan har reparerats, se till att kablaget dras korrekt vid återmonteringen så att det inte vidrör andra delar, inte är sträckt eller veckat, samt att det hålls på plats med hjälp av de plastklämmer, styrningar och kabelband som finns till hands.
8 Undersök alla elektriska kontaktdon och se till att de är rena och ordentligt fastsatta, samt att vart och ett hålls på plats med därför avsedd plastflik eller kabelklämma. Om något kontaktdon visar yttre tecken på korrosion (vita eller gröna avlagringar, eller rost), eller om det verkar smutsigt, måste det kopplas loss och rengöras med särskilt rengöringsmedel för elektriska kontakter. Om kontaktdonets stift är kraftigt korroderade måste kontaktdonet bytas ut. Observera att detta kan innebära att hela kabelavsnittet måste bytas.
9 Om rengöringsmedlet tar bort korrosionen helt så att kontakten återställs till godtagbart skick, är det en god idé att täcka kontaktdonet med ett lämpligt medel som håller fukt och smuts borta och förhindrar ny korrosion. En Volvoverkstad kan rekommendera en passande produkt.
10 Arbeta metodiskt runt hela motorrummet. Kontrollera noga att alla vakuumslangar och rör sitter fast ordentligt, att de har dragits korrekt och att de inte visar några tecken på sprickor, åldrande eller andra skador som kan orsaka läckor. Se också till att inga slangar har klämts, vridits eller böjts så skarpt att de förhindrar luftflödet. Var extra noga vid alla anslutningar och skarpa böjar och byt ut alla slangar som är skadade eller deformerade.
11 Arbeta från bränsletanken till bränsleinsprutningsbryggan via filtret (inklusive matnings- och returledningar), och undersök bränsleledningarna. Byt alla som läcker, är klämda eller böjda.

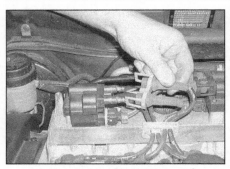

4.3 Koppla loss tändkablarna från anslutningarna på spolen

4.4 Koppla loss lågspänningskablarna från tändspolen

12 Kontrollera att gasvajern sitter fast ordentligt och att den är korrekt justerad. Byt vajern om det finns något som helst tvivel om dess skick, eller om den verkar stel eller ryckig under användning (senare GDI motorer har ingen gasvajer). Se kapitel 4A eller 4B för ytterligare information om så behövs.

13 Lossa luftrenarkåpan och kontrollera att inte luftfiltret är igensatt eller alldeles fuktigt. (Ett igensatt luftfilter hindrar insugsluften, vilket försämrar motorns effektivitet märkbart). Byt ut filtret om så behövs. Se relevanta avsnitt i kapitel 1 för mer information.

14 Starta motorn och låt den gå på tomgång. *Varning: Allt arbete i motorrummet måste utföras med största försiktighet för att personskador ska undvikas. Det finns risk för brännskador om man kommer i kontakt med varma delar, och man kan också komma i kontakt med rörliga delar som kylfläkten eller drivremmen. Läs "Säkerheten främst!" i början av den här handboken innan arbetet påbörjas, och se till att alltid hålla undan händer, långt hår och lösa kläder från varma eller rörliga delar.*

15 Arbeta från luftintaget via luftrenare och luftflödesgivaren (eller insugsluftens temperaturgivare) till gasspjällhuset och insugsgrenröret (inklusive de olika vakuumslangar och rör som är anslutna till dessa) och leta efter luftläckor. Normalt ger sig dessa till

känna genom ett sugande eller väsande läte, men mindre läckor kan spåras om man sprutar lite tvållösning på en misstänkt fog. Om en läcka finns märks detta på att motorljudet förändras, samt att luftbubblor bildas (eller att vätskan sugs in, beroende på tryckskillnaden vid punkten i fråga). Om en läcka upptäcks på något ställe, dra åt fästklämman och/eller byt de defekta delarna.

16 På liknande sätt, arbeta från topplocket via grenröret till det bakre avgasröret och undersök om avgassystemet läcker någonstans. Om bilen kan lyftas upp och stödjas på ett säkert sätt medan kontrollen utförs, är den enklaste metoden att tillfälligt blockera avgasröret och lyssna efter avgaser som pyser ut. En läcka borde då vara uppenbar. Om en läcka påträffas, åtgärda detta genom att dra åt klämbultarna och/eller muttrarna, byta packning och/eller byta den defekta delen i systemet.

17 Det är möjligt att göra ytterligare en kontroll av de elektriska anslutningarna genom att vicka på varje elektriskt kontaktdon i systemet i tur och ordning med motorn på tomgång. Ett dåligt kontaktdon ger sig genast till känna genom motorns reaktion allt eftersom kontakten bryts och upprättas igen. Med tanke på systemets tillförlitlighet bör ett defekt kontaktdon alltid bytas ut, men det kan betyda att ett helt kabelavsnitt måste bytas ut.

18 Stäng av motorn. Om felet ännu inte har

hittats, innebär nästa steg en kontroll av felkoden på diagnosenheten enligt beskrivningen nedan.

Avläsning av felkoder

19 Som nämnts i de allmänna kommentarerna i början av detta avsnitt, bör de inledande kontrollerna som beskrivits ovan eliminera majoriteten av fel i tändsystemet (eller bränslesystemet). Om felet ännu inte har kunnat identifieras, är nästa steg att kontrollera om någon felkod har loggats, och i så fall att tolka betydelsen av den här koden. Det kan göras om bilen tas till en bränsleinsprutningsspecialist eller en Volvoverkstad med lämplig utrustning. I motorstyrningskretsen finns ett kontaktdon till vilket ett speciellt elektroniskt diagnosverktyg kan anslutas. Kontaktdonet är placerat inuti bilen, bakom instrumentbrädan intill mittkonsolen. Testverktyget hittar felet snabbt och lätt och minskar behovet av att testa alla systemkomponenter enskilt, något som är tidskrävande och medför stor risk för skador på ECU.

4 Tändspole – demontering och montering

Modeller utan turbo

Fram till årsmodell 2000

Demontering

1 Koppla loss kabeln från batteriets minuspol (se *Koppla ifrån batteriet*).

2 Ta bort skruvarna och lossa täckpanelen av plast från motorns ovansida.

3 Lossa plasttapparna och koppla loss tändkablarna från tändspolens anslutningar **(se bild)**.

4 Koppla loss lågspänningskablarna från tändspolen vid kontaktdonet **(se bild)**.

5 Skruva loss fästskruvarna och lyft bort spolen från dess fästbygel **(se bilder)**.

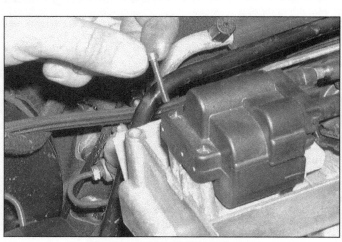

4.5a Skruva loss fästskruvarna . . .

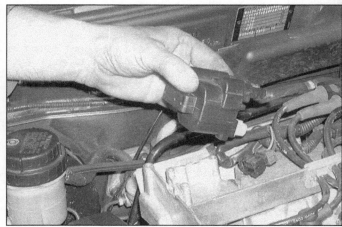

4.5b . . . och ta bort spolen från fästbygeln

Montering

6 Montering sker i omvänd ordning mot demonteringen.

Årsmodell 2000 och framåt

7 Demontering och montering av den senare typen av spolar, som sitter över tändstiften, sker enligt beskrivningen för turbomodeller nedan. För information om tändspolarna på GDI-motorn, se informationen om demontering av tändstiften i kapitel 1.

Turbomodeller

Demontering

8 Koppla loss kabeln från batteriets minuspol (se *Koppla ifrån batteriet*).

9 Ta bort skruvarna och lossa täckpanelen av plast från motorns ovansida.

10 Koppla loss lågspänningskablarna från sidan av spolen, Koppla också loss tändkabeln från anslutningen på sidan av spolen.

11 Skruva loss fästskruven, ta tag i flikarna på sidan av spolen och dra loss den från topplockskåpan **(se bild)**.

Montering

12 Montering sker i omvänd ordning mot demonteringen.

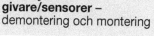

4.11 Tändspolar – modeller med turbo

3 Demontera insugsgrenröret enligt beskrivningen i kapitel 4A.

4 Koppla loss kontaktdonet från sensorn.

5 Skruva loss sensorns fästbult och ta bort sensorn.

Montering

6 Placera sensorn på motorblocket och sätt tillbaka och dra åt fästbulten till angivet moment. Sensorns funktion påverkas om fästbulten dras åt till något annat än det angivna momentet.

7 Montera insugsgrenröret enligt beskrivningen i kapitel 4A.

GDI motor

Demontering

8 GDI-motorns knacksensor sitter baktill på motorblocket, under insugsgrenröret, i motorns kamremsände. När du har hittat sensorn, följ kabeln längs motorns baksida, frigör den från klämmorna och notera noggrant hur den är dragen. Koppla sedan loss knacksensorns kontaktdon som sitter i motorns växellådsände, intill tändspolen för cylinder nr 4.

9 Eftersom sensorns kablage inte kan lossas från själva sensorn, måste en öppen nyckel eller liknande användas för att skruva loss sensorn från motorn. Var noga med att inte slå på eller tappa sensorn under demonteringen, eftersom den lätt kan ta skada. Undvik också att vrida kabeln alltför mycket – den kan gå sönder.

Montering

10 Rengör fogytorna på sensorn och motorn och skruva in sensorn för hand. Som vid demonteringen, var försiktig med sensorn när den sätts tillbaka och se till att kablaget inte vrids eller belastas.

11 Sensorn måste dras åt till angivet moment för att den ska fungera korrekt. Eftersom en normal hylsa inte kan användas (p.g.a. sensorns kabel) är det svårt att erhålla exakt åtdragningsmoment. Särskilda hylsor med skåra finns för montering av syresensorer, som brukar ha samma problem med kabeln. Det finns också en annan typ av adapter som kan användas tillsammans med en moment-nyckel, men användning av denna ökar det moment som läggs an, så sök information från verktygstillverkaren om detta.

12 Dra knacksensorns kabel längs motorns baksida, fäst den med alla relevanta klämmor och anslut dess kontaktdon.

---

6 Elektronisk styrenhet (ECU)
– demontering och montering

Tänd- och bränsleinsprutningssystemen styrs av samma ECU – se information i kapitel 4A eller 4B.

---

7 Tändningsinställning –
kontroll

De motorer som behandlas i den här boken har inga märken som kan användas för kontroll av tändningsinställningen. Märkena på kamaxeln och vevaxeln står inte i direkt relation till kolvarnas övre dödpunkt, utan används bara vid reparation och hopsättning. För en noggrann kontroll av inställningen måste bilen därför tas till en Volvoverkstad eller bilelektriker som har den diagnostiska utrustning som behövs. Tändningsinställningen styrs av motorstyrningssystemets ECU och kan inte justeras.

---

5 Tändsystemets givare/sensorer – demontering och montering

1 Majoriteten av tändsystemets givare/sensorer delas med bränsleinsprutningssystemet – demontering och montering av dessa beskrivs i kapitel 4A. Byte av knacksensorn, som bara påverkar tändningen, beskrivs nedan.

Knacksensor

Alla motorer utom GDI

Demontering

2 Knacksensorn sitter framtill till höger på motorblocket, under insugsgrenröret.

Kapitel 6
Koppling

Innehåll

Svårighetsgrader

Enkelt, passar novisen med lite erfarenhet		Ganska enkelt, passar nybörjaren med viss erfarenhet		Ganska svårt, passar kompetent hemmamekaniker		Svårt, passar hemmamekaniker med erfarenhet		Mycket svårt, för professionell mekaniker	

Specifikationer

Allmänt
Kopplingstyp . . . . Enkel torrlamell, tallriksfjäder, hydraulisk verkan (självjusterande på turbomodeller)

Tryckplatta
Högsta tillåtna skevhet . . . . 0,2 mm

Kopplingslamell
Diameter:
  Modeller utan turbo:
    Fram till 1998 . . . . 220 mm
    1998 och framåt . . . . 215 mm
  Turbomodeller . . . . 240 mm

Kopplingspedal
Höjd* . . . . 162,5 mm
Fritt spel . . . . 1 till 3 mm
Pedalutslag (viloläge – helt nedtryckt) . . . . 136 mm
*Med ett spel på 1 till 3 mm mellan pedalen och stoppbulten

Åtdragningsmoment

	Nm
Huvudcylinderns fästmuttrar	13
Slavcylinderns fästbultar:	
Modeller utan turbo, utom GDI motor	30
Modeller med GDI motor	18
Turbomodeller	10
Tryckplattans fästbultar:	
Modeller utan turbo	21
Turbomodeller	25

1 Allmän information

Alla modeller med manuell växellåda har en koppling med enkel torrlamell och tallriksfjäder. Kopplingen styrs hydrauliskt via en huvud- och slavcylinder.

Kopplingens huvudkomponenter består av tryckplattan, lamellen och urtrampningslagret. Tryckplattan sitter fastbultad vid svänghjulet, med lamellen fastklämd emellan. Lamellens centrum har ett nav med splines som hakar i splinesen på växellådans ingående axel. Urtrampningslagret glider längs en hylsa som är monterad över växellådans ingående axel och verkar på tallriksfjäderns fingrar på tryckplattan.

När motorn går och kopplingspedalen släpps upp, klämmer tallriksfjädern ihop tryckplattan, lamellen och svänghjulet. Drivkraft överförs via friktionsytorna på svänghjulet och tryckplattan till lamellens belägg och på så sätt till växellådans ingående axel.

När kopplingspedalen trycks ner överförs pedalrörelsen hydrauliskt till urtrampningslagret, vilket trycks mot tallriksfjäderns fingrar. Fjäderns tryck på tryckplattan och svänghjulet försvinner och tryckplattan snurrar utan att påverka lamellen. När pedalen släpps upp återtas fjädertrycket och drivkraften ökar gradvis.

Kopplingens hydraulsystem består av en huvudcylinder och en slavcylinder samt tillhörande rör och slangar. Vätskebehållaren delas med bromshuvudcylindern. På modeller utan turbo sitter slavcylindern monterad

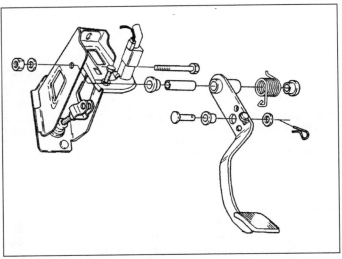

2.5 Sprängskiss av kopplingspedalens komponenter

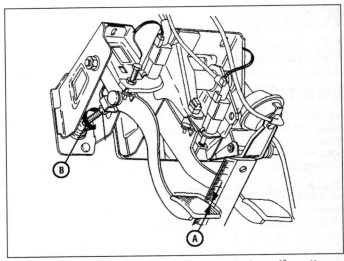

2.10 Justera pedalens fria spel (A) genom att lossa låsmuttern och vrida tryckstången (B)

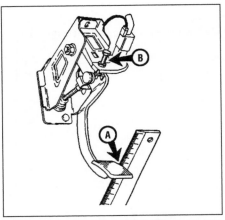

2.12 Justera pedalens höjd (A) genom att lossa låsmuttern och vrida stoppbulten (B)

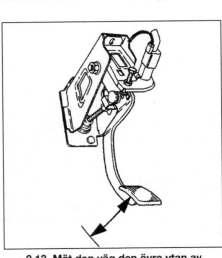

2.13 Mät den väg den övre ytan av kopplingspedalens gummiplatta färdas mellan viloläge och helt nedtryckt läge och anteckna resultatet

utanför balanshjulskåpan och kraft överförs till urtrampningslagret via en vridbar urtrampningsgaffel. På modeller med turbo sitter slavcylindern inuti balanshjulskåpan, koncentriskt placerad över växellådans ingående axel, direkt bakom urtrampningslagret.

Slitage i lamellens belägg kompenseras automatiskt av hydraulsystemets komponenter och inga justeringar är nödvändiga. På modeller med turbo sitter dessutom en fjäderbelastad justeringsring monterad inuti tryckplattan. Den kompenserar för slitage på lamellen så att kopplingspedalens utslag hela tiden är konstant.

2 Pedal – demontering, montering och justering

Demontering

1 Koppla loss kabeln från batteriets minuspol (se *Koppla ifrån batteriet*).
2 Ta bort panelen under instrumentbrädan på förarsidan. Om så är tillämpligt, skruva loss fästmuttrarna, koppla loss kablaget och demontera den elektroniska styrenheten (ECU). Flytta relähållaren åt sidan.
3 Skruva loss muttern från änden av pedalens pivåbult och ta bort brickan. Haka sedan loss returfjädern från pedalen.
4 Vik undan mattan, dra loss klämman och ta loss huvudcylinderns tryckstång från kopplingspedalen.
5 Dra ut pivåbulten så långt som möjligt. Vrid sedan kopplingspedalen för att lossa den från bulten och ta bort den från fästbygeln **(se bild)**.
6 När pedalen är borttagen, undersök pivåbussningarna och byt ut dem om de är i dåligt skick.

Montering

7 Montering sker i omvänd ordning. Lägg fett på pedalbussningarna och använd en ny låsring för att fästa pedalen om den gamla är skadad eller sliten.
8 På modeller utan turbo, mät och justera (om så behövs) pedalens spel och höjd enligt beskrivningen i följande underavsnitt.

Justering

⚠ **Varning: Försök inte att justera kopplingspedalens höjd på turbomodeller – måtten är fabriksinställda och ska inte ändras.**

Kopplingspedalens fria spel

9 Låt kopplingspedalen vara i viloläge. Mät det fria spelet vid pedalens gummiplatta och anteckna måttet. Jämför det uppmätta värdet med det som anges i specifikationerna.
10 Om justering behövs, lossa låsmuttern till huvudcylinderns tryckstång. Vrid sedan tryckstången tills korrekt spel uppnås **(se bild)**. Se till att tryckstången inte trycks in i huvudcylindern när detta görs, eftersom justeringen då blir felaktig. Avsluta med att dra åt tryckstångens låsmutter.

Kopplingspedalens höjd

11 Låt pedalen vara i viloläge. Mät avståndet mellan den övre ytan på pedalens gummiplatta och golvet och anteckna avståndet. Jämför med det som anges i specifikationerna.
12 Om justering behövs, lossa stoppbultens låsmutter och vrid stoppbulten tills korrekt pedalhöjd uppnås. Dra sedan åt stoppbultens låsmutter igen **(se bild)**.

Kopplingspedalens utslag

13 Mät den sträcka den övre ytan av pedalens gummiplatta flyttas mellan viloläge och helt nedtryckt läge och anteckna resultatet **(se bild)**. Efter de ovanstående

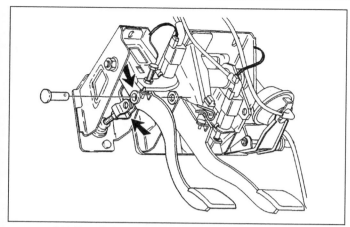

3.7 Koppla loss huvudcylinderns tryckstång från kopplingspedalen

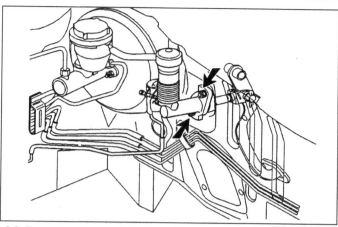

3.8 Ta bort muttrarna (vid pilarna) som håller huvudcylindern vid torpedväggen

justeringarna av pedalhöjd och spel ska pedalutslaget stämma överens med värdet i specifikationerna.

14 Felaktigt pedalutslag kan orsakas av luft i kopplingens hydraulsystem (i vilket fall systemet måste luftas enligt beskrivningen i avsnitt 5) eller en defekt huvudcylinder (se avsnitt 3) eller slavcylinder (se avsnitt 4).

3 Huvudcylinder – demontering och montering

⚠️ **Varning: Hydraulvätska är giftig. Om du får vätska på huden, tvätta bort den omedelbart och kontakta omedelbart en läkare om vätska råkar sväljas eller kommer in i ögonen. Vissa typer av hydraulvätska är brandfarliga och kan antändas när de kommer i kontakt med heta komponenter. När service utförs på systemet är det alltid säkrast att anta att vätskan ÄR brandfarlig och att vidta säkerhetsåtgärder på samma sätt som när bensin hanteras. Hydraulvätska är dessutom ett effektivt färgborttagningsmedel, som också angriper plast. Om den spills måste den genast spolas bort med stora mängder rent vatten. Slutligen är vätskan också hygroskopisk (den absorberar fukt från luften) och gammal vätska kan därför vara förorenad och oduglig för användning. Vid påfyllning eller byte ska alltid rekommenderad typ användas och den måste komma från en nyligen bruten förpackning.**

Observera: Huvudcylinderns inre komponenter går inte att köpa separat och det går inte heller att reparera eller renovera cylindern. Om det uppstår något fel på hydraulsystemet eller om det finns tecken på vätskeläckage på eller runt huvudcylindern eller kopplingspedalen ska enheten bytas ut.

Demontering

1 Koppla loss kabeln från batteriets negativa pol (se *Koppla ifrån batteriet*).
2 Se kapitel 4A och demontera luftrenaren.
3 Anslut en slang till luftningsskruven på slavcylindern. Placera slangens andra ände i ett tomt kärl. Lossa luftningsskruven och låt en medhjälpare trycka ner kopplingspedalen långsamt flera gånger för att pumpa ut hydraulvätskan i uppsamlingskärlet. Var beredd med ett annat kärl och trasor för att fånga upp eventuellt spill. Dra åt luftningsskruven igen när det inte går att få ut mer vätska.
4 Ta bort locket från säkringsdosan i motorrummet. Skruva loss fästskruvarna och flytta säkringsdosan åt sidan. På modeller med farthållare, ta bort fästskruvarna och placera farthållarens vakuumpump och regulator åt sidan.
5 Skruva loss hydraulrörsanslutningen från änden av huvudcylindern. Var beredd på mer vätskespill. Täck den öppna röranslutningen med en bit plastfolie och ett gummiband så att inte smuts kan komma in i systemet. Om en klokoppling används på röranslutningen ska fjäderklämman tas bort och röret dras ut.
6 Ta bort panelen under instrumentbrädan på förarsidan.
7 Koppla loss huvudcylinderns tryckstång från kopplingspedalen enligt beskrivningen i avsnitt 2 **(se bild)**.

4.2 Slavcylinderns luftningsskruv (vid pilen)

8 Ta bort muttrarna som fäster huvudcylinder vid torpedväggen **(se bild)**.
9 Ta bort huvudcylindern från motorrummet. Var noga med att inte droppa vätska på lacken. Ta loss packningen.

Montering

10 Montering sker i omvänd ordning, men notera följande:
   a) *Om en ny huvudcylinder monteras, flytta över vätskematarslangen från den gamla cylindern till den nya före monteringen.*
   b) *Om hydraulrörsanslutningen är av typen klokoppling ska en ny O-ring monteras på skarvdonet.*
   c) *Dra åt huvudcylinderns fästmuttrar till angivet moment.*
   d) *Fyll på och lufta kopplingens hydraulsystem enligt beskrivning i avsnitt 5.*
   e) *Kontrollera, och om så behövs justera, kopplingspedalens höjd, fria spel och utslag enligt beskrivning i avsnitt 2.*

4 Slavcylinder – demontering och montering

Observera: Slavcylinderns inre komponenter går inte att köpa separat och det går inte att reparera eller renovera cylindern. Om det uppstår ett fel med hydraulsystemet eller om det finns tecken på vätskeläckage på eller runt slavcylinderns tryckstång eller gummidamask (om tillämpligt) ska enheten bytas ut.

Modeller utan turbo
Demontering

Observera: Se varningen i början av avsnitt 3 innan arbetet påbörjas.

1 Demontera luftrenaren och tillhörande kanaler enligt beskrivning i kapitel 4A eller 4B.
2 Ta bort dammkåpan och anslut en slang till luftningsskruven på kopplingens slavcylinder **(se bild)**. Placera slangens andra ände i ett tomt kärl. Lossa luftningsskruven och låt en

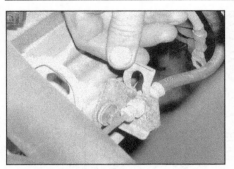

4.3 Lossa kopplingens hydraulrör från fästbygeln

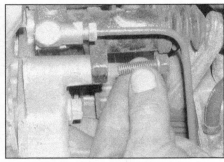

4.5a Skruva loss fästbultarna . . .

4.5b . . . och koppla loss kolven från urtrampningsgaffeln och ta bort slavcylindern

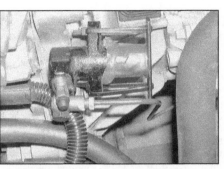

4.5c Håll kolven på plats med hjälp av en bit metall och buntband

medhjälpare trycka ner kopplingspedalen långsamt flera gånger för att pumpa ut hydraulvätskan i uppsamlingskärlet. Var beredd med en behållare och trasor för att fånga upp eventuellt spill. Dra åt luftnings-skruven när det inte går att få ut mer vätska.
3 Om så är tillämpligt, dra bort den fjäder-belastade klämman för att ta loss kopplingens hydraulrör från fästbygeln **(se bild)**.
4 Skruva loss hydraulrörsanslutningen vid fästbygeln, där röret kopplas ihop med gummislangen, och dra försiktigt bort röret. Var beredd med ett kärl och trasor för att fånga upp vätskespill. Täck över den öppna röranslutningen med en bit plastfolie och ett gummiband så att inte smuts kan komma in.
5 Lossa och dra bort fästbultarna. Koppla sedan loss kolven från urtrampningsgaffeln och dra bort slavcylindern från växellådans kåpa. Håll kolven på plats med en bit metall och buntband eller ståltråd så att den inte trycks ut ur slavcylindern **(se bilder)**. Om så behövs kan hydraulröret kopplas loss från slavcylindern vid anslutningen.

Montering
6 Montering sker i omvänd ordning, notera följande:
a) Använd nya tätningsbrickor till anslutningarna.
b) Dra åt alla fästen och anslutningar till angivna moment.
c) Lägg lite fett på kontaktpunkten mellan änden av slavcylinderns kolv och urtrampningsgaffeln.

d) Avsluta med att fylla på och lufta hydraulsystemet (se avsnitt 5).

Turbomodeller

Demontering
7 Ta bort växellådan enligt beskrivning i kapitel 7A.
8 Ta loss gummidamasken från växellåds-huset och dra den längs hydraulröret mot slavcylindern.
9 Ta bort tillsatsen från snabbkopplingen på slavcylinderns hydraulrör genom att dra ut låsfästbygeln. Lägg tillsatsen i en plastpåse så att den inte blir smutsig.
10 Skruva loss fästbultarna och ta bort slavcylindern, tillsammans med urtrampnings-lagret, från växellådshuset.

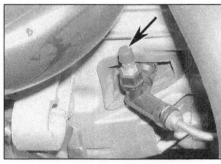

5.4 Hydraulsystemets luftningsskruv (turbomodeller)

Montering
11 Montering sker i omvänd ordning, men observera följande:
a) Sätt en ny gummitätning som smorts med lite bromsvätska på hydraulrörets tillsats.
b) Se till att låsfästbygeln mellan tillsatsen och snabbkopplingen är säkert monterad.
c) Dra åt slavcylinderns fästbultar till angivet moment.
d) Avsluta med att fylla på och lufta hydraulsystemet.

5 Hydraulsystem – luftning

Observera: Se varningen i början av avsnitt 3 innan arbetet påbörjas.

Allmän information
1 Om kopplingens hydraulledningar kopplas loss för renovering kommer luft att komma in i systemet. När luft kommer in i ett hydraulsystem uppstår en viss elasticitet. I kopplingssystemets fall kommer detta att leda till dålig pedalkänsla och minskat pedalspel, med ineffektiv utväxling och t.o.m. ett defekt kopplingssystem som följd. Därför måste kopplingens hydraulsystem fyllas på och luftas efter utfört arbete, så att all luft tvingas ut ur systemet.
2 Kopplingens hydraulsystem kan luftas på två olika sätt. Antingen manuellt genom att pedalen pumpas upp och ner och den utrinnande vätskan samlas upp i ett kärl som anslutits till luftningsröret, eller med hjälp av en tryckluftsdriven bromsluftningssats. Dessa luftningssatser går att köpa färdiga i biltillbehörsbutiker och de är mycket effektiva. Följande underavsnitt behandlar båda metoderna.

Manuell luftning
3 Fyll på vätskebehållaren på bromshuvud-cylindern med ren, ny vätska av angiven typ (se *Veckokontroller*).
4 Ta bort dammskyddet och montera en genomskinlig slang över luftningsskruven på slavcylindern (se bild 4.2). Observera att på turbomodeller där slavcylindern är monterad inne i kopplingens balanshjulskåpa, sitter luftningsskruven placerad på hydraul-vätskeröret som leder in i balanshjulskåpan **(se bild)**. Placera den andra änden av slangen i en glasburk med lite hydraulvätska i.
5 Lossa luftningsskruven lätt samtidigt som medhjälpare trycka ner kopplingspedalen helt. Dra åt luftningsskruven när pedalen når sin lägsta punkt. Låt medhjälparen släppa pedalen och lossa sedan luftningsskruven igen. Målet är att bara ha skruven öppen när pedalen är i nedåtgående rörelse, så att inte ny luft dras in i systemet.
6 Upprepa processen tills ren vätska utan luftbubblor kommer ut från luftningsskruven. Dra åt skruven när pedalen befinner sig längst

ner och ta bort slangen och burken. Sätt tillbaka dammskyddet.

7 Fyll på hydraulvätskebehållaren till MAX-nivån.

Tryckluftning

8 Leta reda på luftningsskruven på hydraul-röret som leder till kopplingens balanshjuls-kåpa och ta bort dammskyddet.

9 Placera en ringnyckel över luftnings-skruvens huvud, men skruva inte loss den än. Fäst den ena änden av en plastslang över skruven och lägg den andra änden av slangen i en ren behållare. Häll hydraulvätska i behållaren så att den lösa slangänden täcks fullständigt.

10 Följ satstillverkarens instruktioner och häll hydraulvätska i luftningssatsens kärl.

11 Skruva loss locket till bilens hydraul-vätskebehållare och anslut luftningssatsens tillförselslang till behållaren.

12 Anslut tryckslangen till en tryckluftskälla – ett reservdäck fungerar bra.

Varning: Kontrollera att trycket i däcket inte överskrider maxvärdet som anges av luftningssatsens tillverkare. Släpp ut lite luft för att minska trycket om så behövs. Öppna försiktigt luftventilen och låt lufttrycket och vätsketrycket utjämnas. Kontrollera att det inte förekommer några läckor innan arbetet fortsätter.

13 Lossa luftningsskruven med nyckeln tills vätska och luftbubblor rinner genom slangen och ner i behållaren. Låt det rinna tills vätskan som kommer ut är fri från bubblor. Var uppmärksam på vätskenivån i luftnings-satsens kärl och bilens vätskebehållare – om nivån tillåts sjunka för mycket kan luft komma in i systemet och omintetgöra arbetet. För att fylla på kärlet, stäng av tryckluften, ta bort locket och häll i rätt mängd ren vätska från en ny flaska. Återanvänd **inte** den vätska som har samlats upp i behållaren. Upprepa tills all vätska som rinner ut är helt fri från luftbubblor.

14 Avsluta med att trampa ner kopplings-pedalen flera gånger för att bedöma hur den känns och hur långt den går att trycka ner. Om fast och konstant pedalmotstånd inte känns genom hela pedalutslaget, kan det

finnas kvar luft i systemet. Upprepa luftningsproceduren men låt en medhjälpare hålla pedalen nedtryckt tills pedalkänslan återställs.

15 Tryckutjämna luftningssatsen och ta bort den från bilen. Om bilens vätskebehållare innehåller för mycket vätska ska överflödet tas bort med hjälp av en *ren* pipett tills nivån nåt MAX-markeringen.

16 Dra åt luftningsskruven och ta bort uppsamlingsbehållaren. Sätt tillbaka damm-skyddet.

17 Avsluta med att köra bilen en sväng och kontrollera att kopplingssystemet fungerar genom att växla upp och ner, accelerera från stillastående och starta i backe.

---

6 Koppling – demontering, kontroll och montering

Varning: Dammet från kopplings-slitage som har lagt sig på komponenterna kan innehålla hälsovådlig asbest. BLÅS INTE bort dammet med tryckluft och ANDAS INTE in det. ANVÄND INTE bensin eller bensin-baserade lösningsmedel för att tvätta bort dammet. Rengöringsmedel för broms-system eller rödsprit bör användas till att spola ner dammet i en lämplig behållare. När kopplingens komponenter har torkats rena med trasor måste trasorna och rengöringsmedlet kastas i en tät, väl märkt behållare.

Observera: På turbomodeller måste Volvos specialverktyg nr 9995677 och 9995662 användas för att hålla emot kopplings-tryckplattans automatiska justeringsmekanism under demontering och montering av kopplingen.

Demontering

1 Demontera växellådan enligt beskrivning i kapitel 7A. Om den befintliga kopplingen ska återmonteras, märk upp förhållandet mellan tryckplattan och svänghjulet med lite färg **(se bild)**.

6.1 Märk tryckplattan och svänghjulet med lite färg

Turbomodeller

2 Montera Volvos verktyg 9995677 på kopplingstryckplattans yttre sida. De tre piggarna måste placeras bakom den automatiska justerarens spännfjädrar på tryckplattans inre kant. De fjäderbelastade krokarna ska monteras i hålen i tryckplattans ytterkant så att verktyget verkar i motsatt riktning från tryckplattans justeringsmekanism **(se bild)**.

3 Montera Volvos verktyg nr. 9995662 på kopplingstryckplattan. Om kopplingen är sliten, vrid först justeringsmekanismen för hand så att de instansade pilmarkeringarna hamnar i linje med varandra. Vrid verktygets handtag så att verktyget trycker ihop tryckplattans tallriksfjäder och trycket släpper på lamellen och den automatiska justerings-mekanismen **(se bild)**. Ett tydligt klick kan höras när tallriksfjädern vrids och släpper.

Alla modeller

4 Skruva loss kopplingskåpans bultar. Arbeta i diagonal ordningsföljd och lossa bultarna med endast några varv i taget **(se bild)**. För att hindra att svänghjulet roterar medan bultarna skruvas loss kan det spärras på följande sätt. Haka fast en skruvmejsel i startkransens kuggar och fäst den mot ett av motorns/växellådans styrstift. Alternativt kan ett lås-verktyg tillverkas av skrotmetall.

5 Ta loss kopplingskåpan från styrstiften. Var beredd på att ta emot lamellen som kommer

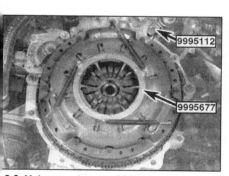

6.2 Volvos verktyg nr 9995677 placerat på tryckplattan

6.3 Montera Volvos verktyg nr 9995662 och vrid handtaget så att tryckplattans tallriksfjäder trycks ihop

6.4 Skruva loss och ta bort kopplingskåpans bultar stegvis i diagonal ordningsföljd

6.5 Ta loss kopplingskåpan från styrstiften och ta emot lamellen som då faller ut

6.15 Montera lamellen så att sidan med markeringen "engine side" är vänd mot svänghjulet

att ramla ut när kåpan tas bort **(se bild)**. Notera åt vilket håll lamellen är monterad.

6 Det är viktigt att inte olja eller fett kommer i kontakt med friktionsmaterialet eller tryckplattans och svänghjulets ytor vid kontrollen och återmonteringen.

7 På turbomodeller, om den ursprungliga kopplingen ska sättas tillbaka, lossa på verktyg nr 9995662 så att spänningen släpper från kopplingstryckplattan. Verktyget behöver inte tas bort i det här stadiet. Om kopplingen däremot ska bytas ut ska båda verktygen tas bort så att den kan monteras på den nya tryckplattan.

 Varning: Var försiktig så att du inte klämmer fingrarna på tryckplattans nitar när kompressionsverktyget lossas.

Kontroll

8 Med kopplingen demonterad, torka bort allt asbestdamm med en torr trasa. Detta bör göras utomhus eller i ett väl ventilerat utrymme. Asbest är hälsofarligt och får inte andas in.

9 Undersök lamellens belägg och leta efter tecken på slitage och lösa nitar, och undersök om fälgen är skev, har sprickor, trasiga fjädrar och/eller slitna splines. Lamellytorna kan vara blankslitna, men så länge friktionsbeläggets mönster syns tydligt är allt som det ska. Om en sammanhängande eller fläckvis svart, blank missfärgning förekommer är lamellen nedsmutsad med olja och måste bytas ut och orsaken till nedsmutsningen måste spåras och åtgärdas. Orsaken kan vara en läckande oljetätning från antingen vevaxeln eller växellådans ingående axel, eller från båda två. Lamellen måste också bytas ut om beläggen har slitits ner till nithuvudena eller strax över.

10 Undersök svänghjulets och tryckplattans maskinbearbetade sidor. Om de är spåriga eller djupt repade måste de bytas ut. Tryckplattan måste också bytas ut om den har synliga sprickor, om tallriksfjädern är skadad eller ger dåligt tryck, eller om tryckplattans yta har slagit sig för mycket.

11 Med växellådan demonterad, kontrollera urtrampningslagrets skick enligt beskrivning i avsnitt 7.

Montering

12 Torka av tryckplattans och svänghjulets ytor med en ren trasa före hopsättningen, för att bli av med eventuell olja och fett.

Turbomodeller

13 Om en ny koppling ska monteras, sätt fast Volvos verktyg 9995677 och 9995662 på tryckplattan enligt beskrivningen i avsnittet *Demontering*.

14 Dra åt verktyg nr 9995662 så att kopplingstryckplattans fingrar trycks ihop. Handtaget behöver vridas mellan 4 och 5 varv från det att mittskruven kommer i kontakt med fjäderfingrarna, tills ett klick hörs när tallriksfjädern svänger.

Alla modeller

15 Placera kopplingslamellen på plats på svänghjulet så att den sida av navet som är märkt med "engine side" (och som har störst utsprång) riktas mot svänghjulet **(se bild)**.

16 Placera kopplingskåpan över styrstiften, sätt i bultarna och dra åt dem för hand så att lamellen hålls fast, men fortfarande går att rubba **(se bild)**.

17 Lamellen måste nu centreras så att spåren i växellådans ingående axel fäster i spåren i mitten av lamellens nav när motorn och växellådan kopplas ihop.

18 Centreringen kan göras ganska enkelt genom att ett provisoriskt verktyg, som en rundstång eller en lång skruvmejsel, sticks in genom hålet i mitten av lamellen, så att änden av verktyget vilar i hålet i änden av vevaxeln. Observera att på turbomodeller är mittskruvens axel på verktyg nr 9995662 utborrad för att ett centreringsverktyg ska kunna användas.

19 Rör centreringsverktyget i sidled eller upp och ner för att flytta lamellen i den riktning som krävs för centrering.

20 Det är enkelt att kontrollera centreringen genom att ta bort centreringsverktyget och bedöma placeringen av lamellens nav i förhållande till hålet i mitten av vevaxeln. När hålet är synligt precis i mitten av lamellens nav är centreringen korrekt.

21 En alternativ och mer korrekt centreringsmetod är att använda ett speciellt kopplingscentreringsverktyg som går att köpa i de flesta biltillbehörsbutiker **(se bild)**.

22 När kopplingen är centrerad, dra stegvis

6.16 Placera kopplingskåpan över styrstiften, sätt i bultarna och dra åt dem för hand

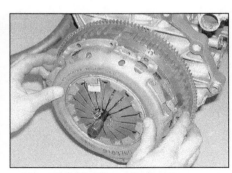

6.21 Här används ett kopplingscentreringsverktyg (visas med motorn demonterad för större tydlighet)

åt kåpans bultar i diagonal ordningsföljd tills kopplingen har passerat hela vägen över styrstiften och vilar tätt mot svänghjulet. Dra sedan åt bultarna (i diagonal ordningsföljd) till angivet moment.

23 På turbomodeller, ta bort Volvos specialverktyg.

 Varning: Var försiktig så att du inte klämmer fingrarna på tryckplattans nitar när kompressionsverktyget lossas.

24 Växellådan kan nu monteras enligt beskrivningen i kapitel 7A.

7 Urtrampningslager –
demontering, kontroll och montering

Demontering

Modeller utan turbo

1 Ta bort växellådan från motorn enligt beskrivning i kapitel 7A.

2 När växellådan är borttagen från motorn, ta loss lagret från urtrampningsgaffeln och dra bort den från den ingående axelns styrhylsa **(se bild)**. Observera att på vissa modeller hålls urtrampningslagret på plats på urtrampningsgaffeln med hjälp av en fjäderklämma.

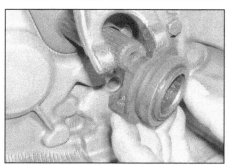

7.2 Ta loss urtrampningslagret från urtrampningsgaffeln och dra bort det från den ingående axelns styrhylsa

3 Ta loss urtrampningsgaffelns dammdamask från balanshjulskåpan och dra bort gaffeln från pinnbulten **(se bild)**.

Turbomodeller

4 Ta bort kopplingens slavcylinder enligt beskrivningen i avsnitt 4. Ta sedan loss urtrampningslagret från slavcylindern.

Kontroll

5 Kontrollera att lagret fungerar smidigt och byt ut det om det kärvar när det vrids. Det är klokt att byta ut lagret regelbundet vid renovering av kopplingen, oavsett skick. Undersök även dammdamaskens skick och byt ut den om den visar tecken på slitage.

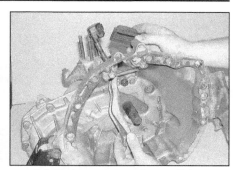

7.3 Ta loss urtrampningsgaffelns dammdamask från balanshjulskåpan och dra bort gaffeln från pinnbulten

Montering

6 Montering av urtrampningslagret sker i omvänd ordning mot demonteringen. På modeller utan turbo, smörj urtrampningsgaffelns pinnbult sparsamt med molybdendisulfidfett. Lägg inget fett på växellådans ingående axel, på styrhylsan eller själva urtrampningslagret, eftersom dessa komponenter har friktionsreducerande lager som inte behöver smörjas. När lagret och urtrampningslagret sitter på plats, sätt fast urtrampningsgaffeln vid slavcylinderns tapp på balanshjulskåpan med ett buntband eller liknande, så att den hålls på plats när växellådan monteras.

Kapitel 7 Del A:
Manuell växellåda

Innehåll

Svårighetsgrader

Enkelt, passar novisen med lite erfarenhet		**Ganska enkelt,** passar nybörjaren med viss erfarenhet	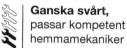	**Ganska svårt,** passar kompetent hemmamekaniker		**Svårt,** passar hemmamekaniker med erfarenhet		**Mycket svårt,** för professionell mekaniker	

Specifikationer

Allmänt

Växellåda	5 växlar framåt och en bakåt. Synkroinkoppling på alla växlar
Beteckning:	
1.6 liter och tidiga 1.8 liter (utom GDI)	M3P
2.0 liter utan turbo och senare 1.8 liter (utom GDI)	M5P
1.8 liter GDI	M5M42 or F5M45
1.9 liter turbo T4	M56L2
2.0 liter lågtrycksturbo	M56H

Smörjning

Smörjmedelstyp	Se *Veckokontroller*
Volym:	
M3P, M5P	3.4 liter
M5M42 and F5M45	2.2 liter
M56	2.1 liter

Åtdragningsmoment

	Nm
Backljuskontakt	22
Balanshjulskåpa till motor, bultar	48
Ingående axelns styrhylsa	25
Motorfästbalk till kaross	69
Motorfästbalk till motorfästen	52
Svänghjulsgivare	20
Urtrampningslagrets styrhylsa, bultar	10
Växellådans avtappningsplugg	38
Växellådans jordkabel	40
Växellådans påfyllnings-/nivåplugg	22
Växelspakshusets bultar	25
Växelstag till växellåda	16
Växelstag till växelspak	16
Växelstagets justerkrage, mutter	24

1 Allmän information

Den manuella växellådan och slutväxeln sitter i ett aluminiumhus som är fastskruvat på vänster sida av motorn. Växling sker via en golvmonterad spak som är kopplad till växellådan via två vajrar på turbo- och GDI-modeller, och via ett stag på andra modeller utan turbo.

Växellådans inre delar består av den ingående axeln, övre och nedre överförings-axlar samt slutväxeldifferential och väljar-mekanism. Den ingående axeln har de fasta 1:a, 2:a och 5:e växlarna, de frikopplade 3:e och 4:e växeldreven och 3:e/4:e synkro-enheten. Den övre överföringsaxeln har de frikopplade 5:e och backväxeldreven, 5:e/backsynkroenheten och ett slutväxeldrev.

Den nedre överföringsaxeln har de fasta 3:e och 4:e växlarna, de frikopplade 1:a, 2:a och backmellandreven, 1:a/2:a synkroenheten och ett slutväxeldrev.

Kraften från motorn överförs till den ingående axeln via kopplingen. Dreven på den ingående axeln griper permanent in i dreven på de två överföringsaxlarna, men när kraften överförs är det bara ett drev i taget som verkligen är låst till sin axel, medan de andra är frikopplade. Valet av växel styrs av glidande synkroenheter. Växelspakens rörelser överförs till väljargafflar, som skjuter relevant synkroenhet mot den växel som ska läggas i och låser den till relevant axel. I friläge är ingen växel låst, utan alla är frikopplade.

Backväxeln läggs i genom att backdrevet låses till den övre överföringsaxeln. Kraften överförs genom den ingående axeln till backmellandrevet på den nedre överföringsaxeln, och sedan till backdrevet och slutväxeldrevet på den övre överföringsaxeln. Backen läggs alltså i genom att kraften överförs genom alla tre axlar, istället för bara två som i framåtväxlarna. Genom att behovet av ett separat backöverföringsdrev har eliminerats, kan även backväxeln förses med synkroinkoppling.

2 Växelspakshus – demontering och montering

GDI och turbomodeller

Demontering

1 Demontera mittkonsolen enligt beskrivning i kapitel 11.
2 Skruva loss de fyra bultar som håller fast växelspakshuset vid golvet.
3 Lyft upp växelspakshuset enligt beskrivning i avsnitt 3 och bänd loss innervajrarnas hylsleder från växelspakens nederdel.
4 Lossa fästklämmorna som håller fast vajerhöljena vid framsidan av växelspakshuset och ta bort huset.

Montering

5 Montera i omvänd ordning.
6 Dra åt de fyra fästbultarna till angivet moment. Montera mittkonsolen enligt beskrivningen i kapitel 11.

Andra modeller

Demontering

7 Klossa bakhjulen, dra åt handbromsen och lyft sedan upp framvagnen och stöd den på pallbockar.
8 Om det är tillämpligt, skruva loss muttrarna och ta bort täckplåten från golvet så att det går att komma åt växelspakens nederdel.
9 Skruva loss flänsmuttern och dra bort pivåbulten från växelstagets fog vid växelspakens nedre ände. Ta loss brickorna och bussningarna och notera noga hur det sitter (se bild).

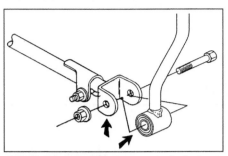

2.9 Skruva loss flänsmuttern och dra bort pivåbulten från växelstagets fog vid växelspakens nedre ände

10 Sänk ner bilen, demontera sedan mittkonsolen enligt beskrivningen i kapitel 11.
11 Skruva loss de fyra bultar som håller fast huset vid golvet. Ta vara på brickorna och ta bort enheten (se bild).

Montering

12 Montera i omvänd ordning mot demonteringen. Dra åt växelspakshusets fyra bultar och bulten mellan växelstaget och växelspaken till angivet moment. Montera mittkonsolen enligt beskrivningen i kapitel 11.

3 Växelvajrar/stag– demontering och montering

GDI och turbomodeller (vajrar)

Demontering

1 Demontera batteriet enligt beskrivningen i kapitel 5A.
2 Skruva loss skruvarna och lyft av plastkåpan ovanpå motorn.
3 Demontera luftrenaren enligt beskrivning i kapitel 4A eller 4B.
4 På turbomodeller, skruva loss värmeskölden från avgasgrenröret (om monterad) och ta bort den från motorrummet.
5 Placera en garagedomkraft under balanshjulskåpan och hissa upp den så att den precis lyfter motorn och växellådan. Skruva loss vänster motorfäste från växellådan.
6 Ta loss låsringen som håller fast innervajrarnas ändar vid växellådans väljarstag. Ta

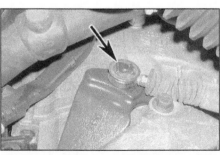

3.6 Ta loss låsringen (vid pilen) som håller fast innervajrarnas ändar vid växellådans väljarstag

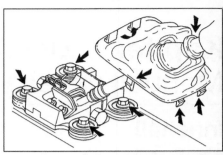

2.11 Skruva loss de fyra bultarna som håller fast huset vid golvet

loss brickorna och dra loss vajerändarna från stagen (se bild).
7 Ta loss fästklämmorna och lossa vajerhöljena från växellådans fästbyglar.
8 Demontera mittkonsolen enligt beskrivning i kapitel 11.
9 Demontera växelspakshuset enligt beskrivningen i avsnitt 2, bänd sedan loss innervajrarnas hylsleder från växelspakens nederdel.
10 Skruva loss skruvarna och ta bort den ljudisolerande panelen/klädselpanelen under instrumentbrädan på vänster sida.
11 Om så är tillämpligt, skruva loss bultarna som håller den elektroniska styrenhetens (ECU) fästbygel till golvet, och observera att en av bultarna håller fast en jordningskabel. Flytta fästbygel och ECU åt sidan.
12 Skruva loss de muttrar som håller fast vajeringångens skyddsplåt vid torpedväggen.
13 Notera hur vajrarna har dragits under instrumentbrädan och i motorrummet, så att de kan sättas tillbaka korrekt. Lossa eventuellt intilliggande komponenter om så behövs. Dra sedan vajrarna in i passagerarutrymmet och ta bort dem.

Montering

14 Monteringen sker i omvänd ordning mot demonteringen. Tänk på följande (se bild):
a) Vajern som är märkt med gul färg i båda ändar ansluts till växelspakshusets vänstra länkplatta och det vertikala väljarstaget på vänster sida av växellådan.
b) När växelvajrarna dras genom passagerarutrymmet och motorrummet,

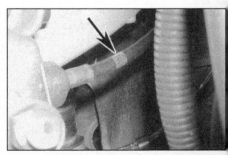

3.14 Vajern som är märkt med gul färg (vid pilen) ansluts till det vertikala väljarstaget på vänster sida av växellådan

3.20a Skruva loss muttern, ta loss pivåbulten och koppla loss växelstaget från växellådan

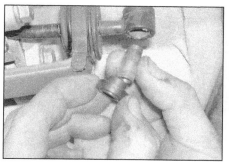

3.20b Ta loss brickorna och bussningarna och notera noga i vilken ordning de sitter

3.25 Lossa muttern till växelstagets justeringskrage för att ändra längden på staget

se till att de inte vrids eller böjs skarpt, eftersom detta försämrar deras funktion.
c) Smörj vajrarnas kulfästen med lite fett innan de sätts tillbaka.

Andra modeller (stag)

Demontering

15 Klossa bakhjulen, dra åt handbromsen och lyft upp framvagnen och stöd den på pallbockar.
16 Om så är tillämpligt, skruva loss muttrarna och ta bort täckplåten från fotrummet så att det går att komma åt växelspakens nederdel.
17 Skruva loss flänsmuttern och dra bort pivåbulten från växelstagets fog vid växelspakens nedre ände.
18 Ta loss brickorna och bussningarna och notera noga i vilken ordning de sitter monterade.
19 Sänk ner bilen. Demontera sedan luftrenaren enligt beskrivningen i kapitel 4A, samt batteriet enligt beskrivningen i kapitel 5A, för att komma åt växellådans ovansida.
20 Skruva loss pivåbulten och lossa växelstaget från växellådan. Ta loss brickorna och bussningarna och notera noga i vilken ordning de sitter **(se bilder)**.
21 Ta loss växelstaget från undersidan av bilen.

Montering

22 Montering sker i omvänd ordning mot demonteringen. Tänk på följande:
a) Smörj pivåpunkterna i båda ändar av växelstaget med ett lämpligt universalfett.
b) Sätt i pivåbulten mellan växelstaget och växellådan ovanifrån och dra åt till angivet moment.
c) Avsluta med att kontrollera längden på växelstaget och justera om så behövs, enligt beskrivning i nästa underavsnitt.

Justering

23 Ställ växelspaken i läget för ettans växel.
24 Kontrollera att växelspaken ligger mot stoppet längst upp till höger på växelspakshuset. I denna position, kontrollera att avståndet mellan änden av växelstagets justeringskrage och bussningen på änden av växelstaget är ungefär 8 mm.
25 Om justering behövs, lossa låsmuttern till

växelstagets justeringskrage och justera staget tills måttet som anges i föregående punkt uppnås **(se bild)**.
26 Avsluta med att dra åt kragmuttern till angivet moment.

4 Oljetätningar – byte

Drivaxlarnas oljetätningar

1 Klossa bakhjulen och dra åt handbromsen, lyft sedan upp framvagnen och stöd den på pallbockar. Demontera relevant framhjul.
2 Tappa av växellådsoljan enligt beskrivningen i avsnitt 6, eller var beredd på att olja kommer att läcka ut när drivaxeln demonteras.
3 Demontera relevant drivaxel enligt beskrivningen i kapitel 8.
4 Notera det korrekta monteringsdjupet för drivaxelns oljetätning i huset, bänd sedan försiktigt loss den med en stor spårskruvmejsel. Var noga med att inte repa tätningshuset.
5 Torka bort all smuts kring oljetätningens öppning och lägg lite fett på den nya oljetätningens yttre läpp. Se till att tätningen sitter korrekt, med tätningsläppen inåt. Knacka den på plats med en lämplig rörformad dorn (t.ex. en hylsa) som bara ligger an mot tätningens yttre kant. Se till att den nya tätningen hamnar lika djupt i huset som den gamla.
6 Montera drivaxeln enligt beskrivningen i kapitel 8.
7 Fyll på växellådan med angiven typ och mängd olja enligt beskrivningen i avsnitt 6.

Ingående axelns oljetätning

Observera: *Detta moment gäller inte 1.6 och 1.8 liters modeller med en MP3 växellåda. På dessa modeller sitter den ingående axelns styrhylsa inpressad i växellådan och kan bara tas bort med speciella verktyg.*
8 Demontera växellådan enligt beskrivningen i avsnitt 7.
9 Demontera urtrampningslagret från

urtrampningsgaffeln enligt beskrivningen i kapitel 6 och dra loss det från den ingående axelns styrhylsa. På modeller med turbo, demontera kopplingens slavcylinder från den ingående axelns styrhylsa.
10 Efter tillämplighet, lossa urtrampningsgaffelns dammdamask från balanshjulskåpan och ta loss gaffeln från kulbulten.
11 Skruva loss bultarna och ta loss styrhylsan från balanshjulskåpan.
12 På modeller utan turbo, bänd försiktigt loss den gamla oljetätningen från styrhylsan.
13 På turbomodeller, bänd försiktigt loss den gamla oljetätningen från balanshjulskåpan. Tätningen kan även tas bort genom att man försiktigt borrar två hål i framsidan av tätningen och skruvar i en självgängande skruv i varje hål. Tätningen lossas sedan genom att man drar i skruvarna med en tång. Om denna metod används, var mycket noga med att inte borra in i tätningshuset eller den ingående axeln.
14 Torka noggrant rent oljetätningshuset i styrhylsan/växellådshuset (vad som är tillämpligt).
15 Smörj den nya tätningen och sätt i den i balanshjulskåpans/ingående axelns hylsa, med läppen mot växellådshuset. Driv tätningen på plats i huset med en hylsa eller en passande rörbit.
16 Sätt tillbaka den ingående axelns hylsa på växellådshuset och dra åt fästbultarna till angivet moment.
17 Montera tillbaka resten av urtrampningslagrets delar i omvänd ordning mot demonteringen. Lägg inget fett på växellådans ingående axel, styrhylsan eller själva urtrampningslagret eftersom dessa komponenter har friktionsreducerande lager som inte behöver smörjas.
18 På modeller utan turbo, smörj urtrampningsgaffelns kulbult sparsamt med lite molybdendisulfidfett. När lagret och urtrampningsgaffeln sitter på plats, fäst gaffeln till slavcylinderns tapp på balanshjulskåpan med en kabelklämma eller liknande, så att den hålls på plats när växellådan monteras tillbaka.
19 Montera växellådan (se avsnitt 7).

5 Backljuskontakt –
demontering och montering

Demontering

1 Backljuskontakten sitter på ovansidan på växellådan på turbo- och GDI-modeller **(se bild)**, och på baksidan av växellådshuset till vänster om differentialhuset på alla andra modeller.
2 Torka rent runt kontakten, koppla loss kontaktdonet och skruva loss kontakten **(se bild)**.

Montering

3 Montering sker i omvänd ordning.

6 Växellådsolja –
avtappning och påfyllning

Observera: *Helst ska växellådsoljan tappas av direkt efter att bilen har körts. Detta gör att eventuella föroreningar rinner ut tillsammans med oljan, istället för att ligga kvar på botten av växellådshuset.*

Avtappning

1 Lyft upp framvagnen och stöd den på pallbockar (se *Lyftning och stödpunkter*). Ta bort skölden under motorn och placera ett lämpligt uppsamlingskärl under växellådan.
2 På turbomodeller sitter påfyllnings-/

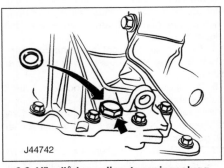

6.2 Växellådans oljeavtappningsplugg (modell med GDI motor)

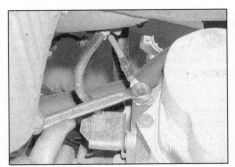

7.8 Skruva loss jordkabeln från sidan av växellådshuset

5.1 Backljuskontakt (vid pilen) – GDI motor

nivåpluggen och avtappningspluggen på vänster sida av växellådshuset. På modeller med GDI motor sitter avtappningspluggen nedtill på huset **(se bild)**, och påfyllningspluggen (märkt "OIL") på framsidan. På alla andra modeller sitter avtappningspluggen på växellådshusets undersida.
3 Skruva loss avtappningspluggen och låt oljan rinna ut i behållaren **(se bild)**.
4 När all olja har runnit ut, sätt tillbaka avtappningspluggen och dra åt den ordentligt.

Påfyllning

5 Torka rent runt nivå-/påfyllningspluggen och skruva loss den från huset (se kapitel 1, avsnitt 10).
6 Fyll på med rätt typ av olja genom pluggens hål. Oljenivån är korrekt när olja börjar rinna ut ur hålet.
7 Vänta tills oljan slutar rinna ut ur hålet, sätt sedan tillbaka nivå-/påfyllningspluggen och

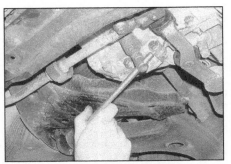

6.3 Skruva loss avtappningspluggen (M5P växellåda visas)

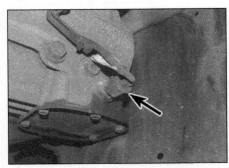

7.9 Oljetemperaturgivarens kontaktdon (vid pilen) – GDI motor

5.2 Koppla loss kablaget från backljuskontakten (M5P växellåda visas)

dra åt den ordentligt. Sänk ner bilen på marken, kör en sväng och kontrollera sedan om det förekommer något läckage.
8 Lämna in den gamla oljan på en miljöstation.

7 Växellåda –
demontering och montering

Demontering

1 Parkera bilen på plant underlag och dra åt handbromsen.
2 Ställ växelspaken i friläge.
3 Skruva loss fästskruvarna och lyft av motorns kåpa.
4 Demontera batteriet enligt beskrivning i kapitel 5A.
5 Demontera luftrenaren och alla relevanta insugskanaler runt motorns vänstra sida, enligt kapitel 4A eller 4B (vänster sida sett från förarsätet).
6 På turbomodeller, lossa slangklamrarna och koppla loss kanalen från turboaggregatet och intercoolerns motor. Lossa kanalen från stödfästet och ta bort den från motorrummet.
7 Koppla loss växelvajrarna/-staget (vad som är tillämpligt) enligt beskrivning i avsnitt 3. På modeller med växelvajrar, skruva loss väljarstagets fästbygel ovanpå växellådshuset och lägg den åt sidan.
8 Skruva loss jordkabeln från sidan av växellådshuset **(se bild)**.
9 Koppla loss kontaktdonet från backljuskontakten (se avsnitt 5). På GDI modeller, koppla också loss växellådans oljetemperaturgivare på husets framsida **(se bild)**.
10 Skruva loss fästskruvarna och koppla loss kabelhärvans klämma (klämmor) ovanpå växellådshuset.
11 Om tillämpligt, koppla loss kablaget från temperaturgivaren på topplockets vänstra sida **(se bild)**.
12 På alla modeller utan turbo, demontera kopplingens slavcylinder ovanpå växellådshuset enligt beskrivningen i kapitel 6. Vira ett kabelband runt slavcylindern för att förhindra att kolven trycks ut. På modeller med turbo, skruva loss anslutningen och koppla loss slavcylinderns hydraulrör från

kopplingen ovanpå växellådshuset, och var beredd på att hydraulvätska kommer att läcka ut.

13 Ta loss fjäderklämman och lossa slavcylinderns hydraulrör från framsidan av växellådshuset.

14 På alla utom GDI modeller, skruva loss de två skruvarna och ta loss vevaxelläges-(svänghjuls-) givaren ovanpå balanshjulskåpan. Flytta givaren åt sidan men låt kablaget sitta kvar (se kapitel 4A).

15 Demontera startmotorn enligt beskrivningen i kapitlet 5A.

16 Skruva loss alla fästbultar mellan växellådan och motorn som går att komma åt ovanifrån. Observera att alla bultar inte är lika långa, så notera noggrant var de sitter **(se bild)**.

17 Placera en lyftbom över motorrummet och fäst den i motorlyftöglorna på var sida av topplocket. Lyft bommen så att den precis avlastar motorfästena.

18 Skruva loss vänster motor-/växellådsfäste tillsammans med dess fästbygel enligt beskrivning i kapitel 2A eller 2B.

19 Kontrollera att handbromsen är åtdragen, klossa sedan bakhjulen, lyft upp framvagnen och ställ den på pallbockar. Ta loss båda framhjulen.

20 Demontera stänkskyddet från undersidan av motorrummet och därefter stänkskyddet från vänster sida av motorrummet genom vänster hjulhus.

21 Tappa av oljan från växellådan enligt beskrivningen i avsnitt 6.

22 På turbomodeller, lossa slangklamrarna och koppla loss insugsluftkanalen från laddluftskylaren och gasspjällhuset.

23 Utom på GDI modeller, skruva loss det främre avgasrörets värmesköld så att det går att komma åt höger drivaxel.

24 Se till att motorlyftbommen tar upp motorns och växellådans hela vikt, skruva sedan loss de främre och bakre motor-/växellådsfästena från motorns/växellådans tvärbalk enligt beskrivningen i kapitel 2A eller 2B.

25 Skruva loss fästbultarna och ta bort motorns/växellådans tvärbalk från undersidan av motorrummet **(se bilder)**. Ta loss bussningarna, brickorna, muffarna och fästplattorna, notera noga hur de sitter så att

7.11 Koppla loss kablaget från temperaturgivaren på topplocket – GDI motor

de kan monteras tillbaka korrekt senare. Observera även att fästbultarna är av olika längd.

26 Där så är tillämpligt på tidigare modeller, dra ut låssprinten och koppla loss hastighetsmätarens kabel från växellådan.

27 Demontera vänster drivaxel helt enligt beskrivningen i kapitel 8, men demontera höger drivaxel bara från växellådan och mellanlagrets fästbygel, så att den fortfarande sitter fast i hjulspindeländen. Häng upp drivaxeln med en bit vajer så att drivknutarna inte belastas.

28 Stöd växellådan på en garagedomkraft.

29 Skruva nu loss resten av bultarna som håller fast balanshjulskåpan vid motorn. Dra därefter växellådan rakt av från motorns styrstift, och se till att inte vikten av växellådan vilar på kopplingslamellen **(se bild)**. Det krävs att motorn sänks något, genom att lyftbommens höjd justeras, för att det ska gå att ta loss växellådan. Se till att inte belasta avgassystemet för mycket när motorn sänks – om så behövs, lossa några av avgassystemets fästen under bilen.

30 Sänk ner domkraften och ta bort växellådan under bilen.

Montering

31 Växellådan monteras i omvänd ordning mot demonteringen. Tänk på följande:
  a) Se till att balanshjulskåpans styrstift sitter som de ska innan monteringen påbörjas.
  b) På modeller utan turbo, fäst kopplingens urtrampningsgaffel till slavcylinderns tapp på balanshjulskåpan med en slangklämma

7.16 Skruva loss alla fästbultar mellan växellådan och motorn som går att komma åt ovanifrån

  eller liknande, så att den hålls på plats när växellådan monteras.
  c) Lägg inget fett på växellådans ingående axel, styrhylsan eller själva urtrampningslagret eftersom dessa komponenter har friktionsreducerande lager som inte behöver smörjas.
  d) Återanslut växelvajrarna/-staget till växellådan enligt beskrivningen i avsnitt 3. Efter tillämplighet, kontrollera justeringen för växelstagsmekanismen enligt beskrivningen i slutet av avsnitt 3.
  e) Sätt tillbaka de avgassystems-komponenter som tagits loss, enligt beskrivning i kapitel 4C.
  f) Dra åt alla muttrar och bultar till angivet moment (där sådant anges).
  g) Lufta hydraulsystemet enligt beskrivning i kapitel 6.
  h) Fyll växellådan med angiven mängd och typ av olja enligt beskrivning i avsnitt 6.

8 Renovering – allmän information

Att utföra en renovering av en manuell växellåda är ett svårt jobb för hemmamekanikern. Det innebär isärtagning och hopsättning av många små delar. Ett stort antal avstånd måste ställas in mycket exakt och om så behövs ändras med speciella mellanläggsbrickor och låsringar. Om problem med växellådan skulle uppstå kan alltså hela enheten demonteras och återmonteras av en

7.25a Skruva loss bultarna . . .

7.25b . . . och ta bort motorns/växellådans tvärbalk under motorrummet

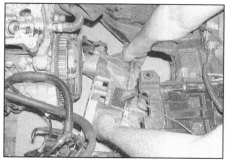

7.29 Dra växellådan rakt av från motorns styrstift

kompetent hemmamekaniker, men en renovering bör överlåtas till en växellådsspecialist. Det kan hända att det går att få tag i en renoverad växellåda – hör efter med reservdelsförsäljare, motortillverkare eller växellådsspecialister. Hur som helst är den tid och de pengar som går åt till en renovering man utför själv säkerligen högre än kostnaden för en renoverad enhet.

Trots allt är det inte omöjligt för en erfaren hemmamekaniker att renovera en växellåda, förutsatt att specialverktyg finns att tillgå och att arbetet utförs på ett metodiskt sätt så att ingenting glöms bort.

De verktyg som krävs för en renovering är inre och yttre låsringstänger, en lageravdragare, en glidhammare, en uppsättning pinndorn, en mätklocka och eventuellt en hydraulpress. Dessutom krävs en stor, stadig arbetsbänk med ett skruvstäd eller ett växellådsställ.

Var noga med att notera var varje del sitter när växellådan plockas isär, hur delen sitter i förhållande till de andra delarna och hur den hålls fast.

Innan växellådan tas isär för reparationer är det bra att känna till vilken del av växellådan det är fel på. Vissa problem kan höra nära samman med vissa delar av växellådan, vilket kan underlätta undersökningen och bytet av komponenter. Se avsnittet *Felsökning* i slutet av den här handboken.

Kapitel 7 Del B:
Automatväxellåda

Innehåll

Svårighetsgrader

Enkelt, passar novisen med lite erfarenhet	Ganska enkelt, passar nybörjaren med viss erfarenhet	Ganska svårt, passar kompetent hemmamekaniker	Svårt, passar hemmamekaniker med erfarenhet	Mycket svårt, för professionell mekaniker

Specifikationer

Allmänt

Växellådsyp .... Datorstyrd fyrstegs- eller femstegs växellåda med momentomvandlarlås på de tre högsta växlarna
Beteckning .... AW 50-42 (4-växlad) eller AW55-50 (5-växlad)

Utväxlingar
Fyrväxlad växellåda:
  1:an .... 3,74 : 1
  2:an .... 2,14 : 1
  3:an .... 1,42 : 1
  4:an .... 1,02 : 1
  Back .... 4,09 : 1
  Slutväxel:
    Modeller utan turbo .... 3,10 : 1
    Turbomodeller .... 2,76 : 1
Femväxlad växellåda:
  1:an .... 4,77 : 1
  2:an .... 2,99 : 1
  3:an .... 1,96 : 1
  4:an .... 1,32 : 1
  5:an .... 1,02 : 1
  Slutväxel:
    Modeller utan turbo .... 2,86 : 1
    Turbomodeller .... 2,44 : 1

Smörjning
Smörjmedelstyp .... Se *Veckokontroller*
Volym:
  Fyrväxlad växellåda:
    Avtappning och påfyllning .... 7,7 liter
    Volym i momentomvandlare .... 2,5 liter
    Skillnad mellan MAX och MIN nivå på mätstickan .... 0,5 liter
  Femväxlad växellåda:
    Avtappning och påfyllning .... 7,5 liter
    Volym i momentomvandlaren .... 3,0 liter ca
    Skillnad mellan MAX och MIN nivå på mätstickan .... 0,2 liter

Åtdragningsmoment

	Nm
Avtappningsplugg	40
Hastighetsgivare, bult	6
Momentomvandlare till drivplatta, bultar*	35
Oljetemperaturgivare	25
Växellåda till motor, bultar	48
Växellådans hastighetsgivare, bult	6
Växelväljarhusets bultar	25
Växelväljarvajerns fästbygel till växellådan	25
Växelväljarvajerns ingångstäckplatta	10

Nya bultar måste användas

1 Allmän information

Automatväxellådan är en datorstyrd fyr- eller femväxlad växellåda med momentomvandlarlås på de tre högsta växlarna. Den femväxlade lådan ersatte den fyrväxlade för 2001 års modell, men förutom den extra utväxlingen och den uppgraderade programvaran, är den nya växellådan väldigt lik den gamla.

Enheten styrs av en elektronisk styrenhet (ECU) som tar emot signaler från olika givare rörande växellådans arbetsförhållanden. Information om motorparametrar skickas också till ECU från motorstyrningssystemet. Från dessa data kan ECU räkna ut optimala växlingshastigheter och låspunkter, beroende på vilken körstilsinställning som valts.

Kraften överförs från motorn till växellådan via en momentomvandlare. Detta är en typ av hydraulisk koppling som under vissa förhållanden har en momentförstärkande effekt. Momentomvandlaren är mekaniskt låst till motorn, under kontroll av ECU, när växellådan arbetar på de tre högsta växlarna. Detta eliminerar förluster till följd av slirning och förbättrar bränsleekonomin.

På fyrväxlade modeller har växelväljaren sex lägen: P, R, N, D, 3 och L. Den femväxlade versionen har ett extra läge, med P, R, N, D, 4, 3 och L. I läge P är växellådan mekaniskt låst – detta läge får bara väljas när bilen står stilla. I läge R läggs backen in, i N friläget. I läge D sköts växlingen automatiskt. I läge 3 eller 4 blockeras nästa växel upp och växling sker automatiskt i de lägre växlarna, vilket är lämpligt för körning i t.ex. bergområden. I läge L är bara ettans och tvåans växellägen tillgängliga.

På de fyrväxlade modellerna har körstilsväljaren tre lägen: ECON, SPORT och WINTER. I läget ECON växlar växellådan upp till en högre växel och låser så tidigt som möjligt för maximal ekonomi, medan SPORT-läget byter växel för maximala prestanda. I läget WINTER tillåter växellådan start från stillastående i en högre växel än normalt för att minska risken för hjulspinn vid dåligt väglag. Detta läge kan också användas till att begränsa växlingen i D, 3 och L om vägförhållandena kräver mer direkt kontroll över växlingen.

På de senare femväxlade växellådorna finns endast ett valbart läge, W för vinterläge, som fungerar ungefär på samma sätt som på den tidigare modellen. De tidigare sport- och ekonomilägena har nu byggts in i växellådans normala funktion. Beslutet om vilket läge som ska väljas tas nu av ECU, baserat på gasspjällets läge och hur snabbt detta ändras (denna information erhålls från gasspjälllägesgivarens signal). På det här sättet kan växlingarna vara ekonomiinriktade, men full acceleration finns alltid till hands när så önskas.

En kickdownfunktion gör att växellådan växlar ner ett steg (beroende på motorvarvtal) när gaspedalen är helt nedtryckt. Detta är praktiskt om extra acceleration krävs. Kickdownfunktionen, som alla övriga funktioner i växellådan, styrs av ECU.

Generellt sett kan motorn bara startas i lägena P och N. På vissa modeller kan motorn endast startas i läge P, tack vare en säkerhetsanordning kallad shiftlock. Med det här systemet kan startnyckeln endast tas ut ur låset när växelväljaren har ställts i läge P. Vid start kan växelväljaren bara flyttas från läge P när startnyckeln har vridits till läge II och bromspedalen har tryckts ned. Om så behövs kan shiftlocksystemet förbigås genom att man vrider nyckeln till läge II och trycker in en knapp till höger om växelväljaren.

Utöver styrningen av växellådan har ECU en inbyggd feldiagnosfunktion. Ett fel signaleras till föraren med en blinkande varningslampa på instrumentbrädan. ECU startar då ett nödprogram ("limp-home") som ser till att två framåtväxlar och backen alltid kan väljas, men växlingen måste utföras manuellt. Om ett fel av denna typ uppstår lagrar ECU en serie signaler (eller felkoder), som senare kan läsas av via diagnosenheten i motorrummet.

Automatväxellådan är en komplicerad enhet, men om den inte missköts är den tillförlitlig och långlivad. Reparationer och renoveringar är svåra att utföra för många verkstäder, för att inte tala om hemmamekanikern. Därför bör en specialist rådfrågas om problem uppstår som inte kan lösas med de åtgärder som beskrivs i det här kapitlet.

2 Växellådsolja – avtappning och påfyllning

1 Byte av växellådsoljan behöver inte utföras vid normal service, det bör bara vara nödvändigt under följande förhållanden:
a) Om det inbyggda diagnossystemet har loggat en felkod som indikerar att oljetemperaturen är för hög (se avsnitt 11).
b) Om oljan är missfärgad eller luktar bränt på grund av att växellådan fått arbeta hårt under lång tid.
c) Om det finns vatten i oljan, vilket indikeras av en grå färg och eventuellt synliga vattendroppar. Om föroreningar som dessa hittas måste orsaken fastställas och åtgärdas, och sedan måste växellådan och oljekylarrören rengöras och spolas ur ordentligt. I riktigt svåra fall kan växellådan behöva bytas ut.
d) Om bilen används som taxi eller om den används till att dra släpvagn under en längre tid, bör oljan bytas var 60 000:e km.
2 Lyft upp framvagnen och ställ den på pallbockar (se *Lyftning och stödpunkter*).
3 Demontera stänkskydden från undersidan av motorrummet.
4 Skruva loss avtappningspluggen på höger sida av huset, under och alldeles framför drivaxeln. Låt oljan rinna ut i en lämplig behållare. Sätt tillbaka pluggen, med en ny tätning om så behövs, och dra åt den till angivet moment.

Varning: Om bilen just har körts kan växellådsoljan vara mycket varm – skydda händerna så att du inte bränner dig.

5 Montera tillbaka stänkskydden och sänk ner bilen.
6 Se kapitel 5A och demontera batteriet, skruva sedan loss och ta bort batterihyllan. Detta gör det lättare att komma åt växellådans översida.
7 Rengör oljekylarens returslanganslutning på växellådan, koppla sedan loss slangen från växellådan. Plugga igen den öppna anslutningen på växellådan.
8 Anslut en genomskinlig plastslang till änden av oljekylarens returslang. Stick ner slangen i uppsamlingsbehållaren.
9 Sätt tillfälligt tillbaka batterihyllan och batteriet.

10 Dra åt handbromsen och ställ växel-väljaren i läge P (Park).
11 Häll i två liter växellådsolja av angiven typ i mätstickans rör.
12 Starta motorn och låt den gå på tomgång. Olja kommer att rinna ut i uppsamlings-behållaren. Stanna motorn när bubblor syns i oljan som rinner genom slangen.
13 Häll i ytterligare två liter ny växellådsolja av angiven typ i mätstickans rör.
14 Upprepa punkt 12, ta sedan bort batteriet och batteriplattan. Ta bort plastslangen och återanslut oljekylarens returslang till växel-lådan.
15 Montera tillbaka batterihyllan och batteriet.
16 Häll i ytterligare två liter ny växellådsolja.
17 Starta motorn och låt den gå på tomgång. Flytta växelspaken till alla olika lägen, och vänta 4-5 sekunder i varje läge. Flytta tillbaka växelspaken till läge P, vänta i två minuter och kontrollera sedan oljenivån enligt beskrivningen i kapitel 1, med COLD-markeringen på mätstickan. Fyll på mer olja om det behövs.
18 Lämna in den gamla oljan på en miljö-station (se *Allmänna reparationsanvisningar*).
19 Alla felkoder som har lagrats i växellådans ECU-minne måste nu raderas elektroniskt. Detta kan bara utföras av en Volvoverkstad med speciell diagnosutrustning.

Demontering

1 Parkera bilen på plant underlag och demontera sedan luftrenaren enligt instruk-tionerna i kapitel 4A.
2 Demontera batteriet och batterihyllan enligt beskrivning i kapitel 5A.
3 I motorrummet, ta loss låsklämman och brickan som håller fast växelväljarens inner-vajer vid växellägesgivarens arm.
4 Skruva loss de två muttrarna och ta bort brickorna (om sådana finns) som håller fast vajerhöljets fästbygel på växellådan. Lyft loss fästet från pinnbultarna och lossa innervajerns ände från växellägesgivarens arm.
5 Lossa växelväljarvajern från klämman på kontaktdonets fästbygel på torpedväggen.
6 Skruva loss fästmuttrarna och ta bort värmeskölden från torpedväggen.
7 Demontera mittkonsolen enligt beskrivning i kapitel 11.
8 Ta loss fästklämman som håller fast vajer-höljet vid växelväljarhuset.
9 Skruva loss fästbultarna och ta bort växelväljarhuset från golvet (se avsnitt 4). Ta loss fästklämman som håller innervajern längst ner på växelväljaren – man måste dra ut (eller knacka ut) en valstapp åt sidan.
10 Skruva loss skruvarna och ta bort

3.12 Skruva loss de två muttrar (vid pilarna) som håller fast vajermuffen vid torpedväggen

klädselpanelen/den ljudisolerande panelen under instrumentbrädan på vänster sida.
11 Om så är tillämpligt, skruva loss skruvarna och ta bort mattans stödplatta mitt under instrumentbrädan på vänster sida. Vik undan mattan så att plattan kan tas bort.
12 Skruva loss de två muttrar som håller vajermuffen vid torpedväggen **(se bild)**. Om så är tillämpligt, lossa shiftlockvajern från växelväljarvajern.
13 Notera hur vajern har dragits under instrumentbrädan och i motorrummet, så att den kan sättas tillbaka korrekt. Lossa intilliggande komponenter efter behov och dra sedan in vajern i passagerarutrymmet och ta bort den. Det kan hända att en medhjälpare behövs för att få vajern genom torpedväggen.

Montering och justering

14 Inuti bilen, mata försiktigt in vajern i motorrummet och se till att den dras rätt.
15 Anslut vajern till växelväljaren och huset och fäst den med valstapp och klämma. Sätt tillbaka växelväljarhuset på golvet och dra åt fästbultarna till angivet moment.
16 Montera tillbaka vajermuffen, mattans stödplatta och klädsel-/ljudisoleringspanelen.
17 Montera mittkonsolen enligt beskrivning i kapitel 11.

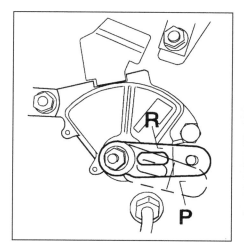

3.20 Flytta växellägesgivarens arm bakåt ett steg till R (back)

18 Ställ växelväljaren i läge R (back). Se till att växelväljarens och vajerns positioner inte rubbas under efterföljande moment.
19 I motorrummet, flytta växellägesgivarens arm så långt fram det går, till läge P. Kontrollera att rätt växel väljs genom att lossa handbromsen och försöka rulla bilen. Växellådan ska vara låst. Dra åt handbromsen igen.
20 Flytta växellägesgivarens arm bakåt ett steg till R **(se bild)**.
21 Utan att rubba växelväljarvajern eller växellägesgivarens arm, sätt på innervajern på givarens arm och sätt vajerhöljets fästbygel på pinnbultarna på växellådan. Fäst fäst-bygeln med muttrarna (och eventuella brickor) och dra åt muttrarna till angivet moment **(se bild)**.
22 Sätt tillbaka låsklämman och brickan som håller fast vajern vid växellådan.
23 Kontrollera växelväljarvajerns justering genom att flytta växelväljaren (inne i bilen) till läge N. Utan att vidröra låsknappen, flytta spaken något framåt och därefter bakåt en aning. Det ska finnas lite spel i båda riktningarna.
24 Avsluta med att montera tillbaka värmeskölden, luftrenaren, batterihyllan och batteriet

Demontering

1 Koppla loss kabeln från batteriets negativa pol (se *Koppla ifrån batteriet*).
2 Fatta tag i växelväljarens damask runt den inre fästklämman, vrid damasken och klämman medurs 90° och dra damasken nedåt. Se till att fästklämman återgår till sin ursprungliga position när damasken har släppts.
3 Dra växelväljarknoppen kraftigt uppåt för att lossa den från växelväljaren. Det kan krävas avsevärd kraft för att få loss den. Volvo hävdar att knoppen inte kan återanvändas när den väl har tagits bort, men det skadar inte att försöka.

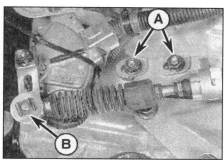

3.21 Muttrar till vajerfästbygeln (A) och innervajerns fjäderklämma (B)

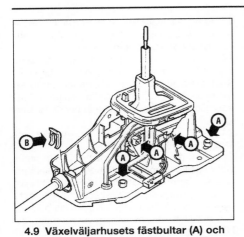

4.9 Växelväljarhusets fästbultar (A) och växelväljarvajerns fästklämma (B)

4 Demontera mittkonsolen enligt beskrivning i kapitel 11.
5 Ta loss växelväljarbelysningens lamphållare från den nedre delen av växellägespanelen.
6 Där så är tillämpligt, ta loss shiftlock-systemets solenoid och mikrokontakt enligt beskrivning i avsnitt 7.
7 Ta loss klämman som håller växel-väljarvajerns hölje till växelväljarhuset (se bild 4.9).
8 Lossa kabelhärvan från klämmorna på sidan av växelväljarhuset och koppla loss kablarna vid kontaktdonen.
9 Skruva loss bultarna som håller fast växel-väljarhuset vid golvet (se bild).
10 Dra ut fästtappen som håller innervajern vid växelväljaren enligt beskrivning i avsnitt 3.
11 Lyft huset från golvet och ta ut det ur bilen.

Montering

12 Montering sker i omvänd ordning mot demonteringen. Dra åt växelväljarhusets fästbultar till angivet moment. När knoppen sätts tillbaka, tryck den hårt på plats så att den fäster ordentligt i spärrarna. Se även till att låsknappen fäster i spärrarna på växelväljarens tryckstång.

5 Växellådans styrsystemsgivare – demontering och montering

Växellådans hastighetsgivare

Demontering

1 Växellådans hastighetsgivare sitter ovanpå växellådshuset, under vänster motorfästbygel (se bild).
2 Demontera plastkåpan ovanpå motorn och demontera sedan batteriet enligt beskrivning i kapitel 5A.
3 Se kapitel 4A och ta bort luftrenaren och insugsröret.
4 Skruva loss batterihyllan och lossa luftrenarens fäste.
5 Koppla loss växellådans huvudkontaktdon på växellådshusets ovansida. Lossa därefter kabelhärvans fästklämmor och skruva loss skruvarna och ta bort kabelhärvans fästbygel.
6 Demontera motorns/växellådans vänstra fästbygel från växellådan enligt beskrivningen i kapitel 2A. Observera att vänster sida av motorn och växellådan då måste stödjas med hjälp av en lyftbom eller motorlyft.
7 Koppla loss givarens kontaktdon.
8 Torka rent runt givaren och skruva sedan loss fästbulten och ta bort hastighetsgivaren från växellådshuset.

Montering

9 Smörj lite ren växellådsolja på givarens O-ringstätning. Placera sedan givaren på sin plats i växellådan. Skruva i fästbulten och dra åt till angivet moment.
10 Resten av monteringen sker i omvänd ordning mot demonteringen. Avsluta med att justera växelväljarvajern enligt beskrivningen i avsnitt 3.

Bilens hastighetsgivare

Demontering

11 Bilens hastighetsgivare sitter ovanpå växellådan, mot dess baksida och ovanför differentialhuset (se bild 5.1).
12 Ta bort plastkåpan som sitter över motorn, demontera sedan luftrenare och insugsrör enligt beskrivning i kapitel 4A.
13 Lossa kabelhärvan från kabelbanden ovanpå växellådshuset.
14 Skruva loss fästskruvarna och koppla loss fästbygeln för kabelhärvans kontaktdon från växellådan.
15 Torka rent runt givaren, skruva loss fästskruven och ta loss givaren från växel-lådshuset. Koppla loss kontaktdonet.

Montering

16 Smörj lite ren växellådsolja på givarens O-ringstätning. Placera sedan givaren på sin plats på växellådan.
17 Sätt i givarens fästskruv och dra åt till angivet moment.
18 Återanslut kontaktdonet till givaren.
19 Montera tillbaka fästbygeln för kabel-härvans kontaktdon och sätt i kontaktdonet i fästbygeln.
20 Fäst kabelhärvan på plats med nya kabelband.
21 Montera luftrenaren enligt beskrivning i kapitel 4A.

Oljetemperaturgivare

Demontering

22 Oljetemperaturgivaren sitter på växel-lådans undersida (se bild).
23 Ta bort plastkåpan som sitter ovanpå motorn. Demontera sedan batteriet enligt beskrivningen i kapitel 5A.
24 Se kapitel 4A och demontera luftrenaren och insugsröret.

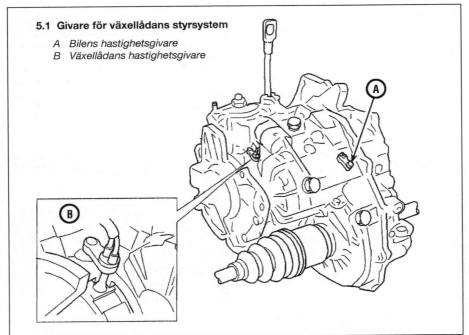

5.1 Givare för växellådans styrsystem

    A Bilens hastighetsgivare
    B Växellådans hastighetsgivare

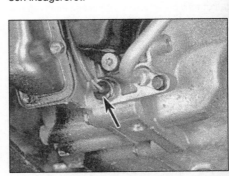

5.22 Växellådans oljetemperaturgivare (vid pilen)

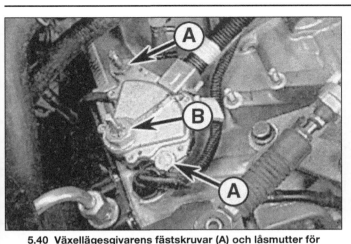

5.40 Växellägesgivarens fästskruvar (A) och låsmutter för givaraxelns arm (B)

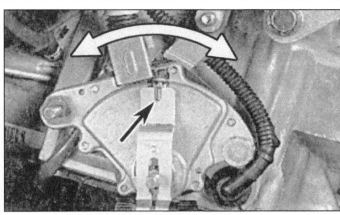

5.43 Med givarens axel i frilägespositionen ska de plana ytorna på var sida om armen passa in mot markeringen (vid pilen) som är ingjuten på ovansidan av givarhuset

25 Skruva loss batterihyllan och ta loss luftrenarfästet.
26 Koppla loss växellådans huvudkontaktdon på växellådshusets ovansida. Lossa kabelhärvans klämmor, skruva sedan loss skruvarna och ta bort kabelhärvans fästbygel.
27 Koppla loss växelväljarvajern från växellägesgivaren enligt beskrivning i avsnitt 3.
28 Demontera växellägesgivaren enligt beskrivning senare i detta avsnitt.
29 Lyft upp bilens framvagn och stöd den säkert på pallbockar.
30 Tappa av växellådsoljan enligt beskrivning i avsnitt 2.
31 Torka rent runt givaren på växellådshusets framsida och skruva sedan loss givaren. Ställ en lämplig behållare under givaren eftersom olja kommer att rinna ut när den skruvas loss.
32 Koppla loss givarens kablage vid kontaktdonet. Notera hur kablaget har dragits och ta försiktigt loss det. Ta bort givaren.

Montering

33 Smörj lite ren växellådsolja på givarens O-ringstätning, sätt givaren på plats och dra åt till angivet moment.
34 Resten av monteringen sker i omvänd ordningsföljd mot demonteringen. Fyll växellådan med ny olja enligt beskrivningen i avsnitt 2.

Växellägesgivare

Demontering

35 Ta bort plastkåpan ovanpå motorn. Demontera sedan batteriet enligt beskrivningen i kapitel 5A.
36 Se kapitel 4A och demontera luftrenaren och insugsröret.
37 Skruva loss batterihyllan och ta loss luftrenarfästet.
38 Koppla loss växellådans huvudkontaktdon på växellådshusets ovansida. Lossa kabelhärvans klämmor, skruva sedan loss skruvarna och ta bort kabelhärvans fästbygel.
39 Koppla loss växelväljarvajern från växellägesgivaren enligt beskrivning i avsnitt 3.

40 Ta bort fästklämman, skruva loss muttern och ta bort armen från växellägesgivarens axel (se bild).
41 Lyft mätstickans rör uppåt från växellådshuset och vrid det så att givaren kan tas bort.
42 Skruva loss skruvarna och ta bort givaren från växellådshuset (se bild 5.40).

Montering

43 Demontering sker i omvänd ordning mot demonteringen. Tänk på följande: (se bild):
   a) När givaren sätts tillbaka på växellådshuset, se till att när givarens axel är i friläge, de plana ytorna på var sida om armen är i linje med den ingjutna markeringen på givarens hus.
   b) Dra åt alla muttrar och bultar till angivet moment (där sådant anges).
   c) Avsluta med att justera växelväljarvajern enligt beskrivning i avsnitt 3.

6 Kickdownkontakt – demontering och montering

Demontering

Observera: *På modeller tillverkade efter 1998 sitter kickdownkontakten inbyggd i gasvajerenheten – se kapitel 4A, avsnitt 4 för ytterligare information.*
1 Kickdownkontakten sitter direkt under gaspedalen.
2 Koppla loss kabeln från batteriets negativa pol (se *Koppla ifrån batteriet*).
3 Lossa mattan från fästklämmor och intilliggande klädselpaneler för att komma åt kontakten.
4 Vik upp gummihatten, tryck ner fästtapparna och dra ut kickdownkontakten från hållaren. Koppla loss kontaktdonet.

Montering

5 Montering sker i omvänd ordning. Om en ny kontakt har monterats bör alla felkoder som

finns lagrade i växellådans styrsystem raderas. Detta kan endast utföras av en Volvoverkstad med speciell diagnosutrustning.

7 Shiftlocksystem – demontering och montering av komponenter

Vajer

Demontering

1 Om det inte redan är gjort, ställ växelväljaren i läge P.
2 Ta bort instrumentbrädans nedre panel på förarsidan och ta även loss rattstångskåpan (se kapitel 10 och 11).
3 Skruva loss vajerns fästbult under tändningslåset, därefter de två kryssspårskruvarna som håller vajerkåpan. Ta bort vajern från tändningslåset och ta vara på fästklämman så att den kan sättas tillbaka vid monteringen (se bild).

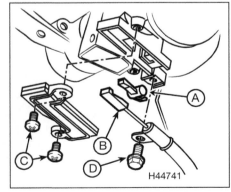

H44741

7.3 Shiftlockvajerns delar vid tändningslåset

A Vajerns fästklämma
B Vajerns ändfäste
C Vajerkåpans skruvar
D Vajerns fästbult

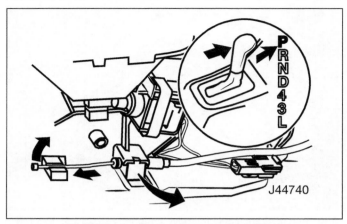

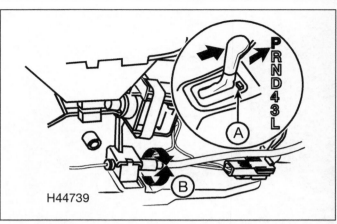

7.5 Shiftlockvajern tas loss vid växelväljaren

7.10 Shiftlock override knapp (A) och vajerjusterarens hylsa (B)

4 Demontera mittkonsolen enligt beskrivning i kapitel 11.
5 Dra innervajern något bakåt och haka loss ändfästet från växelväljaren längst ner på växelväljarhuset **(se bild)**.
6 Dra vajerjusteraren och vajerhöljet åt sidan, ut ur fästet längst ner på växelväljarhuset.
7 Arbeta bakåt längs vajern och lossa den från fästklämmorna. Notera hur den är dragen så att den kan sättas tillbaka på samma sätt. Ta bort vajern från bilen.

Montering och justering
8 Montering sker i omvänd ordning mot demonteringen. Se till att växelväljaren fortfarande står i läge P och att vajern är dragen på samma sätt som innan demonteringen. När vajern är på plats, justera den enligt följande.
9 Kontrollera shiftlocksystemets funktion. När det är aktivt ska det inte vara möjligt att välja någon annan position än P förrän startnyckeln har vridits till läge II och bromspedalen är nedtrampad (eller "shiftlock override"

knappen intryckt). När bilen har körts ska det inte vara möjligt att ta ut nyckeln förrän växelväljaren står i läge P.
10 Om justering behövs, vrid vajerjusterarens hylsa längst ner på växelväljarhuset i önskad riktning tills korrekt funktion erhålls **(se bild)**.

Solenoid/mikrokontakt

Demontering
11 Demontera mittkonsolen enligt beskrivning i kapitel 11.
12 Flytta växelväljaren till läge L. Använd "shiftlock override" knappen om så behövs.
13 Dra solenoidkablagets kontaktdon åt sidan för att ta loss det från växelväljarhuset. Koppla sedan loss kontaktens två halvor.
14 Lossa klämman som håller solenoiden till växelväljarhuset och ta bort solenoiden genom att trycka ihop de två hålltapparna **(se bild)**.

Montering
15 Montering sker i omvänd ordning mot demontering.

8 Elektronisk styrenhet (ECU) – demontering och montering

Demontering
1 Automatväxellådans ECU sitter i passagerarutrymmet, bakom instrumentbrädan/mittkonsolen. Se till att tändningen är avslagen innan arbetet påbörjas (ta ut nyckeln). ECU kommer att ta skada om kontakten kopplas loss med tändningen på. Vänta i två minuter för att vara säker på att växellådans huvudrelä är helt urladdat. Om kylfläkten går efter det att tändningen har slagits av, vänta tills den har stannat och därefter ytterligare två minuter.
2 Demontera radion/kassettbandspelaren och/eller förvaringsfacket från mittkonsolen enligt beskrivning i kapitel 12 och/eller kapitel 11.
3 Demontera askkoppen från mittkonsolen enligt beskrivning i kapitel 11.
4 Lossa klädselpanelen från höger sida av mittkonsolen.
5 ECU sitter på en fästbygel, fäst med fyra bultar. Skruva loss bultarna och ta ut ECU och fästbygel från under instrumentbrädan.
6 Koppla loss ECU-kontakten och ta ut enheten från bilen. Var noga med att inte vidröra kontaktstiften – statisk elektricitet kan orsaka skador.

Montering
7 Montering sker i omvänd ordning. Om en ny ECU har monterats måste denna anpassas till gasspjällägesgivarens signal enligt följande.
8 Slå på tändningen men starta inte motorn. Trampa ner gaspedalen helt så att kickdown-kontakten aktiveras, och håll den nere i fem sekunder.
9 Släpp sedan upp pedalen – den nya gasspjällägesgivarens signal kommer nu att lagras i ECU-minnet.
10 Slå av tändningen.

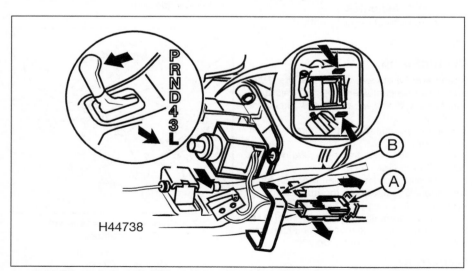

7.14 Demontering av shiftlock solenoiden/mikrokontakten – kontaktdon (A) och fästklämma (B)

9 Oljetätningar – byte

Drivaxlarnas oljetätningar

1 Rutinen är densamma som den som beskrivs för manuella växellådor i kapitel 7A, avsnitt 4.

Den ingående axelns/momentomvandlarens oljetätning

2 Demontera växellådan enligt beskrivning i avsnitt 9.
3 Dra momentomvandlaren rakt ut från växellådan. Var försiktig, den är full av olja.
4 Dra eller bänd ut den gamla tätningen. Rengör tätningshuset och undersök dess slityta mot momentomvandlaren.
5 Smörj den nya tätningen med ren växellådsolja och sätt den på plats med läpparna vända inåt. Skjut den på plats med en rörbit.
6 Smörj momentomvandlarens hylsa med ren växellådsolja och sätt omvandlaren på plats. Skjut in den så långt det går.
7 Kontrollera att momentomvandlaren sitter ordentligt på plats genom att mäta avståndet från kanten av växellådshuset till flikarna på omvandlarens fästbultar. Avståndet ska vara ungefär 14 mm.
8 Montera växellådan enligt beskrivning i avsnitt 10.
9 Avsluta med att kontrollera växellådans oljenivå enligt beskrivningen i kapitel 1.

Växelväljaraxelns oljetätning

10 Demontera växellägesgivaren enligt beskrivning i avsnitt 5.
11 Notera hur djupt den befintliga tätningen sitter, bänd sedan loss den från växellådan med en spårskruvmejsel. Var mycket noga med att inte repa tätningshuset (se bild).
12 Smörj den nya tätningen med ren växellådsolja, pressa den sedan på plats med en lämplig långskaftad hylsnyckel som drivdorn (se bild).
13 Montera växellägesgivaren enligt beskrivning i avsnitt 5.

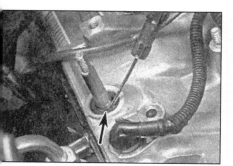

9.11 Ta ut växelväljaraxelns oljetätning

10 Växellåda – demontering och montering

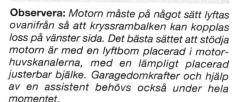

Observera: *Motorn måste på något sätt lyftas ovanifrån så att kryssrambalken kan kopplas loss på vänster sida. Det bästa sättet att stödja motorn är med en lyftbom placerad i motorhuvskanalerna, med en lämpligt placerad justerbar bjälke. Garagedomkrafter och hjälp av en assistent behövs också under hela momentet.*

Demontering

1 Parkera bilen på plant underlag och dra åt handbromsen.
2 Ställ växelväljaren i läge N (friläge).
3 Se kapitel 5A och demontera batteriet, skruva därefter loss batterihyllan.
4 Se kapitel 4A och demontera luftrenaren och alla relevanta insugsrör runt vänster sida av motorn.
5 Koppla loss växelväljarvajern från växellådan enligt beskrivning i avsnitt 3.
6 Koppla loss kontaktdonen för växellådans kabelhärva ovanpå växellådshuset.
7 Lossa kabelklämmorna som håller fast kabelhärvan och jordledningen.
8 Ta bort oljemätstickans rör och täck över öppningen.
9 Demontera startmotorn enligt beskrivning i kapitel 5A.
10 Skruva loss alla bultar mellan växellådan och motorn som går att komma åt ovanifrån.
11 Placera en lyftbom över motorn och fäst den i lyftöglorna på båda sidor. Justera höjden så att bommen precis tar upp vikten av motorn och växellådan från det främre, bakre och vänstra motorfästet.
12 Demontera stänkskyddet under kylaren och om tillämpligt även det stora stänkskyddet under motorn.
13 Se kapitel 8 och koppla loss båda drivaxlarna från växellådan, men lämna dem anslutna i hjulspindeländen.
14 Se till att motorn hålls uppe ordentligt av lyftbommen, skruva sedan loss vänster motor-/växellådsfäste från karossen och växellådshuset enligt beskrivningen i kapitel

9.12 Tryck den nya tätningen på plats med en lämplig långskaftad hylsnyckel som drivdorn

2A. Stabilisera motorn och växellådan genom att justera lyftbommens höjd om så behövs, och skruva sedan loss de främre och bakre motorfästena från motorns/växellådans tvärbalk.
15 Skruva loss motorns/växellådans tvärbalk från motorrummets undersida.
16 Skruva loss jordflätan från växellådan.
17 Lossa anslutningarna och koppla loss växellådans oljekylarslangar från framsidan och undersidan av växellådan. Täck över eller plugga igen de losskopplade rören och anslutningarna.
18 Vrid vevaxeln med hjälp av en hylsnyckel på remskivans mutter, tills det går att komma åt en av fästbultarna mellan momentomvandlaren och drivplattan genom öppningen på motorns baksida. Bultarna är av Torx typ, storlek TX50. Arbeta genom öppningen och skruva loss bulten. Vrid vevaxeln efter behov och skruva loss de kvarvarande fem bultarna på samma sätt. Observera att nya bultar behövs vid monteringen.
19 Sänk motorn och växellådan genom att justera lyftbommens höjd tills det finns tillräckligt med plats för att ta ut växellådan.
20 Ställ en kraftig garagedomkraft under växellådan. Placera domkraftens huvud så att inte sumpen kan skadas vid demonteringen – sumpen är ömtålig och klarar inte av någon hög belastning.
21 Gör en sista kontroll för att se till att alla elektriska kablar har kopplats loss och att alla vätskerör är ur vägen för växellådan.
22 Se till att motorn hålls fast ordentligt ovanifrån, skruva sedan loss resten av bultarna som håller fast växellådan till motorn. Dra växellådan rakt ut från motorns styrstift och se samtidigt till att momentomvandlaren sitter kvar på växellådan. Använd öppningen i växellådshuset för att hålla omvandlaren på plats. Flytta domkraften tillsammans med växellådan, så att den hela tiden tar upp växellådans vikt när den tas bort från motorn.
23 Sänk ner domkraften och ta ut växellådan från bilens undersida.

Montering

24 Innan monteringen påbörjas, spola ur oljekylaren med ren växellådsolja. Fäst en slang vid den övre anslutningen, häll växellådsolja i slangen och samla upp den i ett kärl placerat under returslangen.
25 Rengör kontaktytorna på momentomvandlaren och drivplattan, samt växellådans och motorns fogytor. Smörj sedan momentomvandlarens styrklack och motorns/växellådans styrstift med lite fett.
26 Kontrollera att momentomvandlaren sitter ordentligt på plats genom att mäta avståndet från kanten på växellådshuset till flikarna på momentomvandlarens fästbultar. Avståndet bör vara ungefär 14 mm.
27 Med en garagedomkraft som stöd (enligt beskrivning för demontering ovan), placera växellådan på plats och passa in den rakt mot motorns styrstift. Se till att styrstiften passar in i rätt i motsvarande hål på balanshjulskåpan

innan bultarna som håller växellådan till motorn sätts i. Sätt i de nedre bultarna och dra åt dem lätt, så att växellådan hålls på plats.

28 Sätt i resten av bultarna. Dra åt alla bultar stegvis och i diagonal ordningsföljd till angivet moment, så att växellådan dras rakt in mot motorn.

29 Montera momentomvandlaren på drivplattan med nya fästbultar. Vrid vevaxeln för att komma åt bulthålen på samma sätt som vid demonteringen. Vrid sedan momentomvandlaren via öppningen i växellådshuset. Sätt i och dra åt alla bultar, först för hand och sedan till angivet moment.

30 Resten av monteringen av växellådan sker i omvänd ordning mot demonteringen. Dra åt alla muttrar och bultar till angivet moment om sådant anges och justera sedan växelväljarvajern enligt beskrivning i avsnitt 3. Avsluta med att kontrollera oljenivån i växellådan och fyll på om så behövs.

11 Växellåda – felsökning

1 Automatväxellådans elektroniska styrsystem innehåller ett inbyggt diagnossystem (OBD – on-board diagnostic system) som utgör en hjälp vid felsökning och systemkontroll. Diagnossystemet är en del av den elektroniska styrenheten (ECU) som hela tiden övervakar systemkomponenterna och deras funktion. Om ett fel skulle uppstå lagrar ECU en serie signaler (eller felkoder) i minnet för efterföljande kontroll. Dessutom tänds en varningslampa på instrumentpanelen.

2 Avläsning av felkoderna kräver speciell diagnosutrustning och det kan därför bara utföras av en Volvoverkstad eller annan specialist.

Kapitel 8
Drivaxlar

Innehåll

Svårighetsgrader

Enkelt, passar novisen med lite erfarenhet		**Ganska enkelt,** passar nybörjaren med viss erfarenhet		**Ganska svårt,** passar kompetent hemmamekaniker		**Svårt,** passar hemmamekaniker med erfarenhet		**Mycket svårt,** för professionell mekaniker	

Specifikationer

Smörjning (endast renovering – se text)

Typ av fett:
Turbomotorer . . . . Volvo nummer 1161429-4*
Alla andra motorer:
  Modeller med manuell växellåda:
    Yttre drivknut och höger inre drivknut . . . . Volvo nummer 1161029-2*
    Vänster inre drivknut . . . . Smörjs av växellådsoljan – inget fett behövs
  Modeller med automatväxellåda:
    Yttre drivknut . . . . Volvo nummer 1161429-4*
    Inre drivknut . . . . Volvo nummer 1161029-2*
*Kontakta din Volvoåterförsäljare för information
Mängd per drivknut:
  Turbomotorer . . . . 120 g
  Alla andra motorer . . . . 80 g

Åtdragningsmoment   **Nm**

Hjulmuttrar 110
Navmutter:
  Modeller före 1998 240
  1998 års modeller och framåt:
    Steg 1 120
    Steg 2 . . . . Vinkeldra ytterligare 60°
Stödlagrets fästbygel, bultar – turbomotor 25
Vänster drivaxel, bultar till inre damaskens spännplatta 25

1 Allmän information

Kraften överförs från differentialen till framhjulen via två olika långa drivaxlar av massivt stål. Båda drivaxlarna har splines i de yttre ändarna, där hjulnaven sitter, och de är fästa vid naven med en stor mutter. Det sitter en drivknut i var ände av drivaxlarna, för att försäkra mjuk och effektiv kraftöverföring när hjulen rör sig uppåt och nedåt med fjädringen, och när de vrids från sida till sida vid styrning.

På alla motorer utan turbo som har en manuell växellåda, sitter olika typer av inre drivknut på de två drivaxlarna. På höger sida har drivaxeln splines för att haka i en tripodknut, som innehåller nålrullager och skålar. Tripodknuten kan glida i oket i knutens yttre del, som också har splines och hålls på plats av en valstapp till axeltappen i differentialens solhjul. Precis som på de yttre knutarna skyddas hela enheten av en flexibel damask som sitter fast på drivaxeln och den yttre delen. På vänster sida hakar drivaxeln också i en tripodknut, men oket som tripodknuten glida i är en inbyggd del av differentialens solhjul. På denna sida sitter damasken fäst till växellådshuset med en spännbricka, och till ett kullager på drivaxeln med en fästklämma. Lagret gör att drivaxeln kan vridas inuti damasken, som inte roterar. De yttre drivknutarna på båda drivaxlarna är av kulskålstyp.

På modeller utan turbo med automatväxellåda, är den inre änden av varje drivaxel kopplad till bakaxeldreven och både den inre och den yttre drivknuten är av kulskålstyp.

På alla modeller med turbo är den inre änden av varje drivaxel kopplad till bakaxeldreven och både den inre och den yttre drivknuten är av kulskålstyp. På höger drivaxel sitter den inre drivknuten ungefär halvvägs längs axelns längd, och knutens yttre del är kopplad till baksidan av motorblocket via ett stödlager och en fästbygel.

2.1 Ta bort hjulsidan/navkapseln och lossa navmuttern innan bilen lyfts upp

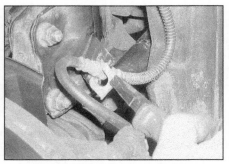

2.5 Dra ut fästklämman och lossa bromsslangen från fästbygeln

2.7 Skruva loss muttrarna och ta loss den övre bult som håller fast fjäderbenet vid hjulspindeln

2 Drivaxlar (modeller utan turbo) – demontering och montering

Observera: *En ny navmutter behövs vid monteringen. På vissa modeller med manuell växellåda har den yttre drivknutens splines täckts med tätningsmedel före monteringen. Om så är fallet kommer du troligen att behöva en särskild avdragare för att kunna dra loss hjulspindeln från drivaxeländen vid demonteringen.*

Demontering

1 Ta bort hjulsidan/navkapseln (efter tillämplighet) och lossa sedan navmuttern medan bilen vilar på hjulen **(se bild)**. Lossa också hjulmuttrarna.

2 Klossa bakhjulen och dra åt handbromsen ordentligt. Hissa upp framvagnen och stöd den på pallbockar. Demontera relevant framhjul och skruva sedan loss fästskruvarna/hållarna (vad som är tillämpligt) och ta bort kåpan under motorn/växellådan. Om det behövs, demontera även hjulhusets innerskärm.

3 Skruva loss navmuttern och ta bort brickan (om sådan finns). Om muttern inte lossades innan bilen lyftes upp (se punkt 1), låt en medhjälpare trycka ner bromspedalen för att hindra hjulspindeln från att rotera medan navmuttern skruvas loss. Alternativt kan ett verktyg tillverkas av två stålremsor (en lång

och en kort) samt en mutter och en bult. Muttern och bulten får utgöra pivåpunkten på det gaffelformade verktyget.

4 Demontera ABS-givaren från hjulspindeln enligt beskrivning i kapitel 9.

5 Dra ut fästklämman/-klämmorna och lossa det främre bromsokets slang från fästbygeln/-byglarna **(se bild)**.

6 Dra ut saxsprinten och skruva sedan loss muttern som håller fast styrleden vid hjulspindeln. Lossa styrledens fasade chuck med hjälp av en styrledsavdragare.

7 Skruva loss de två muttrarna från bultarna som håller fast hjulspindeln vid fjäderbenet. Ta bort den övre bulten, men låt den nedre bulten sitta kvar tills vidare **(se bild)**. Fortsätt sedan enligt beskrivningen under relevant underrubrik.

Vänster drivaxel – manuell växellåda

8 Tappa av växellådsoljan enligt beskrivning i kapitel 7A.

9 Skruva loss de tre bultar som håller fast damaskens spännbricka vid sidan av växellådan **(se bild)**.

10 Dra hjulspindelns överkant utåt tills drivaxelns tripodknut lossnar från sitt ok. Var beredd på att olja läcker ut när knuten tas bort. Var försiktig så att inte valsarna på änden av knuten trillar av.

11 Ta bort den nedre bulten som håller hjulspindeln till fjäderbenet. Var noga med att inte skada drivaxeldamaskerna eller sträcka bromsslangen. Lossa den yttre drivknuten från hjulspindeln och ta bort drivaxeln.

Observera att knuten förmodligen sitter hårt i hjulspindelns splines (se anmärkning i början av avsnittet). Försök att knacka loss knuten med en hammare och en dorn av mjukmetall medan en medhjälpare stöder hjulspindeln. Om drivknuten fortfarande inte rubbas kommer en avdragare att behövas för att dra bort hjulspindeln från drivaxeländen. Sätt i bultarna i fjäderbenets nedre ände för att hålla fast hjulspindeln medan drivaxeln är demonterad.

Höger drivaxel – manuell växellåda

12 Skruva loss fästbultarna och ta bort det främre avgasrörets värmesköld **(se bild)**.

13 Vrid drivaxeln tills man kan se den dubbla valstappen som håller fast den inre drivknuten vid solhjulsaxeln. Driv ut valstappen med en hammare och en 5 mm pinndorn **(se bild)**. Det är svårt att komma åt valstappen, men det blir lättare om man stöttar motorn och demonterar motorns/växellådans tvärbalk (se punkt 19 och 20).

14 Dra hjulspindelns överkant utåt tills den inre drivknutens splines lossnar från solhjulets axel. Ta loss tätningsringen från axeln och se till att inte skada dammskyddet på änden av drivknuten **(se bild)**.

15 Demontera drivaxeln enligt beskrivningen i punkt 11 **(se bild)**.

Vänster drivaxel – automatväxellåda

16 Stick in en stor skruvmejsel eller liknande mellan den inre drivknuten och växellådan och bänd försiktigt bort drivknuten. Var noga med

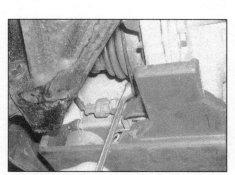

2.9 Bultarna till damaskens spännbricka skruvas loss (modell utan turbo)

2.12 Demontera det främre avgasrörets värmesköld för att komma åt höger drivaxels inre knut

2.13 Knacka ut den inre drivknutens valstappar med hammare och dorn

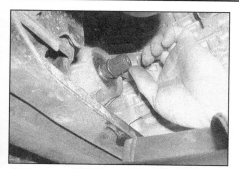

2.14 Lossa drivknuten från solhjulets axel och ta bort tätningsringen

2.15 Ta loss den yttre drivknuten från hjulspindeln och demontera höger drivaxel

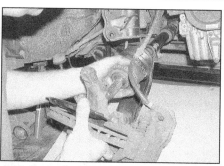

2.25 Passa in drivknuten mot hjulspindeln och sätt i bultarna som håller fast fjäderbenet vid hjulspindeln

att inte skada huset. Lossa den inre drivknuten från växellådan. Var noga med att inte skada differentialens oljetätning.

17 Skruva loss den nedre bulten som håller fast hjulspindeln vid fjäderbenet. Lossa den yttre drivknuten från hjulspindeln och ta bort drivaxeln, men var noga med att inte skada drivaxeldamaskerna eller sträcka bromsslangen. Om så behövs, knacka loss drivknuten med en hammare och en dorn av mjukmetall medan en medhjälpare stöder hjulspindeln. Sätt i bultarna i fjäderbenets nedre ände för att hålla fast hjulspindeln medan drivaxeln är demonterad.

Höger drivaxel – automatväxellåda

18 Skruva loss fästbultarna och ta bort det främre avgasrörets värmesköld. För att förbättra åtkomligheten till den inre drivknuten, demontera motorns/växellådans tvärbalk enligt följande.

19 Fäst ett stödstag eller en motorlyft i lyftkroken på topplocket och använd den till att lyfta motorn/växellådan. Alternativt, stöd motorn/växellådan med en domkraft och en träkloss.

20 Skruva loss de genomgående bultarna från de främre och bakre fästena. Skruva sedan loss fästbultarna och ta bort tvärbalken från under motorn/växellådan. Ta loss de övre och nedre fästgummina och mellanläggen från tvärbalkens fästen. Notera exakt hur de sitter. Byt ut fästgummina om de är skadade eller slitna.

21 Demontera drivaxeln enligt beskrivningen i punkt 16 och17.

Montering

Vänster drivaxel – manuell växellåda

22 Torka av sidan av växellådan och den yttre drivknutens splines.

23 Sätt i tripodknuten i solhjulets ok och håll drivaxeln så horisontellt som möjligt. Passa in damaskens spännbricka mot bulthålen. Sätt i fästbultarna och dra åt dem till angivet moment. Damasken får inte vara vriden.

24 Se till att den yttre drivknutens och hjulspindelns splines är rena och torra. Om låsmassa upptäcktes vid demonteringen, lägg på ett lager låsvätska (Volvo rekommenderar tätningsmedel 1161075-5 som finns hos Volvoåterförsäljare) på drivaxelns splines. På alla andra modeller, lägg ett tunt lager fett på drivaxelns splines.

25 Tryck hjulspindelns överkant inåt och passa samtidigt ihop den med drivaxeln/drivknuten **(se bild)**.

26 Skjut fast hjulspindeln helt på drivaxelns splines och sätt sedan fjäderbenets bultar och muttrar på plats. Börja med att dra åt muttrarna för hand, därefter till angivet moment (se specifikationerna i kapitel 10).

27 Sätt på brickan (om sådan finns) och en ny navmutter, men dra bara åt den för hand tills vidare **(se bild)**.

28 Återanslut styrleden till hjulspindeln. Dra sedan åt fästmuttern till angivet moment (se specifikationerna i kapitel 10) och fäst den med en ny saxsprint.

29 Montera ABS-givaren på hjulspindeln enligt beskrivningen i kapitel 9. Placera sedan

bromsslangen i sitt fäste (sina fästen) och säkra den med fästklämman (-klämmorna).

30 På bilar före 1998 års modell, använd samma metod som vid demonteringen för att hindra hjulspindeln från att rotera och dra åt navmuttern till angivet moment. Alternativt, dra åt muttern löst i det här stadiet och dra åt den till angivet moment när bilen står på marken.

31 På bilar av årsmodell 1998 och senare, använd samma metod som vid demonteringen för att hindra hjulspindeln från att rotera. Dra åt navmuttern till angivet moment för steg ett, därefter till angiven vinkel för steg två. För exakthet rekommenderas att man använder en vinkelmätare för det sista steget. Om en sådan inte finns tillgänglig kan märken göras på muttern och hjulspindeln med vit färg, så att man ändå kan se att muttern dras åt i rätt vinkel. Alternativt, dra åt muttern löst i det här stadiet och dra åt den ordentligt när bilen står på marken igen.

32 På alla modeller, kontrollera att hjulspindeln kan rotera fritt, montera sedan tillbaka kåpan under motorn och hjulhusets innerskärm.

33 Montera hjulet. Sänk sedan ner bilen på marken och dra åt hjulmuttrarna till angivet moment. Om det inte redan har gjorts, dra även åt navmuttern till angivet moment (och eventuell vinkel) **(se bilder)**.

34 Fyll på växellådan med olja av angiven typ och mängd och kontrollera oljenivån enligt beskrivning i kapitel 1.

2.27 Sätt den nya navmuttern på plats och dra åt den lätt

2.33a Dra åt navmuttern till angivet moment . . .

2.33b . . . och därefter (om så är tillämpligt) till vinkeln för steg 2

Höger drivaxel – manuell växellåda

35 Innan drivaxeln monteras, undersök differentialens oljetätning för att se om den är skadad eller sliten, enligt beskrivning i kapitel 7A, avsnitt 4 och byt ut den om så behövs. Helst ska tätningen bytas ut oavsett skick.

36 Se till att den inre drivknutens och solhjulsaxelns splines är rena och torra, sätt sedan på tätningsringen på axeln. Kontrollera att dammskyddet sitter korrekt på den inre drivknuten och passa sedan in drivaxelns splines mot solhjulsaxelns. Se till att valstapparnas hål är korrekt inpassade och skjut sedan på drivaxeln **(se bild)**.

37 Driv in valstapparna med urtagen 180° isär och täta sedan tapparnas ändar med tätningsmedel (Volvo rekommenderar tätningsmedel 1161058-1 som finns att köpa hos Volvoåterförsäljare) **(se bilder)**.

38 Om motorns/växellådans tvärbalk har demonterats, se till att de nedre och övre fästgummina och mellanläggen monteras korrekt i hålen på tvärbalken, sätt sedan tvärbalken på plats (se kapitel 2A eller 2B om så behövs). Sätt i fästbultarna och dra åt dem till angivet moment. Sätt sedan i de genomgående bultarna i motorns/växellådans fästen. Ta bort stödstaget/lyften/domkraften (efter tillämplighet) och gunga motorn så att den sätter sig på plats. Dra åt det bakre motor-/växellådsfästets genomgående bult till angivet moment, därefter det främre fästets genomgående bult.

39 Sätt tillbaka avgassystemets värmesköld på motorblocket och dra åt dess fästbultar till angivet moment (kapitel 4C).

40 Utför de åtgärder som beskrivs i punkt 24 till 33. Avsluta med att kontrollera växellådans oljenivå enligt beskrivning i kapitel 1 och fyll på om så behövs.

Vänster drivaxel – automatväxellåda

41 Innan drivaxeln monteras, undersök differentialens oljetätning för att se om den är skadad eller sliten och byt ut den om så behövs (se kapitel 7A, avsnitt 4). Det rekommenderas att tätningen byts ut oavsett dess skick. Undersök också den inre knutens låsring och byt ut den om så behövs.

42 Rengör drivaxelns splines samt öppningarna i växellådan och navet noggrant. Lägg ett tunt lager fett på oljetätningsläpparna och på

2.36 Sätt på den inre drivknuten på solhjulsaxeln och se till att valstapparnas hål är korrekt inpassade

drivaxelns splines och klackar. Kontrollera att alla damaskklämmor sitter fast ordentligt.

43 Passa in drivaxeln och placera den inre knutens splines mot splinesen på differentialens solhjul. Var noga med att inte skada oljetätningen. Tryck in drivknuten på plats och se till att den fästs ordentligt med låsringen.

44 Utför de åtgärder som beskrivs i punkt 25 till 33. Avsluta med att kontrollera växellådsoljans nivå enligt beskrivning i kapitel 1 och fyll på om så behövs.

Höger drivaxel – automatväxellåda

45 Montera tillbaka drivaxeln på växellådan enligt beskrivningen i punkt 41 till 43.

46 Montera tillbaka motorns/växellådans tvärbalk enligt beskrivningen i punkt 38 och 39.

47 Utför de åtgärder som beskrivs i punkt 25 till 33. Avsluta med att kontrollera växellådsoljans nivå enligt beskrivning i kapitel 1 och fyll på om så behövs.

---

3 Drivaxlar (turbomodeller) – demontering och montering

Observera: *En ny navmutter behövs vid monteringen.*

Demontering

Höger drivaxel

1 Ta bort hjulsidan/navkapseln (efter tillämplighet) och lossa sedan navmuttern

medan bilen vilar på hjulen **(se bild 2.1)**. Lossa också hjulmuttrarna.

2 Klossa bakhjulen och dra åt handbromsen ordentligt. Hissa upp framvagnen och stöd den på pallbockar. Demontera relevant framhjul och skruva sedan loss fästskruvarna/hållarna (vad som är tillämpligt) och ta bort kåpan under motorn/växellådan. Om det behövs, demontera även hjulhusets innerskärm.

3 Skruva loss navmuttern och ta bort brickan (om sådan finns). Om muttern inte lossades innan bilen lyftes upp (se punkt 1), låt en medhjälpare trycka ner bromspedalen för att hindra hjulspindeln från att rotera medan navmuttern skruvas loss. Alternativt kan ett verktyg tillverkas av två stålremsor (en lång och en kort) samt en mutter och en bult. Muttern och bulten får utgöra pivåpunkten på det gaffelformade verktyget.

4 Demontera ABS-givaren från hjulspindeln enligt beskrivning i kapitel 9.

5 Dra ut fästklämman/-klämmorna och lossa det främre bromsokets slang från fästbygeln/byglarna **(se bild 2.5)**.

6 Dra ut saxsprinten och skruva sedan loss muttern som håller fast styrleden vid hjulspindeln. Lossa styrledens fasade chuck med hjälp av en styrledsavdragare.

7 Skruva loss de två muttrarna från bultarna som håller fast hjulspindeln vid fjäderbenet. Ta bort den övre bulten, men låt den nedre bulten sitta kvar tills vidare **(se bild 2.7)**.

8 Stötta drivaxeln och skruva loss fästbultarna och ta loss klämman till stödlagrets fästbygel.

9 Lossa försiktigt den inre änden av drivaxeln från växellådan, (var försiktig så att oljetätningen inte skadas) och flytta den åt sidan.

10 Lossa loss den nedre bulten som håller fast hjulspindeln vid fjäderbenet. Var noga med att inte skada drivaxeldamaskerna eller sträcka bromsslangen. Lossa den yttre drivknuten från hjulspindeln och ta bort drivaxeln. Om så behövs, knacka loss drivknuten med en hammare och en dorn av mjukmetall medan en medhjälpare stöder hjulspindeln. Sätt i bultarna i fjäderbenets nedre ände för att hålla fast hjulspindeln medan drivaxeln är demonterad.

Vänster drivaxel

11 Ta bort hjulsidan/navkapseln (efter tillämplighet) och lossa sedan navmuttern medan bilen vilar på hjulen **(se bild 2.1)**. Lossa också hjulmuttrarna.

12 Klossa bakhjulen och dra åt handbromsen ordentligt. Hissa upp framvagnen och stöd den på pallbockar. Demontera relevant framhjul och skruva sedan loss fästskruvarna/hållarna (vad som är tillämpligt) och ta bort kåpan under motorn/växellådan. Om det behövs, demontera även hjulhusets innerskärm.

13 Skruva loss navmuttern och ta bort brickan (om sådan finns). Om muttern inte

2.37a Knacka in valstapparna . . .

2.37b . . . och försegla sedan deras ändar med lite tätningsmedel

lossades innan bilen lyftes upp (se punkt 1), låt en medhjälpare trycka ner bromspedalen för att hindra hjulspindeln från att rotera medan navmuttern skruvas loss. Alternativt kan ett verktyg tillverkas av två stålremsor (en lång och en kort) samt en mutter och en bult. Muttern och bulten får utgöra pivåpunkten på det gaffelformade verktyget.

14 Demontera ABS-givaren från hjulspindeln enligt beskrivning i kapitel 9.

15 Dra ut fästklämman/-klämmorna och lossa det främre bromsokets slang från fästbygeln/-byglarna (se bild 2.5).

16 Dra ut saxsprinten och skruva sedan loss muttern som håller fast styrleden vid hjulspindeln. Lossa styrledens fasade chuck med hjälp av en styrledsavdragare.

17 Skruva loss de två muttrarna från bultarna som håller fast hjulspindeln vid fjäderbenet. Ta bort den övre bulten, men låt den nedre bulten sitta kvar tills vidare (se bild 2.7).

18 Stick in en stor spårskruvmejsel eller liknande mellan den inre drivknuten och växellådan och bänd försiktigt loss drivknuten, men var noga med att inte skada huset. Ta loss den inre drivknuten från växellådan och var försiktig så att inte differentialens oljetätning skadas.

19 Ta bort den nedre bulten som håller hjulspindeln till fjäderbenet. Lossa den yttre drivknuten från navet och ta bort drivaxeln, men var samtidigt noga med att inte skada drivaxeldamaskerna eller sträcka bromsslangen. Om så behövs, knacka loss drivknuten med en hammare och en dorn av mjukmetall medan en medhjälpare håller fast hjulspindeln. Sätt tillbaka bultarna i fjäderbenets nedre ände för att stödja hjulspindeln medan drivaxeln är demonterad.

Montering

Höger drivaxel

20 Innan drivaxeln monteras, undersök differentialens oljetätning för att se om den är sliten eller skadad och byt ut den om så behövs (se kapitel 7A, avsnitt 4). Tätningen ska helst bytas ut oavsett skick.

21 Rengör drivaxelns splines samt öppningarna i växellådan och hjulspindeln noga. Lägg ett tunt lager fett på oljetätningsläpparna och på drivaxelsplinesen och klackarna.

Kontrollera att alla damaskklämmor är ordentligt fästa.

22 För drivaxeln på plats och passa ihop den inre drivknutens splines med splinesen i differentialens solhjul. Var noga med att inte skada oljetätningen. Sätt i stödlagret i dess fästbygel och sätt sedan tillbaka fästklämman och dra åt bultarna till angivet moment.

23 Resten av återmonteringen sker enligt beskrivningen i punkt 27 till 34.

Vänster drivaxel

24 Innan drivaxeln monteras, undersök differentialens oljetätning för att se om den är sliten eller skadad och byt ut den om så behövs (se kapitel 7A, avsnitt 4). Tätningen ska helst bytas ut oavsett skick. Undersök också om den inre drivknutens låsring är skadad och byt ut den om så behövs.

25 Rengör drivaxelns splines samt öppningarna i växellådan och hjulspindeln noga. Lägg ett tunt lager fett på oljetätningsläpparna och på drivaxelsplinesen och klackarna. Kontrollera att alla damaskklämmor är ordentligt fästa.

26 För drivaxeln på plats och passa ihop den inre drivknutens splines med splinesen i differentialens solhjul. Var noga med att inte skada oljetätningen. Tryck in drivknuten ordentligt på plats och se till att den fästs ordentligt med låsringen.

27 Tryck fast hjulspindeln helt på drivaxelns splines. Sätt sedan fjäderbenets fästbultar och muttrar på plats och dra först åt båda muttrarna för hand, därefter till angivet moment (se specifikationerna i kapitel 10).

28 Montera brickan (om det är tillämpligt) och en ny navmutter. Dra åt muttern för hand i det här stadiet.

29 Återanslut styrleden till hjulspindeln. Dra sedan åt fästmuttern till angivet moment (se specifikationerna i kapitel 10) och fäst den med en ny saxsprint.

30 Montera ABS-givaren på hjulspindeln enligt beskrivning i kapitel 9. Placera sedan bromsslangen i sitt fäste/sina fästen och fäst den med fästklämman/-klämmorna.

31 Använd samma metod som vid demonteringen för att hindra hjulspindeln från att rotera, dra åt navmuttern till angivet moment för steg 1 och därefter till vinkeln för steg 2. För exakthet rekommenderas att en

vinkelmätare används för det sista steget. Om en sådan inte finns tillgänglig kan markeringar göras mellan muttern och hjulspindeln med vit färg innan muttern dras åt. Använd sedan dessa märken för att kontrollera att muttern har dragits åt i rätt vinkel. Alternativt, dra åt muttern löst i det här stadiet och dra åt den ordentligt när bilen står på marken.

32 Kontrollera att hjulspindeln kan rotera fritt och montera sedan tillbaka den undre skyddskåpan och hjulhusets innerskärm (efter tillämplighet).

33 Montera hjulet, sänk ner bilen och dra åt hjulmuttrarna till angivet moment. Om det inte redan har gjorts, dra även åt navmuttern till angivet moment för steg 1 och sedan till angiven vinkel för steg 2 (se punkt 31).

34 Avsluta med att kontrollera växellådans oljenivå och fyll på om det behövs enligt beskrivning i kapitel 1.

4 Yttre drivknutens damask – byte

1 Demontera drivaxeln enligt beskrivningen i avsnitt 2 eller 3.

2 Sätt fast drivaxeln i ett skruvstäd med mjuka käftar och lossa damaskens fästklämmor. Om så behövs kan klämmorna skäras av.

3 Vik undan damasken så att du kommer åt den yttre drivknuten och gräv ut fettet. Om det behövs, klipp upp damasken och ta bort den (se bild).

4 Öppna låsringen för knutens inre del med en låsringstång och dra sedan loss drivknuten från axeln (se bild). Om så behövs, knacka loss drivknuten med en hammare och en passande dorn av mjukmetall, och se till att dornen bara ligger an mot knutens inre del.

5 Ta bort gummidamasken och fästklämmorna från drivaxeln och kasta dem.

6 Med drivknuten demonterad från drivaxeln, rengör den noga med fotogen eller lämpligt lösningsmedel och torka av den noggrant. Kontrollera att knuten är i gott skick.

7 Rotera den inre delen (med splines) fram och tillbaka så att varje kula syns i tur och ordning längst upp i spåret (se bild).

4.3 Förbättra åtkomligheten genom att skära upp damasken med en kniv och ta bort den från drivaxeln

4.4 Öppna låsringen för drivknutens inre del och ta bort knuten från axeln

4.7 Undersök drivknutens kulor och kulspår och leta efter tecken på slitage

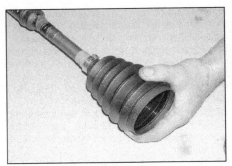

4.11 Tejpa över drivaxelns splines och skjut damasken och den inre fästklämman på plats

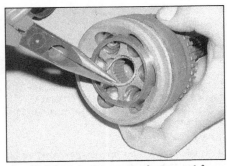

4.12 Ta bort den gamla låsringen från drivknutens inre del och sätt på den nya

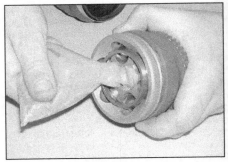

4.13a Arbeta in fett i knuten . . .

Undersök kulorna och leta efter sprickor, platta delar eller gropar.

8 Undersök kulspåren på den inre och den yttre delen. Om spåren är slitna sitter kulorna inte längre riktigt tätt. Undersök samtidigt kulskålens fönster och leta efter tecken på slitage eller sprickbildning mellan fönstren.

9 Om drivknuten är sliten eller skadad måste den bytas ut. Om den är i gott skick, skaffa en ny damask, fästklämmor, en ny låsring och fett av rätt typ (se Specifikationer). En drivaxeldamasksats med alla delar som behövs går att skaffa från Volvo.

10 Tejpa över splinesen i änden av drivaxeln för att undvika att den nya damasken skadas.

11 Sätt på den inre fästklämman på den nya damasken och skjut på damasken på axeln **(se bild)**. Ta sedan bort tejpen och sätt på den yttre klämman på damasken.

12 Ta bort låsringen från drivknutens inre del och sätt dit den nya. Se till att den hamnar rätt **(se bild)**.

13 Arbeta in fettet ordentligt i knutens kulspår och fyll sedan damasken med det som blir över **(se bilder)**.

14 Öppna låsringen och sätt sedan på den yttre drivknuten på drivaxelns splines och skjut på den på axeln. Ta bort låsringstången och knacka på drivknuten helt på axeln tills låsringen klickar på plats i spåret i axeln. Dra i drivknuten för att kontrollera att den hålls fast ordentligt i låsringen.

15 Placera damasken korrekt på drivaxeln och drivknutens yttre del, och lyft försiktigt

damaskens yttre läpp för att släppa ut övertrycket på insidan.

16 Se till att damasken sitter ordentligt på plats, fäst den sedan med fästklämmorna **(se bild)**. Om du inte har ett specialverktyg till hands, tryck ihop klämman med en avbitartång, men se till att inte klippa av klämman av misstag.

17 Kontrollera att drivknuten kan röra sig fritt i alla riktningar och montera sedan tillbaka drivaxeln enligt beskrivningen i avsnitt 2 eller 3.

5 Inre drivknutens damask – byte

1 Demontera drivaxeln enligt beskrivningen i avsnitt 2 eller 3 och fortsätt enligt relevant underavsnitt nedan.

Motorer utan turbo

Höger drivaxel – modeller med manuell växellåda

2 Tryck ut kilarna i damaskens metallkåpa från drivknutens yttre del med hjälp av en griptång. Var försiktig så att inte knutens ringplåt deformeras.

3 Kapa av damaskens inre fästklämma med en avbitartång och gör sedan inställningsmarkeringar mellan knutens yttre del och drivaxeln.

4 Knacka loss damaskens metallkåpa från knutens yttre del med en dorn av mjukmetall och dra sedan loss den yttre delen från tripoddelen. Var beredd på att hålla rullarna på plats när den yttre delen tas bort, annars kan de lossna från benen. Om så behövs, tejpa rullarna på plats. **Observera:** *Varje rulle passar ihop med ett visst ben – det är viktigt att de inte blandas ihop.*

5 Använd en låsringstång och lossa låsringen som håller fast drivknuten vid drivaxeln.

6 Märk ut tripoddelens position i förhållande till drivaxeln med lite färg eller en körnare, ta sedan loss tripoden från axeln. Om den sitter hårt, dra loss den med en avdragare, men se till att avdragarens ben sätts bakom tripoden och inte kommer i kontakt med rullarna **(se bild)**. Alternativt, håll fast knutens inre del (tripoden) och pressa ut axeln med hjälp av en hydraulisk press. Se även här till att inte rullarna belastas.

7 När hela knuten är borttagen, dra loss damasken från drivaxeln.

8 Torka rent knutens delar, men ta inte bort inställningsmarkeringarna som gjorts vid demonteringen. Använd inte fotogen eller något annat lösningsmedel vid rengöring av denna typ av knut.

9 Undersök knutens alla delar och leta efter repor eller andra tecken på slitage. Kontrollera att rullarna kan rotera mjukt på tripodbenen. Om du upptäcker slitage, byt ut delarna i fråga. Om knuten är i gott skick, skaffa en ny damask, en fästklämma och fett av rätt typ (se

4.13b . . . och fyll damasken med det som blir över

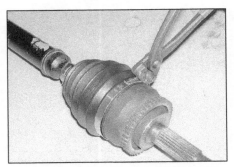

4.16 Säkra fästklämmorna genom att trycka ihop de upphöjda delarna

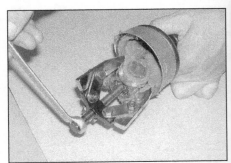

5.6 En avdragare används till att dra loss drivknuten från axeln

Specifikationer). En drivaxeldamasksats med alla delar som behövs går att skaffa från Volvo.

10 Tejpa över splinesen på drivaxeln och skjut sedan på den inre fästklämman och damasken på drivaxeln **(se bild)**.

11 Ta bort tejpen, passa in markeringarna som gjordes vid demonteringen och sätt tripoden på drivaxelns splines **(se bild)**. Knacka knuten på plats på axeln med en hammare och en dorn i mjukmetall. Var noga med att inte skada drivaxelns splines eller drivknutens rullar. Alternativt, håll fast drivaxeln och pressa knuten på plats med en hydraulisk press och ett lämpligt rörformat verktyg som bara ligger an mot den inre delen (ej mot rullarna).

12 Fäst tripoden på plats med låsringen och se till att den hamnar rätt i drivaxelns spår **(se bild)**.

13 Fördela fettet från renoveringssatsen jämnt runt tripoden och inuti knutens yttre del **(se bild)**. Fyll damasken med resten av fettet.

14 Skjut knutens yttre del på plats över den inre delen och passa in markeringarna som gjordes vid demonteringen **(se bild)**.

15 Skjut på damaskens metallkåpa på ringplåten på knutens yttre del tills den ligger i kant med plåtens kant. Fäst damasken på plats genom att kila fast metallkåpan i ringplåtens urtag med hammare och skruvmejsel. För att förhindra att ringplåten deformeras när detta görs, stöd plåten genom att sticka in en hylsa under den **(se bild)**.

16 Lyft försiktigt damaskens yttre läpp för att

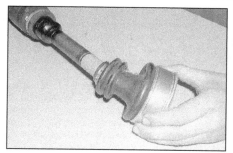

5.10 Tejpa över drivaxelns splines och skjut sedan på damasken och den inre fästklämman på axeln

släppa ut övertrycket på insidan och placera sedan damaskens inre läpp i drivaxelns spår. Se till att den inre läppen sitter korrekt i spåret, fäst sedan damasken på plats med fästklämman och säkra klämman genom att klämma ihop dess upphöjda del. Om inget specialverktyg finns till hands kan en avbitartång användas, men se till att inte kapa klämman av misstag **(se bilder)**.

17 Kontrollera att drivknuten kan rotera fritt i alla riktningar och montera sedan tillbaka drivaxeln enligt beskrivningen i avsnitt 2 eller 3.

Vänster drivaxel – modeller med manuell växellåda

Observera: *Denna text förutsätter att damasken och lagret ska bytas tillsammans (det är så Volvo tillhandahåller nya damasker),*

5.11 Passa in markeringarna som gjordes vid demonteringen och sätt på tripoden på drivaxelns splines

vilket kräver användning av en hydraulisk press. Om lagret kan återanvändas går det att lämna lagret på axeln och bara byta ut damasken. Damasken hålls fast vid lagret med en fästklämma (se punkt16).

18 Demontera tripodknuten enligt beskrivning i punkt 5 och 6.

19 Lossa dammkåpan från damasken/lagret och skjut den längs drivaxeln.

20 Märk ut damasklagrets position på drivaxeln och dra/tryck sedan loss damasken och lagret, på samma sätt som vid demonteringen av tripodknuten.

21 Med damasken borttagen, dra av dammkåpan och ta bort damaskens spännbricka. Notera hur delarna sitter monterade.

22 Undersök drivknutens alla delar och leta efter repor eller annat slitage. Kontrollera att rullarna kan rotera fritt på benen. Om knuten är sliten måste den bytas ut.

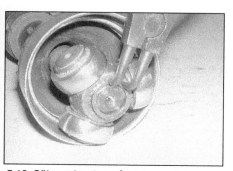

5.12 Säkra tripoden på plats med den nya låsringen, se till att den sätter sig korrekt i spåret i drivaxeln

5.13 Fyll drivknutens yttre del med nytt fett och täck också knutens rullar

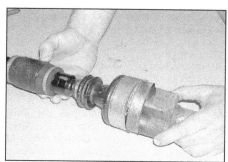

5.14 Sätt ihop knutens yttre del med den inre delen (tripoden) med hjälp av de markeringar som gjordes vid demonteringen

5.15 När damaskens metallkåpa sitter som den ska, kila fast den i ringplåtens urtag

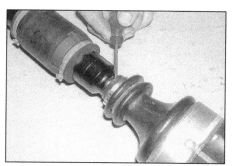

5.16a Lyft på damaskens inre läpp för att släppa ut lufttrycket . . .

5.16b . . . och säkra sedan den inre klämman genom att klämma ihop dess upphöjda del

23 Införskaffa en ny damask, komplett med det lilla lagret. Eftersom lagret har en tätning med läppar, måste lagret och damasken pressas på plats. Om en hammare och rörformad dorn används till att driva enheten på plats finns det risk för att tätningen deformeras.

24 Skjut damaskens spännbricka och den nya dammkåpan på plats på drivaxeln. Se till att båda delarna är vända åt rätt håll.

25 Stöd drivaxeln och pressa damasklagret på axeln med hjälp av ett rörformat verktyg som endast ligger an mot lagrets inre bana. Pressa på lagret på axeln tills det når markeringen som gjordes innan demonteringen (detta bör vara ungefär 150 mm från drivaxelns ände).

26 När damasklagret sitter ordentligt på plats, fäst dammkåpan på damasken/lagret. Kontrollera att damasken kan rotera fritt på axeln innan arbetet fortsätter.

27 Passa in markeringarna som gjordes vid demonteringen och haka i drivknuten i drivaxelns splines. Knacka knuten på plats på axeln med en hammare och en dorn av mjukmetall. Var noga med att inte skada drivaxelns splines eller knutens rullar. Alternativt, stöd drivaxeln och tryck knuten på plats med ett rörformat verktyg som bara ligger an mot knutens inre del.

28 Fäst drivknuten på plats med låsringen. Se till att den hamnar korrekt i drivaxelns spår.

29 Montera drivaxeln enligt beskrivningen i avsnitt 2 eller 3.

Båda drivaxlarna – modeller med automatväxellåda

30 Sätt fast drivaxeln i ett skruvstäd med mjuka käftar och lossa damaskens fästklämmor. Om så behövs kan klämmorna kapas av.

31 Vik undan gummidamasken och gräv ut fettet från knuten. Gör sedan inpassningsmarkeringar mellan knutens yttre del och drivaxeln med färg eller en körnare.

32 Vik försiktigt upp flikarna på den yttre delens spännbricka och skjut sedan av den yttre delen från knuten **(se bild)**. Var beredd på att hålla rullarna på plats när den yttre delen tas bort, annars kan de trilla loss från ändarna av benen. Om så behövs, håll rullarna på plats med tejp. **Observera:** *Varje rulle passar ihop med ett visst ben. Det är viktigt att de inte blandas ihop.*

33 Utför de åtgärder som beskrivs i punkt 5 till 13

34 Sätt den yttre fästklämman på plats över

damasken och skjut sedan den yttre delen på plats över tripodknuten och passa in markeringarna som gjordes vid demonteringen. Fäst den yttre delen på plats genom att böja ner spännbrickans flikar till det ursprungliga läget.

35 Kontrollera att det inte finns några vassa kanter på spännbrickan och att dess utsida är fri från fett. Placera sedan damaskens läppar på drivaxeln och drivknutens yttre del. Med damasken på rätt plats, lyft försiktigt på dess inre läpp för att jämna ut lufttrycket.

36 Se till att damasken sitter korrekt och fäst den sedan på plats med fästklämmorna. Klämmorna säkras genom att deras upphöjda delar kläms ihop. Om inget specialverktyg finns till hands, tryck ihop klämman med en avbitartång, men se till att inte kapa av klämman av misstag.

37 Kontrollera att drivknuten kan röra sig fritt i alla riktningar, montera sedan tillbaka drivaxeln enligt beskrivningen i avsnitt 2 eller 3.

Turbomotorer

38 Demontera den inre drivknuten från drivaxeln och byt damasken enligt beskrivning i avsnitt 3.

6 Höger drivaxels stödlager (turbomotorer) – byte

1 Demontera drivaxeln enligt beskrivningen i avsnitt 3.

2 Utför de åtgärder som beskrivs i punkt 2 till 6 i avsnitt 4 och demontera den inre drivknuten och damasken från drivaxeln. Om damasken är i gott skick kan den återanvändas, men det rekommenderas ändå att en ny används vid återmonteringen. När drivknuten är demonterad, rengör den och undersök om den är sliten (se avsnitt 4).

3 Torka bort alla spår av smuts och korrosion från drivaxeln. Ta sedan loss låsringen som håller stödlagret på plats.

4 Dra loss lagret från drivaxelns inre ände med en lämplig lageravdragare. Alternativt, håll fast lagret stadigt och tryck/knacka loss drivaxeln från lagret.

5 Se till att drivaxelns inre ände är ren och fri från korrosion. Smörj den med lite olja.

6 Stöd det nya lagrets inre bana ordentligt. Placera sedan drivaxelns inre ände i lagrets inre bana. Sätt i en drivdorn av mjukmetall mitt i drivknutens inre del, så att den ligger an

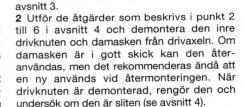

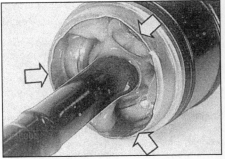

5.32 Vik försiktigt upp flikarna (vid pilarna) med en tång

mot drivaxeln och inte mot knuten. Tryck/knacka sedan drivaxeln på plats tills lagret kommer i kontakt med drivknuten.

7 Kontrollera att lagret sitter korrekt och fäst det med låsringen, som måste hamna rätt i drivaxelns spår.

8 Sätt ihop drivaxeln enligt beskrivningen i punkt 11 till 17 i avsnitt 4. Montera sedan tillbaka drivaxeln enligt beskrivningen i avsnitt 3.

7 Renovering av drivaxel – allmän information

1 Om någon av kontrollerna som beskrivs i kapitel 1 påvisar slitage i någon drivaxelknut, ta först loss hjulsidan/navkapseln och kontrollera att navmuttern sitter ordentligt. Om muttern sitter löst, skaffa en ny och dra åt den till angivet moment/angiven vinkel. Om muttern sitter fast ordentligt, sätt tillbaka hjulsidan/navkapseln och upprepa kontrollen på andra sidan.

2 Provkör bilen och lyssna efter metalliska klick från framvagnen när bilen körs långsamt i en cirkel med fullt rattutslag. Om ett klickande hörs indikerar detta slitage i den yttre drivknuten, som då måste bytas eftersom den inte kan renoveras.

3 Om vibrationer som följer hastigheten känns i bilen vid acceleration, kan det vara de inre drivknutarna som är slitna. På turbomotorer måste det även kontrolleras att stödlagret på höger drivaxel är i gott skick.

4 Kontrollera om drivknutarna är slitna genom att demontera drivaxlarna och sedan ta isär dem enligt beskrivningen i avsnitt 4 eller 5. Om något slitage eller fritt spel påträffas måste knuten i fråga bytas.

Kapitel 9
Bromssystem

Innehåll

Svårighetsgrader

Enkelt, passar novisen med lite erfarenhet	**Ganska enkelt,** passar nybörjaren med viss erfarenhet	**Ganska svårt,** passar kompetent hemmamekaniker	**Svårt,** passar hemmamekaniker med erfarenhet	**Mycket svårt,** för professionell mekaniker

Specifikationer

Främre bromsar

Typ	Skivbroms, glidande bromsok med enkel kolv
Skivdiameter:	
Fram t.o.m. 1997	256 mm
1998 och framåt	281 mm
Skivtjocklek:	
Ny	24.0 mm
Minsta tjocklek	21.5 mm*
Maximalt kast	0,04 mm
Bromsklossbeläggens tjocklek:	
Ny	9,4 mm
Minsta tjocklek	2,0 mm

Om nya bromsklossar ska monteras och bromsskivornas tjocklek är 22,1 mm eller mindre, anger Volvo att även dessa ska bytas ut.

Bakre bromsar

Skivdiameter	260 mm
Skivtjocklek:	
Ny	10,0 mm
Minsta tjocklek	8,4 mm*
Maximalt kast	0,04 mm
Bromsklossbeläggens tjocklek:	
Ny	9,4 mm
Minsta tjocklek	2,0 mm

Om nya bromsklossar ska monteras och bromsskivornas tjocklek är 8,9 mm eller mindre anger Volvo att även dessa ska bytas ut.

Åtdragningsmoment

	Nm
ABS-komponenter:	
Bultar till givare på framhjul	25
Bultar till givare på bakhjul	55
Bakre bromsok:	
Styrsprintsbult	33
Fästbult	55
Bromspedal:	
Fästbygelns muttrar/bultar	25
Pivåbultens mutter	45
Bromsrörsanslutningar:	
Bultar:	
Främre bromsok	15
Bakre bromsok	29
Muttrar	14
Främre bromsok:	
Styrsprintsbultar	35
Fästbygelbultar	100
Handbromsspakens bultar	25
Handbromsvajerstyrningens bultar	25
Hjulmuttrar	110
Huvudcylinderns fästmuttrar	25
Tryckregleringsventilens bult	25
Vakuumservons muttrar	25

1 Allmän information

Bromssystemet är av servotyp med dubbla bromskretsar. Systemet är inrättat så att varje krets styr en framhjuls- och en bakhjulsbroms från en tandemhuvudcylinder. Under normala förhållanden arbetar båda kretsarna samtidigt. Skulle en av bromskretsarna gå sönder finns ändå full bromsverkan kvar på två hjul.

Alla modeller har skivbromsar på alla fyra hjul samt ABS-system som standard (se avsnitt 18 för information om ABS-systemet).

Skivbromsarna aktiveras av glidande bromsok med enkla kolvar, som ser till att ett jämnt tryck verkar på varje bromskloss. De bakre bromsarnas ok omfattar handbroms-mekanismerna som ger en oberoende mekanisk bromsverkan.

En tryckregleringsventil sitter i var och en av de bakre bromskretsarna. Ventilerna begränsar det hydrauliska tryck som verkar på bakbromsarna för att förhindra att bakhjulen låser vid tvära inbromsningar.

Observera: *Vid arbete med någon del av systemet ska arbetet utföras varsamt och metodiskt och klinisk renhet måste iakttagas. Byt alltid ut komponenter som är i tvivelaktigt skick (axelvis om så är tillämpligt) och använd alltid Volvos reservdelar, eller åtminstone delar av erkänt god kvalitet. Observera varningarna rörande faror med asbestdamm och broms-vätska i avsnittet "Säkerheten främst!" och på relevanta platser i det här kapitlet.*

2 Bromssystem – luftning

⚠ *Varning: Bromsvätska är giftig! Tvätta noggrant bort vätskan omedelbart om den kommer i kontakt med huden och sök omedelbart läkarhjälp om vätska sväljs eller hamnar i ögonen. Vissa typer av bromsvätska är eldfarliga och kan antändas om de kommer i kontakt med heta komponenter. När service utförs på ett bromssystem är det alltid säkrast att utgå från att vätskan ÄR brandfarlig och att vidta säkerhetsåtgärder på samma sätt som vid hantering av bensin. Bromsvätska är dessutom ett effektivt färgborttagningsmedel som också angriper många plaster. Om den spills måste den spolas bort med stora mängder vatten. Avslutningsvis är bromsvätskan också hygroskopisk (den absorberar fukt från luften) och gammal vätska kan vara förorenad och oduglig för användning. Vid påfyllning eller byte ska alltid rekommenderad typ användas och den måste komma från en nyöppnad förpackning.*

Allmänt

1 Ett bromssystem kan endast fungera korrekt om komponenterna och kretsarna är helt fria från luft. Detta uppnås genom att systemet luftas.

2 Vid luftning får endast ren, oanvänd broms-vätska av rekommenderad typ användas.

Återanvänd aldrig vätska som har tappats av från systemet. Se till att ha tillräckligt mycket vätska till hands innan arbetet påbörjas.

3 Om det föreligger någon risk att fel typ av vätska finns i systemet, måste bromsarnas komponenter och kretsar spolas ur helt med ren bromsvätska och eventuellt måste också tätningarna till ett antal olika komponenterna bytas ut.

4 Om bromsvätska har läckt ut ur systemet eller om luft har trängt in på grund av en läcka, måste felet åtgärdas innan arbetet påbörjas.

5 Parkera bilen på plant underlag. Klossa hjulen ordentligt och lossa handbromsen.

6 Kontrollera att alla rör och slangar sitter säkert, att anslutningarna är ordentligt åtdragna och att luftningsskruvarna är stängda. Torka bort all smuts kring luftnings-skruvarna.

7 Skruva loss huvudcylinderbehållarens lock och fyll på behållaren till MAX-markeringen. Skruva på locket löst och kom i håg att hålla nivån över MIN-markeringen under hela arbetet, annars kan mer luft komma in i systemet.

8 Det finns olika luftningssatser att köpa i biltillbehörsbutiker, som gör det möjligt för en person att lufta bromssystemet utan hjälp. Vi rekommenderar att en sådan sats används närhelst det är möjligt, eftersom de i hög grad förenklar arbetet och dessutom minskar risken för att avtappad olja och luft sugs tillbaka in i systemet. Om en sådan sats inte finns tillgänglig måste grundmetoden (för två personer) användas. Metoden beskrivs nedan.

9 Om en luftningssats ska användas, förbered bilen enligt beskrivningen ovan, följ sedan tillverkarens anvisningar – tillvägagångssätten kan variera något. I stora drag går det till så som beskrivs nedan.

10 Oavsett vilken metod som används måste ordningen för luftning (se punkt 11 och 12) följas för att systemet garanterat ska tömmas på all luft.

Ordningsföljd vid luftning

11 Om systemet bara har kopplats ur delvis och åtgärder har vidtagits för att minimera vätskespill, ska bara den aktuella delen av systemet behöva luftas (d.v.s. primär- eller sekundärkretsen).

12 Om hela systemet ska luftas ska det göras i följande ordning, med motorn på tomgång:
a) Höger bakbroms.
b) Vänster bakbroms.
c) Höger frambroms.
d) Vänster frambroms.

Luftning – grundmetod (för två personer)

13 Skaffa en ren glasburk, en lagom lång plast- eller gummislang som sluter tätt över luftningsskruven och en ringnyckel som passar skruven. Dessutom behöver du en medhjälpare.

14 Ta bort dammskyddet från den första luftningsskruven i ordningen. Trä nyckel och slang på luftningsskruven och placera den andra änden av slangen i glasburken. Häll i tillräckligt mycket bromsvätska för att väl täcka slangänden.

15 Se till att hålla vätskenivån i huvudcylinderbehållaren över linjen för MIN-nivå under hela arbetets gång.

16 Låt medhjälparen trampa ner bromspedalen helt flera gånger för att bygga upp tryck, och sedan hålla kvar pedalen i botten.

17 Medan pedaltrycket upprätthålls, lossa luftningsskruven (ca ett varv) och låt vätska/luft strömma ut i glasburken. Medhjälparen måste hålla trycket på pedalen, ända ner till golvet om så behövs, och inte släppa förrän du säger till. När flödet stannat upp, dra åt luftningsskruven, låt medhjälparen sakta släppa upp pedalen och kontrollera sedan nivån i vätskebehållaren.

18 Upprepa stegen i punkt 16 och 17 till dess att vätskan som kommer ut från luftningsskruven är fri från luftbubblor. Om huvudcylindern har tappats av och fyllts på, och luft släpps ut från den första skruven i ordningen, vänta ungefär fem sekunder mellan cyklerna så att huvudcylinderns passager hinner fyllas.

19 Dra åt luftningsskruven till angivet moment när inga fler bubblor kommer ut. Ta sedan bort slangen och nyckeln och sätt tillbaka dammskyddet. Dra inte åt luftningsskruven för hårt.

20 Upprepa proceduren med de återstående luftningsskruvarna i rätt ordningsföljd tills all luft är borta från systemet och bromspedalen känns fast igen. Sänk sedan ner bilen.

Luftning – luftningssats med envägsventil

21 Som namnet antyder, består luftningssatsen av en slang med en inmonterad backventil som hindrar att avtappad luft och vätska dras tillbaka in i systemet igen. Vissa luftningssatser har även en genomskinlig behållare som kan placeras så att man lättare ser luftbubblorna komma ut från slangänden.

22 Koppla luftningssatsen till luftningsskruven och öppna denna (se bild). Gå till förarsätet, trampa ner bromspedalen med en mjuk, stadig rörelse och släpp långsamt upp den. Upprepa tills bromsvätskan som kommer ut i behållaren är fri från luftbubblor.

23 Observera att dessa luftningssatser är så enkla att använda att man lätt glömmer bort att kontrollera vätskenivån i huvudcylinderbehållaren. Se till att vätskenivån alltid överstiger MIN-markeringen.

Luftning – tryckluftssats

24 Dessa luftningssatser drivs vanligen av lufttrycket i reservdäcket. Observera dock att man kan vara tvungen att sänka trycket i däcket något; se medföljande instruktioner.

25 En trycksatt, vätskefylld behållare kopplas till huvudcylinderbehållaren, och luftningen utförs sedan genom att luftningsskruvarna helt enkelt öppnas en i taget (i angiven ordningsföljd), och vätskan får flöda ut tills den inte längre innehåller några luftbubblor.

26 En fördel med den här metoden är att den stora vätskebehållaren innebär ytterligare ett hinder mot att luft dras tillbaka in i systemet under luftning.

27 Trycksatt luftning är speciellt effektiv för luftning av svåra system och vid rutinbyte av bromsvätskan.

Alla metoder

28 Efter avslutad luftning och när pedalkänslan är fast, spola bort eventuellt spill, dra åt luftningsskruvarna och sätt på dammskydden.

29 Kontrollera bromsvätskenivån i huvudcylinderbehållaren och fyll på om så behövs (se *Veckokontroller*).

30 Kassera all bromsvätska som har tappats ur systemet, den kan inte återanvändas.

31 Kontrollera känslan i bromspedalen. Om den känns det minsta "svampig" finns det fortfarande luft i systemet, som då måste luftas ytterligare. Om fullständig luftning inte uppnåtts efter ett rimligt antal försök, kan detta bero på slitna tätningar i huvudcylindern.

3 Bromsrör och slangar – byte

Observera: *Innan arbetet påbörjas, se varningen i början av avsnitt 2 angående farorna med bromsvätska.*

1 Om ett rör eller en slang måste bytas ut, minimera vätskespillet genom att först ta bort

2.22 Luftning av ett främre bromsok med en envägsventilsats

huvudcylinderbehållarens lock och sedan skruva på det igen över en bit plastfolie, så att det blir lufttätt. Annars kan slangar vid behov tätas med bromsslangklämmor och bromsrörsanslutningar av metall kan pluggas igen eller förses med lock så snart de kopplas loss (men var mycket försiktig så att inte smuts kommer in i systemet). Placera trasor under de anslutningar som ska lossas för att samla upp eventuellt vätskespill.

2 Om en slang ska kopplas loss, skruva loss muttern till bromsrörsanslutningen innan fjäderklammern som fäster slangen i fästkonsolen tas bort.

3 När anslutningsmuttrarna ska skruvas loss är det bäst att använda en bromsrörsnyckel av korrekt storlek. Dessa finns att köpa i de flesta välsorterade biltillbehörsbutiker **(se bild)**. Om en bromsrörsnyckel inte finns tillgänglig går det att använda en öppen nyckel med tät passning, men om muttrarna sitter hårt eller är korroderade kan de runddras. Om det skulle hända kan du behöva en självlåsande tång, men då måste både röret och de skadade muttrarna bytas ut vid monteringen. Rengör alltid anslutningen och området kring den innan den skruvas loss. Om en komponent med mer än en anslutning demonteras, anteckna noga hur allt är monterat innan du tar loss anslutningarna.

4 Om ett bromsrör måste bytas ut kan ett nytt köpas färdigkapat, med muttrar och flänsar monterade, hos en Volvoverkstad. Allt som då behöver göras är att kröka röret med det gamla röret som mall. Alternativt kan de flesta tillbehörsbutiker bygga ett bromsrör av satser,

3.3 En bromsrörsnyckel används till att skruva loss en anslutningsmutter

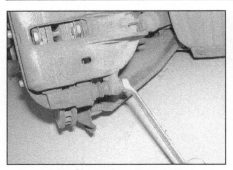

4.2a Skruva loss den nedre styrspringsbulten . . .

4.3a Ta bort bromsklossarna från fästbygeln . . .

4.2b . . . och vrid bromsoket uppåt, bort från fästbygeln

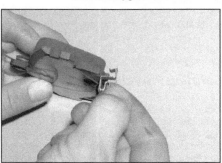

4.3b . . . och ta loss slitageindikatorn från den inre klossen

men det kräver noggrann uppmätning av originalet för att utbytesdelen ska få rätt längd. Det är alltid säkrast att ta med det gamla röret till butiken som mall.

5 Dra inte åt anslutningsmuttrarna för hårt vid monteringen – det är inte nödvändigt att bruka våld för att få en säker anslutning.

6 Se till att rören och slangarna dras korrekt, utan veck, och att de monteras ordentligt i klämmor och fästen. Efter monteringen, ta bort plastfolien från vätskebehållaren och lufta bromssystemet enligt beskrivningen i avsnitt 2. Skölj bort allt vätskespill och leta noga efter eventuella läckage.

4 Främre bromsklossar – byte

> ⚠ **Varning: Byt ut bromsklossarna på BÅDA sidorna på en gång, byt ALDRIG bara på en sida, eftersom det kan ge ojämn bromsverkan. Notera att dammet från bromsklossarnas slitage kan innehålla asbest vilket är hälsovådligt. Blås aldrig bort dammet med tryckluft, och andas inte in det – använd en godkänd ansiktsmask när du arbetar med bromsarna. Använd INTE bensin eller bensinbaserade lösningsmedel för att tvätta bort dammet, endast broms- rengöringsvätska eller rödsprit.**

1 Dra åt handbromsen, lossa framhjuls- muttrarna. lyft upp bilen och stötta den på pallbockar. Ta sedan loss framhjulen.

2 Skruva loss bulten till bromsokets nedre styrsprint, Vrid sedan undan oket från bromsklossarna och fästbygeln och bind fast det i spiralfjädern med en bit ståltråd **(se bilder)**.

3 Ta bort bromsklossarna från fästbygeln och lossa slitageindikatorn från den inre broms- klossen. Notera hur den sitter **(se bilder)**.

4 Mät först tjockleken på bromsklossarnas belägg **(se bild)**. Om någon av klossarna är sliten ner till angiven minimitjocklek eller under, måste alla fyra klossarna bytas ut. Bromsklossarna ska även bytas om de är förorenade med fett eller olja – det finns inget bra sätt att avfetta förorenat friktionsmaterial. Om någon kloss är ojämnt sliten eller om den är förorenad, måste orsaken spåras och åtgärdas innan hopsättningen.

5 Om bromsklossarna fortfarande är använd- bara, rengör dem noga med en fin stålborste

eller liknande, och var extra noga med stödplattans kanter och baksida. Rengör spåren i beläggen och ta bort större smutspartiklar som bäddats in om så behövs. Rengör också klossarnas säten i bromsokets fästbygel noga.

6 Innan bromsklossarna monteras, kontroll- era att styrsprintarna kan glida obehindrat i bromsokets bussningar och att damaskerna är oskadda **(se bild)**. Borsta bort damm och smuts från bromsoket och kolven men andas **inte** in dammet eftersom det är hälsovådligt. Kontrollera att kolvens dammskydd är intakt och undersök om kolven visar spår av oljeläckage, korrosion eller skador. Om någon av dessa komponenter måste åtgärdas, se avsnitt 7.

7 Om nya bromsklossar ska monteras måste okets kolv tryckas in i cylindern för att ge plats åt dem. Använd antingen en G-klammer eller liknande verktyg, eller ett par träbitar som hävarmar. Under förutsättning att huvud- cylinderns behållare inte har överfyllts bör det inte bli något spill, men håll ett öga på oljenivån när kolven trycks tillbaka. Om nivån överstiger MAX-markeringen måste över- skottet tömmas ur med en hävert eller matas ut genom ett plaströr anslutet till luftnings- skruven (se avsnitt 2).

> ⚠ **Varning: När kolvarna trycks tillbaka in i oken, kan det omvända vätskeflödet (i enstaka fall) göra att huvudcylinderns tätningar vänder på sig, vilket leder till förlust av bromskraft. För att undvika detta, anslut en slang till okets luftnings- skruv, öppna sedan skruven när oket trycks tillbaka så att vätskan kan tappas av i en behållare. Bromsarna måste sedan luftas efter avslutat arbete.**

8 Fäst slitageindikatorn på den inre broms- klossen. Montera sedan de båda broms- klossarna i okets fästbygel och se till att beläggen ligger an mot bromsskivan.

9 Vrid ner bromsoken över bromsklossarna och se till att klossarnas dämpfjädrar är korrekt placerade mot bromsokshuset **(se bild)**.

10 Tryck ner bromsoket och skruva in styrsprintsbulten och dra åt den till angivet moment **(se bild)**.

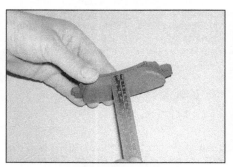

4.4 Mät tjockleken på bromsklossbeläggen

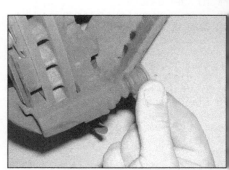

4.6 Undersök om styrsprintarnas damasker är skadade och byt ut dem om de är spruckna

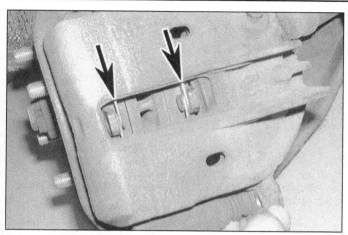

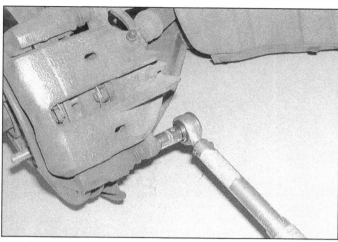

4.9 Vrid tillbaka bromsoket till sin plats och se till att bromsklossarnas dämpfjädrar (vid pilarna) är korrekt placerade mot bromsokshuset

4.10 Montera styrsprintsbulten och dra åt den till angivet moment

11 Tryck ner bromspedalen upprepade gånger, tills bromsklossarna pressas tätt mot bromsskivan och normalt pedaltryck uppstår (utan servo).
12 Upprepa ovanstående moment på det andra främre bromsoket.
13 Montera hjulen, sänk ner bilen och dra åt hjulmuttrarna till angivet moment.
14 Kontrollera bromsvätskenivån enligt beskrivningen i *Veckokontroller*.

HAYNES TiPS *Nya bromsklossar ger inte full bromseffekt förrän de har körts in. Var beredd på detta och undvik hårda inbromsningar i möjligaste mån under de första 15 milen eller så efter det att bromsklossarna har bytts ut.*

5 Bakre bromsklossar – byte

⚠ *Varning: Byt ut bromsklossarna på BÅDA sidorna på en gång, byt ALDRIG bara på en sida, eftersom det kan ge ojämn bromsverkan. Notera att dammet från bromsklossarnas slitage kan*

innehålla asbest vilket är hälsovådligt. Blås aldrig bort dammet med tryckluft, och andas inte in det – använd alltid en godkänd ansiktsmask när du arbetar med bromsarna. Använd INTE bensin eller bensinbaserade lösningsmedel för att tvätta bort dammet, endast bromsrengöringsvätska eller rödsprit.

Observera: *Bromsokens styrsprintsbultar måste bytas ut varje gång de skruvas loss.*

1 Klossa framhjulen, lossa bakhjulens muttrar, lyft upp bakvagnen och ställ den på pallbockar. Ta bort bakhjulen och lossa handbromsen helt.

2 Dra ut fästklämman och lossa bromsslangen från fästbygeln **(se bild)**.
3 Skruva loss bromsokets övre styrsprintsbult; använd en fast nyckel för att hindra styrsprinten från att rotera **(se bild)** Kasta bulten, en ny måste användas vid monteringen.
4 Vrid undan oket så att det går att ta bort de två bromsklossarna från okets fästbygel. Ta loss slitageindikatorn från den inre bromsklossen. Notera hur den sitter **(se bilder)**.
5 Mät först tjockleken på bromsklossarnas belägg **(se bild)**. Om någon av klossarna är sliten ner till angiven minimitjocklek eller under, måste **alla fyra** klossarna bytas ut.

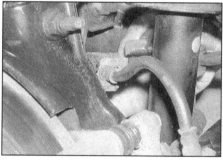
5.2 Dra ut fästklämman som håller det bakre bromsokets slang på plats . . .

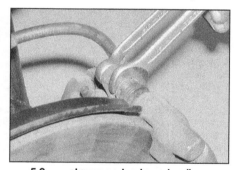
5.3 . . . skruva sedan loss den övre styrsprintsbulten

5.4a Vrid bromsoket bakåt och ta bort bromsklossarna

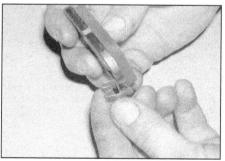
5.4b Ta loss slitageindikatorn från den inre klossen och notera hur den är placerad

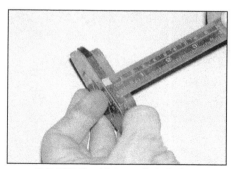
5.5 Mät tjockleken på de bakre bromsklossbeläggen

Om ett specialverktyg inte finns till hands, kan kolven skruvas tillbaka in i bromsoket med hjälp av en låsringstång. Det kan dock krävas ett avsevärt tryck – särskilda kolvverktyg finns hos biltillbehörsbutiker.

Bromsklossarna ska även bytas om de är förorenade med fett eller olja – det finns inget bra sätt att avfetta förorenat friktionsmaterial. Om någon kloss är ojämnt sliten eller om den är förorenad, måste orsaken spåras och åtgärdas innan hopsättningen. Nya bromsklossar finns hos Volvoåterförsäljare.

6 Om bromsklossarna fortfarande är användbara, rengör dem noggrant med en ren, fin stålborste eller liknande, och var extra noga med stödplattans kanter och baksida. Rengör spåren i beläggen (om tillämpligt) och ta bort större smutspartiklar som har fastnat. Rengör också klossarnas säten i bromsoket/fästbygeln.

7 Innan bromsklossarna monteras, kontrollera att styrsprintarna kan glida obehindrat i bromsokets bussningar och att damaskerna är oskadda. Borsta bort damm och smuts från bromsoket och kolven men andas **inte** in dammet eftersom det är hälsovådligt. Kontrollera att kolvens dammskydd är intakt och undersök om kolven visar spår av vätskeläckage, korrosion eller skador. Om någon av dessa komponenter måste åtgärdas, se avsnitt 8.

8 Om nya bromsklossar ska monteras måste kolven dras in helt i bromoksloppet. Detta görs genom att kolven vrids medurs **(se Haynes Tips)**. Medan kolven vrids, lägg också an lite tryck så att den tvingas in i

6.3 Bromsskivans tjocklek mäts med en mikrometer

loppet. Förutsatt att inte huvudcylinderns behållare har överfyllts bör det inte bli något spill, men håll ett öga på vätskenivån när kolven tryckts tillbaka. Om vätskenivån stiger över MAX-markeringen ska överskottet tömmas ut med en hävert eller matas ut genom ett plaströr anslutet till luftningsskruven (se avsnitt 2).

 Varning: När kolvarna trycks tillbaka in i oken, kan den det omvända vätskeflödet (i enstaka fall) göra att huvudcylinderns tätningar vänder på sig, vilket leder till förlust av bromskraft. För att undvika detta, anslut en slang till okets luftningsskruv, öppna sedan skruven när oket trycks tillbaka så att vätskan kan tappas av i en behållare. Bromsarna måste sedan luftas efter avslutat arbete.

9 Fäst slitageindikatorn på den inre bromsklossen. Montera sedan de båda bromsklossarna i okets fästbygel och se till att beläggen ligger an mot bromsskivan **(se bild)**.
10 Dra tillbaka bromsoket över bromsklossarna och se till att klossarnas dämpningsfjädrar är korrekt placerade mot bromsoket.
11 Tryck bromsoket på plats. Sätt sedan i den nya styrsprintsbulten och dra åt den till angivet moment medan styrsprinten hålls på plats med en fast nyckel **(se bild)**.
12 Placera bromsslangen i fästbygeln och säkra den med fästklämman.
13 Tryck ner bromspedalen flera gånger, tills bromsklossarna pressas tätt mot bromsskivan och normalt pedaltryck uppstår (utan servo).
14 Upprepa ovanstående moment på det andra bromsoket.
15 Montera hjulen, sänk ner bilen på marken och dra åt hjulmuttrarna till angivet moment.
16 Kontrollera bromsvätskenivån enligt beskrivningen i *Veckokontroller.*

 Nya bromsklossar ger inte full bromseffekt förrän de har körts in. Var beredd på detta och undvik hårda inbromsningar i möjligaste mån under de första 15 milen eller så efter det att bromsklossarna har bytts ut.

5.9 Montera bromsklossarna vid fästbygeln. Se till att klossarnas belägg ligger an mot skivan

5.11 Sätt den nya styrsprintsbulten på plats och dra åt den till angivet moment

17 Avsluta med att kontrollera och eventuellt justera handbromsen enligt beskrivning i avsnitt 13.

6 Bromsskiva – kontroll, demontering och montering

Observera: *Innan arbetet påbörjas, se varningen i början av avsnitt 4 om riskerna med asbestdamm.*

Kontroll

Observera: *Om någon av skivorna behöver bytas ut ska BÅDA skivorna bytas ut samtidigt, så att bromsarna verkar jämnt på båda sidor. Nya bromsklossar ska då också monteras.*
1 Om de främre skivorna ska kontrolleras, dra åt handbromsen, lossa framhjulmuttrarna, lyft upp framvagnen och stöd den på pallbockar. Om de bakre skivorna ska kontrolleras, klossa framhjulen och lyft upp bakvagnen och ställ den på pallbockar. Ta bort relevant hjul och fortsätt enligt följande.
2 Vrid bromsskivan långsamt så att hela ytan på båda sidorna kan kontrolleras. Ta bort bromsklossarna för att förbättra åtkomligheten till insidan om så behövs. Viss spårning är normalt i det område som kommer i kontakt med bromsklossarna, men om kraftiga spår eller sprickor förekommer måste skivan bytas ut.
3 Det är normalt med en liten kant av rost och bromsdamm runt skivans omkrets, denna kan skrapas bort. Om en kant har uppstått på grund av kraftigt slitage av det område som är i kontakt med bromsklossarna, måste dock skivans tjocklek mätas med hjälp av en mikrometer **(se bild)**. Mät på flera punkter runt skivan, både inom och utanför det område som kommer i kontakt med bromsklossarna. Om bromsskivan på någon punkt är sliten ner till eller under den angivna minimitjockleken måste den bytas ut.
4 Om skivan misstänks ha slagit sig kan detta kontrolleras. Fäst först skivan ordentligt vid navet genom att sätta tillbaka minst två av hjulmuttrarna (sätt brickor på pinnbultarna om det behövs). Använd antingen en mätklocka, monterad på en lämplig fast punkt, medan

skivan roteras långsamt, eller bladmått med vilka du mäter (på flera punkter runt hela skivan) avståndet mellan skivan och en fast punkt, som t.ex. bromsokets fästbygel **(se bild)**. Om det uppmätta värdet uppnår eller överskrider det angivna maxvärdet är skivan för skev och måste bytas ut. Det kan dock vara klokt att först kontrollera att navlagret är i gott skick (se kapitel 1 och/eller 10).

5 Undersök om skivan har sprickor, särskilt runt pinnbultshålen, om den är sliten eller på annat sätt skadad. Byt ut den om så behövs.

Demontering

Observera: *Nya fästbultar till bromsoket behövs vid monteringen.*

6 Ta bort hjulet. Dra sedan ut fästklämman och lossa bromsokets bromsslang från fästbygeln.

7 Skruva loss de två bultarna som håller bromsokets fästbygel vid hjulspindeln/hjälparmen (efter tillämplighet). Dra bort bromsoket från skivan och fäst enheten vid spiralfjädern med en bit ståltråd eller liknande för att undvika att utsätta bromsslangen för påfrestningar **(se bild)**. Kasta bultarna, nya måste användas vid monteringen.

8 Använd krita eller färg för att markera förhållandet mellan skivan och navet. Skruva sedan loss fästskruven (i förekommande fall) och ta bort skivan **(se bilder)**. Om skivan sitter hårt, knacka försiktigt på baksidan med en gummiklubba eller liknande för att lossa den från navet.

Montering

9 Montering sker i omvänd ordning, lägg märke till följande:
a) Se till att skivans och navets fogytor är rena och plana (ta bort alla spår av korrosion).
b) Vid monteringen, rikta in de märken som gjordes vid demonteringen (om tillämpligt).
c) Om en ny skiva har monterats, använd ett lämpligt lösningsmedel till att torka bort lagret skyddsmedel från skivan innan bromsoket återmonteras.
d) Skjut bromsoket på plats och se till att bromsklossarna hamnar på varsin sida av skivan. Sätt sedan i de nya fästbultarna och dra åt dem till angivet moment.
e) Montera hjulet, sänk ner bilen och dra åt hjulmuttrarna till angivet moment. Tryck ner bromspedalen flera gånger för att tvinga bromsklossarna i kontakt med skivan innan bilen körs.

7 Främre bromsok – demontering, renovering och montering

Observera: *Innan arbetet påbörjas, läs varningen i början av avsnitt 2 angående farorna med bromsvätska, och varningen i*

6.4 Skivans skevhet kontrolleras med en mätklocka

början av avsnitt 4 angående farorna med asbestdamm.

Demontering

1 Dra åt handbromsen, lossa framhjulsmuttrarna, lyft upp framvagnen och ställ den på pallbockar. Ta loss relevant framhjul.

2 Minimera eventuellt vätskespill genom att skruva loss huvudcylinderbehållarens lock och sedan skruva på det igen över en bit plastfolie, så att det blir lufttätt. Alternativt, använd en bromsslangklämma, en G-klämma eller liknande och kläm ihop slangen.

3 Rengör området runt bromsokets slanganslutningar. Skruva loss bulten och ta loss tätningsbrickorna som sitter på var sida om slanganslutningen. Plugga igen slangen för att minimera vätskespill och för att förhindra att smuts kommer in i systemet. Kasta tätningsbrickorna, nya måste användas vid monteringen. Tvätta omedelbart bort all spilld bromsvätska med kallt vatten.

4 Skruva loss bromsokets övre och nedre styrsprintsbultar. Lyft sedan bort bromsoket från bromsskivan och ta bort det från bilen. Bromsklossarna kan lämnas på plats i bromsokets fästbygel.

Renovering

5 Lägg bromsoket på en arbetsbänk och torka bort allt damm och smuts, *men undvik att andas in dammet eftersom det kan vara mycket hälsovådligt.*

6 Dra ut den halvt utskjutna kolven från bromsokshuset och ta bort dammtätningen.

7 Använd en liten skruvmejsel och ta bort

6.8a På bakbromsen, när oket är demonterat, skruva loss fästskruven. . .

6.7 På frambromsen, skruva loss oket och markera sedan bromsskivans position på hjulspindeln innan den tas bort

> **HAYNES TiPS** *Om kolven inte kan dras ut för hand kan den tryckas ut med hjälp av tryckluft som kopplas till bromsslangens anslutningshål. Det tryck man får från en fotpump bör räcka. Var försiktig så att du inte klämmer fingrarna mellan kolven och bromsoket när kolven skjuts ut.*

kolvens hydraultätning. Var noga med att inte skada bromsoksloppet.

8 Rengör alla komponenter noggrant. Använd endast rödsprit, isopropylalkohol eller ren bromsvätska som rengöringsmedel. Använd aldrig mineralbaserade lösningsmedel som bensin eller fotogen, eftersom de kommer att angripa bromssystemets gummikomponenter. Torka komponenterna omedelbart med hjälp av tryckluft eller en luddfri trasa. Använd tryckluft för att blåsa rent vätskepassagerna.

9 Undersök alla komponenter och byt ut de som är skadade eller slitna. Var extra noga med cylinderloppet och kolven – dessa komponenter bör bytas ut (observera att detta innebär byte av hela enheten) om de är repade, slitna eller korroderade. Undersök också noggrant styrsprintarna och deras damasker. Båda sprintarna måste vara oskadda och (när de är rengjorda) ska de passa någorlunda tätt, men kunna glida obehindrat i bromsokets fästbygel. Om det råder minsta tvekan om en komponents skick ska den bytas ut.

6.8b . . . och ta bort skivan från navet

10 Om enheten är i tillräckligt gott skick för fortsatt användning, skaffa en renoverings-sats. Komponenterna finns att köpa i olika kombinationer hos Volvoåterförsäljare. Alla gummitätningar ska bytas ut som en rutin-åtgärd, de bör aldrig återanvändas.

11 Se till att alla delar är rena och torra inför hopsättningen.

12 Dränk in kolven och den nya kolvtätningen (vätsketätningen) i ren bromsvätska. Smörj också ren bromsvätska på cylinderloppets yta.

13 Sätt den nya kolvtätningen (vätske-tätningen) på plats. Använd bara fingrarna, inga verktyg, för att få in tätningen i cylinder-loppets spår.

14 Montera den nya dammtätningen bak på kolven och placera tätningens yttre läpp i bromsokshusets spår. För försiktigt kolven rakt in i cylinderloppet med en vridande rörelse. Tryck in kolven helt på sin plats och placera dammtätningens inre läpp i kolv-spåret.

15 Om styrsprintarna ska bytas ut, smörj skaften med silikonfett, ett kopparbaserat bromsfett eller en antikärvmassa (Volvo rekommenderar silikonfett 1161325-4 som finns att köpa hos Volvoåterförsäljare), placera sedan damaskerna i sprintspåren. Sätt in sprintarna i bromsokets fästbygel och fäst damaskerna ordentligt i spåren i fästbygeln.

16 Innan montering, fyll bromsoket med ny bromsvätska genom att lossa luftnings-skruven och pumpa vätskan genom broms-oket tills den vätska som kommer ut genom anslutningshålet är fri från bubblor.

Montering

17 Kontrollera att bromsklossarna fort-farande sitter korrekt i bromsokets fästbygel.

18 För bromsoket på plats över broms-klossarna och se till att bromsklossarnas dämpfjädrar är korrekt placerade mot broms-oket.

19 Tryck ner bromsoket, sätt i styrsprints-bultarna och dra åt dem till angivet moment.

20 Placera en ny tätningsbricka på var sida om bromsslangsanslutningen och skruva i anslutningsbulten. Se till att slangens änd-fäste är korrekt placerat. Dra sedan åt anslutningsbulten till angivet moment.

8.5 Skruva loss anslutningsbulten och koppla loss bromsslangen från det bakre bromsoket

21 Ta bort bromsslangklämman eller plasten och lufta bromssystemet enligt beskrivning i avsnitt 2. Förutsatt att åtgärder har vidtagits för att minimera oljespill, bör endast den aktuella frambromsen behöva luftas.

22 Montera hjulet, sänk ner bilen på marken och dra åt hjulmuttrarna till angivet moment.

8 Bakre bromsok – demontering, renovering och montering

Observera: *Innan arbetet påbörjas, läs varningen i början av avsnitt 2 angående farorna med bromsvätska, och varningen i början av avsnitt 4 angående farorna med asbestdamm.*

Demontering

Observera: *Nya styrsprintsbultar måste användas vid monteringen.*

1 Klossa framhjulen, lossa bakhjulsmuttrarna, lyft upp bakvagnen och ställ den på pallbockar. Ta loss relevant bakhjul.

2 Se avsnitt 13, lossa handbromsspaken och dra bak handbromsvajrarnas justerare för att få största möjliga spel i vajrarna.

3 Ta loss handbromsvajern från armen på bromsoket och lossa sedan den yttre vajern från bromsokshuset.

4 Minimera eventuellt vätskespill genom att skruva loss huvudcylinderbehållarens lock och sedan sätta tillbaka det över en bit plastfolie, så att det blir lufttätt. Alternativt kan slangen klämmas ihop med en bromsslang-klämma, en G-klämma eller liknande.

5 Rengör området runt bromsslang-anslutningen på oket. Skruva loss bulten och ta loss tätningsbrickorna som sitter på var sida om slanganslutningen**(se bild)**. Plugga igen slangen, för att minimera vätskespill och för att hindra att smuts kommer in i systemet. Kasta tätningsbrickorna – nya måste användas vid monteringen. Tvätta omedelbart bort allt oljespill med kallt vatten.

6 Skruva loss bromsokets övre och nedre styrsprintsbultar. Hindra styrsprinten från att rotera genom att hålla fast den med en smal fast nyckel. Lyft bort bromsoket från bromsskivan och ta bort det från bilen. Bromsklossarna kan lämnas på plats i bromsokets fästbygel. Kasta bultarna, nya måste användas vid monteringen.

Renovering

Observera: *Det går inte att renovera broms-okets handbromsmekanism. Om mekanismen är defekt eller om bromsvätska läcker från handbromsspakens tätning, måste hela bromsoksenheten bytas ut.*

7 Lägg bromsoket på arbetsbänken och torka bort damm och smuts. Kom ihåg att dammet är hälsovådligt, andas inte in det.

8 Ta bort kolven från bromsoket genom att placera en låsringstång av passande storlek i

urtagen i kolven och vrida den moturs. När kolven kan vridas fritt men inte kommer längre ut kan den dras ut för hand.

HAYNES TiPS *Om kolven inte kan dras ut för hand kan den tryckas ut med hjälp av tryckluft som kopplas till bromsslangens anslutningshål. Det tryck man får från en fotpump bör räcka. Var försiktig så att du inte klämmer fingrarna mellan kolven och bromsoket när kolven skjuts ut.*

9 Ta bort dammtätningen från kolven. Ta sedan försiktigt bort kolvens hydraultätning från loppet med en liten skruvmejsel. Var noga med att inte repa bromsokets yta.

10 Dra bort styrsprintarna från bromsokets fästbygel och ta bort styrhylsdamaskerna.

11 Undersök alla bromsokskomponenter enligt beskrivningen i avsnitt 7, punkt 8 till 10 och byt ut delar efter behov. Observera att handbromsmekanismen **inte** får tas isär.

12 Se till att alla delar är rena och torra innan de sätts ihop.

13 Dränk in kolven och den nya kolvtätningen (vätsketätningen) i ren bromsvätska. Smörj också ren bromsvätska på cylinderloppets yta. Montera den nya kolvtätningen (vätske-tätningen); använd bara fingrarna, inga verktyg, för att få in tätningen i cylinderloppets spår.

14 Montera den nya dammtätningen på kolvens baksida och placera tätningens yttre läpp i bromsokshusets spår. För försiktigt kolven rakt in i loppet med en vridande rörelse. Vrid kolven medurs med den metod som användes vid isärtagningen tills den är helt inskjuten i loppet. Placera sedan damm-tätningens inre läpp i kolvspåret.

15 Lägg silikonfett, kopparbaserat fett eller antikärvningsmassa (Volvo rekommenderar silikonfett 1161325-4 – som finns att köpa hos Volvoåterförsäljare) på styrsprintarna. Montera nya damasker på styrsprintarna och sätt i sprintarna i bromsokets fästbygel. Se till att damaskerna placeras korrekt i spåren på både sprintarna och fästbygeln.

16 Innan monteringen påbörjas, fyll broms-oket med ny bromsvätska genom att lossa luftningsskruven och pumpa vätskan genom bromsoket tills den olja som kommer ut genom anslutningen är helt fri från bubblor.

Montering

17 Se till att bromsklossarna fortfarande sitter korrekt monterade i bromsokets fäst-bygel.

18 För bromsoket i läge över bromsklossarna och se till att klossarnas dämpfjädrar är rätt placerade mot bromsoket.

19 Tryck ner bromsoket, sätt i de nya styrsprintsbultarna och dra åt dem till angivet moment. Styrsprinten kan hållas fast med en fast nyckel.

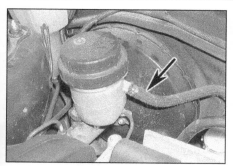

9.2 Lossa fästklämman och ta loss kopplingens huvudcylinderslang från behållaren

9.3 Koppla loss kontaktdonet från bromsvätskans nivågivare (vid pilen)

9.4 Skruva loss anslutningsmuttrarna och koppla loss bromsrören från huvudcylindern

20 Placera en ny tätningsbricka på var sida om bromsslanganslutningen och skruva i anslutningsbulten. Se till att slangens ändfäste är korrekt placerat. Dra sedan åt bulten till angivet moment.

21 Ta bort bromsslangklämman eller plastfolien och lufta bromssystemet enligt beskrivningen i avsnitt 2. Förutsatt att åtgärder har vidtagits för att minimera oljespill bör endast den aktuella bakbromsen behöva luftas.

22 Återanslut handbromsvajern ordentligt vid bromsoket och justera den enligt beskrivningen i avsnitt 13.

23 Sätt tillbaka hjulet, sänk ner bilen på marken och dra åt hjulmuttrarna till angivet moment.

9 Huvudcylinder – demontering, renovering och montering

Observera: *Innan arbetet påbörjas, se varningen i början av avsnitt 2 angående farorna med bromsvätska.*

Demontering

Högerstyrda modeller

1 Se till att tändningen är avstängd (ta ut nyckeln). Torka sedan av huvudcylinderns behållare och ta bort locket. Sug upp bromsvätskan ur behållaren, eller koppla en slang till en lämplig luftningsskruv i systemet, öppna skruven och pumpa försiktigt på bromspedalen och tappa av oljan i en lämplig behållare (se avsnitt 2).
Varning: Bromsvätska är giftig och får därför inte sugas upp med munnen, använd en bollspruta eller liknande.

2 På modeller med manuell växellåda, koppla loss kopplingens huvudcylinderslang från behållaren **(se bild)**. Plugga igen slangänden för att minimera vätskespillet och för att undvika att smuts kommer in i systemet.

3 Koppla loss kontaktdonet från bromsvätskenivågivaren **(se bild)**.

4 Torka rent området runt bromsrörsanslutningarna på sidan av huvud-cylindern. Placera absorberande trasor under röranslutningen för att fånga upp överflödig vätska. Notera exakt hur anslutningarna sitter, skruva sedan loss muttrarna och dra försiktigt bort rören **(se bild)**. Plugga igen eller tejpa över rörändarna och öppningarna i huvudcylindern, för att minimera bromsvätskespill och för att förhindra att smuts kommer in i systemet.

5 Skruva loss de två muttrarna som håller huvudcylindern vid vakuumservon. Dra sedan bort servoenheten från motorrummet. Ta loss tätningsringen som sitter bak på huvudcylindern och kasta den, en ny måste användas vid monteringen.

Vänsterstyrda modeller

6 Koppla loss kabeln från batteriets minuspol (se *Koppla ifrån batteriet*).

7 För att förbättra åtkomligheten, skruva loss fästbultarna som håller säkrings-/relädosan vid fjäderbenstornet och lägg dosan åt sidan. Om så behövs, ta sedan bort fästbultarna till farthållarens pump och placera pumpen ur vägen för huvudcylindern.

8 Lirka försiktigt ut vakuumslangens backventil från servoenheten. Var försiktig så att du inte skadar tätningsmuffen.

9 Skruva loss bulten som håller bakbromsens tryckregleringsventil vid fästbygeln.

10 Ta bort huvudcylindern enligt beskrivningen i punkt 1 till 5. Observera att servons fästbygel måste lossas från pinnbultarna för att demonteringen ska kunna utföras.

Renovering

11 Om huvudcylindern är defekt måste den bytas ut. Det går inte att köpa renoveringssatser, så cylindern måste behandlas som en förseglad enhet.

12 Den enda del som kan bytas ut är vätskebehållarfästets tätning. Om tätningen är sliten, ta bort valstappen, lirka loss behållaren och ta bort den gamla tätningen. Smörj den nya tätningen med ren bromsvätska och för in den i huvudcylinderns portar. Sätt tillbaka vätskebehållaren och fäst den på plats med valstappen.

Montering

Högerstyrda modeller

13 Torka bort all smuts från huvudcylinderns och servoenhetens fogytor och sätt en ny tätningsring på huvudcylinderns baksida.

14 Montera huvudcylindern på servoenheten och se till att servoenhetens tryckstång går in mitt i huvudcylinderns lopp. Sätt i huvudcylinderns fästmuttrar och dra åt dem till angivet moment.

15 Rengör bromsrörsanslutningarna, sätt tillbaka dem på huvudcylinderns portar och dra åt dem till angivet moment.

16 Om så är tillämpligt, återanslut kopplingens vätskeslang till huvudcylinderbehållaren.

17 Anslut kontaktdonet till vätskenivågivaren.

18 Fyll på huvudcylinderbehållaren med ny vätska och lufta hela bromssystemet enligt beskrivningen i avsnitt 2.

Vänsterstyrda modeller

19 Montera huvudcylindern enligt beskrivningen i punkt 13 till 17. Kom ihåg att placera fästbygeln på pinnbultarna innan huvudcylinderns fästmuttrar sätts på plats.

20 Sätt tillbaka tryckregleringsventilens bult och dra åt den till angivet moment.

21 Återanslut försiktigt vakuumslangens ventil till servoenheten. Var noga med att inte rubba gummimuffen.

22 Montera farthållarens luftpump (om tillämpligt) och relädosan. Dra åt fästskruvarna ordentligt.

23 Fyll på huvudcylinderbehållaren med ny bromsvätska och lufta hela bromssystemet enligt beskrivningen i avsnitt 2.

10 Bromspedal – demontering och montering

Demontering

Högerstyrda modeller

1 Koppla loss kabeln från batteriets minuspol (se *Koppla ifrån batteriet*).

10.2a Skruva loss skruvarna (vid pilarna) som håller den nedre panelen på förarsidan . . .

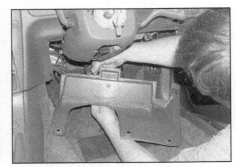

10.2b . . . och koppla loss kontaktdonet från fotbrunnsbelysningen

a) *Före monteringen, lägg lite universalfett på pedalens pivåbussningar och bricka samt på tryckstångens sprintbult.*
b) *Dra åt muttern till pedalens pivåbult och muttrarna till servon och pedalens fästbygel till angivet moment.*
c) *Se till att returfjädern hakar i pedalen ordentligt.*
d) *Anslut gasvajern och kontrollera vajerjusteringen (se kapitel 4A eller 4B).*
e) *Avsluta med att ansluta batteriet och kontrollera bromsljuskontaktens funktion. Om så behövs, justera den enligt beskrivning i avsnitt 17.*

2 Skruva loss fästskruvarna (den nedre skruven är dold bakom ett skyddslock) och ta bort den nedre panelen från instrumentbrädan på förarsidan. Koppla loss kontaktdonet från fotbrunnsbelysningen **(se bilder)**.
3 På modeller med farthållare, ta bort vakuumbehållaren från bromspedalens fästbygel (se kapitel 4A, avsnitt 12).
4 Lossa styrmodulen. Skruva sedan loss fästmuttrarna och ta bort styrmodulens hållare **(se bilder)**. Placera relädosan ur vägen för pedalens fästbygel.
5 Dra bort fästklämman och brickan. Ta sedan bort sprintbulten som fäster tryckstången vid pedalen **(se bild)**.
6 Skruva loss muttern och ta bort brickan från pedalens pivåbult. Dra ut bulten, vicka pedalen så mycket som behövs och lirka ut pedalenheten från fästbygeln.
7 Undersök alla delar för att se om de är slitna eller skadade och byt ut dem om det behövs. Var speciellt noga med pivåbussningarna och brickan.

Vänsterstyrda modeller

8 Utför momenten som beskrivs i punkt 1 till 3.
9 Haka loss gasvajerns ändfäste längst upp på pedalen.
10 Koppla loss kontaktdonet från bromsljuskontakten.
11 Dra bort fästklämman och brickan. Ta sedan bort sprintbulten som håller tryckstången vid pedalen.
12 Haka försiktigt loss änden av returfjädern.

Skruva sedan loss muttern och ta bort brickan från pedalens pivåbult.
13 Skruva loss rattstångens bultar och stötta rattstången.
14 Skruva loss servoenhetens fästmuttrar och muttrarna på sidan av pedalens fästbygel. Ta sedan loss fästbygeln från torpedväggen.
15 Dra ut pedalens pivåbult och lirka ut hela pedalenheten. Observera hur returfjädern ska sitta monterad.
16 Undersök alla delar för att se om de är slitna eller skadade och byt ut dem om det behövs. Var speciellt noga med pivåbussningarna och brickan.

Montering

Högerstyrda modeller

17 Montering sker i omvänd ordning mot demonteringen, tänk på följande:
a) *Före monteringen, lägg lite universalfett på pedalens pivåbussningar och bricka samt på tryckstångens sprintbult.*
b) *Dra åt muttern till pedalens pivåbult till angivet moment.*
c) *Se till att returfjädern hakar i pedalen ordentligt.*
d) *Avsluta med att ansluta batteriet och kontrollera bromsljuskontaktens funktion. Om så behövs, justera den enligt beskrivning i avsnitt17.*

Vänsterstyrda modeller

18 Montering sker i omvänd ordning mot demonteringen, tänk på följande:

11 Vakuumservo – kontroll, demontering och montering

Kontroll

1 Testa servons funktion genom att trampa ner bromspedalen flera gånger för att häva vakuumet. Starta sedan motorn medan bromspedalen hålls hårt nedtryckt. När motorn startar ska pedalen ge efter märkbart medan vakuumet byggs upp. Låt motorn gå i minst två minuter och stäng sedan av den. Om pedalen nu trampas ner ska den kännas normal men vid ytterligare nedtryckningar ska den kännas fastare. Pedalvägen ska bli allt kortare för varje nedtryckning.
2 Om servon inte fungerar enligt ovan, undersök först servons backventil enligt beskrivningen i avsnitt 12.
3 Om servon fortfarande inte fungerar som den ska ligger felet i själva servoenheten. Om enheten är defekt måste den bytas ut, det går inte att reparera den.

Demontering

Högerstyrda modeller

4 Koppla loss kabeln från batteriets minuspol (se *Koppla ifrån batteriet*).
5 Förbättra åtkomligheten genom att skruva loss kåpan som sitter över motorn. Lossa sedan kylvätskans expansionskärl från fästena och placera den ur vägen för servon.
6 Torka av området runt huvudcylindern och

10.4a Ta loss styrmodulen, skruva sedan loss fästmuttrarna (vid pilarna) . . .

10.4b . . . och ta bort hållaren från instrumentbrädan

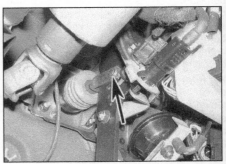

10.5 Dra bort fästklämman och ta sedan bort sprintbulten (vid pilen) som håller servons tryckstång vid pedalen

servon. Skruva sedan loss bulten som fäster bromsrörets fästklämma vid huset.

7 Demontera huvudcylindern enligt beskrivning i avsnitt 9.

8 På modeller med manuell växellåda, demontera kopplingens huvudcylinder enligt beskrivning i kapitel 6.

9 På alla modeller, lirka försiktigt ut vakuumslangens ventil från servon. Var noga med att inte skada gummimuffen.

10 Skruva loss fästskruvarna (den nedre skruven är dold bakom ett täcklock) och ta bort den undre panelen från instrumentbrädan på förarsidan. Koppla loss kontaktdonet från fotbrunnsbelysningen.

11 Lossa styrenheten och skruva sedan loss fästmuttrarna och ta bort enhetens hållare. Placera relädosan ur vägen för pedalens fästbygel.

12 Dra bort fästklämman och brickan. Dra sedan bort sprintbulten som fäster tryckstången vid pedalen.

13 Skruva loss servons fästmuttrar, gå sedan tillbaka till motorrummet.

14 Flytta försiktigt servon från sin plats och ta loss packningen som sitter monterad mellan servon och torpedväggen. Om det behövs, lossa servostyrningens/luftkonditioneringssystemets rör (vad som är tillämpligt) från fästena för att skapa det utrymme som behövs för en demontering. Undersök om packningen är sliten eller skadad och byt ut den om så behövs.

Vänsterstyrda modeller

15 Demontera huvudcylindern enligt beskrivning i avsnitt 9.

16 Skruva loss fästskruvarna (den nedre skruven är dold bakom ett täcklock) och ta bort den undre panelen från instrumentbrädan på förarsidan. Koppla loss kontaktdonet från fotbrunnsbelysningen.

17 Dra bort fästklämman och brickan. Dra sedan bort sprintbulten som fäster tryckstången vid pedalen.

18 Skruva loss servons fästmuttrar, gå sedan tillbaka till motorrummet.

19 Flytta försiktigt servon från sin plats och ta loss packningen som sitter monterad mellan servon och torpedväggen. Undersök om packningen är sliten eller skadad och byt ut den om så behövs.

Montering

Högerstyrda modeller

20 Se till att servoenhetens och torpedväggens fogytor är rena. Montera packningen på servons baksida och för enheten på plats.

21 Inuti bilen, se till att tryckstången fästs korrekt vid pedalen. Sätt sedan servoenhetens muttrar på plats och dra åt dem till angivet moment.

22 Lägg lite universalfett på sprintbulten, justera pedalen och tryckstången i förhållande till varandra och sätt i sprintbulten. Sätt på brickan och säkra den med fästklämman.

23 Fäst styrenheten och relädosan på sina

platser. Montera sedan instrumentbrädans panel.

24 Återanslut vakuumslangen till servon, fäst sedan kylvätskans expansionskärl på sin plats.

25 På modeller med manuell växellåda, montera kopplingens huvudcylinder enligt beskrivning i kapitel 6.

26 Montera bromssystemets huvudcylinder enligt beskrivning i avsnitt 9.

27 Lufta hela bromssystemet enligt beskrivningen i avsnitt 2. Lufta sedan kopplingssystemet enligt beskrivningen i kapitel 6.

Vänsterstyrda modeller

28 Utför de åtgärder som beskrivs i punkt 20 till 22.

29 Montera huvudcylindern enligt beskrivningen i avsnitt 9 och lufta hela bromssystemet enligt beskrivningen i avsnitt 2.

---

12 Vakuumservons backventil – demontering, kontroll och montering

Demontering

Observera: *På vissa modeller utgör ventilen en del av servoenhetens vakuumslang och kan inte köpas separat.*

1 För att lättare komma åt ventilen, skruva loss fästskruvarna och ta bort kåpan som sitter över motorn.

2 Ta försiktigt ut backventilen från servoenheten. Var noga med att inte skada muffen **(se bild)**.

3 På modeller där ventilen kan bytas ut separat, ta försiktigt loss den från änden av slangen och ta ut den ur bilen.

4 På modeller där ventilen utgör en del av slangen, arbeta dig fram längs slangen och ta loss den från alla fästklämmor. Notera också exakt hur den är dragen. Ta bort slangen från bilen. Slangen sitter fäst vid grenröret med en snabbanslutning – tryck ner kragen för att ta loss den.

Kontroll

5 Undersök om vakuumslangen är skadad och byt ut den om så behövs. Ventilen kan testas genom att luft blåses genom den i båda riktningarna. Luften ska endast kunna komma igenom ventilen i ena riktningen – när man blåser från den sida av ventilen som är vänd mot servoenheten. Byt ut ventilen om den är defekt.

6 Undersök om servoenhetens gummitätningsmuff är skadad eller sliten och byt ut den om så behövs.

Montering

7 Montering sker i omvänd ordning, observera följande:

a) Var noga med att inte rubba eller skada tätningsmuffen när ventilen monteras.

b) På modeller där ventilen utgör en del av slangen, se till att slangen dras korrekt och fästs med alla klämmor. Återanslut sedan slangen ordentligt till grenröret, se

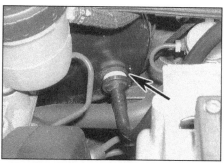

12.2 Backventilen (vid pilen) sitter intryckt i servons tätningsmuffen (ventilen som visas är inbyggd i slangen)

till att den sitter säkert i snabbanslutningen.

c) *Avsluta med att starta motorn och kontrollera att inget läckage förekommer i anslutningen mellan backventilen och servoenheten.*

---

13 Handbroms – justering

1 Handbromsen hålls normalt korrekt justerad av verkan från de bakre bromsokens handbromsmekanism. I sällsynta fall kan man behöva justera handbromsen för att kompensera för att vajern har töjts ut, men justering bör endast behövas när bromsoken, vajrarna eller handbromsspaken har rubbats.

2 Innan handbromsjusteringen kontrolleras, tryck ner bromspedalen hårt flera gånger så att bakbromsens självjusterande mekanism är korrekt inställd.

3 Kontrollera handbromsinställningen genom att räkna antalet klick som hörs från spakens tandningsmekanism när handbromsen dras åt. Lossa handbromsen och dra åt den som vanligt. Bromsen bör vara helt åtdragen mellan det femte och sjunde hacket i mekanismen.

4 Om justering behövs, ta bort den bakre delen av mittkonsolen för att komma åt handbromsspaken (se kapitel 11).

5 Kontrollera först att handbromsvajerns balansplatta, placerad vid spakens bakre del, är i rät vinkel i förhållande till vajern **(se bild)**.

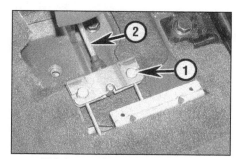

13.5 Innan justeringen, se till att balansplattan (1) är i rät vinkel i förhållande till vajern (2)

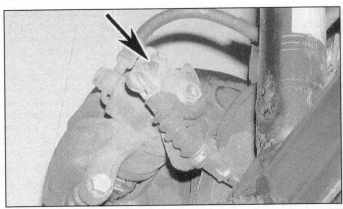

13.7a Lossa handbromsspaken och skruva ut justeringsmuttern . . .

13.7b . . . tills båda handbromsarmarna på bromsoken ligger mot sina stopp

Om inte är antingen handbromsvajrarna eller bromsokens handbromsmekanismer defekta, med följden att bromsverkan inte är lika stor på båda bakbromsarna. Den troligaste orsaken är att en av eller båda vajrarna kärvar. Om så behövs, leta reda på och åtgärda felet innan arbetet fortsätter.

6 Om balansplattan är korrekt placerad, klossa framhjulen, lyft upp bakvagnen och ställ den på pallbockar.

7 Lossa handbromsen helt. Lossa sedan vajerjusteringsmuttern tills båda bromsokens handbromsarmar är i kontakt med sina stopp **(se bilder)**. Dra långsamt åt justeringsmuttern tills allt fritt spel är borta från justeringsvajern men båda armarna fortfarande är i kontakt med sina stopp.

8 Kontrollera att båda bakhjulen kan rotera fritt. Kontrollera sedan justeringen enligt beskrivningen i punkt 3 och upprepa justeringsproceduren om så behövs.

9 Avsluta med att sänka ner bilen och sätta tillbaka mittkonsolens bakre del.

14 Handbromsspak – demontering och montering

Demontering

1 Ta bort mittkonsolens bakre del enligt beskrivning i kapitel 11.

14.3 Koppla loss justeringsvajern från balansplattan (2). Skruva sedan loss handbromsspakens fästbultar (1)

2 Klossa hjulen och lägg ur handbromsen helt.

3 Skruva loss vajerjusteringsmuttern tills det går att haka loss justeringsvajern från balansplattan **(se bild)**.

4 Koppla loss kontaktdonet från kontakten till handbromsspakens varningslampa.

5 Skruva loss fästbultarna och ta bort handbromsspaken från bilen.

Montering

6 Montering sker i omvänd ordning. Dra åt handbromsspakens bultar till angivet moment. Justera handbromsen enligt beskrivning i avsnitt 13 och montera sedan tillbaka mittkonsolens bakre del.

15 Handbromsvajrar – demontering och montering

Demontering

1 Handbromsvajern består av tre delar – en höger- och en vänsterdel, som ansluter båda bakbromsarna till balansplattan, samt en kort justeringsvajer som kopplar balansplattan till handbromsspaken. Varje del kan demonteras separat enligt följande.

Justeringsvajer

2 Klossa hjulen och lägg ur handbromsen helt.

3 Demontera den bakre delen av mittkonsolen enligt beskrivning i kapitel 11.

4 Skruva loss justeringsmuttern från vajern och ta bort fjäderklämman.

5 Böj undan låstungan, lossa sedan vajern från handbromsspakens nock och balansplatta och ta ut den från bilen.

Vänster och höger vajer

6 Vajrarna kan båda tas bort på följande sätt.

7 Klossa framhjulen, lyft sedan upp bakvagnen och ställ den på pallbockar. Om den vänstra vajern ska tas bort, ta loss fästskruvarna/hållaren och ta bort bränslefiltrets skyddskåpa för att komma åt vajern.

8 Demontera mittkonsolens bakre del enligt

beskrivning i kapitel 11. Ta därefter bort baksätets sittdyna.

9 Skruva loss vajerjusteringsmuttern tills du får största möjliga spel i vajrarna. Haka sedan loss den främre vajeränden från balansplattan.

10 Lossa fästklämmorna och lyft upp mattan för att komma åt vajerstyrningen. Skruva loss fästbultarna som fäster styrningen vid golvet. Ta sedan loss vajern från styrningen och lossa vajerns tätningsmuff från golvet.

11 Från bilens undersida, haka loss innervajern från bromsspaken. Lossa sedan vajerhöljet från fästbygeln.

12 Skruva loss bultarna som håller vajerklämmorna vid hjälparmen/underredet och ta bort vajern från bilen **(se bild)**.

Montering

Justeringsvajer

13 Haka fast vajern i balansplattan och placera den i handbromsspakens nock. Placera vajern så att skruven hamnar vertikalt i balansplattan. Fäst den sedan med låstungan.

14 Sätt tillbaka fjäderklämman och justeringsmuttern på vajern och justera vajern enligt beskrivningen i avsnitt 13. Dra åt handbromsspaken flera gånger så att vajern hamnar i rätt läge. Kontrollera inställningen ytterligare en gång innan mittkonsolens bakre del monteras.

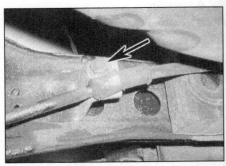

15.12 Skruva loss bultarna som håller handbromsvajerns klämmor vid hjälparmen och underredet

Vänster och höger vajer

15 Mata vajerns främre ände upp genom golvet och sätt tätningsmuffen på plats.
16 Se till att dra vajern korrekt, sätt sedan i bultarna till fästklämmorna och dra åt dem ordentligt. Sätt tillbaka eventuell skyddskåpa.
17 Haka fast innervajern på bromsoksarmen igen och fäst vajerhöljet ordentligt i fästbygeln.
18 Inne i bilen, fäst vajerns främre ände i balansplattan, montera därefter vajerstyrningen. Se till att vajern är korrekt dragen, sätt sedan i styrningens fästbultar och dra åt dem till angivet moment.
19 Lägg tillbaka mattan på sin plats och montera baksätets dyna enligt beskrivning i kapitel 11.
20 Montera fjäderklämman och justeringsmuttern på vajern och justera vajern enligt beskrivningen i avsnitt 13. Dra åt handbromsspaken flera gånger så att vajern hamnar i rätt läge. Kontrollera inställningen ytterligare en gång och sätt sedan tillbaka mittkonsolens bakre del.

16 Bakbromsarnas tryckregleringsventil – kontroll, demontering och montering

Kontroll

1 Bakbromsarnas båda kretsar är utrustade med varsin tryckregleringsventil, som ska förhindra att bakhjulen låser sig vid hårda inbromsningar. Ventilenheten är tryckkänslig och sitter på servons framsida (på högerstyrda modeller sitter den på den vänstra sidan av motorrummets torpedvägg). Tryckregleringsventilen fungerar reducerande och begränsar det hydrauliska tryck som verkar på bakbromsarna, så att frambromsarna alltid utsätts för högre bromsverkan.
2 Det krävs specialutrustning för att man ska kunna kontrollera ventilens funktion. Om ett fel misstänks ska bilen därför lämnas in till en Volvoverkstad med rätt utrustning. Om ventilen är defekt måste den bytas ut.

Demontering

Observera: *Innan arbetet påbörjas, se varningen i början av avsnitt 2 om farorna med bromsvätska.*

3 Minimera eventuellt vätskespill genom att skruva loss huvudcylinderbehållarens lock och sedan skruva på det igen över en bit plastfolie, så att det blir lufttätt.
4 Torka rent området runt bromsrörsanslutningarna på ventilen. Lägg absorberande trasor under röranslutningarna för att fånga upp spilld vätska. Gör inställningsmarkeringar mellan rören och ventilenheten för att underlätta korrekt återmontering.
5 Lossa anslutningsmuttrarna och koppla loss bromsrören från ventilen. Plugga igen eller tejpa över rörändarna och ventilens öppningar för att minimera vätskespillet och för att förhindra att smuts kommer in i systemet. Tvätta omedelbart bort allt bromsvätskespill med kallt vatten.
6 Skruva loss fästbulten och ta bort ventilenheten från bilen.

Montering

7 Lirka ventilenheten på plats och placera alla bromsrör i sina anslutningar. Dra åt alla anslutningsmuttrar löst.
8 Sätt tillbaka ventilens fästbult och dra åt den till angivet moment. Dra sedan åt alla bromsrörsanslutningarnas muttrar till angivet moment.
9 Ta bort plastfolien från huvudcylinderbehållaren och lufta hela bromssystemet enligt beskrivning i avsnitt 2.

17 Bromsljuskontakt – demontering, montering och justering

Demontering

1 Bromsljuskontakten är placerad på pedalens fästbygel bakom instrumentbrädan. På modeller med farthållare finns det två kontakter på pedalen – bromsljuskontakten är den övre av de två och den är inte ansluten till något vakuumrör.
2 Skruva loss fästskruvarna (den nedre är dold av ett täcklock) och ta bort den nedre panelen från instrumentbrädan på förarsidan. Koppla loss kontaktdonet från fotbrunnsbelysningen **(se bilder)**.
3 Koppla loss kontaktdonet. Skruva sedan

16.1 Bakbromsarnas tryckregleringsventil (vid pilen) på torpedväggen

loss kontakten och ta bort den från fästbygeln **(se bild)**.

Montering och justering

4 Tryck försiktigt kontakten på plats i pedalens fästbygel.
5 Anslut en kontinuitetsmätare (ohmmätare eller testlampa) över kontaktens anslutningar. Skruva in kontakten tills det uppstår kretsbrott mellan anslutningarna (oändlig resistans eller lampan slocknar). Tryck försiktigt ner pedalen och kontrollera att kontinuitet förekommer mellan kontaktanslutningarna (ingen resistans eller lampan tänds) när pedalen har tryckts ner ungefär 5 mm. Skruva kontakten in eller ut (efter behov) tills den fungerar som den ska. **Observera:** *Det är mycket viktigt att bromsljuskontakten är korrekt justerad, annars kan ABS-systemet påverkas (se avsnitt 18).*
6 Om en kontinuitetsmätare inte finns tillgänglig kan samma justering utföras genom att kontakten återansluts och en medhjälpare kontrollerar bromsljusen (med tändningen på).
7 När bromsljuskontakten är korrekt justerad, anslut kontaktdonet och montera panelen på instrumentbrädan. Kontrollera bromsljusens funktion en sista gång innan bilen körs igen.

18 ABS (låsningsfria bromsar) – allmän information

1 Alla modeller i serien är utrustade med ABS. Systemet består av ABS-enheten (som omfattar både systemets hydraulik och elektronik, de fyra hjulgivarna och

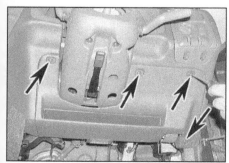

17.2a Skruva loss den nedre panelen från instrumentbrädan på förarsidan (fästskruvar vid pilarna) . . .

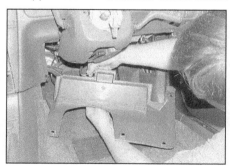

17.2b . . . och koppla sedan loss kontaktdonet från fotbrunnens belysning

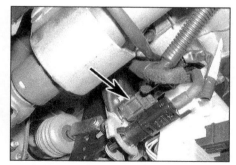

17.3 Koppla loss kontaktdonet (vid pilen – modell med farthållare visas) och skruva sedan loss kontakten från fästbygeln

bromsljuskontakten. Syftet med systemet är att förhindra att hjulen låser sig vid hård inbromsning. Detta uppnås genom att bromsen på relevant hjul släpps upp tillfälligt och sedan läggs an igen.

2 Den elektriska pumpen och de åtta hydrauliska solenoidventilerna (två per broms, en för insug, en för utlopp) i ABS-enheten styrs av den elektroniska styrenheten (ECU). ECU tar emot signaler från de fyra hjulgivarna (som sitter på naven) och bromsljuskontakten. Hjulgivarna bevakar de fyra hjulens rotationshastighet och bromsljuskontakten informerar ECU om när bromsarna läggs an.

3 När bromsarna läggs an (bromsljuskontakten aktiv), jämför ECU signalerna från de olika hjulgivarna. ECU kan avgöra när ett hjuls hastighet minskar onormalt fort i förhållande till bilens hastighet, och kan på så sätt förutse när ett hjul håller på att låsa sig.

4 Vid normal bromsning fungerar systemet på samma sätt som på ett bromssystem utan ABS-funktion och ABS-enheten är overksam. ABS insugssolenoidventiler är öppna, utloppsventilerna är stängda och den elektriska pumpen är avstängd.

5 Om ECU registrerar att ett hjul håller på att låsa sig stänger den relevanta insugssolenoidventilen i hydraulenheten. Denna isolerar sedan bromsen på det hjul som håller på att låsa från huvudcylindern, så att hydraultrycket helt enkelt stängs in. Nu aktiveras ABS-enhetens pump.

6 Om hjulets hastighet fortsätter att minska onormalt fort öppnar ECU utloppssolenoidventilen på den relevanta bromsen och bromsvätskan pumpas tillbaka in i ABS-enhetens ackumulatorkammare så att bromsen släpper. När hjulets hastighet normaliseras stannar pumpen och solenoidventilerna växlar ännu en gång. Då kan huvudcylinderns hydraultryck åter verka på bromsoket som aktiverar bromsen igen. Den här cykeln kan upprepas flera gånger i sekunden.

7 Solenoidventilernas och pumpens verkan skapar pulser i hydraulkretsen. När ABS-systemet verkar känns dessa pulser genom bromspedalen.

8 ABS-systemet utför ett självtest varje gång bilen körs. När tändningen slås på tänds

varningslampan i ungefär 4 sekunder och slocknar sedan om inga fel upptäcks. Första gången bilens hastighet överskrider 30 km/tim utförs en funktionskontroll på hydraulsystemet. Om några fel upptäcks kommer ECU automatiskt att stänga av ABS-enheten och tända varningslampan på instrumentbrädan för att upplysa föraren om att ABS-systemet är ur funktion. Det går dock att bromsa som vanligt.

9 Om ett fel uppstår i ABS-systemet måste bilen lämnas till en Volvoverkstad för feldiagnos och reparation.

19 ABS (låsningsfria bromsar) – demontering och montering av komponenter

ABS-enhet

Observera: *Volvo anger att hydraulenhetens funktion ska testas med specialutrustning efter återmontering. Därför rekommenderar vi att demontering och montering av enheten överlåts till en Volvoverkstad. Om enheten ändå demonteras/monteras av en hemmamekaniker måste bromssystemet kontrolleras på en Volvoverkstad vid första möjliga tillfälle.*

Demontering

1 Koppla loss kabeln från batteriets minuspol (se *Koppla ifrån batteriet*).

2 Minimera eventuellt vätskespill genom att skruva loss huvudcylinderbehållarens lock och sedan skruva på det igen över en bit plastfolie, så att det blir lufttätt.

3 Lossa fästklämman och koppla loss kontaktdonet från ABS-enhetens styrenhet (se bild).

4 Rengör området runt alla bromsrörsanslutningar och markera rörens placering för att underlätta korrekt återmontering (se bild). Skruva loss anslutningsmuttrarna och koppla loss rören från ABS-enheten. Var beredd på vätskespill och plugga igen rörändarna och öppningarna i hydraulenheten, för att minimera spillet och förhindra att smuts kommer in i systemet.

5 Skruva loss fästmuttrarna och ta bort ABS-enheten från motorrummet. Om det behövs

kan fästbygeln skruvas loss och tas bort från bilen. Byt ut regulatorfästena om de är slitna eller skadade. **Observera:** *Håll hydraulenheten upprätt för att minimera risken för vätskespill som kan resultera i luftspärrar inne i enheten.*

6 Om så behövs kan man ta isär ECU och ABS-enhetens hydrauliska modulator. Skruva stegvis loss fästbultarna och ta sedan försiktigt bort ECU rakt ut från modulatorn. Var noga med att inte skada kontaktstiften.

Montering

7 Montering sker i omvänd ordning, tänk på följande:

a) Om så behövs, rikta in ECUs kontaktstift mot modulatorn och för försiktigt enheten på plats. Sätt i de fyra torxskruvarna och dra åt dem, sätt sedan i och dra åt mittbulten. Dra aldrig åt torxskruvarna till mer än 8 Nm.

b) Anslut bromsrören till korrekt anslutningar och dra åt muttrarna till angivet moment.

c) Se till att kontaktdonet ansluts ordentligt.

d) Avsluta med att fylla på vätskebehållaren med ren bromsvätska och lufta systemet enligt beskrivning i avsnitt 2. Kontrollera noggrant att bromssystemet fungerar innan bilen körs. Om det råder minsta tvekan om ABS-systemets funktion ska det kontrolleras av en Volvoverkstad vid första möjliga tillfälle.

Främre hjulgivare

Demontering

8 Koppla loss kabeln från batteriets minuspol (se *Koppla ifrån batteriet*).

9 Dra åt handbromsen, lossa sedan hjulmuttrarna, lyft upp framvagnen och ställ den på pallbockar. Ta loss hjulet.

10 Ta bort fästskruvarna/hållarna och ta loss hjulhusets innerskärm för att komma åt givarens kontaktdon (se bild).

11 Koppla loss kontaktdonet. Skruva sedan loss fästskruvarna och ta bort klämmorna som fäster givarens kablage vid innerskärmen (se bilder).

12 Lossa givarens kabelgenomföringar från de nedre fästklämmorna. Skruva sedan loss fästbulten och ta bort givaren från hjulspindeln (se bild).

19.3 Lossa fästklämman och koppla loss kontaktdonet (vid pilen) från ABS-enheten

19.4 Koppla loss bromsrören (1), lossa sedan muttrarna (2) och ta bort ABS-enheten från fästet

19.10 Ta bort hjulhusets innerskärm

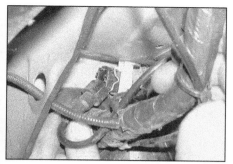

19.11a Koppla loss kontaktdonet . . .

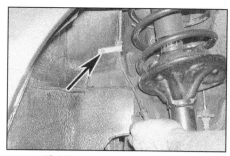

19.11b . . . skruva sedan loss kabelklämmans skruv (vid pilen) och lossa kabelgenomföringarna från fästklämmorna

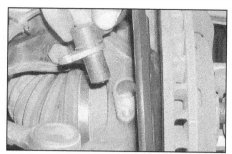

19.12 Skruva loss bulten och ta loss givaren från hjulspindeln

19.14 Se till att givaren monteras korrekt i hjulspindeln, dra sedan åt fästbulten till angivet moment

19.19 Ta bort bränslefiltrets skyddskåpa . . .

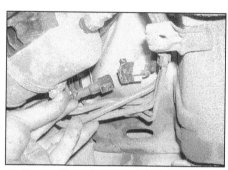

19.20 . . . för att komma åt vänster givares kontaktdon

Montering

13 Se till att fogytorna på givaren och hjulspindeln är rena och ta bort all smuts från givarens kuggade ring på drivaxeln.
14 Se till att givarspetsen är ren. Lägg sedan på lite universalfett i loppet i hjulspindeln. Sätt tillbaka givaren på sin plats, sätt i fästbulten och dra åt den till angivet moment (**se bild**).
15 Se till att givarens kablage dras korrekt och fäst de nedre genomföringarna i fästbyglarna. Montera kablagets fästklämmor. Dra åt fästskruvarna ordentligt och återanslut kontaktdonet.
16 Montera hjulhusets innerskärm och därefter hjulet. Sänk ner bilen. Dra åt

hjulmuttrarna till angivet moment och anslut batteriet.

Bakre hjulgivare

Demontering

17 Koppla loss kabeln från batteriets minuspol (se *Koppla ifrån batteriet*).
18 Demontera det bakre navet enligt beskrivning i kapitel 10.
19 Om arbetet utförs på vänster sida, ta bort fästskruvarna/hållarna och ta bort bränslefiltrets skyddskåpa för att komma åt givarens kontaktdon (**se bild**).
20 Arbeta längs givarens kabel och skruva loss muttrarna/bultarna som fäster kabel-

klämmorna vid hjälparmen. Koppla loss kontaktdonet så att kablaget går att ta bort tillsammans med givaren (**se bild**).
21 Skruva loss fästbultarna och ta bort givaren från bilen (**se bild**).

Montering

22 Se till att givarens och bromsskölden fogytor är rena och torra och ta bort all smuts från den kuggade ringen på navets baksida.
23 Smörj givarens yta med lite fett. Mata sedan kablaget genom bromsskölden och sätt givaren på sin plats. Försäkra dig om att givaren är korrekt placerad, sätt sedan i fästbultarna och dra åt dem till angivet moment (**se bild**).

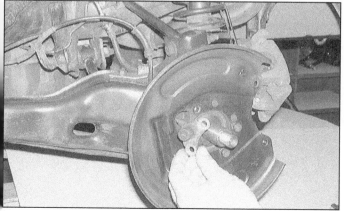

19.21 Skruva loss bultarna och ta bort givaren

19.23 Se till att givaren är korrekt placerad och dra åt fästbultarna till angivet moment

19.32 Skruva loss de två bultarna och ta bort givarens kuggade ring från navet

24 Arbeta längs kablaget, se till att det dras korrekt och fäst klämmorna vid hjälparmen. Dra åt klämmornas fästmuttrar/bultar ordentligt, återanslut sedan kontaktdonet. Om tillämpligt, montera bränslefiltrets skyddskåpa.

25 Montera navet enligt beskrivning i kapitel 10 och anslut batteriet.

Främre hjulgivarens kuggade ring

Demontering

26 Demontera drivaxeln enligt beskrivning i kapitel 8.

27 Ta bort den kuggade ringen från den yttre drivknuten genom att försiktigt knacka mellan ringens innerkant och drivknuten med ett litet stämjärn.

Montering

28 Se till att drivknutens och den kuggade ringens kontaktytor är rena och torra.

29 Lägg ett lager universalfett på ringens innerkant och knacka fast ringen rakt på drivknuten. Se till att ringen sitter ordentligt på plats och torka sedan bort överflödigt fett.

30 Montera drivaxeln enligt beskrivningen i kapitel 8.

Bakre hjulgivarens kuggade ring

Demontering

31 Ta bort det bakre navet enligt beskrivningen i kapitel 10.

32 Skruva loss bultarna och ta bort ringen från navets baksida **(se bild)**.

Montering

33 Se till att ringens och navets kontaktytor är rena och torra. Sätt ringen på plats, sätt i bultarna och dra åt dem ordentligt.

34 Montera navet enligt beskrivning i kapitel 10.

Bromsljuskontakt

35 Se avsnitt 17.

Kapitel 10
Fjädring och styrning

Innehåll

Svårighetsgrader

Enkelt, passar novisen med lite erfarenhet	**Ganska enkelt,** passar nybörjaren med viss erfarenhet	**Ganska svårt,** passar kompetent hemmamekaniker	**Svårt,** passar hemmamekaniker med erfarenhet	**Mycket svårt,** för professionell mekaniker

Specifikationer

Främre hjulinställning och styrvinklar

Toe-inställning	0,15° ± 0,05° toe-in per hjul
Camber:	
Standardinställning:	
Fram till maj 2000	0° ± 1°
Maj 2000 och framåt:	
Standard	-0,16° ± 0,5°
Sport	-0,33° ± 0,5°
Komfort	-0,07° ± 0,5°
Maximal skillnad mellan sidor	0,68°
Caster:	
Standardinställning:	
Fram till modellåret 1998	2,2° ± 1°
1998 års modell fram till maj 2000	3,2° ± 1°
Maj 2000 och framåt:	
Standard	4° ± 1°
Sport	4,15° ± 1°
Komfort	3,86° ± 1°
Maximal skillnad mellan sidor	0,68°
KPI (King pin inclination – styraxelns lutning):	
Fram till maj 2000	12,68° ± 1°
Maj 2000 och framåt:	
Standard	13,68° ± 1°
Sport	14,07° ± 1°
Komfort	13,26° ± 1°
Maximal skillnad mellan sidorna	0,68°

Bakre hjulinställning

Toe-inställning .... 0,15° ± 0,05° toe-in per hjul
Camber:
  Standard .... -0,67° ± 0,25°
  Sport .... -0,90° ± 0,25°
  Sport/Dynamic med nivomat .... -1,16° ± 0,25°
  Maximal skillnad mellan sidorna .... 0,68°

Hjul

Typ .... Pressat stål eller aluminiumlegering (beroende på modell)
Storlek .... 5,5J x 14, 6J x 15 eller 6,5J x 16 (beroende på modell)
Däcktryck .... Se *Veckokontroller*

Åtdragningsmoment

Nm

Främre fjädring

Fjäderben:
  Kolvmutter 65
  Bultar mellan fjäderben och hjulspindel 90
  Övre fästmuttrar 45
Kryssrambalkens främre fästbultar 108
Krängningshämmare:
  Länkens muttrar 45
  Fästklammerbultar 25
Länkarm:
  Spindelledsmutter 67
  Främre pivåbult 90
  Bakre fästklammerbultar 90
Navmutter:
  Modeller före 1998 240
  1998 års modeller och framåt:
    Steg 1 120
    Steg 2 .... Vinkeldra ytterligare 60°

Bakre fjädring

Bromssköldens/okets fästbygelbultar 55
Fjäderben:
  Övre fästmuttrar 50
  Nedre fästbult 90
  Kolvmutter:
    Standard stötdämpare 30
    Nivomat stötdämpare 25
Hjälparmens främre pivåbult 90
Krängningshämmare:
  Länkens spindelled, mutter 45
  Fästklammerbultar 25
Navmutter:
  Modeller före 1998 175
  1998 års modeller och framåt:
    Steg 1 120
    Steg 2 .... Vinkeldra ytterligare 30°
Styrlänk:
  Pivåbult mellan länk och kaross 80
  Bultar mellan länk och hjälparm 35
Tvärarm:
  Pivåbult mellan arm och kaross 80
  Pivåbult mellan arm och hjälparm 90
Övre länk:
  Bultar mellan länk och kaross 35
  Pivåbult mellan länk och hjälparm 90

Styrning

Rattens fästmutter 43
Rattstång:
  Fästmuttrar och bultar 25
  Universalknutens klämbult 17

1 Allmän information

Den oberoende framfjädringen har Mac-Pherson fjäderben med spiralfjädrar och inbyggda teleskopstötdämpare. Fjäderbenen hålls på plats av tvärgående länkarmar, som har inre fästbussningar av gummi, och spindelleder i de yttre ändarna. De främre hjulspindlarna, där hjullagren, bromsoken och naven/skivorna sitter, är fastskruvade på fjäderbenen och anslutna till länkarmarna via spindellederna. En främre krängningshämmare finns på alla modeller. Krängningshämmaren sitter fast med gummifästen på kryssrambalken, och är ansluten till varje fjäderben via en länk.

I maj 2000 (tiden för ansiktslyftningens "fas 2"), modifierades framfjädringen, med nya länkarmar, nav, fjäderben och förändringar i den främre geometrin – allt avsett att förbättra åkkomforten. Efter 2001 lade man till några olika Sportmodeller till serien, med ytterligare små ändringar av fjädringen. Den grundläggande fjädringsdesignen ändrades dock inte i något av fallen, och underhållet har i stort sett inte påverkats alls.

Den oberoende bakfjädringen består av hjälparmar och fjäderben. Hjälparmarna är anslutna till karossen med tvärgående nedre fjädringsarmar, samt övre länkar och styr-länkar. Fjäderbenen har spiralfjädrar och inbyggda teleskopiska stötdämpare, och ansluter tvärarmarna till karossen. Det finns också en bakre krängningshämmare, som sitter fast med gummifästen på underredet och är ansluten till varje tvärarm via en länk.

Rattstången är fäst vid styrväxelns pinjong med en klämbult. Den nedre delen av stången består av två universalknutar som har en hoptryckbar del mellan sig. Denna del av rattstången är konstruerad så att den ska deformeras vid en eventuell krock och om det behövs brytas av för att förhindra att föraren skadas av stången.

Styrväxeln är monterad på kryssrambalken och är ansluten med två styrstag, med styrleder i de yttre ändarna, till styrarmarna som pekar bakåt från hjulspindlarna. Styrstags-ändarna är gängade för att möjliggöra justering. Servostyrningssystemet drivs av en pump som i sin tur drivs via en rem från vevaxelns remskiva.

Observera: *Självlåsande muttrar används till att låsa många komponenter på plats. Dessa bör bytas så snart de har rubbats. Detta är särskilt viktigt om inget motstånd känns när låsdelen passerar över bultens gängor.*

2 Främre fjädringens hjulspindel – demontering och montering

Demontering

Observera: *En ny navmutter och nya fäst-bultar till bromsoket behövs vid monteringen.*

Observera: *På modeller med manuell växellåda och utan turbo, kan den yttre drivknutens splines ha täckts med tätningsmedel före monteringen. Om så är fallet kommer troligen en avdragare att behövas för att dra bort hjulspindeln från drivaxeländen.*

1 Ta bort hjulsidan/navkapseln och lossa

2.1 Ta bort hjulsidan/navkapseln och lossa navmuttern med bilen stående på hjulen

navmuttern med bilen stående på hjulen **(se bild)**. Lossa därefter hjulmuttrarna.

2 Klossa bakhjulen och dra åt handbromsen ordentligt. Lyft upp framvagnen och stöd den på pallbockar. Demontera relevant framhjul.

3 Skruva loss navmuttern, ta loss brickan (om sådan finns) och kasta muttern – en ny måste användas vid monteringen. Om muttrarna inte lossades medan bilen stod på marken (se punkt 1), låt en medhjälpare trycka ner bromspedalen för att hindra hjulspindeln från att rotera medan navmuttern lossas. Alternativt kan ett verktyg tillverkas av två stålremsor (en lång och en kort) samt en mutter och en bult. Muttern och bulten får utgöra svängtappen på ett gaffelformat verktyg.

4 Demontera ABS-givaren från hjulspindeln enligt beskrivningen i kapitel 9.

5 Dra loss fästklämman/-klämmorna och lossa slangen på bromsoket från fästbygeln/-byglarna.

6 Demontera bromsskivan enligt beskrivningen i kapitel 9. Kasta bromsokets fäst-bultar, nya måste användas så fort de gamla rubbas.

7 Dra loss saxsprinten och skruva sedan loss muttern som håller fast styrleden vid hjul-spindeln **(se bild)**. Lossa styrleden med en styrledsavdragare.

8 Lossa länkarmens spindelleds mutter något, skruva sedan loss muttrarna och ta

2.7 Dra loss saxsprinten och skruva loss styrledens mutter

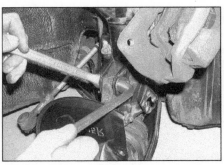

2.8 Skruva loss muttrarna och ta ut bultarna som håller fast hjulspindeln vid fjäderbenet

2.9 Lossa hjulspindeln från fjäderbenet. Lossa sedan drivknuten från hjulspindelns splines

2.10a Skruva loss spindelledens mutter . . .

2.10b . . . lossa sedan hjulspindeln från spindelleden och ta bort den

2.12 Passa in hjulspindeln mot länkarmens spindelled och dra åt spindelledens mutter till angivet moment

loss bultarna som håller fast hjulspindeln vid fjäderbenet **(se bild)**. Kasta muttrarna och bultarna, nya måste användas vid monteringen.

9 Lossa den yttre drivknuten från splinesen i hjulspindeln, men var försiktig så att inte drivaxeldamasken skadas **(se bild)**. Om knuten sitter hårt, pröva med att knacka loss den med en hammare och en drivdorn av mjukmetall, medan en medhjälpare håller fast hjulspindeln. Om drivknuten inte rubbas med denna metod behövs en lämplig avdragare/ utdragare för att dra bort hjulspindeln från drivaxeln. **Observera:** *Stötta drivaxeln genom att hänga upp den med ståltråd eller ett snöre – låt den inte hänga fritt eftersom det kan skada drivknutarna/damaskerna.*

10 Skruva loss muttern från länkarmens spindelled. Lossa sedan hjulspindeln från

spindelleden **(se bilder)**. Om så behövs, använd en spindelledsavdragare.

Montering

11 Se till att splinesen på den yttre drivknuten och hjulspindeln är rena och torra. Om låsmassa upptäcktes vid demonteringen, lägg ett lager låsvätska (Volvo rekommenderar tätningsmedel 1161075-5 som finns hos Volvoåterförsäljare) på drivaxelns splines. På alla andra modeller, lägg ett tunt lager fett på drivaxelns spår.

12 Sätt hjulspindeln på plats och passa in det mot länkarmens spindelled. Sätt sedan på spindelledsmuttern och dra åt den till angivet moment **(se bild)**.

13 För hjulspindelns övre kant inåt och passa samtidigt ihop den med drivaxeln.

14 Tryck fast hjulspindeln helt på drivaxelns

splines. Sätt sedan i fjäderbenets två nya fästbultar och sätt tillbaka fästmuttrarna **(se bilder)**.

15 Sätt på brickan (om tillämpligt) och en ny navmutter. Dra bara åt muttern för hand än så länge.

16 Återanslut styrleden till hjulspindeln, dra sedan åt dess fästmutter till angivet moment och säkra den med en ny saxsprint **(se bild)**.

17 Montera tillbaka bromsskivan på hjulspindeln enligt beskrivningen i kapitel 9. Skjut bromsoket på plats. Se till att bromsklossarna hamnar på varsin sida av skivan. Sätt sedan i de nya fästbultarna och dra åt dem till angivet moment (se kapitel 9).

18 Montera ABS-givaren på hjulspindeln enligt beskrivningen i kapitel 9. Placera sedan bromsslangen i sin fästbygel och fäst den med klämman/klämmorna.

19 På årsmodeller tidigare än 1998, använd samma metod som vid demonteringen för att hindra hjulspindeln från att rotera och dra åt navmuttern till angivet moment. Alternativt, dra åt muttern löst i det här stadiet och dra åt den till angivet moment när bilen står på marken igen.

20 På bilar av årsmodell 1998 och senare, använd samma metod som vid demonteringen för att hindra hjulspindeln från att rotera. Dra åt navmuttern först till angivet moment för steg 1 och sedan till angiven vinkel för steg 2. Det rekommenderas att en vinkelmätare används för att det sista åtdragningssteget ska bli så exakt som möjligt. Om en sådan inte finns till hands kan

2.14a Passa in drivknuten mot hjulspindeln och passa sedan in hjulspindeln mot fjäderbenet . . .

2.14b . . . och sätt i bultarna som håller hjulspindeln vid fjäderbenet. Dra åt muttrarna till angivet moment

2.16 Dra åt styrleden till angivet moment och fäst den med ny saxsprint

man göra märken på muttern och hjulspindeln med vit färg innan muttern dras åt. Med hjälp av märkena kan man sedan kontrollera att muttern har dragits åt till rätt vinkel. Alternativt, dra åt muttern löst i det här stadiet och gör den slutliga åtdragningen när bilen står på marken igen.

21 Kontrollera att hjulspindeln kan rotera fritt, montera tillbaka hjulet och sänk ner bilen. Dra åt hjulmuttrarna till angivet moment och, om det inte redan har gjorts, dra åt navmuttern **(se bilder)**.

3 Främre navlager – byte

Observera: *Lagret är ett förinställt, tvåradigt rullager som är konstruerat för att hålla bilens hela livslängd utan underhåll. Dra aldrig åt navmuttern för hårt för att försöka justera lagret.*

Observera: *En press behövs för att ta isär och montera ihop enheten. Om ett sådant verktyg inte finns tillgängligt, kan ett stort skruvstäd och distanser (t.ex. stora hylsor) användas istället. De inre lagerbanorna sitter press-passade på hjulspindeln. Om den inre banan sitter kvar på hjulspindeln när lagret pressas ut, krävs en kniveggad lageravdragare för att ta bort den.*

1 Demontera hjulspindeln enligt beskrivning i avsnitt 2.

2 Stöd hjulspindeln ordentligt på block eller i

4.2a Ta bort fästklämman och lossa bromsslangen från fästbygeln på fjäderbenet . . .

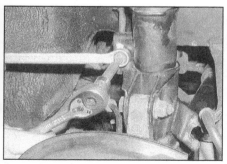

4.3 Skruva loss fästmuttern och lossa krängningshämmarens länk från fjäderbenet

2.21a Dra åt navmuttern till angivet moment (modeller före 1998) . . .

ett skruvstäd. Tryck ut navflänsen ur lagret med en rörformig distans som bara ligger an mot navflänsens inre kant. Om den yttre delen av lagrets inre bana sitter kvar på hjulspindeln, ta bort den med en lageravdragare (se anmärkning ovan).

3 Bänd loss oljetätningarna, dra sedan loss lagrets låsring från den inre änden av hjulspindeln.

4 Om så behövs, sätt tillbaka den inre banan över kulburen och stöd den inre delen av hjulspindeln ordentligt. Tryck ut hela lagret ur hjulspindeln med en rörformig distans som bara ligger an mot den inre banan.

5 Rengör flänsen och hjulspindeln noga. Torka bort alla spår av smuts och fett, och putsa bort alla gjutgrader eller kanter som kan vara till hinder vid återmonteringen. Leta efter sprickor eller andra tecken på slitage eller

4.2b . . . och lossa sedan ABS-givarens kablage från fjäderbenet

4.4 Skruva loss muttrarna och ta bort bultarna som håller fast fjäderbenet vid hjulspindeln

2.21b . . . eller till angivet moment och därefter till angiven vinkel (1998 års modell och framåt)

skador och byt ut delarna om så behövs. Byt alltid låsringen, oavsett dess skick.

6 Vid hopsättningen, smörj lagrets yttre bana och navflänsens axel med lite olja för att underlätta monteringen av lagret.

7 Stöd hjulspindeln och sätt i lagret i hjulspindeln. Tryck lagret rakt in med en rörformig distans som bara ligger an mot lagrets yttre bana.

8 När lagret sitter korrekt, fäst det med den nya låsringen. Se till att ringen hamnar ordentligt i spåret i hjulspindeln.

9 Vänd på hjulspindeln och tryck fast den nya yttre oljetätningen. Se till att tätningen trycks ordentligt på plats och smörj dess tätnings-läpp med lite fett.

10 Stöd navflänsens yttre yta och sätt på hjulspindellagrets inre bana på änden av navflänsen, utan att skada oljetätningen. Pressa på lagret på flänsen med en rörformig distans som bara ligger an mot lagrets inre bana, tills det ligger mot navklacken. Kontrollera att navflänsen kan rotera fritt och torka av överflödig olja eller fett.

11 Fyll lagret med fett (Volvo rekommenderar fett nr 1161001-1 som finns att köpa hos Volvoåterförsäljare) och tryck sedan den nya tätningen rakt på plats.

12 Se avsnitt 2 och montera hjulspindeln.

4 Främre fjäderben – demontering och montering

Observera: *Nya muttrar till krängnings-hämmarlänken behövs vid monteringen.*

Demontering

1 Klossa bakhjulen och dra åt handbromsen. Lyft sedan upp framvagnen och ställ den på pallbockar. Demontera relevant hjul.

2 Dra loss fästklämman/-klämmorna och lossa bromsoksslangen från dess fästbygel/-byglar på fjäderbenet. Lossa också ABS-givarens kablage från fjäderbenet **(se bilder)**.

3 Skruva loss den mutter som håller fast krängningshämmarens länk vid fjäderbenet och flytta bort länken från benet **(se bild)**.

4 Skruva loss muttrarna och ta bort bultarna som håller hjulspindeln vid fjäderbenet **(se bild)**. Observera vilken väg de sitter.

4.5a Skruva loss fjäderbenets övre fästmuttrar . . .

5 I motorrummet, skruva loss fjäderbenets tre övre fästmuttrar, ta sedan loss fjäderbenet från hjulspindeln och lyft ut det under hjulhuset **(se bilder)**.

Montering

6 Sätt fjäderbenet på plats och sätt tillbaka de övre fästmuttrarna, men dra bara åt dem för hand tills vidare.
7 Passa in fjäderbenets nedre ände med hjulspindeln, sätt i bultarna och dra åt dem till angivet moment.
8 Anslut krängningshämmarens länk till fjäderbenet, sätt på den nya muttern och dra åt den till angivet moment.
9 Fäst ABS-givarens kablage och bromsslangen på fästbyglarna på fjäderbenet.
10 Sätt tillbaka hjulet, sänk ner bilen på marken och dra åt hjulmuttrarna till angivet moment.

4.5b . . . och ta bort fjäderbenet genom hjulhuset

11 När bilen står på hjulen, dra åt fjäderbenets övre fästmuttrar till angivet moment.

5 Främre fjäderben – renovering

⚠️ *Varning: Innan fjäderbenet tas isär måste ett verktyg för komprimering av spiralfjädern införskaffas. Justerbara spiralfjäderkompressorer finns att köpa och rekommenderas för detta arbetsmoment. Alla försök att ta isär fjäderbenet utan ett sådant verktyg innebär stora risker för personskador och/eller materiella skador.*

1 När fjäderbenet har demonterats från bilen,

torka av det och fäst det upprätt i ett skruvstäd. Montera fjäderkompressorn och tryck ihop spiralfjädern så mycket att fjädersätena avlastas **(se bild)**.
2 Ta bort dammkåpan från mitten av det övre fästet och skruva sedan loss stötdämparkolvens mutter **(se bilder)**. Om så behövs, förhindra att kolven roterar genom att hålla fast det övre fjädersätet med en haknyckel instucken i fjädersätets inställningshål.
3 Ta bort muttern och lyft av det övre fästet, följt av det övre fjädersätet och fjädergummit **(se bilder)**.
4 Lyft av spiralfjädern och notera samtidigt hur den sitter monterad. Ta bort stoppklacken och dammskyddet från stötdämparkolven **(se bild)**.
5 Undersök om stötdämparen visar tecken på oljeläckage. Undersök kolven längs hela dess längd och leta efter punktkorrosion, titta också efter skador på stötdämparhuset. Kontrollera stötdämparens funktion genom att hålla den upprätt och först flytta kolven genom ett fullt slag, därefter flera korta slag på 50 till 100 mm. I båda fallen ska motståndet kännas jämnt och kontinuerligt. Om motståndet känns hoppigt eller ojämnt, eller om det finns synliga tecken på att stötdämparen är sliten eller skadad, måste den bytas ut. **Observera:** *Stötdämpare måste alltid bytas ut i par.*
6 Undersök alla övriga komponenter efter tecken på skador eller slitage och byt ut dem efter behov. Om lagret i det övre fästet är slitet måste hela fästet bytas ut.

5.1 Sätt på fjäderkompressorn och tryck ihop spiralfjädern så att fjädersätena avlastas

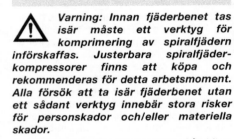

5.2a Ta bort dammkåpan . . .

5.2b . . . och skruva loss stötdämparkolvens mutter

5.3a Ta bort det övre fästet . . .

5.3b . . . och lyft av det övre fjädersätet och fjädergummit

5.4 Dra loss stoppklacken och dammskyddet från stötdämparkolven

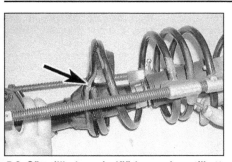

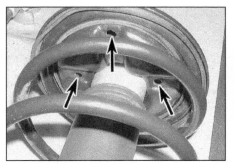

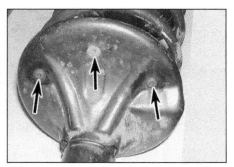

5.8 Sätt tillbaka spiralfjädern och se till att dess nedre ände ligger an mot fjädersätets stoppklack (vid pilen)

5.10a Sätt tillbaka det övre fjädersätet och se till att dess hål (vid pilarna) . . .

5.10b . . . är i linje med de tre bultarna (vid pilarna) på det nedre fjädersätet

7 Sätt på dammskyddet på stoppklacken, smörj stoppklacken med vaselin och sätt hela enheten på kolven.
8 Sätt tillbaka spiralfjädern nedtill på fjäder-

benet, med den planare änden uppåt, och passa in dess ände mot fjädersätets stoppklack (se bild).
9 Montera fjädergummit därefter det övre

fjädersätet längst upp på spiralfjädern.
10 På alla modeller förutom senare (2000 och framåt) "Sport" eller "Dynamic" modeller, se till att fjädersätets hål hamnar mitt för de tre bultarna på det nedre fjädersätet (se bilder).
11 På "Sport" och "Dynamic" modeller från 2000 och framåt, ska inställningshålet i det övre fjädersätet vridas medurs så att det hamnar vid 20° i förhållande till motsvarande bult i det nedre fjädersätet (se bild). Både vänster och höger övre fjädersäte ska vridas medurs.
12 Se till att fjädersätet sitter ihop ordentligt med fjäderbenets kolv, sätt sedan tillbaka det övre fästet och skruva på kolvmuttern. Håll fast fjädersätet och dra åt kolvmuttern till angivet moment.
13 Kontrollera att spiralfjäderns nedre ände är i kontakt med fjädersätets stoppklack och att övre och nedre fjädersäten sitter som de ska i förhållande till varandra. Lossa sedan fjäderkompressorn försiktigt och ta bort den från fjäderbenet.
14 Montera fjäderbenet enligt beskrivning i avsnitt 4.

6 Främre fjädringens länkarm – demontering, renovering och montering

Observera: En ny mutter till den främre pivåbulten behövs vid monteringen.

Demontering

1 Klossa bakhjulen, dra åt handbromsen ordentligt och lossa muttrarna på relevant framhjul. Lyft upp framvagnen och stöd den på pallbockar, demontera sedan hjulet.
2 Skruva loss bultarna till länkarmens bakre fästbygel och den främre pivåbulten och muttern. Lossa sedan länkarmen från krysrambalken.
3 Lossa länkarmens spindelleds mutter ett par varv, frigör sedan spindelleden från hjulspindeln med en spindelledsavdragare. Ta bort muttern helt och lyft ut armen från bilen.

Renovering

4 Rengör länkarmen och området runt dess fästen noga, torka bort alla spår av smuts och

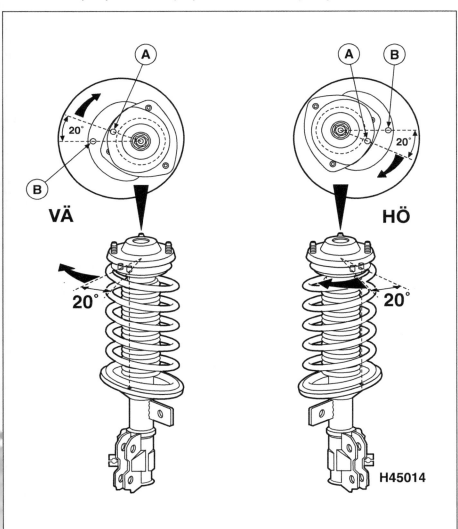

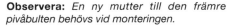

5.11 På "Sport" och "Dynamic" modeller från 2000 och framåt, ska det övre fjädersätet roteras 20° medurs

A Hål i övre fjädersäte
B Bult i nedre fjädersäte

7.2a Skruva loss spindelledens muttrar . . .

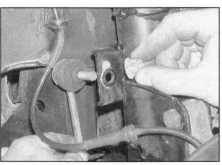

7.2b . . . och ta bort krängningshämmarens länk

underredsbehandling. Leta sedan noggrant efter sprickor, förvrängning eller andra tecken på slitage eller skador. Var särskilt noga med pivåbussningarna och spindelleden. Spindelleden utgör en del av länkarmen och kan inte bytas ut separat. Om länkarmen eller spindelleden skadas måste alltså hela armen bytas ut.

5 Om spindelleden är felfri men damasken är sliten eller skadad, måste denna bytas ut. Lossa hållfjädrarna och dra loss damasken från spindelleden. Smörj in spindelleden med fett och skjut sedan den nya damasken på plats. Se till att damasken sitter ordentligt på länkarmen och fäst den med hållfjädrarna. Kontrollera att dessa hamnar korrekt i damaskens spår.

6 Byte av en pivåbussning kräver en hydraulisk press och ett antal mellanlägg, och jobbet bör därför överlåtas till en Volvo-verkstad som har tillgång till den utrustning som krävs. Om rätt utrustning finns tillgänglig kan den främre bussningen pressas ut och den nya sättas i. Se till att bussningen sitter så att den sticker ut från armen lika mycket på båda sidor. Den bakre bussningens position i förhållande till länkarmen är ännu viktigare. Före demonteringen, notera bussningens styrsprints **exakta** position i förhållande till länkarmen. Tryck den nya bussningen på plats och se till att dess styrsprint sitter i exakt samma position. Om inte kommer bussningens gummi att belastas för mycket och till slut gå sönder.

Montering

7 För länkarmen på plats och sätt i spindelleden i hjulspindeln. Sätt tillbaka fästmuttern på spindelleden, men dra bara åt den för hand tills vidare.

8 Sätt länkarmens främre bussning på plats i kryssrambalken, sätt i pivåbulten och den nya muttern, men dra bara åt den för hand tills vidare.

9 Montera tillbaka länkarmens bakre fäst-bygel och se till att den hakar i pivå-bussningen korrekt. Dra åt dess fästbultar till angivet moment.

10 Dra åt spindelledsmuttern till angivet moment.

11 Montera hjulet, sänk ner bilen och dra åt hjulmuttrarna till angivet moment.

12 Gunga bilen för att få länkarmen att sätta sig, dra sedan åt den främre pivåbulten till angivet moment.

13 Kontrollera framhjulsinställningen enligt beskrivningen i avsnitt 29 och justera om så behövs.

7 Främre fjädringens krängningshämmarlänk – demontering och montering

Observera: *Nya fästmuttrar måste användas vid monteringen.*

Demontering

1 Dra åt handbromsen ordentligt, lyft upp framvagnen och ställ den på pallbockar. Ta bort hjulet för att komma åt lättare.

2 Skruva loss de muttrar som håller fast länken vid fjäderbenet och krängnings-hämmaren och ta bort länken. För att förhindra att spindelleden roterar, håll fast ledens chuck med en insexnyckel medan muttrarna skruvas loss **(se bilder)**.

3 Undersök om krängningshämmarlänken är skadad. Var särskilt noga med spindellederna och byt ut dem om så behövs. Observera att länkens fästmuttrar måste bytas ut oavsett skick.

Montering

4 Montering sker i omvänd ordning. Använd nya fästmuttrar och dra åt dem till angivet moment.

8 Främre fjädringens krängningshämmare – demontering och montering

Observera: *Vid monteringen måste nya muttrar användas till krängningshämmarens länk.*
Observera: *Ett stödstag eller en motorlyft behövs för att hålla upp motorn/växellådan medan kryssrambalken skruvas loss.*

Demontering

1 Dra bort mattan från området runt ratt-stången så att det går att komma åt stångens

nedre knut. Ställ ratten så att det går att komma åt knutens klämbult. Aktivera sedan rattlåset.

2 Skruva loss klämbulten från rattstångens nedre universalknut. Gör sedan inställnings-märken med färg eller penna mellan knuten och styrväxelns pinjong. Ta loss rattstången från pinjongen.

3 Vik undan mattan och skruva loss fäst-bultarna som håller fast styrväxelns tätnings-platta vid torpedväggen. Kapa kabelbandet (tidiga modeller) och lossa plattan från styrväxeln och ta bort den från bilen.

4 Utför de åtgärder som beskrivs i punkt 1 till 8 i avsnitt 9.

5 Skruva loss fästbultarna och ta bort de bakre fästklämmorna från vänster och höger länkarm.

6 Placera en domkraft och ett passande träblock under kryssrambalken. Skruva sedan loss kryssrambalkens två främre fästbultar. Utan att belasta några rör/slangar, sänk försiktigt ner kryssrambalken tills det går att komma åt krängningshämmarens fästklamrar.

7 Skruva loss fästbultarna och ta bort brickorna. Ta sedan bort fästklamrarna från kryssrambalken.

8 Lirka ut krängningshämmaren från under bilen och ta bort fästbussningarna; notera samtidigt hur de sitter, markera helst med tejp. Om krängningshämmaren ska vara demonterad en längre tid, lyft tillbaka kryssrambalken på plats och sätt tillbaka dess fästbultar löst.

9 Undersök krängningshämmarens delar och leta efter tecken på slitage eller skada. Var särskilt noga med fästbussningarna. Byt ut slitna/skadade komponenter.

Montering

10 Sätt tillbaka bussningarna på krängnings-hämmaren på de platser som noterades vid demonteringen.

11 Sätt tillbaka krängningshämmaren och försäkra dig om att den plana ytan på fästbussningarna ligger mot kryssrambalken. Montera fästbyglarna och se till att de sätts ihop korrekt med fästgummina, sätt sedan tillbaka brickorna och bultarna och dra åt dem till angivet moment.

12 Lyft upp kryssrambalken på sin plats, var noga med att inte klämma några kablar/rör/slangar.

13 Försäkra dig om att kryssrambalken sitter som den ska, sätt sedan tillbaka de främre fästbultarna och länkarmens bakre fästbyglar och bultar. Se till att fästbyglarna är korrekt inpassade mot pivåbussningarna, dra sedan åt alla bultar till angivet moment.

14 Inuti bilen, montera styrväxelns tätnings-platta på torpedväggen och dra åt fäst-bultarna ordentligt. Se till att damasken placeras korrekt på styrväxelns hus och (på tidiga modeller) fäst den med en ny kabel-klämma.

15 Rikta in märkena som gjordes före demonteringen och fäst ihop rattstångens

knut med styrväxelns pinjong. Sätt i klämbulten och dra åt den till angivet moment. Lägg sedan tillbaka mattan.

16 Utför de åtgärder som beskrivs i punkt 20 till 27 i avsnitt 9.

9 Främre fjädringens kryssrambalk – demontering och montering

Observera: *Nya muttrar till länkarmarnas främre pivåbultar, samt nya muttrar till krängningshämmarlänkarna kommer att behövas vid monteringen.*

Observera: *Ett stödstag eller en motorlyft behövs för att hålla upp motorn/växellådan medan kryssrambalken tas bort.*

Demontering

1 Klossa bakhjulen, dra åt handbromsen ordentligt och lossa framhjulens muttrar. Lyft upp framvagnen och stöd den på pallbockar. Ta bort båda framhjulen.

2 Ta loss fästskruvarna/hållarna och ta bort kåpan som sitter under motorn/växellådan.

3 Demontera det främre avgasröret enligt beskrivning i kapitel 4C.

4 Skruva loss fästbultarna och ta bort det främre avgasrörets värmesköld (om tillämpligt).

5 Anslut ett stödstag eller en motorlyft i lyftkroken på topplocket och ta upp motorns/växellådans vikt. Alternativt, stöd motorn/växellådan med en domkraft och en träkloss.

6 Skruva loss de genomgående bultarna från de främre och bakre fästena. Skruva sedan loss fästbultarna och ta bort tvärbalken under motorn/växellådan. Ta loss de övre och nedre fästgummina och mellanläggen från tvärbalkens fästen och notera exakt hur de sitter. Byt ut fästgummina om de är slitna eller skadade.

7 Följ instruktionerna i kapitel 7A och koppla loss växelväljarvajrarna/staget (efter tillämplighet) från växellådan.

8 Skruva loss de muttrar som håller fast vänster och höger länk vid krängningshämmaren. För att förhindra att spindellederna vrider sig, håll fast dessa med en

insexnyckel medan muttrarna skruvas loss. Kasta muttrarna, nya måste användas vid monteringen.

9 Skruva loss fästbultarna och ta loss styrväxelns fästklamrar från kryssrambalken. Lossa styrväxeln och skruva sedan loss bultarna som håller hydraulrörens/-slangarnas fästen till kryssrambalken. Lossa rören/slangarna och flytta undan dem så att de inte hindrar demonteringen av kryssrambalken.

10 Skruva loss bultarna och ta bort de bakre fästklamrarna från vänster och höger länkarm.

11 Skruva loss muttrarna och ta loss de främre pivåbultarna som håller länkarmarna vid kryssrambalken. Lossa båda länkarmarna från kryssrambalken och flytta dem åt sidan.

12 Kontrollera en sista gång att alla kablar/slangar som är anslutna till kryssrambalken har lossats och flyttats åt sidan så att de inte är i vägen vid demonteringen.

13 Placera en domkraft och ett lämpligt träblock som stöd under kryssrambalken.

14 Skruva loss kryssrambalkens två fästbultar framtill, sänk sedan försiktigt ner balken och ta bort den.

Montering

15 Lyft upp kryssrambalken på sin plats och var noga med att inte klämma några kablar/slangar/rör. Sätt tillbaka de främre fästbultarna och dra åt dem för hand.

16 Se till att styrväxeln sitter korrekt mot kryssrambalken och att alla rör och slangar är rätt dragna innan arbetet fortsätter.

17 Passa in länkarmarna mot kryssrambalken och sätt i de främre pivåbultarna. Sätt på de nya muttrarna på pivåbultarna, men dra bara åt dem lätt än så länge.

18 Montera tillbaka de bakre fästbyglarna till länkarmarna och se till att de passas in korrekt mot pivåbussningarna. Dra åt fästbultarna till angivet moment.

19 Dra åt kryssrambalkens främre fästbultar till angivet moment.

20 Passa in styrväxeln på kryssrambalken och sätt på fästklamrarna. Sätt tillbaka fästbultarna och dra först åt dem enbart för hand. Gå sedan runt och dra åt dem till angivet moment. Se till att rör och slangar är rätt dragna. Sätt sedan tillbaka fästbygelbultarna och dra åt dem ordentligt.

21 Montera länkarna till krängningshämmaren och sätt på de nya muttrarna på spindellederna. Dra åt dem till angivet moment.

22 Återanslut växelvajrarna/staget (efter tillämplighet) till växellådan enligt beskrivningen i kapitel 7A.

23 Se till att de övre och nedre fästgummina och mellanläggen är korrekt monterade i hålen i på motorns/växellådans tvärbalk. För sedan tvärbalken på plats. Sätt i fästbultarna och dra åt dem till angivet moment, sätt sedan i de genomgående bultarna i motorns/växellådans fästen. Sänk ner motorn och gunga den lite så att den sätter sig. Dra åt den genomgående bulten i motorns/växellådans bakre fäste till angivet moment, gör sedan detsamma med den genomgående bulten i det främre fästet.

24 Montera tillbaka avgassystemets värmesköld (om tillämpligt) på motorblocket och dra åt dess fästbultar till angivet moment (se kapitel 4C).

25 Montera det främre avgasröret enligt beskrivningen i kapitel 4C.

26 Montera kåpan under motorn/växellådan. Sätt sedan tillbaka hjulen och sänk ner bilen på marken. Dra åt hjulmuttrarna till angivet moment.

27 Gunga bilen för att få fjädringen att sätta sig. Dra sedan åt länkarmarnas främre pivåbultar till angivet moment.

28 Kontrollera framhjulsinställningen enligt beskrivningen i avsnitt 29 och justera om så behövs.

10 Bakre nav – demontering och montering

Observera: *En ny navmutter och nya fästbultar till bromsoket behövs vid monteringen.*

Demontering

1 Demontera bromsskivan enligt beskrivningen i kapitel 9.

2 Ta bort navkapseln och skruva loss navmuttern **(se bilder)**. Kasta muttern, en ny måste användas vid monteringen.

3 Demontera navet från axeltappen **(se bild)**.

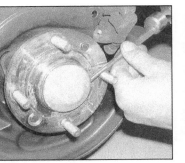

10.2a Knacka försiktigt loss navkapseln . . .

10.2b . . . skruva loss navmuttern . . .

10.3 . . . och dra bort baknavet från axeltappen

10.6 Dra åt baknavets mutter till angivet moment (modeller före 1998)

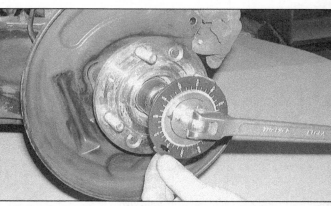

10.7 Dra åt baknavets mutter till angivet moment och därefter till angiven vinkel (1998 års modell och senare)

Undersök noga om navet är skadat eller slitet och byt ut det om så behövs.

Montering

4 Innan monteringen, torka bort all smuts från ABS-givaren och den kuggade ring som sitter på navets baksida.
5 Skjut på navet på axeltappen och skruva på den nya navmuttern.
6 På bilar före 1998 års modell, dra åt navmuttern till angivet moment och sätt sedan tillbaka navkapseln **(se bild)**.
7 På senare modeller, dra åt navmuttern till momentet angivet för steg 1, därefter till vinkeln som anges för steg 2. Det rekommenderas att en vinkelmätare används för att åtdragningen ska bli så exakt som möjligt **(se bild)**. Om en vinkelmätare inte finns till hands, gör märken på muttern och navet med färg och använd sedan dessa till att kontrollera att muttern dras åt till rätt vinkel. När muttern har dragits åt, sätt tillbaka navkapseln.
8 På alla modeller, montera tillbaka bromsskivan enligt beskrivningen i kapitel 9.

11 Bakre navlager – byte

Observera: *Lagret är ett förinställt, tvåradigt rullager som är konstruerat för att hålla bilens* hela livslängd utan underhåll. Försök aldrig att justera lagret genom att dra åt navmuttern för hårt.
1 De bakre navlagren utgör en del av själva navet och kan inte bytas separat. Om ett lager är slitet, byt ut hela navet enligt beskrivningen i avsnitt 10.

12 Bakre fjäderben – demontering och montering

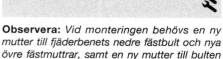

Observera: *Vid monteringen behövs en ny mutter till fjäderbenets nedre fästbult och nya övre fästmuttrar, samt en ny mutter till bulten som håller fast tvärarmen vid hjälparmen.*

Demontering

Sedanmodeller

1 Öppna bakluckan, skruva loss fästskruvarna och ta bort bagageutrymmets golvpanel. Ta bort bakluckans tätningsremsa från relevant sida och nederdelen av bakluckans öppning. Lossa sedan försiktigt bagageutrymmets bakre klädselpanel uppåt och ta bort den.
2 Lossa de bakre hållarna till klädselpanelen på relevant sida i bagageutrymmet (lossa mittskruven ett par varv och ta sedan bort hela hållaren). Vik sedan klädselpanelen inåt för att komma åt fjäderbenets övre fäste. Om mer utrymme behövs, ta bort de främre hållarna (bakom baksätets ryggstöd) och ta bort panelen helt.
3 Med bilen fortfarande stående på hjulen, skruva loss fästbultarna från krängningshämmarens fästklamrar.
4 Klossa framhjulen och lossa sedan muttrarna på relevant bakhjul. Lyft upp bakvagnen och stöd den på pallbockar, ta sedan loss bakhjulet.
5 Skruva loss muttern från bulten som håller fast tvärarmen vid hjälparmen samt från fjäderbenets nedre fästbult. Ta sedan bort båda bultarna. Låt en medhjälpare hålla i fjäderbenet och ta bort skyddskåpan från fjäderbenets övre fäste. Skruva loss de övre fästmuttrarna (lossa inte den stora muttern i mitten) och ta ut fjäderbenet.

Kombimodeller

6 Skruva loss fästskruvarna och ta bort bagageutrymmets golvpanel.
7 Dra bort tätningsremsan från öppningens nederkant. Ta sedan bort tröskelns klädselpanel från bagageutrymmets bakre del **(se bild)**.
8 Ta försiktigt loss bagageutrymmets lampa från klädselpanelen på relevant bakstolpe och koppla loss dess kablage.
9 Bänd loss högtalargrillen, skruva loss fästskruvarna och ta försiktigt loss klädselpanelen från stolpen **(se bilder)**.
10 Fäll det bakre sätet och ryggstödet framåt

12.7 På kombimodeller, dra bort tätningsremsan och lossa tröskelns klädselpanel från bakluckans öppning

12.9a Skruva loss fästskruvarna (vid pilarna) . . .

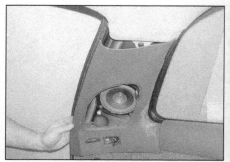

12.9b . . . och lossa den bakre stolpens övre klädselpanel

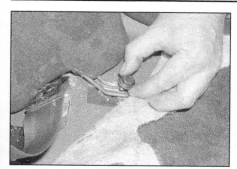

12.10a Skruva loss fästbulten . . .

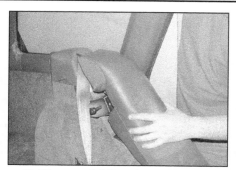

12.10b . . . och lyft undan ryggstödets sidodyna

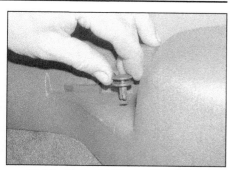

12.11a Ta bort hållarna (den bakre hållaren visas) . . .

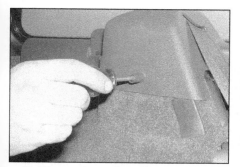

12.11b . . . skruva loss fästskruven . . .

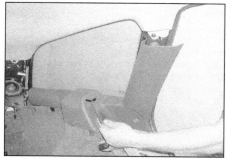

12.11c . . . och lossa bagageutrymmets övre klädselpanel; den måste frigöras från säkerhetsbältet

12.12a Lossa hållarna/skruvarna och vik undan bagageutrymmets sidoklädselpanel

för att komma åt fästbulten till ryggstödets sidodyna. Skruva loss bulten och dra loss dynan uppåt **(se bilder)**.

11 Ta bort de två hållarna och fästskruven, lossa sedan försiktigt bagageutrymmets övre klädselpanel, frigör den från säkerhetsbältet och ta bort den från bilen **(se bilder)**.

12 Lossa de bakre hållarna/skruvarna och fäll bagageutrymmets sidoklädselpanel inåt. Ta bort isoleringen och skumgummit för att komma åt fjäderbenets övre fäste **(se bilder)**.

13 Demontera fjäderbenet enligt beskrivningen i punkt 3 till 5 **(se bild)**.

Montering

14 För fjäderbenet på plats och se till att den nedre änden av spiralfjädern pekar mot bilens bakre ände. Låt en medhjälpare skruva på de nya övre fästmuttrarna. Dra åt fästmuttrarna till angivet moment och sätt tillbaka skyddskåpan.

15 Passa in fjäderbenets nedre ände mot tvärarmen. Sätt sedan i tvärarmens bult och fjäderbenets nedre fästbult. Sätt på de nya muttrarna på bultarna, men dra bara åt dem lätt tills vidare.

16 Sätt tillbaka hjulet, sänk ner bilen och dra åt hjulmuttrarna till angivet moment.

17 Passa in krängningshämmarens fästklamrar mot dess fästen och sätt tillbaka fästbultarna, men dra bara åt dem lätt tills vidare.

18 Gunga bilen för att få bakfjädringen att sätta sig och dra sedan åt krängningshämmarens fästklammerbultar till angivet moment. Gunga bilen igen och dra sedan åt

fjäderbenets nedre fästbult och bulten som håller tvärarmen vid hjälparmen till angivna

12.12b Ta bort isoleringen . . .

12.13 Skruva loss fjäderbenets två övre fästmuttrar – lossa inte den stora muttern i mitten

moment **(se bild)**. Avsluta med att sätta tillbaka alla klädselpaneler i bagageutrymmet.

12.12c . . . och skumgummiblocket för att komma åt fjäderbenets övre fäste

12.18 Dra åt fjäderbenets nedre fästbult och övriga angivna fästen först när bilen vilar på hjulen

14.3 Skruva loss muttern och ta bort pivåbulten mellan den övre länken och hjälparmen . . .

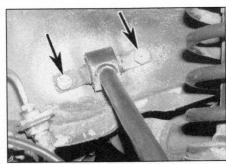

14.4 . . . skruva sedan loss de två bultarna (vid pilarna) och ta bort den övre länken

eller skadade. Om så är fallet mäste hela länken bytas ut.

Montering

6 Sätt länken på plats och sätt i dess fästbultar och hjälparmens bult. Dra åt bultarna mellan länken och karossen till angivet moment, sätt sedan på den nya muttern på hjälparmens bult men dra bara åt den lätt tills vidare.
7 Sätt tillbaka hjulet, sänk sedan der bilen och dra åt hjulmuttrarna till angivet moment.
8 Gunga bilen för att få bakfjädringen att sätta sig och dra sedan åt bulten som håller fast länken vid hjälparmen till angivet moment.
9 Om en ny övre länk har monterats, kontrollera bakhjulsinställningen enligt beskrivning i avsnitt 29.

13 Bakre fjäderben – renovering

⚠️ **Varning: Innan fjäderbenet tas isär måste ett verktyg för komprimering av spiralfjädern införskaffas. Justerbara spiralfjäder-kompressorer finns att köpa och rekommenderas för detta arbetsmoment. Alla försök att ta isär fjäderbenet utan ett sådant verktyg innebär stora risker för personskador och/eller materiella skador. Observera:** *En ny mutter till stötdämparens kolv måste användas vid hopsättningen.*
1 När fjäderbenet har demonterats från bilen, tvätta bort all smuts från benet och sätt sedan fast det upprätt i ett skruvstäd.
2 Sätt på fjäderkompressorn och tryck ihop spiralfjädern så mycket att fjädersätena avlastas.
3 Lossa stötdämparkolvens mutter samtidigt som kolven hålls fast med en passande insexnyckel eller skiftnyckel (vad som passar).
4 Skruva loss muttern och ta bort brickan, fästplattan och fjädergummit.
5 Lyft av spiralfjädern och dra loss dammkåpan från kolven.
6 Undersök om stötdämparen visar tecken på oljeläckage. Undersök kolven längs hela dess längd och leta efter punktkorrosion, titta också efter skador på stötdämparhuset. Kontrollera stötdämparens funktion genom att hålla den upprätt och först flytta kolven genom ett fullt slag, därefter flera korta slag på 50 till 100 mm. I båda fallen ska motståndet kännas jämnt och kontinuerligt. Om motståndet känns hoppigt eller ojämnt, eller om det finns synliga tecken på att stötdämparen är sliten eller skadad, måste den bytas ut. **Observera:** *Stötdämpare måste alltid bytas i par.*
7 Undersök om övriga komponenter är skadade eller slitna och byt ut dem efter behov.
8 Dra ut kolvstången helt och skjut på dammkåpan.
9 Sätt tillbaka spiralfjädern och se till att fjäderns ände ligger an mot fjädersätets ände.
10 Sätt på fjädergummit längst upp på

fjädern och sätt sedan tillbaka det övre fästet och brickan.
11 Skruva på den nya kolvmuttern och dra åt den till angivet moment.
12 Kontrollera att alla delar sitter som de ska, och lossa sedan försiktigt fjäderkompressorn och ta bort den från fjäderbenet.
13 Se till att fjäderns nedre ände ligger an mot stoppklacken och att fjädergummit sitter parallellt med det övre fästet. Montera därefter tillbaka benet enligt beskrivningen i avsnitt 12.

14 Bakre fjädringens övre länk – demontering och montering

Observera: *En ny mutter till pivåbulten behövs vid monteringen.*

Demontering

1 Klossa framhjulen och lossa sedan hjulmuttrarna på relevant bakhjul. Lyft upp bakvagnen och stöd den på pallbockar, ta sedan loss hjulet.
2 Placera en domkraft under tvärarmen och hissa upp den tills den precis lyfter armen.
3 Skruva loss muttern och ta bort bulten som håller fast den övre länken vid hjälparmen **(se bild)**.
4 Skruva loss de bultar som håller fast den övre länken vid karossen och ta bort den **(se bild)**.
5 Undersök om länkbussningarna är slitna

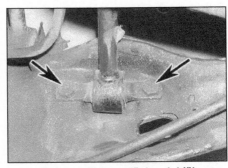

15.4 Bultar mellan styrlänk och hjälparm (vid pilarna)

15 Bakre fjädringens styrlänk – demontering och montering

Observera: *En ny mutter till pivåbulten behövs vid monteringen.*

Demontering

1 Klossa framhjulen och lossa sedan hjulmuttrarna på relevant bakhjul. Lyft upp bakvagnen och stöd den på pallbockar, ta sedan loss hjulet.
2 Placera en domkraft under tvärarmen och hissa upp den tills den precis lyfter armen.
3 Rengör området kring bulten som håller fast styrlänken vid karossen. Gör inställnings-märken mellan bultens excenterbricka och fästbygeln i karossen. Dessa märken kan användas vid monteringen för att behålla bakhjulsinställningen.
4 Skruva loss de två bultar som håller fast styrlänken vid hjälparmen **(se bild)**.
5 Skruva loss muttern från pivåbulten och ta bort brickan. Ta bort pivåbulten och ta loss styrlänken. Excenterbrickan är en del av pivåbulten.
6 Undersök om länkbussningarna är skadade eller slitna. Om så är fallet måste hela länken bytas ut.

Montering

7 För länken på plats och sätt i bultarna som håller ihop den med hjälparmen.
8 Skjut länkens pivåbult på plats och se till att den hamnar rätt. Sätt på brickan och den nya muttern på bulten. Dra endast åt den löst i det här stadiet.
9 Dra åt bultarna mellan länken och hjälp-armen till angivet moment.
10 Sätt tillbaka hjulet, sänk ner bilen och dra åt hjulmuttrarna till angivet moment.
11 Gunga bilen för att få fjädringen att sätta sig. Se till att märkena som gjordes innan demonteringen hamnar mitt för varandra. Dra sedan åt bulten som håller styrlänken till karossen till angivet moment.
12 Avsluta med att kontrollera bakhjuls-inställningen enligt beskrivningen i avsnitt 29.

16.1 Skruva loss muttern och koppla loss krängningshämmarens länk från tvärarmen

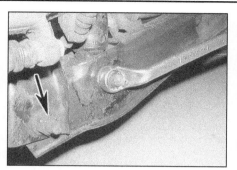

16.4 Skruva loss muttern och ta loss fjäderbenets nedre fästbult (pilen visar pivåbulten mellan tvärarmen och hjälparmen)

16.6 Skruva loss muttern, ta bort den inre pivåbulten och ta bort tvärarmen

16 Bakre fjädringens tvärarm – demontering, renovering och montering

Observera: *Vid monteringen behövs nya pivåbultsmuttrar, en ny mutter till fjäderbenets nedre fästbult samt en ny mutter till krängningshämmarens länk.*

Demontering

1 Med bilen stående på hjulen, skruva loss muttern som håller fast krängningshämmarens länk vid relevant tvärarm och lossa länkens spindelled **(se bild)**.
2 Klossa framhjulen och lossa hjulbultarna på relevant bakhjul. Lyft upp bakvagnen och stöd den på pallbockar. Demontera aktuellt bakhjul.
3 Rengör området runt bulten som håller fast tvärarmen vid karossen. Gör inställningsmärken mellan bultens excenterbricka och karossfästbygeln. Dessa märken kan sedan användas vid monteringen så att bakhjulsinställningen bibehålls.
4 Skruva loss muttern och ta loss fjäderbenets nedre fästbult från tvärarmen **(se bild)**.
5 Skruva loss muttern och ta loss den yttre pivåbult som håller fast tvärarmen vid hjälparmen.
6 Skruva loss muttern från tvärarmens inre pivåbult och ta bort brickan **(se bild)**. Dra ut pivåbulten och flytta undan tvärarmen. Excenterbrickan är en del av pivåbulten.

Renovering

7 Rengör tvärarmen och området runt armens fästen noga; torka bort alla spår av smuts och underredsbehandling. Leta sedan noggrant efter sprickor, förvrängning eller andra tecken på skada eller slitage. Var särskilt noga med pivåbussningarna. Byte av en pivåbussning kräver en hydraulisk press och ett antal mellanlägg, och bör därför överlåtas till en Volvoverkstad som har tillgång till rätt utrustning. Om sådan utrustning finns till hands kan bussningarna pressas ut och

nya monteras. Se till att de hamnar exakt i mitten.

Montering

8 Sätt tvärarmen på plats och skjut in den inre pivåbulten, se till att excenterbrickan hamnar korrekt. Sätt sedan på brickan och den nya muttern på bulten, men dra endast åt den löst tills vidare.
9 För fjäderbenet genom tvärarmen, passa in tvärarmen mot hjälparmen och sätt i den yttre pivåbulten. Sätt på den nya muttern på pivåbulten, men dra bara åt den lätt tills vidare.
10 Passa in fjäderbenets nedre fäste mot tvärarmen och sätt i bulten. Sätt på den nya muttern på bulten, men dra bara åt den lätt tills vidare.
11 Sätt tillbaka hjulet, sänk ner bilen på marken och dra åt hjulmuttrarna till angivet moment.
12 Gunga bilen för att få fjädringens delar att sätta sig och dra sedan åt tvärarmens yttre pivåbult och fjäderbenets nedre fästbult till angivna moment. Se till att märkena som gjordes före demonteringen är mitt för varandra och dra sedan åt tvärarmens inre pivåbult till angivet moment.
13 Passa in krängningshämmarlänkens spindelled mot tvärarmen, sätt på den nya fästmuttern och dra åt den till angivet moment.
14 Avsluta med att kontrollera bakhjulsinställningen enligt beskrivningen i avsnitt 29.

17 Bakre fjädringens hjälparm – demontering, renovering och montering

Observera: *Vid monteringen behövs nya muttrar till den övre länkens och tvärarmens pivåbultar.*

Demontering

1 Demontera styrlänken enligt beskrivning i avsnitt 15.
2 Skruva loss fästskruvarna/hållarna och ta bort täckkåpan som sitter över hjälparmens främre ände **(se bilder)**.
3 Se kapitel 9 och utför följande åtgärder:
a) *Koppla loss handbromsvajern från bromsoket, skruva loss fästmuttern/bultarna och lossa vajern från hjälparmen.*
b) *Demontera bromsskivan.*
c) *Koppla loss ABS-givarens kontaktdon och lossa kablarna så att givaren kan tas bort tillsammans med hjälparmen. Om hjälparmen ska bytas, ta loss givaren helt.*
4 Om hjälparmen ska bytas, demontera navet enligt beskrivningen i avsnitt 10. Skruva loss fästbultarna och ta loss bromsskölden och okets fästbygel från armen.
5 Stöd tvärarmen och skruva loss de muttrar och pivåbultar som håller fast den övre länken och tvärarmen vid hjälparmen.

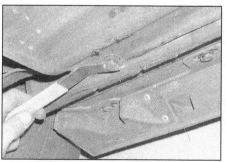

17.2a Skruva loss fästskruvarna/hållarna . . .

17.2b . . . och ta bort täckkåpan för att komma åt hjälparmens främre fäste (vänster sida visas)

17.13 Alla fästen för tvärarmen måste dras åt till angivet moment med bilen vilande på hjulen

6 Skruva loss den främre bulten mellan hjälparmen och karossen och ta bort armen.

Renovering

7 Rengör hjälparmen och området runt armens fästen noggrant och torka bort alla spår av smuts och underredsbehandling. Leta sedan ingående efter sprickor, förvrängning eller andra tecken på slitage eller skada. Var särskilt noga med den främre pivåbussningen. Byte av pivåbussningen kräver en hydraulisk press och ett antal mellanlägg, och bör därför överlåtas till en Volvoverkstad som har tillgång till rätt utrustning. Om utrustning finns till hands kan bussningen pressas ut och en ny monteras; se till att den hamnar exakt mitt i armen.

Montering

8 Sätt armen på plats och sätt tillbaka dess främre fästbult, men dra bara åt den lätt tills vidare.
9 Sätt i de pivåbultar som håller fast den övre länken och tvärarmen vid hjälparmen. Sätt på de nya muttrarna men dra bara åt dem lätt tills vidare.
10 Om så är aktuellt, montera tillbaka bromsokets fästbygel och bromsskölden på hjälparmen och dra åt fästbultarna till angivet moment. Montera sedan tillbaka navet enligt beskrivning i avsnitt 10.
11 Utför följande enligt instruktionerna i kapitel 9:
 a) Sätt tillbaka bakhjulets ABS-givare (om den demonterats) och anslut kontaktdonet.

18.1 Skruva loss muttern för krängningshämmarens länk

b) Montera bromsskivan och bromsoket.
c) Anslut handbromsvajern till hjälparmen och bromsoket och justera vajern.
12 Montera tillbaka styrlänken enligt beskrivning i avsnitt 15.
13 Med bilen stående på hjulen, gunga den så att hjälparmen sätter sig. Dra sedan åt tvärarmens yttre pivåbult, den övre länkens yttre pivåbult och hjälparmens främre fästbult till angivna moment (se bild). När alla bultar har dragits åt ordentligt, sätt tillbaka kåpan på underredet.
14 Avsluta med att kontrollera bakhjulsinställningen enligt beskrivningen i avsnitt 29.

18 Bakre fjädringens krängningshämmarlänk – demontering och montering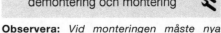

Observera: *Vid monteringen behövs nya muttrar till länken.*

Demontering

1 Med bilen stående på hjulen, skruva loss muttern som håller fast länken vid krängningshämmaren och ta bort den övre brickan och gummimellanlägget (se bild).
2 Skruva loss muttern som håller fast länkens spindelled vid tvärarmen. Ta sedan bort länken tillsammans med krängningshämmarens nedre gummimellanlägg och bricka. Om så behövs, förhindra att spindelleden roterar genom att hålla fast den med en insex- eller Torxnyckel medan muttern lossas.
3 Undersök länkens spindelled och krängningshämmarens gummimellanlägg och byt ut dem om de är slitna eller skadade. Muttrarna måste alltid bytas, oavsett skick.

Montering

4 Sätt på den nedre brickan och gummimellanlägget på länken, sätt sedan länken på plats. Passa in länken mot krängningshämmaren, sätt på det övre gummimellanlägget och brickan och skruva på den nya muttern.
5 Sätt in spindelleden i tvärarmens fästbygel, sätt på den nya fästmuttern och dra åt den till angivet moment.
6 Dra åt muttern som håller fast länken vid

18.6 Mät gängorna som syns ovanför muttern

krängningshämmaren tills 3 till 5 mm av länkens gängor är synliga (se bild).

19 Bakre fjädringens krängningshämmare – demontering och montering

Observera: *Vid monteringen måste nya muttrar till länkarna användas.*

Demontering

1 Med bilen stående på hjulen, skruva loss bultarna till krängningshämmarens fästklamrar och ta bort båda klamrarna.
2 Skruva loss de muttrar som håller fast länkarna vid ändarna av krängningshämmaren. Ta bort den övre brickan och gummimellanlägget på varje länk.
3 Lirka ut krängningshämmaren från under bilen och ta bort fästbussningarna. Notera exakt hur de sitter. Ta även bort de nedre gummimellanläggen och brickorna från länkarna och förvara dem tillsammans med krängningshämmaren.
4 Undersök noggrant om krängningshämmarens delar är slitna eller skadade. Var särskilt noga med fästbussningarna och mellanläggen. Byt ut komponenter som är i dåligt skick.

Montering

5 Skjut fästbussningarna på plats på krängningshämmaren, sätt sedan tillbaka de nedre brickorna och gummimellanläggen på länkarna.
6 För krängningshämmaren på plats, se till att den plana ytan på varje fästbussning är vänd mot fästbygeln, sätt sedan tillbaka fästklamrarna. Se till att klamrarna sitter som de ska mot gummidelarna, sätt sedan i fästbultarna men dra bara åt dem för hand tills vidare.
7 Passa in krängningshämmarens ändar med länkarna och sätt på de övre gummimellanläggen och brickorna. Sätt på de nya muttrarna på länkarna och dra åt var och en tills 3 till 5 mm av länkens gängor är synliga.
8 Gunga bilen för att få krängningshämmaren att sätta sig och dra sedan åt fästklammerbultarna till angivet moment.

20 Ratt – demontering och montering

⚠ *Varning: Läs varningarna i kapitel 12 innan arbetet utförs.*

Demontering

1 Demontera krockkudden enligt beskrivningen i kapitel 12, avsnitt 25.
2 Ställ framhjulen rakt fram och aktivera rattlåset.

3 Skruva loss rattens fästmutter **(se bild)**. Håll fast ratten när muttern lossas – lita inte helt på rattlåset, det kan ta skada. Märk ratten och rattstångens axel i förhållande till varandra.
4 Skruva loss låsskruven från plastremsan och sätt fast den ordentligt i tappen på krockkuddens kontaktenhet. Dra åt den lätt för att låsa enheten på plats **(se bilder)**. Försök **inte** att vrida kontaktenheten när låsskruven väl är på plats.
5 Lyft av ratten från rattstångens splines. Se till att inte skada kontaktenhetens kablage **(se bild)**.

> **HAYNES TiPS** *Om ratten sitter hårt, slå upp den med handflatan nära mitten, eller vrid den från sida till sida och dra samtidigt uppåt för att lossa den.*

Montering

6 Före monteringen, se till att blinkersbrytaren står i mittläget. Om inte kan tappen på ratten bryta av fliken på brytaren när ratten sätts tillbaka.
7 Dra kontaktenhetens kablage genom hålet i ratten, sätt fast ratten på rattstångens splines och passa in den mot de märken som gjordes vid demonteringen.
8 Sätt tillbaka rattens fästmutter och dra åt den till angivet moment.
9 Skruva loss låsskruven från kontaktenhetens tapp, sätt tillbaka den på plastremsan och skruva tillbaka den i ratten.
10 Montera krockkudden enligt beskrivningen i kapitel 12, avsnitt 25.

21 Rattstång – demontering, kontroll och montering

Demontering

1 Koppla loss kabeln från batteriets minuspol (se *Koppla ifrån batteriet*).
2 Demontera ratten enligt beskrivning i avsnitt 20.
3 Skruva loss fästskruvarna (den nedre skruven sitter bakom ett lock) och ta bort den

20.3 Skruva loss rattens fästmutter

20.4b . . . och skruva in den i krockkuddens kontaktenhet. Dra åt den lätt för att låsa enheten på plats

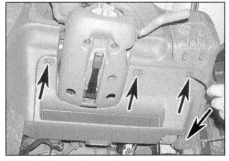

21.3a Skruva loss skruvarna (vid pilarna) och ta bort den nedre panelen från instrumentbrädan på förarsidan . . .

20.4a Skruva loss låsskruven från plastremsan . . .

20.5 Demontera ratten och mata kablarna genom öppningen i ratten när den tas bort

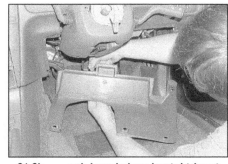

21.3b . . . och koppla loss kontaktdonet från fotbrunnens belysning

nedre panelen från instrumentbrädan på förarsidan. Koppla loss kablaget från fotbrunnsbelysningen **(se bilder)**.

4 Lossa höjdjusteringsarmen, skruva sedan loss fästskruvarna och ta bort rattstångskåporna **(se bilder)**.

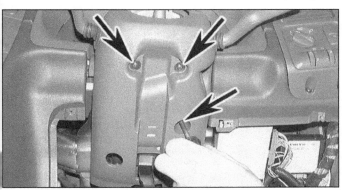

21.4a Skruva loss fästskruvarna (vid pilarna) . . .

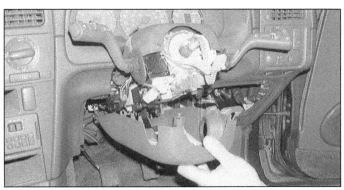

21.4b . . . och ta bort rattstångskåporna

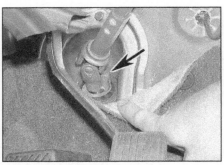

21.7 Vik undan mattan för att komma åt rattstångens nedre klämbult (vid pilen)

5 Demontera kombinationsbrytarens hållare från rattstången enligt beskrivningen i kapitel 12, avsnitt 4.
6 Koppla loss kontaktdonet från tändningslåset och ta loss kablaget från rattstången.
7 Gör inpassningsmarkeringar med färg eller märkpenna på rattstångens universalknut och styrväxelns pinjong. Skruva sedan loss klämbulten (se bild).
8 Skruva loss rattstångens fästmuttrar och bultar. Lossa sedan rattstången från styrväxelns pinjong och flytta undan den (se bild).

Kontroll

9 Innan rattstången monteras, undersök stången och fästena för att se om de är deformerade eller på annat sätt skadade och byt ut delar som inte är i bra skick. Undersök axeln och se efter om det förekommer glapp i styrstångsbussningarna, om universalknutarna är skadade eller kärvar i lagren, och om den nedre knuten är sliten. Om slitage eller skada hittas på universalknutens eller axelns bussningar måste hela rattstången bytas ut.

Montering

10 Sätt rattstången på plats och passa in dess universalknut mot styrväxelns pinjong med hjälp av de markeringar som gjordes före demonteringen.
11 Sätt rattstången i dess fästen, sätt sedan tillbaka fästmuttrarna och bultarna och dra åt dem till angivet moment.
12 Sätt i klämbulten till rattstångens universalknut och dra åt den till angivet moment.

22.4 Demontering av rattlås-/tändningslåscylindern

13 Återanslut kontaktdonet till tändningslåset och montera sedan tillbaka brytaren på rattstången. Se till att alla kablar dras korrekt och att de hålls fast av alla relevanta klämmor och kabelband.
14 Fäst rattstångens övre kåpa ordentligt på plats och montera därefter den nedre kåpan. Dra åt fästskruvarna ordentligt. Sätt därefter tillbaka den nedre panelen på instrumentbrädan.
15 Montera ratten enligt beskrivningen i avsnitt 20.

22 Tändningslås/rattlås – demontering och montering

Låscylinder

Demontering

1 Koppla loss kabeln från batteriets minuspol (se Koppla ifrån batteriet).
2 Lossa höjdjusteringsarmen, skruva sedan loss fästskruvarna och ta bort rattstångskåporna.
3 Sätt i startnyckeln och vrid den till läge 1.
4 Tryck in låscylinderns spärrhake genom att sticka in en 2 mm körnare i hålet i låshuset och dra ut cylindern från huset (se bild).

Montering

5 Sätt in nyckeln i den nya låscylindern och vrid den till läge 1.

21.8 Rattstångens fästmuttrar och bultar (vid pilarna)

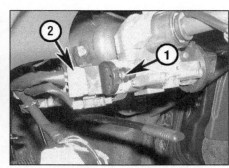

22.18 Tändningslåsets fästskruv (1) och kontaktdon (2)

6 Tryck in spärrhaken med körnaren och skjut låscylindern helt på plats.
7 Kontrollera att låset fungerar som det ska, sätt sedan tillbaka rattstångskåporna (den övre först) och dra åt fästskruvarna ordentligt.
8 Återanslut batterikabeln.

Låshus

Observera: Nya skjuvbultar behövs vid monteringen.

Demontering

9 Demontera rattstången enligt beskrivning i avsnitt 21.
10 Sätt fast rattstången ordentligt i ett skruvstäd, men var försiktig så att du inte skadar rattstångsröret.
11 Knacka runt låshusets klämbultar med en hammare och passande körnare tills de kan skruvas loss för hand. Alternativt kan skjuvbultarnas huvuden försiktigt borras bort.
12 Ta bort bultarna och fästklammern och lyft bort låset från rattstången.

Montering

13 Sätt låset på rattstången, sätt tillbaka fästklammern och sätt i de nya skjuvbultarna.
14 Dra åt skjuvbultarna jämnt och stegvis tills båda är lätt åtdragna. Kontrollera låsets funktion för att se att det sitter rätt monterat, dra sedan åt varje bult tills dess huvud går av.
15 Montera rattstången enligt beskrivningen i avsnitt 21.

Tändningslås

Demontering

16 Koppla loss kabeln från batteriets minuspol (se Koppla ifrån batteriet).
17 Lossa höjdjusteringsarmen, skruva sedan loss fästskruvarna och ta bort den nedre rattstångskåpan.
18 Lossa loss fästskruven och ta bort låsenheten från änden av låshuset. Koppla loss kontaktdonet och ta bort låset från bilen (se bild).

Montering

19 Montering sker i omvänd ordning mot demonteringen. Se till att låsinsatsen passar in korrekt mot låscylinderstiftet.

23 Styrväxel – demontering, renovering och montering

Observera: Ett stödstag eller en motorlyft behövs för att stödja motorn/växellådan medan tvärbalken tas bort.

Demontering

1 Vik undan mattan från rattstången så att det går att komma åt stångens nedre knut. Placera ratten så att det går att komma åt knutens klämbult. Aktivera sedan rattlåset.
2 Skruva loss klämbulten från rattstångens nedre universalknut. Gör inställningsmärken med färg eller märkpenna mellan knuten och

styrväxelns pinjong. Ta sedan loss rattstången från pinjongen.

3 Skruva loss fästbultarna som håller fast styrväxelns tätningsplatta vid torpedväggen. Klipp sedan av kabelbandet (endast tidigare modeller) och lossa plattan från styrväxeln.

4 Klossa bakhjulen, dra åt handbromsen ordentligt och lossa framhjulens muttrar. Lyft upp framvagnen och stöd den på pallbockar. Ta bort båda framhjulen.

5 Ta bort fästskruvarna och hållarna och ta bort kåpan under motorn/växellådan.

6 Demontera det främre avgasröret enligt beskrivningen i kapitel 4C.

7 Skruva loss fästbultarna och ta bort det främre avgasrörets värmesköld (om sådan finns).

8 Fäst ett stödstag eller en motorlyft i lyftkroken på topplocket och använd denna för att lyfta motorn/växellådan. Alternativt, stöd motorn/växellådan underifrån med en domkraft och ett träblock.

9 Skruva loss de genomgående bultarna från de främre och bakre fästena. Skruva sedan loss fästbultarna och ta bort tvärbalken från motorns/växellådans undersida. Ta loss de övre och nedre fästgummina och mellanläggen från tvärbalkens fästen. Notera exakt hur de sitter. Byt ut fästgummina om de är slitna eller skadade.

10 Skruva loss motorns/växellådans bakre fäste och ta bort det från växellådshuset.

11 För att komma åt styrväxeln bättre, flytta motorn/växellådan något framåt och säkra enheten genom att sticka in ett träblock mellan växellådan och kryssrambalken. Se till att kablage/rör/slangar inte belastas när motorn/växellådan flyttas, genom att lossa alla nödvändiga klämmor och kabelband.

12 Skruva loss fästbultarna, ta loss klämmorna och ta bort värmeskölden från styrväxelhuset.

13 Kläm ihop matar- och returslangarna nära servostyrningens vätskebehållare med bromsslangklämmor för att minimera vätskespill under följande moment.

14 Märk anslutningarna så att de kan anslutas korrekt vid monteringen. Skruva sedan loss matar- och returrörens anslutningsmuttrar från styrväxeln. Var beredd på att vätska kommer att läcka ut och ställ en lämplig behållare under rören när anslutningsmuttrarna skruvas loss.

15 Lossa servostyrningsrören från alla fästklämmor och flytta bort dem från styrväxeln. Ta loss tätningsringarna från röranslutningarna och plugga igen rören och öppningarna i styrväxeln, för att förhindra att vätska läcker ut och att smuts kommer in i systemet. Kasta tätningsringarna, nya måste användas vid monteringen.

16 Dra loss saxsprintarna och skruva sedan loss fästmuttern från var och en av styrlederna. Lossa båda styrlederna från hjulspindlarna. Om de sitter hårt, använd en styrledsavdragare.

17 Skruva loss fästbultarna och ta loss styrväxelns fästklamrar från kryssrambalken.

Ta bort styrväxeln från under bilen, tillsammans med fästgummina.

Renovering

18 Undersök styrväxeln och leta efter tecken på slitage eller skador. Kontrollera att kuggstången kan röra sig fritt i hela sin längd, utan kärvhet eller överdrivet stort fritt spel mellan styrväxelns pinjong och kuggstången. Undersök alla vätskeanslutningar och leta efter läckage. Kontrollera att alla anslutningsmuttrar är ordentligt åtdragna. Byt ut fästgummina om de är slitna eller skadade.

19 Om styrväxeln behöver renoveras, ta kontakt med en Volvoverkstad eller en styrväxelspecialist. De kan avgöra om den befintliga styrväxeln kan renoveras eller om en ny enhet krävs. De enda delar som enkelt kan bytas av en hemmamekaniker är styrväxelns damasker, styrlederna och styrstagen. Byte av dessa delar beskrivs på annan plats i det här kapitlet.

Montering

20 Se till att styrväxelns och kryssrambalkens fogytor är rena och torra och sätt sedan styrväxeln på plats.

21 Se till att styrväxelns båda fästgummin sitter med den plana ytan vänd mot kryssrambalken. Montera sedan tillbaka fästklamrarna och dra åt fästbultarna jämnt och stegvis till angivet moment.

22 Inuti bilen, sätt tillbaka styrväxelns tätningsplatta på torpedväggen och dra åt fästbultarna ordentligt. Se till att damasken sitter korrekt placerad på styrväxelhuset – på tidigare modeller, fäst den på plats med en ny kabelklämma.

23 Rikta in märkena som gjordes före demonteringen och fäst ihop rattstångsknuten med styrväxelns pinjong. Sätt i klämbulten och dra åt den till angivet moment. Lägg sedan tillbaka mattan.

24 Sätt på nya tätningsringar på servostyrningens rör och återanslut dem till styrväxeln, men dra bara åt anslutningsmuttrarna lätt. Kontrollera först att rören är korrekt dragna och att de hålls på plats av alla relevanta klämmor, dra sedan åt båda.

25 Sätt styrlederna på plats i hjulspindlarna och dra åt fästmuttrarna till angivet moment. Fäst varje mutter på plats med en ny saxsprint. Om saxsprintarnas hål inte är korrekt inpassade vid angivet åtdragningsmoment kan varje mutter dras åt lite till tills hålen hamnar där de ska.

26 Torka bort all spilld vätska. Sätt sedan tillbaka värmeskölden på styrväxeln och fäst den ordentligt.

27 Flytta tillbaka motorn till dess rätta plats och sätt tillbaka det bakre fästet till växellådan. Dra åt fästbultarna till angivet moment.

28 Se till att övre och nedre fästgummin och mellanlägg sitter korrekt i hålen i motorns/växellådans tvärbalk, för sedan tvärbalken på plats. Sätt i fästbultarna och dra åt dem till angivet moment, sätt sedan i de genom-

gående bultarna i motorns/växellådans fästen. Ta bort stödstaget/motorlyften/ domkraften och gunga motorn så att den sätter sig på plats. Dra åt den genomgående bulten i det bakre motor-/växellådsfästet till angivet moment, gör därefter detsamma med den genomgående bulten i det främre fästet.

29 Montera tillbaka avgassystemets värmesköld (om sådan finns) och dra åt dess fästbultar till angivet moment (se kapitel 4C).

30 Montera tillbaka det främre avgasröret enligt beskrivningen i kapitel 4C.

31 Fyll på vätskebehållaren och lufta systemet enligt beskrivning i avsnitt 25.

32 Montera tillbaka den undre kåpan och fäst den ordentligt. Sätt sedan tillbaka hjulen och sänk ner bilen på marken. Dra åt hjulmuttrarna till angivet moment.

33 Avsluta med att kontrollera framhjulsinställningen och justera den om så behövs, enligt beskrivning i avsnitt 29.

24 Styrväxelns gummidamask – byte

1 Demontera styrleden och låsmuttern enligt beskrivningen i avsnitt 27.

2 Märk ut damaskens position på styrstaget, lossa sedan fästklämmorna och dra loss damasken från styrväxelhuset och styrstagsänden.

3 Rengör styrstaget och styrväxelhuset noga med fint slippapper; ta bort alla spår av korrosion, gjutgrader och vassa kanter som kan skada den nya damasken vid monteringen. Skrapa bort allt fett från den gamla damasken och lägg det på den inre styrleden. (Detta förutsätter förstås att inte fettet har läckt ut eller förorenats på grund av att den gamla damasken var skadad. Använd nytt fett om du är osäker, Volvo rekommenderar fett nr 1161001-1.)

4 Dra försiktigt på den nya damasken på styrstagsänden och sätt den på styrväxelhuset. Passa in damaskens yttre kant mot märket som gjordes på styrstaget innan demonteringen. Fäst damasken med nya fästklämmor.

5 Montera styrleden enligt beskrivningen i avsnitt 27.

25 Servostyrningssystem – luftning

1 Detta moment behöver bara utföras om någon del av hydraulsystemet har kopplats bort.

2 Se beskrivningen i *Veckokontroller*, skruva av vätskebehållarens påfyllningslock och fyll på med angiven vätska till den övre markeringen på mätstickan.

3 Lyft upp framvagnen och ställ den på

pallbockar, så att ingen vikt vilar på fram-hjulen.

4 Med motorn avstängd, vrid ratten till fullt utslag fram och tillbaka flera gånger så att all luft tvingas ut. Fyll sedan på vätskebehållaren. Upprepa proceduren tills vätskenivån i behållaren inte sjunker mer.

5 Sänk ner bilen igen och fyll på oljenivån till den övre markeringen på mätstickan.

6 Låt en medhjälpare starta motorn och låt den gå på tomgång med framhjulen riktade rakt fram. Med motorn igång, håll ett öga på vätskenivån i behållaren och fyll på mer om det behövs. Låt medhjälparen långsamt vrida ratten till fullt utslag från sida till sida flera gånger för att tvinga ut eventuell kvarvarande luft ur systemet. Upprepa proceduren tills det inte längre kommer ut några bubblor i vätskebehållaren, stäng sedan av motorn.

7 Kontrollera att vätskenivån når upp till relevant markering på mätstickan och fyll på mer om så behövs. Sätt sedan tillbaka locket på behållaren. **Observera:** *Om onormala ljud hörs från vätskerören när ratten vrids, är det ett tecken på att det fortfarande finns luft i systemet som måste släppas ut.*

26 Servostyrningspump – demontering och montering

Demontering

1 Dra åt handbromsen ordentligt. Lyft upp framvagnen och stöd den på pallbockar.

2 Ta loss fästskruvarna och hållarna och ta bort kåpan under motorn/växellådan.

3 Demontera drivremmen enligt beskrivningen i kapitel 1.

4 Använd bromsslangklämmor och kläm ihop matar- och returslangarna nära servo-styrningens vätskebehållare. Detta minimerar vätskespillet under följande moment.

5 Torka rent runt servostyrningspumpens röranslutningar.

Alla utom GDI motor

6 Lossa fästklämman och koppla loss inmatningsslangen från pumpen. Skruva sedan loss anslutningsmuttern och fäst-klämmans bult och koppla loss utmatnings-röret **(se bild)**. Var beredd på ett visst spill när röret och slangen kopplas loss, och plugga igen slang- och rörändarna samt öppningarna i pumpen, för att minimera spillet och förhindra att smuts kommer in i systemet. Kasta utmatningsrörets tätningsring; en ny måste användas vid montering.

7 Arbeta genom urtagen i pumpens remskiva, skruva loss bultarna som håller den främre fästbygeln till pumpen. Skruva loss bultarna som håller fästbygeln till motorblocket och ta bort fästbygeln från motorn.

8 Skruva loss de bultar som håller pumpen vid den bakre fästbygeln och ta bort pumpen.

GDI motor

9 Skruva loss servostyrningens vätske-behållare och flytta den åt sidan.

10 Arbeta längs vätskeutloppsröret (tryck) och skruva loss rörklamrarna från karossen.

11 Koppla loss kontaktdonet från tryck-kontakten framtill på pumpen och lossa kablaget från fästklämmorna.

12 Lossa (eller klipp av) klämman som håller fast lågtrycksslangen längst upp på pumpen och ta loss slangen.

13 Skruva loss utmatningsrörets anslutnings-bult, ta vara på brickan och O-ringen och ta bort röret från pumpen. Var beredd på vätskespill. Plugga igen pumpens öppningar och rörändarna för att förhindra ytterligare spill och förhindra att smuts kommer in i systemet.

14 Skruva loss pumpens tre fästbultar och ta loss pumpen från motorns fästbygel.

Alla motorer

15 Om servostyrningspumpen är defekt måste den bytas ut. Pumpen är förseglad och kan inte renoveras.

Montering

16 Montering sker i omvänd ordning, tänk på följande:

a) *Montera nya O-ringstätningar och brickor där så behövs, se till att alla anslutningar är rena och att slangar/rör ansluts ordentligt och säkert (använd nya klamrar om så behövs).*

b) *Dra åt pumpens fästbultar ordentligt.*

c) *Montera drivremmen och spänn den enligt beskrivning i kapitel 1.*

d) *Montera den undre kåpan och se till att den hålls säkert på plats av alla skruvar och hållare.*

e) *Avsluta med att lufta systemet enligt beskrivningen i avsnitt 25.*

27 Styrled – demontering och montering

Demontering

1 Dra åt handbromsen, lossa sedan muttrarna på relevant framhjul. Lyft upp framvagnen och ställ den på pallbockar. Ta loss hjulet.

2 Om styrleden ska återanvändas, markera dess läge i förhållande till styrstaget och låsmuttern med en stållinjal och en ritsspets eller liknande.

3 Håll fast styrstaget och skruva loss styr-ledens låsmutter ett kvarts varv. Flytta inte låsmuttern från denna position, eftersom den utgör ett praktiskt referensmärke vid monteringen.

4 Dra loss saxsprinten och skruva sedan loss fästmuttern från styrleden och lossa styrleden från hjulspindeln **(se bild)**. Om leden sitter fast hårt, använd en avdragare.

5 Skruva loss styrleden från styrstagsänden och räkna det **exakta** antal varv som behövs för att få loss den.

6 Om så behövs, räkna det antal gängor som syns mellan styrstagsänden och låsmuttern och skriv upp siffran. Skruva sedan loss låsmuttern och ta loss den från styrstaget.

7 Rengör styrleden och gängorna noga. Byt ut styrleden om dess rörelser är slappa eller

26.6 Skruva loss anslutningsmuttern och koppla loss utmatningsröret från servostyrningspumpen

27.4 Dra loss saxsprinten och skruva loss fästmuttern från styrleden

för stela eller om den är mycket sliten eller skadad på något sätt. Undersök pinnbultens kona och gängor noga. Om styrledsdamasken är skadad måste hela styrleden bytas.

Montering

8 Om så är aktuellt, skruva på låsmuttern på styrstaget så långt att samma antal gängor syns som noterades före demonteringen.

9 Skruva in styrleden på styrstaget lika många varv som noterades vid demonteringen. Styrleden bör då hamna inom ett kvarts varv från låsmuttern, med de märken inpassade som gjordes vid demonteringen.

10 Placera styrleden i hjulspindeln och dra åt dess fästmutter till angivet moment. Fäst muttern på plats med en ny saxsprint. Om saxsprintens hål inte är korrekt inpassat vid rätt åtdragningsmoment kan muttern dras åt en aning tills hålet hamnar där det ska **(se bild)**.

11 Montera hjulet, sänk sedan ner bilen på marken och dra åt hjulmuttrarna till angivet moment.

12 Kontrollera framhjulsinställningen och justera den om så behövs enligt beskrivningen i avsnitt 29. Dra sedan åt styrledens låsmutter till angivet moment.

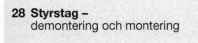

---

28 Styrstag – demontering och montering

Observera: *En ny låsplatta behövs vid monteringen.*

Demontering

1 Demontera styrleden och låsmuttern enligt beskrivning i avsnitt 27.

2 Torka bort all smuts från styrväxeln och damasken. Märk sedan ut damaskens position på styrväxelhuset och styrstaget. Lossa fästklämmorna och dra loss damasken från styrväxelhuset och styrstagsänden.

3 Linda ett lager isoleringstejp runt änden av kuggstången för att förhindra skador, och håll sedan fast kuggstången med en skiftnyckel.

4 Böj tillbaka låsplattan och skruva loss den inre styrleden från kuggstångsänden med en griptång. När leden lossas, håll fast kuggstången med en skiftnyckel för att förhindra att styrväxeln belastas för mycket.

5 Ta loss styrstaget och kasta låsplattan. Undersök styrleden och leta efter tecken på glapp eller kärvande punkter. Kontrollera att själva styrstaget är rakt och oskadat och byt ut det om så behövs. Det rekommenderas även att styrväxeldamasken byts ut.

Montering

6 Sätt på en ny låsplatta på styrleden och skruva sedan in leden i kuggstången.

7 Dra åt styrleden till angivet moment, medan kuggstången hålls fast med en fast nyckel för att förhindra att styrväxeln belastas för mycket. När styrleden dragits åt korrekt, ta

27.10 Dra åt styrledens mutter till angivet moment och fäst den sedan med en ny mutter

bort tejpen från kuggstången och fäst leden genom att böja ner plattan.

8 Se till att styrleden blir ordentligt smord (Volvo rekommenderar fett nr 1161001-1 som finns hos närmaste Volvoverkstad). Skjut sedan försiktigt på damasken på styrstagsänden och sätt på den på styrväxelhuset.

9 Se till att damasken inte är vriden, och passa sedan in dess yttre kanter med märkena som gjordes före demonteringen och fäst den med fästklämmorna.

10 Montera styrleden och låsmuttern enligt beskrivning i avsnitt 27.

---

29 Hjulinställning och styrvinklar – allmän information

Definitioner

1 En bils styrning och fjädring avgörs av fyra grundläggande inställningar och alla vinklar uttrycks i grader. Styraxeln definieras som en tänkt linje som dras genom fjäderbenets axel och om så behövs ner till marken.

2 Camber är vinkeln mellan varje hjul och en vertikal linje som dras genom hjulets mitt och däckets kontaktyta med marken, sett framifrån eller bakifrån. Positiv camber föreligger om hjulen lutar utåt från vertikallinjen i ovankanten. Negativ camber föreligger om de lutar inåt. Framhjulens cambervinkel kan ändras något genom att hjulspindeln flyttas i förhållande till fjäderbenet. Bakhjulens cambervinkel kan justeras genom att tvärarmens inre pivåbult vrids.

3 Caster är vinkeln mellan styraxeln och en vertikal linje som dras genom hjulets mitt och däckets kontaktyta mot marken, sett från sidan. Positiv caster föreligger när styraxeln lutar så att den når marken framför vertikallinjen. Negativ caster föreligger när den når marken bakom vertikallinjen. Castervinkeln kan inte justeras.

4 Toe är skillnaden, sett ovanifrån, mellan linjer som dragits genom hjulens mitt och bilens mittlinje. Toe-in föreligger när hjulen pekar inåt mot varandra i framkanten, toe-ut när de pekar utåt från varandra. Framhjulens toe-inställning kan justeras genom att

styrstaget skruvas in i/ut ur den yttre styrleden, så att styrstagets effektiva längd ändras. Bakhjulens toe-inställning kan justeras genom att styrlänkens pivåbult vrids.

5 KPI (Kingpin inclination, kallas ibland styraxelns lutning) är vinkeln mellan styraxeln och en vertikal linje som dragits genom varje hjuls mitt och däckets kontaktyta mot marken, sett framifrån eller bakifrån. KPI kan inte justeras.

Kontroll och justering

6 Med tanke på den specialutrustning som krävs för kontroll av hjulinställning och styrvinklar, och den erfarenhet som krävs för att kunna använda utrustningen korrekt, bör kontroll och justering av dessa inställningar överlämnas till en Volvoverkstad eller annan expert. Observera att de flesta däckverkstäder nu för tiden har sofistikerad kontrollutrustning. Följande är en guide, om ägaren ändå skulle bestämma sig för att utföra en kontroll själv.

7 För att värdena ska bli korrekta är det viktigt att bilen är olastad, förutom reservhjul och verktygsuppsättning, och att däcken har rätt lufttryck (se *Veckokontroller*). Gunga bilen flera gånger så att alla fjädringskomponenter sätter sig och se till att framhjulen står riktade rakt fram innan mätningarna görs.

Framhjulens toe-inställning

8 Om toe-inställningen ska kontrolleras måste först en hjulinställningsmätare införskaffas – det finns två olika typer. Den ena mäter avståndet mellan hjulens främre och bakre inre kanter, med bilen stillastående. Den andra typen, kallad hasplåt, mäter den faktiska positionen för däckens kontaktyta i relation till vägbanan med bilen i rörelse. Detta uppnås genom att man skjuter eller kör framhjulet över en platta. Plattan rör sig något i enlighet med däckets hasning, vilket visas på en skala. Båda typerna har för- och nackdelar, men båda kan ge goda resultat om de används korrekt och med noggrannhet.

9 Om justering krävs, dra åt handbromsen, lyft upp framvagnen och ställ den på pallbockar. Vrid ratten så långt som möjligt till vänster och mät hur stor del av gängorna som syns på höger styrstagsände. Vrid sedan ratten så långt som möjligt åt höger och mät hur mycket som syns på vänster sida. Om lika mycket av gängorna syns på båda sidor ska efterföljande justeringar göras lika mycket på båda sidor. Om fler gängor syns på ena sidan måste hänsyn tas till detta vid justeringen.

Observera: *Det viktigaste är att det efter justeringen syns lika många gängor på båda styrstagsändarna (Volvo anger att en skillnad på upp till 2 mm kan tillåtas).*

10 Rengör först styrstagets gängor. Om de är korroderade, lägg på rostlösningsmedel innan justeringen påbörjas. Lossa de yttre klämmorna på styrväxelns gummidamasker och vik undan dem. Lägg lite fett på insidan av damaskerna, så att båda är fria och inte

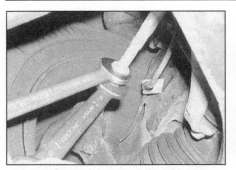

29.11 Håll fast styrleden och skruva loss låsmuttern

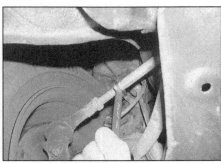

29.12 Justera framhjulens toe-inställning genom att skruva styrstaget in i eller ut ur styrleden

vrids eller belastas när respektive styrstag vrids.

11 På båda sidor, märk ut förhållandet mellan styrstaget och styrleden med en ställinjal och en ritsspets eller liknande. Håll sedan fast varje styrled i tur och ordning och skruva loss låsmuttern helt **(se bild)**.

12 Ändra längden på styrstagen och tänk på det som nämnts i anmärkningen i punkt 9. Skruva dem in i eller ut ur styrlederna med en fast öppen nyckel **(se bild)**. Om styrstagen förkortas (skruvas in i styrlederna) minskar toe-in/ökar toe-ut.

13 När inställningen är korrekt, håll fast styrstagen och dra åt styrledernas låsmuttrar till angivet moment. Se till att styrlederna sitter korrekt i sina fästen. Kontrollera styrstagens längd genom att räkna antalet gängor som syns. Om de inte överensstämmer har inte lika stor justering gjorts på båda sidor, vilket kommer att orsaka problem med däckvibrationer vid kurvtagning. Dessutom kommer rattens ekrar inte längre

att vara horisontella när hjulen pekar rakt fram.

14 Om styrstagen är lika långa (se punkt 9), ställ ner bilen på marken och kontrollera toe-inställningen igen. Justera om den om det behövs. När inställningen är korrekt, dra åt styrledernas låsmuttrar till angivet moment. Se till att gummidamaskerna sitter korrekt och att de inte är vridna eller belastade. Fäst dem på plats med fästklämmorna.

15 Om rattens ekrar inte längre är horisontella när hjulen står riktade rakt fram efter justeringen, demontera ratten och rikta in den (se avsnitt 20).

Framhjulens camberinställning

16 Om det går att få tag i mätutrustning för cambervinkeln, kan den justeras på följande sätt. **Observera:** *Det går bara att justera vinkeln mycket lite.*

17 Fäst mätarna på bilen och kontrollera att cambervinkelns storlek ligger inom de angivna värdena.

18 Om justering krävs, dra åt handbromsen, lyft upp framvagnen och ställ den på pallbockar.

19 Lossa bultarna som håller fast fjäderbenet vid hjulspindeln och ändra cambervinkeln genom att flytta hjulspindeln i förhållande till fjäderbenet. När hjulspindeln sitter som den ska, dra åt båda bultarna till angivet moment och sänk ner bilen.

20 Kontrollera cambervinkeln igen och upprepa inställningsproceduren om så behövs.

Bakhjulens toe-inställning

21 Kontrollera toe-inställningen enligt beskrivningen i punkt 8.

22 Om justering behövs, lossa muttern till styrlänkens inre pivåbult och ändra sedan inställningen genom att vrida bulten. När bulten är i rätt position, håll fast den och dra åt muttern till angivet moment.

23 Kontrollera toe-inställningen igen och upprepa inställningsproceduren om det behövs.

Bakhjulens camberinställning

24 Om det går att få tag i mätutrustning för cambervinkeln kan den justeras på följande sätt.

25 Fäst mätarna på bilen och kontrollera att cambervinkelns storlek ligger inom de angivna värdena.

26 Om justering behövs, lossa muttern till tvärarmens inre pivåbult och ändra sedan vinkeln genom att vrida bulten. När bulten är i rätt position, håll fast den och dra åt muttern till angivet moment.

27 Kontrollera cambervinkeln igen och upprepa inställningsproceduren om det behövs.

Kapitel 11
Kaross och detaljer

Innehåll

Svårighetsgrader

| Enkelt, passar novisen med lite erfarenhet | Ganska enkelt, passar nybörjaren med viss erfarenhet | Ganska svårt, passar kompetent hemmamekaniker | Svårt, passar hemmamekaniker med erfarenhet | Mycket svårt, för professionell mekaniker |

Specifikationer

Åtdragningsmoment — Nm

	Nm
Bagageluckans gångjärnsbultar (sedan)	21
Bagageluckans lås, bultar (sedan)	10
Bakluckans gångjärnsbultar (kombi)	24
Bakluckans lås, bultar (kombi)	10
Bakre stötfångare:	
Fästbultar	50
Fästmuttrar	5
Bakre säkerhetsbälte:	
Bältesspännets bultar	48
Styrningens bultar – sedanmodell	18
Haspelns bult	48
Nedre fästbult	30
Baksätesdynans bultar	23
Dörrarnas gångjärnsbultar	21
Dörrfönster:	
Styrningens bultar	10
Fönsterhissens bultar	8
Bultar mellan fönster och fönsterhiss	8

Dörrlås:

1 Allmän information

Karossen är tillverkad av delar av pressat stål. De flesta komponenterna har svetsats ihop, men ibland används även speciella typer av lim

Motorhuv, dörrar och vissa andra ömtåliga paneler är gjorda av zinkbelagd metall och skyddas dessutom av tålig grundfärg innan de lackeras.

Plast används mycket, framför allt till de inre detaljerna, men även till vissa yttre komponenter. Stötfångare fram och bak samt framgrillen är gjutna av ett syntetmaterial som är mycket starkt men ändå lätt. Plastkomponenter, som hjulhusens innerskärmar, är monterade på bilens undersida för att öka bilens motståndskraft mot rostangrepp.

2 Underhåll – kaross och underrede

Karossens allmänna skick påverkar bilens värde väsentligt. Underhållet är enkelt men måste vara regelbundet. Underlåtenhet, speciellt efter smärre skador, kan snabbt leda till värre skador och dyra reparationer. Det är även viktigt att hålla ett öga på de delar som inte är direkt synliga, exempelvis underredet, under hjulhusen och de nedre delarna av motorrummet.

Tvättning utgör det grundläggande underhållet av karossen – helst med stora mängder vatten från en slang. Detta tar bort all lös smuts som har fastnat på bilen. Det är viktigt att spola bort smutsen på ett sätt som inte skadar lacken. Hjulhusen och underredet måste tvättas rena från lera på samma sätt. Fukten som binds i leran kan annars leda till rostangrepp. Den bästa tidpunkten för tvätt av underrede och hjulhus är när det regnar, eftersom leran då är blöt och mjuk. Vid

körning i mycket våt väderlek spolas vanligen underredet av automatiskt, vilket ger ett bra tillfälle för kontroll.

Med undantag för bilar med vaxade underreden, är det bra att periodvis rengöra hela undersidan av bilen med ångtvätt, inklusive motorrummet. En grundlig kontroll kan då göras och man kan se vilka åtgärder och mindre reparationer som behöver utföras. Ångtvätt finns hos bensinstationer och verkstäder och behövs när man ska ta bort de ansamlingar av oljeblandad smuts som ibland lägger sig tjockt i vissa utrymmen. Om en ångtvätt inte finns tillgänglig finns det några utmärkta avfettningsmedel på marknaden, som man stryker på med en pensel för att sedan spola bort tillsammans med smutsen. Observera att ingen av ovanstående metoder ska användas på bilar med vaxade underreden, eftersom de tar bort vaxet. Bilar med vaxade underreden bör kontrolleras årligen, helst på senhösten. Underredet bör då tvättas av så att skador i vaxlagret kan undersökas och åtgärdas. Helst ska ett helt nytt lager vax läggas på. Överväg även att spruta in vaxbaserat skydd i dörrpaneler, trösklar, balkar och liknande som ett extra rostskydd där tillverkaren inte redan åtgärdat den saken.

Torka av lacken med sämskskinn efter tvätten så att den får en fin yta. Ett lager genomskinlig skyddsvax ger förbättrat skydd mot kemiska föroreningar i luften. Om lacken mattats eller oxiderats kan ett kombinerat tvätt- och polermedel återställa glansen. Detta kräver lite arbete, men sådan mattning orsakas vanligen av att bilen inte har tvättats regelbundet. Metalliclacker kräver extra försiktighet och speciella slipmedelsfria rengörings-/polermedel krävs för att inte ytan ska skadas. Kontrollera alltid att dräneringshål och rör i dörrar och ventilation är öppna så att vatten kan rinna ut. Kromade ytor ska behandlas på samma sätt som lackerade. Glasytor kan hållas fria från smutshinnor med hjälp av glastvättmedel. Vax eller andra medel för polering av lack eller krom ska aldrig användas på glas.

3 Underhåll – klädsel och mattor

Mattorna ska borstas eller dammsugas med jämna mellanrum så att de hålls rena. Om de är svårt nedsmutsade kan de tas ut ur bilen och skrubbas. Se i så fall till att de är helt torra innan de läggs tillbaka i bilen. Säten och klädselpaneler kan torkas rena med en fuktig trasa och speciella rengöringsmedel. Om de smutsas ner (vilket förstås är mer synligt i ljusa inredningar) kan lite flytande tvättmedel och en mjuk nagelborste användas till att skrubba ut smutsen ur materialet. Glöm inte takets insida, håll det rent på samma sätt som klädseln. När flytande rengöringsmedel används inne i en bil får de tvättade ytorna inte överfuktas. För mycket fukt kan komma in i sömmar och stoppning och framkalla fläckar, störande lukter eller till och med röta. Om insidan av bilen blir mycket blöt är det mödan värt att torka ur den ordentligt, särskilt mattorna. Lämna dock inte olje- eller eldrivna värmare i bilen för detta ändamål.

4 Mindre karosskador – reparation

Reparationer av mindre repor i lacken

Om en repa är mycket ytlig och inte har trängt ner till karossmetallen är reparationen mycket enkel att utföra. Gnugga det skadade området helt lätt med lackrenoveringsmedel eller en mycket finkornig slippasta så att lös lack tas bort från repan och det omgivande området befrias från vax. Skölj med rent vatten.

När det gäller metalliclacker är de flesta små repor inte i den själva färgade lacken, utan i det lager ytlack som ligger utanpå, och reporna ser vita ut. Om man är mycket försiktig kan man ibland få dessa att bli mindre uppenbara genom att använda lackrenoveringsmedel (vilket man i vanliga fall inte använder på metalliclack); i andra fall kan man reparera dessa repor med lack och en mycket fin pensel.

Lägg på bättringslack på repan med en fin pensel. Lägg på i många tunna lager till dess att ytan i repan är i jämnhöjd med den omgivande lacken. Låt den nya lacken härda i minst två veckor, jämna sedan ut den mot omgivande lack genom att gnugga hela området kring repan med lackrenoveringsmedel eller en mycket finkornig slippasta. Avsluta med en vaxpolering.

Om repan har gått ner till karossmetallen och denna har börjat rosta krävs en annan teknik. Ta bort lös rost från botten av repan med ett vasst föremål och lägg sedan på rostskyddsfärg så att framtida rostbildning förhindras. Fyll sedan upp repan med spackelmassa och en spackel av gummi eller plast. Vid behov kan spacklet tunnas ut med thinner så att det blir mycket tunt, vilket är idealiskt för smala repor. Innan spacklet härdar, linda en bit mjuk bomullstrasa runt en fingertopp, doppa fingret i thinner och stryk snabbt över spackelytan i repan. Detta gör en mycket liten fördjupning i spackelmassans yta. Lacka sedan över repan enligt anvisningarna ovan.

Reparationer av bucklor i karossen

När en djup buckla har uppstått i bilens kaross är den första uppgiften att försöka räta ut den så att karossen i det närmaste återfår ursprungsformen. Det finns ingen anledning att försöka återställa formen helt, eftersom metallen i det skadade området sträckt sig vid skadans uppkomst och aldrig helt kommer att återta sin gamla form. Det är bättre att försöka ta bucklans nivå upp till ca 3 mm under den omgivande karossens nivå. I de fall där bucklan är mycket grund är det inte värt besväret att räta ut den alls. Om undersidan av bucklan är åtkomlig kan den knackas ut med en träklubba eller plasthammare. När detta görs ska mothåll användas på plåtens utsida så att inte större delar knackas ut.

Skulle bucklan finnas i en del av karossen som har dubbel plåt eller om den av någon annan anledning är oåtkomlig från insidan krävs en annan teknik. Borra ett flertal hål genom metallen i bucklan – speciellt i de djupare delarna. Skruva sedan in långa plåtskruvar precis så långt att de får ett fast grepp i metallen. Dra sedan ut bucklan genom att dra i skruvskallarna med en tång.

Nästa steg är att ta bort lacken från det skadade området och ca 3 cm av den omgivande oskadade plåten. Detta görs enklast med en stålborste eller slipskiva monterad på borrmaskin, men kan även göras för hand med slippapper. Fullborda underarbetet genom att repa den nakna plåten med en skruvmejsel eller filspets, eller genom att borra små hål i det område som

ska spacklas. Detta gör att spacklet fäster bättre.

Se avsnittet om spackling och lackering för att avsluta reparationen.

Reparation av rosthål och revor i karossen

Ta bort lacken från det drabbade området och ca 3 cm av den omgivande oskadade plåten med en sliptrissa eller stålborste monterad i en borrmaskin. Om denna utrustning inte finns tillgänglig kan ett antal ark slippapper göra jobbet lika effektivt. När lacken är borttagen kan rostskadans omfattning uppskattas mer exakt och därmed kan man avgöra om hela panelen (om möjligt) ska bytas ut eller om rostskadan ska repareras. Nya plåtdelar är inte så dyra som de flesta tror och det är ofta snabbare och ger bättre resultat med plåtbyte än att försöka reparera större rostskador.

Ta bort alla detaljer från det skadade området, utom dem som styr den ursprungliga formen av karossdelen, exempelvis lyktsarger. Ta sedan bort lös eller rostig metall med plåtsax eller bågfil. Knacka kanterna något inåt så att det bildas en grop för spackelmassan.

Borsta av det drabbade området med en stålborste för att få bort allt rostdamm från ytan. Måla området med rostskyddsfärg, om möjligt även på baksidan.

Innan spacklingen kan påbörjas måste hålet blockeras på något sätt. Detta kan göras med nät av plast eller aluminium eller med aluminiumtejp.

Nät av plast eller aluminium, eller glasfiberväv, är antagligen det bästa materialet för ett stort hål. Skär ut en bit som är ungefär lika stor som det hål som ska fyllas, placera det i hålet så att kanterna är under nivån för den omgivande plåten. Ett antal klickar spackelmassa runt hålet fäster materialet.

Aluminiumtejp bör användas till små eller mycket smala hål. Klipp av en bit av ungefärlig storlek och fäst tejpen över hålet. Flera remsor kan läggas bredvid varandra om bredden på en inte räcker till. Tryck ner tejpkanterna med ett skruvmejselhandtag eller liknande så att tejpen fäster ordentligt på metallen.

Karossreparationer – spackling och sprutning

Se tidigare anvisningar beträffande reparation av bucklor, repor och rost- och andra hål innan beskrivningarna i det här avsnittet följs.

Många typer av spackelmassa förekommer. Generellt sett är de som består av grundmassa och härdare bäst vid denna typ av reparationer. Vissa av dem kan användas direkt från förpackningen. En bred och följsam spackel av plast eller gummi är ett ovärderligt verktyg för att skapa en väl formad spackling med fin yta.

Blanda lite massa och härdare på en skiva av exempelvis kartong eller masonit. Följ tillverkarens instruktioner och mät härdaren noga, i annat fall härdar spacklet för snabbt eller för långsamt. Bred ut massan på det

förberedda området med spackeln, dra spackeln över massan så att rätt form och en jämn yta uppstår. Så snart massan har antagit en någorlunda korrekt form bör arbetet avbrytas – om man håller på för länge blir massan kletig och börjar fastna på spackeln. Fortsätt lägga på tunna lager med ca 20 minuters mellanrum till dess att massan är något högre än den omgivande plåten.

När massan har härdat kan överskottet tas bort med hyvel och fil. Använd därefter våtslippapper, börja med nr 40 och avsluta med nr 400. Linda alltid papperet runt en slipkloss, annars blir inte den slipade ytan plan. Vid slutpoleringen ska slippapperet då och då sköljas med vatten. Detta skapar en mycket slät yta på massan i slutskedet.

I det här stadiet bör bucklan vara omgiven av en ring med ren plåt som i sin tur omges av en lätt ruggad kant av den oskadade lacken. Skölj av reparationsområdet med rent vatten tills allt slipdamm är borta.

Spruta ett tunt lager grundfärg på hela reparationsområdet. Då avslöjas mindre ytfel i spacklingen. Laga dessa med ny spackelmassa eller filler och slipa av ytan igen. Massan kan tunnas ut med thinner så att den blir mer lämpad för riktigt små gropar. Upprepa denna sprutning och reparation till dess att du är nöjd med spackelytan och den ruggade lacken. Rengör ytan med rent vatten och låt den torka helt.

Ytan är nu klar för lackering. Färgsprutning måste utföras i ett varmt, torrt, drag- och dammfritt utrymme. Detta kan förstås åstadkommas inomhus om du har tillgång till ett större arbetsområde, men om arbetet måste äga rum utomhus är valet av dag av stor betydelse. Om arbetet utförs inomhus kan golvet spolas med vatten – detta binder damm som annars virvlar i luften. Om reparationen är begränsad till en panel måste de omgivande panelerna maskas av. Detta minskar effekten av en mindre missanpassning mellan färgerna. Dekorer och detaljer (kromlister, handtag med mera) ska även de maskas av. Använd riktig maskeringstejp och flera lager tidningspapper till detta.

Innan du börjar spraya, skaka burken ordentligt och spruta på en provbit, till exempel en konservburk, tills du behärskar tekniken. Täck sedan arbetsytan med ett tjockt lager grundfärg, uppbyggt av flera tunna skikt. Polera därefter grundfärgsytan med nr 400 våtslippapper tills den är slät. Medan detta utförs ska ytan hållas våt och papperet ska då och då sköljas i vatten. Låt torka innan mer färg läggs på.

Spruta på färglagret och bygg upp tjockleken med flera tunna lager färg. Börja spruta i mitten av reparationsytan och arbeta utåt med cirklande rörelser tills hela reparationsytan och ca 5 cm av den omgivande lackeringen täcks. Ta bort maskeringen 10-15 minuter efter det sista färglagret har lagts på.

Låt den nya lacken härda i minst två veckor.

6.4 Ta bort hållarna/skruvarna som håller hjulhusets innerskärm vid stötfångaren

6.5 Koppla loss strålkastarspolarslangen från T-kopplingen

orsaka stora belastningar på komponenter i styrning och fjädring och möjligen kraftöverföringen, med åtföljande slitage och förtida haveri, i synnerhet i komponenter som däcken.

Jämna sedan ut den nya lackens kanter mot den gamla med en lackrenoverare eller en mycket fin slippasta. Avsluta med en vaxpolering.

Plastdetaljer

Biltillverkarna använder allt oftare plastkomponenter i karosserna (t.ex. stötfångare, spoilers och i vissa fall större karosspaneler). Att åtgärda allvarligare skador på sådana delar blir oftast en fråga om att antingen överlämna arbetet åt en specialist, eller byta ut hela komponenter. Hemmareparationer av dessa skador är inte rimliga på grund av kostnaden för den specialutrustning och de speciella material som krävs. Principen för sådana här reparationer är dock att en skåra tas upp längs med skadan med en roterande rasp i en borrmaskin. Den skadade delen svetsas sedan ihop med en varmluftspistol och en plaststav i skåran. Plastöverskott tas sedan bort och ytan slipas ner. Det är viktigt att rätt typ av plastlod används – plasttypen i karossdelar kan vara av olika typ (t.ex. PCB, ABS, polypropylen).

Mindre allvarliga skador (skrapningar, små sprickor) kan lagas av hemmamekaniker med en tvåkomponents epoxymassa. Den blandas i lika delar och används på liknande sätt som spackelmassa på plåt. Epoxyn härdar i regel inom 30 minuter och kan sedan slipas och målas.

Om ägaren har bytt en komponent på egen

hand eller reparerat med epoxymassa, återstår svårigheten att hitta en färg som lämpar sig för den aktuella plasten. En gång i tiden kunde inte någon universalfärg användas på grund av det breda utbudet av plaster i karossdelar. Generellt sett fastnar inte standardfärger på plast och gummi, men det finns nu färger och kompletta färgsatser för plast- och gummilackering att köpa hos vissa återförsäljare. Dessa består i princip av förprimer, grundfärg (primer) och färglager. Kompletta instruktioner medföljer satserna, men grundmetoden är att först lägga på förprimern och låta den torka i 30 minuter innan grundfärgen läggs på. Grundfärgen läggs sedan på och får torka i ungefär en timme innan det färgade ytlacket läggs på. Resultatet blir en korrekt färgad del där lacken kan röra sig med materialet, något de flesta standardfärger inte klarar.

5 Större karosskador – reparation

Om riktigt allvarliga skador har uppstått, eller när stora paneler måste bytas eller svetsas in, ska arbetet överlåtas till en specialist. Om det är frågan om en allvarlig krockskada måste en professionell Volvomekaniker med uppriktningsriggar utföra arbetet för att det ska bli framgångsrikt. Förvridna delar kan även

6 Främre stötfångare – demontering och montering

Demontering

1 Förbättra åtkomligheten genom att dra åt handbromsen ordentligt och lyfta upp framvagnen och ställa den på pallbockar.
2 Demontera de främre blinkerslamporna enligt beskrivning i kapitel 12. Detta är inte absolut nödvändigt, men det minskar risken för att man skadar den målade stötfångarens yta under demonteringen (och monteringen). Alternativt, sätt ett antal remsor maskeringstejp på stötfångaren, under strålkastarna och blinkerslamporna.
3 Lossa fästskruvarna/hållarna och ta bort den främre delen av motorns/växellådans skyddskåpa under stötfångaren.
4 Ta bort hållarna och skruvarna som fäster hjulhusens innerskärmar i ändarna av stötfångaren **(se bild)**.
5 Placera strålkastarnas torkararmar ur vägen för strålkastarna. Följ sedan strålkastarspolarslangarna bakåt till T-kopplingen. Koppla loss spolarbehållarens slang från T-kopplingen och plugga igen änden för att minimera vätskespill **(se bild)**.
6 Koppla loss kontaktdonen från strålkastarnas torkarmotorer, dimljusen och stötfångarens sidoljus. Lossa temperaturgivaren (i förekommande fall) från stötfångarens framsida. Ta sedan loss kablaget från fästklämmorna på stötfångaren **(se bilder)**. Ta loss säkringen vid luftrenaren och koppla loss jordledningen för motorvärmaren.
7 Skruva loss skruvarna som fäster stötfångarens ändar vid framskärmarna **(se bild)**.
8 Under bilen, ta bort klämmorna som fäster stötfångarens nedre kant vid karossen. Skruva sedan loss stötfångarens fästbultar

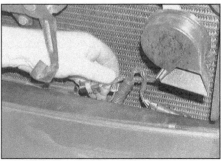

6.6a Koppla loss kablaget från strålkastarnas torkarmotorer och dimljusen . . .

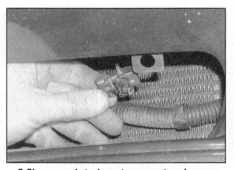

6.6b . . . och ta loss temperaturgivaren från stötfångaren

6.7 Skruva loss skruvarna som håller stötfångarens ändar vid skärmarna

6.8a Ta bort klämmorna från stötfångarens nedre kant . . .

6.8b . . . och ta bort fästbultarna (vid pilarna, ses underifrån) som sitter bakom strålkastarna

6.9 Den främre stötfångaren tas bort

som sitter placerade direkt bakom strålkastarna **(se bilder)**.
9 Ta hjälp av någon och dra stötfångaren framåt och bort från bilen **(se bild)**. Se till att kablaget har lossats från alla relevanta klämmor när stötfångaren tas bort.
10 Undersök stötfångarens fästbyglar och förstärkningsplattan och leta efter skador. Byt ut komponenterna om så behövs.

Montering

11 Montering sker i omvänd ordning mot demonteringen. Se till att dra åt stötfångarens fästbultar ordentligt.

7 Bakre stötfångare – demontering och montering

Demontering

1 Ta bort fästskruvarna/hållarna och ta loss hjulhusens innerskärmar från stötfångarens ändar. Ta bort skruven i var ände som håller stötfångaren till karossen **(se bilder)**.
2 Lossa kontaktdonen till stötfångarens parkeringsljus från karossen. Koppla sedan loss kontaktdonen så att ljusen kan tas bort tillsammans med stötfångaren **(se bild)**.
3 Ta bort hållaren som håller fast stötfångarens nederdel **(se bild)**.
4 Skruva loss fästskruvarna och ta bort bagageutrymmets golvpanel.
5 Dra bort tätningsremsan från nederkanten av bakluckans öppning. Ta sedan bort tröskelns klädselpanel från bagageutrymmets bakre del **(se bild)**.
6 På sedanmodeller, ta bort de bakre hållarna till bagageutrymmets vänstra och högra sidoklädselpaneler (lossa mittskruven några varv och dra sedan ut hela hållaren). Vik sedan klädselpanelernas bakre ändar inåt för att komma åt stötfångarnas fästmuttrar och bultar **(se bild)**. Om du behöver förbättra åtkomligheten ytterligare, ta bort de främre hållarna (sitter bakom baksätets ryggstöd) och ta bort panelerna helt.
7 På kombimodeller, ta bort hållaren/ skruven/skruvarna (efter tillämplighet) som håller fast varje sidopanel i bagageutrymmet

7.1a Skruva loss skruvarna (vid pilarna) och ta ut hjulhusens innerskärmar. . .

baktill. Frigör de bakre ändarna på panelerna och vik dem inåt något så att du kan komma åt stötfångarnas fästmuttrar och bultar. Om så behövs för att förbättra åtkomligheten ytterligare, ta bort bakstolparnas och bagage-

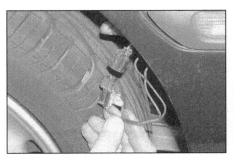

7.2 Lossa kontaktdonen till stötfångarens parkeringsljus från karossen och koppla loss dem

7.5 På kombimodeller, dra bort tätningsremsan och lossa tröskelns klädselpanel

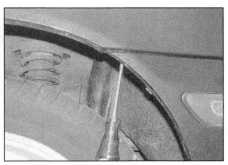

7.1b . . . och skruva loss skruvarna som håller stötfångarens ändar vid karossen

utrymmets övre klädselpaneler och vik in sidopanelerna helt (se kapitel 10, avsnitt 12).
8 Eftersom man riskerar att skada stötfångarens målade yta vid demontering (och montering), rekommenderar vi att man

7.3 Dra ut mittsprinten och ta bort hållaren som fäster stötfångarens nederdel till karossen

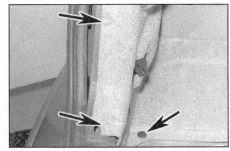

7.6 På sedan modeller, ta loss de bakre hållarna (tre visas med pilar) och vik undan sidoklädseln

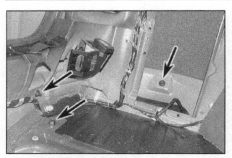

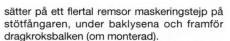

7.9 Stötfångarens fästen på vänster sida visas med bagageutrymmets sidoklädselpanel borttagen

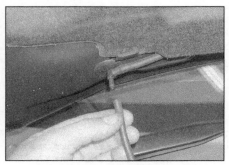

8.3 Koppla loss spolarslangen från motorhuven

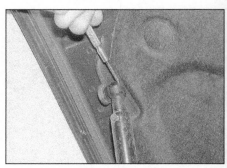

8.4 Stötta motorhuven och koppla loss stödstaget från kulleden

sätter på ett flertal remsor maskeringstejp på stötfångaren, under baklysena och framför dragkroksbalken (om monterad).
9 Ta bort stötfångarens fästbultar (x2) och muttrar (x4). Ta sedan hjälp av någon och lossa stötfångarens ändar från fästena och ta bort stötfångaren från bilen **(se bild)**.

Montering

10 Montering sker i omvänd ordningsföljd. Dra åt fästmuttrarna och bultarna till angivna moment.

8 Motorhuv – demontering, montering och justering

Demontering

1 Öppna motorhuven och lägg trasor under dess hörn för att skydda mot eventuella skador om den halkar.
2 Använd en blyertspenna eller en tuschpenna och rita upp konturerna runt varje gångjärn på motorhuven, som riktlinjer för återmonteringen.
3 Koppla loss spolarslangen från motorhuven **(se bild)**.
4 Låt en medhjälpare hålla motorhuven. Lyft sedan försiktigt fästklämmorna med en liten spårskruvmejsel och haka loss motorhuvsstaget från kulleden på motorhuven **(se bild)**.
5 Skruva loss bultarna mellan motorhuven

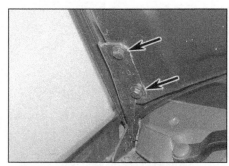

8.5 Skruva loss gångjärnsbultarna (vid pilarna) och ta bort motorhuven

och gångjärnen och ta försiktigt bort motorhuven **(se bild)**.
6 Undersök motorhuvens gångjärn för att se om de är slitna eller glappar vid kulbultarna och byt ut dem om det behövs. Gångjärnen sitter fastskruvade vid karossen. Ta bort skyddspanelen till vindrutetorkarnas motor (se kapitel 12) för att komma åt gångjärnsfästena.

Montering och justering

7 Ta hjälp av din assistent och rikta in motorhuven mot gångjärnen. Sätt i fästbultarna och dra åt dem för hand. Rikta in gångjärnen mot de märken som gjordes vid demonteringen. Dra sedan åt fästbultarna till angivet moment.
8 Fäst motorhuvsstaget på kulleden och se till att det hålls ordentligt på plats av fjäderklämman.
9 Anslut spolarvätskeslangen.

10 Stäng motorhuven och kontrollera att den är korrekt placerad i förhållande till den omgivande karossen. Lossa gångjärnsbultarna om så behövs och rikta om motorhuven. Huvens höjd kan justeras genom att gummistoppen skruvas in eller ut ur motorhuvslåsets tvärbalk. Dra åt motorhuvens bultar till angivet moment när den är korrekt placerad.

9 Motorhuvslåsets vajer – demontering och montering

Demontering

1 Skruva loss motorhuvslåset från tvärbalken och ta loss vajern från låset.
2 Dra åt handbromsen, lossa sedan muttrarna på förarsidans hjul. Lyft upp framvagnen, ställ den på pallbockar och ta bort hjulet.
3 Ta bort fästskruvarna/hållarna och ta loss hjulhusets innerskärm på förarsidan **(se bild)**.
4 Ta loss huvlåsvajern från klämmor och band och dra ut den genom hjulhuset. Notera hur den är dragen.
5 Inuti bilen, skruva loss fästskruvarna (den nedre sitter dold bakom ett täcklock) och ta bort den nedre panelen från instrumentbrädan på förarsidan. Koppla loss kontaktdonet från fotbrunnsbelysningen **(se bilder)**.
6 Skruva loss fästskruvarna, ta loss huvlåsspaken från karossen och haka loss den från vajern.

9.3 Ta bort fästskruvarna/hållarna och ta bort hjulhusets innerskärm på förarsidan

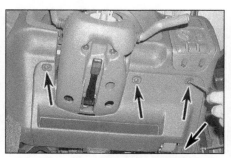

9.5a Skruva loss skruvarna (vid pilarna) och ta loss den nedre panelen från instrumentbrädan på förarsidan . . .

9.5b . . . och koppla loss kablaget från fotbrunnens belysning

7 Gå ut ur bilen igen och dra ut vajern under hjulhuset.

Montering

8 Mata tillbaka vajern genom torpedväggens genomföring och in i passagerarutrymmet.
9 Återanslut låsspaken till vajern och montera sedan spaken vid karossen. Dra åt fästskruvarna ordentligt. Montera den nedre panelen på instrumentbrädan.
10 Dra vajern korrekt under framskärmen och genom bilens främre del. Fäst den med alla nödvändiga klämmor och kabelband.
11 Montera motorhuvslåset enligt beskrivning i avsnitt 10.
12 Kontrollera låsets funktion. Montera sedan hjulhusets innerskärm och därefter hjulet. Sänk ner bilen och dra åt hjulmuttrarna till angivet moment.

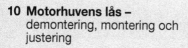

10 Motorhuvens lås – demontering, montering och justering

Demontering

1 Öppna motorhuven och ta bort skyddet (om sådant finns) från huvlåset.
2 Om låset har en mikrobrytare (till larmsystemet), följ kablaget bakåt från brytaren och lossa det från fästklämmorna. Ta loss kontaktdonet från karossen och koppla loss det från huvudkabelhärvan, så att mikrobrytaren kan tas bort tillsammans med låset **(se bild)**.
3 Skruva loss fästbultarna och ta loss låset från tvärbalken. Lossa låsvajern och ta bort låset från bilen **(se bilder)**.

Montering och justering

4 Återanslut låsvajern ordentligt till låset och placera sedan låset på sin plats på tvärbalken. Sätt i låsets fästbultar och dra åt till angivet moment.
5 Om det är tillämpligt, se till att dra mikrobrytarens kablage korrekt och fästa det ordentligt med alla klämmor. Återanslut sedan kontaktdonet och fäst det på plats.
6 Kontrollera låsspakens och vajerns

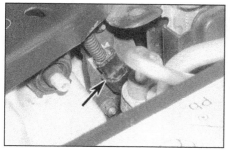

10.2 Koppla loss kontaktdonet till motorhuvens mikrobrytare (vid pilen) och lossa kablaget från klämmorna

10.3b . . . frigör låset från karossen . . .

funktion. Stäng sedan motorhuven och kontrollera att låset fungerar. Om så behövs, justera låset genom att lossa fästbultarna och flytta låset på tvärbalken. Dra åt fästbultarna till angivet moment när låset sitter på rätt plats. Smörj låset med ett flerfunktionsfett och (om det är tillämpligt) montera sedan skyddskåpan.

11 Dörr – demontering, montering och justering

Demontering

1 Koppla loss kabeln från batteriets minuspol (se *Koppla ifrån batteriet*).
2 Använd en hammare och körnare och

10.3a Skruva loss fästbultarna . . .

10.3c . . . och ta loss det från låsvajern (vid pilen)

knacka försiktigt ut valstappen som fäster dörrstoppet vid stolpen **(se bild)**.
3 Om arbetet utförs på framdörren, lossa kabelhärvans damask och fästbricka från stolpen. Tryck sedan in fästklämman och koppla loss dörrens kontaktdon **(se bild)**. Det är i praktiken lättare att koppla loss kontaktdonet om dörren först tas loss från gångjärnen.
4 Om arbetet utförs på bakdörren, lossa kabelhärvans damask och fästbricka från stolpen och dra ut kablaget tills kontaktdonet blir åtkomligt. Lossa fästklämman och koppla loss dörrens kablage från huvudkabelhärvan. Se till att kontaktdonet inte försvinner in i dörren **(se bild)**.
5 På alla dörrar, använd en blyertspenna eller en tuschpenna och rita upp konturerna runt varje gångjärn på dörren som riktlinjer för monteringen.

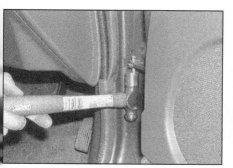

11.2 Knacka ut valstappen och koppla loss dörrstoppet från stolpen

11.3 På framdörren, lossa kabelhärvans damask från stolpen och koppla loss kontaktdonet

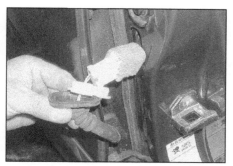

11.4 Dra ut kablaget från bakdörrens stolpe och koppla loss det

11.6 Skruva loss gångjärnsbultarna och ta bort dörren från bilen

11.8 Se till att damasken är korrekt placerad i fästbrickan och sätt sedan brickan på plats i stolpen

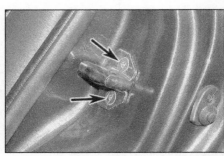

11.14 Justera låsspärren genom att lossa skruvarna (vid pilarna) och flytta den så mycket som behövs

6 Låt en medhjälpare hålla dörren. Skruva loss gångjärnens fästbultar och ta bort dörren från bilen **(se bild)**.
7 Undersök om gångjärnen är slitna eller skadade och byt ut dem om det behövs. Om framdörrens gångjärn ska bytas ut, måste man ta bort hjulhusets innerskärm och ta bort isoleringen som sitter bakom skärmen för att komma åt gångjärnsbultarna. Markera gångjärnets position på karossen, skruva sedan loss fästbultarna och ta bort gångjärnet från bilen. Montera det nya gångjärnet med hjälp av markeringarna och dra åt dess fästbultar till angivet moment.

Montering

8 Ta hjälp av någon, passa in dörren mot bilen och återanslut kontaktdonet ordentligt. Placera sedan kablagets damask på fästbrickan och sätt fast brickan i stolpen **(se bild)**.

9 Sätt tillbaka gångjärnsbultarna, rikta sedan in gångjärnen mot markeringarna som gjordes innan demonteringen och dra åt fästbultarna till angivet moment.
10 Placera dörrstoppet i fästbygeln, sätt tillbaka valstappen och knacka fast den på plats.
11 Kontrollera dörrinställningen och justera om det behövs. Anslut sedan batteriet. Om färgen runt gångjärnen har skadats, måla det skadade området med lämplig påbättringspensel för att förhindra korrosion.

Justering

12 Stäng dörren och kontrollera dörr-justeringen i förhållande till den omgivande karossen. Om så behövs kan dörren justeras något genom att gångjärnens fästbultar lossas och gångjärnen/dörren flyttas. Observera att hjulhusets innerskärm och isoleringen bakom skärmen måste tas bort för

att man ska komma åt bultarna mellan framdörrens gångjärn och karossen.
13 Dra åt gångjärnsbultarna till angivet moment när dörren sitter rätt. Om lacken runt gångjärnen har skadats, måla det skadade området med en lämplig påbättringspensel för att förhindra korrosion.
14 När dörren är korrekt justerad, kontrollera att låsspärren går in mitt i dörrlåset och att den håller dörren ordentligt stängd. Lossa fästskruvarna och justera låsspärrens placering om det behövs **(se bild)**. Dra åt fästskruvarna till angivet moment när spärren är korrekt placerad.

12 Dörrens inre klädselpanel – demontering och montering

Demontering

Observera: *Dörrklädselns utformning varierar beroende på bilens utrustningsnivå. Därför kan placeringen av vissa av klädselfästena vara annorlunda på din bil än i de bilder som visas här.*
1 Koppla loss kabeln från batteriets minuspol (se *Koppla ifrån batteriet*) och fortsätt enligt beskrivningen under relevant underrubrik.

Framdörr

2 Dra bort reglageknoppen (endast manuellt reglerad spegel), lossa den yttre back-spegelns inre klädselpanel och ta bort den från dörren **(se bild)**.
3 Skruva loss fästskruven till infattningen runt dörrlåsets innerhandtag. Lyft sedan handtaget och ta bort infattningen **(se bilder)**.
4 På modeller med manuellt reglerade fönsterhissar, tryck/bänd ut fönsterhiss-handtagets fjäderklämma och ta bort hand-taget och distansen från hissens spindel. Om du inte har tillgång till rätt verktyg **(se bild 12.10.a)**, kan fjäderklämman lossas med hjälp av en tygremsa som läggs mellan handtaget och distansen. Dra i båda ändarna av remsan, uppåt med en "sågande" rörelse för att få tag i fjäderändarna.
5 På alla modeller, ta loss högtalargrillen nedtill på klädselpanelen **(se bild)**.
6 Ta bort skyddslocken (om sådana finns) och skruva loss klädselpanelens fästskruvar

12.2 Ta bort spegelns inre panel från dörren

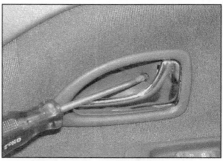

12.3a Skruva loss fästskruven . . .

12.3b . . . och ta bort innerhandtagets infattning

12.5 Ta loss högtalargrillen från dörrens klädselpanel

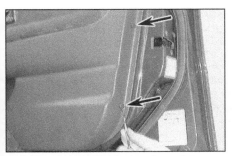

12.6a Ta bort täcklocken (om sådana finns) och skruva loss skruvarna baktill på panelen . . .

12.6b . . . framtill på panelen (vid pilarna) . . .

12.6c . . . och i armstödets förvaringsficka

fram och bak. Ytterligare skruvar sitter i armstödets ficka och det nedre förvarings-utrymmet **(se bilder)**.

7 Ta loss armstödets förvaringsficka från klädselpanelen. Om så behövs, koppla loss kontaktdonet från fönsterhissreglaget när fickan tas bort **(se bild)**.

8 Lossa försiktigt klädselpanelens nederdel från dörren. Lyft sedan panelen uppåt och bort från dörren **(se bild)**. Om så behövs, ta loss kabelhärvan från klädselpanelen och koppla loss relevanta kontaktdon allteftersom de går att komma åt.

Bakdörr

9 Ta försiktigt loss den lilla inre panelen från fönsterkarmens bakre del **(se bild)**.

10 På modeller med manuellt reglerade fönsterhissar, tryck/bänd ut fönsterhiss-handtagets fästklämma. Ta sedan bort handtaget och mellanlägget från fönsterhissens spindel **(se bilder)**. Om du inte har tillgång till det verktyg som visas, kan fjäderklämman lossas med hjälp av en tygremsa som läggs mellan handtaget och distansen. Dra i båda ändarna av remsan, uppåt med en "sågande" rörelse för att få tag i fjäderändarna

11 På alla modeller, skruva loss fästskruven till innerhandtagets infattning. Lyft sedan handtaget utåt och ta bort infattningen **(se bilder)**.

12 Ta bort täcklocken (om sådana finns) och skruva loss klädselpanelens fästskruvar baktill

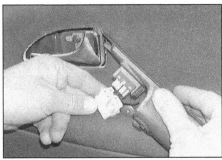

12.7 Ta bort armstödets förvaringsficka från klädselpanelen och koppla loss kontaktdonet

12.8 Lossa klädselpanelens nederkant och lyft bort den från dörren

12.9 Lossa den lilla hörnpanelen från bakdörren

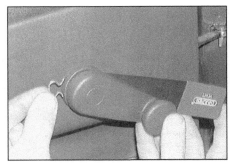

12.10a På modeller med manuellt reglerade fönster, dra ut fästklämman . . .

12.10b . . . och ta bort handtaget och mellanlägget från spindeln

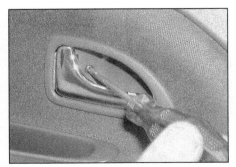

12.11a Skruva loss fästskruven . . .

12.11b . . . och ta bort infattningen från handtaget

12.12a Ta bort täcklocken och skruva loss skruvarna i armstödets förvaringsficka . . .

12.13 Ta bort armstödets förvaringsficka från dörren

och från armstödets förvaringsficka **(se bilder)**.
13 Ta loss armstödets förvaringsficka från klädselpanelen **(se bild)**. Om så behövs, koppla loss kontaktdonet från fönsterhiss-reglaget när fickan tas bort.

13.2 Bänd ut den inre delen av klämman för att lossa länkstaget . . .

13.5b Om klädselpanelens stödfäste sitter fäst med nitar, borra försiktigt bort nitskallarna

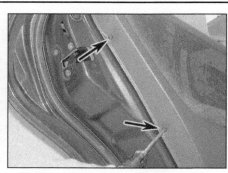

12.12b . . . och i klädselpanelens bakre kant (vid pilarna)

12.14 Lossa klädselpanelens nedre kant och lyft panelen upp och bort från dörren

14 Lossa försiktigt klädselpanelens nederdel från dörren. Lyft sedan panelen uppåt och bort från dörren **(se bild)**. Om så behövs, ta loss kabelhärvan från klädselpanelen och koppla loss relevanta kontaktdon allteftersom de går att komma åt.

13.3 . . . skruva sedan loss skruvarna och ta bort handtaget från dörren

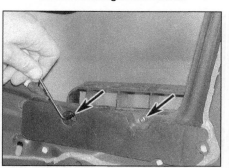

13.6a Skruva loss fästskruvarna (vid pilarna) och ta bort sidokrockkuddens låsgrepp . . .

Montering

15 Montering av klädselpanelen sker i omvänd ordning mot demonteringen. Om så är tillämpligt, se till att alla kablar dras korrekt och går igenom rätt öppningar innan klädsel-panelen fästs på plats.

13 Dörrhandtag och låskomponenter – demontering och montering

Demontering

1 Demontera den inre klädselpanelen enligt beskrivning i avsnitt 12 och fortsätt enligt beskrivningen under relevant underrubrik.

Dörrlåsets innerhandtag

2 Bänd ut den inre delen av klämman som håller handtagets länkstag och ta loss staget från handtaget **(se bild)**.
3 Skruva loss fästskruvarna och ta loss handtaget från dörren **(se bild)**.

Framdörrens lås

4 Ta bort innerhandtaget enligt beskrivningen ovan.
5 Dra försiktigt undan isoleringen baktill på dörren så mycket att du kommer åt låskomponenterna. Om isoleringen ska tas bort helt måste först fästskruvarna skruvas loss och högtalaren och klädselpanelens stödfäste tas bort. På vissa modeller kan stödfästet vara fäst med popnitar. Borra försiktigt bort nitarna och skaffa nya nitar till monteringen **(se bilder)**. **Observera:** *Isoleringen måste bytas ut om den skadas.*

13.5a Dra försiktigt bort isoleringen för att koma åt låskomponenterna

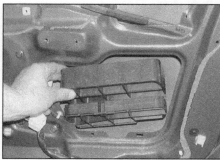

13.6b . . . och insats från dörren

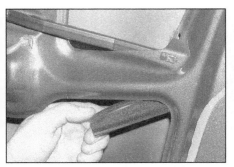

13.7a Ta loss tätningsremsan från den bakre styrningen . . .

13.7b . . . skruva loss fästbulten . . .

13.7c . . . och ta bort styrningen från dörren

13.8 Lossa styrningen från dörren och dra av den från länkstaget

13.9 Lossa låsknappens länkstag från styrningen

13.10a Fästskruvarna lossas (vid pilarna)

13.10b Ta loss ytterhandtagets och låsknappens länkstag . . .

13.10c . . . och lirka ut låsenheten

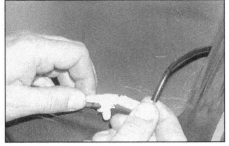

13.12 Frigör och koppla loss mikrobrytarens kontaktdon

6 Skruva loss fästskruvarna och ta bort sidokrockkuddens låsgrepp och insats från dörren **(se bilder)**.

7 Stäng fönstret helt (på modeller med elfönsterhissar måste batteriet och brytaren tillfälligt återanslutas för att detta ska kunna göras). Ta sedan loss fönstrets tätningsremsa från den bakre styrningen. Skruva loss fästskruven nedtill på styrningen, lirka ut styrningen genom öppningen i dörren och ta loss den från kabelklämman **(se bilder)**.

8 Ta loss innerhandtagets länkstags styrning från dörren och dra loss den från länkstaget **(se bild)**.

9 Lossa låsknappens länkstag från styrningen på dörren **(se bild)**.

10 Skruva loss låsets fästskruvar. Ta sedan loss låset från dörren och koppla loss kontaktdonet från centrallåsets aktiverare. Lossa fästklämmorna och ta loss ytterhandtagets och låsknappens länkstag. Lirka sedan ut låsenheten genom öppningen i dörren **(se bild)**.

Framdörrens ytterhandtag

11 Utför åtgärderna i punkt 4 till 8.

12 Lossa försiktigt länkstagen från dörrens låsenhet. Följ kablaget bakåt från låsets mikrobrytare och koppla loss kontaktdonet **(se bild)**.

13 Skruva loss fästbultarna, lossa handtagets inre och yttre delar och ta bort dem från dörren. Om så behövs kan mikrobrytarna sedan lossas från handtaget **(se bilder)**.

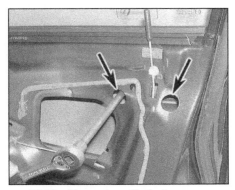

13.13a Skruva loss fästbultarna . . .

13.13b . . . och ta bort den inre . . .

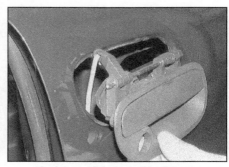

13.13c . . . och den yttre delen av ytterhandtaget

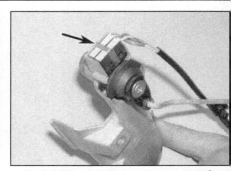

13.13d Mikrobrytarna kan tas loss från handtaget

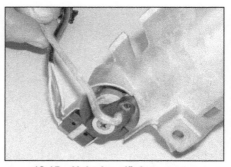

13.15a Haka loss länkstaget . . .

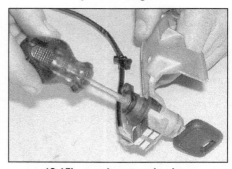

13.15b . . . skruva sedan loss fästskruven . . .

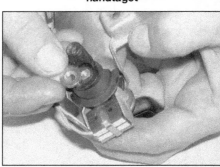

13.15c . . . och ta bort mellanlägget . . .

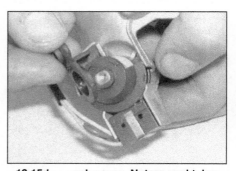

13.15d . . . och veven. Notera exakt hur komponenterna är placerade

Framdörrens låscylinder

14 Ta bort ytterhandtaget från dörren enligt beskrivning tidigare i detta avsnitt.
15 Stick in nyckeln i cylindern. Haka loss länkstaget och skruva loss fästskruven.

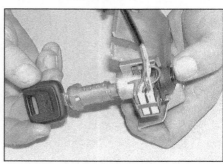
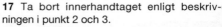

13.16 Dra loss låscylindern från handtaget

Notera sedan mellanläggets och vevens placeringar och ta bort dem medan returfjädern hålls på plats på handtaget **(se bilder)**.
16 Dra bort låscylindern och nyckeln från handtaget **(se bild)**.

Bakdörrens låsenhet

17 Ta bort innerhandtaget enligt beskrivningen i punkt 2 och 3.
18 Ta försiktigt undan bakdörrens isolering så mycket att du kommer åt låskomponenterna. Om isoleringen ska tas bort helt måste klädselpanelens stödfäste först skruvas loss från dörren. På vissa modeller kan stödfästet vara fäst med popnitar. Borra i så fall försiktigt bort nitarna och skaffa nya till monteringen **(se bilder)**.
Observera: *Isoleringen måste bytas ut om den skadas vid demonteringen.*
19 Öppna fönstret (på modeller med elfönsterhissar måste batteriet och brytaren tillfälligt återanslutas för att fönstret ska kunna öppnas). Skruva sedan loss fästskruven och ta bort den lilla yttre panelen i fönstrets bakre hörn **(se bilder)**.
20 Skruva loss fästbultarna som håller

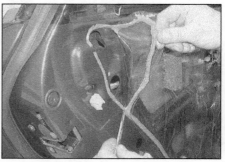

13.18a Dra bort isoleringen för att komma åt låskomponenterna

13.18b Om klädselpanelens stödfäste sitter fast med nitar, borra försiktigt nitskallarna och ta bort fästet

13.19a Skruva loss fästskruven . . .

13.19b . . . och ta bort den lilla hörnpanelen från bakdörren

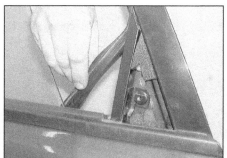

13.20a Ta loss tätningsremsan från styrningen . . .

13.20b . . . skruva sedan loss fästbultarna (vid pilarna) . . .

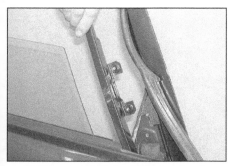

13.20c . . . och ta bort fönsterglasets styrning från dörren

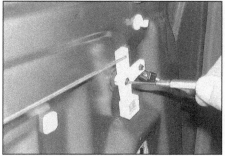
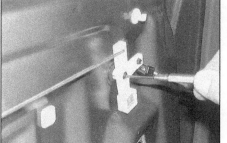

13.21a Tryck ut mittsprinten . . .

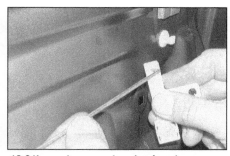

13.21b . . . lossa sedan den inre knappens pivå från dörren och ta loss den från länkstaget

fönsterglasets bakre styrning till dörren. Lossa tätningsremsan från styrningen och ta loss styrningen **(se bilder)**. När styrningen är borttagen, stäng fönstret igen.

21 Lossa fästklämman och ta loss låsets länkstag från den inre knappens pivå. Om

länkstaget är fasthakat på plats, tryck ut mittsprinten och lossa knappens pivå från dörren. Ta sedan loss pivån från änden av staget **(se bilder)**.

22 Lossa ytterhandtagets länkstag från klämman på låsenheten.

23 Skruva loss låsets fästskruvar. Ta sedan loss länkstagen från styrningarna. Ta bort låset från dörren och koppla loss kontaktdonet från centrallåsets aktiverare **(se bilder)**.

Bakdörrens ytterhandtag

24 Utför åtgärderna i punkt 17 till 20.

25 Lossa handtagets länkstag från låset.

26 Ta bort pluggen från dörren och skruva loss handtagets fästbultar. Lossa handtaget från dörren och lirka ut spännbrickan **(se bilder)**.

Montering

27 Montering sker i omvänd ordning, tänk på följande:

a) Dra åt alla muttrar/bultar till angivna moment.

b) Se till att fästa alla länkstag ordentligt och (där så är möjligt) justera dem korrekt. På vissa länkstag kan justeringar utgöras genom att staget omplaceras i fästklämman.

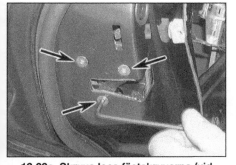

13.23a Skruva loss fästskruvarna (vid pilarna) . . .

13.23b . . . och lossa länkstagen från styrningarna

13.23c Lirka ut låsenheten från dörren . . .

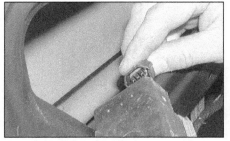

13.23d . . . och koppla loss kontaktdonet från centrallåsets aktiverare

13.26a Ta bort pluggen . . .

13.26b ... skruva loss fästbultarna ...

13.26c ... och ta bort ytterhandtaget från dörren

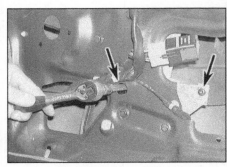

14.5a Lossa fönsterglasets fästbultar ...

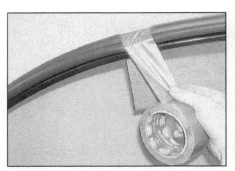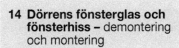

14.5b ... lyft sedan upp glaset helt och tejpa fast det I dörren

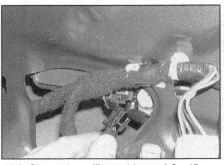

14.6 Skruva loss fönsterhissen från dörren och koppla loss kontaktdonet från motorn

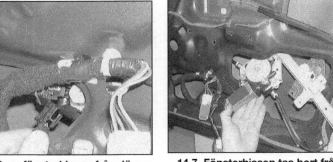

14.7 Fönsterhissen tas bort från dörren

c) Kontrollera låsens/handtagens funktion innan isoleringen sätts tillbaka på dörren och klädselpanelen monteras enligt beskrivning i avsnitt 12.

d) Avsluta med att kontrollera låsets funktion och att dörrens bakre del sluter tätt mot karossen när den är stängd. Om det behövs kan justering utföras genom att fästskruvarna lossas och låsspärren flyttas något. Dra åt fästskruvarna till angivet moment när låsspärren är korrekt placerad.

14 Dörrens fönsterglas och fönsterhiss – demontering och montering

Demontering

1 Ta bort dörrens inre klädselpanel enligt beskrivningen i avsnitt 12 och fortsätt enligt beskrivningen under relevant underrubrik.

Framdörrens fönsterhiss

2 Ta försiktigt loss isoleringen baktill på dörren tillräckligt mycket för att det ska gå att komma åt fönsterhissen. Om isoleringen ska tas bort helt måste högtalaren och klädselpanelens stödfäste först skruvas loss från dörren. På vissa modeller kan stödfästet vara fäst med popnitar. Borra i så fall försiktigt bort nitarna och skaffa nya till monteringen. **Observera:** Isoleringen måste bytas ut om den skadas vid demonteringen.

3 På modeller fram till maj 2000, skruva loss skruvarna och ta bort sidokrockkuddens låsgrepp och insats från dörren.

4 Stäng fönstret helt (på modeller med

elfönsterhissar måste batteriet och brytaren tillfälligt anslutas för att fönstret ska kunna stängas). Ta sedan försiktigt loss fönstrets tätningsremsa från den bakre styrningen. Skruva loss fästskruven längst ner på styrningen, lirka ut styrningen genom öppningen i dörren och ta loss den från kabelklämman.

5 Placera fönstret så att bultarna som fäster fönsterglaset vid fönsterhissen går att komma åt genom öppningen i dörren. Skruva loss båda bultarna. Lyft sedan upp glaset helt och tejpa fast det upptill i dörramen **(se bilder)**.

6 Skruva loss fästbultarna som håller fönsterhissen vid dörren. Koppla sedan loss kontaktdonet från fönsterhissmotorn (om så behövs) **(se bild)**.

7 Ta ut fönsterhissen genom öppningen i dörren **(se bild)**. Observera att fönsterhissen endast går att köpa som en fullständig enhet och inte får tas isär (fast det är förstås ingen

skada skedd om man gör det, eftersom man måste köpa en hel ny enhet ändå).

Bakdörrens fönsterhiss

8 Ta bort dörrlåsets innerhandtag enligt beskrivning i avsnitt 13.

9 Skruva loss fästskruvarna och ta bort klädselpanelens stödfäste från dörren. På vissa modeller kan fästet sitta fast med popnitar. Borra i så fall försiktigt bort nitarna och skaffa nya till monteringen.

10 Dra försiktigt bort isoleringen från dörren. **Observera:** Isoleringen måste bytas ut om den skadas vid demonteringen.

11 Placera fönstret så att bultarna som håller glaset vid fönsterhissen går att komma åt genom öppningen i dörren (på modeller med elfönsterhissar måste batteriet och brytaren tillfälligt återanslutas för att detta ska kunna göras). Skruva loss båda bultarna. Lyft sedan upp glaset helt och tejpa fast det upptill i dörramen **(se bilder)**.

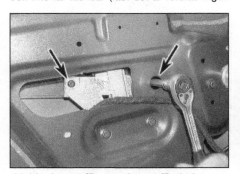

14.11a Lossa fönsterglasets fästbultar ...

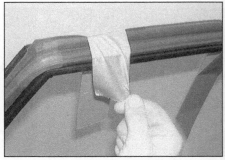

14.11b ... lyft sedan upp glaset helt och tejpa fast det i dörren

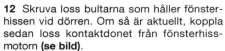

14.12 Skruva loss fästbultarna (vid pilarna) . . .

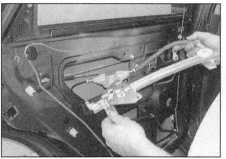

14.13 . . . och lyft ut fönsterhissen ur dörren

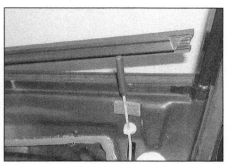

14.15 Lossa fönstrets inre tätningsremsa och ta bort den från dörren

12 Skruva loss bultarna som håller fönsterhissen vid dörren. Om så är aktuellt, koppla sedan loss kontaktdonet från fönsterhissmotorn **(se bild)**.
13 Lyft ut fönsterhissen genom öppningen i dörren **(se bild)**. Observera att fönsterhissen endast går att köpa som en fullständig enhet och inte får tas isär (fast det är förstås ingen skada skedd om man gör det, eftersom man måste köpa en hel ny enhet ändå).

Framdörrens fönster

14 Utför de åtgärder som beskrivs i punkt 2 till 5.
15 Lossa fönstrets inre tätningsremsa och ta bort den från dörren **(se bild)**.
16 Ta loss fönsterglaset från styrningarna och ta bort det från dörren **(se bild)**.

Bakdörrens fönster

17 Utför de åtgärder som beskrivs i punkt 8 till 10.
18 Öppna fönstret (på modeller med elfönsterhissar måste batteriet och brytaren tillfälligt anslutas för att fönstret ska kunna öppnas). Skruva sedan loss fästskruven och ta bort den lilla yttre panelen i det bakre hörnet av fönstret (se bild 13.19a och 13.19b).
19 Skruva loss fästbultarna som håller fönsterglasets styrning vid dörren. Ta loss tätningsremsan från styrningen och ta bort styrningen från dörren (se bild 13.20a till 13.20c).
20 Lossa fönstrets inre tätningsremsa och ta bort den från dörren **(se bild)**.
21 Skruva loss fästskruvarna i ändarna av fönstrets yttre tätningsremsa och ta bort remsan från dörren **(se bilder)**.

22 Placera fönstret så att bultarna som fäster fönsterglaset vid fönsterhissen går att komma åt genom öppningen i dörren. Skruva loss båda bultarna. Lyft sedan glaset uppåt och ut från dörren **(se bild)**.

Montering

23 Montering sker i omvänd ordning mot demonteringen. Tänk på följande:
a) *Se till att alla tätningsremsor monteras korrekt.*
b) *När fönsterglaset sätts tillbaka, se till att det placeras korrekt i styrningarna.*
c) *Vid monteringen av fönsterhissen, sätt i alla fästbultar och dra åt dem för hand. Dra sedan åt de tre bultarna som fäster vevens/motorns fäste till angivet moment. Fäst fönsterglaset i fönsterhissen och skruva i fästbultarna löst. Rör fönsterhissmekanismen upp och ner några gånger så att den hamnar på rätt plats. Dra sedan åt fönsterhissens återstående bultar och fönsterglasets bultar till angivet moment. Stäng fönstret och se till att det sitter som det ska i dörramen. Om det behövs kan fönstret justeras något genom att fästbultarna lossas och fönsterglaset flyttas något i förhållande till fönsterhissen.*
d) *När fönstret är korrekt placerat, fäst isoleringen ordentligt och montera den inre klädselpanelen (se avsnitt 12).*

14.16 Ta ut fönsterglaset ur dörren

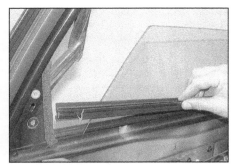

14.20 Lossa fönstrets inre tätningsremsa och ta bort den från dörren

14.21a Ta bort fästskruven i var ände . . .

14.21b . . . och lyft bort fönstrets yttre tätningsremsa

14.22 Ta ut fönsterglaset ur dörren

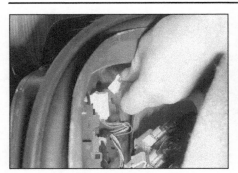

15.3a Koppla loss bagageluckans kontaktdon . . .

15.3b . . . lossa sedan damasken och fästplattan och dra bort kabelhärvan

15.4 Lyft fästklämman och ta loss staget från bagageluckan

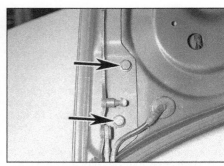

15.6 Skruva loss bultarna (vid pilarna) och lyft bort bagageluckan från bilen

15 Bagagelucka (sedan) – demontering och montering

Demontering

Bagagelucka

1 Öppna bagageluckan, koppla sedan loss kabeln från batteriets minuspol (se *Koppla ifrån batteriet*).
2 Ta loss fästklämman och öppna den lucka i klädselpanelen som täcker den vänstra baklyktan för att komma åt kontaktdonet till bagageluckans kabelhärva, som sitter ovanför baklyktan. För att förbättra åtkomligheten ytterligare, dra loss bagageluckans tätningsremsa, lossa klädselpanelen från tröskeln, ta

sedan bort hållarna som fäster den bakre änden av sidoklädselpanelen och vik denna något inåt.
3 Koppla loss bagageluckans kontaktdon. Ta sedan loss kabelhärvans damask och fästplatta från karossen (se bilder). Dra ut kablaget från karossen tills kontaktdonet blir synligt.
4 Använd en liten spårskruvmejsel, lyft försiktigt fästklämmorna och ta loss stagen från de övre kullederna (se bild).
5 Använd en blyertspenna eller en tuschpenna och rita upp konturerna runt gångjärnen på luckan, som riktlinjer för återmonteringen.
6 Skruva loss fästbultarna och ta bort bagageluckan från bilen (se bild).
7 Undersök gångjärnen och leta efter slitage och glapp i kullederna och byt ut dem om så

behövs. Gångjärnen sitter fast med bultar i karossen.

Stödstag

8 Öppna bagageluckan. Använd en liten spårskruvmejsel och lyft försiktigt upp fästklämmorna och lossa stödstaget från gångjärnets kulleder.

Montering

Bagagelucka

9 Montering sker i omvänd ordning. Rikta in gångjärnen med hjälp av markeringarna som gjordes vid demonteringen. Dra åt fästbultarna till angivet moment.
10 Avsluta med att stänga luckan och kontrollera att den sitter korrekt i förhållande till den omgivande karossen. Om så behövs, lossa gångjärnsbultarna och placera om luckan. Bagageluckans höjd kan justeras genom att gummistoppen skruvas in i eller ut ur luckan. När luckan sitter som den ska, dra åt gångjärnsbultarna till angivet moment. Om lacken runt gångjärnen har skadats, måla det skadade området med en lämplig påbättringspensel för att förhindra korrosion.

Stödstag

11 Montering sker i omvänd ordning. Se till att fästa staget ordentligt.

16 Bagageluckans låskomponenter – demontering och montering

Demontering

Låsenhet

1 Öppna bagageluckan. Ta bort hållarna (skruva loss mittskruven något och dra därefter ut hela hållaren) och lyft sedan loss luckans inre klädselpanel (se bilder).
2 Bänd ut den inre delen av länkstagets klämma och ta loss länkstaget från låsknappen (se bild).
3 Skruva loss fästbultarna och lirka ut låset. Koppla loss kontaktdonen allteftersom de blir åtkomliga (det kan vara bara ett kontaktdon) (se bilder).

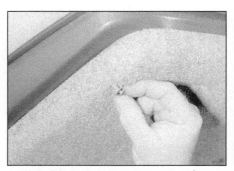

16.1a Skruva loss mittskruvarna något, dra sedan ut hållarna . . .

16.1b . . . och ta bort klädselpanelen från bagageluckan

16.2 Bänd ut den inre delen av fästklämman och ta loss länkstaget från låsknappen

16.3a Skruva loss fästbultarna (vid pilarna) . . .

16.3b . . . och ta bort låset från bagageluckan; koppla loss kontaktdonen

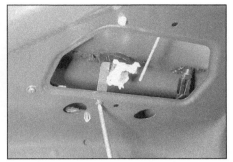

16.5 Skruva loss fästskruven och vrid bort fästbygeln från låsknappen

Låsknapp

4 Utför de moment som beskrivs i punkt 1 och 2.

5 Lossa länkstaget till centrallåsets aktiverare från låsknappen. Skruva sedan loss fästskruven och vrid bort fästbygeln från knappen **(se bild)**.

6 Skruva loss fästmuttrarna och ta bort låsknappens infattning från bagageluckans utsida **(se bild)**.

7 Ta bort låsknappsenheten från luckan **(se bild)**.

Montering

8 Montering sker i omvänd ordning. Tänk på följande:

a) *Se till att alla länkstag blir ordentligt fästa och (om möjligt) korrekt justerade. Vissa länkstag kan justeras genom att staget helt enkelt flyttas i fästklämman.*

b) *Kontrollera låsets/knappens funktion innan klädselpanelen sätts tillbaka.*

c) *Avsluta med att kontrollera låsets funktion igen och se till att bagageluckan hålls ordentligt stängd. Om det behövs kan justering utföras genom att låsspärren skruvas loss och flyttas något. Dra åt skruvarna ordentligt när spärren sitter på rätt plats.*

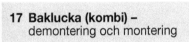

17 Baklucka (kombi) – demontering och montering

Demontering

Baklucka

1 Öppna bakluckan. Koppla sedan loss kabeln från batteriets minuspol (se *Koppla ifrån batteriet*).

2 Skruva loss de två skruvarna i handtagets öppning, lossa klädselpanelen och ta bort den från bakluckan **(se bilder)**.

3 Demontera det högt placerade bromsljuset enligt beskrivning i kapitel 12, avsnitt 7.

4 Koppla loss slangen från bakluckans spolarmunstycke och ta loss muffen och slangen från bakluckan **(se bild)**.

5 Koppla loss kontaktdonen från bakluckans elektriska komponenter och knyt fast ett

16.6 Ta bort låsknappens infattning . . .

snöre vid änden av kablaget. Ta loss kablaget från fästklämmorna. Dra sedan bort det från bakluckan **(se bild)**. När kablagets ände blir synlig, knyt loss snöret och lämna det på

17.2a Skruva loss de två fästskruvarna . . .

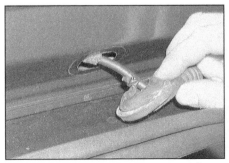

17.4 Koppla loss spolarslangen från munstycket och ta loss den från bakluckan

16.7 . . . och ta bort låsknappen från bagageluckan

plats. Det kan användas till att dra tillbaka kablaget vid återmonteringen.

6 Rita runt gångjärnens konturer på bakluckan med en lämplig penna.

17.2b . . . och ta loss klädselpanelen från bakluckan

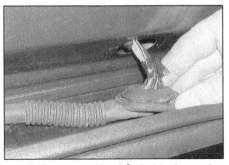

17.5 Ta loss muffen från bakluckan och dra ut kabelhärvan

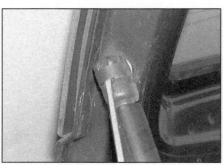

17.7 Lyft fästklämmorna och ta bort stödstaget från bakluckan

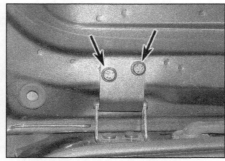

17.8 Skruva loss gångjärnsbultarna (vid pilarna) och ta bort bakluckan från bilen

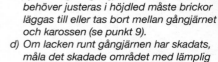

7 Låt en medhjälpare hålla bakluckan. Lyft försiktigt loss fästklämmorna och ta loss de båda stödstagen från kullederna **(se bild)**.
8 Skruva loss bultarna som håller gångjärnen vid bakluckan och ta bort luckan från bilen **(se bild)**.
9 Undersök gångjärnen för att se om de är slitna eller skadade. Om ett gångjärn behöver bytas ut, ta bort de bakre stolparnas övre klädselpaneler (ta bort kupélamporna och högtalargrillarna, skruva loss skruvarna och ta loss panelerna). Lossa sedan takklädseln och sänk ner den, men var noga med att inte vecka den. Markera gångjärnets placering på karossen. Skruva sedan loss fästmuttrarna och ta bort gångjärnet tillsammans med eventuella brickor mellan gångjärnet och karossen. Montera det nya gångjärnet samt

eventuella brickor och dra åt fästmuttrarna ordentligt.

Stödstag

10 Låt en medhjälpare hålla bakluckan. Lyft försiktigt fästklämmorna med en liten spårskruvmejsel och haka loss stödstagen från kullederna.

Montering

Baklucka

11 Montering sker i omvänd ordning. Tänk på följande:
a) Rikta in gångjärnen med märkena som gjordes vid demonteringen. Dra sedan åt gångjärnsbultarna till angivet moment.
b) Innan klädselpanelen sätts tillbaka, anslut

batteriet och kontrollera funktionen hos bakluckans elektriska komponenter.
c) Se till att bakluckan är korrekt placerad i förhållande till den omgivande karossen. Justering kan göras genom att gångjärnsbultarna lossas och luckan flyttas något i gångjärnen. Om bakluckan behöver justeras i höjdled måste brickor läggas till eller tas bort mellan gångjärnet och karossen (se punkt 9).
d) Om lacken runt gångjärnen har skadats, måla det skadade området med lämplig påbättringspensel för att förhindra korrosion.

Stödstag

12 Montering sker i omvänd ordning. Se till att fästa stödstagen ordentligt.

18 Bakluckans låskomponenter – demontering, montering och justering

Demontering

Lås

1 Öppna bakluckan, skruva loss de två skruvarna i handtagsöppningen och ta bort klädselpanelen från luckan.
2 Sträck in handen bakom låset, ta loss fästklämman och koppla loss länkstaget från låset.
3 Skruva loss fästbultarna. Lirka ut låset och koppla loss kontaktdonen allteftersom de går att komma åt **(se bild)**.

Låsknapp

4 Ta bort bakluckans klädselpanel enligt beskrivning i punkt 1.
5 Skruva loss skruvarna och ta bort registreringsskylten från bakluckan.
6 Koppla loss huvudkontaktdonet från bakluckans armatur **(se bild)**.
7 Skruva loss fästmuttrarna och ta bort hela armaturenheten från bakluckan tillsammans med gummitätningen. Tätningen måste bytas ut om den är skadad.
8 Bänd ut den inre delen av klämman på knappens länkstag och ta loss centrallåsets aktiverarstag från knappen.
9 Ta loss låsknappen tillsammans med gummitätningen **(se bild)**.

Montering

10 Montering sker i omvänd ordning. Tänk på följande:
a) När låsknappen monteras, se till att knappen hakar i låsets länkstag ordentligt innan armaturen monteras.
b) Se till att alla länkstag blir ordentligt fästa och (om möjligt) korrekt justerade. Låsets länkstag kan justeras genom att det flyttas i den tvådelade fästklämman **(se bild)**.
c) Kontrollera låsets/knappens funktion innan klädselpanelen och armaturen monteras.

18.3 Ta bort bakluckans lås och koppla loss kontaktdonen

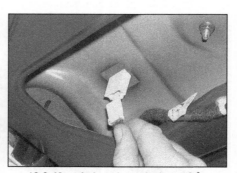

18.6 Koppla loss kontaktdonet från bakluckans armatur

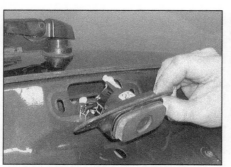

18.9 Ta bort bakluckans låsknapp

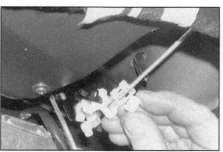

18.10 Justera länkstagets placering i fästklämman, fäst den sedan med den inre delen av klämman

19.2 Fästskruvarna till centrallåsets aktiverare (vid pilarna)

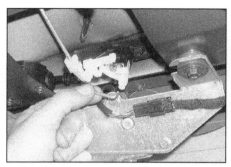

19.4 Ta loss länkstaget från låsknappen

19.5a Skruva loss fästskruvarna . . .

d) Avsluta med att kontrollera låsets funktion igen och se till att bakluckan hålls ordentligt stängd. Om så behövs kan justering utföras genom att låsspärren skruvas loss och flyttas något. Dra åt fästskruvarna ordentligt när spärren sitter där den ska.

19 Centrallåsets komponenter – demontering och montering

Demontering

Dörrlåsets aktiverare

1 Demontera relevant dörrlås enligt beskrivningen i avsnitt 13.
2 Skruva loss fästskruvarna och ta loss aktiveraren från låset **(se bild)**.

Aktiverare till bakluckans lås – kombimodeller

3 Öppna bakluckan, skruva loss de två skruvarna i handtagsöppningen och ta sedan loss klädselpanelen från luckan.
4 Koppla loss aktiverarens länkstag från låsknappen **(se bild)**.
5 Skruva loss de två fästskruvarna och ta bort aktiveraren från bakluckan. Koppla loss kontaktdonet när det går att komma åt **(se bilder)**.

Aktiverare till bagageluckans lås – sedanmodeller

6 Öppna bagageluckan, ta bort hållarna (skruva loss mittskruven något och dra sedan ut hela hållaren) och lyft bort bagageluckans klädselpanel (se bild 16.1a och 16.1b).
7 Koppla loss aktiverarens länkstag från låsknappen **(se bild)**.
8 Skruva loss de två skruvarna och ta bort aktiveraren från bagageluckan. Koppla loss kontaktdonet när det blir åtkomligt **(se bilder)**.

Montering

9 Montering sker i omvänd ordning. Kontrollera centrallåssystemets funktion innan isoleringen/klädselpanelen sätts tillbaka.

20 Elfönsterhissarnas komponenter – allmän information

Fönsterhissreglage

1 Se kapitel 12.

Fönsterhissmotorer

2 I skrivande stund är det oklart om fönsterhissmotorer går att köpa separat eller om hela fönsterhissenheten måste bytas ut samtidigt. Kontakta närmaste Volvoverkstad för den senaste informationen. Demontering och montering av fönsterhissen beskrivs i avsnitt 14.

19.5b . . . och ta bort bakluckans centrallåsaktiverare. Koppla loss kontaktdonet när det går att komma åt

21 Yttre backspeglar och tillhörande komponenter – demontering och montering

Manuellt reglerad spegel

1 Dra bort reglageknoppen från spegelns inställningshandtag. Ta sedan loss spegelns inre klädselpanel från dörren.
2 Skruva loss fästbultarna och ta bort spegeln från dörren. Ta loss isoleringen mellan dörren och spegeln; om den är skadad måste den bytas ut.
3 Montering sker i omvänd ordning. Dra åt fästbultarna till angivet moment.

19.7 Koppla loss länkstaget från låsknappen . . .

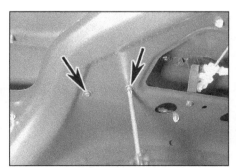

19.8a . . . skruva sedan loss de två fästskruvarna (vid pilarna) . . .

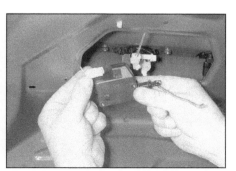

19.8b . . . och ta bort låsets aktiverare. Koppla loss den från kontaktdonet

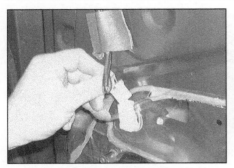

21.5a Koppla loss kontaktdonet . . .

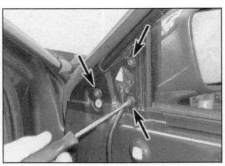

21.5b . . . skruva loss fästskruvarna (vid pilarna) . . .

21.5c . . . och ta bort backspegeln från dörren

Elektriskt reglerad spegel

4 Ta bort dörrens klädselpanel enligt beskrivning i avsnitt 12.

5 Koppla loss spegelns kontaktdon, skruva loss fästbultarna och ta bort spegeln från dörren **(se bilder)**. Ta loss isoleringen mellan spegeln och dörren; om den är skadad måste den bytas ut.

6 Montering sker i omvänd ordning. Dra åt fästbultarna till angivet moment.

Spegelglas

Observera: *Spegelglaset är fäst med klämmor. Glaset går mycket lätt sönder och måste tas bort med stor försiktighet. Om glaset redan är trasigt (ja även om det inte är det), använd handskar för att undvika skärskador.*

7 Vicka spegelglaset helt inåt. För in en skruvmejsel bakom glasets yttre kant, lossa fästklämmorna och bänd sedan försiktigt loss glaset från motorn/justeraren **(se bild)**. Var mycket försiktig och ta inte i för hårt – glaset kan lätt gå sönder.

8 Ta bort glaset från spegeln. Om så behövs, koppla loss kontaktdonen från spegelns värmeelement.

9 Vid montering, anslut eventuella kontaktdon till glaset och fäst glaset vid motorn/justeraren. Var mycket försiktig och tryck endast i mitten av glaset. Se till att glaset sitter fast ordentligt och justera om så behövs.

Spegelreglage

10 Se kapitel 12.

Spegelmotor – elektriskt reglerad motor

11 Ta bort spegelglaset enligt beskrivning i punkt 7 och 8.

12 Skruva loss fästskruvarna och ta bort motorn. Koppla loss kablaget när det blir åtkomligt **(se bild)**.

13 Vid monteringen, återanslut kablaget, sätt motorn på plats och dra åt fästskruvarna ordentligt. Montera sedan spegelglaset enligt beskrivning i punkt 9.

22 Vindrutans och bakrutans fönsterglas – allmän information

Dessa glasrutor hålls ordentligt på plats av tätningsremsan i karossöppningen och sitter fästa med ett särskilt lim. Det är komplicerat, kladdigt och tidsödande att byta ut dessa rutor och arbetet ligger utanför vad en hemmamekaniker normalt klarar av. Om man inte har stor erfarenhet av sådana här arbeten är det mycket svårt att få glaset att sitta säkert och att få fogarna vattentäta. Dessutom är risken stor att glaset spricker; detta gäller särskilt lamellbyggda vindrutor. Med detta i åtanke rekommenderar vi att allt arbete av denna typ överlämnas till en Volvoverkstad eller en specialist på vindrutor.

23 Soltak – allmän information

1 På grund av komplexiteten i soltakets mekanism krävs avsevärd expertis för att reparera, byta eller justera soltakets delar. Om soltaket ska tas bort måste först den inre takklädseln tas bort, vilket är en komplicerad och tidskrävande uppgift, som inte bör underskattas. Eventuella problem med soltaket bör därför överlåtas till en Volvoverkstad.

2 Om soltaksmotorn slutar fungera, kontrollera först säkringen. Om felet inte kan spåras och åtgärdas kan soltaket öppnas och stängas manuellt enligt följande.

3 Bänd försiktigt ut kupélamporns linser från takkonsolen. Skruva sedan loss fästskruvarna och sänk ner konsolen från takklädseln.

4 Ta bort kåpan och skruva loss skruven i mitten av soltaksmotorn. Notera noga hur bricka, shim(s) och distans sitter. Var noga med att hålla ordning på dessa delar, eftersom motorn inte fungerar utan dem.

5 Använd en insexnyckel (det följer med en i bilens verktygslåda) och vrid motorspindeln så att soltaket stängs. Sätt sedan tillbaka distans, shim(s) och bricka korrekt, sätt tillbaka skruven i motorn och dra åt den ordentligt. Montera takkonsolen och dra åt dess fästskruvar, sätt sedan tillbaka lampornas linser. Undersök orsaken till problemet vid första möjliga tillfälle.

24 Yttre karossdelar – demontering och montering

Hjulhusens innerskärmar och underredespaneler

1 De olika plastskärmar och paneler som sitter monterade på bilens undersida hålls på plats med en blandning av skruvar, muttrar och fästklämmor. Hur demontering går till är relativt lätt att förstå vid en inspektion. Arbeta metodiskt runt panelen, ta bort skruvarna och lossa fästklämmorna tills panelen är lös och

21.7 Vicka spegelglaset inåt och ta försiktigt loss det från motorn/justeraren

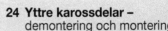
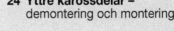

21.12 Spegelmotorns fästskruvar (vid pilarna)

25.5a Ta loss kåpan från sidan av sätet . . .

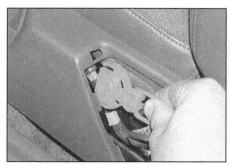

25.5b . . . skjut skyddsverktyget over krockkuddens givare . . .

25.5c . . . och se till att det sätter sig ordentligt på plats

kan tas bort under bilen. De flesta klämmorna kan man helt enkelt bända loss. För andra klämmer gäller att mittskruven/sprinten föst måste skruvas loss/bändas ut innan klämman kan tas bort.

2 Vid återmonteringen, byt ut eventuella fästklämmor som har gått sönder vid demonteringen och se till att panelen fästs ordentligt med alla klämmor och skruvar.

Karossens dekorremsor och emblem

3 Karossens olika dekorremsor och emblem hålls på plats med en särskild fästtejp. Vid demontering måste remsan/emblemet värmas upp så att fästmedlet mjuknar, och därefter skäras bort från karossen. På grund av risken för skador på lacken rekommenderas att det här arbetet överlåts till en Volvoverkstad.

25 Sidokrockkudde (SIPS) – allmän information

 Varning: Innan något arbete utförs på SIPS/krockkudde-systemet, slå av tändningen, koppla loss kabeln från batteriets minuspol (se "Koppla ifrån batteriet"), och vänta i minst 2 minuter innan du fortsätter.

 Varning: På modeller före maj 2000, utsätt inte området på sätet där givaren sitter för någon typ av smäll som kan utlösa sidokrockkudden av misstag.

⚠ **Varning: Utsätt aldrig sätet för temperaturer över 100° C.**

⚠ **Varning: Försök aldrig att ta isär eller reparera sätesenhetens eller krockkuddens komponenter. Alla reparationer ska överlåtas till en Volvo-verkstad.**

⚠ **Varning: Om sidokrockkuddens givare visar tecken på skador måste hela krockkuddeenheten bytas ut hos en Volvoverkstad.**

⚠ **Varning: Volvo anger att sido-krockkuddar ska bytas ut vart tionde år. Enhetens utgångs-datum står på en etikett fäst på förarsidans dörrstolpe.**

Observera: *Se kapitel 12 för information om SRS-systemet (supplementary restraint system) som styr både förarsidans och passa-gerarsidans krockkuddar.*

Framsätenas krockkuddar

Fram till maj 2000

1 Båda framsätena är utrustade med sidokrockkuddar (SIPS). Vid en sidokollision blåser relevant enhet upp sig och formar en kudde mellan föraren/passageraren och dörren och minskar på så sätt kraftigt risken för allvarliga skador. SIPS-systemets komponenter är alla inbyggda i enheten i sätet – det finns inga externa komponenter och sätena är inte ihopkopplade på något sätt.

2 Varje framsätesenhet innehåller en givare och en krockkudde. Givaren är monterad på utsidan av sätesdynans ram och krockkudden sitter monterad på utsidan av sätets rygg-stödsram. Givaren och krockkudden är hoplänkade med två rör som är fyllda med en lättantändlig gas.

3 Givaren är kalibrerad för att utlösa krock-kudden först när kollisionen är så kraftig att den deformerade dörren kommer i kontakt med sätet med en hastighet på 2 m/sekund eller snabbare. Vid mindre kollisioner utlöses inte kudden.

4 Om kollisionen är tillräckligt kraftig deformeras givarens kåpa av dörren, vilket tvingar givarens tändsprint att antända laddningen. Laddningen tänder den lätt-antändliga gasen i rören som länkar givaren till krockkudden och kraften överförs till gasgeneratorerna i krockkudden. Gasgener-atorerna blåser upp kudden på millisekunder och tvingar den att riva sönder sätes-stoppningen för att forma en skyddande kudde mellan förarens/passagerarens bål och dörren. Efter kollisionen töms krockkudden nästan omedelbart.

5 Om arbete utförs på framsätena är det viktigt att skyddsverktyget monteras över krockkuddens givare för att förhindra att systemet utlöses av misstag. Gör detta genom att försiktigt ta loss kåpan bak på sätesdynans sidopanel och ta loss verktyget från hållaren. Skjut försiktigt verktyget över givaren och se till att det hamnar rätt **(se bilder)**. När arbetet är utfört, dra loss

verktyget och fäst det i hållaren igen. Montera kåpan ordentligt på sätet.

6 Observera varningarna i början av avsnittet innan något arbete utförs på framsätena.

Maj 2000 och framåt

7 Krockkuddarna i framsätena på senare modeller är integrerade i en SIPS-enhet som också innehåller krockgardiner. Själva sido-krockkudden sitter fortfarande i sätet och när den utlöses fungerar den på samma sätt som på tidigare modeller. Skillnaden ligger i själva triggningen.

8 Sidokollisionsgivare, monterade i B- och C-stolparna i karossen, övervakar hela tiden eventuella kraftiga kollisioner från sidan. Mindre smällar utlöser inte systemet – endast när det föreligger en allvarlig risk för att karossen ska deformeras aktiveras systemet. Som på tidigare system utlöser endast krockkudden på den sida som direkt träffats av smällen.

9 Eftersom kollisionsgivarna på de senare modellerna inte sitter på sätena, föreligger nu mindre risk för oavsiktligt utlösande av krockkuddarna vid hantering av sätena när dessa har demonterats. Den enda försiktig-hetsåtgärd som måste iakttas är vid losskoppling av framsätets kablage. Detta får **endast** göras minst två minuter efter det att batteriet har kopplats ifrån. Det vore också en bra idé att tejpa upp kontaktdonet när det har kopplats loss, för att undvika att statisk laddning utlöser krockkudden. Se till att tändningen är avslagen när kablaget åter-ansluts igen.

Krockgardiner

10 Krockgardinerna som monterades fr.o.m. maj 2000 vecklar ut sig från takpanelerna som sitter mellan dörrarnas överkanter och takklädseln. De fungerar ungefär på samma sätt som andra krockkuddar – de utlöses av sidokollisionsgivarna som sitter i B- och C-stolparna i händelse av en allvarlig stöt från sidan. Krockgardinens uppgift är att skydda föraren/passageraren från skador på huvud och överkropp.

11 Krockgardinerna påverkar i normala fall inte några av de underhålls- eller reparationsåtgärder som en hemmamekaniker kan tänkas utföra. Det är dock viktigt att ha

26.3 Skruva loss fästbulten och koppla loss säkerhetsbältet från sätet

dem i åtanke om man har tänkt montera eftermarknads utrustning som kanske kräver borrning i närheten av deras placering.

26 Säten – demontering och montering

Framsäten

Observera: *Sidokrockkuddar sitter monterade på framsätena. Läs varningarna i avsnitt 25 innan arbetet påbörjas.*

Demontering

1 Koppla loss kabeln från batteriets minuspol (se *Koppla ifrån batteriet*) och vänta i minst två minuter innan du fortsätter. På modeller fram till maj 2000, se avsnitt 25 och placera skyddsverktyget på sidokrockkuddens givare för att förhindra att systemet oavsiktligt utlöses.

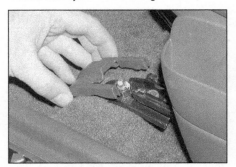

26.5 . . . och den främre, yttre muttern

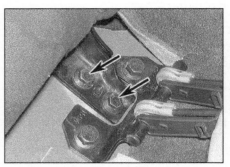

26.11 Höger ryggstöds inre fästbygel

26.4 Lossa täcklocken för att komma åt framsätets bakre, yttre fästbult . . .

2 Demontera den bakre delen av mittkonsolen enligt beskrivning i avsnitt 30.
3 Skruva loss fästbulten och lossa säkerhetsbältets nedre fäste från sätesramen **(se bild)**. Ta loss mellanläggsbrickan som sitter mellan bältet och sätet.
4 Ta bort täcklocket som sitter över sätets bakre, yttre fästbult **(se bild)**.
5 Dra bort täcklocket från den främre delen av sätesskenan för att komma åt den främre, yttre fästmuttern **(se bild)**.
6 Skruva loss de främre och bakre fästmuttrarna och bultarna. Ta sedan försiktigt ut sätet ur bilen; koppla loss kontaktdonen allteftersom de blir åtkomliga.

Montering

7 Montering sker i omvänd ordning. Dra åt fästmuttrarna och bultarna och säkerhetsbältets bult till angivna moment **(se bild)**. Försäkra dig om att tändningen är avslagen innan sätets

26.7 Dra åt sätets fästmuttrar och bultar till angivna moment

26.12a Skruva loss den inre fästbygelns mutter . . .

kontaktdon återansluts. Om så är tillämpligt, ta loss skyddsverktyget från sidokrockkuddens givare och sätt tillbaka den i hållaren, sätt sedan tillbaka kåpan på sätesdynans sidopanel.

Baksäte

Sittdyna

8 Fäll fram sittdynan helt. Skruva loss gångjärnsbultarna och ta bort sätesdynan från bilen **(se bild)**.
9 Montering sker i omvänd ordning. Dra åt fästbultarna till angivet moment.

Ryggstöd

10 Fäll fram sittdynan helt.
11 Skruva loss de bultar som håller det högra ryggstödets fästen vid golvet, ta sedan bort ryggstödet från bilen **(se bild)**.
12 För att ta bort det vänstra ryggstödet, skruva loss de två skruvarna och ta bort bagageutrymmets golvpanel för att komma åt den inre fästbygelmuttern. Skruva loss muttern och den yttre fästbygelbulten. Skruva sedan loss säkerhetsbältets nedre fästbult och ta bort ryggstödet från bilen **(se bilder)**.
13 Montering sker i omvänd ordning; montera det vänstra ryggstödet först.

27 Främre säkerhetsbältenas sträckarmekanism – allmän information

Observera: *De främre bältessträckarna utgör en del av SRS-systemet (supplementary*

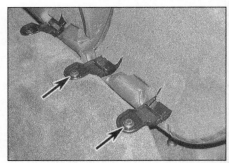

26.8 Skruva loss bultarna och ta bort relevant del av sittdynan

26.12b . . . och säkerhetsbältets nedre fästbult. Ta sedan bort ryggstödet från bilen

restraint system). Se kapitel 12 för ytterligare information.

1 Alla modeller som behandlas i den här boken är utrustade med främre bältes-sträckare. Sträckarna är utformade för att omedelbart fånga upp slack i bältet vid plötsliga frontalkrockar och på så sätt minska risken för skador på framsätets passagerare. Framsätena har varsitt system. Sträckaren sitter fäst direkt vid säkerhetsbältets rulle.

2 Bältessträckarna styrs av SRS-systemets styrenhet (se kapitel 12). Sträckaren aktiveras elektriskt vid en frontalkrock där kraften överstiger ett förinställt värde. Mindre krockar, inklusive påkörningar bakifrån, utlöser inte systemet.

3 När systemet utlöses antänds bränslet inuti sträckarens cylinder. Detta tvingar sträck-arens kolv nedåt vilket gör att allt spel i bältet försvinner genom att rullen dras tillbaka och spärras. Kraften från explosionen i cylindern är kalibrerad för att dra tillbaka säker-hetsbältet tillräckligt mycket för att säkra passageraren utan att tvinga honom/henne ner i sätet. När sträckaren har utlösts kommer säkerhetsbältet att vara permanent spänt och enheten måste bytas ut.

4 Om arbete ska utföras på de främre säkerhetsbältena, slå av tändningen, koppla ifrån batteriet (se *Koppla ifrån batteriet*) och vänta i några minuter innan du fortsätter – detta för att undvika risken för skador om systemet skulle utlösas av misstag.

5 Observera följande varningar innan något arbete utförs på de främre säkerhetsbältena:

⚠ *Varning: Om sträckarmekanismen tappas måste den bytas ut, även om den inte har fått några synliga skador.*

⚠ *Varning: Låt inga lösningsmedel komma i kontakt med sträckar-mekanismen.*

⚠ *Varning: Utsätt aldrig sträckar-mekanismen för temperaturer över 100° C.*

⚠ *Varning: Volvo anger att bältes-sträckarna ska bytas ut vart 10:e år, oavsett skick. Enheternas utgångsdatum står på en etikett fäst på förarsidans dörrstolpe.*

28.3 Skruva loss den nedre fästbulten och ta loss säkerhetsbältet

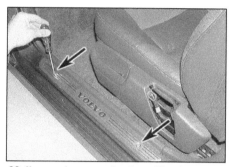

28.4b . . . skruva sedan loss fästskruvarna . . .

28 Säkerhetsbältenas komponenter – demontering och montering

Demontering

Främre säkerhetsbälte

⚠ *Varning: Läs varningarna i avsnitt 27 innan arbetet påbörjas.*

1 Koppla loss kabeln från batteriets minuspol (se *Koppla ifrån batteriet*). Vänta sedan i några minuter.

2 Ta loss kåpan baktill på sätesdynans sidopanel. På modeller före maj 2000, ta loss skyddsverktyget från hållaren och sätt det försiktigt över sidokrockkuddens givare för att

28.4a Ta loss klädselpanelen från bakdörrens tröskel . . .

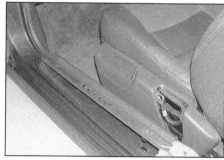

28.4c . . . och ta bort panelen från framdörrens tröskel

förhindra att krockkudden utlöses av misstag (se avsnitt 25).

3 Skruva loss fästbulten och ta loss säker-hetsbältets nedre fäste från sätesramen. Ta loss mellanläggsbrickan som sitter mellan bältet och sätet **(se bild)**.

4 Lossa klädselpanelen från bakdörrens tröskel. Skruva sedan loss fästskruvarna och ta bort panelen från framdörrens tröskel **(se bilder)**.

5 Lossa sedan försiktigt dörrstolpens nedre klädselpanel och ta bort den från bilen **(se bild)**.

6 Dra bort dörrens tätningsremsor. Lossa sedan den övre klädselpanelen i nederkant från stolpen och ta bort panelens övre fästklämma. För säkerhetsbältet genom panelen och ta bort panelen från bilen **(se bilder)**.

28.5 Lossa den nedre klädselpanelen från dörrstolpen . . .

28.6a . . . ta sedan loss den övre klädselpanelen . . .

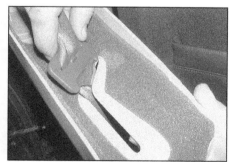

28.6b . . . och lösgör den rån säkerhetsbältet

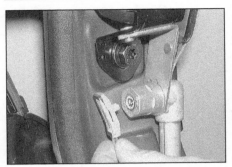

28.7 Koppla loss kontaktdonet från bältessträckaren

28.8 Skruva loss rullens fästbultar och ta bort det främre säkerhetsbältet

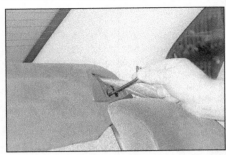

28.14a På sedanmodeller, öppna bältesstyrningens lock, skruva loss fästbulten . . .

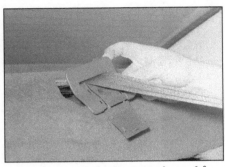

28.14b . . . och dra bort styrningen från säkerhetsbältet

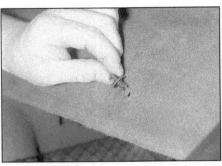

28.15a Skruva loss mittskruven några varv och dra ut hela hållaren . . .

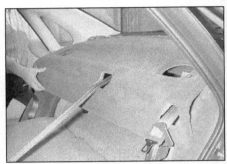

28.15b . . . dra sedan bagagehyllan framåt och ta bort den från bilen

7 Koppla loss kontaktdonet från bältessträckarmekanismen **(se bild)**.
8 Skruva loss bultarna som håller fast bältets rulle vid stolpen och ta bort hela enheten från bilen **(se bild)**.
Varning: Försök inte ta isär rullen/ sträckaren – den går endast att köpa som en komplett enhet.

Främre säkerhetsbältets spänne

9 Demontera mittkonsolens bakre del enligt beskrivningen i avsnitt 30.
10 Skjut sätet helt bakåt och skruva loss fästbulten.
11 Ta bort spännet. Koppla loss kontaktdonet när det blir åtkomligt.

Baksätets säkerhetsbälte – sedanmodeller

12 Demontera de bakre högtalarna enligt beskrivning i kapitel 12.
13 Fäll fram sätesdynorna och skruva sedan loss säkerhetsbältets nedre fästbultar.
14 Öppna locken till bältesstyrningarna på bagagehyllan för att komma åt styrningarnas fästskruvar. Skruva loss fästskruvarna och ta bort alla bältesstyrningar från bagagehyllan och dra loss dem från bältena **(se bilder)**.
15 Ta bort bagagehyllans fästklämma (lossa mittskruven något och dra sedan ut hela klämman). Skjut sedan hyllan framåt och bort från sin plats och ta samtidigt loss den från säkerhetsbältena **(se bilder)**.

16 Skruva loss rullens fästbult och ta bort relevant bältesenhet från bilen **(se bild)**.

Baksätets sidobälte – kombimodeller

17 Fäll fram sätesdynan och skruva loss säkerhetsbältets nedre fästbult.
18 Skruva loss fästbulten till ryggstödets sidodyna. Dra sedan dynan uppåt och ta bort den **(se bilder)**.
19 Bänd försiktigt loss lampan från den bakre stolpens klädselpanel och koppla loss den från kablaget. Ta loss högtalargrillen, skruva loss fästskruvarna och ta försiktigt loss klädselpanelen från stolpen **(se bilder)**.
20 Ta bort de två hållarna och fästskruven och lossa den övre klädselpanelen. Lösgör

28.16 Skruva loss bulten (vid pilen) och ta bort hela det bakre bältet från bilen

28.18a Skruva loss fästbulten . . .

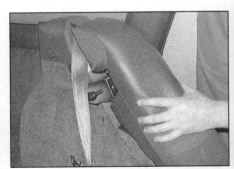

28.18b . . . och lyft bort baksätets sidodyna

28.19a Skruva loss fästskruvarna (vid pilarna) . . .

28.19b . . . och ta loss klädselpanelen från den bakre stolpen

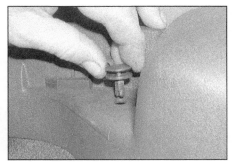

28.20a Ta bort hållarna (den bakre visas) . . .

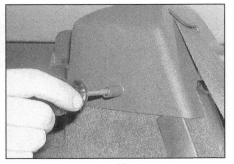

28.20b . . . och fästskruven . . .

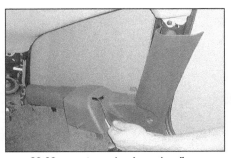

28.20c . . . ta sedan loss den övre klädselpanelen och lösgör den från säkerhetsbältet

28.21 Skruva loss rullens bult och ta bort säkerhetsbältet

den från sidobältet och ta bort den från bilen **(se bilder)**.
21 Skruva loss rullens fästbult och ta bort hela bältet från bilen **(se bild)**.

Baksätets mittbälte – kombimodeller

Observera: *Nya nackstödsstyrningar kommer att behövas vid monteringen.*
22 Demontera ryggstödet enligt beskrivningen i avsnitt 26.
23 Tryck in spärrarna och dra ut nackstöden från sätet.
24 Ta bort alla nackstödsstyrningar från sätet. För att göra detta, ta ett fast tag om varje styrning och vrid den så att fästflikarna går sönder och dra sedan ut den från sätet. Om det inte går att få bort styrningarna på det här sättet, såga av styrningens huvud. Var dock försiktig så att inte klädseln skadas **(se bilder)**.

25 Skruva loss fästskruvarna som fäster låsmekanismens kåpa vid ryggstödet. Ta sedan loss knoppen från låsspaken och ta

bort kåpan från sätet. Ta därefter bort den lilla indikeringsknappen från låsets länkstag **(se bilder)**.

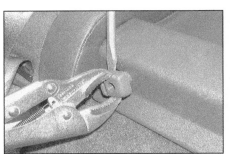

28.24a Ta bort nackstödens styrningar genom att vrida och dra/bända loss den från sätet . . .

28.24b . . . eller alternativt såga loss styrningarnas huvuden (observera plattan som skyddar klädseln)

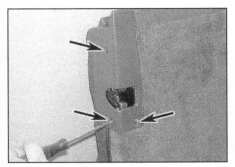

28.25a Skruva loss fästskruvarna . . .

28.25b . . . dra sedan loss låsknoppen . . .

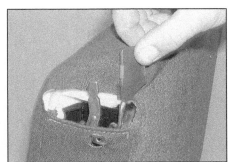

28.25c . . . och ta bort kåpan och indikeringsknappen

28.26a Ta bort armstödet . . .

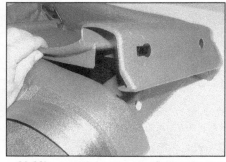

28.26b . . . och lossa armstödets panel från sätet

28.27 Skruva loss fästskruvarna och ta bort bältesstyrningen

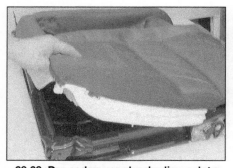

28.28 Dra sedan upp dragkedjan och ta bort klädseln/stoppningen från ryggstödet

28.29a Skruva loss bältesstyrningens skruv . . .

28.29b . . . och rullens mutter och ta bort det mittre säkerhetsbältet från ryggstödet

26 Ta loss armstödet från ryggstödet. Ta sedan försiktigt bort armstödets klädselpanel **(se bilder)**.

27 Skruva loss skruvarna och ta bort säkerhetsbältets styrning från ryggstödet **(se bild)**.

28 Ta loss sätesdynan från fästklämmorna i armstödets öppning. Öppna sedan dragkedjorna och lossa klädseln och stoppningen från ryggstödet **(se bild)**.

29 Skruva loss bältesstyrningens skruvar och rullens mutter och sära på säkerhetsbältet och ryggstödet **(se bilder)**.

Baksätets mittbälte och bältesspännen

30 Fäll fram sätesdynan och skruva loss spännets fästbultar **(se bild)**. Ta loss spännet och ta vara på distanserna mellan spännet och golvet.

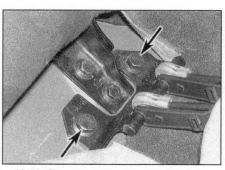

28.30 Skruva loss bultarna och ta bort säkerhetsbältets spänne från golvet

Montering

31 Montering sker i omvänd ordning. Observera följande:

a) *Ta bort alla spår av fästmassa från gängorna på de bakre säkerhetsbältenas fästbultar. Lägg några droppar ny fästmassa på bultgängorna innan bultarna sätts på plats.*

b) *Se till att rullen placeras korrekt och att brickorna/distanserna sätts på plats på alla bältens fästpunkter.*

c) *Dra åt alla bultar/muttrar till angivna moment (där sådana anges).*

d) *Undersök klädselpanelernas fästklämmor och byt ut dem som är skadade. Se till att alla paneler hålls på plats av klämmorna och att de är korrekt placerade i förhållande till de omgivande klädselpanelerna/tätningsremsorna.*

29 Inre klädsel – demontering och montering

Klädselpaneler

1 De inre klädselpanelerna sitter fast med antingen skruvar eller olika typer av hållare, vanligen popnitar eller klämmor.

2 Kontrollera att inga andra paneler överlappar den som ska demonteras. Vanligtvis måste panelerna tas bort i en viss ordning, vilket bör vara enkelt att se vid en närmare inspektion.

3 Ta bort alla synliga skruvar/hållare. Om panelen inte lossnar när det är gjort sitter den också fast med dolda fästen. Dessa sitter ofta runt kanten och kan bändas loss. De skadas dock lätt, så det kan vara bra att ha några nya i reserv. Det bästa sättet att lossa dessa klämmor om man inte har exakt rätt verktyg till hands, är med en stor spårskruvmejsel. Observera att i många fall måste man först bända loss en tätningsremsa för att panelen ska kunna tas bort.

4 Ta inte i för hårt när en panel lossas – den kan skadas. Kontrollera alltid noga att alla hållare har lossats innan du försöker dra loss panelen.

5 Montering sker i omvänd ordning. Byt ut alla klämmor/hållare som skadats vid demonteringen och se till att alla komponenter som rubbats fästs ordentligt, så att du slipper irriterande skallerljud.

Mattor

6 Passagerarutrymmets matta är i ett stycke och hålls på plats runt kanterna av skruvar eller klämmor, ofta samma skruvar/klämmor som håller de olika angränsande klädselpanelerna.

7 Att ta ut och lägga tillbaka mattan är inte svårt, men det tar lång tid eftersom alla intilliggande paneler måste lossas först, och säten, mittkonsol och säkerhetsbältenas ankarfästen måste demonteras.

Takklädsel

8 Takklädseln är fäst med klämmor i taket och kan tas bort först när handtag, solskydd,

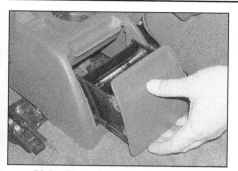

30.2a Ta bort askkoppen baktill i mittkonsolen . . .

30.2b . . . och lyft ut mugghållaren

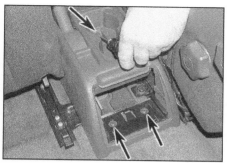

30.3a Skruva loss fästskruvarna (vid pilarna) . . .

30.3b . . . och ta bort mittkonsolens bakre del

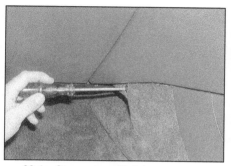

30.4a Skruva loss fästskruvarna . . .

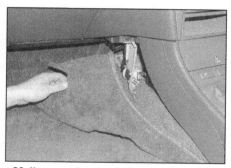

30.4b . . . och ta bort sidopanelerna från mittkonsolens främre del

soltak, vindruta och bakre hörnrutor och tillhörande klädselpaneler har tagits bort. Tätningsremsorna i dörrarnas, bakluckans och soltakets öppningar måste också först lossas.

9 Observera att demontering av takklädseln kräver avsevärd skicklighet och erfarenhet för att det ska kunna utföras utan skador och att det därför bör överlåtas till en expert.

30 Mittkonsol – demontering och montering

Demontering

Modeller fram till maj 2000

1 Koppla loss kabeln från batteriets minuspol (se *Koppla ifrån batteriet*).
2 Demontera askkoppen baktill i konsolen. Lyft sedan ut mugghållarens insats för att komma åt fästskruvarna till konsolens bakre del (se bilder).
3 Skruva loss fästskruvarna och ta bort konsolens bakre del från bilen (se bilder).
4 Skruva loss fästskruvarna som håller fast sidopanelerna, ta sedan försiktigt loss panelerna från konsolen (se bilder).
5 På modeller med manuell växellåda, ta loss växelspakens damask från mittkonsolen och vik upp den över spaken (se bild).
6 På modeller med automatväxellåda, bänd försiktigt loss växelväljarens indikatorpanel

från konsolen. Ta loss lamphållarna på panelens baksida och ta bort panelen.
7 På alla modeller, lossa fönsterreglage-panelen och koppla loss kontaktdonen (se bild).
8 Demontera ljudanläggningen enligt beskrivning i kapitel 12.
9 Om så behövs, ta bort förvaringsfacket från mitten av instrumentbrädan (se bild).
10 Skruva loss fästskruvarna och ta bort askkoppen/cigarettändaren. Koppla loss kablaget när det går att komma åt (se bilder på nästa sida).
11 Skruva loss skruvarna som håller den bakre änden av konsolens främre del vid golvet (se bild på nästa sida).
12 Dra åt handbromsen helt. Lyft sedan den bakre änden av konsolens främre del över

30.5 På modeller med manuell växellåda, lossa damasken från konsolen och vik upp den över spaken

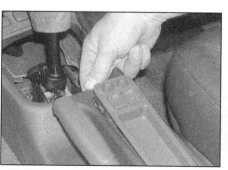

30.7 Ta loss fönsterreglagepanelen och koppla loss kontaktdonen

30.9 Lossa förvaringsfacket från instrumentbrädan

30.10a Skruva loss fästskruvarna (vid pilarna) . . .

30.10b . . . och ta bort askfatet/ cigarettändaren från konsolen. Koppla loss kablaget när det går att komma åt

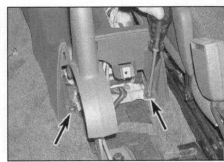

30.11 Skruva loss fästskruvarna (vid pilarna) . . .

30.12 . . . och ta loss mittkonsolens främre del

31.5a På modeller med ECC, lossa fästklämmorna genom ventilerna . . .

31.5b . . . och lossa försiktigt infattningen från reglagepanelen

handbromsspaken och ta bort den. Koppla loss kontaktdonen allteftersom de blir åtkomliga (se bild).

Modeller fr.o.m. maj 2000

13 Ta bort gummibrickan framför växelspaken.
14 På modeller med manuell växellåda, lossa damasken från växelspakens klädselpanel.
15 Lossa försiktigt flikarna runt kanterna på växelspakens klädselpanel, lyft sedan ut panelen och koppla loss kontaktdonet från den.
16 Inuti det lilla förvaringsfacket baktill på konsolen, bänd loss täcklocket och skruva loss de två skruvarna.
17 Skruva loss de två fästskruvarna bakom växelspaken.
18 Dra åt handbromsen helt, lyft sedan den bakre änden av mittkonsolens främre del över handbromsspaken och flytta undan den. Koppla loss kontaktdonen allteftersom de blir åtkomliga.

19 För att ta bort den främre delen helt, demontera ljudanläggningen enligt beskrivning i kapitel 12.
20 Skruva loss de två skruvarna nedtill i radions öppning, varefter konsolen kan vridas loss. Inför monteringen, notera att konsolen skjuts in i en styrning under instrumentbrädan och in i sidopanelerna.
21 Om en sidopanel ska demonteras, skruva loss panelens enda fästskruv längst ner på instrumentbrädan, dra sedan panelen nedåt och in mot fotbrunnen. Panelen sitter fäst vid värmarenheten med flera klämmor och ett buntband (som måste kapas – skaffa ett nytt för monteringen).

Montering

22 Montering sker i omvänd ordning. Se till att alla hållare fästs ordentligt. Avsluta med att ansluta batteriet och kontrollera att alla reglage fungerar.

31 Instrumentbräda – demontering och montering

Demontering

HAYNES TiPS *Märk varje kontaktdon som kopplas loss med en etikett, tejp eller liknande. Detta så att kablarna kan dras genom rätt öppningar i instrumentbrädan vid monteringen.*

1 Koppla loss kabeln från batteriets minuspol (se *Koppla ifrån batteriet*).
2 Demontera mittkonsolen (se avsnitt 30).
3 Demontera ratten enligt beskrivning i kapitel 10.
4 Demontera kombinationsbrytaren från rattstången enligt beskrivning i kapitel 12, avsnitt 4.
5 På modeller med elektronisk klimatanläggning (ECC), ta bort infattningen från reglagepanelen. Lossa klämmorna genom att sticka in en liten spårskruvmejsel genom den övre ventilen på var sida och försiktigt trycka ut infattningen (se bilder).
6 På modeller med ett manuellt reglerat värme-/ventilationssystem (med eller utan luftkonditionering), dra loss knopparna från reglagepanelen. Stick sedan in fingrarna i öppningarna och dra försiktigt ut infattningen (se bilder).
7 På alla modeller, skruva därefter loss

31.6a På manuella värme-/ ventilationsreglage, dra bort de tre reglageknopparna . . .

31.6b . . . och dra bort infattningen från reglagepanelen

31.8a Skruva loss fästskruven . . .

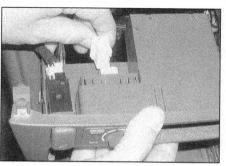

31.8b . . . ta sedan ut mittpanelen och koppla loss reglagens kablage

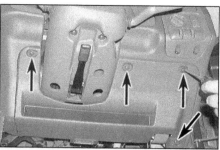

31.10a Skruva loss skruvarna (vid pilarna) och ta bort den nedre panelen från instrumentbrädan på förarsidan . . .

31.10b . . . och koppla loss kablaget från fotbrunnens belysning

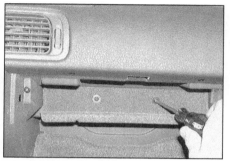

31.11 Skruva loss fästskruvarna och ta ut handskfackets insats

31.12 Lossa instrumentpanelens kontaktdon och ta loss dem från instrumentbrädan

värmereglagepanelens fästskruvar och ta loss panelen från instrumentbrädan.

8 Skruva loss fästskruven längst ner på instrumentbrädans mittpanel och lyft försiktigt ut panelen. Koppla loss kontaktdonen och ta bort panelen från instrumentbrädan **(se bilder)**.

9 Ta bort fästskruvarna och hållaren och ta loss den nedre instrumentbrädespanelen på passagerarsidan.

10 Skruva loss fästskruvarna (den nedre skruven sitter bakom ett täcklock) och ta bort den nedre panelen på förarsidan. Koppla loss fotbrunnsbelysningens kontaktdon **(se bilder)**.

11 Öppna handskfacket, skruva loss fästskruvarna och ta bort handskfackets insats **(se bild)**.

12 Följ beskrivningen i kapitel 12 och ta loss instrumentpanelen. Lossa hastighetsmätarvajern (om en sådan finns) och instrumentpanelens kontaktdon från fästena i instrumentbrädan **(se bild)**.

13 Demontera högtalarna från instrumentbrädan enligt beskrivning i kapitel 12.

14 På modeller med elektronisk klimatanläggning (ECC), ta loss solgivaren från passagerarsidans högtalare och koppla loss den från kontaktdonet.

15 Skruva loss bultarna som håller fast fästbygeln för motorhuvens öppningsspak och lossa fästbygeln från instrumentbrädan **(se bild)**.

16 Skruva loss säkringsdosans fästmutter. Skruva sedan loss säkringsdosans nedre

fästbygel från karossen. Sänk ner säkringsdosan något så att de fyra kontaktdonen kan kopplas loss **(se bilder)**.

17 Lossa fästklämman och ta loss den mittre luftventilens temperaturreglagevajer

31.15 Skruva loss öppningsspakens fästbygel och placera den ur vägen för instrumentbrädan

31.16b . . . och sänk ner säkringsdosan så att de fyra kontaktdonen kan tas bort

från förarsidan av värme-/ventilationshuset.

18 Skruva loss instrumentbrädans fästbultar, som sitter i instrumentpanelens öppning, högtalarnas öppningar och handskfackets öppning **(se bilder)**.

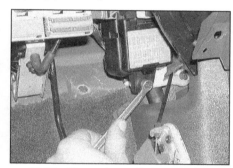

31.16a Skruva loss säkringsdosans mutter. Skruva sedan loss fästbygeln . . .

31.18a Skruva loss instrumentbrädans fästbultar i instrumentpanelens öppning . . .

31.18b ... i högtalaröppningarna ...

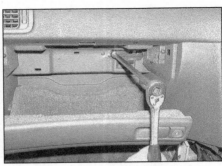

31.18c ... och i handskfackets öppning

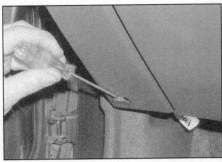

31.19a Bänd loss täcklocket och skruva loss bulten på passagerarsidan ...

31.19b ... och de två bultarna i mitten (vid pilarna)

31.20 Demontering av instrumentbrädan

19 Arbeta sedan längs instrumentbrädans nederkant och ta bort de nedre fästbultarna som sitter i ändarna (bulten på passagerarsidan är dold av ett täcklock), samt de två bultarna i mitten av instrumentbrädan **(se bilder)**.

20 Ta nu hjälp av någon och lyft bort instrumentbrädan från torpedväggen och ut ur bilen. Lossa kablaget från eventuella fästklämmor **(se bild)**.

Montering

21 Montering sker i omvänd ordning. Innan instrumentbrädans fästbultar sätts tillbaka, se till att mittventilens vajer och alla kablar har dragits korrekt. Sätt sedan i bultarna och dra åt allihop för hand till att börja med, därefter till angivet moment. Avsluta med att ansluta batteriet och kontrollera att alla elektriska komponenter och reglage fungerar som de ska.

Kapitel 12
Karossens elsystem

Innehåll

Svårighetsgrader

Enkelt, passar novisen med lite erfarenhet	Ganska enkelt, passar nybörjaren med viss erfarenhet	Ganska svårt, passar kompetent hemmamekaniker	Svårt, passar hemmamekaniker med erfarenhet	Mycket svårt, för professionell mekaniker

Specifikationer

Systemtyp . . . . 12 volt, negativ jord

Glödlampor	Watt
Yttre lysen	
Främre dimljus:	
Fram till maj 2000	55 (H3-typ)
Maj 2000 och framåt	55 (H1-typ)
Främre parkeringsljus	4
Backljus	21
Bakljus	5
Bakre dimljus	21
Blinkers	21
Bromsljus	21
Registreringsskyltens belysning	5
Sidoblinkers	5
Strålkastare:	
Kombinerad hel- och halvljuslampa	60/55 (H4-typ)
Separata hel- och halvljuslampor	
Konventionell strålkastare	55 (H7-typ)
Xenon strålkastare:	
Halvljus	55 (H7-typ)
Helljus	35 (D2R xenon typ)
Innerbelysning	
Bagageutrymmesbelysning	5
Dörrklädsellampa	10
Instrumentpanelens lampor:	
Varningslampor	3
Belysning	1,2
Kupélampa:	
Fram	5
Bak	10
Läslampa	5
Värmereglagepanelens belysning	1,2

Åtdragningsmoment

	Nm
Baklyktans fästmuttrar	7
SRS-systemets fästen:	
Styrenhetens bultar	10
Skruvar för kontaktenheten till förarsidans krockkudde	3
Skruvar till förarsidans krockkudde	10
Bultar till passagerarsidans krockkudde	10
Strålkastarnas fästmuttrar	7
Strålkastartorkararmens mutter	4
Vindrutans torkarmotor/länksystem:	
Länksystemets fästmuttrar	10
Motorvevens axelmutter	20
Vindrute-/bakrutetorkararmens mutter	16

1 Allmän information och föreskrifter

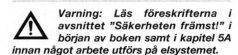

Varning: Läs föreskrifterna i avsnittet "Säkerheten främst!" i början av boken samt i kapitel 5A innan något arbete utförs på elsystemet.

1 Elsystemet är av typen 12 volt negativ jord. Strömmen till lamporna och alla elektriska tillbehör kommer från ett bly-/syrabatteri som laddas av generatorn.

2 Detta kapitel tar upp service- och reparationsarbeten för de elkomponenter som inte är associerade med motorn. Information om batteriet, generatorn och startmotorn finns i kapitel 5A.

3 Innan arbete utförs på komponenter i elsystemet, lossa alltid batteriets jordledning för att undvika kortslutningar och/eller bränder.

2 Elektrisk felsökning – allmän information

Observera: *Läs föreskrifterna i "Säkerheten främst!" och i avsnitt 1 i det här kapitlet innan arbetet påbörjas. Följande kontroller gäller huvudkretsarna och de ska inte användas till att testa känsliga elektroniska kretsar (som ABS-systemet), särskilt där en elektronisk styrenhet (ECU) används.*

1 En typisk elkrets består av en elektrisk komponent och de brytare, reläer, motorer, säkringar, smältsäkringar eller kretsbrytare som hör samman med komponenten, samt kablage och kontaktdon som kopplar komponenten till batteriet och karossen. För att underlätta felsökningen i elkretsarna finns kopplingsscheman inkluderade i slutet av det här kapitlet.

2 Innan du försöker diagnostisera ett elfel, studera relevant kopplingsschema så att du får en god överblick över komponenterna i den aktuella kretsen. De möjliga felkällorna kan reduceras genom att man undersöker om andra komponenter relaterade till kretsen fungerar som de ska. Om flera komponenter eller kretsar felar samtidigt är möjligheten stor att felet beror på en delad säkring eller jord.

3 Elproblem har ofta enkla orsaker, som lösa eller rostiga anslutningar, jordfel, trasiga säkringar, smälta smältsäkringar eller ett defekt relä (se avsnitt 3 för information om hur man testar reläer). Undersök alla säkringar, kablar och anslutningar i en defekt krets innan komponenterna testas. Använd kopplingsschemana till att avgöra vilka anslutningar som behöver kontrolleras för att den felande länken ska hittas.

4 I den basutrustning som behövs för elektrisk felsökning ingår en kretstestare eller voltmeter (en 12 volts glödlampa med testkablar kan användas vid vissa kontroller), en självdriven testlampa (kallas ibland kontinuitetstestare), en ohmmeter (för att mäta motstånd), ett batteri och en uppsättning testkablar, samt en extra kabel, helst med en kretsbrytare eller säkring, som kan användas till att koppla förbi misstänkta kablar eller elektriska komponenter. Innan ansträngningar görs för att hitta ett fel med hjälp av testinstrument, använd kopplingsschemat för att avgöra var kopplingarna ska göras.

5 För att hitta källan till ett periodiskt återkommande elfel (vanligen orsakat av en dålig eller smutsig anslutning eller skadad isolering), kan ett vicktest göras på kablaget. Detta innebär helt enkelt att man vickar på kablarna för hand för att se om felet uppstår när kabeln rubbas. Det ska därmed vara möjligt att härleda felet till en speciell del av kabeln. Denna testmetod kan användas tillsammans med vilken annan testmetod som helst i de följande underavsnitten.

6 Förutom problem som uppstår på grund av dåliga anslutningar kan två typer av fel uppstå i en elkrets – kretsbrott och kortslutning.

7 Kretsbrott orsakas av ett brott någonstans i kretsen som hindrar strömflödet. Ett kretsbrott gör att komponenten inte fungerar, men utlöser inte säkringen.

8 Kortslutningar orsakas av att ledarna går ihop någonstans i kretsen, vilket medför att strömmen tar en alternativ, lättare väg (med mindre motstånd), vanligtvis till jord. Kortslutning orsakas oftast av att isoleringen har nötts, vilket gör att en ledare kan komma i kontakt med en annan ledare eller jord, t.ex. karossen. En kortslutning bränner i regel kretsens säkring.

Att hitta ett kretsbrott

9 För att undersöka om en krets är bruten, börja med att koppla den ena ledaren på en kretsprovare eller voltmeter till antingen batteriets minuspol eller en annan känd jord.

10 Koppla den andra ledaren till en kontakt i den krets som ska provas, helst nära batteriet eller säkringen.

11 Slå på kretsen, men tänk på att vissa kretsar bara är strömförande med tändningslåset i ett visst läge.

12 Om spänning ligger på (testlampan lyser/utslag på voltmetern), betyder det att den delen av kretsen mellan kontakten och batteriet är felfri.

13 Undersök resten av kretsen på samma sätt.

14 Om en punkt nås där det inte finns någon spänning, ligger felet mellan den punkten och den föregående testpunkten där det fanns spänning. De flesta fel kan härledas till en trasig, korroderad eller lös anslutning.

Att hitta en kortslutning

15 För att leta efter en eventuell kortslutning, börja med att koppla bort strömförbrukarna från kretsen (de delar som drar ström i en krets, t.ex. lampor, motorer och värmeelement).

16 Ta bort den aktuella säkringen från kretsen och anslut en kretsprovare eller voltmeter till säkringens anslutningar.

17 Slå på kretsen, men tänk på att vissa kretsar bara är strömförande med tändningslåset i ett visst läge.

18 Om spänning finns (testlampan lyser/utslag på voltmetern), betyder det att kretsen är kortsluten.

19 Om det inte finns någon spänning, men säkringarna fortsätter att gå när strömförbrukarna är påkopplade, är det ett tecken på ett internt fel i någon av strömförbrukarna.

3.2a Säkringarna sitter i säkringsdosan bakom instrumentbrädans nedre panel på förarsidan (visas med panelen demonterad) . . .

Att hitta ett jordfel

20 Batteriets minuspol är kopplad till "jord" – metallen i motorn/växellådan och karossen – och de flesta system är kopplade så att de bara tar emot en positiv matning, och strömmen leds tillbaka genom metallen i karossen. Det innebär att komponentfästet och karossen utgör en del av kretsen.

21 Lösa eller korroderade fästen kan därför orsaka flera olika elfel, allt ifrån totalt haveri till svårhittade, partiella fel. Som exempel kan lampor lysa svagt (särskilt om någon annan krets som delar samma jord också används), motorer (t.ex. en torkarmotor eller kylfläktsmotorn) kan gå långsamt och aktivering av en krets kan ha en till synes orelaterad effekt på en annan.

22 Observera att på många bilar används särskilda jordledningar mellan vissa komponenter, som motorn/växellådan och karossen, vanligtvis där det inte finns någon direkt metallkontakt mellan komponenterna.

23 För att kontrollera om en komponent är korrekt jordad, koppla bort batteriet och anslut den ena ledaren på en ohmmeter till en känd jord. Anslut den andra ledaren till den ledning eller jordanslutning som ska kontrolleras. Motståndet ska vara noll; om inte, testa anslutningen på följande sätt.

24 Om en jordanslutning misstänks vara defekt, ta isär anslutningen och putsa upp metallen på både karossen och kabelpolen eller komponentens jordanslutnings kontaktyta. Se till att få bort alla spår av smuts och

rost, och skrapa sedan bort eventuell lack med en kniv så att en ren metallyta erhålls.
25 Dra åt fästena ordentligt vid monteringen. Om en kabelpol återmonteras, använd låsbrickor mellan anslutningen och karossen för att vara säker på att en ren och säker koppling uppstår. Rostskydda ytorna med ett lager vaselin, silikonfett eller genom att regelbundet spraya på vattenavvisande smörjmedel.

3.2b . . . och i säkrings-/relädosan i motorrummet

3 Säkringar och reläer – allmän information

Säkringar

1 Säkringarna sitter i säkringsdosan bakom instrumentbrädans nedre panel på förarsidan, och ytterligare säkringar finns i säkrings-/relädosan till vänster baktill i motorrummet.
2 För att komma åt säkringsdosan, sträck in handen bakom den nedre instrumentbrädespanelen på förarsidan och lossa luckan från säkringsdosan. För att komma åt säkringarna i motorrummet, lossa fästklämman och ta bort kåpan från säkrings-/relädosan **(se bilder)**.
3 En lista över vilka kretsar varje säkring skyddar finns på luckan.
4 För att ta bort en säkring, börja med att stänga av kretsen (eller tändningen) och dra sedan loss säkringen från hållaren med verktyget som sitter i luckan **(se bilder)**. Tråden i säkringen ska synas – om den är av eller smält är säkringen trasig.

5 Byt alltid en säkring mot en med samma kapacitet. Använd aldrig en säkring av annan kapacitet än den ursprungliga och byt inte ut den mot något annat. Byt aldrig en säkring mer än en gång utan att spåra orsaken till felet. Säkringens kapacitet står på den och säkringarna är också färgkodade.
6 Om en ny säkring genast går, sök reda på orsaken till detta innan den byts igen. Det är mest troligt att problemet beror på en kortslutning till jord på grund av dålig isolering. Om en säkring skyddar mer än en krets, försök isolera att isolera problemet genom att slå på varje krets i tur och ordning (om möjligt) tills säkringen går igen. Ha alltid ett antal reservsäkringar av rätt kapacitet i bilen. En reservsäkring för varje kapacitet ska sitta längst ner i säkringsdosan.

Reläer

7 De flesta reläerna sitter bakom instrumentbrädan på förarsidan, både i den övre delen av säkringsdosan och i en separat hållare, eller i säkrings-/relädosan i motorrummet. Undantaget är det automatiska reläet till fönstret på förarsidan, som sitter i förardörren, och vindrutetorkarreläet som sitter i själva brytaren.
8 För att komma åt reläerna bakom instrumentbrädan, skruva loss fästskruvarna (den nedre sitter bakom ett täcklock) och ta bort den nedre panelen. Koppla loss fotbrunnsbelysningens kontaktdon.
9 För att komma åt reläerna i motorrummet, lossa fästklämman och ta bort kåpan från säkrings-/relädosan.
10 Om en krets eller ett system som styrs av ett relä utvecklar ett fel och reläet misstänks, börja med att aktivera systemet. Om reläet fungerar bör det vara möjligt att höra det klicka när det får ström. Om så är fallet ligger felet i komponenterna eller kablaget. Om reläet inte strömförs får det antingen ingen huvudström eller också kommer inte ställströmmen fram, men det kan också bero på att reläet i sig själv är defekt. Testa detta genom att byta ut det mot ett som du vet fungerar. Var dock försiktig, vissa reläer ser likadana ut och utför samma funktioner, medan andra ser likadana ut men utför olika funktioner.
11 Innan ett relä byts ut, se först till att tändningen är av. Reläet kan sedan dras ut ur fästet och det nya tryckas på plats **(se bild)**.

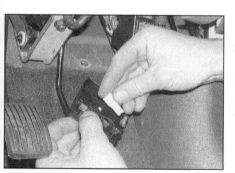

3.4a Lossa borttagningsverktyget från luckan . . .

3.4b . . . och ta ut relevant säkring

3.11 Reläerna kan dras rakt ut ur fästena

4 Brytare/reglage/kontakter – demontering och montering

Observera: *Koppla loss kabeln från batteriets minuspol innan någon av nedanstående komponenter demonteras, och återanslut batteriet efter monteringen (se "Koppla ifrån batteriet").*

Tändningslås/rattlås

1 Se kapitel 10.

Rattstångens kombinationsbrytare

2 Demontera ratten enligt beskrivning i kapitel 10.
3 Lossa höjdjusteringsarmen. Skruva sedan loss fästskruvarna och ta bort de två kåporna från rattstången **(se bilder)**.

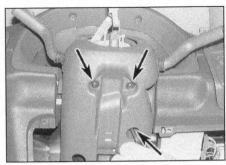

4.3a Skruva loss fästskruvarna (vid pilarna) . . .

4 Demontera krockkuddens kontaktenhet enligt beskrivningen i avsnitt 25.
5 Skruva loss de två skruvarna som håller fast brytarnas hållare upptill på rattstången. Lyft bort hållaren och koppla loss kontaktdonen

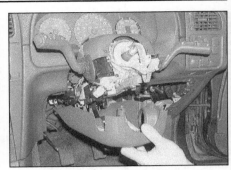

4.3b . . . och ta bort båda rattstångskåporna

alltseftersom de blir åtkomliga **(se bilder)**.
6 Skruva loss fästskruvarna och ta försiktigt bort aktuell brytare från hållaren. Observera att signalhornets kontaktdon måste kopplas loss från den högra brytarenheten **(se bilder)**.
7 Montering sker i omvänd ordning. Se till att alla kablar dras rätt och att alla kontaktdon fästs ordentligt.

Reglage i mittkonsolen

8 På modeller med manuell växellåda, lossa växelspaksdamasken från mittkonsolen och vik upp den över spaken **(se bild)**.
9 På modeller med automatväxellåda, bänd försiktigt ut växelväljarens indikatorpanel från konsolen. Lossa lamphållarna från panelens baksida och ta bort panelen från bilen.
10 På alla modeller, sträck in handen på baksidan och lossa reglagepanelen från konsolen. Koppla loss kontaktdonen och ta bort panelen från bilen **(se bilder)**.

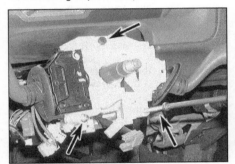

4.5a Skruva loss fästskruvarna (vid pilarna) . . .

4.5b . . . och ta bort kombinationsbrytarnas hållare från rattstången

4.6a För att ta bort höger brytare, skruva loss fästskruvarna . . .

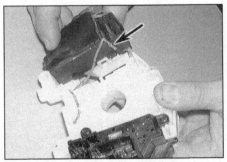

4.6b . . . ta loss brytaren från hållaren och koppla loss signalhornets kablage (vid pilen)

4.6c Den vänstra brytaren hålls fast av tre skruvar (vid pilarna)

4.8 Lossa damasken från konsolen och vik upp den över spaken

4.10a Tryck ut reglagepanelen från konsolen . . .

4.10b . . . och koppla loss kontaktdonen

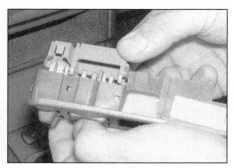

4.11a Ta loss hållaren från reglagepanelen . . .

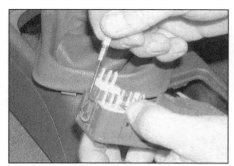

4.11b . . . och ta sedan loss relevant brytare

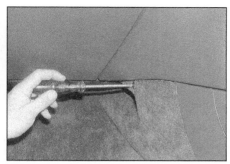

4.12a Skruva loss fästskruven . . .

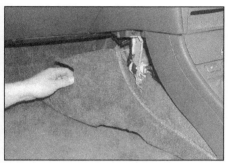

4.12b . . . och ta loss sidopanelen från den främre delen av mittkonsolen

4.13a Tryck ut brytaren från mittkonsolen . . .

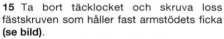

4.13b . . . och koppla loss den från kontaktdonet

11 Ta loss hållaren på panelens undersida, lossa klämmorna och ta loss relevant brytare **(se bilder)**.
12 För att ta bort reglagen framtill i konsolen på tidigare modeller, skruva loss skruven och

lossa försiktigt relevant sidopanel från mitt-konsolen **(se bilder)**.
13 Sträck in handen bakom konsolen, tryck försiktigt ut relevant brytare och koppla loss kontaktdonet **(se bilder)**.

14 Montering sker i omvänd ordning.

Dörrmonterade reglage

15 Ta bort täcklocket och skruva loss fästskruven som håller fast armstödets ficka **(se bild)**.
16 Lossa armstödsfickan från klädselpanelen och koppla loss kontaktdonet från brytaren. Ta bort brytaren från fickan **(se bild)**.
17 Montering sker i omvänd ordning.

Belysningsbrytare

18 Skruva loss de fästskruvar som håller brytarpanelen till instrumentbrädan. Ta loss panelen och koppla loss kontaktdonen när de blir åtkomliga **(se bilder)**.
19 Lossa brytaren och ta bort den från panelen **(se bild)**.
20 Montering sker i omvänd ordning.

4.15 Bänd loss skyddslocket, skruva loss fästskruven och lyft ut fickan ur armstödet

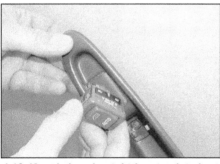

4.16 Koppla loss kontaktdonet och ta bort brytaren från fickan

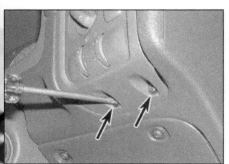

4.18a Skruva loss fästskruvarna (vid pilarna) . . .

4.18b . . . ta ut panelen från instrumentbrädan och koppla loss kablaget

4.19 Lossa brytaren och ta bort den från ventilpanelen

4.22 Lossa förvaringsfacket och ta bort det från instrumentbrädan

4.26a Skruva loss fästskruven . . .

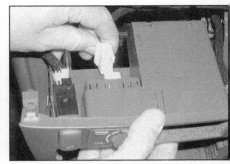

4.26b . . . och ta bort instrumentbrädans mittpanel. Koppla loss kontaktdonen från brytarna

Reglage i instrumentbrädans mittpanel

Observera: *Dessa är de reglage som sitter på endera sidan om färddatorn, mellan ljudanläggningen och värme-/ventilationsreglagen. På modeller fr.o.m. maj 2000 kan barnlås- och larmreduktionsbrytaren försiktigt bändas loss från panelen – och när dessa är borta kan man trycka ut andra intilliggande brytare bakifrån.*

21 Demontera ljudanläggningen enligt beskrivning i avsnitt 18.

22 Om så behövs, ta loss förvaringsfacket i mitten av instrumentbrädan **(se bild)**.

23 På modeller med elektronisk klimatanläggning (ECC), ta bort infattningen från värmereglagepanelen. Lossa infattningens klämmor genom att sticka in en liten spårskruvmejsel genom den övre ventilen på var sida och försiktigt dra ut infattningen.

24 På modeller med manuellt reglerat värme-/ventilationssystem (med eller utan luftkonditionering), dra loss knopparna från värme-/ventilationsreglagen. Stick sedan in fingrarna genom öppningarna och dra försiktigt ut infattningen från reglagepanelen.

25 På alla modeller, skruva loss reglagepanelens fästskruvar.

26 Skruva loss den skruv som håller fast den mittre instrumentbrädespanelen nedtill, dra försiktigt ut panelen och koppla loss kontaktdonen när de blir åtkomliga **(se bilder)**.

27 Ta loss aktuell brytare genom att trycka ihop dess fästklämmor och dra ut den **(se bild)**.

28 Montering sker i omvänd ordning.

Brytare för varningsblinkers

29 På modeller med elektronisk klimatanläggning (ECC), ta bort infattningen från värmereglagepanelen. Lossa infattningens klämmor genom att sticka in en liten spårskruvmejsel genom den övre ventilen på var sida och försiktigt dra ut infattningen.

30 På modeller med manuellt reglerat värme-/ventilationssystem (med eller utan luftkonditionering), dra loss knopparna från värme-/ventilationsreglagen. Stick sedan in fingrarna genom öppningarna och dra försiktigt ut infattningen från reglagepanelen.

31 På alla modeller, skruva loss värme-/ventilationsreglagepanelens övre skruvar **(se bild)**.

32 Bänd försiktigt loss instrumentbrädans mittventiler genom att sticka in en liten spårskruvmejsel mellan panelen och ventilens inre kant **(se bild)**. När ventilerna tas ut, var försiktig så att du inte tappar gummibrickorna och fjäderklämmorna från pivåstiften.

33 Lossa nu ventilernas fästklämmor (bänd försiktigt ner dem med en skruvmejsel) och ta ut ventilpanelen tills du når kontaktdonet till varningsblinkersens brytare **(se bild)**.

34 Koppla loss kontaktdonet och ta loss brytaren från ventilpanelen **(se bilder)**.

35 Montering sker i omvänd ordning. Se till att brytaren sitter fast ordentligt i panelen. Sätt tillbaka ventilerna i panelen och se till att gummibrickorna och fjäderklämmorna hamnar rätt innan panelen sätts tillbaka i instrumentbrädan.

4.27 Tryck ihop fästklämmorna och dra ut brytaren från panelen

4.31 Skruva loss värme-/ventilationspanelens övre skruvar (vid pilarna)

4.32 Bänd försiktigt loss de mittre ventilerna

4.33 Lossa fästklämmorna (vid pilarna) och ta försiktigt ut ventilpanelen från instrumentbrädan

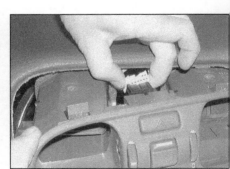

4.34a Koppla loss kontaktdonet . . .

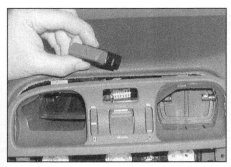

4.34b . . . och ta loss varningsblinkers-brytaren från ventilpanelen

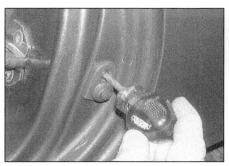

4.36a Skruva loss fästskruven . . .

4.36b . . . och ta loss kupélampans kontakt från kontaktdonet

4.40 Koppla loss kablaget och skruva loss handbromskontaktens skruv (vid pilen)

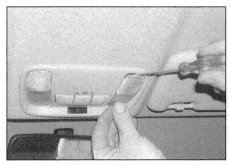

4.42 Bänd loss båda linserna från takkonsolen . . .

4.43a . . . skruva loss fästskruvarna (vid pilarna) . . .

Kupébelysningens kontakter

36 Skruva loss fästskruven och ta ut kontakten ur stolpen. Koppla loss kontaktdonet och tejpa fast det i karossen så att det inte försvinner in i stolpen **(se bilder)**.
37 Vid montering, anslut kontaktdonet, sätt tillbaka kontakten på stolpen och dra åt dess fästskruv ordentligt.

Bromsljuskontakt

38 Se kapitel 9.

Handbromsens kontakt

39 Demontera den bakre delen av mittkonsolen enligt beskrivning i kapitel 11.
40 Koppla loss kontaktdonet, skruva sedan loss fästskruven och ta bort kontakten från handbromsspaken **(se bild)**.
41 Montering sker i omvänd ordning mot

demonteringen. Kontrollera att kontakten fungerar innan mittkonsolen sätts tillbaka.

Takkonsolens brytare

42 Bänd försiktigt loss kupélampornas linser från takkonsolen **(se bild)**.
43 Skruva loss fästskruvarna, lyft ner konsolen från taket och koppla loss kontaktdonet **(se bilder)**. Brytarna finns inte att köpa individuellt – om en av brytarna är defekt måste hela konsolen bytas ut.
44 Montering sker i omvänd ordning.

Automatväxellådans körstilsväljare

Modeller fram till maj 2000
45 Se punkt 8 till 11.

Modeller fr.o.m. maj 200
46 Demontera mittkonsolens främre del

enligt beskrivning i kapitel 11. Ta sedan loss brytaren genom att försiktigt böja fästflikarna med en liten skruvmejsel.

Bagageutrymmesbelysningens kontakt

47 Kontakten är inbyggd i låset och kan inte bytas separat. Om det är fel på kontakten måste hela låset bytas enligt beskrivningen i kapitel 11.

Värme-/ventilationsreglage

Manuellt reglerat värme-/ventilationssystem (med eller utan luftkonditionering)
48 Dra loss knopparna från reglagepanelen **(se bild)**.
49 Stick in fingrarna genom öppningarna och dra försiktigt loss infattningen från panelen **(se bild)**.

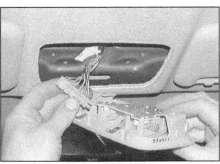

4.43b . . . lyft sedan ner konsolen och koppla loss kontaktdonen

4.48 På manuella värme-/ventilationsreglage, ta loss alla reglageknoppar . . .

4.49 . . . och dra loss infattningen

4.50 Lossa försiktigt kretskortet och ta bort den från infattningens baksida

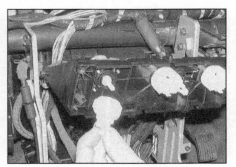

4.55 Lossa infattningen från fläktmotorbrytaren . . .

4.56 . . . och ta bort brytaren från baksidan av panelen (visas med instrumentbrädan demonterad)

50 Ta försiktigt loss kretskortet från panelens baksida. Brytarna sitter fast i kretskortet (**se bild**).
51 Montering sker i omvänd ordning. Se till att infattningens poler blir korrekt inriktade mot reglagepanelen.

Elektronisk klimatanläggning (ECC)

52 Brytarna utgör en del av styrenheten. Om det är fel på någon brytare måste hela reglagepanelen bytas enligt beskrivning i kapitel 3.

Fläktmotorns brytare

Manuellt reglerat värme-/ventilationssystem (med eller utan luftkonditionering)

53 Utför åtgärderna som beskrivs i punkt 21

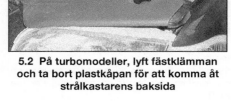

5.2 På turbomodeller, lyft fästklämman och ta bort plastkåpan för att komma åt strålkastarens baksida

till 26 och ta bort den mittre panelen från instrumentbrädan.
54 Skruva loss de övre fästskruvarna till värme-/ventilationsreglagens panel och ta loss panelen från instrumentbrädan.
55 Koppla loss fläktmotorbrytarens kontaktdon, ta sedan loss brytarens infattning från panelen (**se bild**).
56 Lossa fästklämmorna och ta bort brytaren från panelens baksida (**se bild**).
57 Montering sker i omvänd ordning.

Elektronisk klimatanläggning (ECC)

58 Brytaren utgör en del av styrenheten. Om det är något fel på brytaren måste hela reglagepanelen bytas enligt beskrivning i kapitel 3.

5 Glödlampor (yttre lysen) – byte

Allmänt

1 När en glödlampa ska bytas, tänk på följande:
a) *Se till att tändningen är avslagen.*
b) *Kom ihåg att om lyset nyss har varit på, kan glödlampan vara brännhet.*
c) *Undersök alltid lampans sockel och kontaktytor. Se till att kontaktytorna mellan lampan och ledaren och lampan*

och jorden är rena. Ta bort all korrosion och smuts innan en ny lampa sätts i.
d) *Om lampor med bajonettfattning används, se till att kontakterna har god kontakt med glödlampan.*
e) *Se alltid till att den nya glödlampan är av rätt specifikationer och att den är helt ren innan den monteras. Detta gäller särskilt dimljus- och strålkastarlampor (se nedan).*

Konventionell strålkastare

2 På turbomodeller, lyft fästklämman och ta bort plastkåpan för att komma åt baksidan av strålkastaren (**se bild**).
3 På strålkastare som har en kombinerad hel-/halvljuslampa, vrid täckkåpan moturs och ta bort den från strålkastaren (**se bild**). På strålkastare med separata hel- och halvljuslampor, ta bort relevant gummikåpa från strålkastarens baksida.
4 Koppla loss kontaktdonet från glödlampan, haka sedan loss ändarna av fästklämman, ta loss klämman och dra ut glödlampan (**se bilder**).
5 När den nya glödlampan hanteras bör den hållas med en bit hushållspapper eller en ren trasa så att inte glaset vidrörs med fingrarna. Fukt och fett från fingrarna kan göra att livslängden på denna typ av glödlampa förkortas dramatiskt. Om du råkar vidröra glaset, torka av det med rödsprit.
6 Sätt i den nya glödlampan och se till att dess styrflikar hamnar korrekt i urtagen. Fäst

5.3 Ta bort gummikåpan från baksidan av strålkastaren . . .

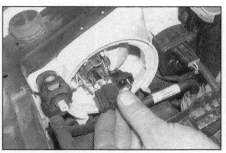

5.4a . . . och koppla loss kablaget från glödlampan (normal strålkastare visad, batteriet demonterat)

5.4b Lossa fästklämman och ta loss glödlampan

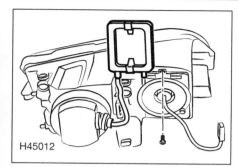

5.8 På xenon strålkastare, ta bort högspänningsenheten för att komma åt kåpan som hålls med en skruv

glödlampan med fästklämman. Anslut kontaktdonet och sätt tillbaka kåpan/kåporna.

Xenon strålkastare

7 Xenon glödlampor aktiveras av en mycket hög spänning och det är därför extra viktigt att man ser till att tändningen är av och att batteriet är bortkopplat innan man påbörjar arbetet (se *Koppla ifrån batteriet*).

Helljus

8 Byte av glödlampa utförs på nästan samma sätt som med den konventionella glödlampan. Den enda skillnaden är att man måste demontera högspänningsenheten som sitter bak på strålkastaren. Enheten sitter fast med en skruv längs ner och några klämmor. Koppla bara loss det kablage från enheten som är absolut nödvändigt. Man kommer sedan åt glödlampan genom att skruva loss kåpan bakom strålkastaren **(se bild)**.

Halvljus

9 Ta loss kåpan bakom strålkastaren och koppla loss högspänningsenheten från glödlampan.
10 Glödlampan hålls på plats med en låsring – notera hur den här ringen sitter innan den tas bort. Vrid ringen för att få loss den från strålkastaren och ta bort glödlampan **(se bild)**.

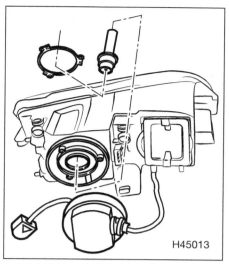

5.10 Byte av halvljusets glödlampa av typen xenon

11 Även Xenon glödlampor måste hanteras försiktigt och de bör inte vidröras med fingrarna. Montering sker i omvänd ordning. Se till att glödlampan sätts fast ordentligt och att allt kablage ansluts korrekt.

Främre parkeringsljus

12 På Turbomodeller, lyft fästklämman och ta bort plastkåpan för att komma åt strålkastarens baksida.
13 På strålkastare som har en kombinerad hel-/halvljuslampa, vrid kåpan moturs och ta loss den. På strålkastare med separata hel- och halvljusglödlampor, lossa den första kåpan och ta sedan bort relevant gummikåpa från strålkastaren.
14 På modeller med Xenon strålkastarlampor, se punkt 8 för instruktioner om hur man kommer åt glödlampan.
15 Vrid parkeringsljusets lamphållare moturs och lossa den från strålkastaren. Glödlampan är av bajonettyp och tas bort genom att den

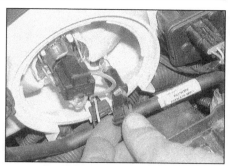

5.15a Vrid parkeringsljusets glödlampshållare moturs och lossa den från strålkastaren . . .

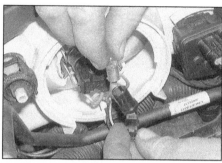

5.15b . . . och ta sedan loss glödlampan

trycks något inåt och vrids moturs **(se bilder)**.
16 Montering sker i omvänd ordning..

Främre blinkers

17 Leta reda på blinkersens fästskruv, som sitter mellan blinkers och strålkastare. Skruva ut fästskruven ungefär två varv och lossa sedan (om tillämpligt) klämman på sidan av enheten och dra ut hela armaturen **(se bild)**.
18 Vrid glödlampshållaren moturs och ta loss den från armaturen. Glödlampan sitter med bajonettfattning i hållaren och tas bort genom att den trycks inåt något och vrids moturs **(se bild)**.

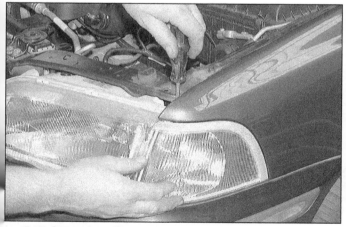

5.17 Skruva loss fästskruven och dra loss blinkersenheten

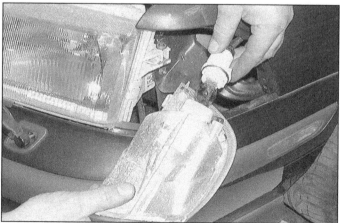

5.18 Lossa glödlampshållaren från baksidan av armaturen och ta loss glödlampan

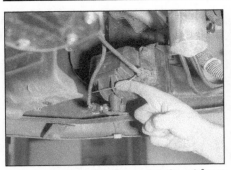

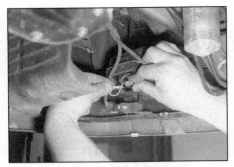

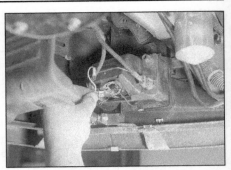

5.22 Lossa fästklämman och ta bort kåpan från dimljuset

5.23 Koppla loss kontaktdonet . . .

5.24 . . . lossa sedan fästklämman och ta ut glödlampan

19 Montering sker i omvänd ordning. Se till att armaturens stift hamnar rätt i sitt hål (eller att klämman fästs korrekt), och att enheten hålls säkert på plats av skruven.

Främre dimljus

20 Dra åt handbromsen ordentligt, lyft upp framvagnen och stöd den på pallbockar.
21 Skruva loss skruvarna/hållarna som håller relevant ände av den främre delen av kåpan under motorn. Sänk ner kåpan för att komma åt dimljuset.
22 Lossa klämman och ta bort kåpan som sitter över dimljuset (se bild).
23 Koppla loss kontaktdonet från dimljusets glödlampa (se bild).
24 Lossa fästklämman och ta loss glödlampan (se bild).
25 När den nya glödlampan hanteras bör den hållas med en bit hushållspapper eller en ren trasa så att inte glaset vidrörs med fingrarna. Fukt och fett från fingrarna kan göra att

livslängden på denna typ av glödlampa förkortas dramatiskt. Om du råkar vidröra glaset, torka av det med rödsprit.
26 Sätt i den nya glödlampan, se till att dess styrflikar hamnar rätt i reflektorns urtag och fäst med klämman.
27 Anslut kontaktdonet till glödlampan.
28 Sätt tillbaka skyddskåpan och fäst den med klämman.
29 Sätt tillbaka kåpan under motorn och fäst med skruvarna/hållarna.
30 Sänk ner bilen på marken.

Främre sidoblinkers

31 Skjut armaturen något framåt, mycket försiktigt, lyft sedan ut den bakre änden och ta loss lampan från karossen (se bild).
32 Vrid lamphållaren moturs och ta loss den från linsen. Glödlampan har platt fattning och kan helt enkelt dras ut ur hållaren (se bilder).
33 Montering sker i omvänd ordning. Se till att linsen sätts på plats ordentligt.

Bakljus

34 Lossa klämman och öppna luckan i klädselpanelen för att komma åt armaturens baksida (se bild).
35 Koppla loss kontaktdonet, lossa fästklämmorna och ta loss lamphållaren från armaturen (se bild).
36 Alla glödlampor har bajonettfattning. Ta loss relevant lampa genom att trycka in den något och vrida den moturs (se bild).
37 Montering sker i omvänd ordning. Se till att glödlampshållaren hålls ordentligt på plats av spärrarna.

Högt bromsljus

38 Glödlamporna sitter fast i armaturen och kan inte bytas ut separat. Om det är något fel måste hela enheten bytas ut (se avsnitt 7).

Registreringsskyltens belysning

Sedanmodeller

39 Öppna bagageluckan. Ta bort hållarna

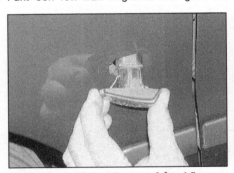

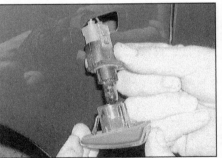

5.31 Lossa blinkerslampan från skärmen

5.32a Ta loss lamphållaren . . .

5.32b . . . och dra ut glödlampan

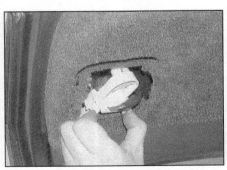

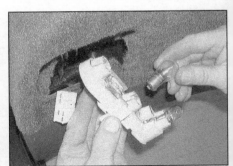

5.34 Öppna luckan i klädselpanelen . . .

5.35 . . . koppla sedan loss kontaktdonet och lossa lamphållaren

5.36 Ta bort relevant glödlampa genom att trycka in den och vrida moturs

5.40a På sedanmodeller, dra ut lamphållaren från baksidan av registreringsskyltens armatur . . .

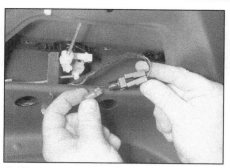

5.40b . . . och ta ut glödlampan ur hållaren

5.42 På kombimodeller, skruva loss fästskruvarna och lossa registreringsskyltens lampa från bakluckan . . .

5.43 . . . och ta loss glödlampan från kontakterna

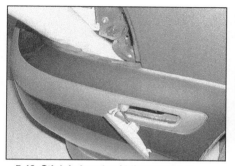

5.46 Stick in handen i blinkersöppningen och lossa parkeringsljuset från stötfångaren

5.51 Ta loss hjulhusets innerskärm från stötfångaren för att komma åt parkeringsljuset

(skruva ut mittskruven något och dra sedan ut hela hållaren) och ta bort luckans klädselpanel.
40 Ta loss glödlampshållaren från armaturen. Glödlampan har platt fattning och kan dras ut ur hållaren **(se bilder)**.
41 Montering sker i omvänd ordning.

Kombimodeller
42 Skruva loss fästskruvarna och ta ut armaturen från bakluckan **(se bild)**.
43 Lossa glödlampan från dess kontakter och ta bort den från armaturen **(se bild)**.
44 Montering sker i omvänd ordning. Se till att glödlampan hålls ordentligt av kontakterna. Dra inte åt armaturens fästskruvar för hårt – plasten kan lätt gå sönder.

Främre parkeringsljus på stötfångaren

Fram till maj 2000
45 Demontera blinkersarmaturen enligt beskrivning i punkt 17 och 18.
46 Sträck in handen bakom stötfångaren och lossa armaturens fästklämma **(se bild)**. Koppla loss kontaktdonet och ta bort armaturen från bilen. Parkeringsljuset är en förseglad enhet; om glödlampan är trasig måste hela enheten bytas ut. Om så behövs för bättre åtkomlighet, lossa skruvarna/hållarna som håller fast kåpan under motorn.
47 Montering sker i omvänd ordning. Se till att fästa blinkersen ordentligt på plats (se punkt 19).

Maj 2000 och framåt
48 Skjut armaturen bakåt (var försiktig så att

inte ytan skadas om verktyg måste användas) och haka loss den främre änden av armaturen från stötfångaren.
49 När armaturen är demonterad, vrid glödlampshållaren moturs för att komma åt glödlampan.
50 Montering sker i omvänd ordning. Se till att armaturen fästs ordentligt på plats i stötfångaren.

Bakre parkeringsljus i stötfångare

Fram till maj 2000
51 Ta bort skruvarna/hållarna (efter tillämplighet) och ta loss hjulhusets innerskärm från stötdämparen **(se bild)**.
52 Skruva loss skruven som håller stötdämparen till karossen.
53 Koppla loss kontaktdonet, sträck sedan in handen bakom stötfångaren och lossa

5.53 Demontering av parkeringsljuset från den bakre stötfångaren

parkeringsljusets fästklämma **(se bild)**. Ta bort armaturen från bilen. Parkeringsljuset är en förseglad enhet, om glödlampan är trasig måste hela enheten bytas ut.
54 Montering sker i omvänd ordning.

Maj 2000 och framåt
55 Följ beskrivningen för främre parkeringsljus i stötfångaren (punkt 48 till 50).

6 Glödlampor (innerbelysning) – byte

Allmänt
1 Se avsnitt 5, punkt 1.

Främre kupélampa
2 Bänd försiktigt loss linsen från takkonsolen **(se bild)**.

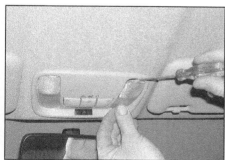

6.2 Bänd försiktigt loss linsen från takkonsolen

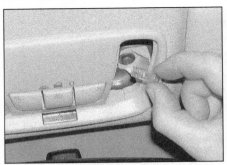

6.3 Ta loss glödlampan från kontakterna

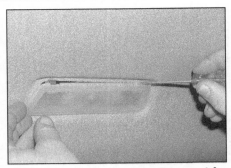

6.5 Bänd loss den bakre kupélampan från taket . . .

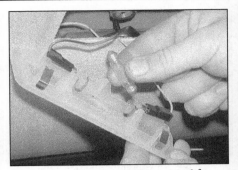

6.6 . . . och ta loss glödlampan från armaturen

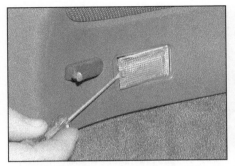
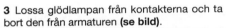
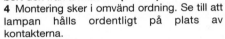

6.11 Bänd loss bagageutrymmets lampa. . .

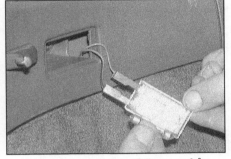

6.12 . . . och ta loss glödlampan från kontakterna (kombi visad)

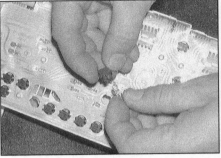

6.18 Ta loss lamphållaren från instrument-panelens baksida och dra loss glödlampan

3 Lossa glödlampan från kontakterna och ta bort den från armaturen **(se bild)**.
4 Montering sker i omvänd ordning. Se till att lampan hålls ordentligt på plats av kontakterna.

Bakre kupélampa

5 Bänd försiktigt loss linsen från taket **(se bild)**.
6 Lossa glödlampan från kontakterna och ta bort den från armaturen **(se bild)**.
7 Montering sker i omvänd ordning. Se till att lampan hålls ordentligt på plats av kontakterna.

Sminkspegelns belysning

8 Fäll ner solskyddet och öppna luckan över spegeln.
9 Bänd försiktigt bort linsen, lossa glöd-lampan från kontakterna och ta bort den från armaturen.
10 Montering sker i omvänd ordning. Se till

att lampan hålls ordentligt på plats av kontakterna.

Bagageutrymmets belysning

11 Bänd försiktigt loss armaturen med en liten spårskruvmejsel för att komma åt glödlampan **(se bild)**.
12 Ta loss lampan från kontakterna och ta bort den från armaturen **(se bild)**.
13 Montering sker i omvänd ordning. Se till att lampan hålls ordentligt på plats av kontakterna.

Främre fotbrunnens belysning

14 Bänd försiktigt loss armaturen med en liten spårskruvmejsel för att komma åt glödlampan.
15 Låssa kåpan, ta loss glödlampan från kontakterna och ta bort den från armaturen.
16 Montering sker i omvänd ordning. Se till att lampan hålls ordentligt på plats av kontakterna.

Instrumentpanelens belysning/varningslampor

17 Demontera instrumentpanelen enligt beskrivning i avsnitt 9.
18 Vrid aktuell glödlampshållare moturs och dra ut den från panelen. De flesta lamporna har platt fattning och kan dras rakt ut, men vissa sitter ihop med lamphållaren **(se bild)**. Var noga med att byta ut lamporna mot nya av exakt samma typ som de som tas bort.
19 Sätt tillbaka glödlampshållaren bak på instrumentpanelen och montera sedan instru-mentpanelen enligt beskrivning i avsnitt 9.

Strålkastarbrytarens belysning

20 Skruva loss skruvarna som håller fast reglagepanelen i instrumentbrädan. Ta loss panelen och koppla loss kontaktdonen när de blir åtkomliga.
21 Vrid glödlampshållaren moturs och dra ut den från infattningens baksida; glödlampan sitter ihop med hållaren.
22 Montering sker i omvänd ordning.

Värme-/ventilationsreglagens belysning

Manuellt reglerat värme-/ventilationssystem (med eller utan luftkonditionering)

23 Dra loss alla reglageknoppar från panelen.
24 Stick in fingrarna genom öppningarna och dra försiktigt loss infattningen rakt ut från panelen **(se bild)**.
25 Vrid aktuell glödlampshållare moturs och dra loss den från infattningen; glödlamporna sitter ihop med hållarna **(se bild)**.

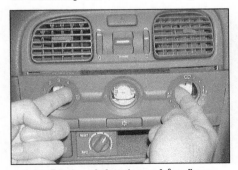

6.24 Dra loss infattningen från värme-/ventilationspanelen

6.25 Vrid lamphållaren moturs och dra loss den från infattningen

6.28a Vrid lamphållaren moturs med en spårskruvmejsel . . .

6.28b . . . och ta bort den från baksidan av reglagepanelen

6.30 Bänd försiktigt loss lampan i handskfacket

26 Montering sker i omvänd ordning. Se till att infattningens poler riktas in korrekt mot själva panelen.

Elektronisk klimatanläggning (ECC)

27 Demontera värme-/ventilationsreglagens panel enligt beskrivning i kapitel 3.
28 Vrid relevant glödlampshållare något moturs med hjälp av en lång spårskruvmejsel, dra sedan loss lamphållaren från panelens baksida **(se bilder)**.
29 Sätt fast den nya lamphållaren i panelen, montera sedan panelen enligt beskrivningen i kapitel 3.

Handskfackets belysning

30 Öppna handskfackets lucka och bänd försiktigt loss armaturen, utan att rubba glödlampans bakre skyddskåpa från instrumentbrädan **(se bild)**.
Varning: Om glödlampans skyddskåpa rubbas kommer den att falla ner bakom instrumentbrädan. Om detta skulle hända, demontera den nedre panelen under instrumentbrädan och mittkonsolens sidopaneler för att komma åt kåpan.

31 Lossa glödlampan från kontakterna och ta bort den från armaturen.
32 Montering sker i omvänd ordning. Se till att glödlampan hålls ordentligt på plats av kontakterna. Kontrollera också att skyddskåpan sitter ordentligt i instrumentbrädan innan armaturen monteras tillbaka.

Belysning till automatväxellådans växelväljare

33 Ta bort antingen den främre delen av mittkonsolen, eller bara konsolens sidopanel, enligt beskrivning i kapitel 11.
34 Ta loss glödlampshållaren från armaturen och ta bort glödlampan.
35 Montering sker i omvänd ordning mot demonteringen.

Belysning till automatväxellådans lägesreglage (maj 2000 och framåt)

36 Börja med att demontera reglaget enligt

beskrivningen i avsnitt 4. Ta loss glödlampshållaren genom att vrida den ett kvarts varv med en skruvmejsel.
37 Montering sker i omvänd ordning mot demonteringen.

Varningsblinkersens brytare

38 Demontera brytaren enligt beskrivning i avsnitt 4. Ta loss lamphållaren genom att vrida den ett kvarts varv med en skruvmejsel.
39 Montering sker i omvänd ordning mot demonteringen.

Cigarettändarens belysning

40 Börja med att ta loss cigarettändaren enligt beskrivningen i avsnitt 12.
41 Använd en liten skruvmejsel till att lossa plastflikarna som håller fast cigarettändarsockeln och ta bort den. Du kan nu dra loss glödlampshållaren från sidan av sockeln och ta loss glödlampan.
42 Montering sker i omvänd ordning mot demonteringen.

7 Yttre lampenheter – demontering och montering

Observera: Koppla loss kabeln från batteriets minuspol innan någon armatur demonteras (se Koppla ifrån batteriet).

Strålkastare

1 Dra åt handbromsen ordentligt, lyft sedan upp framvagnen och stöd på pallbockar. På turbomodeller, lyft fästklämman och ta bort plastkåpan för att komma åt strålkastarens baksida.
2 Demontera blinkersarmaturen enligt beskrivning i punkt 10.
3 På strålkastare som har en kombinerad hel-/halvljuslampa, vrid kåpan moturs och ta bort den. På strålkastare som har separata hel- och halvljuslampor, ta bort den första kåpan och därefter gummikåporna på baksidan av strålkastaren. På Xenon strålkastare, följ beskrivningen i punkt 4.
4 Koppla loss kontaktdonen från strålkastarglödlampan/-lamporna och parkeringsljusets

glödlampa, lossa sedan kablaget från armaturen. Koppla också loss kontaktdonet från strålkastarens inställningsmotor **(se bild)**.
5 Arbeta under bilen, skruva loss stötfångarens två fästbultar (som sitter precis bakom strålkastaren) på den sida där strålkastaren ska demonteras **(se bild)**. Om så behövs för att det ska bli lättare att komma åt bultarna, demontera kåpan under motorn.
6 Skruva loss den skruv som håller relevant ände av stötfångaren till karossen, lossa stötfångaränden och dra ut den lite så att strålkastaren kan demonteras. Vik ut strålkastarens torkararm.
7 Skruva loss de fyra fästmuttrarna och lyft försiktigt ut armaturen från sin plats. Ta loss inställningsmotorn genom att vrida den lite så att själva motorn lossnar från armaturen, och

7.4 Koppla loss kontaktdonen från strålkastarens glödlampor och inställningsmotorn

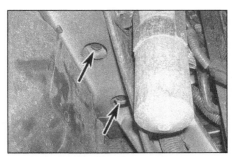

7.5 Skruva loss stötfångarens fästbultar (vid pilarna – visas underifrån)

7.7a Skruva loss de yttre ...

7.7b ... och de inre fästmuttrarna ...

7.7c ... och ta bort strålkastaren

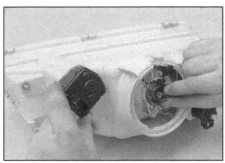

7.7d Vrid inställningsmotorn så att den lossnar från strålkastaren ...

7.7e ... och ta loss den från baksidan av reflektorn

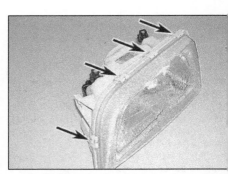

7.8 Strålkastarglaset kan tas bort när fästklämmorna har lossats

lossa dess kulled från reflektorns baksida **(se bilder)**.
8 Om så behövs, bänd försiktigt loss fästklämmorna och ta bort glaset och tätningen från strålkastaren **(se bild)**. Om tätningen är

skadad måste den bytas. Vid monteringen, se till att glaset och reflektorn är helt rena och torra. Sätt i tätningen i spåret i strålkastaren, sätt sedan tillbaka glaset och fäst det med alla klämmor.

9 Montering sker i omvänd ordning mot demonteringen. Dra åt strålkastarmuttrarna till angivet moment. Avsluta med att kontrollera strålkastarinställningen enligt beskrivningen i avsnitt 8.

Främre blinkers

10 Leta reda på blinkerslampans fästskruv, som sitter mellan blinkerenheten och strålkastaren. Skruva ut fästskruven ungefär två varv, lossa sedan (om tillämpligt) klämman i sidan av enheten och dra ut enheten. Koppla loss kontaktdonet på baksidan när det blir åtkomligt **(se bilder)**.
11 Montering sker i omvänd ordning mot demonteringen. Se till att blinkerenhetens styrsprint hamnar rätt i motsvarande hål (eller att klämman fästs ordentligt), och att enheten fästs ordentligt med skruven.

7.10a Skruva loss fästskruven ...

7.10b ... ta sedan loss blinkersarmaturen och koppla loss kontaktdonet

Främre dimljus

12 Dra åt handbromsen ordentligt. Lyft upp framvagnen och ställ den på pallbockar.
13 Ta bort skruvarna/hållarna som håller relevant ände av den undre kåpans främre del, och sänk ner kåpan så att det går att komma åt dimljuset. Åtkomligheten blir bättre om kåpan tas bort helt.
14 Om höger dimljus ska demonteras måste kolkanistern tas bort (se kapitel 4C, avsnitt 8) för att man ska komma åt lampan.
15 Koppla loss kontaktdonet från dimljuset, lossa sedan kabelhärvan från armaturen **(se bild)**.
16 Ta loss den nedre hållaren (tryck ut stiftet i mitten) och de två övre bultarna och lyft ut dimljuset **(se bilder)**.

7.15 Koppla loss dimljusets kontaktdon

7.16a Ta loss den nedre hållaren och skruva loss de övre bultarna ...

7.16b ... och ta loss dimljuset från undersidan av stötfångaren

7.17 Dimljusinställningen kan ändras med justeraren på baksidan av armaturen

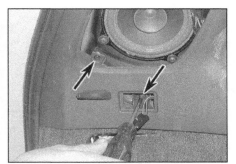

7.26a Skruva loss fästskruvarna (vid pilarna) ...

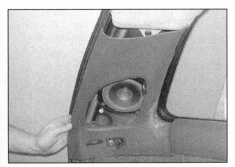

7.26b ... och ta loss den bakre klädselpanelen

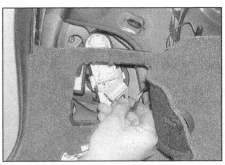

7.27 Koppla loss kontaktdonet ...

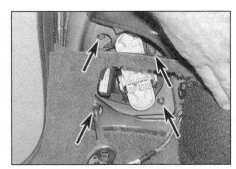

7.28 ... skruva sedan loss fästmuttrarna och ta bort armaturen

17 Montering sker i omvänd ordning mot demonteringen. Om så behövs, ändra dimljusinställningen med justeraren som sitter på baksidan av armaturen **(se bild)**.

Främre sidoblinkers

18 Skjut försiktigt armaturen något framåt, lossa den baktill och ta loss den från karossen. Koppla loss lamphållaren och ta bort glaset.
19 Montering sker i omvänd ordning mot demonteringen. Se till att glaset fästs ordentligt i karossen.

Baklykta – sedan

20 Lossa fästklämman och öppna luckan i klädseln för att komma åt lyktans baksida. För att förbättra åtkomligheten, ta bort

bagageluckans tätningsremsa och lossa klädselpanelen från bagageutrymmets tröskel. Ta sedan bort hållarna som håller den bakre änden av sidopanelen och vik denna inåt något.
21 Koppla loss kontaktdonen från lamphållarna.
22 Skruva loss fästmuttrarna och ta bort armaturen tillsammans med tätningen. Undersök om tätningen är sliten eller skadad och byt ut den om så behövs.
23 Montering sker i omvänd ordning. Se till att tätningen hamnar rätt.

Baklykta monterad på karossen – kombi

24 Bänd försiktigt loss högtalargrillen från den relevanta bakre stolpens övre klädselpanel i bagageutrymmet.

25 Lossa bagageutrymmets lampa från klädselpanelen och koppla loss den från kontaktdonet.
26 Skruva loss klädselpanelens fästskruvar (sitter i öppningarna efter lampan och högtalaren), lossa sedan panelen och ta bort den från bilen **(se bilder)**.
27 Koppla loss kontaktdonet från baklyktan **(se bild)**.
28 Skruva loss fästmuttrarna och ta bort armaturen tillsammans med tätningen **(se bild)**. Undersök om tätningen är sliten eller skadad och byt ut den om så behövs.
29 Montering sker i omvänd ordning mot demonteringen. Se till att tätningen monteras korrekt. Byt ut de fästklämmor till klädselpanelen som verkar vara i dåligt skick, och se till att alla klämmor sitter ordentligt på panelen innan denna monteras tillbaka på bilen.

Baklykta monterad på bakluckan – kombi

30 Öppna bakluckan och skruva loss de två fästskruvarna som sitter i handtagets öppning. Lossa sedan klädselpanelen från luckan.
31 Koppla loss kontaktdonet från armaturen **(se bild)**.
32 Skruva loss fästmuttrarna och ta loss armaturen från luckan, tillsammans med tätningen **(se bild)**. Tätningen måste bytas ut om den är skadad.
33 Montering sker i omvänd ordning. Dra åt fästmuttrarna ordentligt.

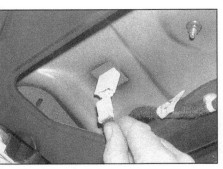

7.31 Koppla loss kontaktdonet ...

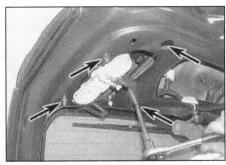

7.32 ... skruva sedan loss muttrarna (fyra visade) och ta bort armaturen från bakluckan

7.34 Ta loss kåpan från baksidan av bromsljuset och koppla loss kontaktdonet . . .

Högt monterat bromsljus

34 Lossa fästklämmorna och ta bort kåpan från baksidan av armaturen **(se bild)**.
35 Koppla loss kontaktdonet. Skruva sedan loss fästskruvarna och ta bort armaturen **(se bild)**.
36 Montering sker i omvänd ordning.

Registreringsskyltens belysning

Sedan

37 Öppna bagageluckan och ta bort hållarna (skruva loss skruven i mitten och dra ut hållaren). Ta sedan bort luckans klädselpanel.
38 Koppla loss kontaktdonen från relevant lampa **(se bild)**.
39 Skruva loss fästmuttrarna och lyft av låsknappens infattning från bagageluckan.
40 Lossa försiktigt armaturen och ta bort den från luckan **(se bild)**.
41 Montering sker i omvänd ordning.

7.35 . . . skruva sedan loss skruvarna och ta bort armaturen (kombi visad)

Kombi

42 Skruva loss fästskruvarna och ta bort armaturen från bakluckan. Koppla loss kontaktdonen när de går att komma åt.
43 Montering sker i omvänd ordning. Dra inte åt fästskruvarna för hårt, eftersom plasten lätt spricker.

Främre och bakre parkeringsljus
44 Se avsnitt 5.

8 Strålkastarinställning – allmän information

1 Korrekt inställning av strålkastarna kan endast utföras med optisk utrustning och ska därför överlåtas till en Volvoverkstad eller en annan lämpligt utrustad verkstad.
2 En ungefärlig inställning kan göras genom att justerarna på baksidan av armaturen vrids. Den

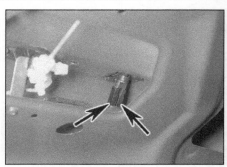

7.38 På sedanmodeller, koppla loss kontaktdonen (vid pilarna) . . .

inre justeraren kommer man åt genom öppningen i motorhuvslåsets tvärbalk **(se bild)**. **Observera:** *Se till att strålkastarinställningens reglage står i läge 0 innan strålkastarna justeras.*

9 Instrumentpanel – demontering och montering

Demontering
1 Koppla loss kabeln från batteriets minuspol (se *Koppla ifrån batteriet*).
2 Skruva loss rattstångens två övre fästbultar (de går att komma åt genom hålen i den nedre rattstångskåpan), och sänk ner rattstången helt **(se bilder)**.
3 Skruva loss fästskruvarna och ta bort instrumentpanelens kåpa **(se bild)**.
4 Skruva loss instrumentpanelens fästskruvar **(se bild)**.

7.40 . . . och lossa armaturen från bakluckan

8.2 Strålkastarinställningens justerare (vid pilarna) på armaturens baksida

9.2a Arbeta genom hålen i rattstångens nedre kåpa . . .

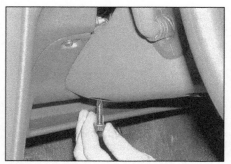

9.2b . . . och skruva loss rattstångens övre fästbultar

9.3 Skruva loss fästskruvarna (vid pilarna) och ta bort instrumentpanelens kåpa

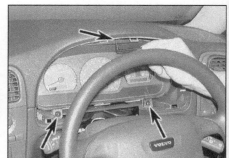

9.4 Skruva loss fästskruvarna (vid pilarna) . . .

5 Lossa den övre fästklämman och dra loss instrumentpanelen rakt ut från instrumentbrädan. Kontaktdonen och hastighetsmätarvajern (om sådan finns) sitter fast på instrumentbrädan och de kommer att kopplas loss automatiskt när panelen lossas **(se bild)**.

Montering

6 Före återmonteringen, se till att kontaktdonen och hastighetsmätarvajern sitter fast ordentligt i fästbyglarna i instrumentbrädan.
7 För tillbaka instrumentpanelen rakt in mot instrumentbrädan. Se till att panelen passas in korrekt mot kontaktdonen/vajern. Fäst den sedan ordentligt i instrumentbrädan.
8 Montera tillbaka instrumentpanelens kåpa och dra åt dess fästskruvar ordentligt.
9 Passa in rattstången mot dess fästen, sätt tillbaka fästbultarna och dra åt dem till angivet moment (se kapitel 10).
10 Avsluta med att ansluta batteriet och kontrollera att panelens varningslampor fungerar.

10 Instrumentpanelens delar – demontering och montering

I skrivande stund är det oklart om det går att införskaffa några av instrumentpanelens delar separat. Kontakta närmaste Volvoåterförsäljare för senaste information. De kan hjälpa till med råd om vad som bör göras om det skulle uppstå något fel på ett instrument.

11 Hastighetsmätarvajer – demontering och montering

Observera: *En hastighetsmätarvajer finns endast på modeller med analog (mekanisk) kilometermätare. På modeller med elektronisk kilometermätare (årsmodell 2000 och framåt), styrs hastighetsmätaren elektroniskt.*

Demontering

1 Demontera instrumentpanelen enligt beskrivning i avsnitt 9.
2 Lossa vajerändens klämma från fästbygeln

9.5 ... och ta loss instrumentpanelen från instrumentbrädan

på instrumentbrädan. Lossa sedan klämman från vajern.
3 I motorrummet, leta reda på hastighetsmätarvajerns nedre ände på växellådan. Lossa fästklämman och koppla loss vajern från hastighetsgivaren.
4 Arbeta bakåt längs vajern, ta loss den från alla relevanta fästklämmor och notera hur den är dragen. Lossa vajergenomföringen från torpedväggen, dra sedan vajerns övre ände in i motorrummet och ta bort vajern.

Montering

5 Mata in vajern genom torpedväggen från motorrummet. Se till att vajerns ändfäste är korrekt draget genom instrumentbrädans fästbygel. Fäst sedan vajergenomföringen ordentligt i torpedväggen.
6 Se till att vajern är korrekt dragen och att den hålls fast av alla relevanta klämmor, återanslut den sedan till växellådan. Säkra vajern på plats med fästklämman.
7 Montera tillbaka instrumentpanelen enligt beskrivningen i avsnitt 9.

12 Cigarettändare – demontering och montering

Demontering
Modeller fram till maj 2000
1 Demontera ljudanläggningen enligt beskrivningen i avsnitt 18.

2 Om så behövs, lossa och ta bort förvaringsutrymmet ovanför askkoppen.
3 Skruva loss fästskruvarna och ta bort askkoppen/cigarettändaren. Koppla loss kablaget när det går att komma åt **(se bilder)**.
Modeller från och med maj 2000
4 Demontera relevant del av mittkonsolen enligt beskrivningen i kapitel 11.
Alla modeller
5 Om så behövs, lossa lamphållaren från tändaren, lossa sedan fästklämmorna och dra ut själva tändarelementet.

Montering
6 Montering sker i omvänd ordning mot demonteringen. Se till att alla kontaktdon fästs ordentligt.

13 Signalhorn – demontering och montering

Demontering
1 Öppna motorhuven, skruva loss fästbulten och ta loss signalhornet från motorhuvslåsets tvärbalk, koppla sedan loss det från kontaktdonet.

Montering
2 Återanslut kontaktdonet ordentligt. Montera sedan tillbaka signalhornet till tvärbalken och dra åt dess fästbult ordentligt.

14 Vindrute-/bakrutetorkararm – demontering och montering

Demontering
1 Starta torkarmotorn och slå sedan av den, så att armen återgår till viloläget.
2 Om en vindrutetorkararm ska demonteras, öppna motorhuven och bänd loss skyddslocket från torkararmens fästmutter **(se bild)**. Om bakrutans torkararm ska demonteras, lyft skyddskåpan för att komma åt fästmuttern.

12.3a Skruva loss fästskruvarna (vid pilarna) ...

12.3b ... och ta bort askkoppen/cigarettändaren

14.2 Ta bort skyddslocket för att komma åt torkararmens mutter

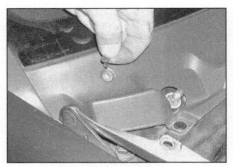

15.2a Bänd loss hållarna ...

15.2b ... och ta bort täckkåpan (visas med motorhuven demonterad)

15.3 Bänd försiktigt loss länksystemet från torkararmens kulled

15.4 På högerstyrda modeller, skruva loss fästbultarna och flytta bort säkrings-/relädosan

15.5a Ta bort torkarmotorns kåpa ...

15.5b ... och koppla loss kontaktdonet

HAYNES TiPS *För att underlätta inställningen av torkararmen vid monteringen, märk ut torkarbladets position på rutan med en bit maskeringstejp.*

3 Skruva loss armens fästmutter, lyft bort bladet från rutan och dra loss armen från dess axel. Om så behövs, ta försiktigt bort armen från axeln med en tång.

Montering

4 Se till att torkaren och axeln är rena och torra, montera sedan tillbaka armen. Se till att armen sitter korrekt, sätt tillbaka fästmuttern och dra åt den till angivet moment. Montera tillbaka mutterns skyddslock/kåpa.

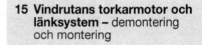

15 Vindrutans torkarmotor och länksystem – demontering och montering

Torkarmotor

Demontering

1 Demontera torkararmarna enligt beskrivningen i avsnitt 14.
2 Bänd loss alla hållare och lossa försiktigt torkarlänksystemets kåpa från vindrutans nederkant (se bilder).
3 Använd en stor spårskruvmejsel och bänd försiktigt loss länksystemet från motorns kulled (se bild).
4 För att lättare komma åt motorn på högerstyrda modeller, ta bort kåpan från

säkrings-/relädosan, skruva loss fästbultarna och ta bort dosan från karossen.
5 På alla modeller, ta bort torkarmotorns kåpa och koppla loss motorns kontaktdon (se bilder).
6 Skruva loss de fyra bultar som håller fast motorns fästplatta vid torpedväggen, flytta enheten åt sidan och ta ut den ur bilen (se bilder). Undersök fästgummina och byt ut dem om de är slitna eller skadade.
7 Innan motorn skiljs från fästplattan, gör inpassningsmarkeringar mellan motorveven och fästplattan. Skruva loss motorns axelmutter. Om så behövs, förhindra att veven roterar genom att hålla den med en fast nyckel medan muttern skruvas loss (se bild). Ta bort veven, skruva loss de tre fästbultarna och ta loss motorn från fästplattan.

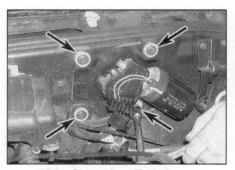

15.6a Skruva loss fästbultarna (vid pilarna) ...

15.6b ... och ta loss motorn

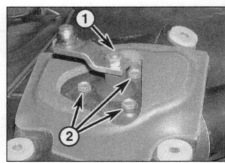

15.7 Mutter till torkarmotorns axel (1) och fästbultar (2)

15.10 Fäst länksystemet ordentligt på motorvevens kulled

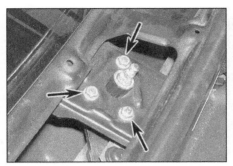

15.13a Skruva loss torkaraxelns muttrar (vid pilarna) . . .

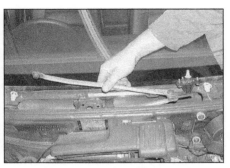

15.13b . . . och ta loss länksystemet

Montering

8 Om så behövs, sätt tillbaka motorn på fästplattan och dra åt fästbultarna ordentligt. Sätt tillbaka veven på motorn med hjälp av markeringarna som gjordes innan demonteringen. Dra åt axelmuttern till angivet moment. För att kontrollera att veven sitter rätt, anslut kontaktdonet och låt motorn gå några varv innan den sätts tillbaka i bilen.

9 För in motorn på plats och dra åt fästplattans bultar ordentligt.

10 Anslut kontaktdonet till motorn och fäst länksystemet ordentligt på vevens kulled (se bild).

11 Sätt tillbaka torkarmotorns kåpa, montera sedan torkararmarna enligt beskrivningen i avsnitt 14. På högerstyrda modeller, sätt tillbaka säkrings-/relädosan, dra åt bultarna ordentligt och sätt tillbaka kåpan.

Länksystem

Demontering

12 Utför de åtgärder som beskrivs i punkt 1 till 3.

13 Skruva loss muttrarna som håller fast torkaraxelns fästen till karossen, lirka sedan ut hela länksystemet (se bilder).

14 Undersök länksystemet och byt ut det om det verkar slitet.

Montering

15 För länksystemet på plats och sätt tillbaka muttrarna. Se till att båda axelfästena sitter rätt och dra åt muttrarna till angivet moment.

16 Fäst länksystemet på motorvevens kulled ordentligt och sätt tillbaka torkarmotorns kåpa.

17 Sätt tillbaka torkararmarna enligt beskrivningen i avsnitt 14.

16 Bakrutans torkarmotor (kombi) – demontering och montering

Demontering

1 Demontera torkararmen enligt beskrivningen i avsnitt 14.

2 Ta bort skyddslocket från torkaraxeln, skruva sedan loss och ta bort axelns mutter och fästbussningen (se bilder).

3 Öppna bakluckan, skruva loss de två fästskruvarna i handtagets öppning och ta bort bakluckans inre klädselpanel.

4 Koppla loss kontaktdonet från motorn (se bild).

5 Skruva loss bultarna som håller motorns fästbygel till bakluckan, lirka sedan ut motorn och ta loss tätningsmuffen från bakluckan (se bilder). Om så behövs, skruva loss bultarna och ta isär motorn och fästbygeln. Undersök om motorns fästgummin är slitna eller skadade och byt ut dem om så är fallet.

Montering

6 Se till att tätningsmuffen sitter ordentligt på plats i bakluckan, sätt sedan motorn på plats och sätt tillbaka bultarna löst.

7 Skjut på fästbussningen på motorns axel, passa in dess fästtapp korrekt och sätt tillbaka axelmuttern. Se till att bussningen sitter korrekt, dra åt muttern ordentligt och sätt tillbaka skyddslocket.

8 Dra åt muttrarna till motorns fästbygel ordentligt och anslut kontaktdonet.

16.2a Ta bort skyddslocket från torkaraxeln och skruva loss muttern (vid pilen) . . .

16.2b . . . och lyft av fästbussningen

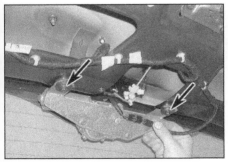

16.4 Koppla loss kontaktdonet och skruva loss fästbultarna (vid pilarna) . . .

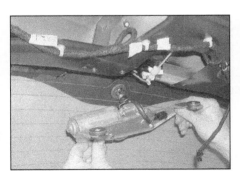

16.5a . . . och ta loss torkarmotorn

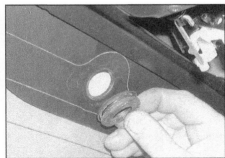

16.5b Undersök motorns tätningsmuff

17.6 Koppla loss spolarslangen (-slangarna) vid anslutningarna nära behållarens hals

9 Sätt den inre klädselpanelen på plats på bakluckan och dra åt fästskruvarna ordentligt.
10 Montera torkararmen enligt beskrivningen i avsnitt 14.

17 Spolarsystemets komponenter – demontering och montering

1 Spolarbehållaren sitter längst fram till höger i motorrummet. På modeller med strålkastarspolare förser behållaren även dessa via en extra pump. På kombimodeller sitter ytterligare en pump på behållaren som matar spolarvätska till bakluckans spolarmunstycke.

Spolarsystemets behållare

2 Dra åt handbromsen ordentligt, lossa sedan muttrarna på höger framhjul. Lyft upp

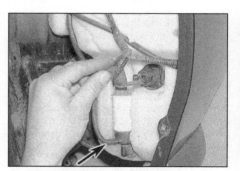

17.11 Koppla loss kontaktdonet och spolarslangen (vid pilen) . . .

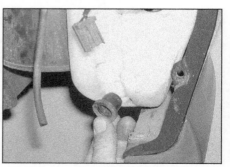

17.12b . . . och ta bort dess tätningsmuff

17.8 Demontera spolarvätskebehållaren

framvagnen och ställ den på pallbockar. Ta bort höger framhjul.
3 Skruva loss skruvarna/ta loss hållarna och ta bort innerskärmen i höger hjulhus. Sänk också ned, eller ta bort helt, kåpan under motorn för att komma åt spolarvätskebehållaren.
4 Demontera höger blinkers enligt beskrivningen i avsnitt 7. På modeller med dimljus fram, ta även bort höger dimljusenhet.
5 Koppla loss kontaktdonen från vätskebehållarens nivågivare och spolarpump(ar).
6 I motorrummet, koppla loss spolarslangen (-slangarna) vid ventilanslutningen (-anslutningarna) på spolarbehållarens hals **(se bild)**.
7 Skruva loss bultarna som håller kolkanistern till spolarbehållaren och flytta kanistern åt sidan.
8 Skruva loss behållarens fästbultar och ta bort behållaren **(se bild)**. Om mer utrymme behövs för att behållaren ska kunna tas ut,

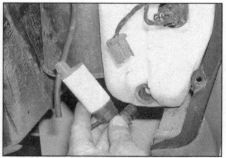

17.12a . . . ta loss spolarpumpen . . .

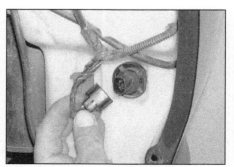

17.20 Koppla loss kontaktdonet . . .

skruva loss skruven som håller stötfångarens ände till skärmen.
9 Montering sker i omvänd ordning mot demonteringen. Se till att ansluta slangar och kablage ordentligt. Fyll på behållaren med spolarvätska och leta efter eventuella läckor.

Vindrute-/strålkastarspolarpump

10 Utför åtgärderna som beskrivs i punkt 2 och 3. Vindrutespolarpumpen sitter på behållarens baksida.
11 Placera ett kärl under behållaren för att samla upp vätskan. Koppla sedan loss kontaktdonet och spolarslangen/-slangarna från pumpen **(se bild)**.
12 Ta försiktigt loss pumpen från behållaren och ta vara på dess tätningsmuff **(se bilder)**.
13 Montering sker i omvänd ordning. Använd en ny tätningsmuff om den gamla var sliten eller skadad. Fyll på behållaren med spolarvätska och kontrollera att inte tätningsmuffen läcker.

Bakrutespolarpump – kombi

14 Dra åt handbromsen ordentligt, lyft upp framvagnen och stöd den på pallbockar. Bakrutespolarpumpen sitter på behållarens framsida.
15 Skruva loss fästskruvarna/ta loss hållarna och ta bort den främre delen av kåpan under motorn/växellådan.
16 Placera ett kärl under behållaren för att samla upp vätskan, koppla sedan loss kontaktdonet och spolarslangen/-slangarna från pumpen.
17 Ta försiktigt loss pumpen från behållaren och ta vara på dess tätningsmuff.
18 Montering sker i omvänd ordning. Använd en ny tätningsmuff om den gamla var sliten eller skadad. Fyll på behållaren med spolarvätska och kontrollera att inte tätningsmuffen läcker.

Spolarvätskebehållarens nivågivare

19 Utför åtgärderna som beskrivs i punkt 2 och 3. Nivågivaren sitter baktill på behållaren.
20 Koppla loss kontaktdonet från givaren **(se bild)**.
21 Placera ett kärl under behållaren för att samla upp vätskan, ta sedan försiktigt ut givaren från behållaren och ta vara på tätningsmuffen **(se bild)**.

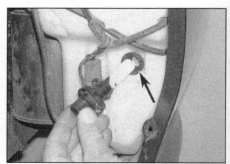

17.21 . . . och ta loss nivågivaren och tätningsmuffen (vid pilen) från behållaren

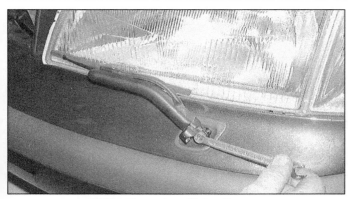

17.30a Skruva loss fästmuttern . . .

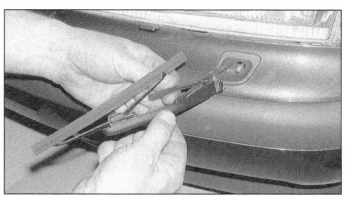

17.30b . . . lossa sedan torkararmen från axeln och koppla loss
spolarslangen

17.32a Koppla loss kontaktdonet . . .

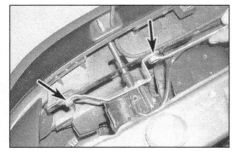

17.32b . . . skruva sedan loss skruvarna
(vid pilarna) och ta bort motorn från
stötfångaren

från strålkastaren, dra loss armen från axeln
och koppla loss spolarslangen **(se bilder)**. Om
så behövs, dra försiktigt loss armen från axeln
med en tång.

31 Demontera strålkastaren enligt beskriv-
ningen i avsnitt 7.

32 Koppla loss kontaktdonet från torkar-
motorn, skruva sedan loss fästbultarna och ta
bort motorn från stötfångaren **(se bilder)**.

33 Montering sker i omvänd ordning mot
demonteringen. Innan torkararmen monteras,
starta motorn för att kontrollera att den står
korrekt i viloläget.

18 Ljudanläggning –
demontering och montering

Observera: *Följande beskrivning gäller den
anläggning som monteras av Volvo.*

Demontering

1 Koppla loss kabeln från batteriets minuspol
(se *Koppla ifrån batteriet*).

2 Tryck försiktigt in ljudanläggningens
demonteringshandtag med en liten spår-
skruvmejsel så att de kommer ut **(se bild)**.

3 Dra ut handtagen helt på båda sidor och
dra ut anläggningen från instrumentbrädan
(se bild).

4 Koppla loss antennkabeln och kontakt-
donen och ta bort anläggningen **(se bild)**.

22 Montering sker i omvänd ordning. Använd
en ny tätningsmuff om så behövs. Fyll på
behållaren och kontrollera att inte givarens
tätning läcker.

Vindrutespolarmunstycken

23 Öppna motorhuven, bänd loss fäst-
klämmorna och vik undan isoleringspanelen
för att komma åt spolarmunstyckenas
baksida.

24 Koppla loss spolarslangen, lossa fäst-
klämmorna och ta loss munstycket från
motorhuven.

25 Vid montering, kläm fast munstycket
ordentligt i motorhuven och anslut spolar-
slangen. Sätt isoleringspanelen på plats,
stäng motorhuven och kontrollera mun-
styckets funktion.

26 Om så behövs, justera munstyckena med
en nål. Rikta ett munstycke mot en punkt
strax ovanför mitten av det område som
sveps av torkarna, och det andra strax
under mitten, för att få så god täckning som
möjligt.

Bakrutespolarmunstycken –
kombi

27 Demontera det högt monterade broms-
ljuset enligt beskrivningen i avsnitt 7.

28 Tryck in fästklämmorna, lossa munstycket
och koppla loss det från spolarslangen.

29 Montering sker i omvänd ordning.

Strålkastarspolarmotor

30 Lyft upp skyddskåpan och skruva loss
torkararmens fästmutter. Lyft torkarbladet

18.2 Tryck in handtagen så att de kommer
ut . . .

18.3 . . . och dra sedan ut
ljudanläggningen

18.4 Koppla loss kontaktdonen och
antennsladden

19.1 Lossa högtalargrillen . . .

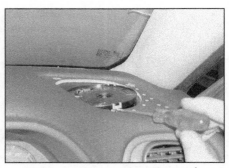

19.2a . . . bänd loss högtalaren från instrumentbrädan . . .

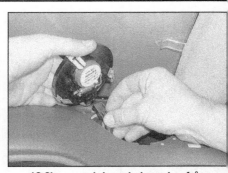

19.2b . . . och koppla loss den från kablaget

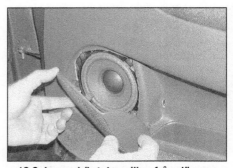

19.3 Lossa högtalargrillen från dörrens klädselpanel . . .

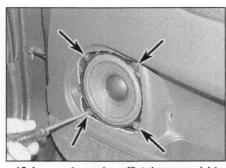

19.4a . . . skruva loss fästskruvarna (vid pilarna) . . .

19.4b . . . och ta loss högtalaren från dörren

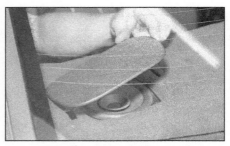

19.5 På sedanmodeller, lossa högtalargrillen från hyllan . . .

Montering

5 Montering sker i omvänd ordning mot demonteringen. Avsluta med att ansluta batteriet och knappa in säkerhetskoden.

19 Högtalare – demontering och montering

Demontering

Högtalare i instrumentbrädan

1 Bänd försiktigt loss högtalargrillen och ta bort den från instrumentbrädan **(se bild)**.
2 Lossa högtalaren och ta ut den från instrumentbrädan. Koppla loss kablaget när det går att komma åt **(se bilder)**.

Högtalare i framdörren

3 Lossa och ta bort högtalargrillen från dörrens klädselpanel **(se bild)**.
4 Skruva loss fästskruvarna och ta loss högtalaren från dörren. Koppla loss kablaget när det går att komma åt **(se bilder)**.

Bakre högtalare – sedan

5 Lossa och ta bort högtalargrillen från den bakre bagagehyllan **(se bild)**.
6 Skruva loss skruvarna och ta bort högtalaren från panelen. Koppla loss kablaget när det blir åtkomligt **(se bild)**.

Bakre högtalare – kombi

7 Lossa och ta bort högtalargrillen från den bakre stolpens klädselpanel **(se bild)**.
8 Skruva loss fästskruvarna och ta loss högtalaren. Koppla loss kablaget när det blir åtkomligt **(se bilder)**.

Montering

9 Montering sker i omvänd ordning mot demonteringen.

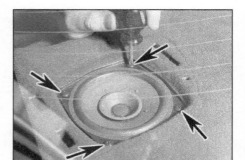

19.6 . . . skruva sedan loss skruvarna (vid pilarna) och lyft ut högtalaren

19.7 På kombimodeller, ta loss högtalargrillen från den bakre stolpen . . .

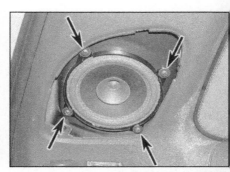

19.8a . . . skruva loss fästskruvarna (vid pilarna) . . .

19.8b ... och ta loss högtalaren och koppla loss kontaktdonen

20 Radioantenn –
demontering och montering

Sedanmodeller

1 Öppna bagageluckan. Skruva loss fäst-skruvarna och ta bort bagageutrymmets golvpanel.

2 Ta bort tätningsremsan från vänster sida och nederdelen av bagageluckans öppning. Lossa sedan försiktigt bagageutrymmets bakre klädselpanel uppåt och ta bort den.

3 Ta loss de bakre hållarna för bagage-utrymmets vänstra klädselpanel (lossa mittskruven några varv och dra ut hela hållaren). Vik panelens bakre ände inåt för att komma åt antennen. Om så behövs, ta loss de främre hållarna (bakom baksätets ryggstöd) och ta bort panelen helt.

4 Koppla loss antennsladden och skruva loss fästbulten som håller fast antennens jord-ledning vid karossen **(se bilder)**.

5 Följ dräneringsslangen bakåt från den nedre änden av antennen och lossa dess tätningsmuff från karossen **(se bild)**.

6 Skruva loss fästbulten och koppla loss kontaktdonet från antennen **(se bilder)**.

7 Lossa antennens övre ände från tätnings-muffen och ta bort den. Ta loss muffen från karossen och förvara den tillsammans med antennen **(se bilder)**.

8 Montering sker i omvänd ordning. Innan fästbulten sätts tillbaka, se till att tätningsmuffen sitter rätt och att antennens

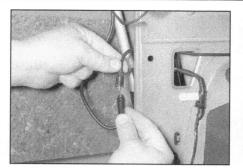

20.4a På sedanmodeller, koppla loss antennsladden ...

fästtapp sitter som den ska i urtaget i karossen.

Kombimodeller

9 Bänd försiktigt loss den bakre kupélampan från takklädseln med en liten spårskruvmejsel för att komma åt antennens nedre ände.

10 Lossa kontakterna från taket, koppla sedan loss både antennsladden och kontakt-donet. Akta så att inte den del av kabeln som sitter kvar i bilen försvinner in under takklädseln.

11 Skruva loss fästmuttern och lyft av antennen från taket, observera dess gummi-tätning.

12 Montering sker i omvänd ordning. Kontrollera att antennens gummitätning är i gott skick.

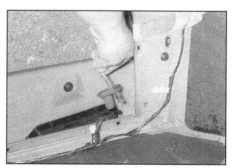

20.5 Lossa dräneringsslangens muff från karossen så att den kan tas loss tillsammans med antennen

20.4b ... och skruva loss jordledningen från karossen

21 Farthållare – allmän
information och byte av komponenter

Se kapitel 4A.

22 Larm/immobiliser –
allmän information

Observera: *Denna information gäller endast larm och immobiliser som monterats av Volvo som standardutrustning.*

Larm

1 De flesta modeller med centrallås har även ett

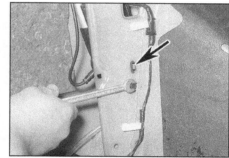

20.6a Skruva loss fästbulten (notera fästtappen vid pilen) ...

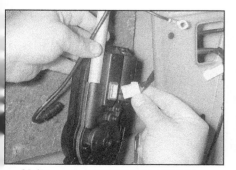

20.6b ... och koppla loss antennens kontaktdon

20.7a Ta bort antennen från bagageutrymmet ...

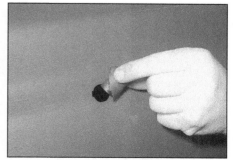

20.7b ... och ta loss tätningsmuffen från karossen

larm. Larmet aktiveras och avaktiveras när bilen låses/låses upp med centrallåssändaren. När bilen låses lyser blinkerslamporna i 1 sekund och larmets lysdiod på instrumentbrädan blinkar långsamt. Larmet aktiveras ca 25 sekunder (50 sekunder på tidigare modeller) efter det att dörrarna har låsts. Om lysdioden lyser konstant när dörrarna låses, betyder detta att antingen en dörr, motorhuven eller bakluckan inte är ordentligt stängd, eller att ultraljudsgivarna har känt av en rörelse i bilen.

2 Larmet har kontakter på motorhuven, bakluckan och alla dörrar, och ultraljudsgivare på dörrstolparna som känner av rörelser inuti bilen. Om en dörr, bakluckan eller motorhuven öppnas utan att dörrarna först har låsts upp med centrallåssändaren, eller om rörelse har märkts i bilen, aktiveras larmet. När larmet aktiveras tjuter signalhornet och blinkerslamporna blinkar i ca 30 sekunder. Sedan återställs larmet automatiskt, men lysdioden fortsätter att blinka i ca 5 minuter. Om larmet har aktiverats kommer lysdioden att blinka kontinuerligt när bilen låses upp, tills startnyckeln vrids om i tändningslåset.

3 Om någon försöker att fiffla med signalhornet medan systemet är igång (även om kablar klipps av), kommer hornet att ljuda i 5 minuter.

4 Om det uppstår något fel i larmsystemet måste bilen tas till en Volvoverkstad. Om ett fel har utvecklats blinkar lysdioden snabbt när tändningen slås på.

Immobiliser

5 Ett immobilisersystem finns som standard på alla modeller. Systemet aktiveras automatiskt varje gång startnyckeln sätts i/tas ur.

6 Immobilisern gör att bilen bara kan startas med Volvos originalnyckel. Nyckeln innehåller ett elektroniskt chip (transponder) som är programmerad med en kod. När nyckeln sätts i tändningslåset använder den strömmen som finns i givarspolen (som sitter i låshuset – det finns inget batteri i själva nyckeln) till att skicka en signal till immobiliserns ECU. ECU kontrollerar koden varje gång tändningen slås på. Om nyckelkoden inte överensstämmer med koden i ECU, avaktiveras startmotorn och bränsle- och tändningskretsarna så att motorn inte kan startas.

7 En varningslampa för immobilisern sitter i instrumentpanelen, och denna visar att systemet fungerar. Om allt är som det ska, ska lampan tändas i ca 3 sekunder varje gång tändningen slås på och sedan slockna. Om lampan inte tänds (kontrollera först glödlampan), förblir tänd efter den inledande perioden, eller tänds när som helst medan motorn är igång, föreligger ett fel i systemet och bilen måste tas till en Volvoverkstad för kontroll. **Observera:** *Om varningslampan blinkar kontinuerligt när tändningen är påslagen, är det för att ECU inte känner igen nyckelns kod.*

8 Om startnyckeln har tappats bort kan en ny skaffas från en Volvoåterförsäljare. De har tillgång till rätt nyckelkod för immobilisern i just din bil och kan ge dig en ny kodad nyckel. Om så behövs kan de också programmera om immobiliserns ECU och tillhandahålla nya nycklar som passar. Detta gör då den ursprungliga nyckeln oanvändbar.

23 Uppvärmda framsäten – demontering och montering av delar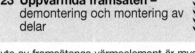

Byte av framsätenas värmeelement är mycket svårt och det inbegriper isärtagning av de komplexa sätesenheterna. Arbetet bör därför överlåtas till en Volvoverkstad. I praktiken är det mycket svårt för en hemmamekaniker att utföra detta arbete utan att förstöra klädseln. Det enda som enkelt kan tas bort/bytas är brytarna (se avsnitt 3 eller 4).

24 Krockkuddar – allmän information och föreskrifter

Observera: *Se kapitel 11 för information om SIPS-krockkuddarna (side impact protection system).*

1 Alla modeller har ett extra skyddssystem (SRS – supplementary restraint system) som består av en krockkudde på förarsidan och främre bältessträckare. På vissa modeller finns även en krockkudde på passagerarsidan. Dessa modeller är märkta SRS AIRBAG på instrumentbrädan på förarsidan.

2 Systemet består av krockkudde/-kuddar (med gasgeneratorer), styrenheten (med en inbyggd krocksensor), bältessträckare och en varningslampa på instrumentbrädan.

3 Systemet aktiveras vid en frontalkrock som överskrider en viss kraft; aktiveringen beror också på var på bilen krocken tar. Krockkuddarna blåses upp på bara några millisekunder och bildar en säkerhetsdyna mellan föraren och ratten och (om bilen är så utrustad) mellan passageraren och instrumentbrädan. Detta förhindrar kontakt mellan överkroppen och ratten/instrumentbrädan, vilket minskar risken för personskador avsevärt. Krockkudden töms nästan omedelbart. Styrenheten aktiverar också bältessträckarna (se kapitel 11 för mer information).

4 Varje gång tändningen slås på utför SRS-systemet ett självtest, och under denna tid lyser SRS-lampan på instrumentbrädan. När självtestet är klart (det tar ca 10 sekunder) ska lampan slockna. Om motorn startas innan dess, släcks lampan direkt. Om varningslampan inte tänds (kontrollera först glödlampan), förblir tänd eller tänds när som helst när motorn är igång, är det fel på systemet. Bilen bör då tas till en Volvoverkstad för kontroll så snart som möjligt.

⚠ **Varning:** *Innan någon åtgärd utförs på SRS-systemet, Koppla ifrån batteriets minuspol och vänta i minst två minuter, se "Koppla ifrån batteriet" i referenskapitlet i slutet av den här boken. När arbetet är slutfört, se till att ingen befinner sig inuti bilen när batteriet*

kopplas in igen. Med förardörren öppen, slå sedan på tändningen utifrån bilen.

 ⚠ **Varning:** *Observera att krockkuddar inte får utsättas för temperaturer över 100°C. När krockkudden demonteras, förvara den med rätt sida upp för att förhindra att den blåses upp av misstag.*

 ⚠ **Varning:** *Låt inga lösningsmedel eller rengöringsmedel komma i kontakt med krockkudden. Den får endast rengöras med en fuktig trasa.*

 ⚠ **Varning:** *Krockkuddarna och styrenheterna är känsliga för stötar. Om de tappas på en hård yta eller skadas måste de bytas.*

⚠ **Varning:** *Koppla loss SRS-styrenhetens anslutningskontakt innan någon svetsning utförs på bilen.*

 ⚠ **Varning:** *Volvo anger att krockkuddarna bör bytas vart tionde år. Enheternas utgångsdatum står på en etikett fäst på förarsidans dörrstolpe.*

⚠ **Varning:** *Montera aldrig en barnstol på det främre passagerarsätet om det finns en krockkudde på den sidan. Montera då endast barnstolar i baksätet.*

25 Krockkuddar – demontering och montering av komponenter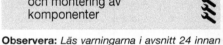

Observera: *Läs varningarna i avsnitt 24 innan följande åtgärder utförs.*

1 Koppla loss batteriets minuspol och vänta i minst 2 minuter innan arbetet påbörjas (se *Koppla ifrån batteriet*).

Krockkudde på förarsidan

Demontering

2 Även om det inte är absolut nödvändigt, kan åtkomligheten förbättras om man lossar rattstångens höjdjusteringsarm, skruvar loss fästskruvarna och tar bort rattstångskåporna. Skruva loss krockkuddens två fästskruvar som sitter bakom ratten – vrid ratten efter behov för att komma åt skruvarna **(se bild)**.

25.2 Skruva loss krockkuddens fästskruvar . . .

Skruvarna är av typen Torx T30 och de sitter i vinkel.

3 Ställ ratten rakt fram igen, lyft försiktigt bort krockkudden från ratten och koppla loss kontaktdonet från enhetens baksida **(se bild)**. Krockkudden får inte utsättas för stötar eller tappas, och den måste förvaras med den stoppade sidan uppåt.

Montering

4 Anslut kontaktdonet och sätt krockkudden mitt i ratten, se till att inte kabeln kommer i kläm. Sätt i fästskruvarna och dra åt dem till angivet moment. Montera rattstångskåporna om dessa har tagits bort.
5 Kontrollera att ingen befinner sig inuti bilen och anslut sedan batteriet. Med förardörren öppen, slå på tändningen utifrån bilen och kontrollera att krockkuddens varningslampa fungerar.

Kontaktenhet till krockkudde på förarsidan
Demontering

6 Demontera krockkudden enligt beskrivningen i punkt 2 och 3, se sedan kapitel 10 och demontera ratten.
7 Om det inte redan har gjorts, lossa rattstångens höjdjusteringsarm, skruva loss fästskruvarna och ta loss rattstångskåporna **(se bilder)**.
8 Koppla loss SRS-kontaktdonet från kontaktenheten **(se bild)**.
9 Skruva loss fästskruvarna, lossa och ta bort kontaktenheten från hållaren. Koppla loss signalhornets kontaktdon när det blir åtkomligt **(se bilder)**.

Montering

10 Före monteringen är det viktigt att se till att kontaktenheten är centrerad. Om låsskruven användes korrekt vid demonteringen är detta inget problem. Nya kontaktenheter levereras korrekt inpassade. Om du är osäker, centrera enheten enligt följande. Lossa låsskruven, håll fast utsidan av kontaktenheten och vrid mittendelen moturs tills ett motstånd känns. Från den punkten, vrid mittendelen ungefär tre varv medurs för att placera låstappen i linje med skruven, dra

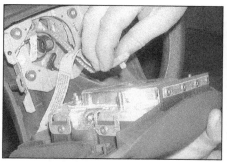

25.3 . . . lyft sedan bort krockkudden från ratten och koppla loss dess kontaktdon

sedan åt skruven lätt så att kontaktenheten låses på plats.
11 Anslut signalhornets kontaktdon och fäst kontaktenheten ordentligt på hållaren. Sätt i fästskruvarna och dra åt dem till angivet moment.
12 Se till att kablaget är korrekt draget och återanslut SRS-kontaktdonet till kontaktenheten.
13 Sätt tillbaka rattstångskåporna och dra åt fästskruvarna ordentligt.
14 Montera ratten enligt beskrivningen i kapitel 10. När batteriet ska anslutas, se till att ingen befinner sig i bilen. Med förardörren öppen, slå på tändningen utifrån bilen och kontrollera att krockkuddens varningslampa fungerar.

Krockkudde på passagerarsidan
Demontering

15 Demontera instrumentbrädan enligt beskrivningen i kapitel 11.
16 Skruva loss fästskruvarna och demontera värme-/ventilationskanalen från baksidan av instrumentbrädan.
17 Koppla loss kontaktdonet, skruva sedan loss fästskruvarna och ta bort krockkudden från instrumentbrädan. Krockkudden får inte tappas eller utsättas för smällar, och den måste förvaras med själva kudden vänd uppåt.

Montering

18 Sätt in krockkudden på plats, sätt i

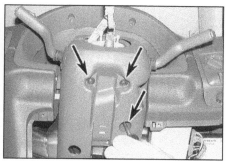

25.7a Skruva loss fästskruvarna (vid pilarna) . . .

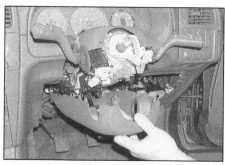

25.7b . . . och ta bort rattstångskåporna

fästbultarna och dra åt dem till angivet moment.
19 Se till att kablaget är korrekt draget och anslut kontaktdonet.
20 Montera värme-/ventilationskanalen och se till att den passas in korrekt mot ventilerna i instrumentbrädan, dra åt dess fästskruvar ordentligt.
21 Montera instrumentbrädan enligt beskrivning i kapitel 11. När batteriet ska anslutas, se till att ingen befinner sig i bilen. Med förardörren öppen, slå på tändningen utifrån bilen och kontrollera att krockkuddens varningslampa fungerar.

SRS styrenhet
Demontering

22 Demontera mittkonsolen enligt beskrivningen i kapitel 11.

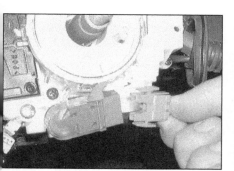

25.8 Koppla loss kontaktdonet från kontaktenheten . . .

25.9a . . . skruva loss fästskruvarna (vid pilarna) . . .

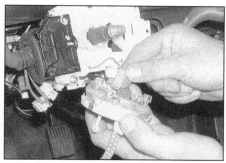

25.9b . . . och lyft bort enheten och koppla loss signalhornets kontaktdon

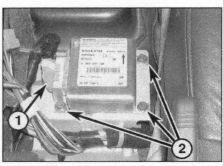

25.23 SRS-styrenhetens kontaktdon (1) och fästbultar (2)

23 Lossa fästklämman och koppla loss kontaktdonet från styrenheten **(se bild)**.
24 Skruva loss fästskruvarna och ta bort enheten från bilen.

Montering

25 Se till att styrenhetens och karossens fogytor är rena och torra. Sätt enheten på plats, sätt i fästskruvarna och dra åt dem till angivet moment.

26 Anslut kontaktdonet till styrenheten och fäst det med fästklämman.
27 Montera mittkonsolen enligt beskrivningen i kapitel 11. När batteriet ska anslutas, se till att ingen befinner sig i bilen. Med förardörren öppen, slå på tändningen utifrån bilen och kontrollera att krockkuddens varningslampa fungerar.

Bältessträckare

28 Se kapitel 11.

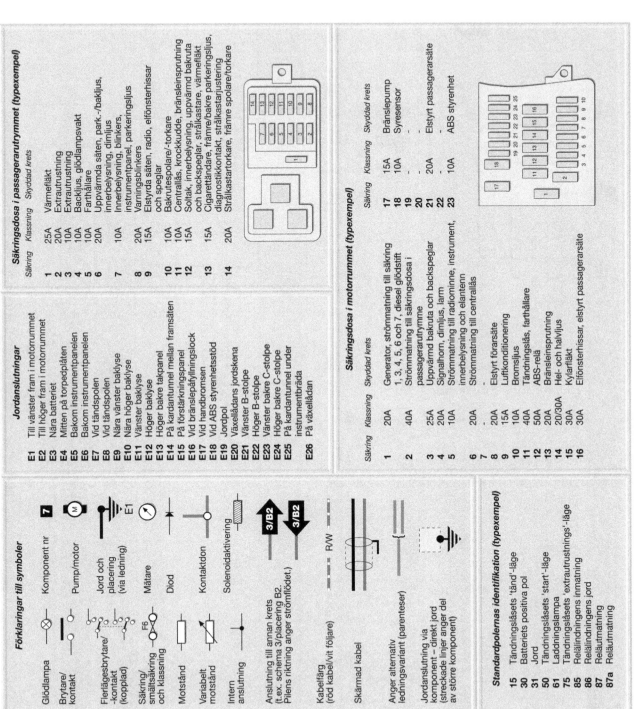

Säkringsdosa i passagerarutrymmet (typexempel)

Säkring	Klassning	Skyddad krets
1	25A	Värmefläkt
2	20A	Extrautrustning
3	20A	Extrautrustning
4	10A	Backljus, glödlampsvakt
5	10A	Farthållare
6	20A	Uppvärmda säten, park.-/bakljus, innerbelysning, dimljus
7	10A	Innerbelysning, blinkers, instrumentpanel, parkeringsljus
8	20A	Varningsblinkers
9	15A	Elstyrda säten, radio, elfönsterhissar och speglar
10	10A	Bakrutespolare/-torkare
11	10A	Centrallås, krockkudde, bränsleinsprutning
12	15A	Soltak, innerbelysning, uppvärmd bakruta och backspeglar, strålkastare, värmefläkt
13	15A	Cigarettändare, främre/bakre parkeringsljus, diagnostikkontakt, strålkastarjustering
14	20A	Strålkastartorkare, främre spolare/torkare

Säkringsdosa i motorrummet (typexempel)

Säkring	Klassning	Skyddad krets
1	20A	Generator, strömmatning till säkring 1, 3, 4, 5, 6 och 7, diesel glödstift
2	40A	Strömmatning till säkringsdosa i passagerarutrymme
3	25A	Uppvärmd bakruta och backspeglar
4	20A	Signalhorn, dimljus, larm
5	10A	Strömmatning till radiominne, instrument, innerbelysning och elantern
6	20A	Strömmatning till centrallås
7	-	-
8	20A	Elstyrt förarsäte
9	15A	Luftkonditionering
10	10A	Bromsljus
11	40A	Tändningslås, farthållare
12	50A	ABS-relä
13	20A	Bränsleinsprutning
14	20/30A	Hel- och halvljus
15	30A	Kylarfläkt
16	30A	Elfönsterhissar, elstyrt passagerarsäte
17	15A	Bränslepump
18	10A	Syresensor
19	-	-
20	-	-
21	20A	Elstyrt passagerarsäte
22	-	-
23	10A	ABS styrenhet

Jordanslutningar

E1	Till vänster fram i motorrummet
E2	Till höger fram i motorrummet
E3	Nära batteriet
E4	Mitten på torpedplåten
E5	Bakom instrumentpanelen
E6	Bakom instrumentpanelen
E7	Vid tändspolen
E8	Vid tändspolen
E9	Nära vänster baklyse
E10	Nära höger baklyse
E11	Vänster baklyse
E12	Höger baklyse
E13	Höger bakre takpanel
E14	På kardantunnel mellan framsäten
E15	På förstärkningsspanel
E16	Vid bränslepåfyllningslock
E17	Vid handbromsen
E18	Vid ABS styrenhetsstöd
E19	Jordpol
E20	Växellådans jordskena
E21	Vänster B-stolpe
E22	Höger B-stolpe
E23	Vänster bakre C-stolpe
E24	Höger bakre C-stolpe
E25	På kardantunnel under instrumentbräda
E26	På växellådan

Förklaringar till symboler

- Glödlampa
- Brytare/kontakt
- Komponent nr [7]
- Pump/motor (M)
- Flerlägesbrytare/-kontakt (kopplad)
- Jord och placering (via ledning) E1
- Säkring/smältsäkring och klassning F6
- Mätare
- Motstånd
- Diod
- Variabelt motstånd
- Kontaktdon
- Intern anslutning
- Solenoidaktivering
- Anslutning till annan krets (t.ex. schema 3/placering B2. Pilens riktning anger strömflödet.) 3/B2 3/B2
- Kabelfärg (röd kabel/vit följare) R/W
- Skärmad kabel
- Anger alternativ ledningsvariant (parenteser)
- Jordanslutning via komponent – direkt jord (streckade linjer anger del av större komponent)

Standardpolernas identifikation (typexempel)

15	Tändningslåsets 'tänd'-läge
30	Batteriets positiva pol
31	Jord
50	Tändningslåsets 'start'-läge
61	Laddningslampa
75	Tändningslåsets 'extrautrustnings'-läge
85	Reläindningens inmatning
86	Reläindningens jord
87	Reläutmatning
87a	Reläutmatning

Kopplingsschema 1 : Information om kopplingsscheman

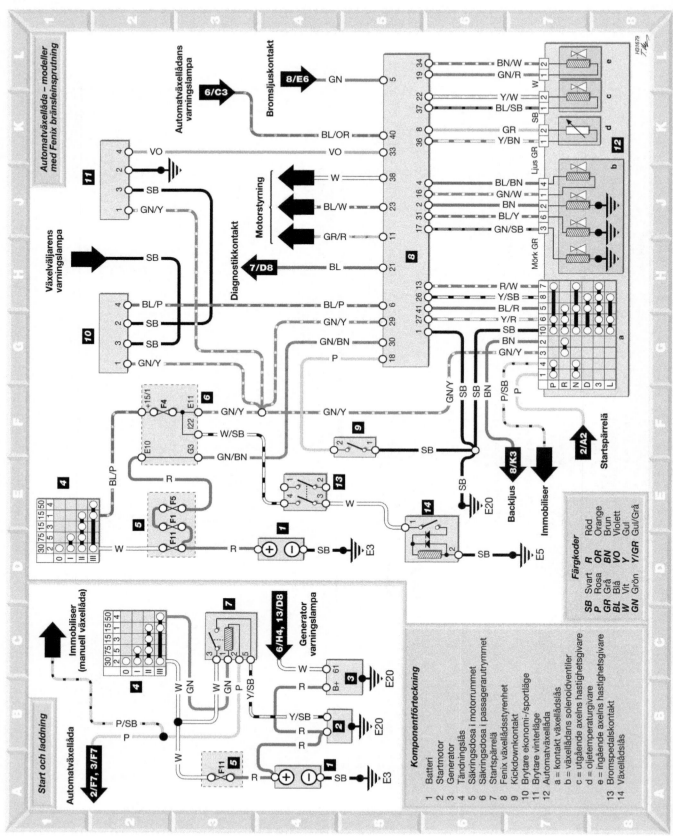

Kopplingsschema 2 : Start, laddning och automatväxellåda (modeller med Fenix bränsleinsprutning)

Färgkoder

SB	Svart	**R**	Röd
P	Rosa	**OR**	Orange
GR	Grå	**BN**	Brun
BL	Blå	**VO**	Violett
W	Vit	**Y**	Gul
GN	Grön	**Y/GR**	Gul/Grå

Komponentförteckning

1 Batteri
2 Startmotor
3 Generator
4 Tändningslås
5 Säkringsdosa i motorrummet
6 Säkringsdosa i passagerarutrymmet
7 Startspärrelä
8 Fenix växellådsstyrenhet
9 Kickdownkontakt
10 Brytare ekonomi-/sportläge
11 Brytare vinterläge
12 Automatväxellåda
  a = kontakt växellådslås
  b = växellådans solenoidventiler
  c = utgående axelns hastighetsgivare
  d = oljetemperaturgivare
  e = ingående axelns hastighetsgivare
13 Bromspedalskontakt
14 Växellådslås

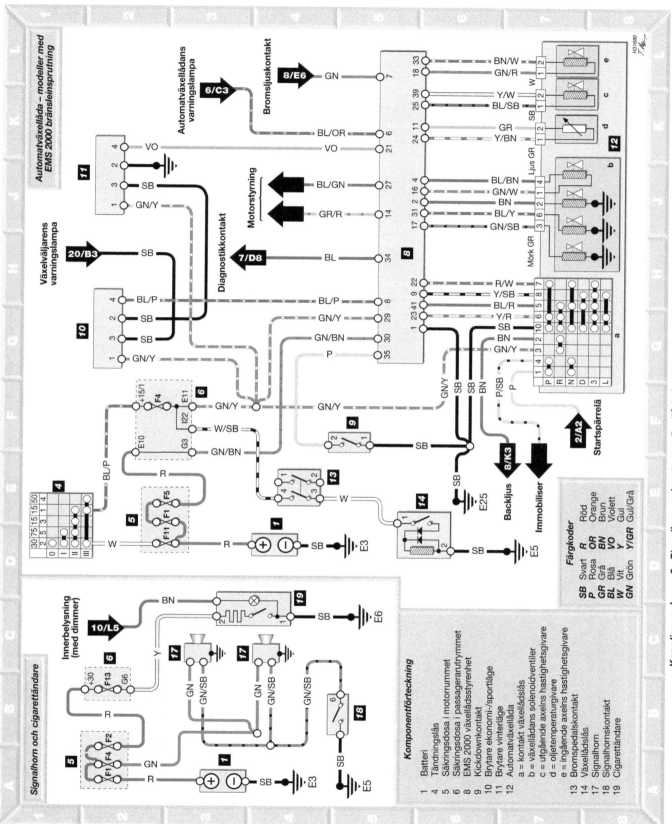

Kopplingsschema 3 : Signalhorn och automatväxellåda (modeller med EMS 2000 bränsleinspruting)

Färgkoder

SB	Svart	R	Röd
P	Rosa	OR	Orange
GR	Grå	BN	Brun
BL	Blå	VO	Violett
W	Vit	Y	Gul
GN	Grön	Y/GR	Gul/Grå

Komponentförteckning

1 Batteri
4 Tändningslås
5 Säkringsdosa i motorrummet
6 Säkringsdosa i passagerarutrymmet
8 EMS 2000 växellådsstyrenhet
9 Kickdownkontakt
10 Brytare ekonomi-/sportläge
11 Brytare vinterläge
12 Automatväxellåda
    a = kontakt växellådslås
    b = växellådans solenoidventiler
    c = utgående axelns hastighetsgivare
    d = oljetemperaturgivare
    e = ingående axelns hastighetsgivare
13 Automatväxellåda
14 Växellådslås
17 Signalhorn
18 Signalhornskontakt
19 Cigarettändare

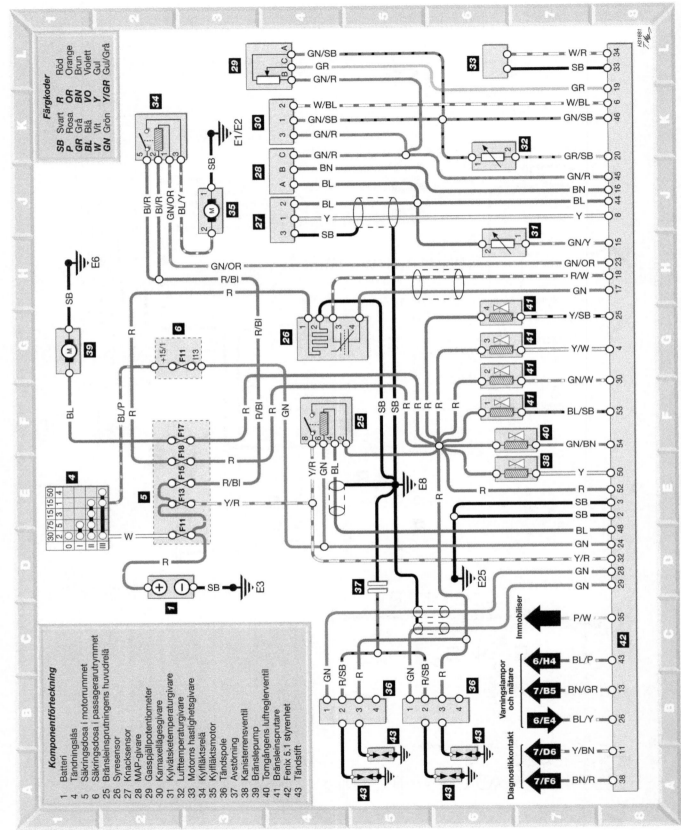

Färgkoder

SB Svart	**R** Röd	**OR** Orange	
P Rosa	**OR**	**BN** Brun	
GR Grå	**BL** Blå	**VO** Violett	
W Vit		**Y** Gul	
GN Grön		**Y/GR** Gul/Grå	

Komponentförteckning

1 Batteri
2 Tändningslås
4 Säkringsdosa i motorrummet
5 Säkringsdosa i passagerarutrymmet
6 Bränsleinsprutningens huvudrelä
25 Fenix 5.1 styrenhet
26 Syresensor
27 Knacksensor
28 MAP-givare
29 Gasspjällpotentiometer
30 Kamaxellägesgivare
31 Kylvätsketemperaturgivare
32 Lufttemperaturgivare
33 Motorns hastighetsgivare
34 Kylfläktsrelä
35 Kylfläktsmotor
36 Tändspole
37 Avstörning
38 Kanisterrensventil
39 Bränslepump
40 Tomgångens luftregleroventil
41 Bränsleinsprutare
42 Fenix 5.1 styrenhet
43 Tändstift

Kopplingsschema 4 : Fenix 5.1 bränsleinsprutning

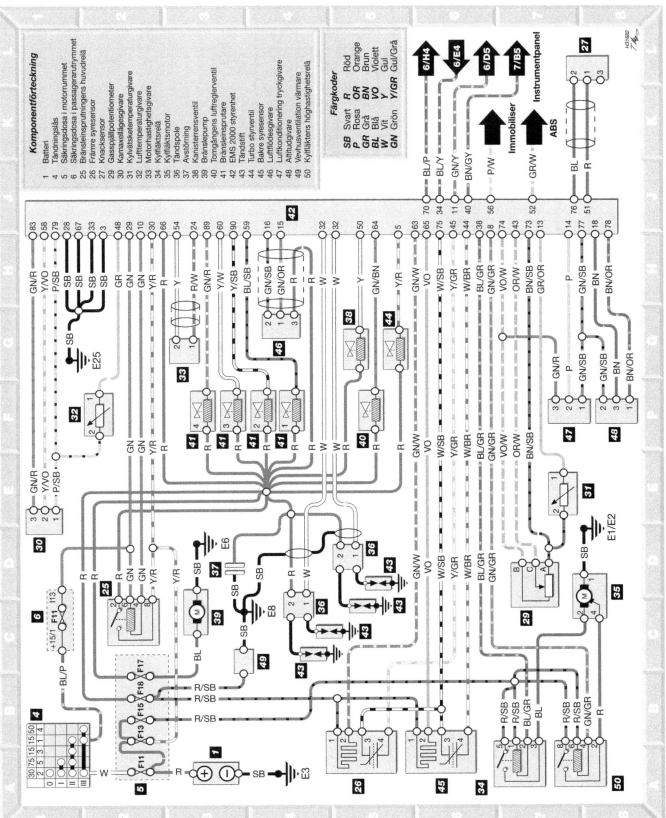

Komponentförteckning

1 Batteri
4 Tändningslås
5 Säkringsdosa i motorrummet
6 Säkringsdosa i passagerarutrymmet
25 Bränsleinsprutningens huvudrelä
26 Främre syresensor
27 Knacksensor
29 Gasspjällpotentiometer
30 Kamaxellägesgivare
31 Kylvätsketemperaturgivare
32 Lufttemperaturgivare
33 Motorhastighetsgivare
34 Kylfläktsmotor
35 Kylfläktsrelä
36 Tändspole
37 Avstörning
38 Kanisterrensventil
39 Bränslepump
40 Tomgångens luftregleringventil
41 Bränsleinsprutare
42 EMS 2000 styrenhet
43 Tändstift
44 Turbo styrventil
45 Bakre syresensor
46 Luftflödesgivare
47 Luftkonditionering tryckgivare
48 Altitudgivare
49 Vevhusventilation värmare
50 Kylfläktens höghastighetsrelä

Färgkoder

SB Svart   R Röd   OR Orange
P Rosa   OR Orange
GR Grå   BN Brun
BL Blå   VO Violett
W Vit   Y Gul
GN Grön   Y/GR Gul/Grå

Kopplingsschema 5 : EMS 2000 bränsleinsprutning

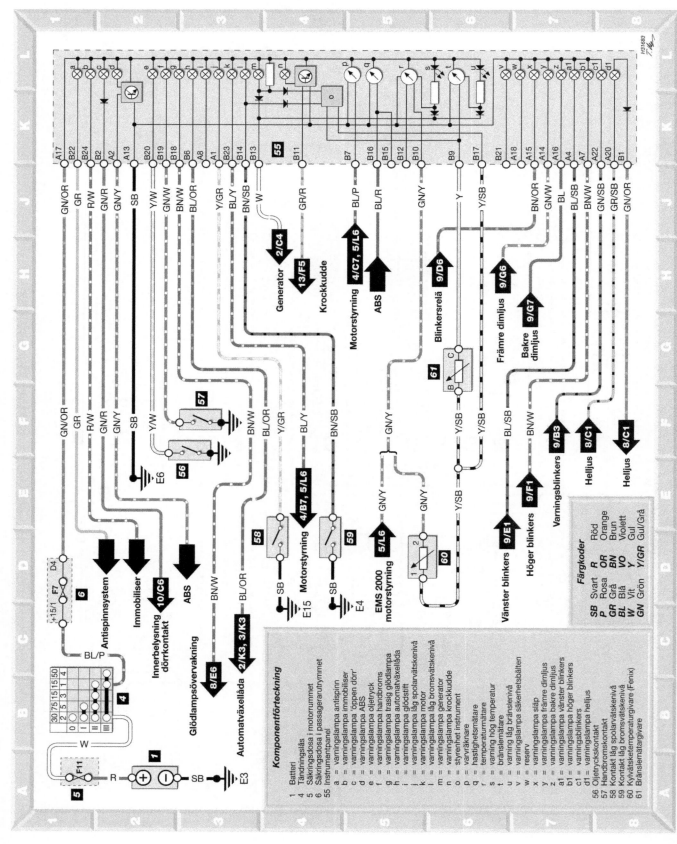

Kopplingsschema 6 : Varningslampor och mätare

Komponentförteckning

1 Batteri
4 Tändningslås
5 Säkringsdosa i motorrummet
6 Säkringsdosa i passagerarutrymmet
55 Instrumentpanel
   a = varningslampa antispinn
   b = varningslampa immobiliser
   c = varningslampa "öppen dörr"
   d = varningslampa ABS
   e = varningslampa oljetryck
   f = varningslampa handbroms
   g = varningslampa trasig glödlampa
   h = varningslampa automatväxellåda
   i = varningslampa glödstift
   j = varningslampa låg spolarvätskenivå
   k = varningslampa låg bromsvätskenivå
   l = varningslampa motor
   m = varningslampa generator
   n = varningslampa krockkudde
   o = styrenhet instrument
   p = varvräknare
   q = hastighetsmätare
   r = temperaturmätare
   s = varning hög temperatur
   t = bränslemätare
   u = varning låg bränslenivå
   v = varning låg säkerhetsbälten
   w = reserv
   x = varningslampa släp
   y = varningslampa främre dimljus
   z = varningslampa bakre dimljus
   a1 = varningslampa vänster blinkers
   b1 = varningslampa höger blinkers
   c1 = varningsblinkers
   d1 = varningslampa helljus
56 Oljetryckskontakt
57 Handbromskontakt
58 Kontakt låg spolarvätskenivå
59 Kontakt låg bromsvätskenivå
60 Kylvätsketemperaturgivare (Fenix)
61 Bränslemätargivare

Färgkoder

SB	Svart	R	Röd
P	Rosa	OR	Orange
GR	Grå	BN	Brun
BL	Blå	VO	Violett
W	Vit	Y	Gul
GN	Grön	Y/GR	Gul/Grå

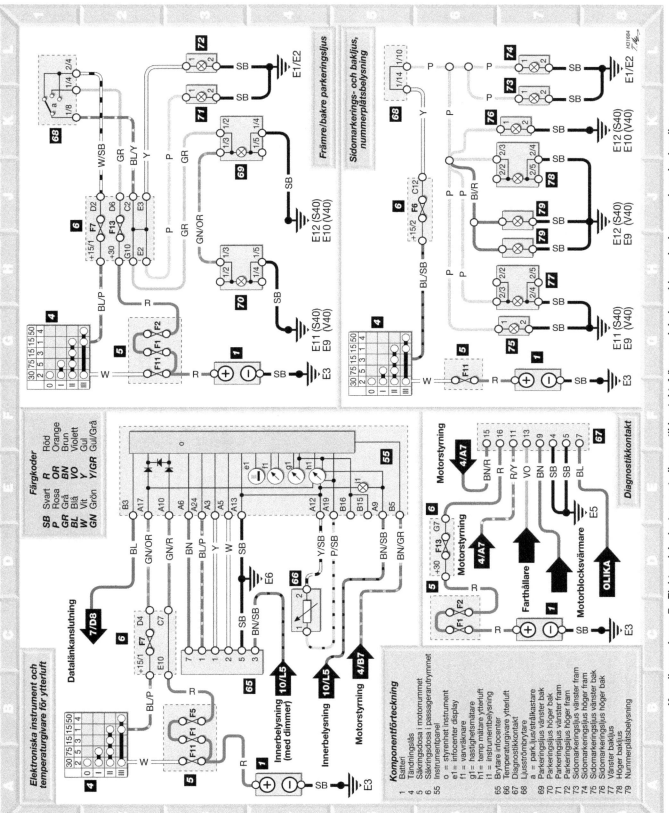

Kopplingsschema 7 : Elektroniska instrument, diagnostikkontakt, främre och bakre sidomarkerings - och parkeringsljus

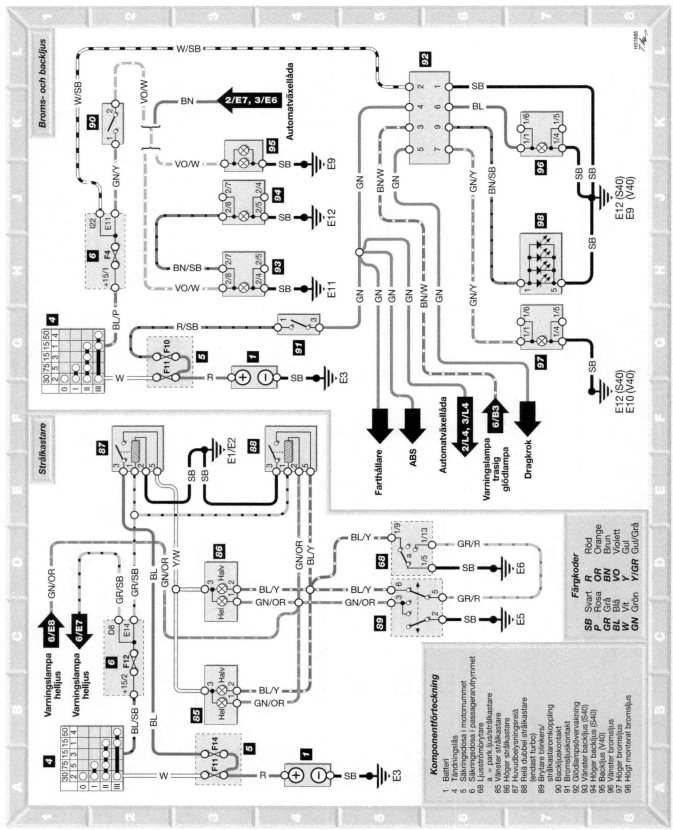

Kopplingsschema 8 : Strålkastare, broms- och backljus

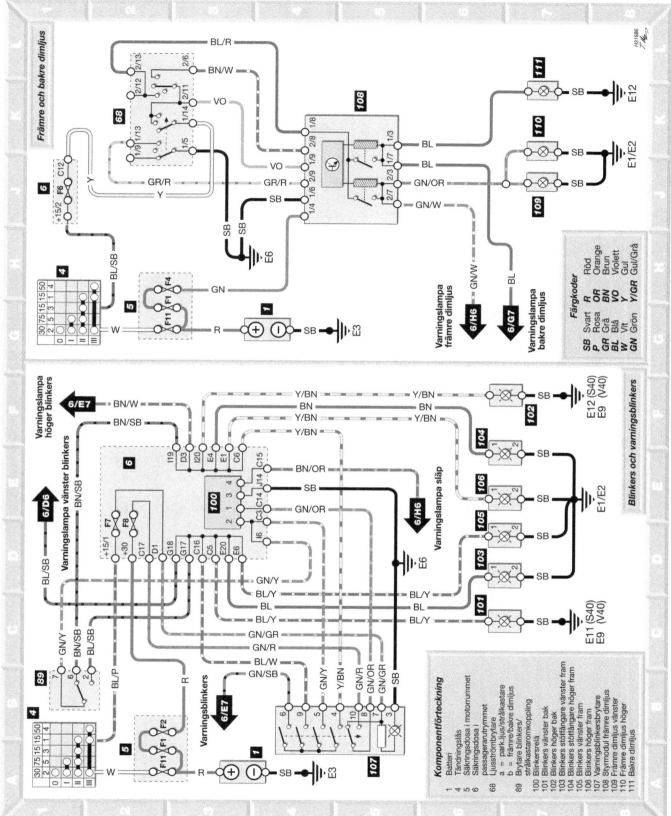

Kopplingsschema 9 : Blinkers, varningsblinkers och dimljus

Färgkoder

SB	Svart	R	Röd
P	Rosa	OR	Orange
GR	Grå	BN	Brun
BL	Blå	VO	Violett
W	Vit	Y	Gul
GN	Grön	Y/GR	Gul/Grå

Komponentförteckning

1 Batteri
4 Tändningslås
5 Säkringsdosa i motorrummet
6 Säkringsdosa i passagerarutrymmet
68 Ljusströmbrytare
   a = park.ljus/strålkastare
   b = främre/bakre dimljus
89 Brytare blinkers/
   strålkastaromkoppling
100 Blinkersrelä
101 Blinkers vänster bak
102 Blinkers höger bak
103 Blinkers stötfångare vänster fram
104 Blinkers stötfångare höger fram
105 Blinkers vänster fram
106 Blinkers höger fram
107 Varningsblinkersbrytare
108 Styrmodul främre dimljus
109 Främre dimljus vänster
110 Främre dimljus höger
111 Bakre dimljus

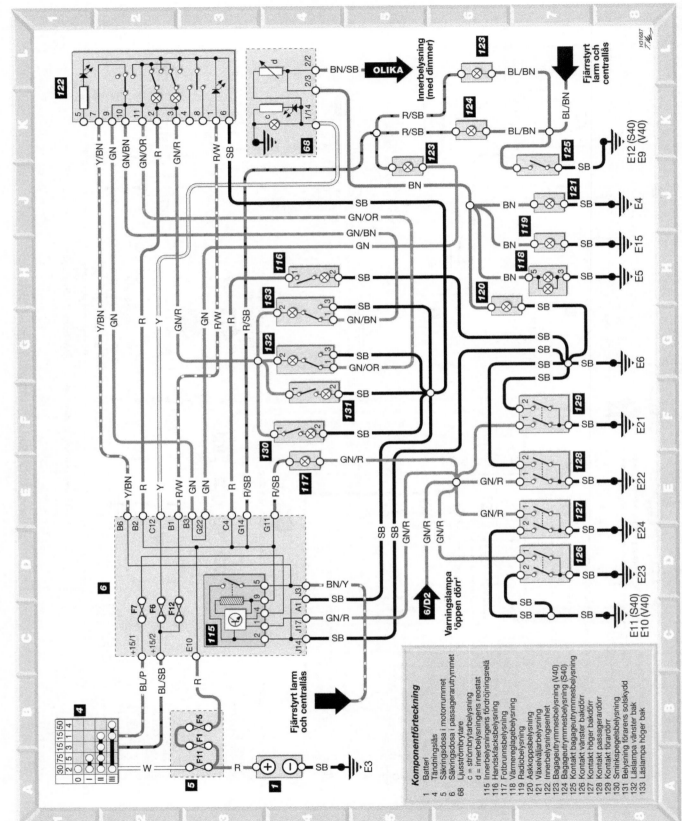

Kopplingsschema 10 : Innerbelysning

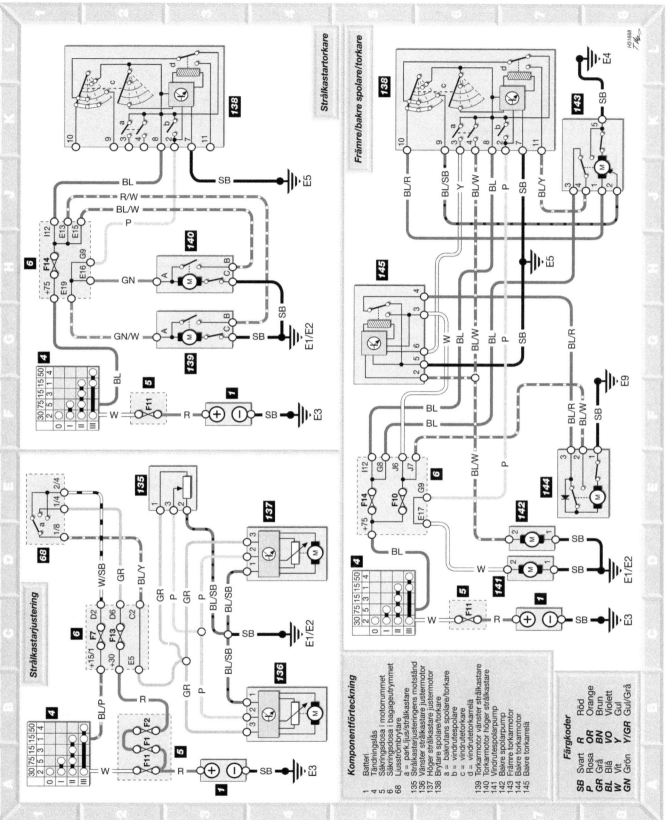

Kopplingsschema 11 : Strålkastarjustering, strålkastartorkare, främre och bakre spolare/torkare

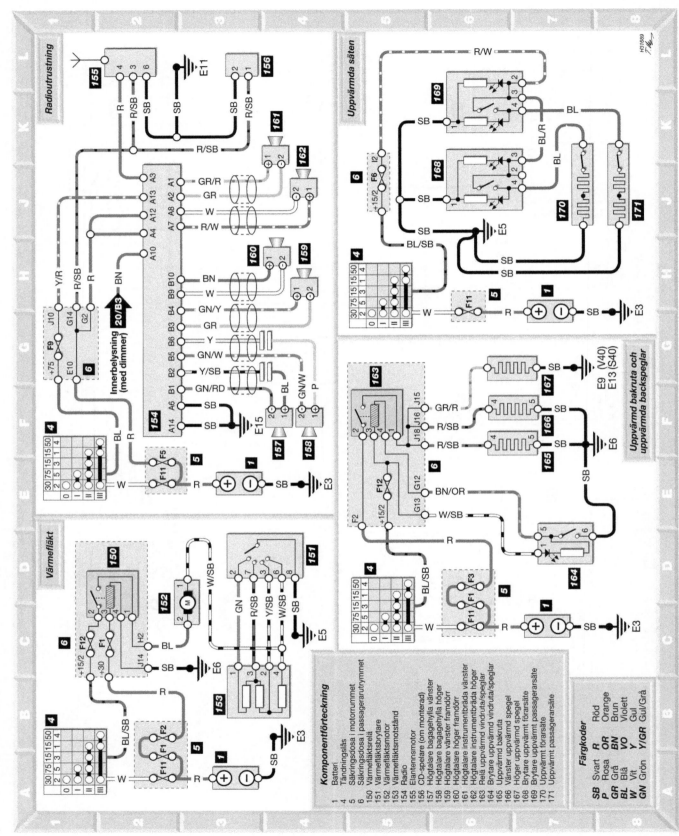

Kopplingsschema 12 : Värmefläkt, radio/CD-spelare, uppvärmd bakruta, uppvärmda speglar och säten

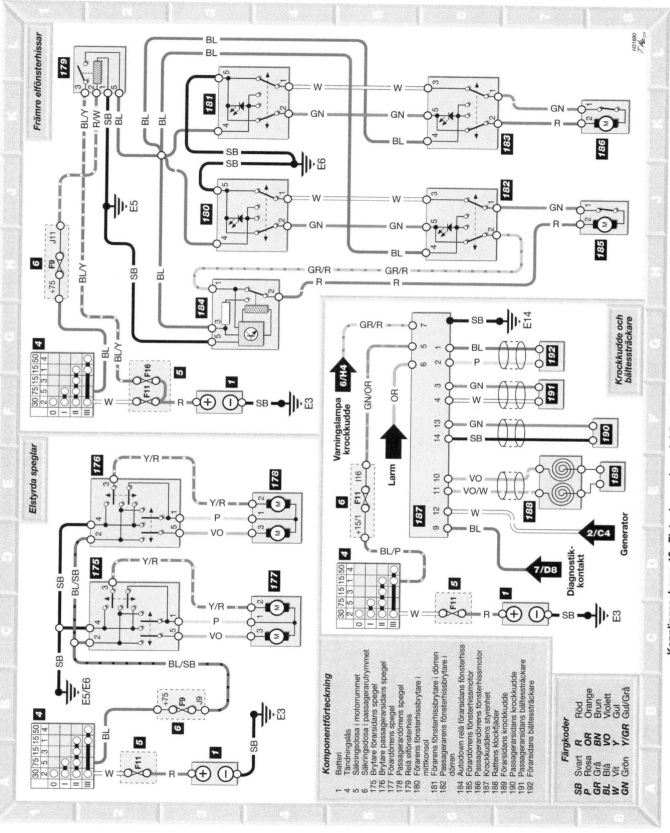

Kopplingsschema 13 : Elstyrda speglar och främre fönsterhissar, krockkudde och bältessträckare

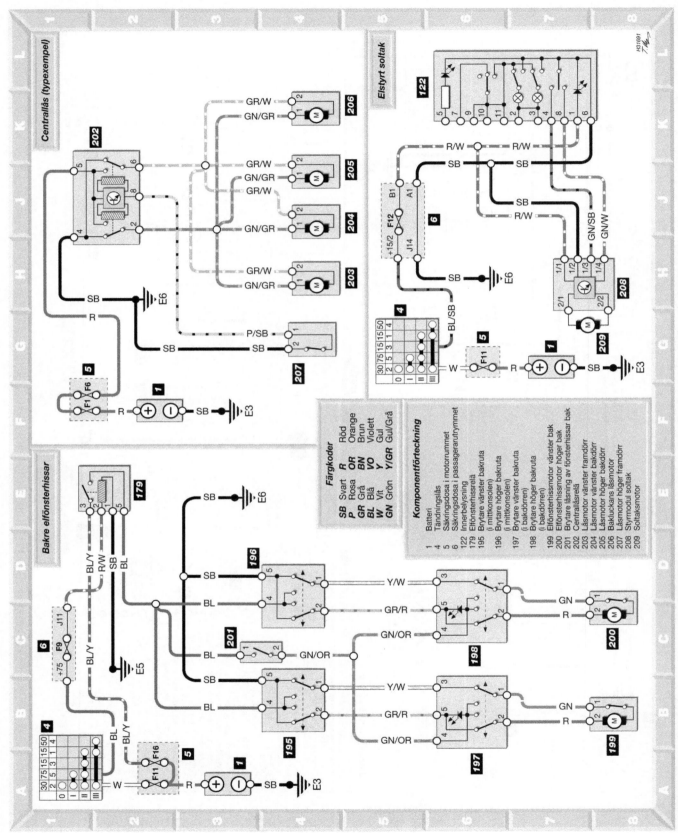

Kopplingsschema 14 : Bakre elfönsterhissar, centrallås och elstyrt soltak

Referenser REF•1

Mått och vikter

Observera: *Alla siffror är ungefärliga och kan variera beroende på modell och specifikationer. Se tillverkarnas uppgifter för exakta mått.*

Mått
Total längd:
Fram till maj 2000 . . . . 4483 mm
Maj 2000 och framåt . . . . 4516 mm
Total bredd (inklusive speglar) . . . . 1717 mm (1897 mm)
Total höjd:
Fram till maj 2000 . . . . 1411 mm
Maj 2000 och framåt . . . . 1422 mm (S40) / 1425 mm (V40)
Axelavstånd:
Fram till maj 2000 . . . . 2550 mm
Maj 2000 och framåt . . . . 2562 mm

Vikter
Fordonets vikt utan förare och last (typexempel) . . . . 1250 kg
Fordonets maximala bruttovikt (typexempel) . . . . 1720 kg
Maximal belastning på takräcke . . . . 100 kg
Max bogseringsvikt:
Släpvagn utan broms . . . . 645 kg
Släpvagn med broms:
1.6 liters modell . . . . 1000 kg
1.8 liters modell . . . . 1200 kg
1.9 och 2.0 liters modeller . . . . 1400 kg

Reservdelar finns att köpa från ett antal olika ställen, till exempel Volvoverkstäder, tillbehörsbutiker och grossister. Bilens olika identifikationsnummer måste uppges för att man garanterat ska få rätt delar. Ta om möjligt med den gamla delen för säker identifiering. Många delar, t.ex. startmotor och generator, finns att få som fabriksrenoverade utbytesdelar – delar som returneras ska naturligtvis alltid vara rena.

Våra råd när det gäller reservdelar är följande:

Auktoriserade verkstäder

Detta är det bästa inköpsstället för delar som är specifika för just din bil och inte allmänt tillgängliga (märken, klädsel etc.). Det är också det enda stället man bör köpa reservdelar från om bilen fortfarande täcks av en garanti.

Tillbehörsbutiker

Dessa är ofta bra ställen för inköp av underhållsmaterial (olje-, luft och bränslefilter,

glödlampor, drivremmar, fett, bromsklossar, bättringslack etc.). Tillbehör av detta slag som säljs av välkända butiker håller ofta samma standard som de som används av biltillverkaren.

Förutom reservdelar säljer dessa butiker också verktyg och allmänna tillbehör, de har ofta bra öppettider, tar mindre betalt och ligger ofta på bekvämt avstånd. Vissa tillbehörsbutiker säljer reservdelar rakt över disk.

Grossister

Bra grossister lagerhåller alla viktigare komponenter som kan slitas ut relativt snabbt. De kan också ibland tillhandahålla enskilda komponenter som behövs för renovering av en större enhet (t.ex. bromstätningar och hydrauliska delar). I vissa fall kan de ta hand om större arbeten som omborrning av motorblocket, omslipning av vevaxlar etc.

Specialister på däck och avgassystem

Dessa kan vara oberoende återförsäljare eller ingå i större kedjor. De erbjuder ofta konkurrenskraftiga priser jämfört med märkesverkstäder, men det lönar sig att undersöka priser hos flera försäljare. Kontrollera även vad som ingår vid priskontrollen – ofta ingår t.ex. inte ventiler och balansering vid köp av ett nytt däck.

Andra inköpsställen

Var mycket försiktig när det gäller delar som säljs på loppmarknader och liknande. De är inte alltid av usel kvalitet, men det är mycket svårt att reklamera köpet om delarna visar sig vara otillfredsställande. För säkerhetskritiska delar som bromsklossar finns det inte bara ekonomiska risker, utan även olycksrisker att ta hänsyn till. Begagnade delar eller delar från en bilskrot kan ibland vara prisvärda, men sådana inköp bör endast göras av mycket erfarna hemmamekaniker.

Identifikationsnummer

Inom biltillverkningen sker modifieringar av modeller fortlöpande, men det är endast de större modelländringarna som publiceras. Reservdelskataloger och listor sammanställs på numerisk bas och bilens identifikationsnummer är mycket viktiga för att man ska få tag i rätt reservdelar.

Lämna alltid så mycket information som möjligt vid beställning av reservdelar. Ange bilmodell, tillverkningsår och när bilen registrerades, chassi- och motornummer efter tillämplighet.

Plåten med bilens *identifikationsnummer (VIN)* är fastnitad mitt på motorrummets torpedvägg och syns när motorhuven är öppen. Bilens *chassinummer* finns även instansat i torpedväggen, till höger om tidigare nämnd plåt, och på en plåt på instrumentbrädan, som man kan se genom vindrutan. För vissa av handbokens instruktioner måste man känna till bilens årsmodell. Man kan ta reda på modellåret med hjälp av det tionde tecknet i chassinumret, enligt följande:

Chassinr. 10:e bokstav	Årsmodell
T	1996
V	1997
W	1998
X	1999
Y	2000
Z	2001
A	2002
B	2003
C	2004

Motorkod, motornummer och *tillverkningsnummer*, hittar man på en etikett på kamremskåpan. Motornumret finns även instansat på motorblockets framsida, i växellådsänden.

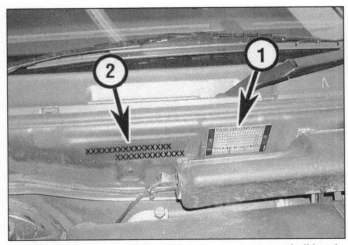

The VIN plate (1) is riveted to the engine compartment bulkhead, and the VIN (chassis) number (2) is also stamped next to it

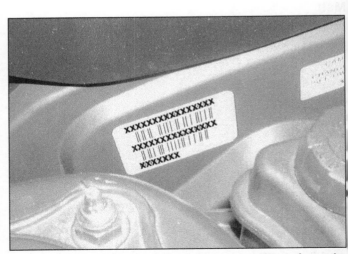

The sticker attached to the timing belt cover has the engine code, engine number and manufacturing numbers on it

När service, reparationer och renoveringar utförs på en bil eller bildel bör följande beskrivningar och instruktioner följas. Detta för att reparationen ska utföras så effektivt och fackmannamässigt som möjligt.

Tätningsytor och packningar

Vid isärtagande av delar vid deras tätningsytor ska dessa aldrig bändas isär med skruvmejsel eller liknande. Detta kan orsaka allvarliga skador som resulterar i oljeläckage, kylvätskeläckage etc. efter montering. Delarna tas vanligen isär genom att man knackar längs fogen med en mjuk klubba. Lägg dock märke till att denna metod kanske inte är lämplig i de fall styrstift används för exakt placering av delar.

Där en packning används mellan två ytor måste den bytas vid ihopsättning. Såvida inte annat anges i den aktuella arbetsbeskrivningen ska den monteras torr. Se till att tätningsytorna är rena och torra och att alla spår av den gamla packningen är borttagna. Vid rengöring av en tätningsyta ska sådana verktyg användas som inte skadar den. Små grader och repor tas bort med bryne eller en finskuren fil.

Rensa gängade hål med piprensare och håll dem fria från tätningsmedel då sådant används, såvida inte annat direkt specificeras.

Se till att alla öppningar, hål och kanaler är rena och blås ur dem, helst med tryckluft.

Oljetätningar

Oljetätningar kan tas ut genom att de bänds ut med en bred spårskruvmejsel eller liknande. Alternativt kan ett antal självgängande skruvar dras in i tätningen och användas som dragpunkter för en tång, så att den kan dras rakt ut.

När en oljetätning tas bort från sin plats, ensam eller som en del av en enhet, ska den alltid kasseras och bytas ut mot en ny.

Tätningsläpparna är tunna och skadas lätt och de tätar inte annat än om kontaktytan är fullständigt ren och oskadad. Om den ursprungliga tätningsytan på delen inte kan återställas till perfekt skick och tillverkaren inte gett utrymme för en viss omplacering av tätningen på kontaktytan, måste delen i fråga bytas ut.

Skydda tätningsläpparna från ytor som kan skada dem under monteringen. Använd tejp eller konisk hylsa där så är möjligt. Smörj läpparna med olja innan monteringen. Om oljetätningen har dubbla läppar ska utrymmet mellan dessa fyllas med fett.

Såvida inte annat anges ska oljetätningar monteras med tätningsläpparna mot det smörjmedel som de ska täta för.

Använd en rörformad dorn eller en träbit i lämplig storlek till att knacka tätningarna på

plats. Om sätet är försedd med skuldra, driv tätningen mot den. Om sätet saknar skuldra bör tätningen monteras så att den går jäms med sätets yta (såvida inte annat uttryckligen anges).

Skruvgängor och infästningar

Muttrar, bultar och skruvar som kärvar är ett vanligt förekommande problem när en komponent har börjat rosta. Bruk av rostupplösningsolja och andra krypsmörjmedel löser ofta detta om man dränker in delen som kärvar en stund innan man försöker lossa den. Slagskruvmejsel kan ibland lossa envist fastsittande infästningar när de används tillsammans med rätt mejselhuvud eller hylsa. Om inget av detta fungerar kan försiktig värmning eller i värsta fall bågfil eller mutterspräckare användas.

Pinnbultar tas vanligen ut genom att två muttrar låses vid varandra på den gängade delen och att en blocknyckel sedan vrider den undre muttern så att pinnbulten kan skruvas ut. Bultar som brutits av under fästytan kan ibland avlägsnas med en lämplig bultutdragare. Se alltid till att gängade bottenhål är helt fria från olja, fett, vatten eller andra vätskor innan bulten monteras. Underlåtenhet att göra detta kan spräcka den del som skruven dras in i, tack vare det hydrauliska tryck som uppstår när en bult dras in i ett vätskefyllt hål

Vid åtdragning av en kronmutter där en saxsprint ska monteras ska muttern dras till specificerat moment om sådant anges, och därefter dras till nästa sprinthål. Lossa inte muttern för att passa in saxsprinten, såvida inte detta förfarande särskilt anges i anvisningarna.

Vid kontroll eller omdragning av mutter eller bult till ett specificerat åtdragningsmoment, ska muttern eller bulten lossas ett kvarts varv och sedan dras åt till angivet moment. Detta ska dock inte göras när vinkelåtdragning använts.

För vissa gängade infästningar, speciellt topplocksbultar/muttrar anges inte åtdragningsmoment för de sista stegen. Istället anges en vinkel för åtdragning. Vanligtvis anges ett relativt lågt åtdragningsmoment för bultar/muttrar som dras i specificerad turordning. Detta följs sedan av ett eller flera steg åtdragning med specificerade vinklar.

Låsmuttrar, låsbleck och brickor

Varje infästning som kommer att rotera mot en komponent eller en kåpa under åtdragningen ska alltid ha en bricka mellan åtdragningsdelen och kontaktytan.

Fjäderbrickor ska alltid bytas ut när de använts till att låsa viktiga delar som exempelvis lageröverfall. Låsbleck som viks

över för att låsa bult eller mutter ska alltid byts ut vid ihopsättning.

Självlåsande muttrar kan återanvändas på mindre viktiga detaljer, under förutsättning att motstånd känns vid dragning över gängen. Kom dock ihåg att självlåsande muttrar förlorar låseffekt med tiden och därför alltid bör bytas ut som en rutinåtgärd.

Saxsprintar ska alltid bytas mot nya i rätt storlek för hålet.

När gänglåsmedel påträffas på gängor på en komponent som ska återanvändas bör man göra ren den med en stålborste och lösningsmedel. Applicera nytt gänglåsningsmedel vid montering.

Specialverktyg

Vissa arbeten i denna handbok förutsätter användning av specialverktyg som pressar, avdragare, fjäderkompressorer med mera. Där så är möjligt beskrivs lämpliga lättillgängliga alternativ till tillverkarens specialverktyg och hur dessa används. I vissa fall, där inga alternativ finns, har det varit nödvändigt att använda tillverkarens specialverktyg. Detta har gjorts av säkerhetsskäl, likväl som för att reparationerna ska utföras så effektivt och bra som möjligt. Såvida du inte är mycket kunnig och har stora kunskaper om det arbetsmoment som beskrivs, ska du aldrig försöka använda annat än specialverktyg när sådana anges i anvisningarna. Det föreligger inte bara stor risk för personskador, utan kostbara skador kan också uppstå på komponenterna.

Miljöhänsyn

Vid sluthantering av förbrukad motorolja, bromsvätska, frostskydd etc. ska all vederbörlig hänsyn tas för att skydda miljön. Ingen av ovan nämnda vätskor får hällas ut i avloppet eller direkt på marken. Kommunernas avfallshantering har kapacitet för hantering av miljöfarligt avfall liksom vissa verkstäder. Om inga av dessa finns tillgängliga i din närhet, fråga hälsoskyddskontoret i din kommun om råd.

I och med de allt strängare miljöskyddslagarna beträffande utsläpp av miljöfarliga ämnen från motorfordon har alltfler bilar numera justersäkringar monterade på de mest avgörande justeringspunkterna för bränslesystemet. Dessa är i första hand avsedda att förhindra okvalificerade personer från att justera bränsle/luftblandningen och därmed riskerar en ökning av giftiga utsläpp. Om sådana justersäkringar påträffas under service eller reparationsarbete ska de, närhelst möjligt, bytas eller sättas tillbaka i enlighet med tillverkarens rekommendationer eller aktuell lagstiftning.

Domkraften som följer med bilens verktygslåda bör endast användas vid hjulbyte i en nödsituation – se *Hjulbyte* i början av boken. Vid alla andra arbeten ska bilen lyftas med en hydraulisk domkraft (eller en garagedomkraft), som alltid ska åtföljas av pallbockar placerade under bilens stödpunkter. Om hjulen inte behöver demonteras, överväg att använda ramper. Om så önskas kan dessa placeras under hjulen när bilen har lyfts med en hydraulisk domkraft, och bilen kan sedan sänkas ner på ramperna så att den vilar på hjulen.

Lyft endast upp bilen på slät, fast mark. Om det förekommer även den minsta lutning, kontrollera noga att bilen inte kan röra sig när hjulen lyfts från marken. Att lyfta bilen med domkraft på ojämn mark, eller löst grus, är inte att rekommendera. Bilens vikt blir ojämnt fördelad och domkraften kan halka när bilen börjar lyftas upp.

I största möjliga mån, lämna inte bilen oövervakad när den står upplyft, särskilt inte om det finns barn i närheten

Innan bilens framvagn lyfts upp, se till att handbromsen är hårt åtdragen. När bakvagnen ska lyftas upp, placera träblock framför framhjulen och lägg i ettans växel (eller "P").

För att lyfta upp framvagnen, placera domkraften under den förstärkta underredessektionen bakom länkarmens bakre fäste. För att lyfta upp bakvagnen, placera domkraften under den yttre änden av fjädringsarmen, precis bakom fjäderbenets nedre fäste. Placera alltid ett träblock mellan domkraftshuvudet och underredet/armen för att förhindra skador.

När bilen har lyfts upp till önskad höjd, stöd den på en pallbock som placeras under en av lyftpunkterna i tröskeln. För att skydda tröskelns kant, skär ut en skåra i ett träblock och placera detta på pallbockens huvud.

Den domkraft som följer med bilen ska placeras under lyftpunkterna framtill och baktill på trösklarna. Lyftpunkterna är märkta med två hack på tröskelfalsen. På modeller där tröskeln har en panel av plast, visar en pil i panelen lyftpunktens placering. Se till att domkraftshuvudet placeras korrekt i tröskeln innan något försök görs att lyfta upp bilen.

Arbeta aldrig under eller i närheten av en lyft bil om den inte har stöttats ordentligt med pallbockar. Lita aldrig endast på en domkraft, eftersom till och med en hydraulisk domkraft kan fallera under belastning. Använd aldrig andra metoder än de som beskrivs här till att lyfta och stötta bilen.

Koppla ifrån batteriet

Många system monterade på bilen kräver ström från batteriet för att fungera kontinuerligt (permanent ström), antingen för att de ska gå hela tiden (som klockan), eller för att bibehålla minnen i styrenheter (som motorstyrningssystemets ECU), som skulle raderas om batteriet kopplades ur. Därför, alltid när batteriet ska kopplas loss, notera följande för att undvika oförutsedda konsekvenser:

a) *På en bil med centrallås, ta alltid ut nyckeln ur tändningslåset och ha den med dig, så att den inte bli inlåst om centrallåset oavsiktligt skulle aktiveras när batteriet återansluts.*

b) *Motorstyrningssystemets ECU kommer att förlora informationen som finns lagrad i dess minne när batteriet kopplas ifrån. Detta inkluderar värden för tomgång och olika körförhållanden, och eventuella felkoder som har upptäckts. Om man misstänker att systemet har utvecklat ett fel för vilket motsvarande kod har loggats, måste bilen tas till en Volvoverkstad så att koderna kan avläsas med diagnostisk utrustning (se kapitel 4A eller 4B). Närhelst batteriet har kopplats ifrån måste informationen rörande tomgångsstyrning och andra värden programmeras in igen i* enhetens minne. *ECU gör detta själv, men tills det är gjort kan man uppleva att motorn rusar eller tvekar, har ojämn tomgång och rent allmänt ger dålig prestanda. För att hjälpa ECU att lära in dessa värden igen, starta motorn och låt den gå på så nära tomgångshastighet som möjligt, tills den når normal arbetstemperatur, kör den sedan i ungefär två minuter på 1200 rpm. Kör sedan bilen ungefär en mil, med lite olika körförhållanden, för att avsluta inlärningsprocessen.*

c) *Om batteriet kopplas ifrån medan larmet är aktiverat, kommer larmet att vara i samma läge när batteriet kopplas in igen. Detsamma gäller för motorns immobiliser om en sådan finns.*

d) *Om en färddator används kommer all information i dess minne att gå förlorad.*

e) *Om Volvos ljudanläggning sitter i bilen, och anläggningen och/eller batteriet kopplas ur, kommer anläggningen inte att fungera igen förrän rätt säkerhetskod har knappats in. Hur detta ska göras varierar mellan olika modeller, och information finns i bilens handbok. Försäkra dig om att du har noterat rätt kod innan du kopplar ur batteriet. Av säkerhetsskäl* beskrivs inte åtgärden i den här boken. *Om du inte har koden eller information om hur du ska gå till väga, men kan bevisa att du äger bilen och ange giltiga skäl till att du behöver den här informationen, kan återförsäljaren förmodligen hjälpa dig.*

Instrument som kallas "memory-saver" kan användas om man vill undvika vissa av ovan nämnda problem. Exakt funktion varierar beroende på modell. I typexemplet kopplas enheten in i cigarettändaren och dess kablage ansluts till ett extra batteri. Bilens eget batteri kopplas sedan bort från elsystemet, och den här "minnessparen" kan då mata tillräckligt mycket ström för att behålla ljudanläggningens säkerhetskoder och ECU-värden, och också hålla t.ex. klockan igång – allt medan batteriet isoleras ifall en kortslutning skulle inträffa medan arbete utförs på bilen.

⚠️ *Varning: Vissa av dessa enheter kan mata en avsevärd mängd ström, vilket kan betyda att många av bilens system fortfarande är i gång när huvudbatteriet kopplas ifrån. Om en "minnessparare" används, försäkra dig om att aktuell krets faktiskt är "död" innan något arbete utförs på den!*

Inledning

En uppsättning bra verktyg är ett grundläggande krav för var och en som överväger att underhålla och reparera ett motorfordon. För de ägare som saknar sådana kan inköpet av dessa bli en märkbar utgift, som dock uppvägs till en viss del av de besparingar som görs i och med det egna arbetet. Om de anskaffade verktygen uppfyller grundläggande säkerhets- och kvalitetskrav kommer de att hålla i många år och visa sig vara en värdefull investering.

För att hjälpa bilägaren att avgöra vilka verktyg som behövs för att utföra de arbeten som beskrivs i denna handbok har vi sammanställt tre listor med följande rubriker: Underhåll och mindre reparationer, Reparation och renovering samt Specialverktyg. Nybörjaren bör starta med det första sortimentet och begränsa sig till enklare arbeten på fordonet. Allt eftersom erfarenhet och självförtroende växer kan man sedan prova svårare uppgifter och köpa fler verktyg när och om det behövs. På detta sätt kan den grundläggande verktygssatsen med tiden utvidgas till en reparations- och renoveringssats utan några större enskilda kontantutlägg. Den erfarne hemmamekanikern har redan en verktygssats som räcker till de flesta reparationer och renoveringar och kommer att välja verktyg från specialkategorin när han känner att utgiften är berättigad för den användning verktyget kan ha.

Underhåll och mindre reparationer

Verktygen i den här listan ska betraktas som ett minimum av vad som behövs för rutinmässigt underhåll, service och mindre reparationsarbeten. Vi rekommenderar att man köper blocknycklar (ring i ena änden och öppen i den andra), även om de är dyrare än de med öppen ände, eftersom man får båda sorternas fördelar.

☐ Blocknycklar - 8, 9, 10, 11, 12, 13, 14, 15, 17 och 19 mm
☐ Skiftnyckel - 35 mm gap (ca.)
☐ Tändstiftsnyckel (med gummifoder)
☐ Verktyg för justering av tändstiftens elektrodavstånd
☐ Sats med bladmått
☐ Nyckel för avluftning av bromsar
☐ Skruvmejslar:
  Spårmejsel - 100 mm lång x 6 mm diameter
  Stjärnmejsel - 100 mm lång x 6 mm diameter
☐ Kombinationstång
☐ Bågfil (liten)
☐ Däckpump
☐ Däcktrycksmätare
☐ Oljekanna
☐ Verktyg för demontering av oljefilter
☐ Fin slipduk
☐ Stålborste (liten)
☐ Tratt (medelstor)

Reparation och renovering

Dessa verktyg är ovärderliga för alla som utför större reparationer på ett motorfordon och tillkommer till de som angivits för Underhåll och mindre reparationer. I denna lista ingår en grundläggande sats hylsor. Även om dessa är dyra, är de oumbärliga i och med sin mångsidighet - speciellt om satsen innehåller olika typer av drivenheter. Vi rekommenderar 1/2-tums fattning på hylsorna eftersom de flesta momentnycklar har denna fattning.

Verktygen i denna lista kan ibland behöva kompletteras med verktyg från listan för Specialverktyg.

☐ Hylsor, dimensioner enligt föregående lista
☐ Spärrskaft med vändbar riktning (för användning med hylsor) (se bild)
☐ Förlängare, 250 mm (för användning med hylsor)
☐ Universalknut (för användning med hylsor)
☐ Momentnyckel (för användning med hylsor)
☐ Självlåsande tänger
☐ Kulhammare
☐ Mjuk klubba (plast/aluminium eller gummi)
☐ Skruvmejslar:
  Spårmejsel - en lång och kraftig, en kort (knubbig) och en smal (elektrikertyp)
  Stjärnmejsel - en lång och kraftig och en kort (knubbig)
☐ Tänger:
  Spetsnostång/plattång
  Sidavbitare (elektrikertyp)
  Låsringstång (inre och yttre)
☐ Huggmejsel - 25 mm
☐ Ritspets
☐ Skrapa
☐ Körnare
☐ Purr
☐ Bågfil
☐ Bromsslangklämma
☐ Avluftningssats för bromsar/koppling
☐ Urval av borrar
☐ Ställinjal
☐ Insexnycklar (inkl Torxtyp/med splines) (se bild)

☐ Sats med filar
☐ Stor stålborste
☐ Pallbockar
☐ Domkraft (garagedomkraft eller stabil pelarmodell)
☐ Arbetslampa med förlängningssladd

Specialverktyg

Verktygen i denna lista är de som inte används regelbundet, är dyra i inköp eller som måste användas enligt tillverkarens anvisningar. Det är bara om du relativt ofta kommer att utföra tämligen svåra jobb som många av dessa verktyg är lönsamma att köpa. Du kan också överväga att gå samman med någon vän (eller gå med i en motorklubb) och göra ett gemensamt inköp, hyra eller låna verktyg om så är möjligt.

Följande lista upptar endast verktyg och instrument som är allmänt tillgängliga och inte sådana som framställs av biltillverkaren speciellt för auktoriserade verkstäder. Ibland nämns dock sådana verktyg i texten. I allmänhet anges en alternativ metod att utföra arbetet utan specialverktyg. Ibland finns emellertid inget alternativ till tillverkarens specialverktyg. När så är fallet och relevant verktyg inte kan köpas, hyras eller lånas har du inget annat val än att lämna bilen till en auktoriserad verkstad.

☐ Ventilfjäderkompressor (se bild)
☐ Ventilslipningsverktyg
☐ Kolvringskompressor (se bild)
☐ Verktyg för demontering/montering av kolvringar (se bild)
☐ Honingsverktyg (se bild)
☐ Kulledsavdragare
☐ Spiralfjäderkompressor (där tillämplig)
☐ Nav/lageravdragare, två/tre ben (se bild)
☐ Slagskruvmejsel
☐ Mikrometer och/eller skjutmått (se bilder)
☐ Indikatorklocka (se bild)
☐ Stroboskoplampa
☐ Kamvinkelmätare/varvräknare
☐ Multimeter

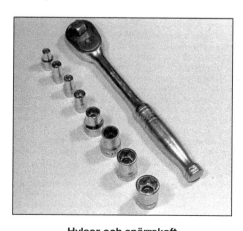

Hylsor och spärrskaft

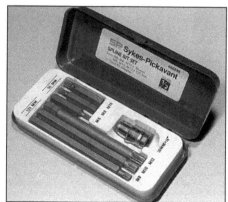

Bits med splines

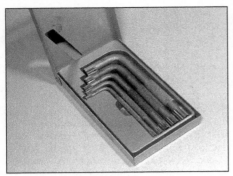

Nycklar med splines

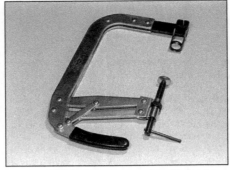

Ventilfjäderkompressor (ventilbåge)

Kolvringskompressor

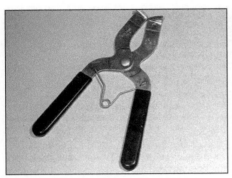

Verktyg för demontering och montering av kolvringar

Honingsverktyg

Trebent avdragare för nav och lager

Mikrometerset

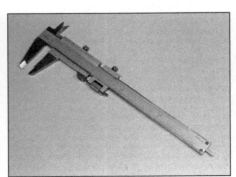

Skjutmått

Indikatorklocka med magnetstativ

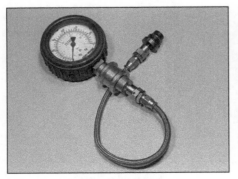

Kompressionsmätare

Centreringsverktyg för koppling

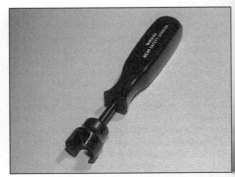

Demonteringsverktyg för bromsbackarnas fjäderskålar

☐ *Kompressionsmätare (se bild)*
☐ *Handmanövrerad vakuumpump och mätare*
☐ *Centreringsverktyg för koppling (se bild)*
☐ *Verktyg för demontering av bromsbackarnas fjäderskålar (se bild)*
☐ *Sats för montering/demontering av bussningar och lager (se bild)*
☐ *Bultutdragare (se bild)*
☐ *Gängverktygssats (se bild)*
☐ *Lyftblock*
☐ *Garagedomkraft*

Inköp av verktyg

När det gäller inköp av verktyg är det i regel bättre att vända sig till en specialist som har ett större sortiment än t ex tillbehörsbutiker och bensinmackar. Tillbehörsbutiker och andra försöljningsställen kan dock erbjuda utmärkta verktyg till låga priser, så det kan löna sig att söka.

Det finns gott om bra verktyg till låga priser, men se till att verktygen uppfyller grundläggande krav på funktion och säkerhet. Fråga gärna någon kunnig person om råd före inköpet.

Vård och underhåll av verktyg

Efter inköp av ett antal verktyg är det nödvändigt att hålla verktygen rena och i fullgott skick. Efter användning, rengör alltid verktygen innan de läggs undan. Låt dem inte ligga framme sedan de använts. En enkel upphängningsanordning på väggen för t ex skruvmejslar och tänger är en bra idé. Nycklar och hylsor bör förvaras i metallådor. Mätinstrument av skilda slag ska förvaras på platser där de inte kan komma till skada eller börja rosta.

Lägg ner lite omsorg på de verktyg som används. Hammarhuvuden får märken och skruvmejslar slits i spetsen med tiden. Lite polering med slippapper eller en fil återställer snabbt sådana verktyg till gott skick igen.

Arbetsutrymmen

När man diskuterar verktyg får man inte glömma själva arbetsplatsen. Om mer än rutinunderhåll ska utföras bör man skaffa en lämplig arbetsplats.

Vi är medvetna om att många ägare/mekaniker av omständigheterna tvingas att lyfta ur motor eller liknande utan tillgång till garage eller verkstad. Men när detta är gjort ska fortsättningen av arbetet göras inomhus.

Närhelst möjligt ska isärtagning ske på en ren, plan arbetsbänk eller ett bord med passande arbetshöjd.

En arbetsbänk behöver ett skruvstycke. En käftöppning om 100 mm räcker väl till för de flesta arbeten. Som tidigare sagts, ett rent och torrt förvaringsutrymme krävs för verktyg liksom för smörjmedel, rengöringsmedel, bättringslack (som också måste förvaras frostfritt) och liknande.

Ett annat verktyg som kan behövas och som har en mycket bred användning är en elektrisk borrmaskin med en chuckstorlek om minst 8 mm. Denna, tillsammans med en sats spiralborrar, är i praktiken oumbärlig för montering av tillbehör.

Sist, men inte minst, ha alltid ett förråd med gamla tidningar och rena luddfria trasor tillgängliga och håll arbetsplatsen så ren som möjligt.

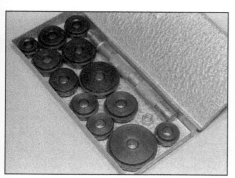

Sats för demontering och montering av lager och bussningar

Bultutdragare

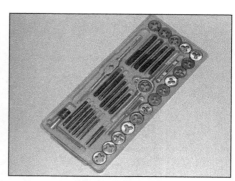

Gängverktygssats

Det här avsnittet är till för att hjälpa dig att klara bilbesiktningen. Det är naturligtvis inte möjligt att undersöka ditt fordon lika grundligt som en professionell besiktare, men genom att göra följande kontroller kan du identifiera problemområden och ha en möjlighet att korrigera eventuella fel innan du lämnar bilen till besiktning. Om bilen underhålls och servas regelbundet borde besiktningen inte innebära några större problem.

I besiktningsprogrammet ingår kontroll av nio huvudsystem – stommen, hjulsystemet, drivsystemet, bromssystemet, styrsystemet, karosseriet, kommunikationssystemet, instrumentering och slutligen övriga anordningar (släpvagnskoppling etc).

Kontrollerna som här beskrivs har baserats på Svensk Bilprovnings krav aktuella vid tiden för tryckning. Kraven ändras dock kontinuerligt och särskilt miljöbestämmelserna blir allt strängare.

Kontrollerna har delats in under följande fem rubriker:

1 Kontroller som utförs från förarsätet

2 Kontroller som utförs med bilen på marken

3 Kontroller som utförs med bilen upphissad och med fria hjul

4 Kontroller på bilens avgassystem

5 Körtest

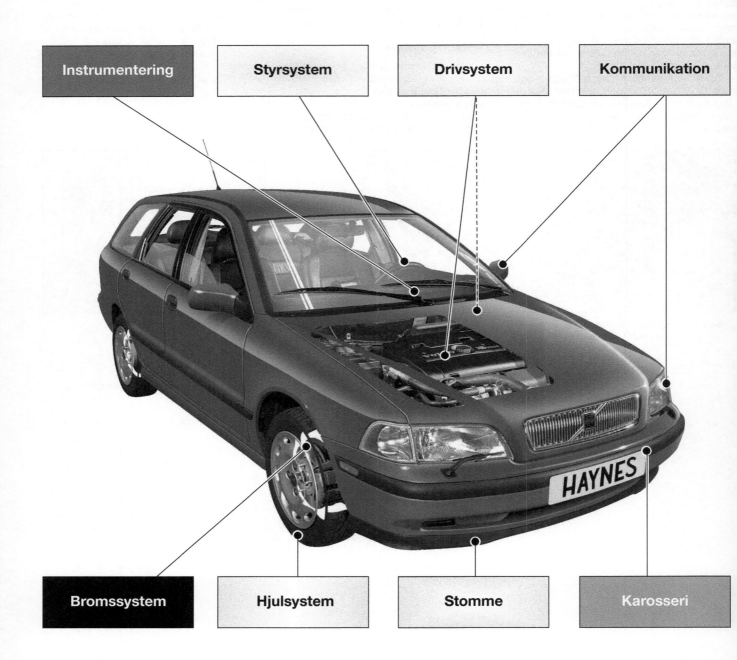

Instrumentering

Styrsystem

Drivsystem

Kommunikation

Bromssystem

Hjulsystem

Stomme

Karosseri

Besiktningsprogrammet

Vanliga personbilar kontrollbesiktigas första gången efter tre år, andra gången två år senare och därefter varje år. Åldern på bilen räknas från det att den tas i bruk, oberoende av årsmodell, och den måste genomgå besiktning inom fem månader.

Tiden på året då fordonet kallas till besiktning bestäms av sista siffran i registreringsnumret, enligt tabellen nedan.

Slutsiffra	Besiktningsperiod
1	*november t.o.m. mars*
2	*december t.o.m. april*
3	*januari t.o.m. maj*
4	*februari t.o.m. juni*
5	*mars t.o.m. juli*
6	*juni t.o.m. oktober*
7	*juli t.o.m. november*
8	*augusti t.o.m. december*
9	*september t.o.m. januari*
0	*oktober t.o.m. februari*

Om fordonet har ändrats, byggts om eller om särskild utrustning har monterats eller demonterats, måste du som fordonsägare göra en registreringsbesiktning inom en månad. I vissa fall räcker det med en begränsad registreringsbesiktning, t.ex. för draganordning, taklucka, taxiutrustning etc.

Efter besiktningen

Nedan visas de system och komponenter som kontrolleras och bedöms av besiktaren på Svensk Bilprovning. Efter besiktningen erhåller du ett protokoll där eventuella anmärkningar noterats.

Har du fått en 2x i protokollet (man kan ha max 3 st 2x) behöver du inte ombesiktiga bilen, men är skyldig att själv åtgärda felet snarast möjligt. Om du inte åtgärdar felen utan återkommer till Svensk Bilprovning året därpå med samma fel, blir dessa automatiskt 2:or som då måste ombesiktigas. Har du en eller flera 2x som ej är åtgärdade och du blir intagen i en flygande besiktning av polisen blir dessa automatiskt 2:or som måste ombesiktigas. I detta läge får du även böta.

Om du har fått en tvåa i protokollet är fordonet alltså inte godkänt. Felet ska åtgärdas och bilen ombesiktigas inom en månad.

En trea innebär att fordonet har så stora brister att det anses mycket trafikfarligt. Körförbud inträder omedelbart.

Kommunikation

- Vindrutetorkare
- Vindrutespolare
- Backspegel
- Strålkastarinställning
- Strålkastare
- Signalhorn
- Sidoblinkers
- Parkeringsljus fram
   bak
- Blinkers
- Bromsljus
- Reflex
- Nummerplåts-
   belysning
- Övrigt

Vanliga anmärkningar:
Felaktig ljusbild
Skadad strålkastare
Ej fungerande parkeringsljus
Ej fungerande bromsljus

Drivsystem

- Avgasrening, EGR-
   system
- Avgasrening
- Bränslesystem
- Avgassystem
- Avgaser (CO, HC)
- Kraftöverföring
- Drivknut
- Elförsörjning
- Batteri
- Övrigt

Vanliga anmärkningar:
Höga halter av CO
Höga halter av HC
Läckage i avgassystemet
Ej fungerande EGR-ventil
Skadade drivknutsdamasker

Styrsystem

- Styrled
- Styrväxel
- Hjälpstyrarm
- Övrigt

Vanliga anmärkningar:
Glapp i styrleder
Skadade styrväxeldamasker

Instrumentering

- Hastighetsmätare
- Taxameter
- Varningslampor
- Övrigt

Karosseri

- Dörr
- Skärm
- Vindruta
- Säkerhetsbälten
- Lastutrymme
- Övrigt

Vanliga anmärkningar:
Skadad vindruta
Vassa kanter

Stomme

- Sidobalk
- Tvärbalk
- Golv
- Hjulhus
- Övrigt

Vanliga anmärkningar:
Rostskador i sidobalkar, golv och hjulhus

Hjulsystem

- Däck
- Stötdämpare
- Hjullager
- Spindelleder
- Länkarm fram
   bak
- Fjäder
- Fjädersäte
- Övrigt

Vanliga anmärkningar:
Glapp i spindelleder
Utslitna däck
Dåliga stötdämpare
Rostskadade fjädersäten
Brustna fjädrar
*Rostskadade länkarms-
   infästningar*

Bromssystem

- Fotbroms fram
   bak
   rörelseres.
- Bromsrör
- Bromsslang
- Handbroms
- Övrigt

Vanliga anmärkningar:
*Otillräcklig bromsverkan på
   handbromsen*
*Ojämn bromsverkan på
   fotbromsen*
*Anliggande bromsar på
   fotbromsen*
Rostskadade bromsrör
Skadade bromsslangar

1 Kontroller som utförs från förarsätet

Handbroms

☐ Kontrollera att handbromsen fungerar ordentligt utan för stort spel i spaken. För stort spel tyder på att bromsen eller bromsvajern är felaktigt justerad.

☐ Kontrollera att handbromsen inte kan läggas ur genom att spaken förs åt sidan. Kontrollera även att handbromsspaken är ordentligt monterad.

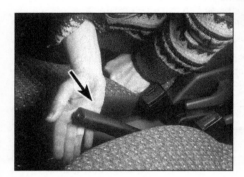

Fotbroms

☐ Tryck ner bromspedalen och håll den nedtryckt i ca 30 sek. Kontrollera att den inte sjunker ner mot golvet, vilket tyder på fel på huvudcylindern. Släpp pedalen, vänta ett par sekunder och tryck sedan ner den igen. Om pedalen tar långt ner måste broms-arna justeras eller repareras. Om pedalens rörelse känns "svampig" finns det luft i bromssystemet som då måste luftas.

☐ Kontrollera att bromspedalen sitter fast ordentligt och att den är i bra skick. Kontrollera även om det finns tecken på oljeläckage på bromspedalen, golvet eller mattan eftersom det kan betyda att packningen i huvudcylindern är trasig.

☐ Om bilen har bromsservo kontrolleras denna genom att man upprepade gånger trycker ner bromspedalen och sedan startar motorn med pedalen nertryckt. När motorn startar skall pedalen sjunka något. Om inte kan vakuumslangen eller själva servoenheten vara trasig.

Ratt och rattstäng

☐ Känn efter att ratten sitter fast. Undersök om det finns några sprickor i ratten eller om några delar på den sitter löst.

☐ Rör på ratten uppåt, nedåt och i sidled. Fortsätt att röra på ratten samtidigt som du vrider lite på den från vänster till höger.

☐ Kontrollera att ratten sitter fast ordentligt på rattstången, vilket annars kan tyda på slitage eller att fästmuttern sitter löst. Om ratten går att röra onaturligt kan det tyda på att rattstångens bärlager eller kopplingar är slitna.

Rutor och backspeglar

☐ Vindrutan måste vara fri från sprickor och andra skador som kan vara irriterande eller hindra sikten i förarens synfält. Sikten får inte heller hindras av t.ex. ett färgat eller reflekterande skikt. Samma regler gäller även för de främre sidorutorna.

☐ Backspeglarna måste sitta fast ordentligt och vara hela och ställbara.

Säkerhetsbälten och säten

Observera: *Kom ihåg att alla säkerhetsbälten måste kontrolleras - både fram och bak.*

☐ Kontrollera att säkerhetsbältena inte är slitna, fransiga eller trasiga i väven och att alla låsmekanismer och rullmekanismer fungerar obehindrat. Se även till att alla infästningar till säkerhetsbältena sitter säkert.

☐ Framsätena måste vara ordentligt fastsatta och om de är fällbara måste de vara låsbara i uppfällt läge.

Dörrar

☐ Framdörrarna måste gå att öppna och stänga från både ut- och insidan och de måste gå ordentligt i lås när de är stängda. Gångjärnen ska sitta säkert och inte glappa eller kärva onormalt.

2 Kontroller som utförs med bilen på marken

Registreringsskyltar

☐ Registreringsskyltarna måste vara väl synliga och lätta att läsa av, d v s om bilen är mycket smutsig kan det ge en anmärkning.

Elektrisk utrustning

☐ Slå på tändningen och kontrollera att signalhornet fungerar och att det avger en jämn ton.

☐ Kontrollera vindrutetorkarna och vindrutespolningen. Svephastigheten får inte vara extremt låg, svepytan får inte vara för liten och torkarnas viloläge ska inte vara inom förarens synfält. Byt ut gamla och skadade torkarblad.

☐ Kontrollera att strålkastarna fungerar och att de är rätt inställda. Reflektorerna får inte vara skadade, lampglasen måste vara hela och lamporna måste vara ordentligt fastsatta. Kontrollera även att bromsljusen fungerar och att det inte krävs högt pedaltryck för att tända dem. (Om du inte har någon medhjälpare kan du kontrollera bromsljusen genom att backa upp bilen mot en garageport, vägg eller liknande reflekterande yta.)

☐ Kontrollera att blinkers och varningsblinkers fungerar och att de blinkar i normal hastighet. Parkeringsljus och bromsljus får inte påverkas av blinkers. Om de påverkas beror detta oftast på jordfel. Se också till att alla övriga lampor på bilen är hela och fungerar som de ska och att t.ex. extraljus inte är placerade så att de skymmer föreskriven belysning.

☐ Se även till att batteri, elledningar, reläer och liknande sitter fast ordentligt och att det inte föreligger någon risk för kortslutning

Fotbroms

☐ Undersök huvudbromscylindern, bromsrören och servoenheten. Leta efter läckage, rost och andra skador.

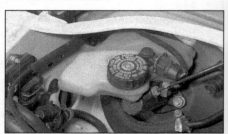

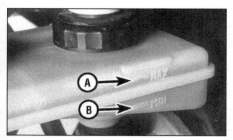

☐ Bromsvätskebehållaren måste sitta fast ordentligt och vätskenivån skall vara mellan max- (A) och min- (B) markeringarna.

☐ Undersök båda främre bromsslangarna efter sprickor och förslitningar. Vrid på ratten till fullt rattutslag och se till att bromsslangarna inte tar i någon del av styrningen eller upphängningen. Tryck sedan ner bromspedalen och se till att det inte finns några läckor eller blåsor på slangarna under tryck.

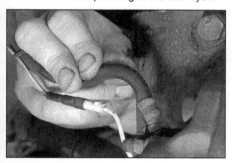

Styrning

☐ Be någon vrida på ratten så att hjulen vrids något. Kontrollera att det inte är för stort spel mellan rattutslaget och styrväxeln vilket kan tyda på att rattstångslederna, kopplingen mellan rattstången och styrväxel eller själva styrväxeln är sliten eller glappar.

☐ Vrid sedan ratten kraftfullt åt båda hållen så att hjulen vrids något. Undersök då alla damasker, styrleder, länksystem, rörkopplingar och anslutningar/fästen. Byt ut alla delar som verkar utslitna eller skadade. På bilar med servostyrning skall servopumpen, drivremmen och slangarna kontrolleras.

Stötdämpare

☐ Tryck ned hörnen på bilen i tur och ordning och släpp upp. Bilen skall gunga upp och sedan gå tillbaka till ursprungsläget. Om bilen

fortsätter att gunga är stötdämparna dåliga. Stötdämpare som kärvar påtagligt gör också att bilen inte klarar besiktningen. (Observera att stötdämpare kan saknas på vissa fjädersystem.)

☐ Kontrollera också att bilen står rakt och ungefär i rätt höjd.

Avgassystem

☐ Starta motorn medan någon håller en trasa över avgasröret och kontrollera sedan att avgassystemet inte läcker. Reparera eller byt ut de delar som läcker.

Kaross

☐ Skador eller korrosion/rost som utgörs av vassa eller i övrigt farliga kanter med risk för personskada medför vanligtvis att bilen måste repareras och ombesiktas. Det får inte heller finnas delar som sitter påtagligt löst.

☐ Det är inte tillåtet att ha utskjutande detaljer och anordningar med olämplig utformning eller placering (prydnadsföremål, antennfästen, viltfångare och liknande).

☐ Kontrollera att huvlås och säkerhetsspärr fungerar och att gångjärnen inte sitter löst eller på något vis är skadade.

☐ Se också till att stänkskydden täcker däckens slitbana i sidled.

3 Kontroller som utförs med bilen upphissad och med fria hjul

Lyft upp både fram- och bakvagnen och ställ bilen på pallbockar. Placera pallbockarna så att de inte tar i fjäderupphängningen. Se till att hjulen inte tar i marken och att de går att vrida till fullt rattutslag. Om du har begränsad utrustning går det naturligtvis bra att lyfta upp en ände i taget.

Styrsystem

☐ Be någon vrida på ratten till fullt rattutslag. Kontrollera att alla delar i styrningen går mjukt och att ingen del av styrsystemet tar i någonstans.

☐ Undersök kuggstångsdamaskerna så att de inte är skadade eller att metallklämmorna glappar. Om bilen är utrustad med servostyrning ska slangar, rör och kopplingar kontrolleras så att de inte är skadade eller

läcker. Kontrollera också att styrningen inte är onormalt trög eller kärvar. Undersök länkarmar, krängningshämmare, styrstag och styrleder och leta efter glapp och rost.

☐ Se även till att ingen saxpinne eller liknande låsmekanism saknas och att det inte finns gravrost i närheten av någon av styrmekanismens fästpunkter.

Upphängning och hjullager

☐ Börja vid höger framhjul. Ta tag på sidorna av hjulet och skaka det kraftigt. Se till att det inte glappar vid hjullager, spindelleder eller vid upphängningens infästningar och leder.

☐ Ta nu tag upptill och nedtill på hjulet och upprepa ovanstående. Snurra på hjulet och undersök hjullagret angående missljud och glapp.

☐ Om du misstänker att det är för stort spel vid en komponents led kan man kontrollera detta genom att använda en stor skruvmejsel eller liknande och bända mellan infästningen och komponentens fäste. Detta visar om det är bussningar, fästskruven eller själva infästningen som är sliten (bulthålen kan ofta bli uttänjda).

☐ Kontrollera alla fyra hjulen.

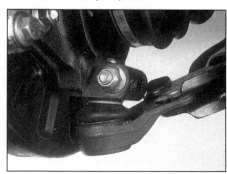

Fjädrar och stötdämpare

☐ Undersök fjäderbenen (där så är tillämpligt) angående större läckor, korrosion eller skador i godset. Kontrollera också att fästena sitter säkert.

☐ Om bilen har spiralfjädrar, kontrollera att dessa sitter korrekt i fjädersätena och att de inte är utmattade, rostiga, spruckna eller av.

☐ Om bilen har bladfjädrar, kontrollera att alla bladen är hela, att axeln är ordentligt fastsatt mot fjädrarna och att fjäderöglorna, bussningarna och upphängningarna inte är slitna.

☐ Liknande kontroll utförs på bilar som har annan typ av upphängning såsom torsionfjädrar, hydraulisk fjädring etc. Se till att alla infästningar och anslutningar är säkra och inte utslitna, rostiga eller skadade och att den hydrauliska fjädringen inte läcker olja eller på annat sätt är skadad.

☐ Kontrollera att stötdämparna inte läcker och att de är hela och oskadade i övrigt samt se till att bussningar och fästen inte är utslitna.

Drivning

☐ Snurra på varje hjul i tur och ordning. Kontrollera att driv-/kardanknutar inte är lösa, glappa, spruckna eller skadade. Kontrollera också att skyddsbälgarna är intakta och att driv-/kardanaxlar är ordentligt fastsatta, raka och oskadade. Se även till att inga andra detaljer i kraftöverföringen är glappa, lösa, skadade eller slitna.

Bromssystem

☐ Om det är möjligt utan isärtagning, kontrollera hur bromsklossar och bromsskivor ser ut. Se till att friktionsmaterialet på bromsbeläggen (A) inte är slitet under 2 mm och att bromsskivorna (B) inte är spruckna, gropiga, repiga eller utslitna.

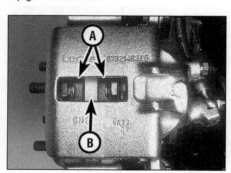

☐ Undersök alla bromsrör under bilen och bromsslangarna bak. Leta efter rost, skavning och övriga skador på ledningarna och efter tecken på blåsor under tryck, skavning, sprickor och förslitning på slangarna. (Det kan vara enklare att upptäcka eventuella sprickor på en slang om den böjs något.)

☐ Leta efter tecken på läckage vid bromsoken och på bromsskölderna. Reparera eller byt ut delar som läcker.

☐ Snurra sakta på varje hjul medan någon trycker ned och släpper upp bromspedalen. Se till att bromsen fungerar och inte ligger an när pedalen inte är nedtryckt.

☐ Undersök handbromsmekanismen och kontrollera att vajern inte har fransat sig, är av eller väldigt rostig eller att länksystemet är utslitet eller glappar. Se till att handbromsen fungerar på båda hjulen och inte ligger an när den läggs ur.

☐ Det är inte möjligt att prova bromsverkan utan specialutrustning, men man kan göra ett körtest och prova att bilen inte drar åt något håll vid en kraftig inbromsning.

Bränsle- och avgassystem

☐ Undersök bränsletanken (inklusive tanklock och påfyllningshals), fastsättning, bränsleledningar, slangar och anslutningar. Alla delar måste sitta fast ordentligt och får inte läcka.

☐ Granska avgassystemet i hela dess längd beträffande skadade, avbrutna eller saknade upphängningar. Kontrollera systemets skick beträffande rost och se till att rörklämmorna är säkert monterade. Svarta sotavlagringar på avgassystemet tyder på ett annalkande läckage.

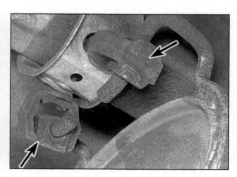

Hjul och däck

☐ Undersök i tur och ordning däcksidorna och slitbanorna på alla däcken. Kontrollera att det inte finns några skärskador, revor eller bulor och att korden inte syns p g a utslitning eller skador. Kontrollera att däcket är korrekt monterat på fälgen och att hjulet inte är deformerat eller skadat.

☐ Se till att det är rätt storlek på däcken för bilen, att det är samma storlek och däcktyp på samma axel och att det är rätt lufttryck i däcken. Se också till att inte ha dubbade och odubbade däck blandat. (Dubbade däck får användas under vinterhalvåret, från 1 oktober till första måndagen efter påsk.)

☐ Kontrollera mönsterdjupet på däcken – minsta tillåtna mönsterdjup är 1,6 mm. Onormalt däckslitage kan tyda på felaktig framhjulsinställning.

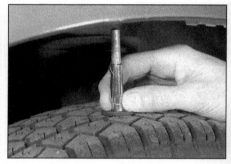

Korrosion

☐ Undersök alla bilens bärande delar efter rost. (Bärande delar innefattar underrede, tröskellådor, tvärbalkar, stolpar och all upphängning, styrsystemet, bromssystemet samt bältesinfästningarna.) Rost som avsevärt har reducerat tjockleken på en bärande yta medför troligtvis en tvåa i besiktningsprotokollet. Sådana skador kan ofta vara svåra att reparera själv.

☐ Var extra noga med att kontrollera att inte rost har gjort det möjligt för avgaser att tränga in i kupén. Om så är fallet kommer fordonet ovillkorligen inte att klara besiktningen och dessutom utgör det en stor trafik- och hälsofara för dig och dina passagerare.

4 Kontroller som utförs på bilens avgassystem

Bensindrivna modeller

☐ Starta motorn och låt den bli varm. Se till att tändningen är rätt inställd, att luftfiltret är rent och att motorn går bra i övrigt.

☐ Varva först upp motorn till ca 2500 varv/min och håll den där i ca 20 sekunder. Låt den sedan gå ner till tomgång och iaktta avgasutsläppen från avgasröret. Om tomgången är onaturligt hög eller om tät blå eller klart synlig svart rök kommer ut med avgaserna i mer än 5 sekunder så kommer bilen antagligen inte att klara besiktningen. I regel tyder blå rök på att motorn är sliten och förbränner olja medan svart rök tyder på att motorn inte förbränner bränslet ordentligt (smutsigt luftfilter eller annat förgasar- eller bränslesystemfel).

☐ Vad som då behövs är ett instrument som kan mäta koloxid (CO) och kolväten (HC). Om du inte har möjlighet att låna eller hyra ett dylikt instrument kan du få hjälp med det på en verkstad för en mindre kostnad.

CO- och HC-utsläpp

☐ För närvarande är högsta tillåtna gränsvärde för CO- och HC-utsläpp för bilar av årsmodell 1989 och senare (d v s bilar med katalysator enligt lag) 0,5% CO och 100 ppm HC.

På tidigare årsmodeller testas endast CO-halten och följande gränsvärden gäller:

årsmodell 1985-88	3,5% CO
årsmodell 1971-84	4,5% CO
årsmodell -1970	5,5% CO

Bilar av årsmodell 1987-88 med frivilligt monterad katalysator bedöms enligt 1989 års komponentkrav men 1985 års utsläppskrav.

☐ Om CO-halten inte kan reduceras tillräckligt för att klara besiktningen (och bränsle- och tändningssystemet är i bra skick i övrigt) ligger problemet antagligen hos förgasaren/bränsleinsprutningssystemet eller katalysatorn (om monterad).

☐ Höga halter av HC kan orsakas av att motorn förbränner olja men troligare är att motorn inte förbränner bränslet ordentligt.

Dieseldrivna modeller

☐ Det enda testet för avgasutsläpp på dieseldrivna bilar är att man mäter röktätheten. Testet innebär att man varvar motorn kraftigt upprepade gånger.

Observera: *Det är oerhört viktigt att motorn är rätt inställd innan provet genomförs.*

☐ Mycket rök kan orsakas av ett smutsigt luftfilter. Om luftfiltret inte är smutsigt men bilen ändå avger mycket rök kan det vara nödvändigt att söka experthjälp för att hitta orsaken.

5 Körtest

☐ Slutligen, provkör bilen. Var extra uppmärksam på eventuella missljud, vibrationer och liknande.

☐ Om bilen har automatväxellåda, kontrollera att den endast går att starta i lägena P och N. Om bilen går att starta i andra växellägen måste växelväljarmekanismen justeras.

☐ Kontrollera också att hastighetsmätaren fungerar och inte är missvisande.

☐ Se till att ingen extrautrustning i kupén, t ex biltelefon och liknande, är placerad så att den vid en eventuell kollision innebär ökad risk för personskada.

☐ Gör en hastig inbromsning och kontrollera att bilen inte drar åt något håll. Om kraftiga vibrationer känns vid inbromsning kan det tyda på att bromsskivorna är skeva och bör bytas eller fräsas om. (Inte att förväxlas med de låsningsfria bromsarnas karakteristiska vibrationer.)

☐ Om vibrationer känns vid acceleration, hastighetsminskning, vid vissa hastigheter eller hela tiden, kan det tyda på att drivknutar eller drivaxlar är slitna eller defekta, att hjulen eller däcken är felaktiga eller skadade, att hjulen är obalanserade eller att styrleder, upphängningens leder, bussningar eller andra komponenter är slitna.

Motor

- [ ] Motorn går inte runt vid startförsök
- [ ] Motorn går runt men startar inte
- [ ] Motorn är svårstartad när den är kall
- [ ] Motorn är svårstartad när den är varm
- [ ] Startmotorn ger ifrån sig oljud eller kärvar
- [ ] Motorn startar men stannar omedelbart
- [ ] Ojämn tomgång
- [ ] Feltändning vid tomgång
- [ ] Feltändning vid alla varvtal
- [ ] Långsam acceleration
- [ ] Motorstopp
- [ ] Kraftlöshet
- [ ] Motorn misständer
- [ ] Oljetryckslampan lyser när motorn är igång
- [ ] Glödtändning
- [ ] Oljud från motorn

Kylsystem

- [ ] Överhettning
- [ ] Överkylning
- [ ] Yttre kylvätskeläckage
- [ ] Inre kylvätskeläckage
- [ ] Korrosion

Bränsle- och avgassystem

- [ ] Överdriven bränsleförbrukning
- [ ] Bränsleläckage och/eller bränslelukt
- [ ] Överdrivet oljud eller ovanligt mycket gaser från avgassystemet

Koppling

- [ ] Pedalen går i golvet – inget motstånd
- [ ] Kopplingen frikopplar inte (det går inte att lägga i växlar)
- [ ] Kopplingen slirar (motorvarvtalet ökar men inte bilens hastighet)
- [ ] Skakningar vid frikoppling
- [ ] Oljud när kopplingspedalen trampas ner eller släpps upp

Manuell växellåda

- [ ] Oljud i friläge när motorn går
- [ ] Oljud i en särskild växel
- [ ] Svårt att lägga i växlar
- [ ] Växel hoppar ur
- [ ] Vibrationer
- [ ] Oljeläckage

Automatväxellåda

- [ ] Oljeläckage
- [ ] Växellådsoljan är brun eller luktar bränt
- [ ] Allmänna problem med att växla
- [ ] Växellådan växlar inte ner (kickdown) när gaspedalen är helt nedtryckt
- [ ] Motorn startar inte i någon växel, eller startar i andra växlar än Park eller Neutral
- [ ] Växellådan slirar, växlar trögt, låter illa eller är utan drift i framåtväxlar eller back

Drivaxlar

- [ ] Vibrationer vid acceleration eller inbromsning
- [ ] Klickande eller knackande ljud vid svängar (i låg fart med fullt rattutslag)

Bromssystem

- [ ] Bilen drar åt ena sidan vid inbromsning
- [ ] Oljud (slipljud eller högt gnisslande) vid inbromsning
- [ ] Överdrivet lång pedalväg
- [ ] Bromspedalen känns "svampig" när den trampas ner
- [ ] Överdriven pedalkraft krävs för att stanna bilen
- [ ] Skakningar i bromspedal eller ratt vid inbromsning
- [ ] Bromsarna kärvar
- [ ] Bakhjulen låser vid normal inbromsning

Fjädring och styrning

- [ ] Bilen drar åt ena sidan
- [ ] Hjulen vinglar och vibrerar
- [ ] Överdrivna krängningar och/eller nigningar vid kurvtagning eller bromsning
- [ ] Bilen "vandrar" eller känns allmänt instabil
- [ ] Överdrivet stel styrning
- [ ] Överdrivet spel i styrningen
- [ ] Bristande servoeffekt
- [ ] Kraftigt däckslitage

Elsystem

- [ ] Batteriet laddar ur på bara några dagar
- [ ] Tändningslampan fortsätter att lysa när motorn går
- [ ] Tändningslampan tänds inte
- [ ] Ljusen fungerar inte
- [ ] Instrumentavläsningarna är missvisande eller ryckiga
- [ ] Signalhornet fungerar dåligt eller inte alls
- [ ] Vindrutetorkarna fungerar dåligt eller inte alls
- [ ] Vindrutespolarna fungerar dåligt eller inte alls
- [ ] Elfönsterhissarna fungerar dåligt eller inte alls
- [ ] Centrallåssystemet fungerar dåligt eller inte alls

Inledning

De bilägare som underhåller sin bil enligt det rekommenderade schemat kommer inte att behöva använda den här delen av boken särskilt ofta. Moderna komponenter är mycket pålitliga och om de delar som utsätts för slitage undersöks eller byts ut vid specificerade intervall, inträffar plötsliga haverier mycket sällan. Fel uppstår i regel inte plötsligt, utan utvecklas under en längre tid. Större mekaniska haverier föregås ofta av tydliga symptom under hundratals eller rentav tusentals kilometer. De komponenter som då och då går sönder är ofta små och lätta att ha med i bilen.

All felsökning måste börja med att man avgör var sökandet ska inledas. Ibland är detta självklart, men andra gånger krävs lite detektivarbete. En bilägare som gör ett halvdussin slumpmässiga justeringar eller komponentbyten kanske lyckas åtgärda felet (eller undanröja symptomen). Men om problemet uppstår igen vet han/hon ändå inte var felet sitter och måste spendera mer tid och pengar än vad som är nödvändigt för att åtgärda det. Ett lugnt och metodiskt tillvägagångssätt är bättre i det långa loppet. Ta alltid hänsyn till alla varningstecken och sådant som har verkat onormalt före haveriet,

som kraftförlust, höga/låga mätaravläsningar eller ovanliga lukter – och kom ihåg att trasiga säkringar och tändstift kanske bara är symptom på ett underliggande fel.

Följande sidor fungerar som en enkel guide till de vanligaste problemen som kan uppstå med bilen. Problemen och deras möjliga orsaker grupperas under rubriker för olika system, som Motor, Kylsystem etc. Det kapitel som behandlar problemet visas inom parentes. Oavsett fel finns vissa grundläggande principer. Detta är:

Bekräfta felet. Detta innebär helt enkelt att se till att symptomen är kända innan arbetet påbörjas. Detta är särskilt viktigt om felet undersöks för någon annans räkning. Denne kanske inte har beskrivit felet korrekt.

Förbise inte det självklara. Om bilen t.ex. inte startar, finns det verkligen bränsle i tanken? (Ta inte någon annans ord för givet och lite inte heller på bränslemätaren!) Om ett elektriskt fel indikeras, leta efter lösa eller trasiga ledningar innan testutrustningen tas fram.

Åtgärda felet, undanröj inte bara symptomen. Att byta ett urladdat batteri mot ett fulladdat tar dig från vägkanten, men om orsaken inte åtgärdas kommer även det nya

batteriet snart att vara urladdat. Om nedoljade tändstift byts ut mot nya rullar bilen vidare, men orsaken till nedsmutsningen måste fortfarande fastställas och åtgärdas (om det inte helt enkelt berodde på att tändstiften hade fel värmetal).

Ta ingenting för givet. Glöm inte att även nya delar kan vara defekta (särskilt om de har skakat runt i bagageutrymmet i flera månader). Utelämna inga komponenter vid en felsökning bara för att de är nya eller nymonterade. När du slutligen påträffar ett svårhittat fel kommer du troligen att inse att många ledtrådar fanns där redan från början.

Fundera på vilka arbeten, om några, som nyligen har utförts. Många fel uppstår på grund av slarv och för snabbt utförda arbeten. Om t.ex. arbeten har utförts under motorhuven, kan det hända att några av kablarna oavsiktligt har rubbats eller dragits fel, eller att en slang har hamnat i kläm? Har alla bultar/muttrar dragits åt ordentligt? Har nya delar av bra kvalitet använts, och nya packningar? Det behövs ofta en hel del detektivarbete i sådana här fall, eftersom vissa åtgärder kan få helt till synes orelaterade konsekvenser.

Motor

Motorn går inte runt vid startförsök

☐ Batterianslutningarna sitter löst eller är korroderade (se *Veckokontroller*)
☐ Batteriet urladdat eller defekt (Kapitel 5A)
☐ Trasiga, glappa eller frånkopplade ledningar i startmotorkretsen (Kapitel 5A)
☐ Defekt startmotorsolenoid eller tändningslås (Kapitel 5A eller 12)
☐ Defekt startmotor (Kapitel 5A)
☐ Lösa eller trasiga kuggar på startmotorns pinjong eller svänghjulets startkrans (Kapitel 2 eller 5A)
☐ Motorns jordledning trasig eller losskopplad (Kapitel 5A)
☐ Motorn lider av "hydraulic lock" (vatten i motorn efter körning genom djupa pölar, eller allvarligt internt kylvätskeläckage) – kontakta en Volvoverkstad
☐ Automatväxellådan står inte i läge P eller N (Kapitel 7B)

Motorn går runt men startar inte

☐ Bränsletanken är tom
☐ Batteriet urladdat (motorn roterar långsamt) (Kapitel 5A)
☐ Batterianslutningarna sitter löst eller är korroderade (se "Veckokontroller")
☐ Tändningens komponenter fuktiga eller skadade (Kapitel 1 eller 5B)
☐ Fel på immobiliser, eller en nyckel "utan kod" används (Kapitel 12 eller "Reparationer vid vägkanten")
☐ Fel på vevaxellägesgivaren (Kapitel 4A eller 4B)
☐ Trasiga, glappa eller losskopplade kablar i tändningskretsen (Kapitel 1 eller 5B)
☐ Utslitna, defekta eller felaktigt inställda tändstift (Kapitel 1)
☐ Fel i bränsleinsprutningssystemet (Kapitel 4A eller 4B)
☐ Större mekaniskt fel (t.ex. kamremmen av) (Kapitel 2A eller 2B)

Motorn är svårstartad när den är kall

☐ Batteriet urladdat (Kapitel 5A)
☐ Batterianslutningarna sitter löst eller är korroderade (se "Veckokontroller")
☐ Utslitna, defekta eller felaktigt inställda tändstift (Kapitel 1)
☐ Annat fel i tändsystemet (Kapitel 1 eller 5B)
☐ Fel i bränsleinsprutningssystemet (Kapitel 4A eller 4B)
☐ Motorolja av fel typ används ("Veckokontroller" eller Kapitel 1)
☐ Låg cylinderkompression (Kapitel 2A eller 2B)

Motorn är svårstartad när den är varm

☐ Smutsigt eller igensatt luftfilter (Kapitel 1)
☐ Fel i bränsleinsprutningssystemet (Kapitel 4A eller 4B)
☐ Låg cylinderkompression (Kapitel 2A eller 2B)

Startmotorn ger ifrån sig oljud eller kärvar

☐ Lösa eller trasiga kuggar på startmotorns pinjong eller svänghjulets startkrans (Kapitel 2 eller 5A)
☐ Startmotorns fästbultar lösa eller saknas (Kapitel 5A)
☐ Startmotorns interna delar slitna eller skadade (Kapitel 5A)

Motorn startar men stannar omedelbart

☐ Lösa eller defekta elektriska anslutningar i tändningskretsen (Kapitel 1 eller 5B)
☐ Vakuumläckage vid gasspjällhuset eller insugsgrenröret (Kapitel 4A eller 4B)
☐ Blockerade bränslespridare/fel i insprutningssystemet (Kapitel 4A eller 4B)

Ojämn tomgång

☐ Igensatt luftfilter (Kapitel 1)
☐ Vakuumläckage vid gasspjällhuset, insugsgrenröret eller tillhörande slangar (Kapitel 4A eller 4B)
☐ Utslitna, defekta eller felaktigt inställda tändstift (Kapitel 1)
☐ Ojämn eller låg cylinderkompression (Kapitel 2A eller 2B)
☐ Slitna kamnockar (Kapitel 2A eller 2B)
☐ Kamremmen felmonterad (Kapitel 2A eller 2B)
☐ Blockerade bränslespridare/fel i insprutningssystemet (Kapitel 4A eller 4B)

Feltändning vid tomgång

☐ Utslitna, defekta eller felaktigt inställda tändstift (Kapitel 1)
☐ Defekta tändkablar (gäller ej GDI motor) (Kapitel 1)
☐ Vakuumläckage vid gasspjällhuset eller insugsgrenröret (Kapitel 4A eller 4B)
☐ Blockerade bränslespridare/fel i insprutningssystemet (Kapitel 4A eller 4B)
☐ Ojämn eller låg cylinderkompression (Kapitel 2A eller 2B)
☐ Lösa, läckande eller åldrade slangar i vevhusventilationssystemet (Kapitel 4C)

Feltändning vid alla motorvarvtal

☐ Tilltäppt bränslefilter (Kapitel 1)
☐ Defekt bränslepump eller lågt matningstryck (Kapitel 4A eller 4B)
☐ Blockerad bränsletanksventil eller igentäppta bränslerör (Kapitel 4A eller 4B)
☐ Vakuumläckage vid gasspjällhuset eller insugsgrenröret (Kapitel 4A eller 4B)
☐ Utslitna, defekta eller felaktigt inställda tändstift (Kapitel 1)
☐ Defekta tändkablar (gäller ej GDI motor) (Kapitel 1)
☐ Defekt tändspole (-spolar) (Kapitel 5B)
☐ Ojämn eller låg cylinderkompression (Kapitel 2A eller 2B)
☐ Blockerade bränslespridare/fel i insprutningssystemet (Kapitel 4A eller 4B)
☐ Tilltäppt katalysator (Kapitel 4A eller 4B)
☐ Motorn överhettar (Kapitel 3)

Långsam acceleration

☐ Utslitna, defekta eller felaktigt inställda tändstift (Kapitel 1)
☐ Vakuumläckage vid gasspjällhuset, insugsgrenröret eller tillhörande slangar (Kapitel 4A eller 4B)
☐ Blockerade bränslespridare/fel i insprutningssystemet (Kapitel 4A eller 4B)

Motor (fortsättning)

Motorstopp

- [ ] Vakuumläckage vid gasspjällhuset, insugsgrenröret eller tillhörande slangar (Kapitel 4A eller 4B)
- [ ] Tilltäppt bränslefilter (Kapitel 1)
- [ ] Defekt bränslepump eller lågt matningstryck (Kapitel 4A eller 4B)
- [ ] Blockerad bränsletanksventil eller igentäppta bränslerör (Kapitel 4A eller 4B)
- [ ] Blockerade bränslespridare/fel i insprutningssystemet (Kapitel 4A eller 4B)

Kraftlöshet

- [ ] Igensatt luftfilter (Kapitel 1)
- [ ] Igensatt bränslefilter (Kapitel 1)
- [ ] Helt eller delvis igensatta bränslerör (Kapitel 4A eller 4B)
- [ ] Utslitna, defekta eller felaktigt inställda tändstift (Kapitel 1)
- [ ] Problem med gasvajern (Kapitel 4A eller 4B)
- [ ] Vakuumläckage vid gasspjällhuset, insugsgrenröret eller tillhörande slangar (Kapitel 4A eller 4B)
- [ ] Blockerade bränslespridare/fel i insprutningssystemet (Kapitel 4A eller 4B)
- [ ] Kamremmen felmonterad (Kapitel 2A eller 2B)
- [ ] Defekt bränslepump eller lågt matningstryck (Kapitel 4A eller 4B)
- [ ] Ojämn eller låg cylinderkompression (Kapitel 2A eller 2B)
- [ ] Tilltäppt katalysator (Kapitel 4A eller 4B)
- [ ] Bromsarna kärvar (Kapitel 1 eller 9)
- [ ] Kopplingen slirar (Kapitel 6)

Motorn misständer

- [ ] Kamremmen felmonterad (Kapitel 2A eller 2B)
- [ ] Vakuumläckage vid gasspjällhuset, insugsgrenröret eller tillhörande slangar (Kapitel 4A eller 4B)
- [ ] Blockerade bränslespridare/fel i insprutningssystemet (Kapitel 4A eller 4B)
- [ ] Tilltäppt katalysator (Kapitel 4A eller 4B)
- [ ] Tändkablarna felmonterade (gäller ej GDI motor) (Kapitel 1 eller 5B)
- [ ] Defekt tändspole (Kapitel 5B)

Oljetryckslampan lyser när motorn är igång

- [ ] Låg oljenivå eller fel oljekvalitet (se "Veckokontroller")
- [ ] Defekt oljetrycksgivare, eller skadat kablage (Kapitel 5A)
- [ ] Slitna motorlager och/eller sliten oljepump (Kapitel 2A eller 2B)
- [ ] Motorns arbetstemperatur hög (Kapitel 3)
- [ ] Oljepumpens övertrycksventil defekt (Kapitel 2A eller 2B)
- [ ] Sil till oljepumpens pick-up igensatt (Kapitel 2A eller 2B)

Glödtändning

- [ ] Kraftiga sotavlagringar i motorn (Kapitel 2)
- [ ] Motorns arbetstemperatur hög (Kapitel 3)
- [ ] Fel i bränsleinsprutningssystemet (Kapitel 4A eller 4B)

Oljud från motorn

Förtändning (spikning) eller knackning under acceleration eller belastning

- [ ] Tändningsinställningen inkorrekt/fel i tändsystemet (Kapitel 1 eller 5B)
- [ ] Fel typ av tändstift (Kapitel 1)
- [ ] Fel typ av bränsle (Kapitel 4)
- [ ] Knacksensorn defekt – modeller med GDI motor (Kapitel 4B)
- [ ] Vakuumläckage vid gasspjällhuset, insugsgrenröret eller tillhörande slangar (Kapitel 4A eller 4B)
- [ ] Kraftiga sotavlagringar i motorn (Kapitel 2)
- [ ] Blockerade bränslespridare/fel i insprutningssystemet (Kapitel 4A eller 4B)

Visslande eller väsande ljud

- [ ] Läckage i insugsgrenrörets eller gasspjällhusets packning (Kapitel 4A eller 4B)
- [ ] Läckage i avgasgrenrörets packning eller i skarv mellan grenrör och avgasrör (Kapitel 4C)
- [ ] Läckande vakuumslang (Kapitel 4, 5 eller 9)
- [ ] Trasig topplockspackning (Kapitel 2A eller 2B)
- [ ] Delvis blockerat eller läckande vevhusventilationssystem (Kapitel 4C)

Knackande eller skallrande ljud

- [ ] Sliten ventilmekanism eller kamaxel (Kapitel 2A eller 2B)
- [ ] Defekt hjälpaggregat (kylvätskepump, generator, etc.) (Kapitel 3, 5A, etc.)

Knackande ljud eller slag

- [ ] Slitna vevstakslager (regelbundna, hårda knackningar som eventuellt förvärras under belastning) (Kapitel 2C)
- [ ] Slitna ramlager (muller och knackningar som eventuellt tilltar vid belastning) (Kapitel 2C)
- [ ] Kolvslammer (hörs mest när motorn är kall), orsakat av slitage i kolvar/lopp
- [ ] Defekt hjälpaggregat (kylvätskepump, generator, etc.) (Kapitel 3, 5A, etc.)
- [ ] Slitna eller trasiga motorfästen (Kapitel 2A eller 2B)
- [ ] Framfjädringens eller styrningens komponenter slitna (Kapitel 10)

Kylsystem

Överhettning

- [ ] För lite kylvätska i systemet (se Veckokontroller)
- [ ] Defekt termostat (Kapitel 3)
- [ ] Igensatt kylare eller grill (Kapitel 3)
- [ ] Defekt kylfläkt (Kapitel 3)
- [ ] Defekt temperaturgivare på topplocket (Kapitel 3, 4A eller 4B)
- [ ] Luftlås i kylsystemet (Kapitel 3)
- [ ] Defekt trycklock i expansionskärlet (Kapitel 3)
- [ ] Fel i motorstyrningssystemet (Kapitel 4A eller 4B)

Överkylning

- [ ] Defekt termostat (Kapitel 3)
- [ ] Defekt kylvätsketemperaturgivare (Kapitel 3, 4A eller 4B)
- [ ] Defekt kylfläkt (Kapitel 3)
- [ ] Fel i motorstyrningssystemet (Kapitel 4A eller 4B)

Yttre kylvätskeläckage

- [ ] Slitna eller skadade slangar eller slangklämmor (Kapitel 1)
- [ ] Läckage i kylare eller värmepaket (Kapitel 3)
- [ ] Defekt trycklock i expansionskärlet (Kapitel 1)
- [ ] Kylvätskepumpens inre tätning läcker (Kapitel 3)
- [ ] Kylvätskepumpens packning läcker (Kapitel 3)
- [ ] Motorn kokar på grund av överhettning (Kapitel 3)
- [ ] Motorblockets frostplugg läcker (Kapitel 2C)

Inre kylvätskeläckage

- [ ] Läckande topplockspackning (Kapitel 2A eller 2B)
- [ ] Sprucket topplock eller motorblock (Kapitel 2)

Korrosion

- [ ] Bristfällig avtappning och spolning (Kapitel 1)
- [ ] Fel kylvätskeblandning eller fel typ av kylvätska (se Veckokontroller)

Bränsle- och avgassystem

Överdriven bränsleförbrukning
☐ Smutsigt eller igensatt luftfilter (Kapitel 1)
☐ Fel i bränsleinsprutningssystemet (Kapitel 4A eller 4B)
☐ Blockering i vevhusventilationssystemet (Kapitel 4C)
☐ För lågt däcktryck (se *Veckokontroller*)
☐ Bromsarna kärvar (Kapitel 1 eller 9)
☐ Bränsleläckage (Kapitel 1, 4A eller 4B)

Bränsleläckage och/eller bränslelukt
☐ Skador eller korrosion på tank, rör eller anslutningar (Kapitel 4A eller 4B)
☐ Fel i avdunstningssystemet (Kapitel 4C)

Överdrivet oljud eller ovanligt mycket gaser från avgassystemet
☐ Läckande avgassystem eller grenrörsanslutningar (Kapitel 1 eller 4C)
☐ Trasiga fästen som orsakar kontakt med kaross eller fjädring (Kapitel 1)

Koppling

Pedalen går i golvet – inget motstånd
☐ Luft i hydraulsystemet/defekt huvud- eller slavcylinder (Kapitel 6)
☐ Defekt hydraulsystem (Kapitel 6)
☐ Kopplingspedalens returfjäder trasig eller lös (Kapitel 6)
☐ Urtrampningslager eller -gaffel trasig (Kapitel 6)
☐ Trasig tallriksfjäder i kopplingens tryckplatta (Kapitel 6)

Kopplingen frikopplar inte (det går inte att lägga i växlar)
☐ Luft i hydraulsystemet/defekt huvud- eller slavcylinder (Kapitel 6)
☐ Defekt hydraulsystem (Kapitel 6)
☐ Lamellen har fastnat på växellådans ingående axel (Kapitel 6)
☐ Lamellen fastnar på svänghjul eller tryckplatta (Kapitel 6)
☐ Defekt tryckplatta (Kapitel 6)
☐ Urtrampningsmekanismen sliten eller felaktigt hopsatt (Kapitel 6)

Kopplingen slirar (motorvarvtalet ökar men inte bilens hastighet)
☐ Defekt hydraulsystem (Kapitel 6)

☐ Lamellbeläggen mycket slitna (Kapitel 6)
☐ Lamellbeläggen förorenade med olja eller fett (Kapitel 6)
☐ Defekt tryckplatta eller svag tallriksfjäder (Kapitel 6)

Skakningar vid frikoppling
☐ Lamellbeläggen förorenade med olja eller fett (Kapitel 6)
☐ Lamellbeläggen mycket slitna (Kapitel 6)
☐ Defekt eller skev tryckplatta eller tallriksfjäder (Kapitel 6).
☐ Slitna eller lösa motor- eller växellådsfästen (Kapitel 2A eller 2B)
☐ Splines i lamellnavet eller på växellådans ingående axel slitna (Kapitel 6)

Oljud när kopplingspedalen trampas ner eller släpps upp
☐ Slitet urtrampningslager (Kapitel 6)
☐ Slitna eller torra pedalbussningar (Kapitel 6)
☐ Huvudcylinderns kolv sliten eller torr (Kapitel 6)
☐ Defekt tryckplatta (Kapitel 6)
☐ Tryckplattans tallriksfjäder trasig (Kapitel 6)
☐ Lamellens dämpfjädrar defekta (Kapitel 6)

Manuell växellåda

Oljud i friläge när motorn går
☐ För lite olja (Kapitel 1)
☐ Slitage i den ingående axelns lager (oljud med uppsläppt men inte med nedtryckt kopplingspedal) (Kapitel 7A)*
☐ Slitet urtrampningslager (oljud med nedtryckt pedal som möjligen minskar när pedalen släpps upp) (Kapitel 6)

Oljud i en särskild växel
☐ Slitna eller skadade kuggar på växellådsdreven (Kapitel 7A)*

Svårt att lägga i växlar
☐ Defekt koppling (Kapitel 6)
☐ Slitet, skadat eller dåligt justerat växellänksystem (Kapitel 7A)
☐ För lite olja (Kapitel 1)
☐ Slitna synkroniseringsenheter (Kapitel 7A)*

Växel hoppar ur
☐ Slitet, skadat eller dåligt justerat växellänksystem (Kapitel 7A)
☐ Slitna synkroniseringsenheter (Kapitel 7A)*
☐ Slitna väljargafflar (Kapitel 7A)*

Vibrationer
☐ För lite olja (Kapitel 1)
☐ Slitna lager (Kapitel 7A)*

Oljeläckage
☐ Läckande drivaxel- eller väljaraxeltätning (Kapitel 7A)
☐ Läckande husfog (Kapitel 7A)*
☐ Läckage i ingående axelns tätning (Kapitel 7A)*

*Nödvändiga åtgärder för beskrivna symptom är svårare än vad en hemmamekaniker normalt klarar av, men informationen ovan kan vara till hjälp att spåra felkällan, så att den tydligt kan beskrivas för en yrkesmekaniker.

Automatväxellåda

Observera: *På grund av automatväxellådans komplicerade sammansättning är det svårt för hemmamekanikern att ställa riktiga diagnoser och serva enheten. Om andra problem än de som beskrivs nedan uppstår, ska bilen tas till en verkstad eller en specialist på växellådor. Ha inte för bråttom med att ta ut växellådan ur bilen om du misstänker att något är fel med den – de flesta tester utförs med växellådan monterad. Kom ihåg att, utöver givarna som är specifika för växellådan, är många av motorstyrningssystemets givare (beskrivna i kapitel 4A) väsentliga för automatväxellådans funktion.*

Oljeläckage

☐ Automatväxellådans olja är mörk till färgen. Oljeläckage får inte blandas ihop med motorolja, som lätt kan stänka upp på växellådan av luftflödet.

☐ För att hitta läckan, börja med att rengöra växellådshuset och områdena runt om med avfettningsmedel eller ångtvätt för att få bort smuts och avlagringar. Kör bilen långsamt så att inte luftflödet blåser iväg oljan från källan. Lyft upp bilen och ställ den på pallbockar, och leta reda på varifrån läckan kommer. Läckor uppstår ofta i följande områden:
   a) *Oljesumpen*
   b) *Mätstickans rör (Kapitel 1)*
   c) *Anslutningar mellan växellådan och oljekylaren (Kapitel 7B)*

Växellådsoljan är brun eller luktar bränt

☐ För lite växellådsolja (Kapitel 1)

Allmänna problem med att växla

☐ I kapitel 7B behandlas kontroll av automatväxellådans väljarvajer. I följande punkter anges vanliga problem som kan orsakas av en defekt vajer eller givare:

a) *Motorn startar i andra växellägen än Park och Neutral.*
b) *Indikatorn anger en annan växel än den som faktiskt används.*
c) *Bilen rör sig när växlarna Park eller Neutral ligger i.*
d) *Dålig växlingskvalitet eller ojämn utväxling.*

Växellådan växlar inte ner (kickdown) när gaspedalen är helt nedtryckt

☐ Växellådans oljenivå är låg (Kapitel 1)
☐ Fel i motorstyrningssystemet (Kapitel 4A)
☐ Defekt växellådsgivare eller kablage (Kapitel 7B)
☐ Felaktig inställning av växelväljarvajern (Kapitel 7B)

Motorn startar inte i någon växel, eller startar i andra växlar än Park eller Neutral

☐ Defekt växellådsgivare eller kablage (Kapitel 7B)
☐ Fel i motorstyrningssystemet (Kapitel 4A eller 4B)
☐ Felaktig inställning av växelväljarvajern (Kapitel 7B)

Växellådan slirar, växlar trögt, låter illa eller är utan drift i framåtväxlar eller back

☐ Växellådans oljenivå är låg (Kapitel 1)
☐ Defekt växellådsgivare eller kablage (Kapitel 7B)
☐ Fel i motorstyrningssystemet (Kapitel 4A)

Observera: *Det finns flera olika troliga orsaker till ovanstående problem, men hemmamekanikern behöver endast bekymra sig om en av felkällorna – oljenivån. Kontrollera oljenivån och oljans skick enligt beskrivningen i kapitel 1 innan bilen lämnas in till en verkstad. Justera oljenivån eller byt olja och filter om så behövs. Om problemet kvarstår behövs professionell hjälp.*

Drivaxlar

Vibrationer vid acceleration eller inbromsning

☐ Inre drivknut sliten (Kapitel 8)
☐ Böjd eller skev drivaxel (Kapitel 8)
☐ Slitet mellanlager (Kapitel 8)

Klickande eller knackande ljud vid svängar (i låg fart med fullt rattutslag)

☐ Yttre drivknut sliten (Kapitel 8)
☐ Brist på smörjmedel i drivknut, eventuellt på grund av trasig damask (Kapitel 8)
☐ Slitet mellanlager (Kapitel 8)

Bromssystem

Observera: *Innan bromsarna antas vara defekta, kontrollera däckens skick och lufttryck, framhjulsinställningen samt att bilen inte är ojämnt lastad. Alla fel och åtgärder i ABS-systemet, utom kontroll av rör- och slanganslutningar, ska överlåtas till en Volvoverkstad.*

Bilen drar åt ena sidan vid inbromsning

☐ Slitna, defekta, skadade eller förorenade klossar på en sida (Kapitel 1 eller 9)
☐ Bromsokskolv/hjulcylinder har skurit (Kapitel 1 eller 9)
☐ Olika sorters bromsklossar/friktionsmaterial på sidorna (Kapitel 1 eller 9)
☐ Bromsokets/bromsskölden bultar lösa (Kapitel 9)
☐ Slitna eller skadade delar i fjädring eller styrning (Kapitel 1 eller 10)

Oljud (slipljud eller högt gnisslande) vid inbromsning

☐ Bromsklossarnas/-skornas friktionsmaterial nedslitet till metallplattan (Kapitel 1 eller 9)
☐ Kraftig korrosion på bromsskivan/-trumman – kan framträda om bilen har stått stilla en längre tid (Kapitel 1 eller 9)
☐ Främmande föremål (grus etc.) klämt mellan bromsskiva och sköld (Kapitel 1 eller 9)

Överdrivet lång pedalväg

☐ Defekt huvudcylinder (Kapitel 9)
☐ Luft i bromssystemet (Kapitel 1, 6 eller 9)
☐ Defekt vakuumservo (Kapitel 9)

Bromspedalen känns "svampig" när den trampas ner

☐ Luft i bromssystemet (Kapitel 1, 6 eller 9)
☐ Åldrade bromsslangar (Kapitel 1 eller 9)
☐ Huvudcylinderns fästmuttrar lösa (Kapitel 9)
☐ Defekt huvudcylinder (Kapitel 9)

Överdriven pedalkraft krävs för att stanna bilen

☐ Defekt vakuumservo (Kapitel 9)
☐ Defekt vakuumpump (Kapitel 9)
☐ Bromsservons vakuumslang skadad, glapp eller urkopplad (Kapitel 9)
☐ Defekt primär- eller sekundärkrets (Kapitel 9)
☐ Bromsokskolv/hjulcylinder har skurit (Kapitel 9)
☐ Bromsklossar/-backar felaktigt monterade (Kapitel 9)
☐ Fel typ av bromsklossar/-backar monterade (Kapitel 9)
☐ Bromsklossarnas/-backarnas friktionsmaterial förorenat (Kapitel 1 eller 9)

Skakningar i bromspedal eller ratt vid inbromsning

Observera: *Vid hårda inbromsningar på modeller med ABS, kan en viss vibration kännas genom bromspedalen. Detta är normalt och indikerar inget fel.*
☐ Bromsskiva/-trumma mycket skev eller oval (Kapitel 1 eller 9)
☐ Bromsklossarnas/-backarnas belägg slitna (Kapitel 1 eller 9)
☐ Bromsokets/bromsskölden fästbultar lösa (Kapitel 9)
☐ Slitna eller skadade delar/fästen i fjädring eller styrning (Kapitel 1 eller 10)
☐ Framhjulen är ur balans (se *Veckokontroller*)

Bromsarna kärvar

☐ Bromsokskolv/hjulcylinder har skurit (Kapitel 9)
☐ Felaktigt justerad handbromsmekanism (Kapitel 9)
☐ Defekt huvudcylinder (Kapitel 9)

Bakhjulen låser vid normal inbromsning

☐ De bakre bromsklossarnas/-trummornas belägg är förorenade eller skadade (Kapitel 1 eller 9)
☐ Bakre bromsskiva/trumma är skev (Kapitel 1 eller 9)
☐ Bakbromsarnas tryckregleringsventil defekt (Kapitel 9)

Fjädring och styrning

Observera: *Innan fjädringen eller styrningen antas vara defekt, kontrollera att problemet inte beror på fel lufttryck i däcken, blandade däcktyper eller kärvande bromsar.*

Bilen drar åt ena sidan

- [ ] Defekt däck (*Veckokontroller*)
- [ ] Styrnings- eller fjädringskomponenter mycket slitna (Kapitel 1 eller 10)
- [ ] Felaktig framhjulsinställning (Kapitel 10)
- [ ] Skadade fjädrings- eller styrningskomponenter efter krock (Kapitel 1)

Hjulen vinglar och vibrerar

- [ ] Framhjulen obalanserade (vibrationen känns mest genom ratten) (*Veckokontroller*)
- [ ] Bakhjulen obalanserade (vibration känns genom hela bilen) (*Veckokontroller*)
- [ ] Hjulen skadade eller skeva (*Veckokontroller*)
- [ ] Defekt eller skadat däck (*Veckokontroller*)
- [ ] Slitna delar i styrning eller fjädring (Kapitel 1 eller 10)
- [ ] Lösa hjulmuttrar (Kapitel 1)

Överdrivna krängningar och/eller nigningar vid kurvtagning eller inbromsning

- [ ] Defekta stötdämpare (Kapitel 1 eller 10)
- [ ] Trasig eller svag fjäder och/eller fjädringskomponent (Kapitel 1 eller 10)
- [ ] Slitage eller skada på krängningshämmare eller fästen (Kapitel 1 eller 10)

Bilen "vandrar" eller känns allmänt instabil

- [ ] Felaktig framhjulsinställning (Kapitel 10)
- [ ] Slitna delar i styrning eller fjädring (Kapitel 1 eller 10)
- [ ] Hjulen obalanserade (*Veckokontroller*)
- [ ] Defekt eller skadat däck (*Veckokontroller*)
- [ ] Lösa hjulmuttrar (Kapitel 1)
- [ ] Defekta stötdämpare (Kapitel 1 eller 10)

Överdrivet stel styrning

- [ ] Styrled eller spindelled har skurit (Kapitel 1 eller 10)
- [ ] Trasig eller felaktigt justerad drivrem (Kapitel 1)

- [ ] Felaktig framhjulsinställning (Kapitel 10)
- [ ] Defekt styrväxel (Kapitel 10)

Överdrivet spel i styrningen

- [ ] Slitna knutar i rattstång/mellanaxel (Kapitel 10)
- [ ] Slitna styrleder (Kapitel 1 eller 10)
- [ ] Sliten styrväxel (Kapitel 10)
- [ ] Slitage i styrningens/fjädringens leder, bussningar eller komponenter (Kapitel 1 eller 10)

Bristande servoeffekt

- [ ] Trasig eller felaktigt justerad drivrem (Kapitel 1)
- [ ] För hög eller för låg nivå servostyrningsvätska (*Veckokontroller*)
- [ ] Igensatt servostyrningsslang (Kapitel 1)
- [ ] Defekt servostyrningspump (Kapitel 10)
- [ ] Defekt styrväxel (Kapitel 10)

Kraftigt däckslitage

Däcken slitna på inner- eller ytterkanten

- [ ] För lite luft i däcken (slitage på båda kanterna) (*Veckokontroller*)
- [ ] Felaktiga camber- eller castervinklar (slitage på en kant) (Kapitel 10)
- [ ] Slitage i styrningens/fjädringens bussningar, leder eller komponenter (Kapitel 1 eller 10)
- [ ] Överdrivet hård kurvtagning
- [ ] Krockskada

Däckmönstret har fransiga kanter

- [ ] Felaktig toe-inställning (Kapitel 10)

Slitage i mitten av däckmönstret

- [ ] För mycket luft i däcken (*Veckokontroller*)

Däcken slitna på inner- och ytterkanten

- [ ] För lite luft i däcken (*Veckokontroller*)

Ojämnt däckslitage

- [ ] Hjulen/däcken obalanserade (*Veckokontroller*)
- [ ] Överdrivet skeva däck/hjul (kapitel 1)
- [ ] Slitna stötdämpare (kapitel 1 eller 10)
- [ ] Defekt däck (*Veckokontroller*)

Elsystem

Observera: *Vid problem med startsystemet, se felen under rubriken Motor tidigare i detta avsnitt.*

Batteriet laddar ur på bara några dagar

- [ ] Batteriet defekt invändigt (Kapitel 5A)
- [ ] Batterianslutningarna sitter löst eller är korroderade (*Veckokontroller*)
- [ ] Trasig eller sliten drivrem (Kapitel 1)
- [ ] Generatorn laddar inte vid rätt effekt (Kapitel 5A)
- [ ] Generatorn eller spänningsregulatorn defekt (Kapitel 5A)
- [ ] Kortslutning orsakar kontinuerlig urladdning av batteriet (Kapitel 5A eller 12)

Tändningslampan fortsätter att lysa när motorn går

- [ ] Trasig, sliten eller felaktigt justerad drivrem (Kapitel 1)
- [ ] Internt fel i generatorn eller spänningsregulatorn (Kapitel 5A)
- [ ] Trasigt, urkopplat eller löst kablage i laddningskretsen (Kapitel 5A eller 12)

Tändningslampan tänds inte

- [ ] Varningslampans glödlampa trasig (Kapitel 12)
- [ ] Trasigt, urkopplat eller löst kablage i lampans krets (Kapitel 5A eller 12)
- [ ] Generatorn defekt (Kapitel 5A)

Ljusen fungerar inte

- [ ] Trasig glödlampa (Kapitel 12)
- [ ] Korrosion på glödlampa eller sockel (Kapitel 12)
- [ ] Trasig säkring (Kapitel 12)
- [ ] Defekt relä (Kapitel 12)
- [ ] Trasigt, löst eller urkopplat kablage (Kapitel 12)
- [ ] Defekt brytare (Kapitel 12)

Instrumentavläsningarna är missvisande eller ryckiga

Instrumentavläsningarna stiger med motorvarvtalet

- [ ] Defekt spänningsregulator (Kapitel 12)

Elsystem (fortsättning)

Bränsle- eller temperaturmätare ger inget utslag

- [ ] Defekt givare (Kapitel 3, 4A eller 4B)
- [ ] Kretsbrott (Kapitel 12)
- [ ] Defekt mätare (Kapitel 12)

Bränsle- eller temperaturmätare ger konstant maximalt utslag

- [ ] Defekt givare (Kapitel 3, 4A eller 4B)
- [ ] Kortslutning (Kapitel 12)
- [ ] Defekt mätare (Kapitel 12)

Signalhornet fungerar dåligt eller inte alls

Signalhornet tjuter hela tiden

- [ ] Signalhornets kontakt är jordad eller har fastnat (Kapitel 12)
- [ ] Jordning mellan signalhornskabeln och signalhornskontakten (Kapitel 12)

Signalhornet fungerar inte

- [ ] Trasig säkring (Kapitel 12)
- [ ] Kabel eller anslutningar glappa, trasiga eller frånkopplade (Kapitel 12)
- [ ] Defekt signalhorn (Kapitel 12)

Signalhornet avger ryckigt eller otillfredsställande ljud

- [ ] Lösa kabelanslutningar (Kapitel 12)
- [ ] Signalhornets fästen sitter löst (Kapitel 12)
- [ ] Defekt signalhorn (Kapitel 12)

Vindrutetorkarna fungerar dåligt eller inte alls

Torkarna fungerar inte eller går mycket långsamt

- [ ] Torkarbladen har fastnat på rutan eller länksystemet kärvar eller har fastnat (Kapitel 12)
- [ ] Trasig säkring (Kapitel 12)
- [ ] Batteriet urladdat (Kapitel 5A)
- [ ] Kabel eller anslutningar glappa, trasiga eller frånkopplade (Kapitel 12)
- [ ] Defekt relä (Kapitel 12)
- [ ] Defekt torkarmotor (Kapitel 12)

Torkarbladen sveper för stor eller för liten del av rutan

- [ ] Torkarbladen felaktigt monterade, eller fel storlek används (*Veckokontroller*)
- [ ] Torkararmarna felaktigt monterade på spindlarna (Kapitel 12)
- [ ] Kraftigt slitage i torkarnas länksystem (Kapitel 12)
- [ ] Torkarmotorns eller länksystemets fästen sitter löst (Kapitel 12)

Torkarbladen rengör inte rutan effektivt

- [ ] Torkarbladens gummi smutsigt, slitet eller har börjat gå sönder (*Veckokontroller*)
- [ ] Torkarbladen felaktigt monterade, eller fel storlek används (*Veckokontroller*)
- [ ] Torkararmens fjäder trasig, eller armens pivå kärvar (Kapitel 12)
- [ ] För lite rengöringsmedel i spolarvätskan (*Veckokontroller*)

Vindrutespolarna fungerar dåligt eller inte alls

Ett eller flera spolarmunstycken sprutar inte

- [ ] Blockerat spolarmunstycke
- [ ] Losskopplad, veckad eller igensatt spolarslang (Kapitel 12)
- [ ] För lite spolarvätska i behållaren (*Veckokontroller*)

Spolarpumpen fungerar inte

- [ ] Trasiga eller lösa anslutningar eller kablar (Kapitel 12)
- [ ] Trasig säkring (Kapitel 12)
- [ ] Defekt spolarbrytare (Kapitel 12)
- [ ] Defekt spolarpump (Kapitel 12)

Spolarpumpen går ett tag innan det kommer någon vätska

- [ ] Defekt envägsventil i vätskematarslangen (Kapitel 12)

Elfönsterhissarna fungerar dåligt eller inte alls

Fönsterrutan rör sig bara i en riktning

- [ ] Defekt brytare (Kapitel 12)

Fönsterrutan rör sig långsamt

- [ ] Batteriet urladdat (Kapitel 5A)
- [ ] Fönsterhissen har skurit, är skadad eller behöver smörjas (Kapitel 11)
- [ ] Dörrens inre komponenter eller klädsel hindrar fönsterhissen (Kapitel 11)
- [ ] Defekt motor (Kapitel 11)

Fönsterrutan rör sig inte

- [ ] Trasig säkring (Kapitel 12)
- [ ] Defekt relä (Kapitel 12)
- [ ] Trasiga eller lösa anslutningar eller kablar (Kapitel 12)
- [ ] Defekt motor (Kapitel 11)

Centrallåssystemet fungerar dåligt eller inte alls

Totalt systemhaveri

- [ ] Fjärrkontrollens batteri urladdat, om tillämpligt
- [ ] Trasig säkring (Kapitel 12)
- [ ] Defekt relä (Kapitel 12)
- [ ] Trasiga eller lösa anslutningar eller kablar (Kapitel 12)
- [ ] Defekt motor (Kapitel 11)

Regel låser men låser inte upp, eller låser upp men låser inte

- [ ] Fjärrkontrollens batteri urladdat, om tillämpligt
- [ ] Defekt huvudbrytare (Kapitel 12)
- [ ] Trasigt eller losskopplat länkstag (Kapitel 11)
- [ ] Defekt relä (Kapitel 12)
- [ ] Defekt motor (Kapitel 11)

En solenoid/motor arbetar inte

- [ ] Trasiga eller lösa anslutningar eller kablar (Kapitel 12)
- [ ] Defekt enhet (Kapitel 11)
- [ ] Trasigt eller losskopplat länkstag (Kapitel 11)
- [ ] Defekt dörregel (Kapitel 11)

A

ABS (Anti-lock brake system) Låsningsfria bromsar. Ett system, vanligen elektroniskt styrt, som känner av påbörjande låsning av hjul vid inbromsning och lättar på hydraultrycket på hjul som ska till att låsa.

Air bag (krockkudde) En uppblåsbar kudde dold i ratten (på förarsidan) eller instrumentbrädan eller handskfacket (på passagerarsidan) Vid kollision blåses kuddarna upp vilket hindrar att förare och framsätespassagerare kastas in i ratt eller vindruta.

Ampere (A) En måttenhet för elektrisk ström. 1 A är den ström som produceras av 1 volt gående genom ett motstånd om 1 ohm.

Anaerobisk tätning En massa som används som gänglås. Anaerobisk innebär att den inte kräver syre för att fungera.

Antikärvningsmedel En pasta som minskar risk för kärvning i infästningar som utsätts för höga temperaturer, som t.ex. skruvar och muttrar till avgasrenrör. Kallas även gängskydd.

Antikärvningsmedel

Asbest Ett naturligt fibröst material med stor värmetolerans som vanligen används i bromsbelägg. Asbest är en hälsorisk och damm som alstras i bromsar ska aldrig inandas eller sväljas.

Avgasgrenrör En del med flera passager genom vilka avgaserna lämnar förbränningskamrarna och går in i avgasröret.

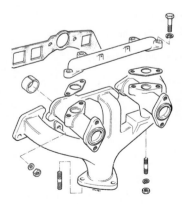
Avgasgrenrör

B

Belastningskänslig fördelningsventil En styrventil i bromshydrauliken som fördelar bromseffekten, med hänsyn till bakaxelbelastningen.

Bladmått Ett tunt blad av härdat stål, slipat till exakt tjocklek, som används till att mäta spel mellan delar.

Bladmått

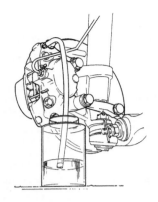
Avluftning av bromsarna

Avluftning av bromsar Avlägsnande av luft från hydrauliskt bromssystem.

Avluftningsnippel En ventil på ett bromsok, hydraulcylinder eller annan hydraulisk del som öppnas för att tappa ur luften i systemet.

Axel En stång som ett hjul roterar på, eller som roterar inuti ett hjul. Även en massiv balk som håller samman två hjul i bilens ena ände. En axel som även överför kraft till hjul kallas drivaxel.

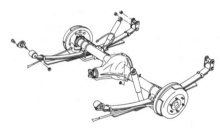
Axel

Axialspel Rörelse i längdled mellan två delar. För vevaxeln är det den distans den kan röra sig framåt och bakåt i motorblocket.

Bromsback Halvmåneformad hållare med fastsatt bromsbelägg som tvingar ut beläggen i kontakt med den roterande bromstrumman under inbromsning.

Bromsbelägg Det friktionsmaterial som kommer i kontakt med bromsskiva eller bromstrumma för att minska bilens hastighet. Beläggen är limmade eller nitade på bromsklossar eller bromsbackar.

Bromsklossar Utbytbara friktionsklossar som nyper i bromsskivan när pedalen trycks ned. Bromsklossar består av bromsbelägg som limmats eller nitats på en styv bottenplatta.

Bromsok Den icke roterande delen av en skivbromsanordning. Det grenslar skivan och håller bromsklossarna. Oket innehåller även de hydrauliska delar som tvingar klossarna att nypa skivan när pedalen trycks ned.

Bromsskiva Den del i en skivbromsanordning som roterar med hjulet.

Bromstrumma Den del i en trumbromsanordning som roterar med hjulet.

C

Caster I samband med hjulinställning, lutningen framåt eller bakåt av styrningens axialled. Caster är positiv när styrningens axialled lutar bakåt i överkanten.

CV-knut En typ av universalknut som upphäver vibrationer orsakade av att drivkraft förmedlas genom en vinkel.

D

Diagnostikkod Kodsiffror som kan tas fram genom att gå till diagnosläget i motorstyrningens centralenhet. Koden kan användas till att bestämma i vilken del av systemet en felfunktion kan förekomma.

Draghammare Ett speciellt verktyg som skruvas in i eller på annat sätt fästs vid den som ska dras ut, exempelvis en axel. Ett tungt glidande handtag dras utmed verktygsaxeln mot ett stopp i änden vilket rycker avsedd del fri.

Drivaxel En roterande axel på endera sidan differentialen som ger kraft från slutväxeln till drivhjulen. Även varje axel som används att överföra rörelse.

Drivaxel

Drivrem(mar) Rem(mar) som används till att driva tillbehörsutrustning som generator, vattenpump, servostyrning, luftkonditioneringskompressor mm, från vevaxelns remskiva.

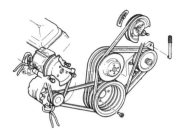

Drivremmar till extrautrustning

Dubbla överliggande kamaxlar (DOHC) En motor försedd med två överliggande kamaxlar, vanligen en för insugsventilerna och en för avgasventilerna.

E

EGR-ventil Avgasåtercirkulationsventil. En ventil som för in avgaser i insugsluften.

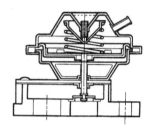

Ventil för avgasåtercirkulation (EGR)

Elektrodavstånd Den distans en gnista har att överbrygga från centrumelektroden till sidoelektroden i ett tändstift.

Justering av elektrodavståndet

Elektronisk bränsleinsprutning (EFI) Ett datorstyrt system som fördelar bränsle till förbränningskamrarna via insprutare i varje insugsport i motorn.

Elektronisk styrenhet En dator som exempelvis styr tändning, bränsleinsprutning eller låsningsfria bromsar.

F

Finjustering En process där noggranna justeringar och byten av delar optimerar en motors prestanda.

Fjäderben Se MacPherson-ben.

Fläktkoppling En viskös drivkoppling som medger variabel kylarfläkthastighet i förhållande till motorhastigheten.

Frostplugg En skiv- eller koppformad metallbricka som monterats i ett hål i en gjutning där kärnan avlägsnats.

Frostskydd Ett ämne, vanligen etylenglykol, som blandas med vatten och fylls i bilens kylsystem för att förhindra att kylvätskan fryser vintertid. Frostskyddet innehåller även kemikalier som förhindrar korrosion och rost och andra avlagringar som skulle kunna blockera kylare och kylkanaler och därmed minska effektiviteten.

Fördelningsventil En hydraulisk styrventil som begränsar trycket till bakbromsarna vid panikbromsning så att hjulen inte låser sig.

Förgasare En enhet som blandar bränsle med luft till korrekta proportioner för önskad effekt från en gnistantänd förbränningsmotor.

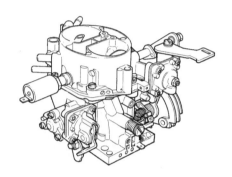

Förgasare

G

Generator En del i det elektriska systemet som förvandlar mekanisk energi från drivremmen till elektrisk energi som laddar batteriet, som i sin tur driver startsystem, tändning och elektrisk utrustning.

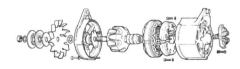

Generator (genomskärning)

Glidlager Den krökta ytan på en axel eller i ett lopp, eller den del monterad i endera, som medger rörelse mellan dem med ett minimum av slitage och friktion.

Gängskydd Ett täckmedel som minskar risken för gängskärning i bultförband som utsätts för stor hetta, exempelvis grenrörets bultar och muttrar. Kallas även antikärvningsmedel.

H

Handbroms Ett bromssystem som är oberoende av huvudbromsarnas hydraulikkrets. Kan användas till att stoppa bilen om huvudbromsarna slås ut, eller till att hålla bilen stilla utan att bromspedalen trycks ned. Den består vanligen av en spak som aktiverar främre eller bakre bromsar mekaniskt via vajrar och länkar. Kallas även parkeringsbroms.

Harmonibalanserare En enhet avsedd att minska fjädring eller vridande vibrationer i vevaxeln. Kan vara integrerad i vevaxelns remskiva. Även kallad vibrationsdämpare.

Hjälpstart Start av motorn på en bil med urladdat eller svagt batteri genom koppling av startkablar mellan det svaga batteriet och ett laddat hjälpbatteri.

Honare Ett slipverktyg för korrigering av smärre ojämnheter eller diameterskillnader i ett cylinderlopp.

Hydraulisk ventiltryckare En mekanism som använder hydrauliskt tryck från motorns smörjsystem till att upprätthålla noll ventilspel (konstant kontakt med både kamlob och ventilskaft). Justeras automatiskt för variation i ventilskaftslängder. Minskar även ventilljudet.

I

Insexnyckel En sexkantig nyckel som passar i ett försänkt sexkantigt hål.

Insugsrör Rör eller kåpa med kanaler genom vilka bränsle/luftblandningen leds till insugsportarna.

K

Kamaxel En roterande axel på vilken en serie lober trycker ned ventilerna. En kamaxel kan drivas med drev, kedja eller tandrem med kugghjul.

Kamkedja En kedja som driver kamaxeln.

Kamrem En tandrem som driver kamaxeln. Allvarliga motorskador kan uppstå om kamremmen brister vid körning.

Kanister En behållare i avdunstningsbegränsningen, innehåller aktivt kol för att fånga upp bensinångor från bränslesystemet.

Kanister

Kardanaxel Ett långt rör med universalknutar i bägge ändar som överför kraft från växellådan till differentialen på bilar med motorn fram och drivande bakhjul.

Kast Hur mycket ett hjul eller drev slår i sidled vid rotering. Det spel en axel roterar med. Orundhet i en roterande del.

Katalysator En ljuddämparliknande enhet i avgassystemet som omvandlar vissa föroreningar till mindre hälsovådliga substanser.

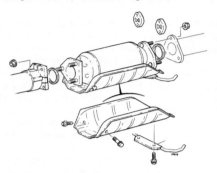

Katalysator

Kompression Minskning i volym och ökning av tryck och värme hos en gas, orsakas av att den kläms in i ett mindre utrymme.

Kompressionsförhållande Skillnaden i cylinderns volymer mellan kolvens ändlägen.

Kopplingsschema En ritning över komponenter och ledningar i ett fordons elsystem som använder standardiserade symboler.

Krockkudde (Airbag) En uppblåsbar kudde dold i ratten (på förarsidan) eller instrumentbrädan eller handskfacket (på passagerarsidan) Vid kollision blåses kuddarna upp vilket hindrar att förare och framsätespassagerare kastas in i ratt eller vindruta.

Krokodilklämma Ett långkäftat fjäderbelastat clips med ingreppande tänder som används till tillfälliga elektriska kopplingar.

Kronmutter En mutter som vagt liknar kreneleringen på en slottsmur. Används tillsammans med saxsprint för att låsa bultförband extra väl.

Kronmutter

Krysskruv Se Phillips-skruv

Kugghjul Ett hjul med tänder eller utskott på omkretsen, formade för att greppa in i en kedja eller rem.

Kuggstångsstyrning Ett styrsystem där en pinjong i rattstångens ände går i ingrepp med en kuggstång. När ratten vrids, vrids även pinjongen vilket flyttar kuggstången till höger eller vänster. Denna rörelse överförs via styrstagen till hjulets styrleder.

Kullager Ett friktionsmotverkande lager som består av härdade inner- och ytterbanor och har härdade stålkulor mellan banorna.

Kylare En värmeväxlare som använder flytande kylmedium, kylt av fartvinden/fläkten till att minska temperaturen på kylvätskan i en förbränningsmotors kylsystem.

Kylmedia Varje substans som används till värmeöverföring i en anläggning för luftkonditionering. R-12 har länge varit det huvudsakliga kylmediet men tillverkare har nyligen börjat använda R-134a, en CFC-fri substans som anses vara mindre skadlig för ozonet i den övre atmosfären.

L

Lager Den böjda ytan på en axel eller i ett lopp, eller den del som monterad i någon av dessa tillåter rörelse mellan dem med minimal slitage och friktion.

Lager

Lambdasond En enhet i motorns grenrör som känner av syrehalten i avgaserna och omvandlar denna information till elektricitet som bär information till styrelektroniken. Även kallad syresensor.

Luftfilter Filtret i luftrenaren, vanligen tillverkat av veckat papper. Kräver byte med regelbundna intervaller.

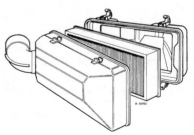

Luftfilter

Luftrenare En kåpa av plast eller metall, innehållande ett filter som tar undan damm och smuts från luft som sugs in i motorn.

Låsbricka En typ av bricka konstruerad för att förhindra att en ansluten mutter lossnar.

Låsmutter En mutter som låser en justermutter, eller annan gängad del, på plats. Exempelvis används låsmutter till att hålla justermuttern på vipparmen i läge.

Låsring Ett ringformat clips som förhindrar längsgående rörelser av cylindriska delar och axlar. En invändig låsring monteras i en skåra i ett hölje, en yttre låsring monteras i en utvändig skåra på en cylindrisk del som exempelvis en axel eller tapp.

M

MacPherson-ben Ett system för framhjulsfjädring uppfunnet av Earle MacPherson vid Ford i England. I sin ursprungliga version skapas den nedre bärarmen av en enkel lateral länk till krängningshämmaren. Ett fjäderben - en integrerad spiralfjäder och stötdämpare - finns monterad mellan karossen och styrknogen. Många moderna MacPherson-ben använder en vanlig nedre A-arm och inte krängningshämmaren som nedre fäste.

Markör En remsa med en andra färg i en ledningsisolering för att skilja ledningar åt.

Motor med överliggande kamaxel (OHC) En motor där kamaxeln finns i topplocket.

Motorstyrning Ett datorstyrt system som integrerat styr bränsle och tändning.

Multimätare Ett elektriskt testinstrument som mäter spänning, strömstyrka och motstånd. Även kallad multimeter.

Mätare En instrumentpanelvisare som används till att ange motortillstånd. En mätare med en rörlig pekare på en tavla eller skala är analog. En mätare som visar siffror är digital.

N

NOx Kväveoxider. En vanlig giftig förorening utsläppt av förbränningsmotorer vid högre temperaturer.

O

O-ring En typ av tätningsring gjord av ett speciellt gummiliknande material. O-ringen fungerar så att den trycks ihop i en skåra och därmed utgör tätningen.

O-ring

Ohm Enhet för elektriskt motstånd. 1 volt genom ett motstånd av 1 ohm ger en strömstyrka om 1 ampere.

Ohmmätare Ett instrument för uppmätning av elektriskt motstånd.

P

Packning Mjukt material - vanligen kork, papp, asbest eller mjuk metall - som monteras mellan två metallytor för att erhålla god tätning. Exempelvis tätar topplockspackningen fogen mellan motorblocket och topplocket.

Packning

Phillips-skruv En typ av skruv med ett korsspår istället för ett rakt, för motsvarande skruvmejsel. Vanligen kallad krysskruv.

Plastigage En tunn plasttråd, tillgänglig i olika storlekar, som används till att mäta toleranser. Exempelvis så läggs en remsa Plastigage tvärs över en lagertapp. Delarna sätts ihop och tas isär. Bredden på den klämda remsan anger spelrummet mellan lager och tapp.

Plastigage

R

Rotor I en fördelare, den roterande enhet inuti fördelardosan som kopplar samman mittelektroden med de yttre kontakterna vartefter den roterar, så att högspänningen från tändspolens sekundärlindning leds till rätt tändstift. Även den del av generatorn som roterar inuti statorn. Även de roterande delarna av ett turboaggregat, inkluderande kompressorhjulet, axeln och turbinhjulet.

S

Sealed-beam strålkastare En äldre typ av strålkastare som integrerar reflektor, lins och glödtrådar till en hermetiskt försluten enhet. När glödtråden går av eller linsen spricker byts hela enheten.

Shims Tunn distansbricka, vanligen använd till

att justera inbördes lägen mellan två delar. Exempelvis sticks shims in i eller under ventiltryckarhylsor för att justera ventilspelet. Spelet justeras genom byte till shims av annan tjocklek.

Skivbroms En bromskonstruktion med en roterande skiva som kläms mellan bromsklossar. Den friktion som uppstår omvandlar bilens rörelseenergi till värme.

Skjutmått Ett precisionsmätinstrument som mäter inre och yttre dimensioner. Inte riktigt lika exakt som en mikrometer men lättare att använda.

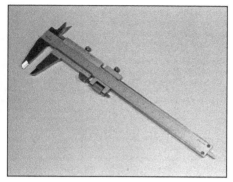

Skjutmått

Smältsäkring Ett kretsskydd som består av en ledare omgiven av värmetålig isolering. Ledaren är tunnare än den ledning den skyddar och är därmed den svagaste länken i kretsen. Till skillnad från en bränd säkring måste vanligen en smältsäkring skäras bort från ledningen vid byte.

Spel Den sträcka en del färdas innan något inträffar. "Luften" i ett länksystem eller ett montage mellan första ansatsen av kraft och verklig rörelse. Exempelvis den sträcka bromspedalen färdas innan kolvarna i huvudcylindern rör på sig. Även utrymmet mellan två delar, till exempel kolv och cylinderlopp.

Spiralfjäder En spiral av elastiskt stål som förekommer i olika storlekar på många platser i en bil, bland annat i fjädringen och ventilerna i topplocket.

Startspärr På bilar med automatväxellåda förhindrar denna kontakt att motorn startas annat än om växelväljaren är i N eller P.

Storändslager Lagret i den ände av vevstaken som är kopplad till vevaxeln.

Svetsning Olika processer som används för att sammanfoga metallföremål genom att hetta upp dem till smältning och sammanföra dem.

Svänghjul Ett tungt roterande hjul vars energi tas upp och sparas via moment. På bilar finns svänghjulet monterat på vevaxeln för att utjämna kraftpulserna från arbetstakterna.

Syresensor En enhet i motorns grenrör som känner av syrehalten i avgaserna och omvandlar denna information till elektricitet som bär information till styrelektroniken. Även kalla Lambdasond.

Säkring En elektrisk enhet som skyddar en krets mot överbelastning. En typisk säkring

innehåller en mjuk metallbit kalibrerad att smälta vid en förbestämd strömstyrka, angiven i ampere, och därmed bryta kretsen.

T

Termostat En värmestyrd ventil som reglerar kylvätskans flöde mellan blocket och kylaren vilket håller motorn vid optimal arbetstemperatur. En termostat används även i vissa luftrenare där temperaturen är reglerad.

Toe-in Den distans som framhjulens framkanter är närmare varandra än bakkanterna. På bakhjulsdrivna bilar specificeras vanligen ett litet toe-in för att hålla framhjulen parallella på vägen, genom att motverka de krafter som annars tenderar att vilja dra isär framhjulen.

Toe-ut Den distans som framhjulens bakkanter är närmare varandra än framkanterna. På bilar med framhjulsdrift specificeras vanligen ett litet toe-ut.

Toppventilsmotor (OHV) En motortyp där ventilerna finns i topplocket medan kamaxeln finns i motorblocket.

Torpedplåten Den isolerade avbalkningen mellan motorn och passagerarutrymmet.

Trumbroms En bromsanordning där en trumformad metallcylinder monteras inuti ett hjul. När bromspedalen trycks ned pressas böjda bromsbackar försedda med bromsbelägg mot trummans insida så att bilen saktar in eller stannar.

Trumbroms, montage

Turboaggregat En roterande enhet, driven av avgastrycket, som komprimerar insugsluften. Används vanligen till att öka motoreffekten från en given cylindervolym, men kan även primäranvändas till att minska avgasutsläpp.

Tändföljd Turordning i vilken cylindrarnas arbetstakter sker, börjar med nr 1.

Tändläge Det ögonblick då tändstiftet ger gnista. Anges vanligen som antalet vevaxelgrader för kolvens övre dödpunkt.

Tätningsmassa Vätska eller pasta som används att täta fogar. Används ibland tillsammans med en packning.

U

Universalknut En koppling med dubbla pivåer som överför kraft från en drivande till en driven axel genom en vinkel. En universal-knut består av två Y-formade ok och en korsformig del kallad spindeln.

Urtrampningslager Det lager i kopplingen som flyttas inåt till frigöringsarmen när kopplingspedalen trycks ned för frikoppling.

V

Ventil En enhet som startar, stoppar eller styr ett flöde av vätska, gas, vakuum eller löst material via en rörlig del som öppnas, stängs eller delvis maskerar en eller flera portar eller kanaler. En ventil är även den rörliga delen av en sådan anordning.

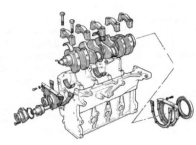

Vevaxel, montage

Ventilspel Spelet mellan ventilskaftets övre ände och ventiltryckaren. Spelet mäts med stängd ventil.

Ventiltryckare En cylindrisk del som överför rörelsen från kammen till ventilskaftet, antingen direkt eller via stötstång och vipp-arm. Även kallad kamsläpa eller kamföljare.

Vevaxel Den roterande axel som går längs med vevhuset och är försedd med utstick-ande vevtappar på vilka vevstakarna är monterade.

Vevhus Den nedre delen av ett motorblock där vevaxeln roterar.

Vibrationsdämpare En enhet som är avsedd att minska fjädring eller vridande vibrationer i vevaxeln. Enheten kan vara integrerad i vevaxelns remskiva. Kallas även harmoni-balanserare.

Vipparm En arm som gungar på en axel eller tapp. I en toppventilsmotor överför vipparmen stötstångens uppåtgående rörelse till en nedåtgående rörelse som öppnar ventilen.

Viskositet Tjockleken av en vätska eller dess flödesmotstånd.

Volt Enhet för elektrisk spänning i en krets 1 volt genom ett motstånd av 1 ohm ger en strömstyrka om 1 ampere.

Observera: *Hänvisningarna i sakregistret är i formen - "Kapitelnummer"* • *"Sidnummer"*

C

Centrallås – 11•19
Cigarettändare – 12•17

D

Damasker
 drivaxlar – 1•12, 8•5
 styrväxel – 10•17
Drivaggregat – 1•13
Drivaxlar – 8•1 *och framåt*
 damask – 1•12, 8•5
 felsökning – REF•18
 renovering – 8•8
 stödlager – 8•8
Drivplatta – 2A•15
Drivrem – 1•10, 1•18
DSA-system (Dynamic Stability Assistance) – 4A•12, 4B•13
 reglage – 4A•12
Däck – 0•14, REF•12
 skick och lufttryck – 0•14, 0•16
Dörr – 11•7, REF•10
 brytare/reglage – 12•5
 fönsterglas – 11•14
 handtag och lås – 11•10
 inre klädselpanel – 11•8

E

ECC luftkonditioneringssystem – 3•10
Elektrisk utrustning – 0•13, 1•13, REF•10
 felsökning – 12•2, REF•20, REF•21
Elektriska stötar – 0•5
Elektronisk styrenhet (ECU) – 5B•5
Elfönsterhissar – 11•19, 12•4

F

Farthållare – 4A•11, 4B•13, 12•23
Felsökning – REF•14 *och framåt*
 automatväxellåda – 7B•8, REF•18
 bromssystem – REF•19
 bränsle- och avgassystem – REF•17
 bränsleinsprutningssystem – 4A•7, 4B•5
 drivaxlar – REF•18
 elektrisk – 12•2, REF•20, REF•21
 fjädring och styrning – REF•20
 koppling – REF•17
 kylsystem – REF•16
 manuell växellåda – REF•17
 motor – REF•15, REF•16
 tändning – 5B•3
Filter
 bränsle – 1•17
 luft – 1•15
 motorolja – 1•6
 pollen – 1•8
Fjädring och styrning – 10•1 *och framåt,* 1•12, 1•13, REF•11, REF•12
 felsökning – REF•20
 fjäderben – 10•5, 10•10
 hjulspindel – 10•3
 hjälparm – 10•13
 kryssrambalk – 10•9
 krängningshämmare – 10•8 10•14
 länkarm – 10•7
 styrlänk – 10•12
 tvärarm – 10•13
 övre länk – 10•12
Flamskydd – 1•17
Fluorvätesyra – 0•5
Fläktmotorbrytare – 12•8
Fogytor – REF•4
Frostskyddsvätska – 0•11, 0•16, 1•10, 1•19
Fönsterreglage – 11•19

G

Gasvajer – 4A•4, 4B•3
Generator – 5A•3
 drivrem – 1•18
Giftiga gaser och ångor – 0•5
Giftiga och irriterande ämnen – 0•5
Glödlampor
 inre – 12•11
 yttre – 12•8
Gångjärn, smörjning – 1•13

H

Handbroms – 1•11, REF•10
 justering – 9•11
 kontakt – 12•7
 spak – 9•12
 vajrar – 9•12
Hastighetsmätarvajer – 12•17
Hjul – REF•12
 byte – 0•8
 inställning och styrvinklar – 10•19
 lager – 10•5, 10•10, REF•11
Huvudcylinder
 broms – 9•9
 koppling – 6•3
Högtalare – 12•22

I

Identifikationsnummer – REF•2
Immobiliser – 12•23
Inköp av reservdelar – REF•2
Inre klädsel – 11•26
Instrumentbräda – 11•28
Instrumentpanel – 12•17
 instrument – 1•13
Insugsgrenrör – 4A•13, 4B•11

K

Kamaxeloljetätningar
 alla utom GDI motor – 2A•7, 2A•9
 GDI motor – 2B•8
Kamaxlar och ventillyftare
 alla utom GDI motor – 2A•9
 GDI motor – 2B•8
Kamrem – 2A•3, 2B•3
Kaross och detaljer – 11•1 *och framåt*
Karossens elsystem – 12•1 *och framåt*
Karosskador – 11•2, 11•4